윤리적 삶과 사회적 규범의 성찰

실천철학의 쟁점들

1

윤리적 삶과 사회적 규범의 성찰

박정순 외 지음

철학과 현실사

차례

3부 사회윤리의 메타적 고찰

4부 동양 윤리의 재해석

발간사

2019년은 '한국윤리학회'가 창립 30주년을 맞이한 뜻 깊은 해입니다. 1989년 '사회윤리학회'라는 이름으로 지금은 원로가 되신 여러 소장 학자의 의기투합에서 출발한 모임이 2007년에는 제 모습에 어울리는 '한국윤리학회'로 이름을 바꾸어 오늘에 이르렀습니다. 고금동서(古今東西)와 공사(公私)를 아우르는 그야말로 윤리학의 전 영역을 다루는 순수한 학술적 토론의 본산으로서, '한국윤리학회'는 감히 우리 철학계 여러 중진 학자들의 정신적 고향임을 자부합니다.

지난 30년, '한국윤리학회'는 신진 학자에게는 학계로의 진입로를 제공하는 동시에, 새로운 국제적 흐름을 국내 학계에 전파하려고 노력해 왔습니다. 국내외에서 윤리학을 전공한 대다수 박사급 학자가 본 학회를 거쳤고, 지금은 일반인에게도 잘 알려진 여러 해외 석학을—마이클 샌델, 피터 싱어, 마사 누스바움 등을—최초로 국내에 초청하였습니다. 또 국내 동량의 학문적 성과를 널리 공유하기 위하여 2012년에 창간한 『윤리학』은 2017년에 한국연구재단 등재후보지로 선정된 이래 등재지로의 승격을 향하여 순항하고 있습니다.

그리 짧지 않고 늘 순탄치만은 않았던 여정에서 '한국윤리학회'가 지금 이 자리를 굳건히 지킬 수 있었던 데에는 여러 전임 회장을 비롯한 많은 회원의 헌신적 노고와 후원이 있었습니다. 한편으로 오늘 우리가 발간하는 이 두 권의 책은 비록 부족하나마 바로 그분들의 노고와 후원을 기리고 감사의 마음을 전달하기 위한 것입니다. 다른 한편으로 이 두 권의 책은, 학문공동체가 사회에 공헌할 수 있는 하나의 유력한 방편으로서, 새로운 사상적 흐름과 최근의 사회현상에 대응하여 일궈진 다각적 연구성과를 모아 한눈에 조망하기 위한 것입니다.

지난 30년, 우리 사회는 정치적, 경제적, 문화적 격변을 겪었습니다. 나라의 이념적 근간부터 말초적 현상에 이르기까지 시급히 논의해야 할 무수한 쟁점이 불거졌고, 이 쟁점에 대한 다양한 반응과 관점이 출현하였습니다. 또 같은 세월 후속세대의 성장과 더불어 순수한 학술적 토론의 영역에서도 신선한 주제와 해석이 등장하였습니다. 윤리학과 사회철학이라는 한정된 영역에서조차 이 다양함과 신선함을 모두 담아낼 순 없었지만, 이 두 권의 책이 그동안 '한국윤리학회'를 거쳐 간 국내 동량의 성과를 일별할 기회가 될 수 있기를 희망합니다.

자신의 옥고를 쾌척해주신 모든 회원께 감사드립니다. 덧붙여 오랫동안 회장직을 역임하면서 본 학회의 발전에 크게 공헌하셨던 연세대학교 철학과 박정순 교수의 정년퇴임과 맞물려 이 책을 출판할 수 있게 된 것을 매우 기쁘게 생각합니다.

전 한국윤리학회 회장
김 신

1부

윤리학의 문제들

약속의무에 관한 확신견해는 순환성반론에 취약한가?

성 창 원

1. 들어가는 말

비결과주의적 입장에서 약속이행의 의무를 설명하는 확신견해(the Assurance View)는 윤리학과 법철학의 논의에서 상당히 중요한 입장으로 간주됨에도 불구하고 대체로 순환성반론에 취약한 것으로 인식되어왔다.[1] 본고의 주된 목표는 확신견해가 이 반론을 충분히 극복할 수 있음을 보이는 것이다.

확신견해에서는 약속인(promiser)이 피약속인(promisee)에게 X를

---

* 이 논문은 한국철학회 편, 『철학』 제136집(2018. 8)에 실린 글이다.

1) 이런 인식을 공유하는 문헌 중 몇 가지만 들면 다음과 같다: Kolodny and Wallace(2003); Liberto(2016); Pratt(2003); Shiffrin(2008); Southwood and Friedrich(2009); Tognazzini(2007). 이 중 본고에서 주로 다루는 콜로드니와 월러스, 그리고 프랫의 글이 순환성반론과 관련하여 가장 많이 논의된다. 물론 확신견해에 순환성반론만 제기된 것은 아니다. 논자는 성창원(2014)에서 쉬프린, 사우스우드와 프리드릭이 제기한 다른 종류의 반론을 논파한다.

할 것이라는 의사를 표명할 때 X가 일어날 것임을 후자가 확신하게 됨에 주목하고, 전자가 이렇게 형성된 확신을 위반하는 방식으로 행위하는 것이 그르다고 본다. 따라서 약속인에게는 X를 해야 할 의무가 있으며, 이것이 바로 약속이행의 의무의 본질이 된다.[2] 그런데 순환성반론의 지지자들은 피약속인이 약속인의 말을 확신할 수 있는 유일한 (그리고 강력한) 근거가 바로 약속이행의 의무에 대한 약속인의 사전 인식이라는 점을 들어 확신견해가 악순환에 빠지게 된다고 지적한다.

사실 확신견해를 주도적으로 정립한 스캔런 자신이 이런 문제를 인식하고 가능한 해결책도 제안한 바 있다. 하지만 그의 응수는 다소간 간략하며, (아마도 이런 이유로 인해) 그것이 성공적이지 못하다는 점이 여러 곳에서 지적되었다. 게다가 이런 재반론에 대한 여타의 지지자들의 응답도 찾아보기 어려운 실정임을 감안할 때,[3] 순환성반론의 진정한 효력을 평가하는 것은 아직 완결되지 않은 문제이다. 본고에서는 그의 응답을 논자 자신의 관점에서 한 단계 더 발전시켜 순환성반론이 확신견해에 큰 위협이 되지 못함을 보일 것이다.[4]

2절에서는 확신견해에서 약속이행의 의무가 정당화되는 방식을 소개하고 이 과정에서 어떻게 순환성 문제가 생겨나는지 살펴본다. 또한 이

---

2) 확신견해의 가장 대표적인 작업으로는 Scanlon(1990, 1998, 2003) 참조. 확신견해는 보다 넓은 범주인 기대견해(the Expectation View)의 한 부류라고 할 수 있다(성창원(2014), p.150 및 p.151, 각주 5 참조). 기대견해에 따르면 우리가 무엇을 할 것이라는 의사를 남에게 전달할 때 그 또는 그녀가 우리가 그렇게 할 것이라고 기대하게 되며, 이러한 기대를 만족시키지 못하는 것이 그른 행위가 된다. 기대견해에는 Thomson(1990)과 MacCormick(1972) 등의 입장도 포함되지만 그들의 입장과 스캔런의 입장이 완전히 같지는 않다. 이런 차이점은 본고의 논의에서 크게 중요하지 않다.

3) Encarnacion(2014)은 예외로 한다. 그의 입장에 대한 평가는 아래 각주 44 참조.

4) 확신견해가 순환성반론을 극복한다고 해서 이것이 약속의무에 대한 여타의 다른 이론들, 예컨대 관행견해(the Practice View)나 규범적 능력견해(the Normative Powers View)에 비해 더 우월하다는 점이 밝혀지지는 않을 것이다. 이런 비교적 논의는 본고의 한계를 벗어난다. 이 세 가지 경쟁적 이론에 대한 매우 간략한 진술로는 성창원(2014), p.150 참조.

반론에 대한 스캔런의 대응, 즉 약속인이 따라야 하는 다른 종류의 도덕원칙을 통해 피약속인의 확신을 설명하는 대응을 소개하고, 그 대응이 피약속인의 확신을 끌어내기에 충분치 않다는 콜로드니와 월러스의 재반론을 논한다. 3절에서는 스캔런의 대응을 논자 자신의 관점에서 확충, 발전시킴으로써 확신견해가 그들의 재반론을 충분히 극복할 수 있음을 보인다. 특히 앞서 언급된 다른 도덕원칙의 규범적 함축을 명료히 하는 데에 집중한다. 4절에서는 논자의 해결책에 제기될 수 있는 반론을 봉쇄하는 데에 주력한다. 이 과정에서 피약속인의 확신은 결국 조건적임이 드러나게 되는데, 마지막 5절에서는 이 점이 확신견해에 큰 문제가 되지 않는다고 주장하겠다.

2. 순환성반론: 무엇이 문제인가?

확신견해는 이른바 신의원칙(the Principle of Fidelity, 이하 '원칙 F')을 핵심으로 하는데, 이 원칙은 다음과 같이 단계적으로 이해할 수 있다: i) 약속인의 말(약속)을 피약속인이 확신한다. ii) 약속인이 이렇게 형성된 피약속인의 확신에 반하여 행위하는 것은 그르다. iii) 따라서 약속인에게는 (특별한 예외 조건이 없는 한) 원래 말한 대로 행위해야 할 의무가 있으며 이것이 바로 약속이행의 의무이다.[5]

이 원칙은 스캔런 자신의 고유한 계약주의(contractualism)의 체계 내에서 이해되어야 한다.[6] 이 이론에 따르면 도덕적 행위자에게는 자신의 행위를 다른 사람들에게 정당화해야 할 이유가 있으며, 이를 위해 그들이 합당하게 거절할 수 없는 원칙을 찾아야 한다. 그리고 바로 이러한

---

5) 원칙F에 대한 포괄적 서술로는 Scanlon(1998), p.304 및 성창원(2014), p.153을 볼 것. 신의원칙에 대한 이런 단계적 설명은 Scanlon(1998), pp.304-307의 논의를 본고의 의도에 맞게 축약하여 재구성한 것임. '원칙F'는 스캔런의 표현임.
6) 계약주의적 도덕추론에 대한 핵심적 논의로는 Scanlon(1998), chap. 5 참조.

원칙을 따를 때에만 우리는 도덕적으로 옳게 행위하게 된다. 이런 배경을 고려하면 약속이행의 의무를 설명하기 위해 고안된 원칙F도 약속인과 피약속인 모두 합당하게 거절할 수 없는 원칙으로 이해되어야 할 것이다.[7]

원칙F가 합당하게 거절될 수 없는 여러 근거들 중 스캔런이 가장 중요하게 생각하는 것은 바로 "확신의 가치(the value of assurance)"[8]이다. 약속인이 특정 행위를 하기로 하고 그 행위가 이루어질 때에만 피약속인이 또 다른 행위를 할 수 있을 때에, 분명 약속인의 말을 확신하는 것이 피약속인의 입장에서는 중요한 가치 또는 좋음이 된다는 생각이다.[9] 예를 들어, A가 공항에 데려다주어야 B는 출장을 떠날 수 있는데 A가 그렇게 해주겠다고 말한다고 해보자. 당연히 B에게는 A의 그런 말을 확신할 좋은 이유가 있다. 그럼에도 불구하고 (즉 확신의 가치가 실현되었음에도 불구하고) A가 B를 공항에 데려다주지 않는다면 이는 그른 행위가 된다. 결국 A는 그른 행위를 하지 말아야 할 의무를, 다시 말해 자신의 약속을 지켜야 할 의무를 지니게 된다.

그런데 A가 B에게 "공항에 데려다주겠다"고 말하기만 하면 B는 A가 그렇게 할 것이라고 확신할 수 있는가? 이 물음에 대한 하나의 가능한 대답은 말한 대로 행하지 않는 것이 '그름'을 A 스스로 '이미' 안다는 것에 있다.[10] 그리고 보통 어떤 행위가 그르다는 사실은 그것을 하지 말아야 할 강력한 이유를 제공하기에 A에게는 B를 공항에 데려다줄 강한 이

---

7) 이와 관련된 자세한 논의로는 Scanlon(1998), pp.304-305 참조.
8) Scanlon(1998), p.303; Scanlon(2003), p.244. 물론 원칙F의 합당한 거절 불가능성을 확신의 가치의 관점에서만 충분히 이해할 수 있는지는 논란거리일 수 있다. 하지만 이는 본고에서 그렇게 중요한 논점은 아니다. 왜냐하면 순환성반론에 친화적인 철학자들이 약속인의 말에 대한 피약속인의 확신이 (피약속인에게) 중요한 가치라는 점을 특별히 문제 삼지는 않기 때문이다. 오히려 그들이 문제 삼는 것은 어떻게 그런 확신이 가능한가이다.
9) 물론 확신의 가치가 이런 경우에만 한정되는 것은 아니다. 본고의 5절 참조.
10) 이하 순환성반론에 대한 소개는 Scanlon(1998), p.307의 논의를 예를 통해 재구성한 것임.

유가 있게 되고, 이 사실을 아는 B 또한 A가 그렇게 할 것이라고 믿을 만한 좋은 이유를 갖게 된다. 즉 B는 A가 자신을 공항에 데려다줄 것이라고 확신할 수 있다. 하지만 A가 자신이 말한 대로 행위하지 않는 것이 '왜' 그른지를, 즉 A의 발화가 왜 약속이행의 의무가 되는지를 설명하는 것이 확신견해의 원래 목적이 아니었던가?

이런 순환성 문제를 인식한 스캔런은 피약속인의 확신 형성 과정을 완전히 다른 관점에서 설명한다. 그는 약속인과 피약속인 사이의 확신을 사람들의 상호작용에서 형성되는 일반적인 기대(expectation)의 구체적인 형태로 보고, 이러한 기대 형성이 몇 가지 도덕원칙의 규제 아래 놓인다고 말한다.[11] 그중 첫 번째는 "조작금지 원칙(the Principle of Unjustified Manipulation, 이하 '원칙M')"이다: "누군가와 관련해 내가 어떤 행위를 실제로 할 의도가 없을 때, 그리고 내가 그것을 하지 않으면 그 사람이 심각한 손해를 볼 때, 그 사람이 내가 그렇게 할 것이라고 기대하게 해서는 안 된다."[12] 이는 인간 상호간 기대 형성 시 준수되어야 할 아주 기본적인 도덕적 의무인데 이른바 거짓약속(lying promises)을 금지하기도 한다. 원칙M은 계약주의적 의미에서 어느 누구도 합당하게 거절할 수 없는 타당한 도덕원칙이다.[13]

---

[11] 물론 이러한 방식이 스캔런의 논의방식과 일치하는 것은 아니다. 그는 아래에서 언급될 두 원칙이 그 자체로서는 타당하지만 약속의 의무를 근거 지우는 데에는 불충분하다고 보고, 그 두 원칙의 한계를 지적하면서 원칙F로 나아간다.

[12] Scanlon(1998), p.298 참조. 인용부호 안의 기술은 요점만 전달하기 위해 이 원칙에 대한 스캔런의 진술을 상당 부분 단순화한 것임. '원칙M'은 스캔런이 사용하는 약어임.

[13] 원칙M이 합당하게 거절될 수 없는 이유를 길게 논하지는 않겠다. 이 원칙의 타당성은 상대적으로 명확할뿐더러, 순환성반론의 지지자들이 이 원칙(그리고 바로 아래에서 소개될 원칙D)을 딱히 문제 삼지도 않는다. 굳이 언급하자면, 이 원칙들이 합당하게 거절될 수 없는 가장 중요한 이유는 타인들이 우리에게 어떤 기대를 하게 되고 그 기대로 인해 그들이 큰 손해를 겪게 될 때 그런 손해를 우리가 마음대로 무시할 수 없다는 사실에 있다. 이와 관련 Scanlon(1998), p.301 참조.

스캔런에 따르면 인간 상호간 기대 형성은 이른바 "적절한 주의 원칙 (the Principle of Due Care, 이하 '원칙D')"의 규제도 받는다. 이 원칙에 따르면 "나는 상대방이 나의 미래 행위에 합당하지만 잘못된 기대를 하지 않도록 (특히 그 사람이 이런 기대로 인해 심각한 손해를 보게 될 때) 적절한 주의를 기울여야 한다."[14] 이 원칙은 단순히 거짓말만 금지시키지 않고 상대방이 (나의 말에) 잘못 기대하지 않도록 '조심할' 것을 요구한다는 점에서 원칙M보다 더 지키기 힘들며, 어떤 것이 적절한 주의인지도 정확히 말해주지 않는다.[15] 스캔런 자신도 그 적절한 주의가 무엇인지 자세히 설명하지 않지만 이 원칙이 최소한 거짓약속을 하려는 '시도' 자체를 금지할 것이라고는 말한다.[16] 약속인이 거짓약속을 하려고 시도하는 것은 분명 피약속인이 약속인에게 잘못된 기대를 하게 되는 출발점일 것이기 때문이다. 하지만 이는 원칙D를 매우 협소하게 이해한 것이다. 3절에서 다시 말하겠지만 이 원칙은 보다 개방적으로 해석될 수 있으며—사실 이는 원칙D가 요구하는 적절한 주의가 무엇인지 폭넓게 생각해보는 것인데—오직 이때에만 순환성반론에 대한 대응이 가능해진다.[17]

---

14) Scanlon(1998), p.300. 인용부호 안의 서술은 가독성 제고를 위해 원의를 훼손시키지 않는 수준에서 각색한 것이다. 여기서 "심각한 손해(significant loss)"가 정확히 무엇인지 스캔런은 설명하지 않는다. 하지만 확신의 가치의 두 가지 측면(본고 5절), 즉 경험적 측면과 행위자적 측면을 고려할 때 그 손해가 단지 물질적인 것에만 한정되지는 않는다고 추측할 수 있다. 피약속인에게 심각한 손해가 예상되지 않는 경우는 약속이 성립하지 않느냐는 반론이 가능하지만 여기서 중요한 이슈는 아니다.

15) Scanlon(1998), p.300 참조. 원칙D의 요구 중 가장 두드러지는 것은 이른바 인식적 부담이다. 이에 관해서는 본고 3절의 후반부 참조.

16) Pratt(2003), p.106; Scanlon(1998), p.308. 강조는 논자.

17) 도덕원칙의 이러한 개방성에 의문이 있을 것이다. 그러나 지면의 한계상 관련된 논의는 다음 기회로 미룬다. 다만 Scanlon(1998), pp.198-201의 논의는 상당히 유익함을 밝혀둔다.

스캔런은 원칙F를 따르는 약속인은 원칙M은 물론 원칙D까지 따른다고 보는데, 이렇게 되면 약속인은 다음과 같은 도덕적 인식을 할 수 있다:[18] "X를 할 의도가 나에게 없다면 상대방에게 그런 의도가 있다는 인상을 주려는 시도 자체도 해서는 안 된다."[19] 이제 피약속인도 약속인의 이런 도덕적 인식을 공유하기에, 약속인이 X를 하겠다고 말할 때 그 사람이 실제로 그것을 할 의도로 자기에게 그렇게 말한다고 믿을 만한 좋은 이유가 생기게 된다. 바로 이러한 과정을 통해 피약속인이 약속인의 말을 확신할 수 있게 된다는 것이다.[20]

하지만 콜로드니와 월러스의 재반론에 따르면, 원칙M과 원칙D가 보장하는 것, 즉 약속인이 X를 하기로 실제로 의도한다는 사실을 피약속인이 믿는 것만으로는 적절한 확신이 형성될 수 없다. 피약속인이 약속인의 말을 정말로 확신할 수 있으려면, 전자가 보기에 후자가 "강력한 이유(compelling reason)" 때문에 X를 하기로 의도한다는 점이 보장되어야 한다는 것이다.[21] 약속인이 아무런 강력한 이유 없이, 예를 들어 "일시적인 기분(on a whim)"[22] 때문에 X를 하기로 의도한다고 해보자. 이 경우 약속인은 자신의 의도를 그냥 쉽게 포기해버릴 수도 있다. 보다 구체적으로, 이 경우 약속인은 약속 시점인 t_1에서는 미래 시점인 t_2가 되면 X를 할 것이라는 의도를 형성할 수도 있겠으나 그 의도가 실제로 약속을 실현해야 할 t_2 시점까지 "지속될지(persist)"에 대한 보장이 없

---

18) 이 단락의 논의는 Scanlon(1998), pp.308-309의 논의를 재구성한 것임. 또한 다음을 참조. Encarnacion(2014), pp.113-114; Kolodny and Wallace(2003), pp.136-137; Pratt(2003), p.106.

19) 또한 Encarnacion(2014), p.113을 비교할 것.

20) Scanlon(1998), p.309 참조.

21) 인용은 Kolodny and Wallace(2003), p.140. 콜로드니와 월러스의 주장에 대한 명료한 분석으로는 Encarnacion(2014), pp.114-116 참조.

22) Encarnacion(2014), p.115; Kolodny and Wallace(2003), p.140.

다는 것이다.[23] 결국 원칙M과 원칙D가 제공하는 이유는 약속인의 의도를 지속시킬 그런 좋은 이유가 될 수 없다는 것이 콜로드니와 월러스의 요점이다. 피약속인의 입장에서 볼 때 이는 약속인의 의도가 시간이 지나도 변하지 않을 것이라고 믿을 만한 근거의 상실을, 그리고 결과적으로 자신이 약속인의 말을 확신할 수 없음을 의미한다.

여기서 혼란을 피하기 위해 한 가지를 분명히 해두자. 순환성반론은 확신견해 전반, 즉 원칙F, 원칙M 그리고 원칙D를 수용하지 '않는' 행위자와는 상관이 없다. 계약주의는 결과주의 같은 여타의 친숙한 윤리 이론과 마찬가지로 보편주의적 이론이기에 약속의무에 대한 계약주의적 논의도 약속인과 피약속인을 포함한 모든 당사자들이 관련 원칙들을 다 수용하고 있다고 전제한다. 바로 이것이 앞서의 언급들, 예를 들어 "약속인이 원칙M과 원칙D를 수용하고 있음을 피약속인 또한 알고 있음" 같은 언급이 가능한 이유이다. 이렇게 보면 기본적으로 내재적 비판의 성격을 띤 순환성반론은 '심지어' 계약주의적 도덕을 받아들이고 있는 사람들 사이에서도 약속을 주고받는 것이 불가능함을 함축하는 만만치 않은 반론이라고 할 것이다.[24]

3. 원칙D의 규범적 함축을 새롭게 해석하기

콜로드니와 월러스의 재반론을 논파하기 위한 사전작업으로서 두 가지 문제를 짚고 넘어가자. 첫째, 원칙F를 따르는 약속인은 왜 원칙M과 원칙D까지 따라야 하는가? 이에 대해 스캔런 자신이 직접적인 대답을 내놓지는 않았다. 하지만 약속인이 왜 그래야 하는지 내용적으로는 쉽

---

23) 인용 및 관련된 논의로는 Kolodny and Wallace(2003), p.140 참조. 또한 Encarnacion(2014), p.115 참조.
24) 이와 관련 Kolodny and Wallace(2003), p.134 참조.

게 파악 가능하다. 우리가 살고 있는 세계에서 약속인이 마음대로 거짓 말하는 것이 전혀 규제되지 않는다면 피약속인은 약속인의 말을 확신하기는커녕 애초에 그 말 자체를 믿으려고 하지 않을 것이기 때문이다.

부연 설명을 위해 계약주의적 추론의 특징인 이른바 도덕적 정당화에 관한 전체론(holism about moral justification)을 잠시 살펴보자.[25] 이에 따르면, "하나의 원칙을 평가할 때, 우리는 다른 많은 것들[원칙들]을 고정된 것으로 간주해야 한다. 이는 이러한 다른 원칙들이 절대로 어떠한 반론에도 열려 있지 않다는 것을 의미하는 것이 아니라, 그것들이 단지 지금 현재 의심받고 있지 않다는 것을 의미할 뿐이다."[26] 예를 들어 어려움에 처한 사람을 도와야 하는 원칙이 합당하게 거절될 수 없더라도, 우리는 훔친 돈으로 남을 도울 수는 없다.[27] 즉 누군가를 도와야 하는 원칙은 또 다른 누군가의 소유권을 보장하는 원칙 아래에서 적절히 기능할 수 있다는 것이다. 마찬가지로 원칙F의 정당화 가능성을 고려할 때 우리는 이미 원칙M과 원칙D를 배경적 조건으로 상정할 필요가 있다.

둘째, 콜로드니와 월러스가 강조하는 약속인의 지속 가능한 의도는 정확히 무엇을 의미하는가? 논자가 보기에 그것은 절대로 변하지 않을 의도라기보다는 변할 가능성이 (상당히) 낮은 의도로 이해되는 게 합당하다. 왜냐하면, 아래 4절에서 더 자세히 말하겠지만, 약속인의 의도는 근본적인 수준에서 '조건적'일 수밖에 없기 때문이다. 약속인은 인간이라는 본질적 한계로 인해 일정 수준의 의지박약 문제에 노출될 수밖에 없고, 약속 시점에서는 어느 누구도 예측할 수 없었던 어떤 외부적 제약 조건들이 생겨날 가능성도 배제할 수 없다. 약속인의 의도가 아무리 확

---

25) 이 단락은 성창원(2014), p.162의 논의에 대체로 의존하고 있다. 이런 전체론에 대해서는 주로 Scanlon(1998), pp.213-214 참조.
26) Scanlon(1998), p.214.
27) 이 예 및 관련된 원칙들에 관한 진술은 Scanlon(1998), p.214의 논의를 따른 것임.

고하더라도 그것은 이런 제약조건들에서 완전히 자유로울 수 없다. 논자는 콜로드니와 윌러스 또한 이 점에 동의할 것이라고 가정한다. 따라서 그들의 재반론에 대응하는 일환으로 원칙M 또는 원칙D가 약속인의 의도가 약속 실현 시점까지 잘 지속되게끔 해주는 이유를 제공할 수 있음을 보일 때, 그 이유는 약속인의 의도가 변할 가능성이 낮음을 보증하는 그런 이유이면 충분하다. 이런 규정은 논자가 콜로드니와 윌러스의 주장을 약속인의 의도의 조건적 지속성이란 생각으로 공격할 때 논자와 그들이 서로 다른 얘기를 하고 있는 것 아니냐는 우려를 차단시켜주는 효과도 있다.

이제 본격적인 논의로서 거짓약속을 하려는 시도 자체를 금지하는 것이 원칙D의 최소한의 규제라는 스캔런의 언급을 떠올려보자(2절). 그런데 사실 이는 그 원칙의 규제적 역할이 더 광범위하게 해석될 수 있음을 그리고 그 최소한의 규제가 원칙D의 본질적인 규범적 함축도 아니라는 점을 의미한다. 따라서 그의 언급은 원칙D를 호의적으로 평가한 것이라 할 수 없고, 순환성반론에 친화적인 사람들도 동일한 평가를 내리고 있는 것으로 보인다. 바로 이러한 이유로 인해 그들이 스캔런의 대응을 불충분한 것으로 간주한 것이 아닌가 한다.

그렇다면 우리는 원칙D의 중심적 규범적 함축을 다른 방향에서 진지하게 고민해볼 필요가 있다.[28] 가장 분명한 점은, 원칙D는 상대방이 우리의 말에 잘못 기대하지 않도록 조심할 것을 요청하기에 이 원칙은 의사교환 시 우리의 진의를 상대방에게 정확히 전달할 것을 요구할 것이다. 따라서 원칙M과 더불어 원칙D까지 따르는 약속인은 '대놓고' 거짓말을 하지도 않겠지만, 자신이 진실을 말할 때에도 피약속인이 오해하지 않도록 주의를 기울일 것이다.

---

28) 결국 이는 원칙D의 핵심인 적절한 주의가 무엇인지 포괄적으로 고민해보는 것과 다르지 않다. 각주 17이 달려 있는 단락의 논의를 비교할 것.

그런데 진실일 경우에 자신의 의사를 정확히 전달하는 것도 두 가지로 나누어진다. 첫째, 무엇을 할 의도가 없을 때에는 정말로 그렇게 할 의도가 없음을 분명히 해야 할 것이다. 애매모호한 표현이나 암묵적인 대답 등으로 상대방이 잘못 기대하게 해서는 안 된다. 이는 대놓고 거짓말을 하는 경우가 아니라 불분명한 의사표현으로 의도치 않게 거짓말과 '비슷한' 결과가 나오는 그런 경우이다. 그런데 순환성반론은 약속인과 피약속인 사이의 약속 성립 여부와 관련되기에, 약속인이 애초부터 아무것도 할 의도가 없는 이 첫 번째 경우를 길게 논의할 필요는 없다. 둘째, 보다 표준적인 사례로 넘어가서, 당연히 원칙D는 약속인이 어떤 것을 정말로 할 의도가 있을 때 그 의도가 피약속인에게 정확히 전달되도록 노력하라고 말할 것이다. 오직 이 경우에만 피약속인은 약속인의 의도와 관련해 잘못 기대하지 않게 될 것이다.[29] 아무튼 이 두 경우 모두 약속인은 자신의 진의를 피약속인에게 정확하게 전달해야 할 의무를 지닌다. 따라서 원칙D의 중심적 규범적 함축의 한 부분은 바로 의사전달의 정확성이라고 할 수 있다.

이제 구체적인 예를 통해 이 주장을 살펴보자. 철수는 영희에게 돈을 빌리지 못하면 대학에 등록할 수 없고 영희는 그 돈을 빌려주기로 약속한다. 여기서 영희는 의사전달의 정확성으로 이해된 원칙D에 근거해 몇 가지 요구사항들을 따라야 할 것이다. 첫째, 영희는 자신이 '언제' 돈을 빌려줄 수 있는지 명확히 해야 할 것이다. 왜냐하면 분명 철수가 돈을 필

---

29) 여기서 사태의 진면목을 파악해야 할 인식적 의무가 주로 약속인에게만 있다고 가정한다. 하지만 혹자는 유사한 의무가 피약속인에게도 있다고 말할 수 있다. 약속인이 아무리 정확하게 의사표현을 한들 여전히 피약속인이 오해할 수 있기 때문이다. 그렇다면 피약속인 또한 관련된 도덕원칙을 따를 때 적절한 의미에서의 확신이 형성될 수 있다는 주장이 가능하다. 하지만 이런 요구사항을 별도의 '의무'로 상정하는 것은 다소 과한 주장으로 보인다. 오히려 남의 말을 왜곡하지 않고 잘 이해하는 것은 도덕적 행위자가 되는 데에 필요한 구성적 조건으로 이해되는 편이 더 자연스럽다.

요로 하는 시점—예컨대 등록 마감일—이 있고 그 빌려줄 돈이 영희에게 유용하게 되는 시점이 있을 것이기 때문이다. 둘째, 영희는 자신이 실제로 '얼마나' 빌려줄 수 있는지 명확히 해야 할 것이다. 예의 정의상 철수는 등록금 전부를 영희에게 의존하고 있기에 이것이 불가능하다면 그는 다른 곳에서 돈을 알아봐야 할 것이다. 영희가 이상의 것들을 명확히 할 때에만 철수는 그녀의 의도와 관련해 잘못된 기대를 하지 않게 될 것이다.

그런데 이렇게 되면 철수가 알게 되는 전부는 결국 영희가 자신의 의도를 정확하게 전달하고 있다는 사실에 불과한 듯하다. 과연 철수는 이러한 방식으로 영희의 말을 '확신'할 수 있는가? 이런 우려는 원칙D를 통한 정확한 의사전달이 일어나는 과정을 보다 면밀히 분석할 때 불식될 수 있다. 먼저 약속인이 원칙D를 제대로 적용하기 위해서는 자신이 처한 상황을 굉장히 '현실적으로' 인식해야 한다는 점에 주목해보자. 이미 언급된바 그 인식은 표면적으로는 영희 스스로 얼마나 많은 돈을 언제 철수에게 빌려줄 수 있는지 제대로 아는 것이다. 그런데 이런 인식은 영희가 자신을 둘러싼 '예측 가능한' 여러 제약조건들을 고려할 때에만 가능하다는 점을 놓쳐서는 안 된다. 예를 들어 영희에게는 철수에게 돈을 빌려줄 명백한 의사가 있지만 그녀의 아픈 가족의 예정된 수술 때문에 돈이 들어갈 일이 있고, 이 시점이 그가 돈을 필요로 하는 시점과 매우 가까우며, 그리고 그녀가 쓸 수 있는 돈도 제한적이라고 해보자. 영희는 약속을 할 시점에 이런 제약조건들이 자신의 미래 행위—철수에게 돈을 빌려주는 행위—에 어떻게 영향을 미칠지 주의 깊게 고려해야 한다. 그런 조건들이 자신의 미래 행위에 걸림돌이 된다고 판단되면 영희는 돈을 빌려준다는 약속을 해서는 안 될 것이고, 그 반대의 경우라면 그렇게 해도 될 것이다. 바로 이런 과정을 통해 영희는 자신이 언제 그리고 얼마나 많은 돈을 철수에게 빌려줄 수 있는지 그 의사를 '정확히' 전달할 수 있는 것이다.

위의 논의에 비추어볼 때, 약속인이 어떤 것을 행하기로 결정할 때 이 결정은 그 행위의 수행에 부정적 영향을 미칠 수 있는 것들이 사실 그러하지 않을 것이라는 판단을 반영한다. 따라서 이제 해당 행위는 '행해질 가능성'이 상당히 '높은' 그런 행위가 될 것이다. 게다가 약속인의 미래 행위를 방해하는 제약조건들은 그것을 하고자 하는 약속인의 의도의 지속성에도 영향을 미칠 것이기에, 그런 조건들의 부재—혹은 그런 조건들이 (더 이상) 큰 영향을 미치지 않는다는 사실—는 약속인의 의도의 지속성이 높아짐을 의미한다. 바로 이러한 의미에서 논자의 주장은 콜로드니와 윌러스의 재반론을 충분히 봉쇄할 수 있다. 그들의 주장과 달리 원칙D는 약속인이 자신의 미래 행위에 대한 의도를 그 실행 시점까지 지속시키게 해주는, 또는 최소한 그 의도가 변할 가능성이 상당히 낮음을 보장해줄 수 있는 좋은 이유를 제공할 수 있다. 그 이유란 바로 약속인은 예측 가능한 외부적 제약조건을 정확히 인식함으로써 수행 가능성이 높은 행위에 대해서만 피약속인이 기대하게 해야 한다는 이유와 다르지 않다.30) 게다가 이 이유는 합당하게 거절될 수 없는 원칙D, 즉 타당한 도덕원칙에 의해 제공되는 것으로서 강력한 규범성을 갖는 의무를 구성하게 될 것이다. 요컨대, 논자가 확충한 방식대로 원칙D가 적용된다면 피약속인은 약속인의 말을 충분히 '확신'할 수 있다.

---

30) 논자는 유사한 생각을 이 장의 논의보다 훨씬 덜 정제된 형태로 성창원(2014), pp.161-162에서 간략히 제안한 바 있다. 거기서 논의되는 이른바 '부주의 금지 원칙'에 대한 논자의 서술을 비교할 것. 다음으로 이상의 논변에서 옹호된 원칙D는 순수하게 미래적(prospective) 관점에서만 적용되는 것임에 주의하자. 미래적 관점에서 적용된 원칙D는 약속인이 약속을 하는 '시점에서' 잘못된 기대를 전달하는 것을 금지시키는 반면, 회고적(retrospective) 관점에서 적용된 원칙D는 '이미' 산출된 기대가 거짓이 되지 않도록 약속인이 노력할 것을 요구한다(이 구분에 관해서는 Kolodny and Wallace(2003), p.145 참조). 콜로드니와 윌러스는 원칙D의 미래적 적용이 순환성반론을 잘 처리할 수 없음을 논한 후 그것의 회고적 사용이 그 반론을 다룰 수 있는 가능성을 검토한다. 그러나 그들은 결론적으로 확신견해의 옹호자들이 원칙D—그리고 여타의 관련 원칙들—를 회고적으로 사용할 수 없음을 보임으로써 논의를 마무리한다(Kolodny and Wallace(2003), pp.146-148). 당연히 논자의 입장은 원칙D의 회고적 사용까지 갈 필요도 없이 그것의 미래적 사용만으로도 충분하다는 것이다.

여기서 한 가지 분명히 해둘 점은 위에서 언급된 제약조건은 합당하게 '예측 가능한' 그리고 '외부적인' 것에 국한된다는 점이다. 한편으로, 이는 약속인이 인식적으로 접근 가능한 제약조건에 국한되지 어느 누구도 합당하게 예측할 수 '없는' 것들, 예컨대 갑작스런 천재지변이나 사고 등을 의미하지 않는다. 물론 우리는 사고나 천재지변이 '원칙적으로' 우리의 삶에서 일어날 수 있음을 알지만 그것이 언제 어떤 방식으로 우리의 삶에 영향을 미칠지는 알 수 없다. 그런 것들이 합당하게 예측 불가능한 제약조건들이라고 할 때, 그 예측 불가능성의 의미는 바로 이런 의미로 이해되어야 한다. 다른 한편으로, 그런 제약조건은 약속인을 둘러싼 '외부적'인 사실이지 약속인의 성향이나 성품 등 이른바 '내부적' 사실이 아니다. 여기서 배제된 예측 불가능한 외부적 제약조건 및 내부적 제약조건은 원칙D의 해석과 관련하여 복잡한 논쟁거리를 가져오는데, 이는 아래 4절에서 다룰 예정이다.

어떤 이는 이 절에서 제안된 방식으로 원칙D가 적용될 경우 약속인에게 지나친 인식적 부담이 생길 수 있다는 반론을 제기할 수도 있다.[31] 물론 원칙D 아래에서 약속인은 예측 가능한 외부적 제약조건을 정확히 인식해야 하므로 어느 정도의 부담이 따르는 것이 사실이다. 하지만 이런 부담이 정말로 일반적인 수준 이상의 (반대할 만한) 지나친 부담인지 적극적으로 입증될 필요가 있다. 위의 예에서 우리가 제삼자의 관점에서 영희를 서술하고 있기에 그녀의 인식적 상황이 복잡해 보일 뿐, 실상 영희가 일인칭 관점에서 스스로를 바라볼 때에는 자신이 고려해야 할 조건들이 그렇게 지나친 인식적 부담으로 다가오지 않을 수도 있다. 게다가 약속인의 인식적 부담이 다소간 크더라도 약속인이 그런 부담을 지지 않고 부주의하게 약속을 한 후 어기게 되면 피약속인에게 '심각한' 손해

31) 또한 본고의 각주 15 및 각주 29 참조.

가 초래됨을 고려할 때,[32] 전자가 후자를 능가할 정도로 도덕적으로 중요하다고 볼 강력한 근거도 없다. 이런 이유들로 인해, 현재의 반론은 원칙D를 새롭게 확충한 논자의 주장에 큰 위협이 될 수 없다.

다음으로 이 절에서 사용된 표현들, 예컨대 "(약속인의) 변할 가능성이 낮은 의도" 같은 표현이 애매모호하다는 지적 또한 가능하다. 하지만 이런 애매모호함은 논자가 제안한 의도의 지속성이 숫자와 같은 정확한 지표로 표시되지 않았다는 의미에서의 애매모호함일 뿐이다. 하지만 철학적 작업이 그런 지표를 제공할 수도 없을뿐더러, 어떤 지표가 제시되더라도 임의적일 것이다. 그 지표가 90이면 약속인의 의도의 지속 가능성이 높다고 할 것이고, 87이면 낮다고 할 것인가? 숫자적 의미는 아니더라도 원칙D의 적용을 통한 약속인의 의도의 높은 지속성은 이미 위의 논의를 통해 실질적으로 설명되었다고 본다. 그 지속성이란 바로 "예측 가능한 외부적 제약조건의 고려를 통한 지속성"이다.

4. 원칙D와 단서(rider)의 문제

사실 논자가 보기에 훨씬 중대한 반론이 있는데 그 핵심을 정확히 이해하기 위해서는 약간의 배경적 논의가 필요하다. 프랫은 자주 인용되는 한 논문에서 순환성반론에 대한 스캔런의 대응을 딜레마 논변으로 공격한다.[33] 이 논변에 따르면 원칙M은 피약속인의 확신 형성에 도움이 되거나 또는 도움이 되지 않는다. 전자가 참일 때, 프랫에 따르면, 원칙M이 담보할 수 있는 전부는 약속 시점에서 약속인이 거짓말을 하지 않는다는 것에 불과하기 때문에 약속인이 무엇을 하기로 약속한 후 나중에 그렇게 하지 않기로 마음을 바꾸어도 특별히 원칙M에 반하지 않는

---

32) '심각한 손해'의 도덕적 관련성에 대해서는 2절의 서술을 확인할 것(각주 14).
33) Pratt(2003), pp.105-108; Tognazzini(2007), pp.209-213.

다.[34] 요컨대, 원칙M은 자신의 미래 행동을 피약속인에게 특별히 확신시킬 생각이 없는 약속인에게도 적용되며, 이 경우 피약속인의 확신이 부재하게 되어 원칙F를 촉발시킬 기제가 사라지게 된다. 프랫은 사정이 이런데도 스캔런처럼 원칙M만 적용되면 원칙F가 작동할 수 있다고 주장할 경우 원칙F는 사실 타당하지 못한 것이 되어버린다고 지적한다: "그것[원칙]이 촉발되는 것을 명백히 방지하기 위한 목적으로 무엇이 말해질 때에도 촉발되는 [그런] 원칙은 합당하게 거절할 수 있다."[35] 이렇게 되면 이제 딜레마의 다른 축만이 남게 된다. 그 다른 축이란 원칙M은 피약속인의 확신 형성에 실패한다는 것인데, 이는 사실 동일한 딜레마의 첫 번째 축을 다룰 때 이미 해명되었다. 프랫의 논의는 딜레마 형태를 띠지만 결국 가장 중요한 무기는 원칙 M이 약속인의 의도의 지속성을 담보할 수 없다는 사실이다. 하지만 이상의 논변은 순환성반론에 대한 스캔런의 대응이 주로 원칙M의 관점에서만 진행된다고 가정한 점에서 문제가 있다. 분명 그는 자신의 대응이 원칙M과 원칙D의 조합을 통해 이루진다고 보기 때문이다(물론 주지하다시피 스캔런은 원칙D의 역할을 불충분하게 설명한다). 사실 그 대응이 오직 원칙M의 관점에서만 이루어질 때 순환성반론이 해소되기 어렵다는 점은 다소간 명백해 보이기도 한다.[36]

토그나지니는 프랫의 딜레마 논변을 그대로 수용하면서도 스캔런의 대응에서 원칙M과 원칙D가 모두 작동하고 있음을 인정한다. 하지만 그는 원칙D는 이른바 단서(rider)가 허용되는 경우를 용인하기에 여전히 피약속인의 확신 형성에 도움이 되지 못한다고 주장한다. 예를 들어, 약

34) Pratt(2003), pp.106-107 참조.
35) Tognazzini(2007), p.211.
36) 이와 관련 Kolodny and Wallace (2003), p.146(각주 23)에서 언급되는 Atiyah(1981), pp.104-105 참조.

속인이 "나는 내일 너를 학교에서 픽업할 작정이다. 그러나 나의 마음이 바뀔 수도 있는데 그럴 경우에는 미리 알려주겠다"라고 말한다고 해보자.[37] 약속인이 원칙D 아래에서 "나의 마음이 바뀔 수도 있다"는 단서를 달 수 있는 이유는, 토그나지니 자신은 정확히 말하지 않지만, 자신의 마음의 변화 가능성을 인지한 약속인이 이런 단서를 달지 않는다면 피약속인은 약속인의 마음이 변하지 않을 것이라고 '잘못' 기대할 수 있기 때문이다. 그는 계속해서 지적하길, 이러한 단서는 "분명히 [피약속인에게] 어떠한 확신도 형성되지 않기 위해 그래서 결과적으로 원칙F 아래에서 어떠한 의무도 형성되지 않기 위해"[38] 의도된 것이다. 만약 이런 논증이 타당하다면 원칙D를 통해 피약속인의 확신 형성을 설명하려는 논자의 전략은 큰 난관에 봉착하게 될 것이다.

위의 논증이 타당하지 않음을 보이기 위해 토그나지니의 예에서 약속인이 정확히 어떤 범주에 속하는 사람인지, 그리고 그에 따라 약속인이 해당 단서를 대는 이유가 어떻게 달라지는지 살펴보자. 사실 이런 부분을 세밀하게 따져보지 못한 데에 그의 생각의 한계가 있다는 것이 논자의 입장이다. 대략 다음의 세 가지 경우가 가능하다: (1) 지나치게 변덕스러운 약속인이 자신의 마음이 쉽게 변할 것이라고 피약속인에게 미리 알려준다. (2) 약속인은 지나치게 변덕스럽지는 않지만 결국은 사람인지라 자신의 마음의 변화 가능성이 완벽하게 차단될 수는 없음을 안다. 그래서 피약속인에게 인간의 이러한 일반적 한계에 대해 말해준다.[39] (3) 약속인은 지나치게 변덕스러운 사람은 아니지만 인간사에는 언제나 아무도 예측할 수 없는 예외적인 상황이 일어날 수 있음을, 그리고 이에 따

---

37) 이 예 및 관련된 논의는 Tognazzini(2007), p.211 참조.

38) Tognazzini(2007), p.211.

39) (1)과 (2) 사이의 구별이 기껏해야 임의적일 뿐이라고 생각할 독자가 있을지도 모르겠다. 하지만 사실 이는 그렇게 큰 문제는 아니다. 이에 대해서는 아래 각주 45 참조.

라 자신의 마음이 변할 수 있음을 알고 이에 대해 피약속인에게 미리 경고해준다.

우선 (2)부터 살펴보자. 원칙D가 규제하는 약속인은 대체로 바로 이 범주에 들어간다고 해도 큰 무리는 없을 듯하다. 지나치게 변덕스럽거나 혹은 지나치게 약속을 잘 지키는 사람을 상정하는 것보다는 그 중간에 있는 사람을 상정하는 것이 덜 논쟁적이다. 이에 대해서는 추후 보충 설명하겠다. 여기서 강조하고 싶은 것은 (2)에서 보이는 약속인의 인간으로서의 한계는 특정 개인에게 적용되는 것이 아닌 인간 보편에 해당하는 사실이기에 이는 약속인과 피약속인 모두에게 이미 알려져 있다고 보는 편이 합당하다는 점이다. 사정이 이런데도 토그나지니처럼 원칙D의 기능을 약속인의 마음 변화 가능성에 관한 단서를 명시적으로 밝히는 것으로 이해한다면, 이는 이 원칙의 중심 역할을 오해한 것이다. 그는 원칙 D의 역할을 상대방이 이미 알고 있는 사실을 반복해서 전달하는 것으로 이해한다. 오히려 원칙D는 그 이상의 다른 역할을 충분히 할 수 있으며, 그 역할이 무엇인지는 이미 3절에서 논의되었다.

물론 논자는 원칙D와 약속인의 단서 달기가 '절대' 결합될 수 없음을 입증하지는 못했다. 하지만 그렇다고 해도 이는 논자의 중심 논변에 심각한 타격이 되지 못한다. 원칙D를 수용하는 약속인이 "무엇을 할 작정이지만 마음이 바뀔 수도 있다"라는 단서를 달 수 있다손 치더라도, 그 사람이 3절에서 제안된 방식으로 그 원칙을 적용했다면 "무엇을 할 작정이다"라는 말은 이미 "그렇게 할 가능성이 매우 높다"를 함축하기 때문이다. 따라서 설령 약속인이 원칙D 아래에서 자신의 말에 어떤 단서를 달 수 있을지언정 이는 토그나지니의 주장과는 달리 반드시 "[피약속인에게] 어떠한 확신도 형성되지 않기 위해 그래서 결과적으로 원칙F 아래에서 어떠한 의무도 형성되지 않기 위해" 의도된 것일 필요는 없다. 물론 주지하다시피 논자는 원칙D의 주된 역할이 그런 단서의 전달에 있다고 보지 않는다.

이제 (3)의 경우를 고려할 차례인데, 원칙F에 대한 2절의 서술에서 "특별한 예외조건이 없다면"이라는 조건이 있었다는 점을 기억하자. 이런 특별한 예외조건 내지 약속 불이행의 정당화는 원래 했던 약속을 지켜야 할 의무를 능가하는 어떤 다른 고려사항들 — 예컨대 약속을 지키는 것이 무고한 사람의 희생을 동반하게 되는 경우 — 이 있을 때 성립할 것이다.[40] 이런 경우에는 원래 했던 약속을 지키는 것이 그리고 그것을 어기는 것이 옳을 수도 있다. 이는 사실 의무들 간의 충돌이나 우선성에 관련되는 친숙한 현상이다. 그런데 약속 불이행의 정당화를 구성하는 조건들은 약속인이 약속 시점에서는 '전혀' 예측할 수 '없었던' 것으로 이해되어야 한다. 만약 그렇지 않다면 약속인은 애초부터 약속 자체를 할 수 없었을 것이기 때문이다. 방금 말한 조건이 바로 (3)에서의 예측 불가능한 (외부적) 제약조건을 의미한다. 이런 의미에서 이는 3절에서 논의된 예측 가능한 외부적 제약조건과는 구별되어야 한다.

우리는 (2)에 관해 주장한 것을 (3)에 대해서도 말할 수 있다. 첫째, 피약속인 또한 최초의 약속의 의무가 다른 의무나 조건에 원칙적으로 전복될 수 있음을, 즉 약속의 불이행에 대한 특별한 정당화가 가능함을 인지하고 있다고 보는 편이 합당하다. 이런 예측 불가능한 외부적 제약조건의 존재는 특정 약속인이 아니라 인간 보편에 해당하는 사실이기 때문이다. 둘째, 원칙D의 주된 기능을 예측 불가능한 외부적 제약조건이 생길 수 있음을 피약속인에게 미리 알려주는 것으로 보는 것은 이 원칙이 피약속인이 이미 알고 있는 사실을 반복해서 전달하는 기능을 수행한다고 보는 것이다. 따라서 이런 주장은 그 원칙의 중심적 기능을 오해한 것이다. 셋째, 약속인이 피약속인에게 그런 사실을 미리 알려준들 이는 약속

---

40) 특별한 정당화에 해당하는 것들이 반드시 이런 전형적인 도덕적 의무에 국한될 필요는 없다. 왜냐하면 다른 의미의 조건들, 예를 들어 사고나 천재지변 등도 경우에 따라 최초의 약속의 의무를 무력화시키는 특별한 정당화로 작동할 수 있기 때문이다.

인에 대한 피약속인의 확신을 특별히 감소시키지도 않는다. 왜냐하면 약속을 지키고자 하는 약속인의 의도는 원칙D 아래에서 이미 상당히 높은 정도의 지속성을 확보하였기 때문이다.

결론적으로, 원칙D의 중심적 기능을 약속인의 내외부적 한계, 즉 정상적인 수준의 의지박약과 예측 불가능한 예외조건에 관한 단서의 전달에 귀속시키고 이 원칙 아래에서는 피약속인의 확신이 불가능하다고 보는 토그나지니의 논증은 타당하지 않다. 물론 원칙D가 그런 제약조건들과 원칙적으로 같이 간다면 이 원칙이 담보하는 약속인에 대한 피약속인의 확신은 근본적인 수준에서 '조건적'일 것이다.[41] 하지만 위의 논의에서 이미 확인된바, 확신의 이런 조건성이 약속인의 의도의 지속성에 대한 피약속인의 의심이 지대함을 의미할 필요는 없다. 확신의 조건적 성격에 대해서는 5절에서 더 언급하겠다.

이제 앞에서 제쳐둔 (1)을 살펴보자. 확실히 지나치게 변덕스러운 약속인이 있을 것이다. 그런데 위의 논의에 비추어보면 이런 약속인은 평균적 인간을 대변하지 않을 것이기에, 피약속인이 그런 약속인과 상호작용할 때 해당 성향에 대해 이미 알고 있을 것이라 가정하는 것은 무리이다. 결과적으로 이런 약속인은 원칙D를 적용하면서 자신의 특이한 성향과 관련된 단서를 (즉 자신의 마음이 매우 잘 변한다는 사실을) 피약속인에게 미리 알려야 할 것 같다. 하지만 그렇게 되면 피약속인이 약속인의 말을 확신하지 않을 것임이 분명하다. 지나치게 변덕스러운 약속인은 그 정의상 마음이 쉽게 변하는 사람인지라 원칙D를 따라 지킬 가능성이 높은 약속을 한 후에도 그것을 실제로 지키는 데 필요한 지속적인 의도를 보유하지 못할 가능성이 높기 때문이다. 그렇기에 확신견해의 지지자들은 현 사례를 약속을 주고받는 것이 불가능한 사례 혹은 그들이

---

41) 특히 예측 불가능한 외부적 제약조건과 확신의 조건적 성격의 관계에 대해서는 South-wood and Friedrich(2009), p.271(각주 17) 참조.

잘 설명할 수 없는 사례로 취급해야 할 것이다. 하지만 이 점이 바로 확신견해의 한계를 의미할 수는 없다. 다행스럽게도 우리가 사는 세계에 속한 '대부분의' 사람들 — 혹은 약속인 — 이 지나치게 변덕스럽다고 가정할 만한 강력한 근거는 아직 제시된 바 없기에, 확신견해는 보통의 사람들 — (2)의 범주에 속하는 약속인 — 이 약속을 주고받는 '표준적인' 도덕적 현상을 잘 설명해낼 것이다.[42] 따라서 정상적인 수준 이상으로 변덕스러운 사람이 있다는 사실만으로 확신견해의 일반적 설명력이 바로 감소되는 것은 아니다.

어떤 이는, 3절에서 논자가 원칙D를 적용한 방식을 응용하여, (1)의 범주에 속하는 약속인이라면 자신의 변덕스러운 성향 '에도 불구하고' 여전히 지킬 가능성이 높은 약속만을 해야 한다고 말함으로써 이 문제를 처리하려 할지도 모른다.[43] 그런 약속인은 아마도 대체로 경미한 희생이나 부담을 동반하는 약속만을 하게 될 듯하다. 그럴 때에만 안 그래도 잘 변하는 자신의 마음이 그나마 '덜' 변하게 되는 효과가 있을 것이기 때문이다. 하지만 이런 방식으로 원칙D가 적용되면 약속인은 약속의 수행 자체에 따르는 희생의 경중, 그 이행을 방해하는 외부적 제약조건, 그리고 자신의 성향이라는 내부적 제약조건 등 너무 많은 것을 고려해야 한다. 이때에는 약속인의 의사결정이 지나치게 많은 조건들의 제약 아래 놓이게 되어 그런 약속인이 실제로 할 수 있는 약속의 범주가 '매우' 협소해지는 문제가 생길 수 있다. 이런 상태는 약속인에 대한 피약속인

---

[42] 스캔런은 과거에 거짓말을 너무 많이 해 도저히 믿을 수 없는 약속인의 경우는 확신견해와 잘 맞아떨어지지 않음을 인정한다. 하지만 그는 이는 전형적이지 못한 경우이고 확신견해는 여전히 약속이 일어나는 "중심적(central)" 경우들에는 잘 적용된다고 말한다(Scanlon(1998), p.312). 지나치게 변덕스러운 약속인에 대한 논자의 입장도 대체로 이와 유사하다.

[43] 여기에서는 약속인은 자신의 성향에 대한 단서를 달지 않는다. 그 성향 '자체'가 이미 자신의 의도의 지속성에 영향을 미치는 요소로 고려된다. 따라서 이는 바로 위에서 다룬 경우와는 다르다.

의 불신만으로도 약속이 성립하지 않게 되는 위의 경우와 실질적으로 유사하게 될 것이기에, 여기서 언급된 전략도 확신견해의 옹호자들이 적극적으로 채택할 만한 것은 아니다.

게다가 지나치게 변덕스러운 약속인일지라도 자신의 그런 성향을 정확히 알기 어렵고, 설령 그런 인식이 가능하더라도 자신의 성향이 언제 어떤 방식으로 미래의 약속 이행에 영향을 미칠지 합당하게 예측하는 것은 쉬운 일이 아니다. 이런 경우에도 약속인이 자신의 변덕을 고려하여 약속을 하게 된다면 이는 신빙성 없는 예측을 동반하게 될 것이고, 결국 자신의 미래 행위와 관련하여 상대방이 잘못 기대하게 해서는 안 된다는 원칙D의 요구를 오히려 '위반'하는 결과를 가져올 수도 있다. 이것이 바로 자신의 성향 같은 내부적 제약조건에 대한 고려를 원칙D의 한 요소로 포함시키는 위의 전략을 거부하는 두 번째 이유이다. 결국 지나치게 변덕스러운 약속인이 고려해야 할 사항도 자신의 성향보다는 자신을 둘러싼 조건과 사실인 것이다.[44]

사실 논자는 이 점이 (2)의 범주에 속하는 약속인에게도 그대로 적용된다고 생각한다. 정상적인 수준으로 변덕스러운 사람도 자신의 변덕이 정확히 어떤 수준인지, 그리고 그것이 어떻게 자신의 의도에 영향을 미칠지 정확히 알 수 없다. 이는 이런 수준의 내부적 제약조건도 결국 약속인에게는 예측 불가능한 외부적 제약조건과 비슷한 의미를 지닐 수밖에 없음을 의미한다. 결국 약속인이 원칙D를 적용할 때 내부적 그리고 예측 불가능한 외부적 제약조건을 '신빙성 있게' 고려하기란 실질적으로 가능하지 않다. 약속인이 원칙D 아래에서 자신의 의사를 정확히 전달할 때 집중해야 할 요소는 3절에서 강조한 것처럼 예측 가능한 외부적 제약

---

44) 바로 이러한 이유로 인해 논자는 Encarnacion(2014), pp.116-117의 주장, 즉 원칙D를 변덕이 심 한 사람도 규제하는 것으로 해석하는 입장에 동의하지 않는다.

조건에 한정된다.[45)

5. 확신의 '정도'에서 확신의 '가치'로

위의 논의에서 우리가 보다 분명하게 확인하게 된 것은 확신견해 내에서 피약속인의 확신은 조건적 성격을 띠고 있다는 점이다. 하지만 기실 중요한 문제는 그런 의미의 확신이 '확신의 가치'의 실현과 어떻게 관련되는가이다. 주지하다시피 원칙F를 정점으로 하는 확신견해는 확신의 가치를 위반하는 것의 그름을 통해 약속이행의 의무를 설명하기 때문이다. 이런 의미에서 여기에서는 조건적 의미에서의 피약속인의 확신이 확신의 가치를 실현하는 데에 무력하지 않음을 강조하려 한다.

우선 2절에서 잠시 언급된 확신의 가치의 면모를 좀 더 자세히 살펴보자. 이미 지적된바, 확신의 가치는 피약속인이 약속인의 약속 이행을 토대로 또 다른 행위를 하거나 계획할 수 있다는 점에서 잘 드러난다. 이는 확신의 가치의 "행위자적(agential)"[46) 측면이다. 그런데 스캔런에 따르면 확신의 가치에는 "경험적(experiential)"[47) 측면 또한 있다. 약속인의 약속 이행을 전제로 피약속인이 반드시 또 다른 행위를 추구하지는 않더라도, 다시 말해 피약속인이 그 약속 이행에 의존하여(relying on)

---

45) 그렇다면 지나친 변덕((1)의 범주)과 정상적인 변덕((2)의 범주)을 정확히 구별할 수 없다거나 혹은 그 둘 사이에 어떤 중간 지점의 성향이 있을 수 있다는 반론이 논자에게는 별 의미가 없다. 왜냐하면 논자는 그런 내부적 성향을 고려하는 것 자체가 원칙D의 적용 시 불필요하다고 주장하고 있기 때문이다.

46) Southwood and Friedrich(2009), p.265. 확신의 가치의 이런 행위자적 측면과 바로 아래에서 말하는 경험적 측면은 스캔런 자신에 의해 이미 잘 설명되고 있다. Scanlon(1998), pp.302-303 및 Scanlon(2003), pp.242-244. 또한 Kolodny and Wallace(2003), pp.127-128 참조.

47) Scanlon(1998), p.303.

또 다른 행위를 꼭 계획하지는 않더라도,[48] 약속인이 약속을 이행할 것
이라는 믿음 자체가 피약속인에게 좋음이 되는 (즉 가치가 되는) 경우가
그러하다. 예를 들어 갑이 을의 부끄러운 과거를 알고 있지만 그것을 떠
벌리고 다니더라도 을에게는 난감하고 부끄러운 상황에 처하는 것 외에
는 실질적인 피해가 없다고 해보자(그리고 갑이 그렇게 말하고 다니지
않겠다고 약속한다고 해보자).[49] 아마도 갑이 약속을 어길지라도 을은
자신의 직업을 잃거나 하지는 않을 것이다. 따라서 이 예에서는 피약속
인인 을이 약속인인 갑의 약속이행 여부에 의존해 어떤 추가적 계획을
세우지 않는다. 스캔런은 이러한 경우에도 확신의 가치가 피약속인에게
중요하다고 본다. 왜냐하면 을에게는 그렇게 자신의 과거가 알려져 사
람들이 예전과는 다르게 자신을 보게 되지 않기를 원할 좋은 이유가 있
기 때문이다.[50] 물론 을은 마음의 평정을 얻게 되어 쓸데없는 걱정에 시
달리지도 않게 될 것이다.[51] 확신의 가치의 이런 면모는 행위자적인 것
이 아닌 경험적인 것이다.

피약속인의 확신이 조건적이라고 할 때, 우리는 방금 논의된 확신의
가치의 두 측면이 심각하게 훼손된다고 말해야 하는가? 반드시 그렇지
는 않다. 약속인의 의도가 혹시라도 변할 수 있는 (낮은) 가능성에서 비
롯된 피약속인의 확신의 조건적 성격은 모두가 받아들일 수밖에 없는 인

---

48) 의존 개념은 이렇게 약속이 이루어질 것이라는 피약속인의 믿음에 한정되지 않고 그 믿
음에 근거하여 피약속인이 다른 행위를 추구하려는 경우에만 성립된다. 기대견해 중의
하나인 탐슨의 의존견해(the Reliance View)는 바로 이런 의미에서의 의존 개념에 기
대고 있다. 확신견해와 의존견해의 차이를 거칠게 서술하면, 확신의 가치를 이해함에
있어 행위자적 그리고 경험적 측면을 모두 인정하면 전자에 가깝게 될 것이고 그 가치
를 오직 행위자적 측면에서만 이해하면 후자에 가까울 것이다. 탐슨의 입장으로는
Thomson(1990), chap. 12 참조.
49) Scanlon(1998), pp.302-303의 예를 각색한 것임.
50) 이 점에 대해서는 Kolodny and Wallace(2003), p.129 참조.
51) Scanlon(1998), p.303.

간의 '근본적인' 내외부적 한계를 반영한 것이다. 그렇기에 그런 한계에 대한 피약속인의 인식이 그 또는 그녀의 미래 삶의 가치를 행위자적이든 경험적이든 크게 훼손한다는 주장은 과장된 것이다. 아마도 우리가 보통 죽음에 대해 말하는 것이 도움이 될지도 모르겠다. 사람들은 누구나 자기가 언젠가는 죽을 것임을 안다. 하지만 보통의 경우에 이 사실이 우리의 인생을 설계하고 나아가는 데에 그리 큰 영향을 미치지는 못한다. 우리가 언젠가는 죽는다고 해서 오늘 아무런 일도 하지 말아야 할 좋은 이유가 있는 것이 아니며, 우리가 그 사실을 안다고 해서 오늘 당장 걱정으로 밤을 새워야 할 필요도 없다.[52] 마찬가지로 혹시라도 약속인이 말한 대로 행하지 않을 가능성이 조금이라도 있다고 해서 약속인과 관련된 우리의 미래 계획을 아예 포기해야 할 이유가 있는 것이 아니며, 그런 가능성을 인지한다고 해서 밤마다 편히 잠을 자지 못할 이유도 없다.

여기서 논자는 죽음의 가능성 앞에서 지나친 염세적 태도를 취하는 것에 모종의 비합리성이 있음을 암묵적으로 가정했다. 물론 그런 비합리성의 본질에 대한 포괄적인 논의가 있으면 더 좋겠지만 그것이 지금 꼭 필요한 것 같지는 않다. 만약 '최소한' 그런 태도에 어떤 문제가 있다는 점에 우리가 동의할 수 있다면, 죽음이 확신의 조건성에 관한 우리의 이해에 주는 교훈은 충분하다 하겠다.[53]

---

52) 이런 주장에 대한 고전적인 논의로는 Nagel(1979), pp.9-10 참조.
53) 하지만 죽음이 약속에 대한 완벽한 유비로 제공된 것은 아니다. 후자에서는 약속이 지켜지지 않을 가능성이 필연적이지는 않은 반면, 전자에서는 사람이 죽게 되는 것이 필연적인 사실이기 때문이다.

참고문헌

성창원. 2014. 「약속이행의 의무에 대한 확신견해의 옹호」. 『철학논집』 37집: 149-175.

Atiyah, P. S. 1981. *Promises, Morals, and Law*. Oxford: Oxford University Press.

Encarnacion, Erik. 2014. "Reviving the Assurance Conception of Promising." *The Journal of Value Inquiry* 48: 107-129.

Kolodny, Niko and R. J. Wallace. 2003. "Promises and Practices Revisited." *Philosophy & Public Affairs* 31: 119-154.

Liberto, Hallie. 2016. "Promissory Obligation: Against a Unified Account." In Timmons(2016), pp.102-122.

MacCormick, Neil. 1972. "Voluntary Obligations and Normative Powers I." *Proceedings of the Aristotelian Society Supplement* 46: 59-78.

Matravers, Matt. ed. 2003. *Scanlon and Contractualism*. Portland: Frank Cass Publishers.

Nagel, Thomas. 1979. *Mortal Questions*. New York: Oxford University Press.

Pratt, Michael. 2003. "Promises and Perlocutions." In Matravers (2003), pp.93-119.

Scanlon, T. M. 2003. *The Difficulty of Tolerance*. Cambridge: Cambridge University Press.

Scanlon, T. M. 1998. *What We Owe To Each Other*. Cambridge: Harvard University Press.

Scanlon, T. M. 1990. "Promises and Practices." *Philosophy and Public Affairs* 19: 199-226.

Shiffrin, Seana. 2008. "Promising, Intimate Relationships, and Conventionalism." *The Philosophical Review* 117: 481-524.

Southwood, Nicholas and Daniel Friedrich. 2009. "Promises Beyond Assurance." *Philosophical Studies* 144: 261-280.

Thomson, Judith. 1990. *The Realm of Rights*. Cambridge: Harvard University Press.

Timmons, Mark. ed. 2016. *Oxford Studies in Normative Ethics*. vol. 6. New York: Oxford University Press.

Tognazzini, Neal, A. 2007. "The Hybrid Nature of Promissory Obligation." *Philosophy and Public Affairs* 35: 203-232.

Cogito, Ergo Sum의 논리에 대한 해석

김 선 욱

1. 서론

데카르트(R. Descartes)의 유명한 명제, "나는 생각한다, 고로 나는 존재한다(cogito, ergo sum)."가 제기한 수많은 문제들 가운데 하나는 이 명제의 논리적 특성에 관련된 것이다. 즉 접속사 ergo로 연결되어 있는 두 명제인 cogito와 sum이 어떤 논리적 관련성을 갖는가 하는 문제가 그것이다. 논리적 연결사로 일반적으로 이해되는 ergo의 함축대로, cogito가 전제이고 sum이 결론인 하나의 논증(argument)으로, 즉 양자를 추론(inference)의 관계로 데카르트의 명제를 이해할 것인지, 아니면 ergo는 결론을 가리키는 지시사가 아니라 단지 두 문장을 연결하는 기능으로만 그치고 두 명제는 단지 직관적 통찰에 의해 병렬되어 있는 것으로 이해할 것인지가 문제인 것이다. 만일 전자처럼 이를 논증적 관

---

* 이 논문은 숭실대학교 철학과 편, 『사색』 제12집(1996)에 게재된 것을 수정한 글이다.

계로 이해한다면 우리는 그 다음으로 이 논증의 타당성을 검토해야 하며, 만일 그것이 타당한 논증이라면 또한 그것이 증명으로 간주될 것인지 아니면 단순한 연역인지를 검토하는 것이 그 다음의 과제가 된다. 그러나 만일 데카르트의 명제를 논증으로 이해하지 않는다면, 혹은 그것이 논증인지의 여부를 묻는 질문으로서는 데카르트의 명제가 가진 특성이 제대로 드러날 수 없다고 생각한다면, 그 명제의 참뜻은 어떠한 개념이나 통찰로 해명될 수 있을지가 뒤이어 고민해야 할 문제가 된다. 두 명제가 하나의 통찰로 병렬되어 있다는 생각은 이 후자의 문제의식에서 내놓은 하나의 입장이다.[1]

이 문제는 데카르트의 동시대인인 가상디(P. Gassendi)에 의해 이미 제기되었고 데카르트 자신이 그의 질문에 대해 대답하였다. 그러나 데카르트의 대답은 위의 문제를 해소하기에는 충분치 못한 것이었다. 어쩌면 우리는 데카르트의 답변을 두고, 논리학사에 있어서 데카르트가 점하고 있는 지위의 중요성에도 불구하고 그는 당대까지 발전된 논리학을 기반으로 자신의 명제가 가진 논리적 특성을 충분히 설명할 수는 없었다고 말해야 할 수도 있다. 그가 알지 못했던 논리학적 지평은 힌티카(J. Hintikka)의 1962년 논문[2]에서 제시된다. 이 논문에 나타난 힌티카의 통찰은 그 후 아펠(K. O. Apel)에 의해 그의 '언어의 화용론적 사용에 의거한 선험적 정당화 모델' 개념의 형성에 이용되었고, 이는 다시 하

---

1) 이 주제를 우리나라에서 최초로 언급한 저술은 최명관(1972)이다. 그는 이 책의 "Cogito, ergo sum은 하나의 직관인가, 혹은 추론인가?"라는 제목의 절에서 자명한 진리인 cogito, ergo sum이 직관에 의해 파악된 것인지 아니면 추리에 의하여 얻어진 결론인지를 묻고 있는데, "즉, Cogito는 형식상으로는 하나의 추리라고 할 수 있고, 사실 Descartes가 사색하고 추리하는 가운데 얻은 최초의 매듭이라고 할 수 있지만, 그 내용, 그 본질에 있어서는 추리에 전혀 의거하지 않은 근원적 진리요 직관적 자명성을 가지고 있는 것이라 하겠다."(p.17)라고 결론을 내리고 있다.

2) Jaakko Hintikka(1962), pp.3-32.

버마스(J. Habermas)의 담론윤리(Discourse Ethics)의 이론 형성에 한 부분을 차지하고 있기도 하다.[3] 하지만 힌티카의 이 논문은 이후 cogito, ergo sum의 논리적 특성에 대한 일련의 논쟁을 야기했는데, 이 논쟁의 과정은 데카르트 명제가 가진 논리에 대한 이해의 어려움을 잘 드러낸다.

힌티카의 논문은 크게 두 부분으로 나누어진다. 첫째 부분은 일반 논리적 관점에서 보아 데카르트의 명제가 좋은 추론인지의 여부와, 좋은 추론이라면 증명인지의 여부에 대한 논의이며, 둘째 부분은 힌티카 자신의 독창적인 해석의 전개이다. 힌티카의 주장을 한마디로 요약하자면, 데카르트의 명제는 좋은 추론적 관계를 보여주기는 하지만 이러한 일반 논리적 설명으로는 데카르트의 명제의 진의를 완전히 드러내 보일 수 없으며, 그 명제는 화용(speech act)적 상황에서 이루어지는 수행(遂行, performance)[4] 행위와 연관하여 이해되어야 한다는 것이다. 즉 데카르트의 저술들이 일인칭 화자의 입장에서 독백으로 기술(記述)된 것임을 고려할 때 그 명제의 기술은 실제로 발언과 비슷한 효과를 가지므로, 그 명제의 수행과 관련하여 논리성을 해석할 때에만 데카르트의 말의 진의가 드러난다는 것이다. 아펠이 힌티카의 통찰에 주목한 것도 바로 이러한 수행적 해석의 특징 때문이다.

힌티카의 논문은 그 이후 많은 비판을 불러일으켰고 그중에서도 특히 첫째 부분, 즉 데카르트의 명제의 일반 논리적인 추론성 여부에 관한 그의 논점이 비판의 주요 대상이었던 것이다. 그런데 여기에 관하여 큰 논란이 있었던 주요 원인 중의 하나는 비판가들의 힌티카의 논점에 대한 몰이해였다. 이러한 몰이해가 발생한 원인은 힌티카의 애매한 논리학 용어 사용이 한몫을 했으나, 이 개념들이 비판가의 논문들에서도 서로

---

3) Jürgen Habermas(1993), p.80 참조.
4) 힌티카가 사용한 용어 'performance'를 '수행(遂行)'으로 번역한 것은 이정민 외(1982)에 따른 것이다.

다르게 이해되고 또 사용된 사실도 간과할 수 없는 점이다. 이는 당시 또 그 이후로도 상당한 기간 동안 논리학 용어들이 미국 학계에서 통일되지 않게 사용되고 있다는 현실을 단적으로 보여주는 증거이기도 하다.

 필자는 힌티카에게서 나타나는 용어의 애매성을 정리하여 그의 의도를 정확히 간취한다면 그의 수행적 해석은 데카르트 명제의 진의를 가장 잘 드러내는 해석임이 밝혀지리라고 생각한다. 또한 cogito, ergo sum의 논리적 특성을 묻는 문제가 하나의 현학적 차원에서 이루어진 질문이 아니라 데카르트 철학의 중요한 한 면을 드러내주는 질문임을 힌티카가 보여주었다고 믿는다. 따라서 본고의 중점은 힌티카가 야기한 데카르트 명제의 논리적 특성에 관한 논쟁을 정리하면서 힌티카의 의도가 무엇이었는지를 특히 그의 용어의 애매성을 정리해가면서 드러내는 데 있다. 그러나 이 논쟁 전체를 세세한 면까지 정리하는 작업은 상당한 분량을 이룰 것이므로 여기서는 데카르트의 명제의 진의가 드러나게 하는 데 초점을 두고 논쟁의 핵심적 내용을 중심으로 정리하려고 한다. 이를 위하여 우리는 2절에서 먼저 당면 주제와 연관된 데카르트의 언급들을 총망라해서 비판적으로 검토해보아야 하겠다. 이 작업의 일차적 목적은 데카르트 자신의 입장의 윤곽을 그려내는 것으로, 이를 통하여 계속될 논의의 방향을 잡을 수 있겠다. 3절에서는 이러한 관련 문헌의 비판적 검토의 토대 위에서 힌티카의 주장과 그 주장으로 야기된 논쟁을 체계적, 비판적으로 정리해보겠다. 이 논의는 일반 논리학적 차원에서 이루어지는 것이다. 4절에서 이루어질 힌티카의 수행적(遂行的) 해석에 대한 검토는 일반 논리학의 차원을 떠난 것이지만 여기에 대한 비판은 일반 논리학적 관점과 뒤얽혀 있으므로 그 앞 절과 관련하여 논의가 진행될 것이다. 이 절의 초점은 힌티카가 사용한 용어의 애매성을 비판하면서 힌티카의 의도를 드러내는 데 있다.

2. Cogito, ergo sum의 논리에 관한 데카르트의 언급들

cogito와 sum의 논리적 관계의 특성에 대한 언급은 데카르트의 저술 도처에서 발견된다. 이 절에서는 이러한 언급들을 매거하여, 계속될 논의와 연관하여 분석하려고 한다. 분석에 들어가기 전에 한 가지 주목할 점은 cogito, ergo sum의 번역에 대한 것이다. 이 명제는 우리말로는 "나는 생각한다, 고로 나는 존재한다." 또는 "… 고로 나는 있다(현존한다)."라고 번역된다.[5] 이 명제가 처음 등장하는 『방법서설』에서는 "Je pense, donc je suis"라고 프랑스어로 정식화되었고 라틴어로는 "cogito, ergo sum"이라고 한다. 영어로는 종래에는 "I think, therefore I am"이라고 번역되었으나 최근에는 주로 "I am thinking, therefore I am"으로, 즉 cogito를 현재진행형으로 옮긴 번역이 사용된다. 프랑스어와 라틴어에는 진행형이 없으므로 현재형으로 번역하는 것과 현재진행 시제로 번역하는 것은 데카르트 사상에 대한 해석과 관련된 문제이다. 예컨대, 힌티카는 현재진행형을 사용한 번역이 일반화되기 이전에 1962년 논문에서 라이프니츠를 언급하면서, "… 사유한다는 것(to think)과 사유하고 있다는 것(to be thinking)은 동일한 것이기 때문에 … 사유하고 있다고 말하는 것(to say, I am thinking)은 이미 내가 있다고 말하는 것(to say, I am)이 된다."[6]라고 지적한다. 우리가 이 인용문을 액면 그대로 받아들인다면 sum은 cogito에 내포되어 있다고 해야 할 것이고 따라서 cogito, ergo sum은 좋은 추론이 된다. 이 해석에 관하여는 아래에서 상세히 논하겠다. 이 논문에서는 라틴어 표현을 사용함으로써, 번역문의 사용에 의해 생길 수 있는 혼란이나 오해를 피

---

5) 본고에서는 "나는 존재한다."와 "나는 있다.", "나는 현존한다."라는 세 표현이 모두 동일한 사태를 지칭하는 것으로 간주한다.
6) Hintikka(1962), p.8, 주 16.

하려 한다.[7]

(1) 『정신지도를 위한 제규칙』(1628)[8]

『정신지도를 위한 제규칙』의 '규칙 3'에서 데카르트는 지식의 원천이 직관(intuition)과 연역(deduction) 두 가지라고 설명하고 있다. 직관이란 "맑고 주의 깊은 정신"으로부터 오는 의심할 수 없는 개념작용으로서 이는 오직 이성의 빛에서만 나온다고 한다. 직관은 오류를 범할 가능성이 있는 연역에 비해 보다 단순한 것이며 또한 보다 확실한 것이다. 연역이란 "확실하게 인식된 어떤 다른 명제들에서 어떤 것을 필연적으로 도출(follow)하는 추론(inference)을 말한다."[9]라고 정의된다. 데카르트에 따르면, 직관의 자명성과 확실성은 단지 단순명제의 파악을 위해서만 필요한 것이 아니라 모든 추론작용의 진행과정을 위해서도 필요한 것이다. 예컨대, "둘에다 둘을 더한 것과 셋에 하나를 더한 것과 같다."는 추론에 있어서, 우리는 '둘에 둘을 더한 것이 넷'이라는 것과 '셋에 하나를 더한 것이 넷'이라는 것을 직관적으로 인지해야 할 뿐만 아니라, 처음의 명제가 다른 두 명제들로부터 필연적으로 도출된다는 것을 직관적으로 알아야 한다는 말이다. 그러므로 여기에 등장한 연역 개념에는 두 가지 조건이 있다. 즉, 전제들은 확실하게 인식된 것이어야 하며, 전제에서

---

7) 이 논문에서는 John Cottingham, Robert Stoothoof, Dugald Murdoch 세 사람(제4권은 Anthony Kenny를 포함하여 4인)이 영역한 세 권으로 된 *The Philosophical Writings of Descartes*를 주 텍스트로 이용하였다. 본고의 인용문들은 이 영역본에 근거하여 기존의 한역을 참고하여 번역한 것이다. 이 영역본은 CSM이라고 약하여 사용할 것이다. 그리고 기존에 널리 사용된 Charles Adam과 Paul Tannery의 전집본 *Oeuvres de Descartes*(Paris: L. Cerf, 1897-1913)의 페이지도 관례상 함께 인용하겠다. 이 전집본은 AT로 약하여 사용할 것이다.

8) 괄호 안의 이 숫자는 CSM의 연대기표와 각 저술의 번역 머리에 있는 역자 서문에 나오는 출판 연대를 지칭한다.

9) CSM I 15; AT X 369.

결론에 이르는 과정은 필연적이어야 한다는 것이다. 확실성은 데카르트에 있어서 진리의 기준이므로, 연역은 데카르트에게 있어서 참인 전제에서 결론이 필연적으로 도출되는 것을 말한다.[10]

직관에 대하여서 데카르트는 "… 모든 사람은 그가 존재한다는 것, 그가 생각하고 있다는 것, 삼각형은 세 변으로 둘러싸여 있다는 것, 구형은 단일한 표면을 가진다는 것 등은 정신적으로 직관할 수 있다."[11]고 말한다. 여기서 주목할 것은 사유작용뿐만 아니라 자기 자신의 존재에 대한 인식이 직관의 예로 간주되고 있다는 사실이다. 다시 말하면 sum은 직관된 것일 뿐 연역된 것으로는 간주될 수는 없다는 말이다.

(2) 『방법서설』(1637)

『방법서설』에서 데카르트는 "따라서 내가 모든 것을 거짓이라고 생각해보려고 하는 동안 이렇게 생각하고 있는 나는 필연적으로 무엇이라는 것을 알아차리게 되었다."[12]라고 쓰고 있다. 따라서 데카르트는 "나는 생각한다, 그러므로 나는 존재한다."는 것을 발견하게 되고 이를 그의 철학의 제일원리로 삼는다. 또한 그는 "… 다른 것들의 진리됨에 대하여 의심하고 있다고 생각한 그 단순한 사실로부터 내가 존재한다는 사실이 아주 분명하고 확실하게 따라 나오게 된다(follow)."[13]고 하였다. 여기서 데카르트가 '추론(inference)'이라는 말을 사용하지는 않지만 논리적으로는 추론을 의미하는 '따라 나온다(follow)'라는 표현을 사용함으로써 "나는 존재한다."가 "나는 생각한다."에서 추론된다는 것이 여기에 함의되어 있다고 볼 수 있다.

---

10) 여기서 나타나는 데카르트의 '연역' 개념은 사실상 '증명'을 의미한다. 다음 절 첫머리의 개념 정의 참조.
11) CSM I 14; AT X 368.
12) CTM I 127; AT VI 32.
13) CTM I 127; AT VI 32-33.

(3)『성찰』(1641)

『성찰』에 나타나는 나의 사유와 나의 존재에 대한 관계 설명은『방법서설』의 것과는 아주 다르다.『성찰』앞머리의 '요약'에서 데카르트는 '제2성찰'의 도입 부분에 관하여 다음과 같이 요약하고 있다.

정신은 그의 자유를 사용하여, 어떤 존재에 대하여 조금이라도 의심할 수 있는 것에 대하여 존재하지 않는다고 생각한다. 그리고 이렇게 함으로써 정신은 그렇게 생각하는 동안 자신이 존재하지 않음이 불가능하다는 것을 인식한다.[14]

'제2성찰'의 본문에서는 다음과 같이 쓰고 있다.

따라서 모든 것을 매우 철저하게 고찰한 뒤 나는 결국 "나는 있다, 나는 존재한다."라는 명제를 내가 그것을 말할 때마다 또는 내 정신 가운데 생각할 때마다 필연적으로 참이라고 결론지을 수밖에 없다.[15]

이 내용은 이후에 다음과 같이 다시 한 번 강조된다.

생각한다? 마침내 나는 발견하였다. ― 생각, 오직 이것은 내게서 분리될 수 없다. 나는 있다, 나는 존재한다. ― 이것은 확실하다. 그러나 얼마 동안? 내가 생각하는 동안이다.[16]

이러한 논의를 거쳐 데카르트는 다음과 같이 결론을 내린다.

그런데 그렇다면 나는 무엇인가? 사유하는 존재이다.[17]

---

14) CSM II 9; AT VII 12.
15) CSM II 16-17; AT VII 25. 이 문제에 관하여는 다음 절에서 상세히 논하겠다.
16) CSM II 18; AT VII 27.
17) CSM II 19; AT VII 28.

『방법서설』에서는 분명히 sum이 cogito에서 '따라 나온다(follow)'고 하여 그 추론적 연관성을 강력히 시사했던 데 반해, 『성찰』에서는 위의 인용문들에서 보는 것처럼 cogito와 sum의 논리적 연관성을 언급하지 않고 있다. 그리고 cogito, ergo sum이라는 정식조차 등장하지 않는 다.[18] 또한 sum은 의심하는 순간에, 또는 생각하는 순간에 갑자기 확실하게 인식되는 것으로 설명된다.

마지막 인용문에서 보는 것처럼 '나'에 대한 '사유하는 존재'라는 정의가 나온다. '사유하는 존재'라는 말에는 두 가지 서로 다른 관념, '사유'와 '존재'가 하나로 결합되어 있다. 즉 나는 사유와 존재라는 두 속성을 갖는데, 문맥으로 볼 때 사유의 확실성은 의심하는 가운데 드러나며 존재의 확실성은 사유의 확실성과 더불어 갑자기 나타나는 것으로 되어 있다.

(4) 『제2 답변집』(1641)

이 답변집에서 데카르트는 자신의 명제가 삼단논법에 따라 추론된 것은 아니라고 주장한다. 그는 다음과 같이 쓰고 있다.

… 우리가 생각하는 존재라는 것을 깨닫게 될 때, 이는 어떠한 삼단논법에 의해서도 도출되지 않는 제1의 의견(notion)이다. 누군가가 "나는 생각한다. 그러므로 나는 있다, 또는 나는 존재한다."라고 말할 때 그는 삼단논법에 의하여 존재를 생각에서 연역한 것이 아니라, 정신의 단순한 직관에 의해 그것을 자명한 어떤 것으로 인식한 것이다.[19]

---

18) Frankfurt(1970), p.92.
19) CSM II 100; AT VII140. 이 부분은 해석상의 논란이 있는 부분이다. 라틴어 원문은 다음과 같다. "Cum autem advertimus nos esse res cogitantes, prima quaedam notio est, quae ex nullo syllogismo concluditur, neque etiam cum quis dicit, ego cogito, ergo sum, sive existo, existentiam ex cogitantione per syllogismum deducit, sed tanquam rem per se notam simplici mentis intuitu agnoscit." 힌티카와 와인버그(J. R. Weinberg)는 이 구절을 서로 다르게 해석한다. 와인버그는 자명하

만일 그 명제가 삼단논법에 따라 추론된 것이라면, 우리는 "생각하는 모든 것은 존재한다."라는 전칭명제를 사전 지식으로 가지고 있어야 한다. 데카르트에 따르면, 이 전칭명제는 cogito, ergo sum에 나타난 통찰의 일반화에 불과하다. 따라서 그는 "… 그런데 사실상 그것을 알게 되는 것은 자신이 존재하지 않고서 생각하는 것이 불가능함을 자신의 경우로 경험하는 것에서 배우게 된다. 개별적인 명제에 대한 지식에 기초하여 일반 명제를 수립하는 것은 우리 정신의 본질 가운데 있는 것이다."[20]라고 말한다.

이 답변집의 말미에서 데카르트는 존재와 사유의 관계를 설명하면서, "… 우리는 존재하지 않고서는 어떤 것에 대해서도 생각할 수 없다."[21]고 말하고 있다.

(5) 『제5 답변집』(1641)

가상디가 "나는 걷고 있다, 그러므로 존재한다(ambulo, ergo sum)."가 cogito, ergo sum과 동일한 논리적 지위를 갖고 있지 않는가라고 질문한 것에 대한 데카르트의 대답이 여기에 나타난다. 데카르트는, 만일 ambulo, ergo sum이 추론으로 간주될 수 있다면 그것은 단지 우리가 걷는다는 데 대한 의식을 갖고 있다는 사실과 관련하여서만 그러한 것이지, 신체의 운동과 관련해서 추론으로 간주될 수 있는 것은 아니라고 주장한다.

게(per se) 알게 되는 것은 sum이 아니라 cogito, ergo sum이라고 생각하며 문맥으로 볼 때 이 해석이 확실하다고 주장한다. 그러나 힌티카는 이 부분에서 논의되고 있는 것은 cogito, ergo sum 전체가 아니라 자신의 존재뿐이라고 본다. CSM은 힌티카의 해석과 일치한다. Weinberg(1962), p.487과 Hintikka(1963), p.492 참조.
20) CSM II 100; AT VII 140.
21) CSM II 117; AT VII 166.

"내가 나의 다른 행위들 가운데 하나에서 동일한 추론을 할 수 있었을 것이다."라고 당신이 말한다면, 당신은 진리에서 멀리 떨어져 있다. 왜냐하면 사유라는 유일한 예를 제외하면 나의 다른 행위들에 대하여 전적으로 확신하고 있지 않기 때문이다. … 예컨대 만일 걷는 것에 대한 의식을 생각이라 하지 않는다면, 나는 "나는 걷는다, 그러므로 나는 존재한다."라는 추론을 만들 수 없다. 이 추론은 오직 이 의식에 대해서만 적용될 뿐이며 … 신체의 운동에는 적용되지 않는다.[22]

나의 존재를 신체의 운동과 연결한다면 이는 추론이라고 할 수 없지만, 나의 존재를 내가 걷고 있다는 의식과 연결한다면 이는 추론이라고 할 수 있다는 것이 데카르트의 주장이다. 그러나 논리적 형식(logical form)에 의거하여 말한다면 cogito, ergo sum과 ambulo, ergo sum은 동일한 논리적 형식을 갖는다.[23] 그러므로 전자가 추론이라면 후자도 추론이어야 하며 후자가 추론이 아니라면 전자도 추론이 아니어야 한다.[24] 이렇게 볼 때 데카르트가 말하는 추론은 우리가 일반적으로 이해하는 개념과 다르다고 할 수 있다. 우리의 존재와 단순한 걷는 행위가 추론관계가 아니라고 데카르트가 말하는 이유는 단순한 걷는 행위는 의심 가능한 것이며 따라서 참이 아니기 때문이다. 이에 반하여 걷는 행위에 대한 의식은 확실한 것이므로 나의 존재와 추론적 관계를 갖는다. 그러므로 여기서의 '추론'은 『정신지도를 위한 제규칙』에 나타나는 '연역'과 같은 뜻으로 사용되었다고 볼 수 있다.

데카르트는 뒤이어 다음과 같이 말한다.

---

22) CSM II 244; AT VII 352.
23) John Corcoran(1995) 참조.
24) John Corcoran(1995), pp.442-443 참조.

… 내가 걷고 있다고 생각하는 사실로부터 나는 이러한 생각을 가진 정신의 존재를 아주 잘 추론할 수 있지만, 그러나 걷고 있는 신체의 존재는 추론할 수 없다.[25]

여기서는 생각으로부터 도출되는 존재는 '정신의 존재'이지 '신체의 존재'가 아님이 명시된다. 이는 『성찰』에 나타나는 "생각하는 존재" 개념의 재등장이라 하겠다. 생각으로부터 도출되는 '존재'는 따라서 연장을 가진 존재 개념이 아니라 비연장적 특성을 가진 생각과 관계된 개념이다.

(6) 『제7 답변집』(1642)

이 답변집에서 데카르트는 자신의 생각을 "내가 생각하는 한 나는 현존한다(ego cogitans existo)."라고 하여, 접속사 ergo 없이 정식화하고 있다.[26] 이러한 정식화는 '제2성찰'의 내용과 흡사하다.

(7) 『철학의 제원리』(1644)

여기서 데카르트는 사유하는 존재가 사유하는 바로 그 순간에 자신이 존재하지 않는다고 가정하는 것은 모순이라고 말하고 있다. 이러한 설명은 『성찰』의 설명과 흡사하다. 그리고 나서 그는 『방법서설』에서와 동일한 정식화를 사용한다. "… 이러한 지식 — 나는 생각한다, 고로 나는 존재한다 — 은 체계적으로 철학하는 누구에게나 일어나는 최초의 그리고 가장 확실한 지식이다."[27] 이러한 『성찰』 방식의 설명과 『방법서설』의 정식화를 연이어 사용한 이유에 대하여 데카르트는 아무런 설명을 하

---

25) CSM II 244; AT VII 352.
26) CSM II 324; AT VII 481.
27) CSM I 195; AT VIII 7.

지 않고 있다. 여기에 대해 우리가 할 수 있는 설명은 데카르트가 그 양자를 상충되지 않는 것으로 이해하고 있다는 것이 된다.

또한 여기서 『제7 답변집』에서 말한 내용이 반복된다. 그리고 "나는 본다, 또는 나는 걷는다, 그러므로 나는 현존한다."라는 예를 들어 설명하는 가운데 sum을 결론이라고 부르고 있다.[28] 그렇다면 이 예에서 "나는 걷는다."는 sum의 전제라고 해야 할 것이며 따라서 이 예는 논증(argument)의 형식을 갖는 것이지만, 다른 부연적 언급은 나오지 않는다.

(8) 클레르셀리에(Clercelier)에 보낸 편지(1646년 6월 또는 7월에 작성)
여기서 데카르트는 제일원리를 "… 우리의 영혼이 존재한다는 것이다."고 말한다. 왜냐하면 우리에 대해 그의 존재가 더 잘 알려진 것은 없기 때문이라는 것이다.[29]

(9) 『진리를 위한 탐구』(데카르트 사후 출간. 저술 연대 불명)
여기서 그는 "나는 의심한다, 그러므로 나는 현존한다."와 "나는 생각한다, 그러므로 나는 현존한다."를 추론(inference)이라고 부르고 있다.[30]

이상의 분석적 작업을 통해 우리가 알 수 있는 것은 데카르트의 입장이 비록 혼란스럽기는 하지만 일관되다는 점이다. 그 혼란은 우선 데카르트가 연역이나 추론 등과 같은 개념을 엄밀한 개념 규정 없이 사용하는 데서 기인된 것이다. 그리고 sum의 확실성을 보여주는 과정이, 『방법서설』과 『진리를 위한 탐구』에서는 추론에 의한 것처럼 설명되지만 『성찰』이나 『제7 답변집』 등에서는 직관적 통찰에 의한 것처럼 설명되

---

28) CSM I 195; AT VIII 7.
29) CSM III 290; AT IV 444.
30) CSM II 417; AT X 523.

고 있는 것도 혼란스러운 부분이다. 이러한 서로 다른 설명방식이 『철학의 제일원리』에서는 동시에 등장하지만 양자의 차이를 조화시키는 설명은 나타나지 않는다. 데카르트는 그의 명제가 연역임을 전적으로 부정하는데 (『정신지도를 위한 제규칙』), 만일 그것이 연역이면 sum이 제일 지식으로서의 자격에 문제가 생기기 때문이다. 그러나 그는 그 명제가 추론임을 부인하지 않는다. 『제5 답변집』의 설명에 따르면 추론과 연역이 모두 증명을 의미하는 듯하지만, 데카르트는 추론과 연역을 구별해서 사용한다.

3. Cogito, ergo sum의 논리

우리는 앞에서 데카르트가 논증이나 추론, 그리고 '따라 나온다 (follow)' 등과 같은 용어를 애매하게 사용하고 있음을 살펴보았다. 이러한 용어의 애매성은 비단 데카르트의 텍스트에서 뿐만 아니라 힌티카의 논문이나 그 이후에 쓰인 힌티카의 주장에 대한 비평에서도 마찬가지로 나타난다. 즉 이러한 개념들은 사용되는 이들에 따라 다른 의미로 사용되었을 뿐 아니라 한 저자의 논문에서도 서로 다른 의미로 사용되기도 했다. 따라서 우리는 먼저, 앞으로 언급될 중요한 논리적 개념들에 대하여 정의를 내리고, 이 정의들에 의거하여 논쟁을 정리하고 또 논의를 진행할 필요가 있다.

'논증(argument)'이란, 하나 또는 그 이상의 명제들로 이루어진 전제와 하나의 명제로 이루어진 결론, 이 두 부분으로 이루어진 명제들의 집합을 의미한다. 결론이 전제로부터 필연적으로 도출될 경우 이 논증은 '타당하다(valid)'라고 하고 그렇지 않을 경우 '타당치 않다(invalid)'라고 한다. '추론(inference)'은 여기서 '논증'과 같은 의미로 사용하지만 결론이 전제에서 필연적으로 도출될 경우 '좋은' 추론이라고 하고 그렇지 않은 추론은 '나쁜' 추론이라고 한다. 비록 좋은 추론이나 타당한 논증의 경우라 하더라도 결론이 반드시 참인 것은 아니다. 왜냐하면 전제가 거짓인 경우 결론은 거짓일 수 있기 때문이다. 전제가 참이고 타당한 논증일 때, 또는 전제가 참이고 좋은 추론일 때, 오직 이때에만 결론은 필연적으로 참이다. '연역(deduction)'은 전제(들)와 결론, 그리고 추리 과정의 세 부분으로 이루어진 명제들의 집합을 말한다. 연역에서 추리 과정이 올바로 진행되어 결론이 전제에서 도출됨을 보여준다고 해서 그 결론이 반드시 참인 것은 아니다. 왜냐하면 전제가 거짓이면 결론이 거짓일 수가 있기 때문이다. 연역들 가운데 전제가 참이고 추리과정이 올바르며 이 추리과정을 통해 결론이 전제에서 필연적으로 도출됨을 보여줄 때 이러한 연역을 '증명(proof)'이라고 한다. 그런데 이 논문에서는 전제가 올바른 타당한 논증뿐만 아니라, 전제가 올바른 좋은 추론도 '증명'이라고 부르겠다.[31] "cogito, ergo sum은 추론이다."라는 말은 "sum이 cogito에서 필연적으로 도출된다." 또는 "cogito가 sum을 함축한다."를 의미하며, "cogito, ergo sum은 증명이다."라는 말은 "cogito는 참이며, 동시에 sum은 cogito에서 필연적으로 도출된다."는 뜻이다. 데카르트 자신이 사용한 '연역' 개념은 여기서 말하는 '증명'에 가깝다. 그러나 데카르트의 '추론' 개념은 여기서의 '추론'과는 다르며 '증명'도 아니다. 그것은 위의 어떤 개념과도 완전히 일치하지는 않는다. 이러한 차이점은 다음의 논의 가운데서 분명해질 것이다.

이제부터 이러한 개념들은 위의 정의에 준하여 사용될 것이다. 그리고 학자에 따라 이 정의와 다른 의미로 사용된 개념들은 위의 정의에 따라 옮겨서 사용할 것이며 필요한 경우 그 의미의 차이를 언급하겠다.

힌티카는 데카르트의 명제가 일반 논리학적 의미에서의 증명이나 추론이 아니라고 주장한다. 그러나 그렇다고 해서 그 명제를 추론으로 읽

---

31) 이러한 정의들은 Corcoran(1989) pp.22, 25-26, 28-29를 참조한 것이다. 이 정의들을 기준으로 보면, 힌티카는 1962년 논문에서 '연역'을 어떤 경우에는 '타당한 논증'의 뜻으로, 어떤 경우에는 단순한 '논증'의 뜻으로 사용하고 있다.

는다고 해서 틀리지는 않다고 주장한다. 이러한 일견 모순적인 듯한 이 주장이 의미하는 바를 이해하기 위해서 먼저 이 절에서는 힌티카의 추론적 독법에 대한 입장과 이에 대해 주어진 비판들에 대하여 살펴보겠다. 이 비판에 대한 검토는 『성찰』의 한 구절에 대한 힌티카와 와인버그(J. R. Weinberg)의 상충되는 해석에 대한 검토와, 존재적 전제(existential presupposition)에 대한 던랩(J. P. Dunlap)과 호킨(B. S. Hawkin)의 주장의 검토로 이루어질 것이다.

1) Cogito, ergo sum의 추론적 독법에 대한 힌티카의 입장

데카르트의 명제는 과연 추론이 아닌가? 이것이 힌티카가 우선적으로 제기하는 질문이다. 힌티카는 일반적인 추론적 독법을 옹호할 수 있는 논리적 형식을 제시함으로써, 이 명제를 추론으로 볼 경우 어떤 문제가 발생하는지 지적한다. 그에 따르면 cogito의 논리적 형식은 'B(a)'이다. 이 형식은 한 개체가 하나의 속성을 갖고 있다는 것을 의미한다. sum은 앞에서와 동일한 개체가 '존재하고 있다'고 언급되고 있다. "존재한다는 것은 관련 변항의 값이다(to be is to be a value of a bound variable)." 라는 콰인(W. V. O. Quine)의 주장을 받아들여 힌티카는 $(\exists x)(x=a)$가 sum의 논리적 형식을 나타낼 수 있다고 한다. 따라서 데카르트의 명제는 다음과 같은 형식을 갖게 된다.

(가) $B(a) \supset (\exists x)(x=a)$[32]

---

32) 이 형식은 '⊃'를 사용함으로써 전건과 후건의 관계를 논리적 함언(logical implication) 관계가 아니라 단순함언(material implication) 관계로 옮기고 있다. 힌티카가 의도하는 바가 사실상 단순함언 관계가 아닌 양자 타당한 논증관계이므로 다음과 같은 논증 형식이 원래의 의도에 부합할 것이다.
   B(a)
   ? $(\exists x)(x=a)$
   기호체계의 선호도에 따라 '?' 대신 '∴'를 사용할 수도 있다.

힌티카는, 우리가 데카르트의 명제를 추론[33]으로 이해할 경우 (가)의 형식을 염두에 둔 것이라고 본다. 그런데 데카르트는 자신이 사유한다는 사실을 참으로 받아들이고 있기 때문에 이 형식의 전건 'B(a)'를 참으로 받아들이고 있는 것이 된다. 전건이 긍정되고 있기 때문에 전건 긍정식(modus ponens)에 따라서 후건 즉 자신의 존재를 참으로 받아들이고 있는 것이다.[34]

그런데 힌티카는 이러한 (가)의 방식의 해석이 다음과 같은 이유에서 올바른 해석이 아니라고 생각한다. 첫째, 분명히 존재가 사유와 관계가 있기는 하지만, (가)의 해석에 따르면 (∃x)(x=a)는 'B'의 구체적 내용과 상관없이 참이다. 즉 그것이 가상디가 말한 대로 "나는 걷는다(ambulo)."라고 해도 참이 되며, 따라서 ambulo, ergo sum이 cogito, ergo sum과 같은 논리적 지위를 갖게 될 것이다. 데카르트는 가상디의 질문에 대한 대답에서 이 점을 분명히 부정했었다.[35] 둘째, 이 해석은 cogito, ergo sum이 증명이라는 말이지만 데카르트는 이를 '연역'이 아니라고 강력히 부정하였다. 앞서 본 것처럼 데카르트에게 있어서 '연역'은 증명을 의미한다. 셋째, 이 해석은 cogito, ergo sum이 데카르트 철학의 체계 속에서 갖는 역할을 이해하는 데 아무런 도움이 되지 않는다.

---

33) 여기서 '추론'이란 Corcoran(1989)에 따라 정의된 의미에서의 추론이며, 데카르트가 사용한 의미에서의 추론은 아니다.

34) Hintikka(1962), p.6.

35) 이 논문의 2절 (5) 참조. 여기서 데카르트의 '추론' 개념과 우리의 개념 사이의 차이는 분명해진다. (가) 식의 추론적 독법은 ambulo, ergo sum이나 cogito, ergo sum은 모두 추론이다. 그러나 데카르트는 전자는 추론이 아니라고 했다. 그는 그 이유로 신체의 운동은 의심 가능한 것이기 때문이라고 했는데, 만일 걷는다는 의식에 대한 의식은 확실한 것이므로 여기서는 sum이 추론된다고 했다. 신체의 운동의 경우와 그에 대한 의식의 경우의 차이점은 전자는 의심 가능한 것이고 후자는 그것이 생각이라는 점에서 그렇지 않다는 것인데, 결국 여기서 데카르트가 말하는 것은 우리의 '증명' 개념을 의미하는 것처럼 보인다. 그러나 우리의 '증명' 개념은 그의 '연역' 개념과 같다고 보이므로 그의 '추론' 개념의 의미는 이러한 개념 연관 하에서는 미궁에 빠지게 된다.

왜냐하면 (가)는 "내가 생각한다."는 사실의 중요성을 설명해주지 않기 때문이다. 끝으로 힌티카는 "(양화이론에 따른) 함수식의 통상적 체계에 있어서는 (가)의 증명 가능성은 나의 존재가 나의 사유로부터 과연 도출 되느냐라는 문제와는 아무런 관계가 없기" 때문이라고 한다.

여기서 주목할 점은 데카르트가 중요시한 sum의 cogito에 대한 독특한 관계와, 이 관계가 증명 관계는 아니라는 점이 충분히 강조되어야 한다고 힌티카가 주장한다는 점이다. 그는 다음과 같이 쓰고 있다.

> … [(가)가] 증명될 수 있는 논리 기호들을 주의 깊게 살펴보면, 우리는 곧 그 기호들이, 다른 곳에서 내가 이렇게 명명한 것처럼, 중요한 존재적 전제 (existential presuppositions)에 기초하고 있음을 발견하게 될 것이다. 그 기호들은 암암리에, 우리가 다루어야 할 모든 단수 명사(名辭)들(singular terms)이 실제로 어떤 현존하는 개체를 지칭하고 있다는 가정에 의거하고 있는 것이다. 당면한 예에서 이러한 가정은 (가)에서의 'a'를 대체할 명사들이 비존재가 아니라는 가정에 상당한다. 그러나 문제의 명사가 "나"이기 때문에 이것은 내가 존재한다는 것을 말하는 또 다른 하나의 방식이 되어버린다. 따라서 "나는 생각한다."는 문장을 B(a)의 형식이라고 우리가 결정할 때 우리는 "나는 존재한다."가 참이라는 것을 (통상적 함수 논리의 목적상) 사실상 결정하고 있음을 알 수 있다.[36]

여기서 힌티카가 말하는 (가)의 해석의 문제점은 다음의 연역을 통해 보일 수 있다.

(가)의 정식화는 다음과 같이 연역된다.

---

36) Hintikka(1962), pp.7-8.

(나) 1 B(a)

　 ? (∃ x)(x=a)

　 2 a=a 1, logic

　 3 (∃ x)(x=a) 2

　 Q.E.D.

그러나 (나)의 경우에서 보는 것처럼, 결론의 도출의 필연성은 추리과정 2에서 보이는 대로 cogito의 존재적 전제에 의존하고 있다. 그러므로 전제 1에서 'B'가 사유를 지칭하든 아니든 상관이 없는 것이다. 힌티카는 존재적 전제에서 자유로운 자유논리(Free Logic)에 대하여서도 언급한다. 그러나 (가)의 형식의 진리치는 전적으로 존재적 전제에 의존하고 있으므로 "만일 이 전제가 포기된다면 (가)의 증명 가능성은 무너지고 만다."[37]고 힌티카는 지적한다.

그러면 힌티카는 cogito, ergo sum이 추론이 아니라고 주장하는 것인가? 와인버그와 카아니(J. Carney)는 힌티카가 데카르트의 명제가 추론임을 부정했다고 생각한다.[38] 그러나 힌티카는 1963년 논문에서 "와인버그와 카아니가 생각한 것처럼 내가 데카르트의 cogito가 수행(performance)일 뿐이며 추론이 아니라고 주장했던 것은 아니다."라고 말하며 그들의 주장에 정면으로 맞서고 있다. 힌티카에 따르면, "… 오히려 그것은 양자 모두이다. … cogito, ergo sum이 수행이라고 말하는 것과 추론이라고 말하는 것은 전혀 상충되는 것이 아니다."[39] 이 명제를 추론으로 볼 수도 있지만 이러한 이해는 데카르트가 의도하는 바를 전혀 드러내 보여주지 않는다는 데 문제가 있으므로 힌티카는 거기에 머물러 있지 않는 것이다.

----

37) Hintikka(1962), p.8.

38) Weinberg(1962) 및 Carney(1962) 참조.

39) Hintikka(1963), p.489.

2) 와인버그와 프랑크푸르트의 힌티카 비판

힌티카의 1962년 논문에 대한 비평이 와인버그와 카아니에 의해 곧바로 이루어졌다. 와인버그의 비판은 데카르트 저술의 문맥에 주목하여 cogito, ergo sum이 추론이라는 입장이 데카르트에게서 수미일관하게 나타난다고 주장한다. 그리고 힌티카가 지적한 데카르트 저술에서의 혼란된 모습은 존재하지 않는다고 주장한다. 와인버그는 sum이 cogito에서 과연 도출된다고 주장하는 가운데, 힌티카가 '제2성찰'의 관련 문구를 문맥에 따라 주의 깊게 읽지 않았다고 비판한다. 문제의 구절을 와인버그는 다음과 같이 번역한다.

(i) 아니다, 내가 내 자신이 어떤 것이라고 설득한다면 내가 존재한다는 것을 나는 확신한다. (ii) 그러나 어떤 기만자, 그가 누군지 나는 모르나 대단한 위력을 가지고 또 대단히 교활하며 모든 노력을 다해 나를 항상 속이려고 하는 자가 있다. 그가 나를 속인다면 따라서 의심할 나위 없이 또다시 나는 존재한다. 그리고 그로 하여금 그가 할 수 있는 대로 나를 기만하게 내버려 두더라고, 그럼에도 불구하고, 그는 내가 어떤 존재라고 생각하는 한 내가 아무런 존재가 아니라고 생각하게 만들 수는 없을 것이다. 따라서 이런 모든 것을 생각해보건대, (iii) 결국 "내가 있다, 내가 현존한다."는 선언은 그것이 언명되는 만치, 또 내 마음에 생각되는 만치 필연적으로 참일 수밖에 없다.[40]

와인버그에 따르면 "내가 있다, 내가 현존한다."가 참으로 주장되기 위해 두 단계를 거친다. (i)에서 볼 때, 나의 존재의 확실성은 내가 나 자

---

40) Weinberg(1962), p.485. 괄호 안의 로마 숫자는 계속 이루어질 논의의 편의를 위하여 필자가 삽입한 것임. 힌티카는 자신의 답변 논문에서 이 구절을 라틴어 원문 그대로 인용하면서 와인버그와의 견해 차이를 설명한다.

신을 어떤 것으로 생각한다는 조건에 의존한다. (ii)에서 볼 때, 내가 어떤 존재라고 생각하는 한 끊임없이 나를 속이려고 하는 기만자는 내가 아무런 존재가 아니라고 내가 생각하게 만들 수 없다. 이 두 단계를 거쳐 비로소 (iii)에서 "나는 있다, 나는 현존한다."가 언명되거나 마음속에서 생각될 때 필연적으로 참이 된다고 한다. 앞의 두 단계의 내용을 고려할 때, 와인버그는 마지막의 문장은 어떤 종류의 생각도 비존재와는 불일치(inconsistent)한다는 것이 데카르트의 생각이라고 주장한다. 따라서 와인버그는, "내가 존재한다고 생각하는 것이 나의 생각의 한 예라는 사실에서 나는 존재한다는 것이 필연적으로 도출된다."[41]라고 말한다. 이렇게 sum이 cogito에서 도출 가능하다는 주장이다.

그러나 힌티카는 위의 구절을 다르게 해석한다. 그는 (i)과 (ii)에 나타나는 두 개의 조건문이 나의 존재의 확실성의 근원을 지칭하는 것이 아니라 이러한 확실성이 실현되는 상황을 지칭한다고 주장한다. 이러한 주장은 (iii)에서 데카르트가 양(量)의 의미를 함축하는 "…하는 만치(as often as, 또는 whenever)"라는 표현을 사용하는 데서도 그 근거를 찾을 수 있다고 말한다. 따라서 그는, "내가 생각한다는 사실과 내가 존재한다는 사실의 관계는 … 분명 전제와 결론의 관계와는 다른 어떤 것이다."라고 말한다.[42]

와인버그의 비판은 사유와 존재의 필연적 관계를 분명히 보여주고 있지는 않다. 그가 논한 대로 (i)과 (ii)가 (iii)에로 가는 단계 역할을 하면서 논리적으로 뒷받침해주는 것은 사실이나, 이러한 설명이 사유와 존재의 논리적 필연성을 명확히 나타내 보여주는 것은 아니다. 그 외 그의 다른 논점들도 궁극적으로 그 논리적 필연성을 명시적으로 보여주지 못한다는 점에서 와인버그의 비판은 성공적이지 않다고 생각된다.

---

41) Weinberg(1962), p.485.
42) Hintikka(1963), p.491.

프랑크푸르트(H. Frankfurt)는 힌티카의 답변 논문에 나타난 위의 구절에 오역이 있음을 적절히 지적하고 있다. 프랑크푸르트는 (i)의 문장이 현재 시제가 아니라 과거 시제로 번역되어야 했다고 주장한다. 즉 "나는 생각했다, 그러므로 나는 존재했다."라고 형식화될 수 있는 내용은, 데카르트의 자신의 존재에 대한 긍정이 "나는 생각한다, 그러므로 나는 존재한다."라는 식으로 수행되는 것과 전적으로 일치하는 것은 아니라는 주장이다. 그래서 프랑크푸르트는, "데카르트가 과거 시제를 사용한 것은, 그가 관심을 가졌던 것이 자기 검증적 사유 작용이나 수행이라기보다는 일상적 추론이었다고 이해하는 것이 보다 자연스러운 것임을 보여준다."[43]고 한다.

그러나 프랑크푸르트의 비판이 그렇게 결정적인 것이라고는 생각되지 않는다. 인용문의 바로 앞의 문장, 즉 (i)을 대답으로 하는 질문 문장은 "그러면 나는 존재하지 않는다는 것인가?"라고 하여 현재 시제로 되어 있다. 따라서 이 질문에 대한 궁극적인 대답은 현재 시제로 되어야 한다. 그러므로 과거 시제로 되어 있는 (i)의 문장은 그 질문에 대한 궁극적인 대답이 아니라 궁극적인 대답의 한 증거 또는 예로 간주되어야 하며, 이 증거로서의 대답과 연관되는 현재형으로서의 궁극적인 대답은 행간에 숨어 있다고 봐야 할 것이다. 따라서 프랑크푸르트의 말처럼 관련 문장이 과거 시제로 번역된다 하더라도 힌티카의 해석이 여전히 유효하다. 그렇다면 프랑크푸르트의 비판이 힌티카의 해석에 대한 효과적인 반박은 되지 못한다.[44]

---

43) Frankfurt(1966), p.334.
44) Frankfurt(1966), pp.334-335 참조. 힌티카의 해석에 대한 나의 옹호가 프랑크푸르트의 데카르트 해석을 반박하는 것으로 이해될 수는 없다. 데카르트의 자신의 존재에 대한 관념과 관련한 프랑크푸르트의 해석에 대한 분석은 이 논문의 주제를 넘어서는 것이므로 여기서는 다루지 않는다.

3) 존재적 전제에 관한 던랩과 호킨스의 비판

던랩과 호킨스는 그들의 공저 논문에서 다음과 같은 예를 들면서 힌티카의 존재적 전제에 대하여 논하고 있다.

(다) 햄릿은 허구적 인물이다.
(라) ? ($\exists x$)(x=햄릿)

그들에 따르면 (라)는 (다)로부터 연역될 수 있다. 왜냐하면 일항 함수 계산(the first-order functional calculus)의 형식은 'a'로 지칭되는 개별자의 존재를 존재적으로(ontically) 전제하고 있기 때문이다. 그러나 그럼에도 불구하고, 그들에 따르면, (다)와 (라)는 서로 상치된다(incompatible)고 생각한다. 왜냐하면 (라)의 식은 햄릿이 존재한다는 의미인데, 사실상 햄릿은 존재하지 않는 인물이기 때문이다. 따라서 (다)는 참이며 (라)가 (다)에서 연역된다면 (라)는 거짓이 될 수 없기 때문에 힌티카가 말하는 존재적 전제는 잘못 이해된 것이라는 말이다.

따라서 만일 데카르트가 'B(a)⊃($\exists x$)(x=a)'와 'B(a)'을 근거로 해서 '($\exists x$)(x=a)'와 같은 결론을 도출한다면, 그는 그가 "나는 생각한다."를 도입할 때 이미 자신의 존재를 전제하고 있는 것이며 또한 이는 선결문제 전제의 오류(petitio principii)를 범한 것이 된다. 이런 문제와 관련하여 힌티카가 일항 함수 계산을 적절한 분석의 모형으로 간주한 것은 놀라운 일이다.[45]

그러나 이러한 비판의 문제점은 여기에는 논의의 범위(universe of discourse)에 대한 논의가 결여되어 있다는 데에 있다. (다)와 (라)에 대해 논할 때 만일 논의의 범위가 허구적 인물을 포함한다면 (다)와 (라)는

---

45) Dunlap and Hawkins(1974), pp.387-388.

모두 참이 되며 따라서 이 논증은 증명이 된다. 이때 (라)에서 설명되는 햄릿의 존재는 소설이나 극에 나타나는 한갓 허구적 인물로서의 존재 (fictional being) 이상의 것을 의미하지는 않는다. 따라서 이러한 존재가 실제적 존재를 의미하지 않는다.[46) '실제적 인물'이라는 말의 의미는 우리의 상식에 근거하여 실존했다고 이해되는 인물을 의미한다. 만일 논의 범위가 실존 인물에 제한되고 따라서 가상적 인물은 배제된다면 (다)는 논의의 범위를 벗어나는 술어를 사용함으로써 명제 자체가 부정합적(incoherent)인 것이 되며 (라)는 거짓이 될 것이다. 따라서 (다)와 (라)를 이용한 형식은 논증으로 간주될 수도 없게 된다. 부정합적 명제를 유일한 전제로 가진 논증은 더 이상 논증이 아니기 때문이다. 던랩과 호킨스가 (라)는 (다)에서 도출되며 (다)와 (라)는 상치된다고 말할 때, 그들은 암암리에 (다)의 경우에는 가상적 존재를 논의의 범위에 포함시키다가 (라)의 경우에는 배제함으로써 일관성을 상실하는 오류를 범하고 있다. 따라서 그들의 비판은 적절하다고 간주할 수 없다.

데카르트는 자신의 저술을 일인칭 화자의 관점에서 일인칭 단수 '나'로서 자신을 지칭하며 독백적으로 기술하고 있다. 다음의 연역은 이러한 점을 염두에 둔 연역이다.

(마) 1 나는 생각한다
  ? 나는 있다
  2 나라고 하는 것이 있으며 그 내가 생각한다 1
  3 나라고 하는 것이 있다 2
  4 나는 있다 3
  Q.E.D.

---

46) 물론 실존 인물이 소설이나 극중의 인물이 되는 경우가 있는데 이 경우는 예외로 한다. 물론 이 경우가 본문에서 이루어지고 있는 논의에 반대 논거가 되지는 않는다. 다만 보다 복잡한 설명을 요구할 뿐이다.

앞서 언급한 (나)의 연역은 (마)의 연역과는 다르다. (나)의 연역은 (가)의 정식화를 설명한 것으로 데카르트 명제에 대한 추론적 독법이 존재적 전제에 의존한 것임을 보여주기 위한 것이다. (마)의 연역은 이 연역에서 사용된 명제가 '나'를 주어로 함으로써 '나'의 존재가 언명의 행위를 통해 전제됨을 보여준 것이다. 힌티카가 보여주려 하는 점은 (가)와 (나)의 해석과 (마)에서 보여주는 대로 언명으로 이루어진 연역의 차이점이라고 하겠는데, 이러한 해석이 수행적 해석의 골자이다.

이상의 논의를 통하여 우리는 cogito, ergo sum을 추론으로 이해하는 것은 순수한 논리적인 관점에서 볼 때 잘못이 아니지만 데카르트 철학의 진수를 드러내지는 못함을 살펴보았다. 그런데 최근에 발표된 스톤(J. Stone)의 논문에서는 데카르트가 존재는 사유로부터 삼단논법에 의해 연역될 수 없다고 말했으므로 그의 명제는 추론이 아니라는 주장을 담고 있다. 그리고 그는 다음과 같이 말한다.

> 만일 우리가 cogito 명제를 직접 추론으로 이해한다면 다른 문제들이 발생한다. 그렇게 간주할 때, 그 논증은 형식적으로 타당한 것이 아니다.[47]

이러한 이해는 명백히 잘못된 것이라 할 수 있겠다. 위의 (나)의 연역은 그 논증이 형식적으로 타당한 것임을 보여주고 있기 때문이다. 또 그는, 데카르트가 자신이 계산을 할 때마다 자신으로 하여금 잘못되도록 하는 악령의 손아귀에 있다고 가정하고 있기 때문에, 계산에 근거한 복잡한 논증을 데카르트는 신뢰하지 않는다는 점을 지적한다. 더구나 데카르트 자신이 자신의 명제가 추론임을 여러 차례 부정했다는 것이다.

---

47) Stone(1993), p.460.

이미 앞서 살펴본 대로 사실상 데카르트 저술 중에는 그 명제를 추론으로 간주할 수 없도록 하는 언급이 여러 곳에서 등장한다. 따라서 스톤의 위와 같은 여러 이유들은 이 명제가 추론이 아님을 주장하는 데 충분한 것으로 보인다. 그러나 이 문제에 대한 직접적인 대답을 데카르트 자신에게서 구하는 것은 올바른 방법이 아닌 것 같다. 왜냐하면 데카르트 자신의 진술 자체도 앞 절에서 살펴본 대로 자기모순에 빠져 있기 때문이다. 그렇다면 이 문제에 관한 우리의 관심은, 데카르트의 명제가 갖는 참된 의미를 어떻게 포착할 수 있을까라는 데로 기울어져야 할 것이며, 그 명제의 논리적 특성에 대한 논의도 바로 이러한 관점에서 논구되어야 할 것이다. 이것이 바로 힌티카의 수행적 해석이 의도하는 것이다.

4. 힌티카의 수행적 해석

1) 힌티카의 논점

힌티카는 데카르트가 명제를 형성했을 때의 핵심 논증은 다음과 같았을 것이라고 주장한다.

> 만일 내가 존재한다고 올바로 생각하고 있다면, 물론 나는 존재한다. 만일 내가 존재한다고 생각할 때 오류를 범하고 있다거나 또는 내가 그만큼 내가 존재하는지에 대하여 의심하고 있다면, 이 경우도 앞의 경우와 마찬가지로 나는 존재하고 있음에 틀림이 없다. 왜냐하면 그 누구도 존재하지 않은 채 오류를 범하거나 의심할 수 없기 때문이다. 그 어떤 경우에도 나는 따라서 존재한다. ergo sum.[48]

---

48) Hintikka(1962), p.9.

이러한 논증은 명백히 선결문제 요구의 오류를 범하고 있다. 왜냐하면 이 논증의 타당성은 "우리는 우리가 존재하지 않고서는 어떤 것을 생각할 수 없다."는 생각[49]에 의존하고 있는데, 이는 데카르트의 명제가 본질적으로 존재적 전제에 의존하고 있음을 보여주는 것이다.[50]

힌티카의 해석을 이해하기 위해서 그의 논증 과정을 따라가보자. 데카르트가 "데카르트는 존재하지 않는다."라고 주장하려고 한다고 가정해보자. "데카르트는 존재하지 않는다."라는 명제 자체는 논리적으로 옳거나 틀림을 따질 수 있는 일반 명제이다. 그런데 우리가 데카르트임을 알고 있는 바로 그 사람이 우리에게 이 명제를 말하면서 우리에게 그 명제가 옳다고 납득시키려 한다면 이는 듣는 사람에게 무척 어색하게 들릴 것이다. 왜냐하면 자신의 존재를 부정하는 그와 같은 명제를 자기 입으로 주장하는 것은 그가 존재하고 있다는 존재의 사실과 불일치하기 (existentially inconsistent) 때문이다. 존재적 불일치(existential inconsistency) 개념을 힌티카는 다음과 같이 정의한다.

'p'는 문장이며 'a'는 단수 명사(名辭, 예컨대 이름, 대명사 또는 한정어와 같은)라고 하자. 오직 "p이면서 a는 존재한다."라는 문장이 모순될 때 바로 그

---

49) Hintikka(1962) 참조. 또한 이 글의 2절의 (4) 부분 참조.
50) 힌티카는 호머의 '논증'이 오류적임을 보여줌으로써 동시에 위의 논증이 오류임을 설명한다. 여기서 우리는 힌티카가 '논증'이라는 말을 애매하게 사용하고 있음을 알 수 있다. 여기서 힌티카가 사용한 '논증'은 사실상 연역을 의미한다. 그리고 호머 논증의 비판을 통해 비유적으로 보여줄 수 있는 것은 데카르트의 가상적 연역이 오류라는 것이 아니라 데가르트의 연역의 결론이 그 진리치에 있어서 의심스럽다는 것이다. 다시 말해 힌티카가 보여주려는 것은 데카르트의 가상적 연역이 증명이 아니라는 것이다. 어떤 증명이 선결문제 요구의 오류를 범하고 있다는 말은 그 추정적 증명의 결론의 진리치가 확증되지 않았다는 것이다. "이 논증이 선결문제 요구의 오류를 범하고 있다."고 말한 힌티카의 의도는, 데카르트가 자신의 사유를 의심할 수 없는 것으로 받아들일 때 그가 동시에 자신의 존재를 의심할 수 없는 것으로 간주하고 있는 것은 아니라는 것이다.

때에만 'p'는 'a'로 지칭되는 사람이 발언하는 것은 (단어의 일상적 의미에 따라서) 존재적으로 불일치한다.[51]

만일 'a'가 'p'를 발언하는 것이 존재적으로 불일치하는 것이라면 'p'는 "'a'가 존재하지 않는다."는 내용을 갖는 것이다. 따라서 'p' 자체가 논리적으로 진리인지의 여부와 상관없는 문제이다. 그러나 'p' 자체가 논리적으로 진리인지는 문제가 아니라 하더라도 그 문장이 발언이 되자마자, 즉 그 문장(sentence)이 진술(statement)로 되자마자 문제가 노출된다.[52] 존재적 불일치 개념에 대한 이 정의는 문장과 진술의 차이점을 교묘하게 이용한 것이다. 예컨대 "나는 존재하지 않는다."라는 문장이 벽에 쓰여 있을 때 이 문장 자체는 전혀 어색하거나 거짓이라고 할 수 없다. 그런데 이 문장이 어떤 화자에 의해 진술될 때 이 진술은 바로 존재적 불일치를 범하게 된다.

존재적으로 불일치한 진술의 불일치성은 수행적 특성에 근거한 것이다. 이는 수행(performance), 즉 어떤 사람의 문장 발언 행위에 의존하

---

51) Hintikka(1962), p.11. 강조는 힌티카의 것.

52) 문장(sentence)는 어떠한 특정한 발언자나 어떠한 특정한 발언 시간에 대한 지칭을 포함하지 않는다. 발언(utterance)은 발언된 문장, 발언자, 그리고 발언 행위에 의해 특징지어지는 하나의 사건(event)이다. Hintikka(1962), p.11, 주 2 참조. 프랑크푸르트는 존재적 불일치에 대한 힌티카의 정의에 문제가 있다고 본다. 그에 따르면, "그의 정의에 따르면 'p' 그 자체가 불일치할 때마다 'a'가 'p'를 발언하는 것은 자동적으로 존재적으로 불일치하게 될 것이다. 만일 'p'가 불일치한 것이라면 〈'p'이면서 'a'는 존재하지 않는다〉를 포함하여, 그 'p'를 일부로 갖는 어떤 연언도 물론 불일치하게 될 것이다." 그러나 이러한 비판은 오해에서 비롯된 것으로 생각된다. 프랑크푸르트는 'p'가 그 자체로는 불일치한 문장이라고 생각하지만 힌티카는 그 자체가 불일치한 문장이라고 생각하지는 않았던 것이다. 단지 'p'가 그 'p'의 주어인 사람에 의해서 발언될 때에만 이상하게 들리게 되는 것이다. 힌티카가 "'a'는 존재한다."라는 구절을 자신의 정의 가운데서 사용한 것은 문장이 언명되는 순간 그 문장이 새롭게 획득하게 되는 기능 가운데 하나를 보여주기 위해서 고안된 것이다. 문장과 진술의 차이점이 교묘하게 이용된 것에 대한 프랑크푸르트의 불이해는 그의 글의 다른 부분에서도 발견된다. Frankfurt(1966), pp.330-331 참조.

기 때문이다. 문장으로서는 전혀 손색없는 것이 진술로서는 전적으로 어색하며 논점이 완전히 상실되어 보인다. 이처럼 존재적으로 불일치한 진술의 논점 상실은 진술의 본질 가운데 하나가 파괴되기 때문에 이루어진 것이다. 이러한 파괴적 효과는 청자가 화자를 발언된 문장의 주어와 동일한 인물임을 확인하고 있다는 사실을 조건으로 한다. 문장으로서의 "데카르트는 존재하지 않는다."는 데카르트가 1637년 『방법서설』을 출간한 사람을 의미할 때 이 글이 읽히는 현재에 있어서는 참이다. 그러나 이 문장이 1637년 당시 데카르트에 의해 그를 누구인지 알고 있는 대화 상대자에게 발언될 때 그 발언은 불합리한 것임을 우리는 충분히 생각할 수 있다. 만일 위의 문장을 우리가 그의 어떤 글에서 읽는다면 (예컨대 유언 같은 글에서) 우리는 하등의 문제도 느끼지 않을 것이다. 그가 그 글이 읽히는 시점에 자신이 죽었으리라고 생각하고 그 글을 썼을 수 있기 때문이다. 힌티카의 핵심은 바로 이러한 착안에 기초한다. 일인칭 화자의 시점으로 쓰인 데카르트의 글 가운데에서의 sum은 이러한 진술적 특성과 관계되어 있다는 것이다.

우리가 다른 사람과 대화를 통해 설명하거나 어떤 문제에 대하여 함께 의논하는 것과, 우리가 어떤 생각에 잠겨 어떤 문제에 몰입하는 것은 많은 차이가 있다. 그러나 힌티카는 논리적인 측면에서 볼 때 '공적' 언어 행위에서 '사적' 사유 행위에로의 변이가 언어의 논리에 있어서의 본질적 특성에는 영향을 주지 않는다고 한다. 그래서 데카르트가 자신이 존재하지 않는다고 생각하는 것이 실패할 수밖에 없는 이유가, 바로 자신이 존재하지 않음을 그 당대 사람들에게 주장하는 것이, 그 말을 듣는 사람들이 화자가 누구인지를 알아차리자마자 실패할 수밖에 없는 이유와 동일하다는 것이다.

데카르트의 명제의 특성에 보다 더 근접하기 위해서 힌티카는 여기서 한 걸음 더 나아간다. 앞서 우리는 존재적 불일치 개념이 문장보다는 진술에 적용되는 것임을 살펴보았다. 이제 힌티카는 존재적으로 불일치한 문장(existentially inconsistent sentences)에 대한 고찰을 함으로써 이 개념의 확장을 시도한다. 존재적으로 불일치한 문장은 존재적으로 불일치한 진술의 화자가 그 문장의 주어와 직접적으로 연결될 때, 즉 일인칭 단수 대명사인 '나'가 그 문장의 주어로 사용될 때 이루어진다고 힌티카는 주장한다. 즉 존재적으로 불일치한 문장은 일인칭 단수 대명사를 주어로 사용하면서 거기에 "그리고 나는 존재한다."라는 절을 추가할 때 잠재적으로든 명시적으로든 모순을 일으키지 않을 수 없는 문장을 말한다. 이러한 문장은 언명될 때마다 또 사유될 때마다 자기 충돌을 일으키게 된다. "나는 존재하지 않는다."라는 문장이 바로 이러한 존재적으로 불일치한 문장의 예가 된다는 것이다.

존재적으로 불일치한 문장은 발언될 때나 사유될 때 존재적 불일치성이 드러나게 되지만 이 문장의 부정형의 문장은 그것이 발언되거나 사유될 때 자명하게 된다. 존재적으로 불일치한 문장의 부정형에 대해 힌티카는 "존재를 스스로 검증하는(existentially self-verifying)" 문장이라고 한다. "나는 존재한다."와 "나는 있다."라는 문장이 이러한 경우의 가장 단순한 예가 될 것이다.

힌티카의 논점은, 데카르트가 "나는 존재하지 않는다."는 문장의 존재적 불일치성과, "나는 존재한다."는 문장의 존재적 자기 검증성(existential self-verification)을 비록 어렴풋이나마 알아차리고 있었다는 것이다. 따라서 힌티카는 cogito, ergo sum이 이러한 통찰을 표현하는 가능한 유일한 방법이며, 데카르트가 ergo sum이 직관적으로 자명하다고 했을 때 바로 이러한 점을 염두에 두었을 것이라고 주장한다. 힌티카는 따라서 cogito, ergo sum의 논리적 특성을 다음과 같이 설명한다.

이제 우리는 cogito, ergo sum의 두 부분의 연관관계를 이해할 수 있으며 그 명제가 왜 일반적인 의미에서의 논리적 추론이 될 수 없는지 그 이유를 인정할 수 있게 되었다. 데카르트의 명제에 있어서 중요한 것은 "나는 있다."는 문장의 지위(의심 불가능성)이다. 보기와는 달리 데카르트는 sum을 cogito 에서 연역함으로써 그 의심 불가능성을 증명하지는 않았다. 한편, "나는 있다."("나는 현존한다.")라는 문장은 그 자체로서 논리적으로 참이지도 않다. 데카르트는 그의 의심 불가능성이 사유 행위에서 귀결된다는 것, 즉 그 반대 (the contrary)를 생각해보는 시도에서 귀결된다는 것을 알았다. 데카르트의 명제에서 cogito라는 단어의 기능은 "나는 존재한다."의 존재적 자기 검증성이 드러나는 사유 행위를 지칭하는 것이다. 따라서 이 문장의 의심 불가능성은 엄격히 말해 사유를 수단으로 지각된 것은 아니다. 오히려 그것은 그것이 능동적으로 사유되기 때문에 그리고 그런 한에서만 의심 불가능한 것이다. 데카르트의 논증에 있어서 cogito, ergo sum의 관계는 전제와 결론의 관계가 아니다. 그 관계는 오히려 과정(process)과 그의 산물(product)의 관계와 견줄 수 있겠다.[53]

힌티카의 주장에 따르면 데카르트의 명제에서 접속사 ergo가 지시하는 관계는 다소 특수한 것이다. 그리고 cogito는 그 명제의 수행적 특성을 표현하는 데 기여하여 sum이 스스로 정당화되도록 하게 한다는 것이다. 이러한 이유에서 cogito는 여타의 임의의 동사, 예컨대 ambulo와 같은 동사와 대치될 수 없다는 것이다. 존재적 자기 검증성이 드러나는 수행적 행위는 여타의 임의적 행위나 임의의 내면적 작용(예컨대, 의지나 감정)이 될 수는 없다. 따라서 cogito는, 나 자신이 존재하지 않는다고 스스로에게 확신시키려고 생각하려는 시도라는 점에서 위의 목적에 기여할 수 있다. cogito를 대신할 수 있는 것이 있다면 그것은 dubito("나는 의심한다.")가 유일한 대안이 될 것이다.

힌티카의 해석은 cogito, ergo sum의 수행적 특성에 집중되어 있다. 이 특성은 cogito라는 단어에 의해 지시된 사유 행위에 의해 드러나는

---

53) Hintikka(1962), p.15.

sum의 존재적 자기 검증성에 기인하는 것이다. 이는 다른 말로 하면, 존재적 전제가 cogito 가운데 숨어 있다고 할 수 있다. 따라서 cogito 논증은 선결문제 요구의 오류(petitio principii)를 범하고 있다. 그러므로 우리가 cogito, ergo sum의 논리적 특징을 일상적으로 이야기할 때, sum이 증명되었다고 할 수는 없지만, 그러나 여전히 하나의 추론이라고 할 수는 있다. 그리고 sum의 진리치와 관련해서는 우리는 sum은 직관적 명증성을 갖고 있다고 할 수 있다. 따라서 힌티카의 해석은 데카르트의 명제가 추론과 직관적 명증성이라는 이중성을 설명해주었다고 하겠다.[54]

2) 힌티카에 대한 펠드먼의 비판

힌티카를 비판적인 관점에서 바라볼 때 가장 먼저 제기되어야 할 문제는 그가 사용한 용어의 애매성이다. 앞 절의 서두에서 살펴보았던 개념의 애매한 사용 문제가 힌티카의 수행적 해석에서도 다시 나타난다. 이 문제에 대한 펠드먼(F. Feldman)의 비판은 많은 인정을 받고 있다.[55]

펠드먼은 존재적 불일치에 대한 힌티카의 이해가 잘못 방향을 잡은 데다 부적절하게 정의되어 있으며 나아가 힌티카의 통찰이 공허한 것임을 보여주려고 한다. 펠드먼은 '존재적 불일치', '자기 모순적(self-

---

54) 힌티카가 1962년 논문의 제목을 "… Inference or Performance?"라고 했을 때 우리는 쉽게 그가 추론과 수행 가운데 어느 하나를 주장하리라는 인상을 갖게 될 것이다. 이 논문에 뒤이은 두 비평 논문도 이런 입장에 있었다. 그러나 'or'가 배타적 선언관계를 필연적으로 함의하지 않음은 사실은 논리학의 기본 지식이며, 비평 논문에 대한 답변 논문에서 힌티카는 바로 이 점을 언급한다. 즉 자신의 의도는 오히려 이 양자의 성격을 동시에 가지고 있음을 보여주려는 것이었다고 한다.

55) 이러한 평가에 대해서는 Williams(1978), p.75의 주 4 참조. 이 문제에 대하여서는 프랑크푸르트와 내크니키언(G. Nahknikian)도 좋은 비판을 하고 있다. 그러나 그들의 주요 논점은 펠드먼의 논문 가운데 포함되어 있다고 사료되어 이 논문에서는 펠드먼의 논점만을 정리하겠다.

defeated)', '자기 검증(self-verification)' 개념에 대한 보다 명백한 정의를 시도한다. 그는 또한 이렇게 명료화된 용어들을 가지고 힌티카의 통찰에 대한 네 가지 해석의 가능성을 보여준다. 그리고 이 가운데 두 가지는 공허하며 나머지 두 가지는 힌티카의 비판에 힌티카 자신이 저촉된다는 것을 보여주려고 한다.

펠드먼의 첫째 비판은 '존재적 불일치' 개념에 관한 것이다. 힌티카가 이 개념을 정의하는 가운데 부정관사 'a'를 모호하게 사용하고 있다고 펠드먼은 비판한다. "피정의항의 'a'는 단수항과 관련된 변항인 것 같고 반면 정의항에서의 'a'는 일반적 사람과 관련된 변항인 것 같다."[56]는 주장이다. 따라서 '데카르트'와 '근대 철학의 아버지'라는 두 술어가 모두 동일한 인물을 지칭한다고 할 때 힌티카의 정의는 다음의 두 해석을 모두 참으로 만들어버린다고 펠드먼은 생각한다.

(바) "데카르트는 존재하지 않는다."를 '데카르트'로 지칭되는 사람이 언명하는 것은 존재적으로 불일치하다.

(사) "데카르트는 존재하지 않는다."를 '근대 철학의 아버지'로 지칭되는 사람이 언명하는 것은 존재적으로 불일치하지 않다.[57]

사실상 (바)와 (사)는 동시에 참이 될 수 없지만, 힌티카의 정의를 따를 때 동시에 참이 되어버린다는 것이다. 데카르트가 다음과 같은 문장을 말했다고 가정해보자.

(아) 근대 철학의 아버지는 존재하지 않는다.

---

56) Feldman(1973), p.346.
57) Feldman(1973), pp.347-348.

여기에 대해 펠드먼은 다음과 같이 말한다. "… 만일 데카르트가 실수로 '근대 철학의 아버지'로서 스피노자를 지칭하는 데 사용하고 이를 언급한다면 그의 진술은 존재적으로 불일치하지 않는다. 이 경우 그 문장 가운데 있는 단수 명사가 발언자에 의해 자신을 지칭하는 데 사용되지 않았기 때문에 그 진술은 존재적으로 불일치할 수 없게 된다."[58] 그러나 여기서 우리는 펠드먼이 (바)와 (사)에 대하여 논할 때 '데카르트'와 '근대 철학의 아버지'가 동일한 인물을 지칭하는 것으로 가정했던 것이 오류의 소재지가 됨을 볼 수 있다. 즉 (사)는 옳을 수 있으나 다음의 문장은 오류이기 때문이다.

(사) '데카르트'로 지칭되는 사람이 '근대 철학의 아버지'로 지칭되는 사람과 동일하며, "데카르트는 존재하지 않는다."를 '근대 철학의 아버지'로 지칭되는 사람이 언명하는 것은 존재적으로 불일치하지 않다.

펠드먼이 '근대 철학의 아버지'라는 표현을 사용할 때 마치 그것이 '데카르트'라는 고유명사와 동일한 역할을 한다고 생각한 오류를 범하였다. 비록 두 술어가 동일한 지시체를 갖기는 하지만 그러나 그들의 함축은 여전히 다르기 때문이다.

펠드먼은 계속해서 힌티카가 사용한 '자기 모순적(self-defeating)'이라는 개념과 '자기 검증(self-verification)' 개념의 애매성을 비판한다. 그는 힌티카의 설명에 의거하여 그 개념들의 세 가지 가능한 의미들을 다음과 같이 구분한다. (i) '실존적으로 자기 모순적'이라는 개념과 '자기 검증'이라는 개념은 상호 교환 가능한 개념으로서, 전자에 해당하는 문장의 부정은 자기 검증적이라는 것이다. (ii) 어떤 문장이 자기 모순

---

58) Feldman(1973), pp,351.

적이라는 말은, 만일 그 문장이 화자 자신에 대해서나 남에 대해서 진술로 사용될 때, 그 진술은 거짓이 된다는 말이다. 어떤 문장이 언제 그리고 누구에 의해 사용되든 간에, 그것이 진술로서 사용될 경우에 참이 될 때, 그 문장은 자기 검증적이다. (iii) 어떤 문장이 누군가에 의해 사용될 때, 정상적 상황에서는, 그 문장의 내용을 남에게 납득시키려는 시도가 그것이 언명되는 순간 무위로 돌아간다면, 그 문장은 자기 모순적이다. 만일 어떤 문장이 정상적 상황에서 그 문장의 내용을 남에게 납득시키려는 시도가 성공한다면 그 문장은 자기 검증적이다.[59]

이러한 세 쌍의 가능성들을 이용해 펠드먼은 cogito의 해석의 네 가지 가능성을 보여준다. 첫째 해석은 앞의 3절 1)에서 우리가 살펴본 바가 있는 전통적 해석이다. 그러나 다른 세 가지 해석은 위의 세 쌍의 가능성에 차례로 근거한 것이다. 펠드먼은 이러한 해석들이 모두 무의미하다고 주장하며 따라서 힌티카의 해석이 전혀 무익하다고 거부한다. 그러나 펠드먼의 해석은 오해에 근거해 있음을 다음의 두 경우에 대한 논의를 통해 알 수 있겠다.

첫째, (i)에 따르면 "나는 존재하지 않는다."라는 말이 자기 모순적이라고 말하는 것은, 그것이 존재적으로 불일치하다는 말이다. 그러나 펠드먼은, 이 문장이 이상한 문법적 논리적 특성을 갖고 있다는 사실은 데카르트가 자신의 존재를 확신하게 된 이유를 설명해주지 않는다고 생각한다.[60]

둘째, (iii)에 따르면 자기 자신에게 "나는 존재하지 않는다."고 말함으로써 자신의 비존재를 자신에게 납득시키려는 어떠한 시도도 무위로 돌아간다는 말이 된다. 이렇게 함으로써 그는 사실상 자신이 존재함을 믿게 된다는 것이다. 이러한 자신의 존재에 대한 의심 불가능성은 사유 작

---

59) Feldman(1973), pp.353-354.
60) Feldman(1973), p.362.

용에서, 다시 말해 그 반대의 경우를 생각해보려는 시도에서 비롯된다. 펠드먼은 힌티카의 추리가 그 자신이 강력하게 거부했던 바로 그 오류에 의존하고 있다고 생각한다. 즉 이러한 추리는, "나는 존재한다."고 말하는 것에서 자신의 존재가 도출되며 또 동시에 "나는 존재하지 않는다."고 말하는 것에서도 자신의 존재가 도출된다고 데카르트가 믿었다는 생각에 근거하기 때문이라는 것이다. 펠드먼은 다음과 같이 말한다.

> 이러한 견해의 본질적 특성은 데카르트가 "나는 존재한다."고 발언하는 데에서 존재한다는 것이 도출된다는 것과 "나는 존재하지 않는다."고 언명하는 데에서도 존재한다는 것이 도출된다는 점이다. 그러나 힌티카가 이러한 믿음을 데카르트에 계속적으로 귀속시킬 수 없다는 것은 분명히 해두어야 한다. 왜냐하면 이러한 믿음들은 사유에서 존재가 도출된다는 믿음과 완전히 동일하기 때문이다. 힌티카가 후자의 믿음을 데카르트에게 귀속시키려는 데 대해 통렬히 비난하고 있기 때문에, 데카르트가 전자의 신념들을 본래적으로 가지고 있었다는 견해에 대해서도 힌티카는 분명히 반대할 것이다.[61]

펠드먼의 생각은, 힌티카가 전통적 해석 가운데 비판받아야 된다고 했던 바로 그 오류를 힌티카 자신이 범하고 있다는 것이다.

우리가 힌티카의 의도를 올바로 이해한다면 우리는 펠드먼의 이러한 비판에서 무엇이 문제인지 어렵지 않게 발견할 수 있을 것이다. 이미 우리는 힌티카는 데가르트의 명제가 증명은 아니며 단지 타당한 추리라고 했음을 지적했었다. 사유에서 존재가 도출된다고 말하는 것은 옳지 않지만 sum은 cogito에서 도출된다. 이 점을 보여줌으로써 힌티카는 cogito와 sum의 필연적 관계가 있음을 분명히 한다. 힌티카는 이 관계가 필연적이기는 하지만 증명에서의 전제와 결론과의 관계와는 전혀 다

---

61) Feldman(1973), p.362.

른 어떤 관계가 있음을 보여주려 했던 것이다. 즉 앞서 살펴보았던 (가)의 해석의 가능성은 인정하면서도 이것이 데카르트의 통찰의 특성를 보여주지 못한다는 점을 힌티카가 지적하고 있음을 펠드먼은 적절히 간파하지 못하고 있는 것이다.

5. 결론: 요약

힌티카와 그의 비판가의 공통된 전제는 데카르트가 cogito의 의심 불가능성을 증명했다는 것이다. 따라서 우리의 문제는 sum과 cogito의 관계를 어떻게 이해할 것인가 하는 점이다. 일단 cogito를 참으로 받아들일 때 그 다음 단계는 sum이 논리적 연관에서 cogito와 연결되는가의 문제에 대한 검토가 필요하게 된다. 그런데 sum이 cogito에 근거하여 도출된 진리라면 sum은 제일원리로서의 자격을 상실하게 될 것이다. 그리고 sum이 cogito에서 도출된 것이 아니라면 이 양자의 관계는 직관에 의해 병렬된 것이라고 생각해야 할 것이며, 양자 간에는 아무런 논리적 관계가 없다고 해야 할 것이다. 이러한 배타적인 두 가지 가능성을 근본적으로 의심하고 새로운 해석의 가능성을 제시한 것이 힌티카의 수행적 해석이다.

힌티카는 sum이 cogito에서 도출된다고 보았다. 그런데 이러한 도출의 근거는 cogito에는 존재가 전제되어 있다는 데 있다. 그런데 문제는 이러한 도출의 근거가 어떤 식으로 정당화될 것인가 하는 점이다. 즉 데카르트가 cogito의 의심 불가능성을 주장했다고 할 때, 그가 주장하는 것이 cogito에 내재된 사유 작용의 의심 불가능성과 사유하는 주체의 존재의 의심 불가능성 중 어느 것인지가 문제이다. 비록 전적으로 분명한 것은 아니지만 문맥상으로 볼 때 데카르트가 방법적 회의 작업을 통하여 분명한 확신에 도달한 것은 사유 작용에 관한 것이지 사유 주체의 존재는 아니었다고 할 수 있다. 따라서 힌티카의 주장은, 데카르트가 방법적

회의를 통해 cogito에 있어서의 사유 작용의 확실성을 포착한 후 cogito에서 사유하는 존재의 확실성을 sum을 통해 지적하였다는 것이다. 그래서 형식논리적으로 볼 때 양자의 관계는 타당한 추론의 관계이지만 증명은 아닌, 선결문제 요구의 오류를 범하고 있다는 것이다. 그리고 중요한 것은 cogito에 내재하는 사유 작용의 확실성에서 사유하는 존재의 확실성에로 넘어간 비약의 방식이다. 데카르트가 이 부분을 적절히 명시하지 못했지만 또한 할 필요가 없기도 했던 이유를 그의 저술의 서술 방식에서 찾을 수 있다. 즉 데카르트는 일인칭 화자의 시점에서 글을 쓰고 있는데, 그 시점은 힌티카가 말한 수행(performance)을 기초로 하는 것이다. 즉 이런 형식의 서술은 서술자의 언어 행위 수행의 기록과 같은 성격을 갖는다. 데카르트는 자신의 저술을 일인칭 화자의 관점에서 서술함으로써 cogito, ergo sum의 정식화를 가능하게 했다는 것이 힌티카의 해석의 핵심이다. 이로써 데카르트는 sum를 제일원리라고 부를 수 있었으며, 힌티카의 해석은 데카르트의 이러한 입장을 이해할 수 있는 가능성을 열어준 것이다.

필자는 힌티카의 해석에 대한 비판들로부터 힌티카를 옹호하는 입장을 갖고 있다. 이러한 옹호는 힌티카의 근본 의도가 그의 애매한 용어의 사용으로 인해 오해와 비판을 받았기 때문에 필요한 것이었다. 힌티카의 탁견은 수많은 비판과 오해를 가능하게 했던 애매한 용어의 사용을 정리하여 그의 의도가 무엇인지를 밝힘으로써만 드러나기 때문이다. 그리고 필자는 힌티카의 해석이 cogito, ergo sum의 논리적 특성을 가장 탁월하게 보여준 것이라 생각한다.

이러한 용어의 명료화 작업과 힌티카의 의도 포착, 그리고 관련 문헌의 분석을 통해 드러난 내용들을 정리하면 다음과 같다. 첫째, 관련 문헌 분석에서 우리는 데카르트의 cogito, ergo sum의 논리적 특성의 문제와 관련하여 명확한 설명을 제시하지 못하고 있으며, 또 여기에 관한 입장이 시간에 따라 발전하지도 또 근본적으로 변하지도 않고 있다. 둘째,

sum이 cogito에서 증명되었다고 할 수는 없다. 왜냐하면 양자의 관계에 대한 추론적 해석은 존재적 전제에 근거하고 있으며 데카르트가 방법적 회의를 통해 보여준 것은 사유 작용의 확실성이므로 이 도출은 선결문제 요구의 오류를 범하고 있기 때문이다. 셋째, 그러나 양자의 관계는 여전히 타당한 추론의 관계이다. 선결문제 요구의 오류가 양자의 필연적 추론의 관계를 부정하지는 않는다. cogito에는 논리적으로 cogito를 하는 주체의 존재가 전제되어 있기 때문이다. 넷째, cogito, ergo sum의 논리의 독특성은 데카르트의 저술 방식을 고려한 힌티카의 수행적 해석에 의해서 드러난다. 즉 sum은 cogito의 수행적 특성에 기초하여 cogito와 관계되는데 이 수행 과정이 존재적 전제가 개입되는 지점이다.

참고문헌

이정민, 배영남(1982), 『언어학 사전』, 서울: 한신문화사.

최명관(1972), 『데카르트의 중심사상과 현대적 정신의 형성』, 서울.

Adam, Charles and Paul Tannery(1897-1913), *Oeuvres de Descartes*, Paris: L. Cerf.

Anderson, Douglas(1981), "Three Views of the *Cogito*," *Kinesis*, vol. 13, pp.11-20.

Carney, James(1962), "*Cogito, Ergo Sum* and *Sum res Cogitans*," *Philosophical Review*, vol. 71, pp.492-496.

Corcoran, John(1989), "Argumentation and Logic," *Argumentation* 3, Kluwer Academic Publisher.

_____(1995), "Logical Form," *The Cambridge Dictionary of Philosophy*, Cambridge: Cambridge University Press.

Cottingham, John, Robert Stoothoof, Dugald Murdoch(1985,

1984, 1991), *The Philosophical Writings of Descartes*, New York: Cambridge University Press.

Dunlap, J. T. and B. S. Hawkins(1974), "*Cogito, Ergo Sum*: Neither Inference nor Performance," *Personalist*, vol. 57, pp.386-390.

Feldman, Fred(1973), "Discussion: On the Performatory Interpretation of the *Cogito*," *Philosophical Review*, vol. 82, pp.345-363.

Frankfurt, Harry(1966), "Descartes's Discussion of his Existence in the Second Meditation," *Philosophical Review*, vol. 75, pp.329-356.

____(1970), *Demons, Dreamers, and Madman: The Defense of Reason in Descartes's Meditations*, Indianapolis: Bobbes-Merrill.

Habermas Jürgen(1993), *Moral Consciousness and Communicative Action*, trans. by Christian Lenhardt and Shierry Weber Nicholsen, Cambridge: The MIT Press.

Hintikka, Jaakko(1963), "The Cartesian Cogito, Epistemic Logic and Neuroscience: Some Surprising Interrelation," *Synthesis*, vol. 83, pp.133-157.

____(1990), "*Cogito, Ergo Sum* as an Inference and a Performance," *Philosophical Review*, vol. 72, pp.487-496.

Nakhnikian, George(1969), "On the Logic of Cogito Propositions," *Nous*, vol. 3, pp.197-209.

Stone, Jim(1993), "*Cogito, Ergo Sum*," *The Journal of Philosophy*, pp.462-468.

Weinberg, Julius R.(1962), "*Cogito, Ergo Sum*: Some reflections of Mr. Hintikka's Article," *Philosophical Review*, vol. 71, pp.483–491.

Williams, Bernard(1978), *Descartes: The Project of Pure Enquiry*, New Jersey: Humanities Press.

도덕 직관에 관한 덕윤리적 해명 가능성: 트롤리 딜레마의 경우

이 주 석

1. 서론

도덕판단에 있어서 가장 중요한 두 가지 요소는 도덕적 직관과 도덕적 추론이라 하겠다. 따라서 윤리 이론은 도덕 직관을 잘 설명할 수 있어야 하고 도덕 추론을 통해 행위를 정당화할 수 있어야 한다. 그러나 근대 이후의 행위중심 윤리학은 도덕적 직관의 역할을 무시하고 도덕적 추론에만 총력을 기울여왔다. 그 결과 오늘날 도덕적 직관과 추론 사이에는 넘기 어려운 거리가 생긴 것 같다. 행위중심 윤리학이 직관을 설명하는 데에 실패한 가장 큰 이유는 행위자의 도덕적 정서를 고려하지 않았기 때문으로 보인다. 오직 최상의 결과로부터만 행위를 정당화하는 공리주의나 결과를 배제하고 올바른 동기로부터만 행위를 정당화하는 의무론에

---

* 이 논문은 새한철학회 편, 『철학논총』 제90집 4호(2017)에 실린 글이다.

정서가 차지할 자리는 없어 보인다. 그 결과 행위중심 윤리학의 정당한 행위 설명과 우리의 도덕적 직관 사이의 충돌이 빈번히 발생하게 된다.

행위중심 윤리학의 실패를 보여주는 강력한 사례 중 하나가 트롤리 딜레마이다. 다양한 유형의 딜레마에서 직관에 따른 도덕판단을 행위중심 윤리학의 정당화 기준으로는 일관되게 설명할 수 없기 때문이다. 행위중심 윤리학은 특정한 도덕원칙으로부터 일원적으로 행위를 평가하고 정당화하려 하지만, 직관은 자주 그러한 원칙과는 상반된 선택을 하기 때문이다. 앞으로 보겠지만, 트롤리 딜레마에서 행위 정당화 기준을 강력히 견지할 경우 도덕 직관에 대한 설명을 포기할 수밖에 없고, 도덕 직관의 정당화를 시도할 경우 스스로의 도덕원칙을 양보해야 하는 상황에 놓이고 만다.[1]

도덕적 직관에 대해 설득력 있는 설명을 제공하기 위해서는 정서를 배제하지 않고 특정한 도덕원칙으로부터 행위를 일원적으로 정당화하지 않는 윤리 이론이 요청된다. 그리고 이러한 요청에 부합하는 윤리 이론으로 행위자중심 윤리, 즉 덕윤리가 대안이 될 수 있을 것으로 보인다. 덕윤리는 행위 정당화를 유덕한 행위자의 성품으로부터 이끌어내기 때문에 일원적 윤리 이론에 얽매이지 않고 행위자의 도덕적 정서도 배제하지 않기 때문이다.

본 논문에서는 다양한 트롤리 딜레마에 대한 도덕적 직관을 덕윤리가 일관되게 설명할 수 있는지 시험하고자 한다. 이를 위해 먼저 트롤리 딜레마의 유형들을 간략하게 소개하고 그 유형들에 대한 행위중심 윤리학의 정당화를 검토해볼 것이다. 이 과정에서 행위중심 윤리학이 도덕적 직관에 관해 일관된 설명을 전혀 제공할 수 없다는 점이 분명해질 것이다. 그 다음으로 덕윤리를 통해 트롤리 딜레마의 도덕 직관에 대한 일관된 설

---

1) 정진규, 『트롤리 문제와 그에 대한 플라톤적 해결 방안 연구』, 한국외국어대학교 대학원 박사학위논문, 2016, 59-60쪽과 49-50쪽 참조.

명이 제공될 수 있는지 각각의 유형별로 살펴보고자 한다. 이 과정에서 트롤리 딜레마 자체의 덕윤리를 통한 해결 가능성도 조망해볼 것이다.

2. 트롤리 딜레마의 여덟 가지 유형

트롤리 딜레마는 오늘날 다양한 분야에서 많은 학자들에 의해 연구되고 전개, 발전되어왔다. 그 결과 현재 트롤리 딜레마는 하나의 독립적 연구 분야로 자리매김할 정도로 대표적인 딜레마가 되었다.[2] 트롤리 딜레마는 동일한 의도와 동일한 결과를 상수로 놓고 여러 가지 변수를 통제해 설계를 반복해 전개함으로써 우리의 도덕 추론과 도덕 직관 사이의 균열을 초래한다.[3] 따라서 도덕 직관에 관한 일관된 설명 가능성을 검증하기 위한 좋은 사유 실험 사례가 된다.

박정순은『마이클 샌델의 정의론, 무엇이 문제인가』[4]에서 여덟 가지 유형의 트롤리 딜레마 사고 실험을 그림과 함께 제시하고 있다. 여기서 제시된 여덟 가지 트롤리 딜레마 유형은 다음과 같다. ① "5명의 인부 대 1명의 인부", ② "육교 위의 비만자 밀치기", ③ "육교 위의 비만자 기구로 낙하시키기", ④ "육교 위의 비만자인 독일 게슈타포", ⑤ "5명 대 환상선 1명", ⑥ "5명 대 환상선 1명 앞에 철괴", ⑦ "양쪽 환상선 5명 대 1명", ⑧ "5명 대 지선 1명 어머니 경우" 이렇게 여덟 가지 유형이다.[5]

① "5명의 인부 대 1명의 인부"는 가장 기본적인 트롤리 딜레마로 그 내

---

2) Appiah, 이은주,『윤리학의 배신』, 서울: 바이북스, 2011, 106쪽. 국내에서는 Michael Sandel, 이창신,『정의란 무엇인가』, 서울: 김영사, 2010을 통해 더 잘 알려졌다. 트롤리 딜레마에 대한 국내 연구로는 강철(2013)과 정진규(2016)가 있다. 그리고 박정순(2016)은 트롤리 딜레마에 대한 다양한 사례를 제시하고 다각도로 분석하고 있다.
3) 정진규, 김신,『트롤리 문제는 무엇인가』, 한국동서철학회,『동서철학연구』제77호, 2015, 513쪽 참조.
4) 박정순,『마이클 샌델의 정의론, 무엇이 문제인가』, 서울: 철학과현실사, 2016.
5) 위의 책, 58쪽.

용은 다음과 같다. 브레이크가 고장 난 트롤리가 비탈진 선로를 따라 내달리고 있다. 그 선로에는 다섯 명의 인부가 작업 중이다. 내가 방관할 경우 트롤리는 그대로 다섯 명의 인부와 충돌하여 그들은 죽게 될 것이다. 그런데 내 앞에는 선로변경장치가 있고 이 장치를 조작할 경우 트롤리는 방향을 틀어 지선으로 가게 될 것이다. 이렇게 되면 본래 선로에서 작업 중이던 다섯 명의 인부는 구할 수 있다. 그렇지만 지선에서 일하고 있는 한 명의 인부가 죽게 될 것이다. 이 상황에서 나는 어떻게 할 것인가?

② "육교 위의 비만자 밀치기"는 유형 ①과 같은 상황에서 지선 대신에 선로를 가로지르는 육교를 설정한다. 그리고 나는 그 육교 위에서 상황을 목격하고 있다. 우연히 내 앞에는 엄청난 거구가 서 있다. 그리고 내가 이 사람을 밀쳐 육교 아래로 떨어뜨려 트롤리와 충돌할 경우, 그 사람은 트롤리를 멈추기에 충분한 비만자이다. 반면 나는 덩치가 충분히 크지 않아서 내가 투신할 경우에는 트롤리를 멈출 수 없다. 나는 선로에서 일하고 있는 다섯 명의 인부를 구하기 위해 비만자를 밀칠 것인가 혹은 방관할 것인가?

③ "육교 위의 비만자 기구로 낙하시키기"는 유형 ②와 동일한 상황이다. 다만 다른 점은 육교에 비만자가 서 있는 바닥을 열어 그를 떨어뜨릴 수 있는 기구가 설치되어 있다는 것이다. 그래서 나는 직접 비만자를 밀치지 않고 단지 기구를 조작해서 비만자를 떨어뜨릴 수 있다. 이 경우 나는 기구를 조작하여 비만자를 떨어뜨릴 것인가 혹은 방관할 것인가?

④ "육교 위의 비만자인 독일 게슈타포"의 경우는 비만자인 독일 게슈타포가 선로에서 일하고 있는 다섯 명의 레지스탕트를 죽일 목적을 가지고 고의로 트롤리의 브레이크를 고장 낸 경우를 설정한다. 그 밖의 상황은 유형 ②와 동일하다. 즉, 브레이크가 파열된 트롤리가 내달리고 있는 선로를 가로지르는 육교 위에 서 있는 비만자가 독일 게슈타포인 상황이다. 그리고 나는 그가 게슈타포인 것을 알고 있다. 이 경우 나는 비만자인 독일 게슈타포를 밀칠 것인가 혹은 방관할 것인가?

⑤ "5명 대 환상선 1명"은 유형 ①과 같은데 지선을 환상선,[6] 즉 이음 괘도로 변경한 설정이다. 그리고 환상선에 있는 인부는 트롤리와 충돌할 경우 트롤리가 멈출 수 있을 정도로 거구인 사람으로 설정되어 있다. 만일 내가 방관할 경우 트롤리는 그대로 다섯 명의 인부와 충돌해 다섯 명이 죽게 될 것이다. 반면 선로변경장치를 조작할 경우 트롤리는 환상선으로 가게 되고 환상선에서 작업 중이던 비만자와 충돌해 한 명의 인부가 죽고 트롤리는 멈춰 서게 될 것이다. (만일 환상선에 비만자가 없을 경우 트롤리는 환상선을 통과해 다시 지선으로 돌아와서 다섯 명의 인부와 충돌하게 될 것이다.) 나는 선로변경장치를 조작해 트롤리를 환상선 쪽으로 보낼 것인가 혹은 방관할 것인가?

　⑥ "5명 대 환상선 1명 앞에 철괴"는 유형 ⑤와 같은 구조에다 환상선에 철괴가 놓여 있는 상황을 말하는데, 단, 환상선에 있는 한 명의 인부는 거구가 아니라 평범한 사람이다. 내가 방관할 경우에는 트롤리가 그대로 달려서 본래 선로에서 작업 중인 다섯 명의 인부가 죽게 될 것이고 선로변경장치를 조작해 트롤리를 환상선으로 보낼 경우 불가피하게 환상선에서 일하고 있던 인부 한 명이 죽게 되고 트롤리는 '철괴'에 부딪혀 멈추게 되는 상황이다. (이 경우는 환상선에 인부가 없다고 가정해도 철괴 때문에 트롤리가 멈춰 서게 된다.) 나는 선로변경장치를 조작할 것인가 혹은 방관할 것인가?

　⑦ "양쪽 환상선 5명 대 1명"의 경우는 트롤리가 시계방향으로 돌아서 나오는지 혹은 반시계방향으로 돌아서 나오는지를 결정할 수 있는 경우이다. 방관할 경우 트롤리는 반시계방향으로 진입하면서 다섯 명의 인부와 충돌해 다섯 명이 죽고 충돌 지점에서 멈춰 설 것이다. 그러나 내가

---

6) 환상선(loop)은 지선과 다르다. 지선의 경우 트롤리가 지선으로 갈 경우 다시 본선으로 합류하지 않는다. 그렇지만 환상선의 경우는 트롤리의 방향을 틀더라도 다시 본 선로로 합류하게 되어 있는 구조라서 환상선이 비어 있을 경우에는 목격자의 행위와 상관없이 본 선로에서 작업을 하던 다섯 명의 인부들이 트롤리에 충돌해 사망하게 된다.

선로변경장치를 조작할 경우 트롤리는 시계방향으로 진입해서 한 명의 거구와 부딪혀 멈추게 되고 반대편에 있는 다섯 명의 인부는 살 수 있는 경우이다. 나는 선로변경장치를 조작할 것인가 혹은 방관할 것인가?

⑧ "5명 대 지선 1명 어머니 경우"은 유형 ①과 완전히 같은 구조에서 지선에 있는 한 명이 어머니로 바뀐 설정이다. 이 경우 나는 선로변경장치를 조작할 것인가 혹은 방관할 것인가?

이상으로 여덟 가지 트롤리 딜레마 유형을 간단히 소개했다. 이제 이 여덟 가지 유형에 대한 행위중심 윤리학의 정당화를 검토해보기로 하겠다.

3. 행위중심 윤리학의 정당화와 한계

위에 제시된 여덟 가지 유형의 딜레마는 모두 동일한 의도와 동일한 결과를 상수로 설계된 딜레마들이다. 의도는 '(더 많은) 사람을 살리는 것'이고 결과는 '한 명이 죽고 다섯 명의 사람이 산다는 것'이다. 그 밖의 다양한 변수들, 예컨대 지선, 육교, 환상선 등의 세부 설정들을 변경해가면서 딜레마 설계를 전개해나간다. 이렇게 제시된 여덟 가지 트롤리 딜레마에 대한 행위중심 윤리학, 즉 공리주의와 의무론의 정당화는 다음과 같다. 위의 여덟 가지 유형 모두 선로를 변경하거나 혹은 비만자를 밀치는 경우 '다섯 명이 살고 한 명이 죽는 결과'가 된다. 이 경우 공리주의자는 최상의 결과로부터 행위를 정당화할 것이기 때문에 모든 유형에서 선로를 변경하거나 기구를 작동하거나 밀치는 등의 적극적 행동을 옳은 행동이라고 판단할 것이다.

의무론의 경우 정언명령[7]에 의해 행위 정당화를 할 것이다. 정언명

---

7) 정언명령 제1정식 "그 준칙이 보편적 법칙이 될 것을, 그 준칙을 통해 네가 동시에 의욕할 수 있는, 오직 그런 준칙에 따라서만 행위하라." I. Kant, 백종현 옮김, 『윤리형이상학정초』, 서울: 아카넷, 2011, 132쪽, 제2정식 "네가 너 자신의 인격에서나 다른 모든 사람의 인격에서 인간(성)을 항상 동시에 목적으로 대하고, 결코 한낱 수단으로 대하지 않도록, 그렇게 행위하라." 위의 책, 148쪽.

령 제1정식에 의해 보편성의 원칙과 제2정식에 의해 결과의 좋음이 수단을 정당화해주지 못한다는 규칙, 즉 수단화 금지의 원칙에 따라 판단하게 될 것이다. 따라서 의무론자라면 유형 ①은 지선에 있는 한 명이 본인의 의도치 않은 희생을 원하지 않을 것이기 때문에 방관하는 것을 옳은 행동으로 판단할 것이다. 유형 ②의 경우는 비만자가 희생을 원하지 않을 뿐만 아니라 비만자를 수단으로 삼는 행위이기 때문에 방관하는 것이 옳은 것으로 간주할 것이다. 유형 ③의 경우도 유형 ②와 같이 두 가지 원칙 모두 위배하므로 방관하는 것이 옳다고 볼 것이다. 유형 ④ 역시 다섯 명의 레지스탕트를 살리려는 목적이 비만자인 게슈타포를 수단화하는 것을 정당화해주지 못할 것이므로 방관하는 것이 옳다고 판단할 것이다. 유형 ⑤는 환상선 내에 비만자가 없을 경우 내가 선로변경장치를 조작하든 그렇지 않든 다섯 명의 인부가 죽게 되므로 비만자를 수단으로 삼는 것이 되기 때문에 역시 방관하는 것을 옳은 행동으로 볼 것이다. 유형 ⑥의 경우 환상선의 철괴가 있기 때문에 환상선에 있는 인부가 수단이 되지는 않겠지만 그 인부가 의도치 않은 희생을 원치 않을 것이기 때문에 방관하는 것이 정당화될 것이다. 유형 ⑦의 경우 상호 수단 관계가 성립하고 이 경우 의무론은 개입의 근거를 찾지 못할 것으로 보인다. 유형 ⑧의 경우 역시 지선에 있는 사람이 누군가와 상관없이 유형 ①과 같이 방관하는 것을 옳은 행위로 판단할 것이다. 의무론자의 경우는 모든 딜레마에서 방관하는 행위를 정당화할 것으로 보인다.

이렇게 놓고 볼 때 공리주의자와 의무론자는 완전히 상반된 행위를 각각 정당화하게 될 것이고 이러한 판단의 근거는 상호 불가통약적이기 때문에 공리주의자와 의무론자 사이의 의견의 통일은 거의 불가능할 것으로 보인다. 뿐만 아니라 이와 같은 행위 정당화는 우리의 도덕적 경험과도 거리가 있어 보인다.

트롤리 딜레마에 대한 도덕심리학자들의 실험과 통계는 우리의 도덕적 경험을 시사한다.[8] 행위중심 윤리학의 행위 정당화와 도덕심리학자들의 연구결과를 비교해보면 우리는 행위중심 윤리학이 우리의 도덕적 경험과 얼마나 거리가 있는지 확인할 수 있다. 도덕심리학자들의 연구결과에 따르면 우리의 도덕 직관은 행위 선택에 있어 일관성이 없다는 사실을 알 수 있다.[9] 반면 행위중심 윤리학의 행위 판단은 일원적 도덕원칙을 근거로 일관성을 유지할 수 있다. 문제는 일관성이 없는 우리의 도덕 직관과 일관적인 윤리학의 행위 판단 사이의 괴리다. 왜냐하면 이 괴리가 해명되지 않을 경우 행위중심 윤리학의 행위 정당화는 우리의 경험과 거리가 먼 이론적 정당화로 간주될 수 있을 것이기 때문이다.

이 문제를 해결하기 위한 행위중심 윤리학의 전략은 다음 두 가지로 생각해볼 수 있다. 행위중심 윤리학의 가능한 시도는, 첫째, 우리의 경험을 부정하고 윤리원칙에 따라 극단화하는 방식, 둘째, 우리의 도덕적 경험을 염두에 두고 윤리원칙을 수정하는 타협적 방식이 될 것이다. 이 두 가지 시도를 각각 트롤리 딜레마에 적용시켜보면서 검토해보자.

---

8) 도덕심리학의 연구결과는 경험 과학적 연구방법을 사용하여 우리의 도덕 직관을 설명하고 기술한다. 직관의 중요성을 보여주는 대표적인 학자로는 하이트가 있다. 사회적 직관이론으로 잘 알려진 하이트(2012)는 도덕심리학의 첫 번째 원칙, 즉 "직관이 먼저이고, 전략적 추론은 그 다음이다"에 대해 설명하기 위해 100페이지가 넘는 분량을 할애한다. 그리고 이중과정원리로 유명한 그린(2013)의 연구는 우리의 도덕적 판단이 두 가지 원천을 가지고 있다고 말하면서 그 근거로 fMRI의 결과를 제시한다. 그는 트롤리 딜레마에 직면한 실험 참여자로부터 드러나는 뇌의 반응과 우리의 도덕판단을 결부시켜 설명하는 데 이 연구결과 또한 우리의 도덕 직관이 우리의 도덕판단에 중요한 역할을 한다는 사실을 보여준다. 도덕심리학의 연구결과에 대한 더 자세한 연구는 노영란, 「신경과학적 도덕심리학과 덕윤리」, 범한철학회, 『범한철학』 제75권, 2014; 「그린의 이중과정이론의 규범적 함의에 대한 고찰」, 범한철학회, 『범한철학』 제79권, 2015; 「도덕적 정서의 근원과 발달에 대한 신경과학적 이해와 덕윤리」, 새한철학회, 『철학논총』 제79집, 2015; 강철, 『트롤리문제에 대한 윤리학적 탐구』, 연세대학교 대학원 박사학위논문, 2013, 4쪽을 참조.

9) Marc Hauser, Fiery Cushman, Liane Young, R. Kang-Xing Jin and John Mikhail, "A Dissociation Between Moral Judgments and Justifications," *Mind & Language*, Vol. 22, No. 1, 2007 참조. J. Greene, *Moral Tribes: Emotion, Reason, and the Gap Between Us and Them*, The Penguin Press, 2013, 117쪽 참조.

첫 번째 방식은 도덕 직관에 대한 평가는 일관되게 수행할 수 있다. 그러나 그 평가와 우리의 도덕적 경험 사이에 상당한 괴리가 발생한다. 예컨대, 유형 ①과 유형 ②에 대한 공리주의의 판단은 다섯 명을 살리는 결과에 의해 정당화된다. 따라서 공리주의자는 유형 ①의 경우 "선로를 변경한다", 유형 ②는 "비만자를 밀친다"는 답변을 할 것이다. 반면 의무론자는 유형 ①과 유형 ② 모두 "방관한다"는, 공리주의와 상반된 답을 제시하게 될 것이다.

그러나 도덕심리학자들이 우리에게 제시하는 통계에 따르면 유형 ①의 경우 실험 참여자의 89%가 선로를 변경한다고 답했고, 유형 ②에 대해서는 11%만 비만자를 밀친다고 답한 것으로 드러났다.[10] 이 통계에 따르면 우리의 도덕 직관은 유형 ①은 공리주의자의 답변과 그리고 유형 ②의 경우는 의무론자의 답변과 가까운 것으로 보인다. 우리는 일반적으로 유형 ①은 선로를 변경하는 것이 옳다고 말할 수는 없지만 '허용 가능한' 것으로, 유형 ②의 경우는 '허용할 수 없는' 행위로 판단한다. 그리고 이러한 판단의 차이가 드러나는 이유에 대해 마크 하우저는 설득력 있는 설명을 제시한다. 그는 우리가 직관적으로 비도덕적이라고 판단하는 세 가지 원칙을 제시하는데, 첫째, 행동의 원칙, 둘째, 의도의 원칙, 그리고 셋째, 접촉의 원칙이다.[11] 이 원칙을 통해 유형 ①은 행동은 했지만 의도가 없고 접촉이 이루어지지 않았기 때문에 허용 가능한 것으로 생각되고, 유형 ②는 행동과 의도 그리고 접촉이 모두 발생하기 때문에 하면 안 되는 행위로 생각된다는 것이다. 공리주의자와 의무론자가 각

---

10) Fiery Cushman, Liane Young and Marc Hauser, "The Role of Conscious Reasoning and Intuition in Moral Judgement: Testing Three Principles of Harm," *Psychological Science*, Vol. 17, No, 12, 2006, 1082-1089쪽. 실험 참여자들 중 유형 ①은 89%, 유형 ②는 11%, 유형 ⑤는 56%, 유형 ⑥은 72%가 선로를 변경하거나 비만자를 밀치는 것에 찬성한 것으로 드러났다.
11) 위의 논문, 1083쪽.

각 토대가 되는 일원적 도덕원칙을 극단적으로 견지할 경우 우리의 경험적 도덕 직관과의 거리를 피할 수 없을 것으로 보인다. 뿐만 아니라 의무론과 공리주의가 상반된 행위 정당화를 수행하기 때문에 발생하는 혼란도 문제가 될 것이다.

두 번째 방식은 결과주의는 의무론의 원칙을, 의무론은 결과주의의 원칙을 끌어들여 경험 적합적 설명을 할 수 있으나, 각각 토대로 삼고 있는 윤리원칙의 정체성이 위협을 받게 된다.[12]

의무론자가 유형 ①을 허용 가능한 행위로 판단하기 위해 도입하는 대표적인 이론이 이중결과의 원칙이다. 이중결과의 원칙이란 어떤 행위의 결과가 직접적으로 의도된 것이 아니고 간접적 혹은 파생적으로 발생된 것이라면, 그 결과가 도덕적으로 문제가 있다고 하더라도 이를 초래한 행위는 허용될 수 있다는 원칙이다.[13] 이 원칙은 행위자의 책임을 면해주기 위해 도입된 것이 아니라 행위자의 도덕적 행위의 허용 가능한 조건을 제시하기 위해 도입된 원칙이다.[14] 이중결과의 원칙에서 도덕적 허용 가능한 조건은 다음 네 가지로 제시된다. 첫 번째는 행위의 본래적 성질(intrinsic quality of the act) 혹은 행위의 본질 조건(nature-of-the-act condition)으로 행위 자체가 도덕적으로 선한 행위이거나 적어도 중립적인 행위여야 한다. 두 번째는 정당한 의도(right-intention)에 대한 조건으로 행위자의 의도가 나쁜 결과에 있지 않고 오직 좋은 결과에 있어야 한다. 그리고 나쁜 결과는 오직 의도하지 않았던 부작용(an unintended side effect)으로 인한 것이어야 한다. 세 번째 조건은 인과성(causality) 혹은 수단과 목적 조건(means-end condition)인데 좋은

---

12) 정진규, 「트롤리 문제와 다원론적 규범 윤리 이론」, 한국동서철학회, 『동서철학연구』 제 81호, 2016, 426쪽 참조.
13) 정진규, 김신, 『트롤리 문제는 무엇인가』, 514-515쪽.
14) 강철, 「트롤리문제와 도덕판단의 세 가지 근거들」, 한국윤리학회, 『윤리연구』 제90호, 143쪽.

결과는 나쁜 결과의 수단이 되어 얻어져서는 안 된다는 것이다. 네 번째는 비례성(proportionality)의 조건으로 나쁜 결과에 대해서 좋은 결과는 적어도 비례적으로 볼 때 균형이 잡히거나 아니면 더 좋아야 한다는 것이다.[15]

의무론이 이중결과의 원칙을 도입하는 것은 일종의 타협적 전략이라고 볼 수 있겠다. 그러나 이러한 타협은 행위 정당화에 있어서 행위의 결과를 염두에 두는 것이 되기 때문에 의무론은 행위의 결과를 통해 행위를 정당화하는 공리주의의 요소를 끌어들여 행위 정당화를 하는 셈이 된다.

공리주의자가 유형 ②를 허용할 수 없는 행위로 평가하기 위해 도입되는 대표적인 이론은 규칙공리주의[16]다. 규칙공리주의는 행위의 정당화의 요소에 규칙을 끌어들여 설명하는 수정된 공리주의 이론이다. 규칙공리주의자는 '규칙에 따르는 결과'에 의해 행위를 정당화하는데, 여기서 도입된 규칙은 의무론의 보편적 법칙과 유사한 것으로 볼 수 있다. 따라서 공리주의자가 유형 ②를 허용할 수 없는 행위로 평가하기 위해서는 불가피하게 의무론의 요소를 도입하게 되는 것이다.

이와 같이 행위중심 윤리학, 즉 공리주의의 의무론이 우리의 경험에 적합한 행위 정당화를 수행하기 위해서, 상호 불가통약적인 도덕이론의 일부 도입을 통한 수정이 불가피하다면 행위중심 윤리학은 경험 적합적 행위 정당화를 포기하고 각각의 정체성을 더욱 강경하게 유지하거나 혹

---

15) 위의 논문, 144쪽; 박정순, 『마이클 샌델의 정의론, 무엇이 문제인가』, 230-231쪽.

16) J. J. C. Smart and B. William, "An Outline of a System of Utilitarian Ethics," *Utilitarianism for & against*, Cambridge University Press, 1973, 9쪽. "행위공리주의와 비교하여, 규칙공리주의는 행위의 옳음과 그름을 규칙에 따르는 결과의 선함과 악함에 의해 판단한다. 그리고 그 규칙이라는 것은 모든 사람들이 그들이 처한 상황에서 수행해야만 하는 그런 규칙들이다. 이와 같은 규칙은 두 가지로 구별될 수 있는데 하나는 실제적인 규칙(actual rule)이고 다른 하나는 가능한 규칙(possible rule)이다. 이와 같은 두 가지의 규칙 중에 두 번째의 규칙은 칸트가 말하는 보편적 법칙(universal law)과 유사한 것이다."

은 경험 적합적 행위 정당화를 수행하는 대신 공리주의와 의무론이 각각 토대로 삼고 있는 윤리원칙의 일원성을 양보해야만 하는 것이다.

4. 덕윤리를 통한 해결

도덕적 경험을 적합하게 설명하는 도덕이론은 트롤리 딜레마와 같은 도덕적 난제의 상황에서 행위 선택에 대한 우리의 도덕 직관들을 모두 정당화해줄 수 있어야 한다. 그런데 앞서 보았듯이 행위중심 윤리학은 이와 같은 조건을 충족하지 못하고 일부의 도덕 직관만을 정당화해주는 데에 그쳤다. 우리의 도덕 직관은 하나의 도덕원칙에 얽매이지 않는 데 반해 행위중심 윤리학은 일원적 도덕원칙에 근거하여 행위 정당화를 시도하기 때문이다. 행위중심 윤리학의 시도는 특정한 행위를 각각 다루기에는 유용하지만 여러 행위들을 일관성 있게 설명하는 것에는 분명히 한계를 보인다.

행위 평가에서 행위자 평가로 관점을 전환할 경우 딜레마 상황에서의 도덕 직관을 경험 적합하게 설명할 길이 보이는 것 같다. 행위자 중심의 윤리학, 즉 덕윤리의 원칙 하에서 다원적 행위 정당화가 가능하기 때문이다. 덕윤리의 원칙은 다음과 같다.

V : "행위는 어떤 상황에서 유덕한 행위자가 성품(즉, 덕) 안에서 행위할, 그 때에만 옳다."[17]

---

17) Rosalind Hursthouse, "Normative Virtue Ethics," 22쪽; Rosalind Hursthouse, *On Virtue Ethics*, Oxford University Press, 1999, 28쪽. 노영란은 여기에 인용된 형식화가 허스트하우스의 최종적 견해라고 본다. 허스트하우스는 최초에 "행위는 유덕한 행위자가 어떤 상황에서 전형적으로 행할 법한 것이라면 그 행위는 옳다"는 형식화를 제시하는데 이후 위에 인용한 형식화로 수정한 바 있다. 그는 형식화의 수정을 통해 옳음의 기준을 유덕한 행위자가 할 법한 행위에서 유덕한 행위자의 특질 즉, 성품으로 구체화한 것이다.

"유덕한 사람은 덕을 가지고 실천하는 사람이다."[18]

"덕은 _____ 성향이다."[19]

위에서 덕의 구체적인 내용은 어떤 종류의 덕윤리를 채택할 것인지에 따라 달라질 수 있겠다.[20] 그런데 유덕한 사람은 어떤 도덕적 상황 혹은 딜레마에 직면했을 때 무력한 사람이기보다는 그 상황에 적합한 윤리원칙을 파악하고 적용할 수 있는 사람일 것으로 보인다. 예컨대 맹자의 한 구절을 보면 유덕한 사람의 이러한 성향을 확인해볼 수 있다.

순우 곤이 "남녀 간에 주고받기를 친히 하지 않는 것이 예(禮)입니까?" 하고 묻자, 맹자께서 "예(禮)이다." 하고 대답하셨다. "제수(弟嫂)가 우물에 빠지면 손으로써 구원하여야 합니까?" 하고 묻자, 대답하시기를 "제수가 물에 빠졌는데도 구원하지 않는다면, 이는 승냥이이니, 남녀 간에 주고받기를 친히 하지 않음은 예이고, 제수가 물에 빠졌으면 손으로써 구원함은 권도(權道)이다." 하셨다.[21]

위에서 인용한 맹자의 이야기는 유학에서 경(經)과 권(權)의 충돌을 보여주는 이야기이다. 경이 보편적 도덕원칙들이라고 한다면, 권은 구체적 현실에서 복수의 가치들이 서로 경쟁할 때에 더 비중이 큰 가치를 판

---

18) Rosalind Hursthoues, "Virtue Ethics and Human Nature," *Hume Studies*, Vol. XXV, No. 1 & 2, 1999, 68쪽.
19) 허스트하우스는 위의 논문에서 빈칸은 어떤 종류의 덕윤리를 채택할 것인지에 따라 달라진다고 서술한다.
20) 이주석, 「덕 개념과 윤리학」, 새한철학회, 『철학논총』 제80집, 2015 참조.
21) 『孟子』, 「離婁編」 上, 17章. "淳于髡曰 男女授受不親이 禮與잇가 孟子曰禮也니라 曰嫂溺 則援之以手乎잇가 曰嫂溺不援이면 是는 豺狼也니 男女授受不親은禮也요 嫂溺이어든 援之以手者는 權也니라."

별해내는 것을 뜻한다.[22]

위의 사례를 분석하면 두 가지 원칙들의 충돌을 찾아볼 수 있다.

경(經)의 원칙 : "남녀 간에는 친히 물건을 주고받지 않는다."
권(權)의 원칙 : "사람이 물에 빠졌으면 손으로써 구원해야 한다."

이 둘을 놓고 볼 때 순우 곤이 포착한 충돌은 다음과 같다. 당시의 주어진 예에 따르면 남녀 간에는 친히 물건을 주고받지 않음으로써 남녀의 분별을 크게 하는 것이 정당한 행동이었다. 따라서 남녀가 손을 잡는 것은 예에서 벗어난 행동일 수밖에 없다. 그런데 만일 제수가 물에 빠졌을 경우를 가정해보면 예를 지키다가 제수의 죽음을 방관하게 될 것 같다. 순우 곤은 이러한 문제를 가지고 유덕한 자인 맹자에게 질문을 올리는 것이다. 그런데 맹자의 답변이 인상적이다. 맹자는 남녀 사이에 친히 물건을 주고받지 않는 것이 예임을 인정하면서도 동시에 제수가 물에 빠졌을 때 손으로써 구하지 않으면 인간의 덕을 상실한 승냥이와 다를 바 없다고 답변한다. 맹자는 덧붙여 설명하면서 남녀 사이에 물건을 친히 주고받지 않는 것은 예이고 제수가 물에 빠졌을 때 손으로써 구원하는 것은 권도라고 답한다.

맹자의 이야기는 유덕한 자가 어떻게 경의 원칙과 권의 원칙의 충돌을 해소하는지 보여준다. 유덕한 자는 각각 상황에 맞는 도덕원칙을 적합하게 찾아 적용함으로써, 즉 중도를 얻어 상호 화해가 불가능해 보이는 두 가지 원칙들 사이의 충돌을 해결한다.[23] 즉, 맹자는 경과 권을 예

---

22) 정용환, 「맹자 권도론의 덕 윤리적 함축」, 한국동서철학회, 『동양철학연구』 제72집, 2012, 65쪽. "경이 보편적 도덕원칙들이라고 한다면, 권은 구체적 현실에서 복수의 가치들이 서로 경쟁할 때에 더 비중이 큰 가치를 판별해내는 것을 뜻한다." 경이 보편적 도덕원리이고 권이 현실적 상황 변화를 고려한 도덕판단이라는 것은 공자, 맹자, 성리학 등을 통해 지속적으로 유지되고 있는 관점이다. 나아가 이러한 관점은 유칠노(1991), 백종석(2008), 박재주(2007), 이철승(2010) 등의 연구에서도 확인된다.

라고 하는 덕목 내에 포섭함으로써 두 원칙의 화해를 이끈다. 요컨대, 유덕한 사람은 구체적 현실 속에서 다양한 도덕원리들이 서로 경쟁할 때에 더 적합한 원칙을 찾아 적용할 수 있는 사람이다. 이상의 내용을 반영하여 V를 수정하면 다음과 같은 원칙을 도출할 수 있다.

V1 : "행위는 어떤 상황에서 유덕한 행위자가 성품(즉, 덕) 안에서 행위할, 그때에만 옳다."

"유덕한 사람은 덕을 가지고 실천하는 사람이다."

"덕은 (그 상황에 적합한 윤리원칙을 적용하는) 성향이다."

이 규칙을 근거로 앞서 소개한 여덟 가지 트롤리 딜레마 유형에 대한 정당화를 다원적으로 시도해볼 수 있을 것이다.

유형 ①은 실험 결과 89%의 실험 참여자가 선로를 변경하겠다고 답변을 했다. 이 행동은 공리의 원칙[24]을 통해 정당화된다. 그리고 의무론의 경우 이중결과의 원칙[25]을 도입해 정당화할 수 있다. 유형 ②는 11%

---

23) "[集註] 淳于는 姓이요 髡은 名이니 齊之辯士라 授는 與也요 受는 取也라 古禮에 男女不親授受하니 以遠別也하니라 援은 救之也라 權은 稱錘也니 稱物輕重而往來以取中者也라 權而得中이면 是乃權也니라[집주] 순우는 성이요, 곤은 이름이니, 제나라의 변사(말 잘하는 선비)이다. 수(授)는 줌이요, 수(受)는 취함이다. 고례(옛날의 예)에 남녀가 물건을 친히 주고받지 않았으니, 이는 남녀의 분별 멀리(크게) 하려고 해서이다. 원은 구원함이다. 권은 저울과 저울추이니, 물건의 경중을 저울질하여 왔다 갔다 해서 맞음을 취하는 것이니, 상황을 저울질하여 중도를 얻는다면 이것이 바로 예이다)."

24) 공리의 원칙은 "최대 다수의 최대 행복"의 원칙을 말한다. 공리의 원칙은 다음과 같이 형식화할 수 있다. "어떤 행위가 최대의 결과를 도출할 때에만 그 행위는 옳다." "최대의 결과는 행복이 극대화되는 것들이다."

25) 정진규, 김신, 『트롤리 문제는 무엇인가』, 514-515쪽. 이중결과의 원칙이란 어떤 행위의 결과가 직접적으로 의도된 것이 아니고 간접적 혹은 파생적으로 발생된 것이라면, 그 결과가 도덕적으로 문제가 있다고 하더라도 이를 초래한 행위는 허용될 수 있다는 원칙이다.

만 밀친다고 답변했다. 이 답변은 아무리 결과가 좋다고 할지라도 좋은 결과를 위해 비만자를 수단으로 사용하는 것은 불가하다는 것과 내가 비만자라면 비자발적 희생을 바라지 않을 것으로 의무론의 입장, 즉 정언명령에 의해 정당화된다. 공리주의의 경우 규칙공리주의를 통해 답변할 수 있다. 유형 ③은 조사된 통계치는 없지만 일반적으로 기구를 조작하지 않는다고 답변할 것으로 보인다. 그리고 이러한 답변은 정언명령(수단화 불가)에 의해 정당화될 수 있다. 유형 ④는 일반적으로 밀친다는 답변을 할 것으로 예측할 수 있다. 이 답변은 공리의 원칙 혹은 의무론에 의해 설명되기 어렵다. 오히려 '애국심'에 호소함으로써 답변을 설명하는 것이 더 적합하다.[26] 유형 ⑤는 56%가 선로를 변경한다고 답했는데 이 경우는 실험 참가자들이 환상선의 의미를 파악하기 어려워서 직관의 혼란이 있었던 것으로 보인다. 유형 ⑤의 정당화는 의무론에 의해 가능하다. 왜냐하면 환상선의 의미를 이해한다면 유형 ⑤는 유형 ③과 유사한 딜레마라는 것을 알 수 있기 때문이다. 유형 ⑥은 72%가 선로를 변경한다고 답변했고 이 유형은 정확히 유형 ①과 구조적으로 같다. 그럼에도 변경한다고 답한 사람 비율이 17% 줄어든 이유는 응답자의 딜레마 설계 구조에 대한 이해가 부족했기 때문인 것 같다. 유형 ⑦의 일반적 선택은 선로를 변경하는 것으로 보인다. 이 선택은 공리의 원칙에 의해 정당화될 수 있다. 양쪽 환상선의 경우는 1명과 5명이 상호 수단화가 되므로 의무론을 통해 설명하기는 어렵다. 따라서 유형 ⑦은 유형 ②보다는 유형 ①에 가까운 것으로 볼 수 있다. 유형 ⑧은 선로를 변경하지 않는 것이 일반적 선택이 될 것이다. 이 경우도 공리주의나 의무론보다는 가족에 대한 '충직'을 통해 설명할 수 있다.[27]

---

26) 박정순, 『마이클 샌델의 정의론, 무엇이 문제인가』, 66쪽. 유형 ④의 경우 정의전쟁론 혹은 의무론적 자유의로도 설명 가능하다.

27) 통계치는 Fiery Cushman, Liane Young and Marc Hauser, "The Role of Conscious Reasoning and Intuition in Moral Judgement: Testing Three Principles," *Psychological Science*, Vol. 17, No, 12, 2006, 1082-1089쪽 참조.

이와 같이 트롤리 딜레마의 여덟 가지 유형의 도덕 직관은 덕윤리적 원칙 하에서는 모두 정당화 가능하다. 유형 ①, ⑥, ⑦은 공리의 원칙에 의해서 적합하게 그리고 유형 ②, ③, ⑤는 정언명령에 의해 적합하게 정당화될 수 있다. 유형 ④, ⑧은 '애국심', '충직'과 같은 덕목들을 통해 설명 가능하다. 여기서 유형 ⑤는 도덕 직관이 가지는 한계를 시사한다. 왜냐하면 유형 ⑤의 경우 근소한 차이(6%)이기는 하지만 도덕 직관과 정당화가 다르게 드러나기 때문이다. 유형 ⑤는 행위자가 도덕적 상황이 가지는 구조를 파악하기 어려울 경우 우리 도덕 직관은 혼란을 겪고 동전 뒤집기 식의 선택을 할 수도 있다는 사실을 보여준다. 이 경우 사후 추론을 통해 행위자는 도덕 직관의 혼란을 해결할 수 있을 것이다. 그 밖에는 정도의 차이는 있지만 우리의 도덕 직관과 다원적 정당화의 결과가 일치하는 것을 알 수 있다. 따라서 이와 같은 다원적 정당화 방식은 우리의 도덕적 경험을 적합하게 설명해주는 정당화 방식이라고 할 수 있다.

5. 결론: 덕윤리의 가능성

본 논문은 트롤리 딜레마에서 드러나는 행위자의 도덕 직관에 대한 경험 적합적 설명 가능성을 검토했다. 여덟 가지 유형의 트롤리 딜레마를 간략하게 소개했고, 각각의 딜레마에 대한 행위중심 윤리학의 정당화 과정을 살펴보았다. 그 과정에서 어떤 유형은 공리주의의 원칙에 의해, 그리고 어떤 유형은 의무론의 원칙에 의해 정당화될 수 있고 심지어 어떠한 행위중심 윤리학도 정당화할 수 없는 유형들조차 있다는 사실을 발견했다. 따라서 행위중심 윤리학은 각각의 사례들에 대해 설명하는 데에는 유용한 반면, 여덟 가지 유형의 딜레마 모두를 일관성 있게 정당화하지 못하는 한계가 있다는 점이 분명해졌다.

우리가 보았듯이 덕윤리는 여덟 가지 트롤리 딜레마에서 드러나는 행위자의 도덕 직관에 대한 설명을 제공할 수 있다. 허스트하우스가 제시한 덕윤리의 형식화를 도입하여 그 형식에 덕의 내용을 추가하는 것으로 충분하다. 그 내용은 "덕은 그 상황에서 적합한 윤리원칙을 적용하는 성향"이라는 것이다. 덕윤리는 유덕한 행위자로부터 행위의 정당성을 이끌어낸다. 유덕한 행위자가 앞에서 제시한 여덟 가지 트롤리 딜레마의 상황에 직면했을 때 그는 그의 성향에 따라 제시된 유형의 딜레마가 가지는 도덕적 맥락을 정확히 파악하고 그에 적합한 도덕원칙들을 적용하여 그에 맞는 행위를 정당화할 것이다. 그리고 이러한 정당화 방식은 도덕 직관과 충돌하지 않고 설득력 있는 설명을 제공해줄 수 있다. 뿐만 아니라 트롤리 딜레마와 같은 극단적인 도덕적 난제에서 발생하는 행위중심 윤리학의 피할 수 없는 내적 충돌도 충분히 해소해줄 수 있을 것으로 보인다. 이것은 덕윤리가 행위중심 윤리학의 상호 불가통약적 상황에 대한 해결책이 될 수 있음을 보여준다. 덕윤리는 행위의 정당성을 유덕한 행위자의 성품으로부터 도덕적 정서, 동기 그리고 결과에 이르기까지 포괄적 요인들로부터 이끌어내기 때문이다. 이와 같은 덕윤리의 다원적 성격은 일원적인 행위중심 윤리학의 이론들을 포괄하고 조정할 수 있으며, 우리의 도덕적 경험을 보다 적합하게 설명해줄 수 있는 조건이 된다.

이러한 주장은 오늘날의 도덕심리학의 경험과학적 연구결과들이 뒷받침되는 것 같다. 하이트[28]를 비롯하여 그린[29] 등의 연구결과는 우리의 도덕판단이 정서와 밀접하게 관련되어 있다는 점을 뇌과학으로부터 입증하고 추론이 직관에 대해 사후적이라는 점을 잘 보여준다.[30]

---

28) 사회적 직관이론으로 유명한 하이트(Jonathan Haidt)의 대표적인 저서로는 *The Righteous Mind*, Random House Inc, 2012; 왕수민 옮김, 『바른마음』, 서울: 웅진지식하우스 2014가 있다.

29) 이중 과정의 원리로 잘 알려진 그린(Joshua D. Greene)의 저서로는 *Moral Tribes: Emotion, Reason, and the Gap Between Us and Them*, The Penguin Press, 2013이 있다.

30) 도덕심리학 관련 국내연구는 노영란, 「신경과학적 도덕심리학과 덕윤리」, 범한철학회,

행위자의 정서와 직관을 설명하고 다양한 정당화 원칙들을 포괄할 수 있는 덕윤리가 이러한 경험과학의 설명에 다른 윤리 이론보다 부합된다는 점은 분명해 보인다. 그러나 덕윤리가 해명해야 할 문제들, 예컨대 덕의 내용이 무엇인지에 대한 규명, 상대주의의 문제, 유덕자의 존재 여부에 대한 문제, 그리고 원칙 선택에서의 일관성 문제 등이 해결해야 할 문제들이 여전히 남아 있다.

그럼에도 우리는 덕윤리가 도덕 직관에 대해 경험 적합적인 설득력 있는 해명을 할 수 있고 상호 불가통약적인 토대 위에 서 있는 다양한 도덕원칙들을 포섭할 수 있는 대안적 윤리가 될 수 있다는 점을 확인했으므로, 이 바탕으로부터 문제들을 풀어나갈 수 있으리라 기대한다.

참고문헌

Appiah, 이은주 옮김, 『윤리학의 배신』, 서울: 바이북스, 2011.

Greene, J., *Moral Tribes: Emotion, Reason, and the Gap Between Us and Them*, The Penguin Press, 2013.

Haidt, Jonathan, *The Righteous Mind*, Random House Inc, 2012; 왕수민 옮김, 『바른마음』, 서울: 웅진지식하우스, 2014.

Hursthouse, Rosalind, *On Virtue Ethics*, Oxford University Press, 1999.

Kant, I., 백종현 옮김, 『윤리형이상학정초』, 서울: 아카넷, 2011.

『孟子』, 「離婁編」 上 17章.

박정순, 『마이클 샌델의 정의론, 무엇이 문제인가』, 서울: 철학과현실사, 2016.

『범한철학』 제75권, 2014; 노영란, 「그린의 이중과정이론의 규범적 함의에 대한 고찰」, 범한철학회, 『범한철학』 제79권, 2015; 노영란, 「도덕적 정서의 근원과 발달에 대한 신경과학적 이해와 덕윤리」, 새한철학회, 『철학논총』 제79집, 2015 등을 참조.

강철, 『트롤리문제에 대한 윤리학적 탐구』, 박사학위논문, 연세대학교 대학원, 2013.

정진규, 『트롤리 문제와 그에 대한 플라톤적 해결 방안 연구』, 박사학위논문, 한국외국어대학교 대학원, 2016.

Cushman, Fiery, Young, Liane and Hauser, Marc, "The Role of Conscious Reasoning and Intuition in Moral Judgment: Testing Three Principles of Harm," *Psychological Science*, Vol. 17, No. 12, 2006, pp.1082-1089.

Hauser, Marc, Cushman, Fiery, Young, Liane, Jin, R. Kang-Xing and Mikhail, John, "A Dissociation Between Moral Judgments and Justifications," *Mind & Language*, Vol. 22, No. 1, 2007.

Hursthoues, Rosalind, "Virtue Ethics and Human Nature," *Hume Studies*, Vol. XXV, No. 1 & 2, 1999, p.68.

_____, "Normative Virtue Ethics," p.22.

Smart, J. J. C. and William, B., "An Outline of a System of Utilitarian Ethics," *Utilitarianism for & against*, Cambridge University Press, 1973.

강철, 「트롤리문제와 도덕판단의 세 가지 근거들」, 한국윤리학회, 『윤리연구』 제90호, 2013.

노영란, 「신경과학적 도덕심리학과 덕윤리」, 범한철학회, 『범한철학』 제75권, 2014.

_____, 「그린의 이중과정이론의 규범적 함의에 대한 고찰」, 범한철학회, 『범한철학』 제79권, 2015.

_____, 「도덕적 정서의 근원과 발달에 대한 신경과학적 이해와 덕윤리」, 새한철학회, 『철학논총』 제79집, 2015.

이주석, 「덕 개념과 윤리학: 윤리학에서 덕을 다루는 두 가지 방식」, 새한철학회, 『철학논총』 제80집, 2015.

정용환, 「맹자 권도론의 덕 윤리적 함축」, 동양철학연구회, 『동양철학연구』 제72권, 2012.

정진규, 김신, 「트롤리 문제는 무엇인가」, 한국동서철학회, 『동서철학연구』 제77호, 2015.

＿＿, 「트롤리 문제와 다원론적 규범 윤리 이론」, 한국동서철학회, 『동서철학연구』 제81호, 2016.

Happiness as emotion that reflect the prudential value of one's life

김 현 섭

1. Two Senses of Happiness

A number of philosophers have argued that happiness and its cognates have two senses.[1] When we say that a person is happy in the first sense, we simply describe her positive mental state. When we say that a person is happy in the second sense, we make the evaluative judgment that his life is going well for him. Let me call the first sense of happiness happiness in the descriptive sense or 'happiness' for short, and the second sense of happiness happiness in the evaluative sense or 'well-being'. According to these philosophers, they are not two conceptions of the same concept. When one theory about happiness in the

---

* 이 논문은 서울대학교철학사상연구소 편, 『철학사상』 제5권(2017)에 실린 글이다.
1) See Haybron(2008: 29-33) and Feldman(2010: 8-10).

descriptive sense and another theory about happiness in the evaluative sense have different content, the disagreement is not substantive but merely verbal. They are not rival theories at all. It might be the case that when a person is happy in the descriptive sense, she is happy in the evaluative sense, and vice versa. However, this is not a tautology, but a substantive claim in axiology.

I agree with them that there is such an ambiguity in happiness. In this paper, I develop a new emotional state account of happiness in the descriptive sense.[2]

I argue that one's descriptive happiness consists in the overall emotional condition that reflects or evaluates the prudential value of one's life. My account improves on Sumner's life satisfaction account of happiness and Haybron's emotional state account the two most influential accounts of descriptive happiness in the literature building on the strengths of each

---

2) A working hypothesis of this paper is that our concept of happiness, as it is distinguished from the concept of well-being, is not so vague or confused as to make the search for a theory of it futile and doomed to failure. The assumption is that we more or less share a set of pre-theoretical convictions about happiness, by reference to which we can tell which theory best captures and systematizes them. This requirement to make sense of our pre-theoretical beliefs about happiness and its role in commonsense psychology does not mean that the theory of happiness should keep all of them as they are. To the extent that our pre-theoretical convictions turn out to be inconsistent or indeterminate, the theory of happiness should, as is the case with any philosophical analysis of a concept, revise and reconstruct them. Only by doing the conceptual analysis will we be able to see how revisionary the theory should be. cf. Haybron(2008, ch. 3) and Feldman(2010: 10-12 and appendix C).

while avoiding their weaknesses. So I explicate my view and its virtues by comparing it with their accounts. More specifically, the paper runs as follows: In section 2, I argue that happiness consists in the emotions that are reflective of, rather than the conceptual or propositional judgment about, the prudential value of one's life. In section 3, I reject Sumner's view that happiness's affective component is experiential (i.e., experiencing one's life as satisfying or fulfilling) and argue that happiness−constituting emotive states are comprised of (un)conscious episodes and non−conscious dispositions that produce them. In section 4, I contrast my emotional state account with Haybron's, by arguing that the emotional states Haybron describes are not happiness itself, but what happiness−constituting emotions are evaluative or reflective of. In section 5, I show how my account of happiness fits in line with the evaluative account of emotions in general. In section 6, I summarize and conclude.

2. Happiness consists in emotions rather than judgment

The questionnaire in happiness studies usually includes: All things considered, how satisfied are you with your life as a whole these days? This question invites subjects to assess the prudential value of their own life and report their judgment. It is a desideratum for a theory of happiness that it explains why that evaluation is so often used in measuring happiness. Sumner's life satisfaction account of happiness easily, maybe too easily, meets the desideratum. According to Sumner's theory, to be happy (more precisely, its cognitive component) just is to make the judgment that one's life as a whole is, by her own standards of prudential value, going well for the person who makes the evaluative judgment.[3] I believe that Sumner's theory basically gets it right that happiness is an evaluation, rather than a constituent, of the prudential value of one's life. However, it is not the only way of explaining the close connection between happiness and life satisfaction (= the favorable judgment about the prudential value of one's life) to say that they are identical. Happiness need not be life satisfaction itself, but has only to be something that correlates quite closely with it.

When a respondent makes an assessment of the prudential value of her life, the evaluation is not merely a non-affective belief, but usually comes with some feelings, emotions, moods, and/or bodily changes that reflect how good one's life is. In my view, happiness consists in the overall emotional condition that normally accompanies the evaluative judgment. A person is happy (or unhappy) to the degree to which that emotional condition is positive (or negative). Indeed, I am inclined to think that the evaluation that a life is good for the person who lives it is part of happiness, only insofar as that evaluation is realized or embodied in the relevant emotional states.[4] *Pace* Sumner and other proponents of life satisfaction accounts of happiness, I do

---

3) Sumner(1996: 145).
4) There are a number of theories about the nature of emotion, according to which emotions are non-propositional or non-conceptual evaluations.

not include the purely intellectual mental operation of understanding and affirming the proposition that one's life as a whole is going well as a constitutive part of happiness. My emotional state account takes happiness to be affective rather than cognitive.

This exclusion of whole life satisfaction as mere cognition from happiness enables my account to avoid a number of problems that trouble Sumner's account of happiness. First is the problem of cognitive demandingness. Making a judgment as to the prudential value of one's life requires sophisticated mental capacities: among others, the ability to assess the conditions or circumstances of one's life by reference to his standards of prudential value, to form a thought that 'my life is (not) going well for me' (in order to grasp the propositional content, considerable conceptual capacities are necessary), and to endorse the assessment as true (in order to reflect on it before the endorsement, the subject must be able to distance himself from the proposition). This requirement of highly developed mental capabilities, as Sumner himself admits (pp.145–146), makes it the case that small children and animals are by nature incapable of being fully happy. By contrast, happiness is not so cognitively

---

According to the perceptual theory of emotion, for example, to fear x is to perceive x as fearsome or dangerous. According to the attitudinal theory of emotion, to fear x is to experience one's body's readiness to act so as to reduce x's impact on her (e.g., flight, preventive attack), such that the felt bodily attitude is correct if and only if x is dangerous. My account of happiness is conducive to these non-conceptual theories of emotion. See, e.g., Roberts(2003), Dring(2007), Deonna and Teroni(2014: 25–29).

demanding in my emotional state account of happiness. What my view requires is only the affective capabilities of having the relevant non-conceptual emotional states.[5] I take it to be a virtue of my view that it implies that those creatures whose cognitive capacities are not that sophisticated can, in principle, be fully happy.

Second is the problem of attitude scarcity.[6] As a matter of fact, most people make an assessment about their overall quality of life, if ever, only once in a while. So Sumner's account implies that we are not (un)happy to any degree most of the time. Were this to be the case, our concern with happiness in our deliberation about important matters would be hard to understand. It is rather plausible that we are somewhere on the scale of happiness even when we do not make any evaluative judgment about our life as a whole. My view does not have this implication, because (un)happiness is, in my view, not the occurrent thought that we have when we make a judgment about the prudential value of life, but the positive or negative emotional states that usually accompany the judgment. We do have some of those happiness-constituting emotive states, including the unconscious moods and non-conscious dispositions (more on the psychological categories of happiness-constituting emotions in the next section), even when we do not make the

---

5) For more on the non-conceptual content of emotions, see Griffiths and Scarantino(2012), Deonna and Teroni(2014: 22–23) and Tappolet(2016, ch. 1).
6) This objection was raised against life satisfaction accounts of happiness by Haybron(2008: 85–86) and Feldman(2010: 81–86).

evaluative judgment.

In response to this attitude scarcity objection, one might argue that a person's happiness at a time consists not in the evaluative judgment he *actually* makes at that time, but in the evaluative judgment he *would have made* at that time *if* he had made one. A problem of this hypothetical life satisfaction account of happiness is the possibility that the process of reflecting on one's life as a whole and making an evaluation about it may affect his psychological states and the resultant evaluation. Intuitively, one's happiness level should correspond not to the hypothetical psychological condition he would be in, but to the actual psychological condition he is in.[7] My account is not vulnerable to this problem. In my view, one's happiness depends on the emotional states the individual actually has; it is just that what kind of emotional states they are is determined by reference to the evaluative judgment that he may or may not actually make.

3. Happiness consists not only in experiences but also in dispositions

According to Sumner's hybrid account, happiness is both cognitive and affective. In addition to the cognitive component, i.e., the judgment that one's life as a whole is going well for her, happiness has an affective component. As for the affective

---

7) Feldman considers the hypothetical life satisfaction account of happiness and raises this kind of objection. See Feldman(2010: 86-89).

component of happiness, Sumner endorses the experience requirement: x (directly or intrinsically) makes an individual happy only when x enters into her experience (p.175). So, in Sumner's view, happiness's affective component is experiential: experiencing one's life as satisfying or fulfilling.

In my view, the experience requirement unreasonably restricts the scope of what happiness consists in. Here, I agree with Haybron that happiness-constituting affective states are not limited to experiences, but include non-experiential dispositions that underlie the conscious experiences. To motivate this inclusion of unconscious emotional episodes and non-conscious dispositions as part of happiness, consider the following case: Adam is flourishing in every sense of the word, fully aware that his life is going really well, and quite satisfied with and grateful for his lot. Adam is sleeping sound with a big smile on his face, ready to enjoy what the next day may bring for him. On the other hand, Bob is screwed in every aspect of his life, painfully aware of his failure in life, and in complete despair and hopelessness. Bob barely falls asleep, with the help of sleeping pills, disposed to feel miserable at whatever happens to him the next day.

If we accept the experience requirement, we are forced to say that Adam and Bob are neither happy nor unhappy. By hypothesis, both of them are not experiencing anything during their sleep and thus undefined in terms of happiness. I find it hard to believe that cheerful Adam and depressed Bob are equal and indistinguishable with regard to happiness.

It seems plausible to say that Adam is happy but Bob is unhappy, even though they are *not manifestly* so while they are asleep. This inclines me to think that happiness consists, at least partly, in the unconscious emotional states that we have even when we are not consciously experiencing anything.

At the same time, it would go too far to say that happiness consists not in experiences, but only in non-experiential dispositions. To see this, consider what Feldman calls 'fragile happiness': a person has fragile happiness at a time iff she goes through happiness-constituting experiences at that time, but does not have any deep, underlying dispositions that tend to produce those positive experiences. She is apt to lose happiness and lapse into unhappiness. Feldman's example runs as follows: Clair is, deep down, depressed. Thanks to some drug, she is now enjoying her activities and glad that the drug works. However, some of the activities she is enjoying may become unavailable at any time, in which case she will stop taking the medication, cease to enjoy other activities, and fall into a deeper depression. The odds are that Clair's negative dispositions get activated, forcing her to stop enjoying activities and experiencing pleasure sometime soon. Fortunately, the bad scenario has not (yet) come to pass.[8] In this case, I agree with Feldman that the positive experiences Clair luckily enjoys make her, to a certain degree, happy.

These thought experiments suggest that happiness is

---

8) Feldman(2010: 29-30).

experiential as well as dispositional. I believe that we can also come up with similar thought experiments that show other affective components of our overall emotional condition to be part of happiness. I am inclined to think that happiness is an amalgam of positive feelings, emotions, moods, and the affective dispositions to have those positive emotional episodes.[9] It should not come as surprising that happiness is, in terms of psychological categories, a messy hybrid. Indeed, this mixed nature is, I believe, a reason why happiness admits of degrees and 'happy' is a scalar, as opposed to binary, predicate.

4. Happiness consists in evaluative emotions

At this point, the reader might wonder in what ways my emotional state account of happiness differs from Haybron's. I do agree with Haybron that (1) happiness consists in emotions rather than judgments, and that (2) happiness-constituting emotive states are comprised of (un)conscious episodes and non-conscious dispositions that produce them.[10] However, I disagree

---

9) Emotions are usually taken to differ from moods, in that while emotions are intentionally directed at specific objects or propositions, the intentional objects of moods are, if they are intentional at all, global and diffuse. Anyway, these psychological categories are not meant to be mutually exclusive. Many people say that there is something it is or feels like to have emotions or moods. Some profound emotions are not mere episodes, but dispose us to experience other affective states (cf. Haybron's notion of 'central affective states' and 'mood propensities', pp.127–138). For a textbook taxonomy of affective states, see Deonna and Teroni(2012, ch. 1).

with him about what kinds of emotional states happiness consists in. Indeed, I believe that Haybron conflates happiness *per se* with sources or grounds of happiness. Let me explain.

Haybron claims that happiness is an individual's responding favorably, in emotional terms, to her life responding emotionally to one's life *as if* things are generally going well for her and that life satisfaction chiefly concerns the endorsement of the intellect, whereas happiness concerns the endorsement of the emotional aspect of the self (p.111). So far so good.

However, Haybron goes on to say that happiness–constituting emotional states instantiate one or more of the following three basic modes of affirmative response: attunement (psychically being at home in one's life), engagement (enthusiastically taking up what one's life has to offer), and endorsement (joy and cheerfulness) (pp.112–120). These emotional states are, I believe, constituents of psychological well–being (i.e., subjective components of what makes one's life go well for her). In my view, what Haybron thinks happiness consists in is not happiness *per se*, so much as sources of happiness (i.e., part of what happiness–constituting emotions are *about*) or reasons to be happy (i.e. part of what makes happiness appropriate or correct).

By contrast, I take happiness to consist mainly in those

---

10) Feldman seems to interpret Haybron as saying that happiness is purely dispositional (pp.27–30). That would be a misinterpretation. In Haybron's view, happiness–constituting affective states include pleasant or positive experiences, even though non–experiential dispositions form the central part of happiness (cf. pp.71–73).

emotional states which reflect or evaluate how good one's life is for her. They include, *inter alia*, content, gratitude, repose, self-esteem, pride (insofar as what makes one's life go well is one's achievement), and a sense of being fortunate (insofar as what makes one's life go well is thanks to luck). To see the difference between my view and Haybron's more clearly, consider the following scenarios: David excels in every mode or dimension of happiness in Haybron's sense. He feels settled and secure in his life (attunement), confidently and energetically engage in many activities in life (engagement), and (tend to) find them enjoyable (endorsement). His life is, by any reasonable standard, a success. At the same time, when he takes a step back and reflects on his achievements in life, he is deeply dissatisfied. How come? A possibility is that he is an extreme perfectionist and sets the bar way too high. He is ungrateful for what he has, envious and jealous of others (the grass looks greener on the other side), and filled with self-hatred and self-contempt. It is not simply that he makes these negative judgments, in the form of conscious propositional attitudes, when asked to assess his life as a whole, but that these negative evaluations, in the form of emotional dispositions or moods, always reside somewhere in his psyche. Haybron's theory implies that David is happy. I find this implication implausible. What seems right to say is that David is not happy, even though he has every reason to be happy. And that is what my account implies.

We can think of an opposite case. Enoch fails in every aspect or dimension of happiness in Haybron's sense. He finds his circumstances alienating, threatening and imposing (disattunement), is listless, withdrawn and bored (disengagement), and feels sad, gloomy and irritable (disendorsement). His life is, by any reasonable standard, not a success. However, when Enoch evaluates his life as a whole, somehow he is satisfied and content with it. Indeed, Enoch is grateful for what he has got and even feels fortunate. His evaluation is, not only cognitively, but also emotionally, positive. How is it possible? One possibility is that he sets the bar pretty low and thinks that thing could have been much worse. He evaluates his life in comparison with a life where one is constantly tortured and then killed. He has been around many people whose quality of life is extremely low. Another possibility is that his conception of a good life is pretty off. He belongs to a religious cult, glorifies his plight and misery in this life as meaningful service honoring a deity, and believes that martyrdom is the best life has to offer. Either way, Haybron's theory says that Enoch is plainly unhappy. I beg to differ. My account implies that Enoch is, in a significant sense, happy, even though he has no reason to be. And that seems to be the right description. Unreasonable or inappropriate happiness is, for what it's worth for the person whose happiness it is, still a form of happiness.

Haybron admits that his description of happiness–constituting emotional states along the three dimensions is intended to be rough and informal, meant to serve as a plausible starting point for further reflection and investigation. He is willing to make substantial adjustments, hopefully with the help of more advanced knowledge from affective sciences (p.122). However, I doubt that specifying psychological states along Haybron's three dimensions of happiness is on the right track. I suspect that, at best, it will lead us not to the correct theory about what happiness is, but to a picture of psychological flourishing, which is, in my view, not happiness *per se*, so much as what happiness-constituting emotions are about or reflective of. Haybron's emotional state theory misses the point that happiness-constituting emotions are evaluative.

5. Emotions as evaluations and happiness

It is worth noting how my account of happiness fits in with the evaluative account of emotions in general. According to this account, emotions, understood as apprehensions of value, purport to represent their object as having certain evaluative property. For example, fear of an object presents it as dangerous to the person who feels the emotion, and indignation at an act presents it as unfair or unjust. Along the same lines, happiness about one's life, in my view, presents it as good for the person whose life it is.

Another way of putting the parallel between happiness and other emotions is by introducing the notion of formal object. A formal object is the property an emotion, at least implicitly, attributes to its object, in virtue of which the emotion can be seen as intelligible. Arguably, it makes an emotion the kind of emotion it is and gives the most trivial answer possible to the question Why do you have the emotion? For example, the formal object of fear is the property of being dangerous, and that of indignation is being unjust. Why are you afraid of the dog? Because it is dangerous. Why are you indignant at the situation? Because it is unjust.[11] In the same vein, we can say that the formal object of happiness is the property of being prudentially good. Why are you happy about your life? Because it is going well for me.

Emotion can be assessed as reasonable or unreasonable along several dimensions. The correctness or fittingness corresponds to the epistemic assessment about whether an emotion's evaluative presentation is accurate, i.e., whether things are as the emotion presents them to be. In other words, emotions are correct or fitting if and only if their intentional object does have the relevant evaluative property. For example, fear is correct or fitting if and only if its intentional object is indeed dangerous; indignation at an act is correct or fitting if and only if the act is actually unfair or unjust. Similarly, happiness about one's life is correct or fitting if and only if his life is in fact prudentially good. Since my emotional state account of happiness, unlike Haybron's, takes happiness-constituting emotions to be evaluative, it can easily make room for (and good sense of) incorrect unhappiness (= negative evaluative emotions about a

---

11) It is also arguable that the notion of formal object applies to intentional states in general. The formal object of belief is being true, de Sousa claims, and that of desire is good. Why do you believe that p? Because it is true. Why do you want p? Because it is good. See de Sousa(2011: 71-2).

life whose quality is actually high) and incorrect happiness (= positive evaluative emotions about a bad life).

The correctness or fittingness of an emotion has to do with its content (i.e., what the emotion is about); in particular, with the question of whether the emotion's content is true (i.e., whether the emotion represents its object as it actually is). The epistemic question is, at least conceptually, distinct from the pragmatic question of whether having the emotion is practically good or bad.[12] The practical value or reason for emotion can be divided into two kinds: instrumental and intrinsic. For example, while the unpleasant feeling of a fear makes it intrinsically bad to experience the emotion, the badness or disvalue may be compensated or even outweighed by its instrumental value of enabling a fast response to danger. Presumably, in most cases, being happy is not only intrinsically good (as when it is accompanied by its characteristically pleasant feeling), but also instrumentally good. Empirical research has shown that happiness broadens the scope of attention and thought-action repertoires, and that the expansion of one's mindset helps the individual build physical, psychological and social resources. As a result of the broaden-and-build process, the individual becomes resilient, healthy, and more satisfied with his life (Fredrickson 2001, Fredrickson and Losada 2005). These positive effects of happiness mean that we have pragmatic reason to be happy, independently of whether our life is actually going well or not.

---

12) Cf. D'Arms and Jacobson(2000).

The formal object of an emotion is distinct from its particular object, the specific target that the emotion is directed toward and presents as instantiating its formal object. For example, the particular object of my fear of a dog is the dog, such that the emotion is correct if and only if it is actually dangerous. It seems that the particular object of happiness is, by default, the life (or a part of it) of the individual who has the emotion. Of course, it can be specified otherwise. For instance, when I say I am happy for you, the particular object of my happiness is your life or what happened to you. Indeed, it is a virtue of my account that it naturally explains this usage of happy (or, as we may call it, 'vicarious happiness'): the same kind of emotive evaluation of your life (or a part thereof) as in I am happy. Compare: If happiness is, as Haybron suggests, substantive and non-evaluative, it would not be as easy to make sense of I am happy for you. Does it mean that I have the emotions of attunement, engagement and endorsement because of you, for your benefit, or what?

6. Conclusion

Let me take stock. I have argued that happiness consists in the feelings, emotions, moods, and affective dispositions that we normally have when we appreciate the prudential value of our life. Unlike Sumner's life satisfaction theory, my emotional state account implies that those creatures whose mental capacities are not conceptually sophisticated can, in principle, be fully happy, and is free from the problem of attitude scarcity. Unlike Haybron's emotional state theory, it makes good sense of unreasonable or inappropriate (un)happiness. I believe I have put a distinct emotional state account of happiness, a view worthy of serious consideration, on the table.

References

D'Arms, J. and Jacobson, D.(2000), "The moralistic fallacy: on the 'appropriateness' of emotions," *Philosophy and Phenomenological Research* 61: 65–90.

Deonna, J. and Teroni, F.(2012), *The Emotions: A Philosophical Introduction*, Routledge.

____(2014), "In what sense are emotions evaluations?" in S. Roeser and C. Todd(eds.), *Emotion and Value*, Oxford University Press, pp.15–31.

De Sousa, R.(2011), *Emotional Truth*, Oxford University Press.

Dring, S.(2007), "Seeing what to do: Affective perception and rational motivation," *Dialectica* 61: 363–394.

Feldman, F.(2010), *What Is This Thing Called Happiness*, Oxford University Press.

Fredrickson, B.(2001), "The Role of Positive Emotions in Positive Psychology: The Broaden-and-Build Theory of Positive Emotions," *American Psychologist* 56.3: 218–226.

Fredrickson, B. and Losada, M.(2005), "Positive affect and the complex dynamics of human flourishing," *American*

Psychologist 60.7: 678–686.

Griffiths, P. and Scarantino A.(2012), "Emotions in the Wild: The Situated Perspective on Emotion," in P. Robbins and M. Aydede(eds.), *Cambridge Handbook of Situated Cognition*, Cambridge University Press, pp.437–453.

Haybron, D.(2008), *The Pursuit of Unhappiness: The Elusive Psychology of Well-Being*, Oxford University Press.

Roberts, R.(2003), *Emotions: An Essay in Aid of Moral Psychology*, Cambridge University Press.

Sumner, L.(1996), *Welfare, Happiness, and Ethics*, Oxford University Press.

Tappolet, C.(2016), *Emotions, Values, and Agency*, Oxford University Press.

환경 덕 윤리의 윤리 교육적 함의

장 동 익

도덕 교육의 목적은 한 사회가 받아들이거나 실현시키기를 바라는 가치를 그 사회 안에 구체화하는 것이다. 그리고 그 사회가 실현시키고 구체화하려는 가치를 먼저 해명해야만 도덕 교육에 관한 논의가 효과적으로 이루어질 수 있다. 그러나 실상은 사회가 실현시키고자 하는 가치가 무엇인지 정확하게 분명하게 제시되어 있지 않으며, 그러한 가치의 종류에 대해 다양한 의견이 제시되곤 한다. 이러한 의견이 분분하여 다양하게 나타나는 이유는 가치의 종류를 제시하는 일은 부분적으로 또는 전적으로 윤리학 이론들의 특성에 의존하기 때문이다. 따라서 환경에 관한 도덕 교육 이론이 의존할 수 있는 환경 윤리 이론의 특성이 확정되어야 할 필요가 있다.

최근에 규범 윤리학자들은 규범 윤리 이론을 두 하위 영역으로 구분한다. 하나는 행위에 기초한 윤리 이론으로서, '행위 윤리학(Act

---

* 이 논문은 한국초등교육학회 편, 『초등도덕교육』 제46권(2014. 12)에 실린 글이다.

Ethics)', '규칙 윤리학(Principle Ethics)', 또는 이 두 용어를 아우르는 '의무 윤리학(Duty Ethics)'이며, 다른 하나는 성품에 기초한 이론으로서 '덕 윤리학(Virtue Ethics)'이다. 의무 윤리학은 "우리가 행해야 할 옳은 행동은 무엇인가?" 또는 "어떤 행동이 윤리적으로 옳은 행동인가?"를 대답해야 할 윤리학의 주된 물음으로 간주하고서, 이에 대한 대답을 위하여, 먼저 정당하다고 간주되거나 승인할 만한 원리나 규범을 찾으려고 한다.

반면, 덕 윤리학은 "우리는 어떤 사람이 되어야 하는가?" 즉 "어떻게 살아야 하는가?"라는 물음을 윤리학에서 중요한 기초적인 물음으로 여긴다. 실제로 한 행위자가 살아가면서 행한 모든 행위를 모은다 할지라도 그 행위 모음이 그 행위자 자체는 아니다. 따라서 한 사람의 행위를 평가한다 할지라도, 그 사람 자체에 대한 윤리적 해명이 될 수는 없다. 덕 윤리학에 따르면, 윤리학적 삶에 대한 온전한 해명을 위해서는 우리가 살아가야 할 삶의 종류, 그리고 우리가 모범으로 삼아야 할 부류의 사람에 대한 해명이 우선되어야 한다.

1. 환경 윤리 교육에서 환경 덕 윤리 탐구의 의의

환경 윤리와 환경 윤리 교육에서 중요한 것은 환경에 대한 무감각과 무관심을 일깨우는 일이다. 그런데 지금까지는 환경과 관련된 논의는 환경 파괴를 규제하기 위한 법을 제정하고, 그 법을 적용하고 판단하는 법정에서 주로 이루어져왔기 때문에, 환경 윤리적 논의도 역시 법적인 용어로 이루어져왔다. 즉, 철새 도래지와 같은 생태학적으로 중요한 곳에서 경적을 금지하거나 총기 등 포획 도구 사용을 금지하는 법규를 통해 우리의 행위를 규제하기 위한 논의가 주를 이루고 있다. 그러나 환경에 대한 무감각이나 무관심을 규제하거나 금지할 수는 없다. 즉, 우리가 규범을 통해 금지할 수 있는 것은 단지 행위일 뿐 성품을 금지할 수는 없다. 따라서 환경 윤리와 환경 윤리 교육에서 중요한 것이 환경에 대한 자각을 일깨우는 일이며, 그리고 이러한 자각은 우리의 성품에 크게 영향받는다는 것은 환경 윤리에 성품 윤리, 즉 덕 윤리적 관점을 도입할 결정적 이유가 된다.

무창포는 바닷길이 열리는 신비로운 현상으로 유명하다. … 사람들에게 그만한 구경거리가 어디 있겠는가마는, 갯벌에 터 잡고 사는 생명들에게는 천재지변이다. 저마다 잡은 조개며 손톱만한 게를 욕심껏 비닐봉지에 채워 돌아와서는, 신기한 듯 몇 번 쳐다보다 결국 버리고 간다. 갯벌과 몸을 섞고 살아온 사람들이 가장 못 견뎌 하는 풍경이다.
"재미루 잡는 벱(법)은 없는겨." 여기저기 뒹구는 작은 생명들의 시체를 치우며 혀를 차보지만, 시절은 이미 생명을 구경거리로 삼아 돈 버는 일에 너무나 익숙해졌다. 자연은 돈 되는 구경거리, 체험거리 그 이상도 이하도 아니다.
…
잡은 조개는 알뜰히 자시고 가시라. 재미로 갖고 놀다 버리지는 마시라. 그 어떤 생명도, 다른 생명의 '자연'을 그렇게 함부로 다뤄서는 안 된다. … 좀 더 다른 생명의 '자연' 앞에 예의를 갖출 수는 없는 것인가.(남덕현, 2014, 28)

이 인용문은 환경 파괴에 대한 불편한 심경을 드러내며, 우리에게 환경에 대한 무감각과 무신경을 일깨우라고 호소하고 있다. 그리고 덕 윤리적 관점이 도입되어야 할 이유를 잘 설명해주는 듯이 보인다. 이 글에서 '다른 생명의 자연에 대한 예의'는 환경 행위 윤리보다는 환경 덕 윤리의 입장과 보다 밀접한 연관성을 가지고 있기 때문이다.

환경 윤리 논의의 핵심은 또한 환경 보호라는 설정된 가치를 어떻게 실현시키는가에 달려 있다. 또한 환경 윤리 교육도 환경 보호라는 설정된 가치를 실현시킬 수 있는 교육적 방법에 관심을 기울이고 있다. 그런데 환경 보호라는 설정된 가치를 실현시키는 방법은 '환경 행위 윤리'의 관점보다는 '환경 덕 윤리'[1]의 관점을 적용하는 것이 보다 바람직하다. 환경을 보호하려는 성품을 논의하는 것이 환경을 보호하는 개별적 행위를 논의하는 것보다 환경을 보호하려는 환경 윤리의 목표를 달성하는 데 더욱 효과적인 것처럼 보이기 때문이다. 또한 환경 윤리의 이러한 특징은 환경 보호를 위한 도덕 교육에도 중요한 의의를 가질 것이다. 덕 윤리적 관점에 따르면, 환경 보호에 대한 직접적인 행위 규제보다는 환경을 보호하려는 성품, 즉 환경적 덕을 함양하는 것이 일차적인 일이기 때문이다. 환경 윤리 교육은 환경과 관련된 결정이 필요한 상황에서 어떤 결정을 하고 어떤 행위를 선택해야 하는가를 목표로 하는 것이 아니다. 따라서 환경 윤리 교육의 핵심은 상황에 따른 행위 선택에 있는 것이 아니다. 그렇다면 환경 윤리 교육 논의는 환경을 보호하는 것을 당연한 것으로 받아들이고서 환경을 보호하려는 목표를 달성하는 방법에 관하여 숙고할 필요가 있다.

먼저 환경 행위 윤리의 문제점을 논하고, 환경 행위 윤리에 의한 환경 보호 논의는 결함을 가질 수밖에 없다는 것을 밝힐 것이다. 특히 환경을 보호하기 위해서는 환경을 윤리적 고려의 대상으로 바라볼 수 있어야 하는데, 환경 행위 윤리는 이러한 점에서 어려움에 봉착한다는 것을 해명할 것이다. 환경 윤리가 확립되기 위해서는 환경을 윤리적 대상으로 파악해야 하는데, 환경 행위 윤리는 환경을 윤리적 대상으로 부각시키지 못한다. 그리고 환경 행위 윤리의 관점이 환경 윤리 교육에 적용되는 것이 바람직하지 않다는 것도 간략하게 설명될 것이다. 환경 파괴에 대해 우리가 느끼는 불편한 감정을 통해 환경 윤리 영역에 환경 덕 윤리가 필

---

[1] '환경 덕 윤리'라는 용어는 덕 윤리학자들이 덕 윤리의 관점에서 환경 윤리의 문제를 논의하면서 이미 사용하고 있는 용어이다. 반면에 '환경 행위 윤리'라는 용어는 명시적으로 사용되고 있지는 않다. 그러나 덕 윤리가 자신들의 대척적 이론으로 행위 윤리라는 용어를 사용하고 있다는 점에서, 그리고 환경 윤리에 대한 덕 윤리적 관점의 이론을 '환경 덕 윤리'라고 부른다는 점에서, 환경 덕 윤리의 대척적 이론으로 환경 윤리에 대한 행위 윤리적 관점의 이론을 '환경 행위 윤리'라고 부르는 것은 전혀 문제될 것이 없어 보인다.

수적이라는 것이 자연스럽게 드러날 것이다. 그리고 '환경적 덕'이 어떻게 가능한지에 관한 여러 입장을 제시할 것이다. 이러한 논의를 통해 환경적 덕의 함양과 환경 윤리 교육의 연관성을 간략하게 해명하면서, 환경 윤리 교육에서 환경적 덕 함양에 대한 여러 입장 중 어떤 입장이 가장 합당한지 드러나게 될 것이다.

2. 환경 행위 윤리의 관점과 환경 윤리 교육

환경 윤리 이론이 윤리적 고려의 대상을 인간뿐만 아니라 자연의 구성물 모두로 확장해야 하는 근거를 제공하지 못한다면, 그 이론은 결함을 가진 이론으로 평가할 수밖에 없다. 왜냐하면 자연 대상을 도덕적 고려의 대상으로 대우해야 하는 이유에 대해 해명하는 것이 환경 윤리의 최우선 과제이기 때문이다. 그런 이유에서 이러한 결함을 가진 윤리 이론은 환경 윤리 교육의 기초를 제공하는 데 있어서도 결함을 가질 수밖에 없다.

토마스 힐(Thomas Hill, Jr.)과 같은 사람들은 환경 윤리 논의에서 중요한 것은 환경에 관한 행위를 규제하거나 금지하는 것이 아니라고 생각한다. 그는 환경과 관련한, 즉 환경 파괴에 대해 우리가 느끼는 불편한 감정을 갖는다는 사실이 환경 윤리에서 다루어야 할 중요한 사항이라고 말한다. 힐은 "자연 자원의 쓸모를 잘못 계산했으며 권리를 침해하여 이를 착취하고 있다는 우리의 믿음에 의해 완전히 설명되지 않는다."(Hill, 1983, 212)고 말한다. 그리고 "자연이 파괴되는 것을 보면서 우리가 느끼는 불편한 감정"을 환경 덕 윤리를 요청하는 근거로 제시하면서, 이러한 불편한 감정의 근원은 자연의 쓸모나 자연 자체의 권리에 있는 것이 아니라고 주장한다. 우리가 자연 파괴에 대해 불편한 감정을 느끼는 것은 자연이 권리를 가지고 있거나 자연의 존속이 유용성을 가졌기 때문이 아니라는 것이다. 자연 파괴에 대한 우리의 불편한 감정은 자연이 인간을 위한 단지 자원일 뿐이라고 생각할지라도, 환경 파괴에 대한 불편한 감정은 여전할 것이다. 이것이 사실이라면 이러한 불편한 감정의 근원을 찾는 일은 환경 윤리에서 가장 우선되어야 할 핵심적인 일처럼 보인다. 그렇다면 이런 불편한 감정의 근원은 무엇인가?

힐의 입장에서, 우리가 환경 파괴에 대해 느끼는 이러한 불편한 감정을 해명하는 것이 환경 윤리의 핵심적 주제가 된다.[2] 환경 논의의 핵심은 환경 파괴에 대한 우리의 불편한 감정을 해명하는 일이다. 환경 파괴에 대한 이런 불편한 감정은 환경 윤리에서 환경을 도덕적 고려의 대상으로 간주하게 하는 핵심적 역할을 한다. 그렇다면 온전한 환경 윤리 이론은 환경 파괴에 대한 불편한 감정을 제대로 해명해주어야 하며, 이러한 불편한 감정을 제대로 해명하지 못하는 윤리 이론은 환경 윤리 이론으로서 결함을 가졌다고 말할 수 있을 것이다. 나는 이러한 관점에서 환경 행위 윤리는 이런 결함을 가진 이론이라고 생각한다. 왜냐하면 앞으로 설명하겠지만, 환경 행위 윤리는 환경 파괴에 대한 불편한 감정을 제대로 해명해주지 못하며, 그리고 그런 이유 때문에 환경 행위 윤리는 자연 대상을 윤리적 고려의 대상으로 설정하지 못하기 때문이다.

환경 윤리에서 일차적 과제는 자연 대상을 윤리적 고려의 대상으로 간주할 수 있는 방식에 대한 해명이다. 이와 관련하여, 환경 행위 윤리

---

2) 토마스 힐이 덕에 관해 활발히 논의하지만, 이러한 논의가 일반적으로 의무론적 입장을 견지하고 있다는 점에서 힐의 논의에 의거하거나 인용하여 환경 덕 윤리의 가능성을 논변하는 것은 바람직하지 않다는 주장이 있을 수 있다. 그러나 나는 이 논문에서 힐의 일반적인 철학적 또는 윤리학적 입장이 무엇인가는 전혀 문제가 되지 않는다고 생각한다. 왜냐하면 힐은 자신의 논문(Hill, 1983)에서 분명하게 환경적 덕을 말하고 있으며, 환경 윤리에서 가장 중요한 것은 행위의 규제가 아니라 환경 파괴에 대해 불편해하는 우리의 감정, 즉 그런 경향성을 해명하고 함양하는 것이라고 말하고 있기 때문이다. 더구나 나는 환경 윤리에서는 행위 규제보다는 환경 파괴에 우리가 느끼는 불편한 감정을 보살피는 것에 우선순위를 두어야 한다는 힐의 환경 윤리적 입장에 주목하여 나의 입장을 소개하고 있을 뿐이다.

는, 우리가 잘 알고 있듯이, (1) 자연의 유용성에 근거하는 입장과 (2) 동물의 권리, 식물의 권리와 같은 권리 개념에 의거하여 이러한 해명을 시도하고 있다. 자연의 유용성에 근거하려는 입장에서는 자연은 인간을 위한 자원으로서 가치를 지니며, 이를 훼손하고 이용하는 것보다 보존하는 것이 더 나은 결과를 가져오는 경우에 자연은 보존할 만한 가치를 지닌다. 반면에 자연이 권리를 가지고 있다고 보는 입장에서는 자연 대상들은 그들 나름의 권리를 가지고 있어서, 자연을 훼손하는 것은 이들의 권리를 침해하는 일로 간주한다.

앞에서 말한 환경 파괴에 대한 불편한 감정을 유용성에 근거하여 해명하려고 시도할 수 있다. 유용성에 근거하여 환경 파괴에 대해 느끼는 불편함을 설명하려고 시도하는 사람들은 지금 당장에는 자연을 훼손하고 이용하는 것이 유용성이 있는 것처럼 보이지만, 장기적으로 보면 사실은 자연을 보호하는 것이 효용성이 더 크다고 주장할 것이다. 갯벌을 간척하여 농지로 사용하거나 오락 시설을 짓는 것보다는 보존하는 것이 미래 세대를 고려한 긴 안목에서 보면 오히려 효용성이 크다는 것이다. 실제로 눈앞의 이익보다는 장기적인 관점에서 판단하는 것이 보다 이성적이고 합리적이라는 것은 인류에게 잘 알려져 있는 공통 경험이다. 이것은 분명 사실일 수 있다. 따라서 환경을 파괴하여 우선 당장의 이득을 취하기보다는 미래 세대가 함께할 수 있는 이익을 고려한 판단, 즉 자연을 보호하는 판단을 하여야 한다(장동익, 2014, 126-127). 결국 유용성에 근거한 환경 윤리의 입장에서는 우리가 자연 파괴에 느끼는 불편한 감정을 이러한 유용성의 상실에서 비롯된 것으로 파악한다. 즉 자연 파괴는 장기적인 관점에서 자연이 가진 효용성을 상실시키는 것이기 때문에, 이러한 유용성 상실에 대해 불편한 감정을 갖는다는 것이다.

그러나 갯벌을 간척하거나 숲을 개발하는 것과 갯벌을 통해 생산성을 높이고 숲을 보전하는 것 중에서 어떤 것이 유용성이 더 큰지는 쉽게 알 수 있는 것이 아니다. 실제로 이를 비교할 수 있는 정확한 계산법은 등장할 것처럼 보이지 않는다.[3] 더구나 숲이나 갯벌과 같은 자연을 개발하고 이용하는 것이 보전하는 것보다 설령 유용성이 더 크다고 할지라도, 우리는 숲과 갯벌을 파괴하는 행위에 대해 불편한 감정을 느낀다. 말하자면 장기적인 측면에서 환경을 이용하고 개발하기 위하여 파괴하는 것이 우리에게 큰 이익을 가져다준다 할지라도, 먼 미래의 이익을 염두에 두고서 불편함을 느낀다고 말하는 것은 이해할 수 없는 주장이다.

그런데 환경 윤리 교육의 목적은 환경이 파괴되는 것을 보고서 불편한 감정을 느끼고, 이런 불편한 감정으로 인하여 환경을 파괴하는 행위를 그만두고, 환경을 보호하는 행동으로 이어지도록 유도하는 것이다. 그러나 자연 환경의 유용성을 근거로 환경 보호에 접근하는 방식으로는 이러한 환경 윤리 교육의 목적을 달성할 수 없다. 동물이나 식물 또는 무생물이 유용성을 갖는다 할지라도, 가치를 직접적으로 갖는 것은 전체로서 생태계 전체이지 개별자 각자가 직접적인 가치를 갖는 것은 아니다. 그렇다면 자연물 각각에 대한 파괴에 대해서는 불편한 감정을 가지지 않을 것이기 때문에, 유용성에 근거한 방식으로는 생태계 전체와 그 구성원 개별자 각각을 보호하고 존속하려는 환경 윤리 교육은 성과를 기대하는 것은 불가능하다. 즉 자연의 유용성에 근거한 주장은 환경 윤리 교육의 영역에도 적용되기 어렵다.

환경 파괴에 대한 불편한 감정을 유용성에 근거하여 해명하려는 시도에 반대하면서, 이러한 불편한 감정을 자연이 나름대로 가진 '권리'에 근거하려 설명하려는 사람들이 있다. 이러한 주장을 하는 사람들은 도

---

3) 어떤 사람들은 이런 계산법이 이미 사회의 여러 곳에서 사용되고 있다고 주장하면서, 유용성이 더 큰 것이 어떤 것인지를 분명하게 알 수 있다고 주장하기도 한다. 사실, 환경 영향 평가 등에서 이런 계산법이 사용되고 있다는 것은 쉽게 알 수 있다. 그러나 그들이 사용하는 계산법은 흔히 문제를 야기하며, 이러한 계산법을 적용한 결과로 나타난 잘못된 평가 결과 때문에 사회적 논란거리가 되고 있다. 많은 경우에서 이러한 계산법에 의한 논란이 있다는 것은 명확한 계산법이 아직 존재하지 않는다는 주장을 지지해주며, 앞으로 이런 명확한 계산법이 등장하기 어렵다는 주장을 설득력 있게 만들어준다.

덕적 고려의 대상이 역사적으로 확장되어오는 역사적 과정을 거쳤다고 주장한다. 말하자면 역사를 거듭해오면서 도덕적으로 중요성을 인정받는 대상들이 확장되는 과정을 거쳤다는 것이다. 처음에 노예에서 시작하여 여자, 그리고 그 다음으로 인종이 다른 존재로 고려의 대상이 확장되었으며, 이제는 자연 환경도 도덕적 고려의 대상이 되어야 한다는 것이다. 우리는 동물과 식물도 나름의 권리를 가지고 있기 때문에, 이들의 복지와 권리에 귀 기울여야 한다(Leopold, 2007, 547). 이런 관점에서는 산맥을 가로지르는 도로를 내기 위해 터널을 뚫고 갯벌을 간척하려는 사람들은 사람과 동물의 복지를 무시하고 있을 뿐만 아니라 동물과 식물 등 자연 그 자체의 생존의 권리를 중요하게 여기지 않는다는 것이다. 말하자면 환경 파괴에 대한 우리의 불편한 감정은 이들 권리를 무시한 것에 의존한다는 것이다. 세상에 존재하는 모든 것이 나름대로의 존재 이유를 가지고 있다면, 그 존재가 권리를 갖는다고 생각하는 것은 그럴듯한 주장처럼 보이기 때문에, 환경 파괴에 느끼는 불편한 감정에 대한 이러한 해명이 얼핏 매력적으로 보일 수는 있다. 이런 관점에서는 자연 공동체의 구성원들의 권리나 이익이 무시되어왔으며, 인간 존재와 동물의 권리와 이익이 도덕적으로 중요성을 갖는 것으로 인정되고 있다면, 당연히 식물의 권리와 이익도 고려되어야 한다는 것이다(장동익, 2014, 128).

　권리를 가진다는 것은 그 권리가 행사되는 존재에 대한 의무를 전제한다. 즉 권리는 그 권리를 가진 존재와 상응하는 존재의 의무를 발생시킨다. 따라서 권리를 가진 존재는 그 권리에 상응하는 의무를 가진 존재에 대해 이해관심을 가진다는 것을 전제한다. 따라서 식물이나 무생물이 권리를 가지고 있다고 말하기 위해서는 적어도 식물이나 무생물이 그 권리에 대한 이해관심을 가지고 있어야 한다. 그러나 식물이나 무생물이 이러한 이해관심을 가지고 있지 않다는 것은 확실하다. 설령 우리가 식물의 성장과 존속에 좋은 것을 말할 수 있는 있지만, 식물이 권리에 대한 이해관심을 가지고 있다고 말할 수는 없을 것이다. 자연 대상물들이 권리를 가지고 있다는 주장에 근거하여 환경 파괴에 대한 불편한 감정을 설명하는 방식은 얼핏 그럴듯해 보이지만, 권리와 의무의 관계, 그리고 이것이 함축하는 이해관심의 측면에서 생각해본다면, 합당한 주장이 아닌 것처럼 보인다. 따라서 나무들이 생명의 권리를 가지고 있으며, 이러한 권리 때문에 숲을 파괴하는 것이 그르다고 말하는 것은 합리적이지 않다. 더구나 그 숲 보전에 필수적인 무기물들도 역시 권리를 가지고 있기 때문에 보존되어야 한다고 말하는 것은 납득할 수 없는 주장이 될 것이다. 따라서 식물과 무기물들이 권리를 소유했다는 근거에서 이들의 보존을 주장하는 것은 도덕적으로 합당한 주장이 될 수 없다.

환경 윤리 교육에서도 권리에 근거한 방식은 이론적 정당성을 확보하기 어려워 보인다. 환경 파괴에 불편한 감정을 유도하고, 이를 통해 환경 파괴를 방지하고 환경을 보호할 수 있는 태도를 자극하려는 환경 윤리 교육의 목적은 자연적 대상, 즉 동물, 식물, 심지어 무생물이 도덕적으로 고려받을 수 있는 권리가 확실하게 인정될 때 가능한 것이다. 그러나 실제로 자연적 대상, 즉 동물, 식물, 특히 물이나 돌멩이와 같은 무생물이 도덕적 고려의 근거가 될 수 있는 권리를 가졌다고 생각하는 것은 결코 쉬운 일이 아니다. 또한 추상물인 생태계가 이러한 권리를 가졌다는 것을 증명하는 것은 아마도 불가능할 것이다. 이러한 권리문제가 해명되지 않는다면, 환경 윤리 교육의 목적은 달성될 수 없다. 즉 권리에 근거한 주장은 환경 윤리 교육의 영역에도 적용되기 어렵다.

종교적 믿음에 의해 환경을 파괴하는 것에 대해 우리가 느끼는 불편함을 설명하는 방식이 있을 수 있다. 신은 우주의 모든 생명체를 포함한 모든 존재를 창조하였다. 물론 인간도 신이 창조하였지만, 신에 의해 창조된 모든 피조물들의 관리자이다. 인간은 신에 의해 창조된 이 모든 존재를 이용하고 사용하여 자신의 생존과 번영을 도모하지만, 또한 이 모든 존재를 보존하고 보살펴야 한다. 따라서 인간 생존과 번영을 위해 필수적인 것이 아니라면, 자연 환경을 불필요하게 파괴해서는 안 된다. 또한 신적인 힘은 모든 자연 안에 내재해 있기 때문에 감정을 지닌 존재는 물론이고 무생물조차도 보살피고 보호해야 한다. 그러나 이런 종교적 설명은 증명할 수도 없는 많은 논쟁을 야기하는 전제들이 사용된 형이상학을 받아들여야 한다. 또한 그런 형이상학에 기초한 종교적 믿음을 가지고 있지 않은, 또는 다른 종교를 믿고 있는 사람들은 이러한 주장에 설득되지 않을 것이다(장동익, 2014, 129).

이러한 종교적 설명을 통해서 환경 윤리 교육을 시도하는 것은 바람직해 보이지 않는다. 왜냐하면 교육은 모든 사람을 대상으로 한 것이어야만 하는데, 종교적 입장에 근거한 방식은 그 종교를 믿고 있는 소수의 사람에게만 적용될 수 있기 때문이다. 또한 종교적 방식은 환경과 관련하여 다른 해석의 여지를 남기고 있기 때문에 이를 윤리 교육에 적용하는 것은 환경 윤리 교육의 목적, 즉 환경 파괴에 불편한 감정을 유도하고, 이를 통해 환경 파괴를 방지하고 환경을 보호할 수 있는 태도를 함양하는 데 어려움을 겪을 것이다.

칸트가 말하는 목적적 존재와 수단적 존재를 통하여 환경 파괴에 느끼는 불편함을 설명하려고 시도해볼 수도 있을 것이다. 칸트에 따르면, 이성을 가진 존재는 목적으로 대우받아야 하며, 이성을 가지지 않은, 동물을 포함한 자연 대상은 수단으로 이용할 수 있다. 따라서 동물과 식물 그리고 무생물은 물론 수단으로 이용하여 훼손하는 것은 도덕적으로 용인될 수 있는 일이다. 그러나 칸트는 동물을 존중하여 대우할 수 있는 하나의 방법을 제공한다. 칸트에 따르면 동물을 괴롭히는 행위를 바라보는 사람은 인간을 괴롭히는 행위를 쉽게 하게 된다. 반면에 동물을 보살피는 행위를 바라보는 사람은 인간을 보살피는 행위를 쉽게 하게 된다. 인간을 괴롭히지 않고 보살피는 행위를 하는 사람으로 만들기 위해서 동물을 괴롭히기보다는 잘 보살펴야 한다. 그렇다면 칸트의 이러한 입장은 이성이 없는 존재를 목적에 대한 수단으로서 다룰 수는 있지만, 오로지 수단으로만 다루어서는 안 된다는 것을 의미한다. 수단의 대상을 처우하는 방법이 목적의 대상에 전이될 수 있기 때문이다. 그렇다면 칸트의 입장에 따르면, 우리가 동물을 학대하는 것에 불편한 감정을 가지는 것은 동물의 학대가 인간의 학대로 전이될 것을 미리 우려한 때문일 것이다(장동익, 2014, 129-130).

그러나 여전히 목적으로 대우받아야 하는 이성을 가진 존재는 인간뿐이다. 어떤 존재가 이성을 가지지 않았다면, 그 존재는 목적적 존재가 아니다. 이성을 가지지 않은 존재는 목적적 존재의 수단으로 이용될 수 있다. 이들을 목적적 존재를 위해 단지 수단으로 대우하는 것은 도덕적 활동에 위배되지 않는다. 칸트에게 있어서 동물을 포함한 자연 대상을 존중하는 것은 자신의 윤리학 이론의 필연적 귀결이 아니라, 윤리 교육적 요청이라고 할 수 있다. 말하자면, 칸트의 입장은 윤리 교육적 입장에서 어느 정도의 역할을 담당할 수 있을 것으로 보인다. 그러나 칸트의 관점이 환경 윤리의 문제에 적용될 수 있는 영역은 매우 제한적이다. 왜냐하면 칸트의 입장은 인간들이 가장 직접적이고 가장 자주 마주치는 대상에만 효과적일 것이기 때문이다.

칸트의 입장이 윤리 교육적 요청을 통하여 동물을 존중할 수 있다 할지라도, 칸트의 윤리 교육적 요청은 자연 일반을 보전하고 보호하는 방향으로 나아갈 수 없다. 왜냐하면 감정의 전이가 일어나는 경우는 가정에서 보살피는 애완동물에 일차적으로 적용될 수 있고, 고작 집에서 기르는 가축에 제한적으로 적용될 수 있을 뿐이기 때문이다. 야생의 늑대를 보살피는 것이 인간을 존중하고 보살피는 것과 어떤 연관성을 갖는지 이해하기 어렵기 때문에 가축의 범위를 벗어난 동물에는 환경 윤리 교육 효과는 거의 찾아보기 어려울 것이다. 더구나 식물이나 무생물을 존중하는 처우와 인간을 존중하는 처우와 관련성은 거의 없을 것이다. 따라서 칸트가 요청하는 도덕 교육적 입장은 식물이나 무생물과 관련해서는 전혀 설득력이 없는 입장이 되고 만다. 칸트의 입장을 적용하여 윤리적 대상을 자연 일반으로 확장해야 한다는 입장을 도출하기는 어려울 것이기 때문에, 칸트의 입장을 환경 윤리 교육에 적용하려는 시도는 환경 윤리 전체를 관통하여 환경을 보호하고 보전하려는 환경 윤리 교육의 큰 그림이 될 수 없으며, 단지 매우 제한적이며 한계를 가진 입장에 불과한 조각 그림에 머무를 것이다.

3. 환경 덕 윤리의 필요성과 이론적 기초

우리는 앞에서 환경 행위 윤리의 이론적 기초가 되었던 입장을 간략하지만 큰 골격을 유지하면서 살펴보았다. 그리고 행위 윤리를 통한 환경 윤리적 접근인 환경 행위 윤리의 입장이 환경 윤리의 핵심적 주제인 환경을 윤리적 대상으로 설정하는 데 결함이 있다는 것을 확인하였다. 따라서 우리는 환경 행위 윤리의 관점을 버리고 행위 윤리에 대한 다른 관점을 찾아야 할 시점에 있다. 이러한 새로운 관점은 환경 자체를 윤리적 대상으로 간주할 수 있게 해주는 것이어야만 한다. 이러한 새로운 관점으로 제시된 것이 환경 덕 윤리이다. 이제 환경 덕 윤리의 이론적 기초를 제공하는 입장을 살펴보도록 하자.

전통적으로 환경 윤리에서는 자연 환경의 구성원들이 인간과 적어도 윤리적 관점에서는 유사하며, 따라서 윤리적으로 동일한 위치에 있다는 주장을 통하여 환경 보호를 주장하였다. 그러나 웰치맨(Jenifer Welchman)은 환경 윤리에서 자연 환경의 구성원들이 인간과 닮았다는 것에 근거하여 환경을 보호해야 한다고 주장하는 전통적인 입장과는 전혀 다른 방식의 주장을 제시한다. 웰치맨은 인간이 동물보다 우월하다는 것을 통하여 인간이 동물을 관리할 수 있는 선한 관리자가 되어야 한다는 입장을 제시한다. 웰치맨의 입장은 인간이 자연계의 비인간 존재들에 대한 선한 관리자가 되어야 한다는 것이다(Welchman, 1999, 411-423). 이러한 웰치맨의 입장을 철학적 관점에서 이론적으로 보완한 사람은 샬로우(Frank Schalow)이다. 샬로우는 하이데거의 입장을 받아들여 웰치맨의 주장을 구체화한다. 즉, 인간은 동물과는 달리 자유와 언어를 가지고 있으며, 이것이 환경 윤리의 이론적 토대가 된다는 것이다. 샬로우는 웰치맨의 입장과 마찬가지로 인간이 자연 환경을 포함한 비인간 세계의 관리자라고 주장한다. 그러나 그는 웰치맨과는 달리, 우리는 다른 창조물들과는 다른 자유와 언어를 가지고 있으며, 이것이 인간을 다른 창조물들과 구별해주는 것이라고 주장하면서, 그리고 그렇게 주장하지만, 그러한 능력은 우리가 소유한 것이 아니라 부여받은 것에 불과하다는 것을 강조하면서 인간중심주의적 관점과 거리를 둔다. 그리고 그는 이렇게 주어진 능력 덕분에 "이런 능력을 훈련시키는 것은 배타적인 인간적 이익에 대한 만족을 넘어서 확장해간다."(Schalow, 2000, 265)고 주장한다. "인간이 가진 언어 능력은 자신의 이익이 무엇인지를 직접적으로 표현할 수 있도록 해주며, 자신의 이익을 직접적으로 표현할 수 없는 동물을 대변할 수 있도록 해주는 능력이다. 그리고 자유는 동물을 인간적 이익을 만족시키기 위한 단순한 재산으로 다루지 않고, 동물을 자유롭게 내버려둘 수 있는 가능성을 제공해준다. 이러한 입장에서, 우리는 대지의 선한 관리자로서 완전하고 진전한 인간"이 될 수 있다(장동익, 2014, 133).

그리하여 인간은 선한 관리자로서 그리고 보호하는 지도자로서, 자연 전체를 '배려(Sorge)'함으로써 자연 대상과 조화로운 관계를 형성할 수 있는 능력을 함양한다. 이러한 능력 함양은 우선 가정에서 기르는 동물을 통하여 이루어진다. 처음에 가정에서 기르는 동물을 통하여 형성된 이런 배려는 언어를 사용할 수 있는 능력을 통하여 그 대상 영역을 확장하여 외적 대상, 즉 야생동물에 적용된다. 이러한 대상 영역의 확장은 우리의 창조물, 즉 인공물에 대해서도 물론 확장되어 적용될 수 있다.

그러나 단지 언어를 사용하는 능력만으로 이러한 배려가 확장될 수 있는 것은 아니다. 샬로우는 우리가 언어를 습득하는 과정에서 조화를 이해하게 되며, 이러한 조화를 통하여 서로에게 관심을 기울이게 되는 '동조(Stimmung)'의 성향을 함양하게 된다고 한다. 그리고 동조의 성향을 통하여 우리는 자연 대상, 특히 동물의 복지에 대한 관심을 갖게 된다. 나는 샬로우의 설명이 환경 윤리의 이론적 해명으로 가장 합당해 보인다고 생각한다. "왜냐하면 인간과 동물의 차이의 중요성을 인식함으로써, 동물과 자연 세계에 대한 '겸손'을 가질 수 있을 것으로 보이며, 이 겸손이 우리의 행위에 의해 고통 받고 있는 존재들의 편에 설 수 있게 해주기 때문이다. 그러나 이런 방식의 설명은[4] '배려'나 '동조' 등 성품과 관련된 개념을 통해 이루어지고 있기 때문에, 환경 행위 윤리에 의한 설명 방식이 아니라," 환경 덕 윤리의 설명 방식이다(장동익, 2014, 134).

환경 문제가 윤리학의 전면에 떠오르면서 줄곧 비인간 자연에 대한 권리, 이익 또는 내재적 가치 등에 대한 도덕적 고려에 초점을 맞춘 환경 윤리에 학문적 관심이 집중되었다. 이러한 관점은 환경주의자의 직관, 즉 자연을 파괴하고, 남용하며, 무절제하게 사용하는 것은 도덕적으로 그르다는 직관과 잘 부합하였다. 지금까지 환경 윤리 영역에서 이러한 관점이 주도적이었으며, 인간을 넘어서 도덕적 고려의 대상을 확장하고, 우리의 활동을 제한하기 위한 합당한 이유와 근거를 제공하려고 애써왔다. 그러나 앞에서 살펴보았듯이 이러한 관점은 윤리적 고려의 대상을 확장하여 인간 이외에 여타의 자연 존재들을 고려의 대상에 포함시켜야 하는 이유와 근거를 제공하지 못하며, 적어도 큰 결함을 가지고 있다.

무엇이 농지를 얻기 위해 갯벌을 간척하고, 숲을 관통하는 길을 뚫기 위해 산림을 훼손하는 것에 도덕적 불편함을 느끼게 하는가? 앞에서 살펴보았듯이, 이런 파괴 행위가 식물의 권리나 이익을 무시한다거나, 신의 뜻에 위배된다거나, 또는 갯벌과 숲이 가진 본래적 가치를 존중하지 않은 것 때문이라고 말하는 것은 좋은 대답이 될 수 없다. 이것이 좋은

---

4) 이 관점을 다음 절, "환경적 덕 함양과 환경 윤리 교육"에서 설명될 덕을 상술하는 첫째 방법인 인간 상호간의 덕을 자연 환경에 확장하는 방법과 비교해보는 것이 좋을 것이다. 나는 이러한 관점이 인간 상호간의 덕을 통해 환경적 덕을 설명하는 입장과 잘 상응한다고 생각한다.

대답이 아니라는 것은 행위에 중점을 둔 윤리를 통해서는 해답을 얻을 수 없다는 것을 함축한다.

제대로 된 해답을 위해서는 행위에 중점을 둔 윤리와는 전혀 다른 방식의 덕 윤리로 눈을 돌릴 필요가 있다. 덕 윤리는 인간의 탁월함 개념에 중점을 둔 윤리이다. 환경을 파괴하면서, "내가 하는 일이 비도덕인 이유를 나에게 증명하라"고 말하는 경우, 행위에 중심을 둔 윤리는 이들이 행하는 행위에 대해 직접적인 논변을 제기하는 태도를 가질 것이다. 반면에 인간의 탁월함에 중심을 둔 덕 윤리는 이들의 행위에 직접적으로 논변하지 않고, 먼저, "대체 어떤 종류의 사람이 이런 터무니없는 파괴 행위를 저지르고자 하는가?"라는 물음을 제기할 것이다. 왜냐하면 자연을 파괴하는 행위가 도덕적으로 그르다는 것을 증명할 수 있는 어떤 확실한 방법이 없다 할지라도, 거리낌 없이 자연을 파괴하는 것은 도덕적으로 경탄할 만큼 중요한 것으로 여기는 성품을 결여했다는 것을 반증해 주기 때문이다. 힐은 다음과 같이 말한다.

특정한 유사한 상황을 반성하는 경우에, 문제를 변환시키는 이런 전략은 보다 더 유망할 것처럼 보인다. 예를 들면, "내가 가죽을 벗기기 위하여 그 피해자를 죽이지 않았다면, 사람 가죽으로 램프 갓을 만드는 것이 왜 나쁜가?"라고 진지하게 묻는 나치를 생각해보자. 우리는 분노보다도 혐오와 충격적으로 반응할 것이다. 이것은 내가 생각하기에, 언급된 행위가 그 자체로 비도덕적이라는 점 때문이기보다는 그 질문이 질문자의 결함을 반영하고 있다는 것이 보다 더 분명하기 때문이다. 우리가 이것을 하나의 행위를 하는 사람에 대해 반박할 만한 어떤 것을 반영하는 것으로 생각한다 할지라도, 때때로 우리는 이 행위를 그르다고 생각하지 않을 수 있다. 예를 들어, 수백 명의 승객을 살해한 비행기 납치범에 대한 신문 기사를 읽고서 자연스럽게 웃음이 번져 나오는 사람을 생각해보라. 아니면, 거짓된 애정을 보이면서 할머니의 재산 상속을 기대하면서도, 할머니가 죽은 후 할머니의 무덤에 침을 뱉는 비굴한 손자를 생각해보자. 무덤에 침을 뱉는 것은 어떤 반대 결과도 가져오지 않을 것이며, 아마도 어떤 권리도 침해하지 않을 것이다. 이것이 야기하는 도덕적 불편함은, 그가 행한 것이 비도덕적이라는 어떤 확신보다도 행위자에 대한 우리의 견해에 의해 더 잘 설명된다. 그가 주저하면서 "내가 왜 할머니의 무덤에 침을 뱉으면 안 되는가?"라고 묻는다면, 그가 침을 뱉는 것을 꺼려야만 하는 이유를 제공하려 노력하기보다는, 그런 종류의 사람을 반성해보도록 그에게 요구하는 것이 더 적절할 듯이 보인다(Hill, 1983, 214-215).

힐이 환경 파괴에 대한 불편한 감정을 말하면서, 환경 윤리에 있어서 덕 윤리로의 관점의 적용을 요청하고 있지만, 힐과 같이, 인간적 탁월성과 번영에 초점을 맞춘 덕 윤리적 관점에서 환경 윤리를 논하는 학자는 흔하지 않다. 환경론자들이 자연 보호에 애쓰고, 누리려는 의도를 가지는 것이 삶의 즐거움과 충족감을 가져다준다는 것을 논의하면서 환경을 의식하는 삶을 강조하고 있으나, 여전히 학술적인 환경 윤리 주제의 중심을 차지하고 있지 않다. 그러나 최근에 환경 덕 윤리를 개발하려는 관심이 커져가고 있다.

필립 카파로(Philip Cafaro)는 환경 덕 윤리 개발에 관심을 가져야 할 이유 두 가지를 다음과 같이 제시하고 있다(Cafaro, 2005, 31-32). 첫째, 환경 덕 윤리가 없다면, 환경 윤리 자체는 불완전하고 균형이 맞지 않는다는 것이다.[5] 옳음과 책임에만 관심을 집중하고서, 도덕적 의무를 위반했는지 시인하고 있는지에만 근거해서 행위를 판단하는 윤리는 매

---

5) 덕 윤리학자들은 윤리를 규칙이나 원리의 영역과 덕의 영역으로 구분하는 경향이 있다. 이들은 규칙이나 원리만으로는 우리의 윤리적 삶을 제대로 해명해줄 수 없다고 생각한다. 결국 윤리적 삶을 제대로 해명하기 위해서는 규칙이나 원리뿐만 아니라 덕의 영역에서도 논의되어야 한다. 환경 윤리 역시도 행위에 중점을 둔 규칙이나 원리의 윤리적 관점뿐만 아니라 덕 윤리적 관점에서도 포함되어야 할 것이다. 다만 환경 덕 윤리에서도 덕 윤리에서와 마찬가지로 극단적 견해와 온건한 견해로 나누어질 수 있는데, 극단적 견해는 덕 윤리

우 중요한 윤리적 물음을 경시하고 있다. 이 윤리는 "한 사람에게 최고의 삶이 무엇인가?" "우리는 이런 삶을 어떻게 살아야 하는가?" "선한 사회는 무엇인가?" "우리는 이런 사회를 달성하기 위하여 어떻게 가까이 다가갈 수 있는가?"라는 문제에 전혀 관심을 가지고 있지 않다. 이러한 물음들은 일반 윤리학 내에서 만큼이나 환경 윤리 내에서도 중요하다. 왜냐하면 우리가 환경의 문제에서 어떤 결정을 하느냐에 따라 사람들을 더 낫게도 더 나쁘게 할 수 있으며, 또한 건강한 사회를 만들 수도 병든 사회를 만들 수도, 풍요로운 사회로도 삭막한 사회로도 만들 수 있기 때문이다. 우리 삶과 행위에 대한 완전한 가치부여를 위해서는 덕 윤리를 적어도 구성요소로는 포함해야 한다. 따라서 완벽한 환경 윤리라면 적어도 환경 덕 윤리를 포함해야만 할 것이다.

카파로는 환경 덕 윤리 개발에 대해 관심을 가져야 할 두 번째 이유로, 환경 보호를 위한 적극적 논변을 개발할 실천적 필요에 있다고 말한다. 종종 일반 대중은 환경론자를, 자신들의 목적 추구를 위해 인간적 자유나 행복을 기꺼이 희생시킬 수 있는, 흥을 깨는 사람으로 생각하기도 한다. 환경론자는 이런 비판을 어느 정도는 피할 수 없을 것이다. 환경론자들이 야생을 보호하면서 그리고 야생의 내재적 가치를 주장하는 한, 필연적으로 금지의 태도를 취할 수밖에 없다. 그러나 "위대한 자연주의자의 작품은, 그리고 우리의 경험은 자연과의 즐거운 상호 관계에 관한 이야기를 들려준다."(Cafaro, 2005, 32) 전통적인 덕 윤리가 타인을 존중해서 다루기 위한 강한 자기 이익의 근거, 즉 자신의 덕과 번영에 대한 사람들의 관심에 기초한 근거를 제공해주는 것과 마찬가지로, 환경 덕

만으로도 우리의 윤리적 삶을 모두 해명할 수 있기 때문에 규칙이나 원리의 윤리는 필요 없다는 입장이며, 온건한 견해는 덕 윤리만으로 윤리적 삶을 해명할 수 있기는 하지만, 규칙이나 원리의 윤리가 없어져야 할 필요는 없고 단지 부수적으로만 필요하다는 입장과 덕 윤리도 규칙이나 원리의 윤리도 독자적으로는 우리의 윤리적 삶을 모두 해명할 수 없어서, 우리의 윤리적 삶을 해명하기 위해서는 두 윤리 모두 필요하다는 입장으로 다시 구분된다.

윤리는 환경 보호에 대한 강한 근거를 제공할 수 있다. 환경 덕 윤리는 환경 파괴에 대한 금지를 주장하는 것에 따른 우리의 첫 번째 반응인, 금지에 따른 자기 포기를 넘어서 나아가게 해주며, 자연의 거주자로서 존중받을 만한 존재에 대한 보다 적극적이고 더 견지될 만한 입장으로 나아가게 해준다.

환경 덕 윤리가 필요함에도 불구하고 지금까지 환경 윤리에서 덕 개념에 대한 탐구가 부진했던 이유는 환경 윤리가 한편으로는 권리, 가치, 의무, 원리 등에 주목하고, 다른 한편으로는 결과주의적 논변에 주목하여 이루어져왔기 때문이다. 이러한 입장은 나무의 권리 또는 바위의 내재적 가치 등에 대해 논쟁한 까닭에 윤리적 해결을 향한 발걸음은 단 한 발도 내디디지 못한 채 제자리에서 과열된 논쟁만 계속되고 있다.[6]

4. 환경적 덕 함양과 환경 윤리 교육

"인간과 환경은 서로 상호 관계 속에서 존립한다. 환경적 덕은 바로 이들의 상호 관계와 관련하여 우리가 가져야 하는 적절한 성향이나 성품이다. 환경적 덕을 가진 사람은 분명 환경에 바람직한 반응을 보이는 경향이 있다. 실제로 환경적으로 유덕한 사람은 환경을 이루는 인간을 제외한 모든 구성물, 즉 (의식을 가진 존재는 물론이고) 생물체 그리고 무생물과 바람직한 교감을 갖는 경향이 있다."(장동익, 2014, 134) 따라서 환경적 덕이 어떻게 함양될 수 있는지에 대해 해명할 필요가 있다. 그리고 이것이 환경 보호의 목적을 달성하기 위한 환경 윤리 교육의 핵심이

---

6) 환경 윤리학에서 환경적 덕 개념이 전혀 없었던 것은 아니다. 실제로 환경적 덕 개념은 생태론자, 사회 생태론자, 동물 권리론자, 환경 생태군집론자, 환경 윤리학자 등 많은 환경과 관련된 학자들의 저술에 등장하고 있다. 그러나 이러한 저술 속에서 환경적 덕 개념은 단지 피상적이고 단편적으로 그리고 간헐적으로 나타나는 데 불과할 뿐, 본격적인 논의가 이루어지지는 못했다.

라고 할 수 있다.

환경 윤리 교육은 환경과 관련된 덕, 즉 환경적 덕을 함양시킬 수 있는 방식에 관심을 가져야 한다. 로날드 샌들러(Ronald Sandler)는 환경적 덕이 가능한 방법을 네 가지, 즉 첫째, 표준적인 덕을 확장하는 방법, 둘째, 행위자의 이익에 호소하는 방법, 셋째, 인간의 탁월성에 대한 고려를 통한 방법, 넷째, 환경적 역할 모델이 되는 사람의 성품을 제시하고 있다(Sandler, 2005, 4). 나는 여기에서 샌들러가 제시한 환경적 덕이 가능한 방법을 통하여 환경 윤리 교육적 측면에서 환경적 덕이 함양되는 방법을 설명해볼 것이다.

첫째 방법[7]은 환경적 덕이 표준적인 덕, 즉 사람들 간의 관계에 적용되는 덕의 확장을 통하여 가능하다는 것이다. 이것은 인간들 상호간에 적용되는 덕이 환경적 맥락으로 확장될 수 있다는 것이다. 즉 인간의 덕을 자연 환경과 관계에까지 확장될 수 있다는 것이다. 환경 윤리 교육의 목표는 비인간 타자의 행복, 건강, 이익에 대해 지속적이고 적극적인 관심을 가지도록 하는 것이며, 이러한 관심을 야생의 동식물로 확장하고 무생물을 포함한 대지 전체로 도덕적 지평을 확대하는 것에 관심을 갖도록 하는 것이다.

예를 들면 동정은 고통 받는 사람에 대해 사람이라면 마땅히 가져야 할 성품이며, 덕이다. 이러한 동정의 덕은 동물에 대한 고통에도 적용될 수 있다. 왜냐하면 인간의 고통과 비인간의 고통은 도덕적 의미에서 차이가 없기 때문이다. 또한 보은은 자신에게 도움을 준 다른 사람에 대해 보이는 적절한 성품이며, 덕이다. 이러한 보은의 덕은 자연 환경에도 적용될 수 있는 적절한 성품이다. 왜냐하면 우리는 자연 환경으로부터 항상 이익을 누리며 도움을 받고 살아가기 때문이다. 또한, 선의는 타인에

---

7) '확장주의'는 인간의 일반적 덕을 환경 윤리에 적용하여, 환경적 덕을 설명하는 방법이다. 이러한 입장에 관해서는 프라쯔(Frasz, 2005)의 연구를 참조할 것.

대한 관심을 가지며, 타인의 자존감을 지켜주려는 성향이며, 덕이다. 이러한 선의의 덕은 인간에 대한 관심을 넘어서 비인간 타자 그리고 무생물 존재에까지 관심의 영역을 확장해간다(장동익, 2014, 135).

나는 인간의 핵심적 덕을 환경적 덕으로 확장하는 첫째 방법이 이런 환경 윤리 교육의 목표를 잘 달성할 수 있도록 해준다고 생각한다. 인간의 덕은 비인간 타자로 관심을 확장하게 되는데, 그 이유는 인간 공동체 안에서가 아니라 확장된 환경적 공동체 안에서 인간과 비인간 타자의 번영이 가능하기 때문이다. 비인간 타자의 번영은 생물체와 무생물체 모두를 포함하는 공동체 개념이 확장되어야 가능하다. 이러한 대지 공동체로의 확장은 우리가 관심을 가져야 하는 대상의 확장이며, 도덕적 지평의 확장을 의미한다(Frasz, 2005, 126-127). 이러한 관점에서 환경 윤리 교육은 인간 사회에 필요한 덕목들에 대한 이해를 바탕으로 비인간 타자나 자연 전체를 도덕적 대상으로 간주할 수 있는 태도를 함양하기 위한 노력을 기울여야 한다. 그리고 환경 윤리 교육에서 중점을 두어야 할 부분은 환경 파괴에 대해 느끼는 불편한 감정을 보다 활성화하고, 이러한 불편한 감정을 통해서 환경 파괴에 반대하고, 환경을 보호하는 태도를 강화하는 것이다. 이때에 적용될 수 있는 덕목들은, 예를 들면, 배려, 동정, 자비, 애정, 선의 등이 있을 수 있다. 따라서 환경 윤리 교육은 인간 사이에만 작용하던 이러한 덕목들이 환경의 영역에서도 작동할 수 있도록 하는 방안을 마련하는 것이 필요할 것이다.

둘째 방법[8]은 환경적 덕이 환경과 관련하여 그 소유자에게 이익이 되기 때문에 가능하다는 것이다. 그러나 여기에서 이익이란 단순한 물질적 이익이 아니라, 환경이 맑은 물이나 공기와 같은 환경적 선, 심미적인 선, 여가적인 선을 의미한다. 즉 환경은 지적, 도덕적, 미적으로 우리를

---

8) 이러한 입장은 공리주의에 유사한 견해로, 환경과 관련된 특정한 성품이, 그것을 소유한 사람에게 이익이 된다는 것을 통하여 환경적 덕을 설명하려는 입장이다.

풍성하게 해준다. 따라서 환경을 보호하고 환경과 더불어 살려는 태도는 환경이 우리에게 이러한 방식의 이익을 제공한다는 것이다. 자연 환경은 미적이고 여가적인 선과 지적인 선을 경험할 수 있는 기회를 제공한다. 그리고 자연 환경을 음미할 수 있는 성향을 가진 사람만이 이러한 미적이고 여가적인 경험과 지적인 경험을 통해 이들이 주는 이익을 누릴 수 있다.

이러한 관점에서 제시될 수 있는 환경 윤리 교육적 입장은 자연을 이해하고 경탄하며 자연과 편안한 관계를 유지할 수 있는 사람을 함양하는 것이 될 것이다. 왜냐하면 이러한 능력을 함양하는 것이 자연이 주는 미적이고 여가적인 선을 통한 인간 번영의 기회를 취할 수 있는 가능성을 높이기 때문이다. 이러한 기회를 누릴 수 있는 사람은 먼저 자연을 경탄할 줄 아는 성품을 가지고 있어야 하며, 자연을 이해하려고 노력하는 사람이어야 한다. 그리고 이러한 성품과 이해를 통해서 자연과 편안한 관계를 가질 수 있는 사람이어야 한다. 따라서 환경 윤리 교육은 자연을 경탄할 줄 아는 성품과 자연을 이해하는 능력을 기르고 자연과 편안한 관계를 이룰 수 있는 사람이 되도록 해야 한다. 이러한 방향의 환경 윤리 교육을 통해 환경이 주는 심미적이고 여가적인 선을 즐기는 능력을 갖게 되고, 환경을 보호하고 보존하려는 성품을 함양하게 될 것이며, 이것은 자연스럽게 자연 환경을 보호하고 보존하려는 행동으로 나타나게 될 것이다.

셋째 방법[9]은 환경적 덕이 인간의 탁월성에 대한 고려를 통해서 가능하다는 것이다. 인간 존재의 탁월성은 인간의 집단인 사회의 선한 기능을 촉진하며, 이 집단의 구성원과의 건강한 관계를 형성하며, 결국에는 인간이 번영할 수 있는 기본적인 조건이다. 한 인간의 자연에 대한 이해

---

9) 이러한 입장은 인간의 탁월성을 향상시키는 환경과 관련된 특정 성품을 환경적 덕으로 간주한다. 이러한 입장에 관해서는 힐(Hill, 1983)의 연구를 참조할 것.

와 태도에 따라서 인간의 생태학적 위치가 결정되기 때문에, 인간의 탁월성은 생태학적 집단의 웰빙을 유지하고 증진하는 것도 포함한다. 그리고 생태학적 집단의 웰빙을 유지하고 증진하려는 성향은 환경적 덕이다. 생태 서식지가 파괴되고, 이에 따라 생물의 다양성이 사라지게 되면 생태학적 집단의 웰빙은 위협을 받을 것이다. 따라서 생태학적 서식지 파괴에 반대하려는 성품은 환경적 덕이 될 수 있다. 따라서 터무니없는 환경 파괴를 행하고자 하는 사람은 우리가 도덕적으로 중요하다고 생각하는 인간의 탁월성을 결여했다는 것을 반증하고 있다.

이러한 관점에서 환경 윤리 교육은 인간의 탁월성이 인간 집단의 웰빙에만 관련되어 있는 것이 아니라 생태학적 집단의 웰빙에도 관련되어 있다는 것에 초점을 맞추어 이루어져야 한다. 왜냐하면 인간의 탁월성은 인간이 속한 생태학적 집단의 모든 구성원과 건강한 관계를 유지하게 하며, 이를 통하여 인간이 번영할 수 있게 되기 때문이다. 또한 환경 윤리 교육은 환경 파괴 행위가 인간의 탁월성이 결여한 결과임을 주지할 필요가 있다.

넷째 방법[10]은 환경적 덕이 환경적 역할 모델로 인식되는 개별자의 성품을 고려함으로써 가능하다는 것이다. 즉 '환경 영웅', 즉 환경적 역할 모델이 되는 사람들을 살펴봄으로써 환경적 덕을 파악할 수 있다. 이러한 관점에서는 환경 윤리 교육은 환경적 덕을 '환경 영웅'이라고 불리는 사람들의 삶, 업적 등을 살펴보고서, 그 속에 담겨 있는 이들의 환경과 관련된 특정한 성품을 함양하도록 장려할 수 있다. 환경 윤리학에서 뮈어(John Muir), 카슨(Rachel Carson), 그리고 레오폴드(Aldo Leopold) 등이 환경 영웅으로 통상 제시된다. 이들은 환경 윤리 교육에서 환경적 역할 모델이 될 수 있다. 환경 윤리 교육적 입장에서는 이들이

---

10) 이 관점은 환경적 역할 모델인 '환경 영웅'을 통하여 환경적 덕을 상술하려는 입장이다. 이러한 입장에 관해서는 카파로(Cafaro, 2005)의 연구를 참조할 것.

(1) 환경을 보호하는 업적을 성취했으며, (2) 이러한 성취를 위해 자신의 삶을 희생했고, (3) 다른 사람에게 자신들의 환경 보호 행동을 본받게 할 만한 역량을 가지고 있다는 것을 강조할 필요가 있다(장동익, 2010, 298, 주석 2). 우리는 이러한 환경 영웅을 통해서 환경과 어떤 관계를 맺고, 어떻게 대우해야 하는지를 자연스럽게 배워나갈 수 있다. 특히 이들의 성품, 즉 불굴의 정신, 동정심, 경이로움, 감수성, 존중, 용기, 사랑, 감사함, 완강함, 그리고 보은의 성품을 따르며 실천해야 한다.

환경적 덕을 함양하는 네 가지 방법 중 덕을 함양하는 방법으로 환경 윤리 교육이 채택할 수 있는 가장 바람직한 것은 첫째 방법이라고 생각한다. 이 방법은 표준적인 덕을 확장하는 방법으로 이미 우리의 삶 속에서 어느 정도 함양되어 있는 일상적인 표준적 덕들은 그 속성상 관심을 오로지 자신에 두는 것이 아니라 타자로 확장할 준비가 되어 있기 때문이며, 또한 이러한 방식은 그동안 도덕 교육에서 타자에 대한 관심을 요청하는 방식과도 잘 부합하기 때문이다.[11]

행위자의 이익에 호소하는 방법은 제시된 네 가지 방법 중 도덕 교육에서 채택하기에 가장 바람직하지 않은 방법이다. 우리의 관점은 설정된 환경적 가치를 어떻게 실현시킬 것인지에 있다. 이것이 환경 윤리 교육의 목표이기 때문이다. 그런데 행위자의 이익에 호소하는 방법은, 앞에서 설명한, 공리주의 방식에 불과하게 된다. 그리고 이러한 방식은 환경 덕 윤리가 아니라 환경 행위 윤리의 한 입장이 되어버린다. 이러한 입장은 앞에서 제시한 비판의 대상이 된다. 따라서 행위자의 이익, 즉 공리주의 방식을 통해 덕을 확장하고 설명할 수 있다는 주장이 제시될 수 있다 할지라도, 이러한 입장은 여기에서 추구하는 환경 교육의 목적, 즉 환경적 가치를 실현하는 일에 실패하게 될 것이다.

---

11) 이 방법이 가장 바람직한 이유는 3절 "환경 덕 윤리의 필요성과 이론적 기초"의 앞부분에 설명되어 있다.

또한 인간의 탁월성에 대한 고려의 입장은, 인간으로서 탁월성이 인간 집단이 아닌 생태학적 집단의 웰빙을 유지하고 증진하는 것과 관련되어 있어야 하는데, 이에 대한 주장에는 많은 반론이 있을 것으로 보인다. 분명한 것은 환경과 관련한 인간중심주의 관점을 주장하는 사람들은 거의 이러한 관점에 반대할 것으로 보인다. 따라서 인간의 탁월성과 생태학적 태도의 연관성이 해명되지 않는다면, 과연 인간의 탁월성이 환경 보호에 긍정적 역할을 할 것인지 분명하지 않을 것이다.

마지막으로 환경적 모델을 통한 방법은 환경 보호와 관련하여 비교적 바람직하다고 할 수 있다. 그러나 환경적 모델, 즉 환경 영웅들은 그 수가 다양하지 않으며, 이들의 삶의 태도에 일관적이지 않은 듯이 보이는 경우도 있다. 예를 들면, 환경 영웅의 상당수는 사냥을 즐겼다. 환경 영웅들의 모습과 환경 보호의 명확한 관계에 대한 추가적인 해명이나 설명이 등장하지 않는 한, 이러한 방법은 환경 윤리 교육에서 역효과를 가져올 수 있다.

물론 환경적 덕을 함양하는 방법에 대한 이와 같은 평가는 엄밀한 것이 아니다. 여기에서는 다만 덕 윤리 일반에서 지금까지 이루어져온 관점에 따라서 제시될 수 있는 방식에 의해 개략적으로 평가하였을 뿐이다. 이에 대한 세밀하고 충분한 논의가 요청된다.

5. 결론

환경 행위 윤리가 인간을 제외한 자연 대상을 환경 윤리의 고려 대상으로 설정하는 데 실패한다는 것을 논의하면서, 환경 덕 윤리로의 전환을 주장하였다. 그리고 환경 행위 윤리에 의한 설명이 환경 윤리 교육적 입장에서 마땅한 것이 아니라는 것을 논의하였다. 그리고 환경 덕 윤리가 어떻게 자연 대상을 도덕적으로 고려하도록 만드는지를 논의하고, 환경 덕 윤리의 필요성을 역설하였다. 환경과 우리의 상호작용은 우리의 성품에 크게 의존한다. 환경을 보존하려는 활동이 있기 전에 먼저 환경에 대한 우리의 성품의 변화가 있어야 하기 때문에, 환경 윤리에서 환경 행위 윤리보다는 환경 성품 윤리 또는 환경 덕 윤리가 우선한다고 말할 수 있다. 따라서 환경 윤리 교육은 이러한 성품, 즉 환경적 덕을 함양하는 방향으로 나아가야 한다. 환경 윤리 교육은 환경과 관련된 규칙이나 원리를 찾아 제시하기보다는 환경을 보호하려는 성품을 함양하고, 함양된 성품에서 환경 보호 활동을 이끌어내는 태도에 초점을 맞춰야 한다. 따라서 환경 윤리 교육은 환경을 보존하는 활동이 있기 전에 먼저 환경에 대한 우리의 마음가짐, 즉 성품을 변화시켜야 한다.

참고문헌

남덕현(2014), 「"재미루 잡는 벱은 없는겨!" 남덕현의 귀촌일기」, 『중앙일보』, 2014년 1월 3일, 28면.

장동익(2014), 「환경 행위 윤리에서 환경 덕 윤리로」, 『환경철학』 17집, 환경철학회, 119-143.

장동익(2010), 「덕 윤리의 환경 윤리적 함의」, 『범한 철학』 57집, 범한철학회, 298-316.

Cafaro, Philip(2005), "Thoreau, Leopold, and Carson: Toward an Environmental Virtue Ethics," *Environmental Virtue Ethics*, Ronald Sandler and Philip Cafaro(eds.), Rowman & Littlefield, 31-44.

Frasz, Geoffrey(2005), "Benevolence as an Environmental Virtue," *Environmental Virtue Ethics*, Ronald Sandler and Philip Cafaro(eds.), Rowman & Littlefield, 121-134.

Hill, Jr. Thomas(1983), "Ideals of Human Excellence and

Preserving Natural Environments," *Environmental Ethics* 5, John Muir Institute for environmental Studies and University of New Mexico, 211-224.

Leoplod, Aldo(2007), "The land Ethic," *Social Ethics*, Thomas A. Mappes and Jane S. Zembathy(eds.), New York: McGrow Hill, 546-552.

Sandler, Ronald(2005), "Introduction: Environmental Virtue Ethics," *Environmental Virtue Ethics*, Ronald Sandler and Philip Cafaro(eds.), Rowman & Littlefield, 1-12.

Schalow, Frank(2000), "Who Speaks for the Animal? Heidegger and the Question of Animal Welfare," *Environmental Ethics* 21, John Muir Institute for Environmental Studies and University of New Mexico, 259-271.

Welchman, Jenifer(1999), "The Virtue of Stewardship," *Environmental Ethics* 21, John Muir Institute for Environmental Studies and University of New Mexico, 411-423.

2부

규범 윤리와 그 비판

관계적 자율성에 대한 철학적 연구: 절차적 자율성과 실질적 자율성 논쟁을 중심으로

허 라 금

1. 서론

관계적 자아 경험과 양립할 수 있는 자율성 개념의 성립은 가능한가? 이 질문은 인격적 자율성(personal autonomy) 개념을 둘러싼 기존의 철학적 논의의 한계를 넘어, 실천적, 이론적 적실성을 갖는 자율성 개념에 접근하는 출발로서 제기된다. 동시에 이것은 기존의 자율성 개념을 비판하면서 대안적인 자율성을 모색해온 여성주의 철학의 중심에 있는 질문이기도 하다.

자율성 개념에 대한 철학적 논의는 윤리학, 정치철학 등 실천 이론의 영역에서 상당히 오랫동안 활발하게 전개되어왔다. 그러나 그중 대부분은 행위 주체를 자신의 삶의 조건을 통제할 수 있는 여건, 예컨대, 보통

* 이 논문은 한국철학회 편, 『철학』 제120집(2014. 8)에 실린 글이다.

수준의 교육과 분별력, 건강, 경제력 등을 갖춘 이들로 전제하고 논의를 진행해왔다. 그 결과 정신적 또는 육체적 취약성을 갖고 있거나, 심각한 빈곤 상태에 있거나, 사회가 '정상적'이라고 여기지 않는 삶의 방식이나 가치를 지향하거나, 등의 이유로 인해 사회적으로 주변화되어 있는 이들의 자율성을 논하기에는 부적합하다는 비판을 받아왔다. 쉽게 이들은 '자율성'을 발휘할 수 없는 존재로 분류되거나, 기껏해야 부당한 외부적 요구나 질서에 저항하지 못하고 순응하는 수동적 존재로 간주되거나, 또는 잘못된 사회화 과정의 피해자나 희생자로 비춰진다. 이런 자율성 개념은 이들이 처한 상황의 비인간성에 주목하게 함으로써 사회적인 책임을 환기하고 그 해결을 모색하게 하는 긍정적인 효과를 기대할 수 있을지 모른다. 그러나 그것은 그들이 자신의 삶의 맥락에서 취한 행위나 선택을 타율적인 것으로 간주하기 때문에 궁극적으로 그들을 존중받지 못하게 하는 의도치 않은 낙인 효과를 초래하게 된다.

이 글은 사회적으로 주변화되거나 취약한 위치에 있는 이들의 자율적 행위성을 비가시화하지 않는 방향의 자율성 이해를 모색한다. 이를 위해 먼저 자율성 개념에 대해 제기된 여성주의 비판과, 관계적 자율성 개념을 발전시켜온 여성주의 철학자들의 논의를 살펴볼 것이다. 특히 절차적 자율성과 실질적 자율성을 주장하는 각 입장들이 취약한 이들의 행위성을 이해하는 것과 관련하여 어떤 의미를 갖는지를 살피게 될 것이다. 끝으로 가정폭력 피해여성의 사례에 비추어 대안적 자율성 개념의 적실성을 구체적으로 보고자 한다.

2. 자율성은 남성적 가치인가? 관계적 자아의 자기 통치적 자율성: 관계적 자율성

자율성 존중의 원칙의 토대가 되는 핵심적 믿음은, 도덕적 행위자로서 인격이 그의 삶에 관한 중요한 결정을 내리고, 자신에게 일어날 일을 결정할 권리를 가지고 있다는 믿음이다. 오늘날 이것은 매우 단순하지만 도덕적으로 매우 강력한 시대적 신념이다. 이 강력한 자기 결정권에 대한 신념이 표현하고자 하는 것은, 기본적으로 자신의 삶에 대한 판단의 주체가 그 자신이라는 것이다. 적어도 타인의 삶을 해치는 것이 아닌 한 어떤 규범이나 어떤 삶의 목표에 따라 자신의 삶을 살아갈지에 대한 판단은 전적으로 개개인에게 속하는 것으로서 상호 존중되어야 한다는 의지이다. 이는 누구도 다른 사람에게 종속된 삶을 살지 않을 삶의 주체로서, 자신의 주인은 오로지 자기 자신뿐이라는 평등 선언이기도 하다. 이런 자율성 존중의 원칙에 대해 이의를 제기할 사람은 거의 없을 듯하다.

'자율성(autonomy)'이란 단어는 원래 '자아'와 '법' 또는 '규칙'을 의미하는 그리스어로부터 유래하였다고 한다. 문자적으로 자율성은 "자기 자신의 법을 제정함"이다. 즉, 자율성은 '자기 규율(self-regulation)', '자기결정(self-determination)', '자기 통치(self-sovereignty)'를 핵심으로 한다. 한때 자기 통치로서의 자율성의 개념은 역사적으로 합리성, 독립성을 이상적 자아의 성질로 보는 사회문화적 맥락에서 구성된 것이라는 비판이 여성주의 진영 안에서 제기되고 여성주의 담론을 강하게 지배하였다. 자기 통치란 전통적으로 지도자 계급의 남성이 갖추어야 할 덕목으로 간주되어온 것이다.[1] 특히 근대 이후, 자기 통치란 어떤 사회적 영향이나 외부적 조건에 영향 받거나 흔들리지 않고 오로지 자신이 옳다고 판단한 원칙에 따라 자신의 욕구를 통제하고 자신의 선택을 의지하고 실천할 수 있음으로 그 의미를 갖는다. 실제로 칸트가 대표적으로 이를 도덕적 자율성으로 개념화한 것으로 해석할 수 있다. 그리고

---

1) 자기 결정으로서의 자율성 개념의 뿌리는 고대 그리스의 self-mastery 관념에서 찾을 수 있다. 플라톤과 아리스토텔레스 둘 다에게, 인간 영혼의 가장 핵심적인 부분은 합리적인 부분이다. 올바른 영혼이란, 플라톤에게 있어, 이 합리적 인간인인 부분이 다른 두 부분을 지배(govern)하는 영혼이며, 아리스토텔레스 역시 니코마코스 윤리학에서 영혼의 합리적 부분을 진정한 그 자신이라고 한다.

이런 도덕적 자율성을 인격의 본질로 상정함으로써, 이후 콜버그의 인지 발달론에서 보듯, 인간적 성숙성은 이 같은 자율성을 갖추는지 여부에 의해 평가된다. 즉, 구체적인 상황적 여건을 초월하여 오로지 옳고 그름에 관한 고도의 추상적 사유에 의해 자신의 실천적 판단을 할 수 있는가 없는가에 따라 성숙과 미성숙이 가려진다.[2]

사회적 영향이나 외부적 조건의 구애 없이 옳다고 믿는 자신의 원칙에 따르는 것이 경우에 따라서는 실천적 맥락을 고려하지 않는 아집이 될 수 있으며, 반대로 원칙보다는 사회적 여건이나 타인의 생각을 고려하는 것은 때로는 미성숙이 아니라 타자에 대한 배려와 현실적 여건에 적절한 성숙한 선택의 태도일 수 있는 것이 사실이다. 그럼에도 불구하고, 독립적 자기 결정성을 최고의 자율적 목표로 삼는 것은 임의적이다. 이것은 독립성과 자기 충족성과 같은 지배적 권력을 갖춘 이들에게서 흔히 관찰되는 성품 특성을 더 높은 인격적 가치로 삼음으로써, 이들과는 다른 자아의 특성을 갖는 이들, 특히 관계적 자아의 특성을 갖는 이들의 인격성을 폄하하는 효과를 갖는다.[3]

이런 이유로, 많은 여성주의자는 자기 통치적 자율성 개념을 인간성의 핵심으로 삼는 실천적 관점이 인간의 취약성과 관계 의존성의 측면을 간과하는 매우 개인주의적인 입장이라고 보고 있다. 더 나아가, 자기 통치성으로서의 자율성을 인격적 이상으로 삼는 것은 자아의 사회적 차원과, 행위자의 정체성들에 갖는 관계성과 공동체의 중요성을 간과하는 것이라는 비판까지 제기된다. 이런 자율성 개념에 대한 비판적 인식으로부터 여성주의는 자율성의 가치를 남성 편파적 가치로 간주하기도 한다.

그러나 이런 여성주의로부터의 비판은 정당한가? 전적으로 그렇지만은 않은 것 같다. 우선 그것은 기본적으로 자기 통치성과 관계성은 양립

---

2) Gilligan(1982).
3) 허라금(1998).

불가능하다는 전제를 배경으로 하고 있다. 이들은 독립적 자아와 관계적 자아를 양립 불가능한 것으로 보고, 전자를 후자에 비해 더 높은 단계의 인간성의 실현으로 이해하면서 전자에 후자를 종속시키는 사회관계 질서를 정당화한 이론들과 동일한 전제를 공유하고 있는 셈이다. 나는 이들 둘 다가 자아의 두 측면을 양자택일적인 방식으로 자아와 동일시하는 우를 똑같이 범하고 있다고 본다. 자아는 사회적으로 배태된 자아로서의 측면과 동시에 그런 자신의 자아의 경험 내용을 인지하고 그것을 반성적으로 사고할 수 있는 자아의 측면을 갖는다. 전자가 관계적으로 구성된 사회적 혹은 사회화된 자아라면 후자는 관계적 자아에 거리를 두고 대상화할 수 있는 반성적 자아라 할 수 있다. 이것은 실제로 우리가 일상의 생활 속에서 확인하는 자아의 경험이다.

자율성의 핵심인 '자기 통치성'에서 전제하는 '자기(self)'가 반드시 독립적, 개인적 자아라고 한정해야 할 정당한 근거가 없다. 관계를 고려하여 자신의 선택을 할 수 있다는 점에서, 관계적 자아의 자기 통치성도 가능하다. 관계적 자아가 우선적으로 고려하는 것이야 독립적 자아의 그것과 다르겠지만, 관계적 자아 역시 자기 통치적 숙고를 거쳐 자신이 원하는 삶을 살아갈 수 있기는 마찬가지이다. 관계적 자아의 측면이 발휘하는 자기 통치성으로서의 자율성을 그동안 주목하지 않았다면, 그것을 밝히는 것을 통해 이제까지 한 부분만을 전체인 것인 양 그려왔던 자율성 개념의 한계를 넘어설 수 있을 것이다.

이제 자기 통치성을 의미하는 자율성이 '남성적인 것'이기에 그것을 여성이 추구해야 할 핵심적 가치로 삼지 않아야 한다고 할 이유가 없다. 자기 통치성으로서의 자율성을 독립적 자아만이 수행할 수 있다는 전제가 문제이지, 삶에 대한 자기 통치 자체를 부정할 근거가 없다. 자신의 삶을 자신의 원하는 바 가치를 실현하는 방식으로 이끌어가는 것의 중요성은 여성주의 역시 추구해야 할 보편적 가치로서 강조해야 할 것임에 분명하다. 여성주의가 비판했던 단독적 개별화된 독립적 자아를 상정하는 자율성 개념의 문제들을 넘어서는 대안적이고 풍부한 자율성에 대한 이해의 가능성은 얼마든지 열려 있다. 그렇다면, 자기 통치의 조건과 관련시켜 '자율성'의 의미들을 분석해가면서, 관계적 자아가 실천적 사고에서 취하는 자기 통치의 기술이 대안적인 자율성이 될 가능성에 주목하는 것은 의미가 있다.

3. 남성적 자율성 vs. 여성적 자율성을 넘어서: 절차적 자율성

나는 여성주의 철학 안에서 발전시켜온 사회적으로 구성된 관계적 자아에 대한 이해를 바탕으로, 사회적인 자아의 측면을 충분히 고려하는 자율성 개념을 이론화하기 위해, 절차적 자율성 개념에 주목한다. 이것은 "반성적 승인(reflective endorsement)의 과정이라는 특정한 사유 절차를 거친 것이라면 그것은 자율적인 것이기에 충분하다"는 입장으로 요약할 수 있다. "내가 누구인가"로 흔히 접근하는 개인적 정체성, 가치, 관심이 내가 놓여 있는 사회적 상황에 의해 형성되고, 내가 맺고 있는 유의미한 사회적 관계에 의해 형성된다는 사실이 자율성의 가능성을 훼손한다고 볼 근거는 없다. 나의 선택, 가치, 관심이 사회적으로 형성된 것이라 하더라도, 내가 어떤 것을 반성적으로 숙고하고 선택, 결정하는 한, 그것은 나의 선택이고 자율적인 것이라 할 수 있다.

이 같은 입장에는 프리드먼(Marilyn Friedman),[4] 마이어(Diana T. Meyer),[5] 크리스트만(John Christman)[6] 등이 속한다. 이들 사이에도 자율성에 접근하는 맥락의 차이가 있고, 그 차이에 따른 구체적인 자율성 논의 전개 방식에도 상당한 거리가 있다. 그러나 이들은 어떤 선택이 자율적인가 여부는 행위자가 숙고적 반성의 절차를 거쳐 결정할 수 있는

---

4) Friedman(2003).
5) Meyer(1987); (1989).
6) Christman(1988).

가에 달려 있다는 것, 그것은 그의 선택이라 할 수 있고 자율적인 것이기에 충분하다는 것에 의견의 일치를 보인다. 즉, 행위자가 행한 선택의 이유나 동기의 내용에 상관없이, 행위자가 그 선택의 이유나 가치에 대해 **자신의 관점**에서 적당한 비판적 반성을 거쳐 이루어진 선택이라면, 그것은 자율적인 것이라는 데 동의한다. 이런 자율성 개념은 선택의 내용에 상관없이 숙고적 반성적 절차를 거쳐 내린 선택 결정이냐만을 자율성의 핵심으로 삼는다는 점에서, '내용 중립적 자율성'이라 부르기도 하고 '절차적 자율성'이라 명명되기도 한다. 또한 일인칭적 관점에서 서사화되는 반성적 승인의 과정을 자율성 개념의 핵심으로 이해한다는 점에서, '서사적 자율성'이라 해도 좋을 것이다. 이 글에서는 '절차적 자율성'으로 사용한다.

이 같은 절차적 자율성 개념은 기존의 자율성과 관련해 제기되었던 자율성 논쟁의 맥락에서 적어도 두 가지 문제를 넘어선다는 장점이 있다. 하나는, 자신의 욕구, 의지, 가치 등 행위의 동기가 되는 것들에 대한 반성적 승인을 했는지 여부만을 물을 뿐 선택의 내용을 문제 삼지 않는, 내용 중립적인(content-neutral) 절차적 자율성 개념은 '독립적 자립성'일 것을 요구하는 전통적 남성성(masculinity) 규범을 그 내용으로 삼는 기존의 자율성 개념과 다르다. 절차적 자율성 개념은 보살핌, 사랑, 의존성과 같은 소위 여성성(femininity) 규범을 자신의 욕구와 가치로서 승인한 행위자의 선택 역시 자율적인 것으로 인정한다는 점에서, 내용적으로 성별 중립적이다. 절차적 자율성 개념은 소위 남성적 자아를 상정하거나 남성적 덕목에 기반하는 것과 같은 그런 함의를 갖지 않는다는 점에서, 자율성을 둘러싼 여성주의 안에서의 긴장을 해소하는 장점이 있다.[7]

---

7) 이런 점을 근거로, 프리드먼은 주류 자율성 논의가 남성적 가치를 중심으로 자율성을 개념화하고 있다는 일부 여성주의 비판에 대해 그것은 '말보로 남성' 이미지에 대한 비판일

또 하나는, 자율성을 둘러싼 기존 논쟁이 자주 자유의지냐 결정론이
냐라는 고전적인 철학적 쟁점으로 환원되곤 하는 문제를 피할 수 있다는
점이다. 일인칭적 관점에서의 승인 절차만을 요구하는 절차적 자율성
개념은 특정한 자아의 존재론적 입장에 개입할 필요가 없다. 오로지 자
신의 욕구나 선호, 의지 등에 대한 반성적 사유의 절차만을 요구하는 절
차적 자율성이 상정해야 하는 자아는 그런 사유의 과정을 할 수 있는 존
재라는 것뿐이다. 따라서 그런 사유의 과정 속에서 시간적으로 지속하
는 자아가 있는지, 있다면 그 자아가 사회적으로 만들어진 자아인지, 사
회적 배태성을 초월하는 선험적 자아인지 여부와 상관하지 않는 것이 장
점이다.

　자유의지와 결정론 간의 형이상학적 구분과 혼동되곤 하는 개인적 자
율성과 타율성의 구분이 자율성에 관한 철학적 논의를 증명할 수 없는
사변적 논쟁에 빠뜨려온 것이 사실이다. 절차적 자율성에서 말하는 일
인칭적 관점에서의 ‘자기 자신의 선택’이라는 의미는 어떤 것에 의해서
도 결정되지 않은 진정한 자유 의지적 존재로서의 선택이 아니라, 일종
의 현상학적 혹은 주관적 의미로 해석되어야 할 것이다.

　자율적인가 타율적인가의 구분은 그 둘을 구분 짓는 (예컨대, 자유냐
결정이냐 같은) 어떤 명확한 경계선이 있다거나 선택 내용의 차이에서
온다기보다는, 그것은 삶 속에서 느끼는 현상학적 혹은 심리학적 느낌
의 차이로 접근하는 것이다.[8] 그것은 “그것은 내가 한 것” 혹은 “내가
하긴 했지만 사실은 내가 한 것이 아니었다”라든가, “내가 삶을 주도하

수는 있으나, 오늘날의 철학적 자율성론에 대한 정당한 비판이 될 수 없다고 주장한다.
Friedman(1997), pp.40-61. 실제로 프랑크푸르트(Harry Frankfurt), 드워킨(Gerald
Dworkin) 등 자율성을 논하는 대다수의 철학자들이 내용 중립적 절차적 자율성론을 전
개시키고 있다. 그러나 이들의 절차적 자율성은 관계적 자아를 전제한다기보다는 합리적
인 독립적 자아를 전제한다는 점에서 여기에서 다루는 절차적 자율성론과는 구분된다.
8) Meyer(1987).

고 있다" 혹은 "내가 삶을 살고 있지 않다"는 표현 속에 나타나는 일종의 자신의 삶에 대한 경험적 질에서의 차이이다. 이런 표현 속에 등장하는 '나'는 주어져 있는 자아가 아니라 심리적 혹은 현상적인 것이다. 그렇지만, 이런 일인칭적, 현상학적 '자기감' 혹은 '자아 정체감'으로서의 느낌 혹은 경험의 질(qualia)은 물을 먹는 것이나 여행하는 것의 경험과는 확연히 다른, 즉 단순한 원함과는 분명히 다른 차원의 경험적 질이라 할 수 있다.

이것은 어떤 외부적 혹은 내적 요인에 의해 물들지 않은 소위 '진정한 자아'는 아니지만, 그렇다고 허구적인 것도 아니고 전적으로 사회적으로 결정된 것도 아니다. 자신의 욕망, 믿음, 정동, 가치에 관한 분명한 느낌에서 나오는 어떤 자기 충실감(a sense of integrity)이 나로 하여금 "그것은 내가 한 것"이라고 기꺼이 말할 수 있게 하는 것이라는 점에서, 자율성은 이런 자아감과 분리할 수 없을 것이다.[9]

불행하게도, 이런 경험이 철학 논의에서 어떤 특권적인 자아 혹은 형이상학적 진정성(authenticity)의 언어의 틀 안에서 다루어지는 바람에, 많은 이들이 사회적 경험에 의해 오염되지 않은 선험적인 자아를 가져야 한다고, 그리고 이런 더럽히지 않은 자아의 의지에 따르는 것이 자율성이라고 추론하게 된 것인지도 모른다. 분명한 것은, 자신의 자아감에 반하지 않는 선택을 하고자 하고, 그런 선택이 이끌어가는 삶을 살고자 할 때 그것이 자율적인 것이라는 점이다. 그렇다면 자율성은 그것을 확인하는 절차인 반성적 승인의 절차를 요구하는 것으로 충분하다고 할 수 있다.

이처럼, 절차적 자율성은 형이상학적으로나 가치적으로 중립적이라는 점에서 기존의 논쟁을 넘어선다. 또한 서두에서 제기된바, 취약한 상황에 위치해 있는 이들의 행위와 선택이 존중받지 못하고 쉽게 무시되곤 하는 문제 역시 해결된다. 자신의 일인칭적 서사를 통해 자신의 행위의

9) 허라금(2002).

이유를 충분히 반성하고 검토함으로써 절차적 자율성은 행위자 자신의 주관적 관점을 자율성에 있어 중요하게 취급한다. 이때 주관성에 대한 강조는 객관성에 대한 반대를 의미하는 것이 아니라, 그 행위자의 위치에서 보이는 상황적 맥락에 대한 이해와 판단을 무시하지 않기 위한 것으로서 그 의미를 해석하는 것이 중요하다.

4. 절차적 자율성과 '여성주의 직관'

사회적인 자아의 측면을 충분히 고려하는 자율성 개념을 이론화하고 있는 여성주의 철학자 중에 절차적 자율성론자만 있는 것은 아니다. 숙고적 반성의 절차를 거쳐 결정할 수 있는 한, 그것은 나의 선택이라 할 수 있고 자율적인 것이기에 충분하다는 입장과 대조적으로, 스톨자 (Natalie Stoljar), 볼프(Susan Wolf) 등, 자율적이기에 그것만으로 불충분하지 않다는 입장이 있다. 이들은 어떤 삶이나 선택이 자율적이라고 하기 위해서는 절차적 조건뿐만 아니라 자율성을 위한 규범적 조건 역시 만족시켜야 한다고 주장한다. 이들의 입장은 실질적 자율성론으로 명명된다. 대표적으로, 스톨자는 어떤 특정 선호를 자율성에서 배제하거나, 최소한의 합리적 반성만으로는 자율성에 충분하지 않다고 주장한다.[10] 그녀는 억압적 규범에 근거한 욕구, 선호, 가치, 믿음 등이 갖는 문제에 주목한다. 자신이 내면화한 억압적인 규범에 매달려 있기 때문에 하게 되는 선택까지도 자율적이라고 볼 수 없다는 것이 절차적 자율성 개념은 적절한 관계적 자율성 개념의 대안일 수 없다고 보는 핵심 이유이다. 가부장적 문화에서 태어나 생애를 살아가는 여성들의 자존감이나 자기 효능감(sense of self-worth)이 어머니 혹은 아내라는 정체성에 절대적으로 의존하는 경우가 그것이다. 그녀는 이들이 자율적이지

---

10) Stoljar(2000).

않다고 믿는다.[11] 그 이유는 두 가지이다. 하나는, 그들의 선택이 억압적 규범에 근거한 것이기 때문이다. 둘은, 그들은 억압적 규범을 내면화하고 있기 때문에, 규범을 비판할 능력은 물론 자신이 억압되어 있다는 것을 인지할 능력이 매우 손상되어 있다. 이런 두 가지 이유 때문에, 그녀는 이러한 여성들이 규범적 수행 능력(normative competence)을 결여하고 있다고 주장한다.

이들의 우려는 크게 두 가지 문제에 맞추어져 있다. 첫째, 절차적 자율성 개념은 자율성 그 자체를 부정하는 선택마저도, 행위자가 반성적 승인의 과정을 거쳐 자신의 삶으로 선택한 것이라면 자율적인 것으로 인정한다는 점에서, 지나치게 허용적이라는 것이다. 이런 비판을 대변하는 스톨자는 다음과 같이 말한다. 여성주의는 "여성주의 직관"을 유지해야 하는데, 그 직관에 따르면, 여성성(femininity)에 대한 허위적이고 억압적인 규범을 내면화함으로써 갖게 된 여성의 삶의 태도나 욕구에서 비롯된 행위의 선택은 결코 자율적인 것이라 할 수 없다는 것이다. 이 경우, 행위자가 스스로 자신이 속한 사회의 억압적 규범을 반성적으로 승인했는지 여부는 자율성을 평가하는 데에 있어서 결정적인 것이 아니며, 그녀의 선택은 여성의 자율성을 훼손하는 억압적 사회화의 결과로 보아야 한다는 것이다.[12] 이것은 비록 이 여성이 반성적 승인의 과정을 거쳐 그것을 받아들일 자기 나름의 이유에 근거해 행동했다 하더라도, 엘스터(Jon Elster)가 논했던 일종의 '적응된 선호(adaptive preference)'에 의한 선택이기 때문에, '자율적인 것'으로 판단할 수 없다는 주장으로 해석할 수 있다.[13]

---

11) 스톨자는 루커(Luker)가 저술한 *Taking Chance*의 연구자료를 자신의 논의의 사례로 활용하고 있는데, 이 책은 1970년대 초 캘리포니아에 있는 임신중절 병원을 이용했던 500명 여성에 대한 그룹 연구이다.
12) Stoljar(2000), p.95.
13) Elster(1982).

자율성 주제의 쟁점은 다음과 같이 다시 요약할 수 있다. 취약한 삶의 맥락 속에 있는 여성이 자신의 삶에 영향을 미칠 중요한 결정을 함에 있어서 그 선택이 자신이 원하는 것인지를 일인칭적 관점에서 스스로에게 묻는 반성적 절차를 통해 그렇다는 판단 위에 한 것이라면 그것은 자율적 결정이기에 충분한가? 비록 그 결정이 향후 자신의 삶의 계획을 남편에게 위임하도록 하는 결혼관계에 들어가는 것이라 하더라도 그것은 자율적인 결정이라 하기에 충분한가? '자율성'은 규범적 개념으로서 최소한의 규범적 내용을 갖출 것을 요구하기에 그것은 자율적인 것으로 볼 수 없는가? 즉, 여성주의가 모색하는 관계적 자율성 개념은 최소한의 여성주의 규범을 요구해야 하는가? 여성의 삶 속에서 제기되는 문제를 놓고 숙고하는 자율성 개념에 대한 철학적 재고는 실은 '자율성'을 둘러싼 고전적 논쟁을 연상시킨다.

그것은 자신의 전적인 자유를 포기하는 노예계약의 선택 역시 자율적인 것이라 할 수 있는가라는 질문을 두고 전개된 논의이다. 이 문제는 특정한 내용은 자율적 선택의 대상이 될 수 없다는 것으로 해결이 되어왔다. 즉, 자신의 미래의 모든 자유를 포기로 하려는 현재의 선택은 실질적으로 자가당착적인 것이기 때문에 자율적 선택으로 인정할 수 없다는 것이다. 따라서 자발적으로 이루어진 것이라 해도 노예계약은 성립하지 않는다. 이것이 자율성은 최소한의 형식적 합리성의 조건만이 아니라 최소한의 규범적 조건 역시도 만족시켜야 한다는 입장을 구성하게 만든다. 그것은 자신의 삶에 대한 주인으로서의 권리까지를 포기하는 것을 자율적인 선택으로 받아들일 수 없다는 것으로서, 자율성은 자기의 삶을 자신이 원하는 바대로 이끌어가는 것의 가치에 대한 헌신(commitment)을 필요로 한다. 즉 특정한 삶의 방식을 요구하는 개념이다. 볼프 역시도 강한 실질적 입장인데, 그녀는 자율적인 행위자는 옳고 그름을 분별할 "규범적 수행 능력"를 가져야 한다고 주장한다.[14] 자신에게 형이상학적으

---

14) Wolf(1990).

로 책임질 만하거나, 완전히 자아 근원적(self-originating)일 필요는 없지만, 행위자로서 도덕적으로 책임을 질 만하고, 도덕적 추론에 따라 스스로를 개선할 수 있어야 한다는 것이다. 자율성을 훼손하는 규범이나 가치, 욕구 등을 거부할 수 있는 규범적 수행을 할 수 있어야 한다는 말이다.

이런 자율성 개념에 비추어볼 때, 자신의 삶에 대한 통제권을 주인에게 양도하기로 한 노예의 선택은 자율적인 것으로서 존중될 수 없다. 이것이 단지 노예가 되기로 한 결정에 대해서만 해당되는 것은 아니다. 가부장적인 규범이 지배하는 사회문화에 속해 있는 많은 여성의 경우도 사정은 비슷하다. 남편에게 실질적인 삶의 통제권을 양도할 것을 요구하는 가족 규범의 결혼제도에 기꺼이 들어가기로 한 여성의 경우는, '여성주의 직관'에 어긋나는바,[15] 자신의 삶에 대한 주도권을 포기하는 선택을 하고 있다는 점에서 최소한의 규범적 수행 능력을 발휘하는 데 실패한 것이다. 따라서 이들 여성을 자율적인 행위자로 보기 어려우며, 그녀의 선택 역시 마찬가지로 자율적인 선택으로서 인정할 수 없다.

5. 실질적 자율성은 충분히 관계적인가?

이들의 실질적 자율성 입장은 자율성을 관계적 차원보다는 지나치게 독립적인 개인 차원의 것으로 이해하고 있는 우를 범하고 있는 것은 아닌가? 여성주의 규범에 대한 헌신을 이들 여성들이 만족시켜야 할 최소한의 자율성의 규범적 조건으로 삼고자 하는 스톨자나, 옳고 그름에 대한 규범적 수행 능력을 요구하는 볼프의 자율성 개념은 과연 자아의 사회관계 구성적 측면을 충분히 고려하고 있는 것인가? 여성주의적 가치에 대한 규범적 결단을 요구하거나 규범적 수행 능력을 자율성의 최소

---

15) Friedman(2003), pp.20-21.

규범 조건으로 만족시킬 것을 요구하는 실질적 자율성론은 관계적 자아의 측면을 충분히 고려한 것인가?

나는 이들의 실질적 자율성 개념은 지나치게 엄격한 것이라고 평가한다. 가부장적 사회에서 관계적으로 자아를 구성한 취약한 위치에 있는 여성들이 가부장적 여성성의 규범에 부합하는 선택을 했다는 객관적 사실만으로 그들을 타율적인 것이라고 단정하는 것 자체가 이들이 자아의 관계적 측면을 고려하는 데 실패한 것이라고 보기 때문이다. 적어도, 기존의 자율성 개념은 사회적으로 주변화되어 있는 이들의 자율성을 논하기에 부적합하다는 인식에서 출발한 이 글의 관점에서 볼 때, 실질적 자율성론은 자칫 위험해 보인다. 우선 우려되는 지점 몇 가지를 간단히 열거해보자.

첫째, 스톨자가 가부장적인 억압적이고 잘못된 규범에 의해 왜곡된 욕망을 갖고 있는 여성들이 가부장적 규범에 부합하는 선택을 한 것은 잘못된 욕망에 따른 것이기 때문에 타율적이라고 판단한 것은 정당하지 않다. 비록 그들이 겉보기에 모두 가부장적 규범이 요구하는 선택을 하는 것처럼 보인다 하더라도, 그 선택의 내용상 의미는 다를 수 있다. 그들이 그 선택을 하게 된 이유가 각기 다를 수 있기 때문이다. 스톨자는 그녀들의 의사결정의 내적 과정에 주목하지 않고, 그럼으로써 그녀들의 사회적 시간적 맥락성을 무시함으로써 이들 모두를 타율적이라고 일반화해버리는 오류를 범하고 있다. 스페리(Elizabeth Sperry)는 이를 "인식론적 결함"의 문제로 간주한다.[16] 그녀는 스톨자의 글에서 여성들의 자기 목소리가 전혀 등장하지 않음을 지적한다. 이들 여성 자신의 서사가 없다는 것은 그녀들의 다양한 주체성(subjectivity)을 지워버리고 스

---

16) 이에 대해서는 다음 글을 참조하라. 이 글에서 그녀는 이들 여성이 가부장적 규범에 일치하는 선택을 한 이들 여성이 비록 동일한 선택을 한 것처럼 보이지만, 그들이 말하는 일인칭적 관점의 의사결정의 과정 서사에 주목한다면, 적어도 여섯 가지 다른 자율성의 지위(status)를 구분할 수 있을 것이라는 점을 논변하고 있다. Sperry(2013).

톨자 자신의 관점에서 이들의 선택을 모두 동일한 '규범에 복종한 선택'으로 일반화해버리고 있음을 나타내는 것이라는 것이다.

둘째, 규범적 조건을 강하게 요구하는 것은 개인적 자율성과 도덕적 자율성을 이문융합(異文融合)하는 것이라는 비판이다. 그럼으로써 결과적으로 자율성의 조건을 너무 엄격하게 요구한다. 만약 자율적 행위자의 자기 성찰성과 도덕적 성찰성에 너무 많은 것을 기대한다면, 아무도 자율적일 수 없게 될 것이다. 드보(Monique Deveaux)는 이와 유사한 문제를 다문화적 맥락에서 다루고 있다. 즉, 비서구 문화권에 속한 여성들은 가부장제 아래 무기력한 타율적 존재들이 아니라, 자신의 위치에서 가능한 선택들을 고려하여 자신이 원하는 것을 얻기 위해 규범들과 협상하는 자율적 행위자들이라는 점을 주장한다.[17)]

셋째, 실질적 자율성론은 자율성을 매우 개인적인 것, 영웅적인 자아를 전제한다는 점이다. 이 때문에 나는 이것이 관계적 자아의 측면을 충분히 고려한 자율성 개념인가 의심하게 된다. 여성주의적 직관을 강조하는 스톨자의 자율성 개념이 과연 관계적 자아를 전제하는 여성주의 자율성 개념인가? 억압적 사회에서 종속적 위치에 있는 이들이라면, 억압적인 권력 관계 속에 취약한 위치에 있는 이들이다. 그들은 그런 권력 관계 속에서 배태된 자아의 측면을 가질 것이며, 실제로 자신이 맺는 관계를 통제할 권력도 또 관계를 떠나 삶을 살아갈 물리적 자원 역시 열악한 상태라는 점에서 그들의 자아는 훨씬 관계 의존적 특성을 가질 것이라 추정할 수 있다. 과연 실질적 자율성론은 이 점을 충분히 고려한 것인가? 이런 삶의 구체적인 현실을 떠나서, 누가 이들에게 자신의 정체성을 구성하고 있는 관계적 규범들에 저항하는 판단을 해야 한다고 요구할 수 있는가?

노예제도 아래에서, 자신의 정체성과 사회적 관계의 맥락을 벗어나

---

17) 드보의 논의에 대해 좀 더 자세한 것은 허라금(2012) 참조.

옳고 그름을 분별하는 관점에서 노예적 규범의 부당함을 인식하고 노예에게 요구되는 규범에 저항하지 않는다면 그 노예는 '타율적'이라는 주장은 노예에게 예외적이라 할 만한 영웅적 행위자일 것을 요구하는 것으로서 지나치게 엄격하다. 그들이 자율적이지 못하기 때문에 노예계약에 '동의'한 것이거나, 노예적 규범을 지키기 때문에 그들을 타율적이라고 일반화해버리기보다는, 노예제도의 강력한 권력 아래에서 생존해야 하는 노예들이 왜 그런 선택을 소위 '자발적으로' 하게 되는지 그 맥락을 그들의 서사를 통해 살펴볼 필요가 있다. 노예 동의를 선택한 일인칭적 서사 속에는 절차적 자율성을 발견할 수 있는 경우가 적지 않을 것이다. 물론 가부장제 아래 억압적 규범을 수행하고 있는 여성의 경우도 마찬가지다.

취약한 위치에 있는 이들에게 영웅적 행위성을 요구하는 것일 수 있을 실질적 자율성 규범으로 그들의 선택을 평가하기보다는, 맥락에 따른 여러 층위의 자율성의 가능성을 보는 것이 관계적 자아의 측면을 더 고려하는 자율성 개념이라 할 수 있다.

6. 자율성과 온정주의적 간섭

일반적으로 자율성 개념을 통해 절차적 입장과 실질적 입장이 주목하려는 것이 서로 다른 것임은 분명하다. 절차적 자율성론자의 의도와 실질적 자율성론자의 의도가 서로 다르다. 일인칭적 관점에서의 사유를 중심으로 자율성을 이해하려는 절차적 자율성이 행위자에 대한 인격적인 존중의 필요성에 보다 깊은 관심을 갖는다면, 최소한의 규범적 요건의 필요성을 주장하는 실질적 자율성은 자율적 선택이 옳지 않은 것일 때 그것을 시정하거나 그 잘못된 선택으로부터 행위자를 보호할 필요에 대해 보다 주목한다고 할 수 있다. 이것은 온정주의적 강제에 대한 두 자율성 입장의 차이를 통해 좀 더 분명히 보일 수 있다.

온정주의(Paternalism)라 함은 "아버지와 자식의 관계에서 볼 수 있는 바와 같이 지배와 보호의 특질을 가진 사회관계"를 기본으로 하는 것으로, 정확히 번역하자면 부권적 온정주의가 될 것이다. 오늘날, 어떤 개인이나 집단 행위체에 대한 온정주의적 개입 혹은 강제는 그 행위체가 자신이 무엇을 원하는지, 자신의 선호나 지향성이 무엇인지를 모를 정도로 자존감은 물론 자의식이 약해서 자신의 선택을 할 수 없을 경우, 그의 이익의 보호를 위한 것일 때 허용되는 것으로 여겨진다. 예컨대, 어린 아기나, 심각한 정신적 질병을 앓고 있을 경우, 온정주의적 개입은 정당화된다. 그 밖에 일반적인 경우라면 즉, 자신이 누구인지에 대한 자의식과 자신의 이익을 분별할 수 있는 통상적인 행위자의 선택에 대해 일어나는 온정주의적 개입은 원칙적으로 허용될 수 없다. 특히 오늘날 민주사회에서 사회구성원들의 다양한 가치관과 선호, 욕구에 대한 온정주의적 개입은, 최소한 이념적으로는, 그 정당화 논거를 마련하기 쉽지 않다. 이런 점에서, 앤드류 슈왈츠(Andrew W. Schwartz)는 선택의 존중 요건으로 최소한의 자기 성찰적 사유 절차만을 요구하는 절차적 자율성 개념은 시민의 선호에 대한 국가적 중립성을 요구하는 자유주의 정치이론과도 일정 정도 궤를 같이한다고 평가하기도 한다.[18]

반면, 스톨자와 같이 실질적 자율성 접근은 여성의 억압적 현실을 증명하고, 여성이 어떻게 억압적 규범과 관행에 저항해야 하는지를 설명하기에 적합한 것이라고 볼 수 있다. 실제로 여성주의는 이런 목적을 위해 자율성을 채용해왔다. 자기 삶의 통치적 주체로서보다는 누군가에게 종속된 존재로서 여성의 규범적 자아를 사회화하는 사회로부터 여성을 해방시키고자 하는 것이다. 그러나 이것은 서두에서 언급한 것처럼, 가부장적 권력 질서 속에 사는 여성들을 부당한 외부적 요구나 질서에 저

---

18) 슈왈츠는 이에 대해, 절차적 자율성 접근은 온정주의적 개입 혹은 시정적 강제가 정당화될 수 있는 범위를 염두에 두고 있는 것으로 보고 있다. Schwartz(2007).

항하지 못하고 순응하는 수동적 존재로 간주하거나 또는 잘못된 사회화 과정의 피해자나 희생자로 위치시키는 등, 쉽게 이들 여성을 '자율성'을 발휘하지 못하는 존재로 보고 접근하는 것이다. 이것은 억압적 사회에서 이들 여성들이 발휘하고 있는 행위성의 측면을 무시함으로써 억압적 상황에서나마 이들이 이루어가고 있는 다양한 변화의 측면을 보지 못하게 하기 쉽다. 그럼으로써 이들을 자칫 계몽의 대상으로 여기게 될 위험에 노출될 수 있다. 쉽게 온정주의적 강제를 사용할 수 있는 것이다.

나는 젠더 억압적 사회가 변화하는 데에는 때로 외부적 도움이 필요하다는 것 자체를 부정하는 것은 아니다. 이 글에서 주목하고자 하는 것은 실질적 접근 방식은 자칫 억압적 상황에 놓여 있는 여성 자신의 삶의 맥락성에 대한 보다 세심하고 주의 깊은 이해의 중요성을 부차적인 것으로 간주하게 만든다는 것이다. 그럼으로써 그 외부적 개입의 성격이 자칫 이들이 원하는 것을 무시하는 위험한 것이 될 가능성에 노출된다는 점이다.

애초에 실질적 자율성론이 여성의 억압적 현실을 증명하고, 여성이 어떻게 억압적 규범과 관행에 저항해야 하는지를 설명하도록 도울 수 있기를 목표하지만, 결과는 그 의도와 다를 수 있다. 억압받는 이들이 발휘하는 자율성을 저평가하는 것은 곧 그들이 갖고 있는 억압에 저항할 힘을 저평가하는 것이기도 하기 때문이다. 억압적 사회화의 조건 아래 있는 이들은 자율성이 떨어진다고 주장하는 것이 좀 더 정의로운 사회로의 개혁을 위해 강력한 외부적 개입을 촉진하는 효과를 가질 수 있을지 모르지만, 그것은 취약한 이들이 택한 선택의 의미를 중심으로 그 변화의 방향을 모색하는 것은 아니다. 그렇기에 그것은 그들의 '개인적 자율성'을 또 다른 차원에서 무시하는 것일 수 있다. 비대칭적인 권력 관계 속에서 주변화된 이들이 가지고 있는 자율적 행위 능력을 격려하지 않고 오히려 그들의 약화된 취약성을 강조하는 것은, 아래로부터의 변화를 중요하게 생각하는 입장이라기보다는 위로부터의 선도적 변화를 추구하는 접근이라는 점은 분명해 보인다.

앞에서 슈왈츠가 절차적 자율성 개념이 온정주의적 간섭을 원칙적으로 반대하는 자유주의 철학과 통한다고 했지만, 내가 보기에는 오히려 실질적 자율성이 자유주의 정치철학과 유사하다. 자율적 선택의 가치를 우선하는 자유주의에서 역시 온정주의적 강제를 실질적 자율성 개념과 유사한 방식으로 정당화하기 때문이다. '여성주의 직관'을 중심에 놓는 스톨자의 실질적 자율성 개념이 "선택의 자유는 절대적 가치"라는 '자율성 직관'을 중심으로 온정주의적 개입을 성인에게까지 확장하는 자유주의적 입장과 오히려 더 통한다.[19]

밀은 그의 『자유론』에서 개인의 자유에 대한 온정주의적 간섭에 대해 원칙적 반대 입장임을 분명히 한다. 행위자 개인의 선, 행복, 복지에 관련한 이해를 강제에 의해 증진시킬 수도 없고, 그런 시도는 행해진 선을 능가하는 악을 포함하기 때문에 그 개인의 이익을 위해 그에게 행사되는 강제는 정당화되지 못한다고 주장한다. 그런데 흥미로운 점은 밀이 무조건적으로 온정주의 강제를 반대한 것은 아니라는 점이다. "문명화되지 않은 사람은 문명의 판단자가 될 수 없다. 더욱 현명해질 필요가 있는 사람이 자신의 능력으로 그 방도를 찾을 수는 없다"고 말하면서, 그는 "매우 광범위하고 분명한 예외"에 관해 언급하고 있다. "문명화되지 않은 이는 자신의 이익이 무엇인지 판단할 수 없다"는 것을 근거로 그는 온정주의 강제를 허용하고 있는 것이다. 이렇게 하여, 자유주의 정치철학 안에서 성인들에게도 지식, 이성적 사고 능력 등이 부족할 수 있다는 것을 근거로 온정주의적 강제는 확대될 길을 열어놓는다. 이때 온정주의적 강제는 그들이 진정 합리적이라면 하였을 일을 하도록 하는 것이므로 그들의 의지에 반하는 것을 하는 것은 아닌 것으로서 정당화된다. 이

---

19) 스톨자의 경우, 온정주의적 강제를 정당화하는 문제를 직접 다루고 있지는 않다. 단지 그 여성들의 선택을 자율적인 것으로 볼 수 없다는 주장을 했을 뿐이다.

렇게 허용 가능한 온정주의적 강제의 기준은 행위자의 동의이고, 그것
이 정당한 온정주의 영역의 경계를 그을 수 있는 유일한 방법으로 제시
된다.[20]

그러나 이렇게 온정주의적 간섭을 정당화하는 자유주의적 접근은 행
위자를 그가 처해 있는 상황적 맥락을 초월하여 자신의 합리성을 발휘하
는 개별 존재로 가정하고 있다는 점에서 이미 지적했던 관계적 자아의
측면을 고려하지 못하는 데서 갖게 되는 문제를 피할 수 없다.

7. 가정폭력 피해여성에 대한 절차적 자율성 접근

앞의 실질적 자율성론이 최소한의 규범적 조건을 요구하는 데에는 취
약한 상황에 있는 이를 보호하려는 취지가 있음은 사실이다. 취약한 이
가 선택한 것이 강제적인 것이 아니라 '자발적인 것'이라는 이유로 부당
한 종속관계를 유지하거나 강제하는 문제에서 실질적 자율성 개념은 실
제로 취약한 상황에 있는 이를 보호할 수 있는 논리를 제공한다. 그렇다
면, 절차적 자율성론은 이런 규범적 조건을 요구하지 않고도 이들이 처

---

20) 온정주의와 관련되는 밀의 논의 분석을 토대로 드워킨(Gerald Dworkin)은 그의 글
"Paternalism"에서 온정주의적 간섭을 정당화할 수 있는 하나의 원칙을 제공한다. 그
것은 온정주의는 보다 넓은 범위의 자유를 보호하기 위한 것일 때 정당화된다는 원칙이
다. 그는 밀의 주장은 두 가지 논변으로 구성된다고 분석한다. 하나는, 그 자신이 자신의
이해에 대해 가장 잘 선택할 수 있다는 것에 근거한 철저한 공리주의적 추론양식이고,
다른 하나는 선택의 자유가 갖는 절대적 가치에 근거한 추론양식이다. 첫 번째 추론은
행위자 개인이 그 자신의 이해나 욕구, 복지에 대해 가장 잘 알고 가장 최선의 선택을 할
수 있다는 명제가 절대적 진리로 증명할 수 없다는 점에서, 절대적인 금지를 확립할 수
는 없고 단지 그렇다는 가정을 제안할 수 있을 뿐이다. 그러나 두 번째의 추론은 보다 넓
은 범위의 온정주의를 인정할 수 있다. 예컨대, 노예계약을 허락하지 않는 주요한 이유
는 미래의 선택을 만들 개인의 자유를 보호할 필요 때문이다. 그러나 이렇게 온정주의적
간섭을 정당화하는 자유주의적 접근은 행위자가 처해 있는 상황적 맥락을 초월하여 자
신의 합리성을 발휘하는 개별 존재로 상정하고 있다는 점에서 이미 지적했던 관계적 자
아의 측면을 고려하지 못하는 데서 갖는 한계를 벗어나지 못한다. Dworkin(1970) 참조.

한 어려움을 어떻게 대처할 수 있는지에 대해 말할 수 있어야 한다.

어떤 이의 개인적 자율성을 존중한다는 것이 무엇을 의미하는지를 생각해보자. 어떤 이의 자율성을 존중한다는 것이 곧 그의 선택이 절대적 가치를 갖는다는 의미인가? 자율적 결정임을 인정한다는 것이 그의 선택이 실현되는 것을 방해하거나 막지 않아야 한다는 것을 함의하는가? 더 나아가서 진정한 존중은 그의 선택이 실현되도록 돕는 것인가? 절차적 자율성의 입장에서 보자면, 그의 자율성을 인정한다는 것은 그가 자신의 가치와 관심에 대해 성찰하고 그에 따라 행동할 수 있는 인격적 존재라는 기본적 신뢰를 표현하는 것이다. 그리고 그것을 존중한다는 것은 그를 자신의 정체성을 가지고 자신이 무엇을 원하는지에 대한 성찰을 통해 자신의 선택을 할 수 있는 한 사람의 인격으로 인정한다는 것을 의미한다.

그렇다면, 그 자신의 관점에서 상황을 파악하고 자신이 원하는 것임을 확인한 선택의 자율성을 인정하는 입장에서, 어떻게 취약한 상황에 있는 이들이 취한 결정이나 선택을 자율적인 것으로 인정하면서도, 그가 처한 취약한 상황을 벗어나도록 문제를 해결할 수 있을 것인가? 이 문제를 가정폭력 피해여성의 문제를 다루고 있는 프리드먼의 논의를 통해 살펴볼 수 있다.[21] 그것은 절차적 자율성이 어떻게 흔히 사회에서 타율적인 것으로 간주되곤 하는 여성들의 현실에 접근할 수 있는지를 구체화하고, 그 접근의 장점이 무엇인지를 살펴보기에 적합해 보인다.

프리드먼은 남편으로부터 상습적으로 폭력을 당하면서도 남편 옆을 떠나지 않으려는 여성의 사례를 중심으로 다음과 같이 논의를 시작한다. "법 체제가 자신의 파트너를 떠나고자 하는 학대당한 여성들에게 충분한 보호를 제공하고 그들에 대한 정의를 실현하려 하는 충분한 의지와 능력, 자원을 가지고 있다고 가정해보자. 그렇다 하더라도 여전히 자신

---

21) Friedman(2003).

의 파트너를 떠나려고 하지 않고 그를 처벌하는 데 있어서도 협조적이지 않은 여성들에 대해서 법은 그러한 여성들의 의지와는 상반되게 그들을 보호하고 그들의 파트너를 처벌해야 하는가? 혹은 그것이 피해자가 원하는 것이라면 범죄자를 처벌하지 말아야 하는가? 이와 관련되는 또 다른 물음으로, 학대적인 관계를 극복하는 데 있어 도움을 청하면서도 정작 그 관계를 떠나지는 않는 여성들에게 전문상담자는 어떻게 대응해야 하는가?"

그녀가 취하는 법적 차원에서의 입장은 "학대당한 여성이 협조하지 않더라도 그녀를 학대한 사람을 법 체제가 처벌해야 한다"는 것이다.[22] 비록 그녀가 가해인의 처벌에 동의하지 않더라도 그것은 범죄를 행한 자를 법이 용인할 수는 없다. 가정폭력의 피해는 단지 폭력을 직접 당한 아내에게만 제한되는 것이 아니다. 친밀한 파트너 사이에 일어나는 폭력이 이미 사회문제가 되고 있는 데서 알 수 있듯이 그것은 사회적 효과를 갖는 범죄이다. 그러나 가정폭력과 관련되는 또 다른 차원에 있는 상담자는 다르다. 그녀에게 앞으로 일어날 심각한 학대의 위험이 없는 한, 이 여성들에 대한 지지가 비록 폭력 남편을 제재하는 데 방해가 되더라도

---

22) "1984년에 출간된 미니애폴리스(Minneapolis)의 연구는 체포가 폭력을 억제하는 데 있어서 중재나 접근금지에 비해서 효과적이라는 것을 보여줌으로써 이러한 관점을 지지했다. 이 연구에 뒤이어 법적인 개혁이 이루어졌고 1996년까지 모든 주들이 영장 없이도 경범죄를 저지르거나 접근금지 명령을 어긴 이들을 체포할 수 있도록 했다. 또한 가해자에 대한 기소 절차 역시도, 피해자들이 고소를 할 필요가 없게 되었다. 가장 엄격하고 가장 논쟁의 여지가 있는 의무 기소 정책(no-drop policy)은 검사로 하여금 증거만 충분하다면 '희생자의 의지와 상관없이' 사건을 다루도록 한다. 이 정책은 희생자들에게도 어느 정도의 참여를 요구하는데, 예를 들어 상처에 대한 사진을 찍거나 다른 정보나 증거에 대한 진술을 하는 것을 포함한다. 만약 사건이 재판으로 이어진다면 피해자는 증언을 해야 하고, 만약 협조하지 않을 경우 처벌받을 수 있다. 이 의무 기소 정책이 가정폭력의 발생 빈도와 그 재발 빈도를 현저하게 떨어뜨렸다는 것이 여러 주들에서 증명되었다. 나는 … 이러한 사실이 믿을 만한 것이며 일반화할 수 있고, 따라서 강제적인 법적 절차들은 모든 범위에서 여성에 대한 폭력을 감소시킨다고 가정할 것이다." Friedman(2003), p.147.

그와의 관계 속에 머무르고자 하는 여성들에게 지지를 보내주어야 한다는 것이다.[23] 프리드먼이 가정폭력 문제를 법적 차원과 상담적 차원의 두 가지 면에서 고려하고 있음을 알 수 있다. 법적인 차원을 사회적인 정의의 원칙이 지배한다면, 상담의 차원은 인격 존중의 원칙이 중심이다. 그녀가 법적 정의와 인격적 보살핌 간의 일종의 역할분담을 바람직한 것으로서 본다고 해석할 수 있다.

이처럼 프리드먼의 가정폭력에 대한 접근은 이중적(dual-track approach)이다. 피해자의 자율적 선택을 무조건적으로 수용하는 것만으로 문제가 끝나는 것은 아니다. 그녀가 당하고 있는 고통스럽고 부당한 상황을 어떻게 해결할 것인가 역시 이 문제에서 매우 중요하기 때문이다. 그러나 문제 해결을 위한 접근은 그 여성의 자율성 존중과 양립해야 하는 만큼 민감하게 다루어져야 한다. 가정폭력이 만연한 사회에서 가정폭력을 없애는 것은 사회정의의 문제이자, 남편과 함께 있기를 원하는 아내의 개인적 선택에 대한 자율성 존중 원칙의 문제이다. 따라서 그녀는 전자를 위해 피해여성의 동의 없이도 폭력남성을 강제로 구속하는 강력한 의무 기소 정책을 지지하는 한편, 후자를 위해 이 여성의 자존감에 대한 존중 접근을 제안하는 것이다.

이 같은 인격적 존재로서 그녀의 결정을 존중하는 상담적 접근 방식은 그녀가 처해 있는 위치의 눈높이에서 그녀가 왜 그런 선택을 하고자 하는지를 경청하는 것이 일차적이다. 그것은 그 여성이 자율성 발휘에 기본조건인 반성적 승인의 과정을 수행할 능력을 갖추고 있다는 점을 인식함으로써, 그녀가 그동안 학대로 인해 훼손된 자율성을 상담자의 지지 아래 회복할 것을 신뢰하는 접근이다. 또한, 그 여성이 취하고자 하는 조치가 그녀 자신을 위험에 빠뜨릴 수 있다는 사실에도 불구하고, 온정주의 강제를 배제하도록 한다. 온정주의적 강제는 그 여성이 최소한의

23) Friedman(2003), pp.140-141.

자율적인 인격에 대해 주어져야 할 온전한 도덕적 존중을 받을 자격이 있는 자라는 것을 인정하는 데 실패할 수 있기 때문이다.

8. 결론

이 글은 기존 자율성 개념의 한계를 심각한 문제로 인식하는 데서 출발하였다. 자율적인 결정과 선택을 가로막는 환경적 제약들이 존재한다는 것, 그리고 개인의 정체성이 그가 속한 사회화 과정에서 상당 부분 형성된다는 것을 두루 인정하면서도 동시에 그들이 택하는 얼핏 '타율적인 것처럼 보이는 행위나 선택' 역시 다양한 자율성의 정도의 차이를 갖는 것임을 살피는 자율성 개념을 절차적 자율성과 실질적 자율성 간의 논쟁 구도 속에서 모색하였다. 특히 온정주의와 관련하여 이 두 입장 사이에 나타나는 차이를 통해 보다 나은 자율성 개념에 대한 이해를 구하고자 하였다. 그리하여, 적어도, 스톨자나 볼프가 취하는 강한 실질적 자율성보다는 절차적 자율성 개념이 취약한 이들의 행위성을 가시화하는 데 더 나은 것임을 보였다.

온정주의와의 관계에서 절차적 자율성과 실질적 자율성 간에 차이가 있다면, 그것은 취약한 위치에 있는 이를 자율적 존재로 접근하느냐 아니냐의 차이이다. 이런 태도의 차이는 곧 취약한 위치에 있는 이들의 인격성에 대한 존중 태도의 차이와 연결된다는 점에서 중요하다. 이것은 이들의 선택에 대한 존중이 바로 그들의 자율성을 인정하는 방식이며 동시에 그것이 이들을 자율적 존재로 대우하는 태도의 기초이기 때문이다.

자율성은 한 인간이 갖추어야 할 기본적 능력으로서, 자신의 보다 심연의 가치와 관심에 대해 성찰하고 그에 따라 행동하는 것, 그리고 어느 정도의 반대에 직면해서도 그러한 행동을 지속할 수 있는 능력을 수반한다. 이런 능력이 인간 누구나에게 태어나면서 이미 주어져 있는 인간적 본질이 아니라면, 그것은 일종의 성취해야 할 인간적 능력이라 해야 한다. 그런데 자신의 삶을 주도할 능력에는 개인적 능력의 범위를 넘어서는 제도화된 사회 규범적 장치들 역시 작용한다. 사회적 위치 등 여러 가지 이유로 자신의 판단이나 의견을 억제당하고 그 능력을 기르는 데 장애를 겪는 이가 있는가 하면, 어떤 이들은 이 같은 능력의 발휘를 격려받고 그 능력을 키우는 이들이 있다. 또한, 어떤 이들은 관계를 고려하는 선택 속에서 삶의 자기 의미를 확인하는가 하면, 다른 이들은 관계를 벗어나 자신이 결의한 원칙에의 헌신을 통해 자신임을 확인하기도 한다. 이 엄연한 차이들을 무시한 채, 자율성에 대한 이해를 도모하는 것은 공정하지 못하다. 특히, 관계적 질서를 넘어서 있는 특정한 가치를 자율성의 기본 요건으로 삼는 실질적 자율성 입장은 억압되거나 취약한 위치에 있는 이들이 취하는 선택의 자존적 의미를 간과할 가능성이 높다. 예컨대, 관계적 질서를 초월하여 그 관계 맺는 방식 자체에 대한 다른 선택지를 고려한다는 것은 사실상 자신을 구성하는 관계성 자체를 반성하는 것으로서 상당한 수준의 추상적 비판적 사고의 훈련을 필요로 한다. 뿐만 아니라, 행위자가 어떤 선택을 고려할 수 있으려면 그것의 실현 가능성이 열려 있어야 한다. 현실적으로 전혀 실현 가능하지 않은 것을 실천적 고려의 대상으로 삼는 것을 우리는 '합리적'이라 보지 않는다. 비판적 사고 훈련을 할 기회를 갖지 못했거나, 그들의 위치에서 현실적 실현 가능성을 상상조차 하기 어려운 처지에 놓여 있는 이들에게, 자아 구성적 규범에 저항하는 다른 선택을 고려할 것을 요구하는 실질적 자율성 개념은 너무 엄격한 자율성의 기준이 될 것이다. 그리하여 그것은 이들을 자율적 존재의 범주에서 배제하는 부당한 효과를 낳는 개념이 된다.

그렇다면 자율성에 관한 철학적 접근은 관계적 자율성을 충분히 인식하고 포괄해야 한다. 만약 취약한 이의 자율성의 발휘가 주어진 자신의 억압적 상황을 유지하고 강화하게 만든다면, 그것을 그의 타율성으로 진단하는 데서가 아니라, 그런 선택을 하게 만드는 맥락적 요인들을 그들의 서사를 통해 찾는 데서 그 해결책을 구해야 할 것이다. 예컨대, 노예계약이 그의 입장에서 그가 취할 수 있는 최선의 선택일 수 있었다는 점을 인정하는 것은 그 계약의 적법성을 승인한다는 뜻이 아니다. 그것은 그가 최소한의 합리적 행위자로서 자신의 선택을 한 것으로 인정하면서, 그런 선택을 할 수밖에 없게 만드는 그가 처한 비인간적 상황에 주목하고 그것을 변화시키는 데서 문제 해결을 찾아야 한다는 것을 함의한다.

자기 통치로서의 자율성은 이미 인간적 권리로 주어져 있는 것이 아니라 어떤 능력을 갖추었을 때 가능하다는 점을 지적한 파인버그(Joel Feinberg)는 그 능력을 갖추는 데 필요한 요건이 사람들 간에 차이가 있다는 것을 인식하였다. 그리고 그 차이를 단지 운으로 간주한 바 있다.[24] 그러나 관계적 자율성 접근은 그것을 운으로 돌리는 것이 아니라, 그 같은 차이를 만들어내는 사회적 차원의 힘들이 무엇인지를 밝힐 필요가 있다. 그래서 행위자의 자아관, 가치와 믿음 등이 사회적 환경에 의해 만들어지는 방식들과 그것이 자율적 능력에 미치는 역할에 주목하는 자율성 접근을 요청한다.

참고문헌

허라금(1998). 「여성주의 윤리의 개념화 : 관계의 민주화를 향하여」. 『한국여성학』 제14권 2호: 95-119.

_____(2002). 『원칙의 윤리에서 여성주의 윤리로』. 서울: 철학과현실사.

_____(2012). 「여성의 행위성과 가족 관념의 재구성」. 『철학논총』 제67집: 197-316.

---

24) Feinberg(1986), p.28.

존 스튜어트 밀(2009). 『자유론』. 박홍규 옮김. 서울: 문예출판사.

Christman, John(1988). "Constructing the Inner Citadel: Recent Work on the Concept of Autonomy." *Ethics* 99(1): 109-124.

Deveaux, Monique(2011). "Personal Autonomy and Cultural Tradition: the Arranged Marriage Debate in Britain." in *Sexual Justice/Cultural Justice: Critical Perspectives in Political Theory and Practice*. Barbara Arneil et al. ed. London: Routledge.

Dworkin, Gerald(1970). "Paternalism." in *Morality and the Law*. Richard A. Wasserstrom, ed. Wadsworth Pub. Co.

Elster, Jon(1982). "Sour Grapes: Utilitarianism and the Genesis of Wants." in *Utilitarianism and Beyond*. Amartya Sen and Bernard Williams, eds. Cambridge: Cambridge University Press.

Feinberg, Joel(1986). *The Moral Limits of the Criminal Law: Harm to Self*. Oxford: Oxford University Press.

Friedman, Marilyn(1997). "Autonomy and Social Relationships: Rethinking the Feminist Critique." in *Feminists Rethink the Self*. Diana T. Meyers, ed. Boulder, Colo.: Westview Press.

_____(2003). *Autonomy, Gender, Politics*. Oxford: Oxford University Press.

Gilligan, Carol(1982). *In a Difference Voice: Psychological Theory and Women's Development*. Cambridge, Mass.: Harvard University Press.

Meyers, Diana T.(1987). "The Socialized Individual and Individual Autonomy: An Intersection between Philosophy and Psychology." in *Woman and Moral Theory*. Eva Feder Kittay and Diana T. Meyers, eds. Totowa: Rowman & Littlefield.

____(1989). *Self, Society, and Personal Choice*, New York: Columbia University Press.

____, ed.(1997). *Feminists Rethink the Self.* Boulder. Colo.: Westview Press.

Schwartz, Andrew W.(2007). "Autonomy and Oppression: Beyond the Substantive and Content-Neutral Debate." *The Journal of Value Inquiry* 39: 443-457.

Sperry, Elizabeth(2013). "Dupes of Patriarchy: Feminist Strong Substantive Autonomy's Epistemological Weakness." *Hypatia* 28(4): 887-904.

Stoljar, Natalie(2000). "Autonomy and the Feminist Intuition." in *Relational Autonomy: Feminist Perspectives on Autonomy, Agency and the Social Self.* Catriona Mackenzie and Natalie Stoljar, eds. Oxford: Oxford University Press.

Wolf, Susan(1990). *Freedom Within Reason.* Oxford: Oxford University Press.

진화적 사실의 규범 윤리학적 함의에 대한 비판적 고찰

김 성 한

19세기에 사회 다윈주의(Social Darwinism)가 악명을 떨친 이래, 진화적 사실로부터 가치를 이끌어내려는 시도는 지속적으로 부정적인 평가를 받아왔다. 이와 같은 평가가 이루어진 데에는 각종 착취와 차별 등을 정당화했다는 정치적, 이데올로기적 이유도 있었지만, 철학적인 측면에서 보았을 때 이러한 시도가 자연주의적 오류(naturalistic fallacy)를 범한다는 비판이 결정적인 역할을 했다. 이러한 비판을 제기한 대표적인 인물은 무어(George Moore)였다. 그는 자연주의적 오류의 구체적인 사례로 스펜서(Herbert Spencer)의 윤리 이론을 지목했고, 무어의 비판이 설득력 있는 것으로 받아들여지면서 이후 진화적 사실로부터 가치를 이끌어내려는 시도는 생경한 태도로 간주되어 철학자들의 관심에서 멀어지게 되었다.[1]

---

* 이 논문은 대한철학회 편, 『철학연구』 제111권(2009. 8) 실린 글이다.
[1] 자연주의적 오류가 구체적으로 무엇인가에 대해서는 의견이 분분하다. 그럼에도 무어와

그런데 1970년대에 들어 진화적 사실이 규범 윤리에 시사하는 바에 대한 논란이 재점화되었다. 이는 사회생물학자 윌슨(Edward Wilson)이 『사회생물학: 새로운 종합』을 발간하면서 시작되었다. 윌슨은 사회생물학적 통합을 이야기하면서 도덕철학의 영역마저도 사회생물학으로 흡수하겠다는 야심을 드러낸다. 이후 일부 학자들은 『사회생물학: 새로운 종합』에서의 윌슨의 주장을 구체화하여 적극적으로 진화론이 도덕철학에 함의하는 바를 검토하기에 이르는데, 이 중 진화론이 규범 윤리에 시사하는 바가 있다고 생각하는 입장은 대체로 다음과 같이 다섯 가지의 유형으로 분류할 수 있을 것이다.

(1) 구체적인 진화적 사실을 규범의 궁극적인 기준으로 간주하는 방법
(2) 기존의 윤리 이론이 전제하고 있는 바를 드러내는 도구로 활용하는 방법
(3) 진화적 사실을 기존의 도덕원리와 연결시켜 새로운 규범을 도출하는 데 활용하는 방법
(4) 연역보다는 약한 방식으로 가치를 이끌어내는 방법
(5) 윤리 이론이 탄생하기 위한 출발점으로서의 사회적 본능의 역할을 인정하는 방법

이하에서는 이러한 접근 방식들을 개괄하고, 각각의 시도의 적절성을 검토해보고자 한다.

흄이 말하는 자연주의적 오류는 차이가 있다는 것이 일반적인 관점이다. 여기에서는 단지 일반적으로 말하는 사실로부터 가치를 도출할 경우에 발생하는 오류를 자연주의적 오류로 간주하고 논의를 전개하고 있다.

1. 구체적인 진화적 사실을 규범의 궁극적인 기준으로 간주하는 방법

윌슨이 말하는 도덕철학에 대한 생물학적 통합을 가장 포괄적으로 시도해보려 하는 학자는 루즈(Michael Ruse)다. 그는 도덕 감정에 대한 진화론적 설명을 도덕철학의 전 범위에 적용하여 이에 대한 시사점을 찾아내고자 한다. 이 중에서 진화에 의해 주어진 도덕 감정이 규범의 궁극적인 기준이라는 생각은 그의 규범 윤리에 관한 이론에서 핵심을 차지한다. 그는 우리에게 주어진 도덕 감정이 여럿 있으며, 이러한 도덕 감정에 부합되는 규범만이 온전한 규범으로서의 역할을 할 수 있다고 생각한다. 예를 들어 그는 규범 윤리의 양대 산맥이라 할 수 있는 공리주의와 칸트주의를 자신의 도덕에 대한 진화론적 설명과 비교한다. 그는 진화론적 설명에 부합되는 측면과 그렇지 않은 측면이 이들 이론에 혼재되어 있다고 주장하면서, 이러한 이론들의 여러 측면 중에서 진화에 의해 주어진 도덕 감정에 부합되지 않는 측면은 받아들이지 않고, 오직 이러한 감정에 부합되는 측면만을 받아들이고자 한다. 이처럼 그는 진화라는 매우 포괄적인 개념으로부터 규범을 도출하려는 것이 아니라 진화에 의해 주어진 도덕 감정이라는 구체적인 진화적 사실을 기준으로 규범을 취사선택하고자 한다.

그런데 설령 루즈의 입장이 사회 다윈주의자들과 다르다고 해도 그의 입장은 사회 다윈주의자들과 별다른 차이가 없는 문제점을 노정한다. 먼저 루즈의 다윈주의 규범 윤리가 성공을 거두기 위한 관건 중의 하나는 도덕 감정에 대한 정합적인 설명을 제시하는 것이다. 그가 진화에 의해 주어진 도덕 감정을 궁극적인 기준으로 삼고자 한다면 그는 이러한 도덕 감정에 구체적으로 어떤 것들이 있으며, 이들이 진화에 의해 주어졌음을 적절하게 설명할 수 있어야 할 것이다. 또한 그의 설명이 성공적이기 위해서는 '무엇을 원한다'는 것과 '무엇을 해야 한다'가 다르다는 점을 의식하고, 전자에서 후자로 어떻게 이행할 수 있었는지를 적절히 설명해낼 수 있어야 한다.

루즈는 이와 같은 지적에 대응할 방도를 마련하고 있다. 먼저 그는 '경향성'과 '의무감'을 구분하고 단지 경향성뿐만 아니라 일정한 의무감 또한 진화에 의해 주어졌다고 설명하고 있다. 그는 다음과 같이 말한다. "다윈주의자는 단순히 바람이나 싫음을 말하는 것이 아니다. 그는 후성적 규칙(epigenetic rule)을 통해 우리에게 주어진 완전한 의미의 도덕적 의무에 대해 이야기하고 있다."[2] 이처럼 그는 '경향성'에서 '의무감' 으로 이행할 때 지적될 수 있는 자연주의적 오류라는 비판을 우회하여 의무감이 진화에 의해 주어졌다는 주장으로 논의를 출발하고 있다.

하지만 설령 이와 같은 루즈의 설명을 받아들인다고 해도 그의 설명은 여전히 만족스럽지 못하다. 위에서 밝힌 바와 같이 루즈는 소위 칸트주의[3]와 공리주의 이론에서 우리에게 진화에 의해 주어진 도덕 감정에 부합되는 부분은 선택하고, 그와 맞지 않는 부분은 비판하는 방식을 통해 진화론적 윤리설을 옹호하고 있다. 예를 들어 그는 공리주의가 모든 사람들의 고통과 이익을 동등하게 고려하라고 요구하는데, 이는 우리에게 진화에 의해 주어진 생래적인 감정에 부합되지 않는다는 측면에서 적절한 규범이 될 수 없다고 비판한다. 우리는 혈연 관계가 멀어짐에 따라 그들에 대한 관심 또한 줄어드는 경향을 갖는데, 공평무사성을 강조하는 공리주의는 이러한 경향과 동떨어져 있다는 것이다.

그런데 이러한 주장에 대해서는 우리에게 진화에 의해 주어진 도덕 감정이 궁극적인 기준이어야 할 이유가 무엇인가에 대한 의문이 제기될 수 있다. 물론 루즈가 주장하듯이 우리의 자식들이 힘든 상태에 놓여 있

---

2) Michael Ruse, *Taking Darwin Seriously*(Basil Blackwell, 1986), 240쪽.
3) 여기서 말하는 칸트주의란 루즈의 표현으로, 이와 같은 표현 방식을 통해 일반적인 비판을 제기할 수 있는지에 대해서는 논의의 여지가 있다.

음에도 그들을 외면하고 아프리카 난민들을 위해 헌신하는 모습은 긍정적이지 못할 수가 있다. 그럼에도 혈연을 우선적으로 고려하려는 경향이 언제나 궁극적인 기준이 될 수는 없는 듯하다. 예를 들어 가까운 혈연 중에 정직하지 못한 사람이 선거에 나왔다고 했을 때 그가 단지 혈연이라는 이유로 그를 뽑으려는 태도는 바람직하다고 말할 수 없다. 뿐만 아니라 이것이 정당하다고 말할 경우 우리는 우리에게 진화에 의해 주어진 생래적 감정으로부터 가치를 도출하는 자연주의적 오류를 범하게 될 것이다.

또한 루즈가 도덕 감정에 포함시키는 내용을 보면 우리는 그의 설명에 의문을 제기할 수밖에 없다. 예를 들어 그는 공리주의의 최대다수의 최대행복의 원리와 다른 사람을 단지 수단으로만 대하지 말고 동시에 목적으로 대하라는 칸트의 정언명법 내지 이와 유사한 무엇이 자연선택에 의해 우리에게 주어졌다고 주장한다.[4] 하지만 이와 같은 주장은 우리의 도덕 감정에 너무 많은 내용을 포함시키려는 과욕인 듯이 보인다. 구체적으로 우리는 최대다수의 최대행복의 원리와 정언명법에 따라 사는 것이 각 개인에게 어떤 진화적 이점을 주는지에 의문을 제기해볼 수 있다. 진화론자들 중에서 상당수가 받아들이는 자연선택에 의해 주어진 이타성은 혈연 이타성, 호혜성, 그리고 제한적인 집단 이타성이다. 이러한 이타성은 대체로 보았을 때 진화론을 통해 설명이 가능한 이타성이다. 그런데 최대다수의 최대행복의 원리와 정언명법을 진화에 의해 주어졌다고 설명하고자 한다면 우리는 이들을 세 가지 이타성으로 설명하거나 적어도 이들이 이러한 이타성과 조화를 이룰 수 있음을 보여주어야 한다. 이것이 가능하지 않다면 우리는 많은 진화론자들이 받아들이는 이타성과 별개로 이들 원리가 진화에 의해 주어졌다고 설명할 수 있는 납득할 만한 이론을 만들어내야 할 것이다. 하지만 이에 대한 루즈의 설명

---

4) Michael Ruse, *Taking Darwin Seriously*, 244쪽을 볼 것.

은 만족스럽지 못하다. 먼저 정언명법이 진화에 의해 주어진 특징이라는 루즈의 설명을 살펴보자.

　루즈가 다른 사람을 단지 수단으로만 대하지 않고 목적으로 대해야 한다는 정언명법이 진화에 의해 주어졌다고 말하는 근거는 "우리가 사회 속에서 살고 있는 사람들이며, 우리가 사회적 재화에 대한 각자의 몫을 최대화할 목적으로 상호 영향을 미치면서 살아가는 사람들"[5]이기 때문이다. 이러한 목적을 달성하고자 한다면 우리는 다른 사람을 단지 수단으로만 대해서는 안 된다. 언뜻 보았을 때 다른 사람을 수단으로 간주하는 전략이 자신의 이익을 도모하는 데에 도움이 될지 모른다. 하지만 좀 더 긴 안목으로 보자면 다른 사람들을 하나의 인격체로 존중하는 것이 더 나은 전략이 될 것이다.

　일견 이러한 설명은 진화론에 부합되는 듯이 보인다. 하지만 문제는 칸트의 정언명법이 긴밀한 관계에 있는 사람들만을 존중하라는 요구가 아니며, **모든** 인격체를 목적으로 대할 것을 요구한다는 점이다. 그런데 진화가 우리에게 일정한 이타성을 부여했다면 그와 같은 이타성은 자신이 속해 있는 집단 내의 구성원을 넘어서지 않는다. 왜냐하면 대상을 가리지 않는 무차별적인 이타성을 갖는 사람들은 생존에 불리할 수 있기 때문이다.[6] 진화론은 목적으로 대하려는 대상이 오직 혈연과 호혜적 관계에 놓여 있는 사람들, 나아가 친밀한 소집단 내의 사람들로 국한되지 그 이상을 넘어선다고 말하지 않을 것이다. 이렇게 본다면 우리는 공평무사성이 강조되고 있는 정언명법이 진화에 의해 주어졌다고 말할 수 없다. 우리는 기껏해야 주변 사람들에 대한 이타적 태도, 또는 그들만을 목적으로 생각하려는 경향을 갖추었다고 말할 수 있을 따름이다.

　루즈의 최대다수의 최대행복의 원리가 진화에 의해 주어졌다는 주장

---

5) 같은 곳.
6) Richard Dawkins(홍영남 옮김), 『이기적 유전자』(을유문화사, 1993), 10장을 참조할 것.

또한 납득하기 어렵기는 마찬가지다. 그는 다음과 같이 주장한다. "타인의 목적은 우리의 목적과 유사하다. 요컨대 우리는 동일 종(種)의 구성원들이다. 이에 따라 우리의 추동은 우리 자신뿐만 아니라 우리 동료의 일반적인 행복을 증진하는 방향으로 향해 있다."[7] 이러한 주장은 루즈가 선택의 단위를 인간 종(種) 일반으로 생각하고 있음을 시사하는데, 이러한 입장은 오늘날의 진화론에서 받아들이고 있지 않다. 다시 말해 현대 진화론은 개체 선택 내지 유전자 선택을 받아들이고 있는 것이다. 만약 진화에 의해 주어진 종 일반에 대한 이타성을 가지고 있다면 우리는 역사상 일어난 민족들 간의 피비린내 나는 전쟁이나 다른 종족들을 노예로 삼는 등의 현상들을 설명하기가 힘들어질 것이다. 이는 윌슨 또한 지적하고 있는 바다. 윌슨의 지적에 따르면 우리는 내외 집단을 구분하고 외집단에 대해서는 적대감을 나타내는 오랜 경향을 지니고 있다.[8] 이것이 사실이라면 적어도 최대다수의 최대행복을 추구하라는 명령은 변연계의 명령은 아닐 것이다. 이는 신피질이 발달한 후 인간이 갖게 된 사유능력의 결과라 해야 할 것이다.

만약 이와 같은 지적이 적절하다면 루즈는 도덕철학을 진화론으로 포괄해보겠다는 생각 때문에 무리한 설명 방식을 취하고 있다고 말해야 할 것이다. 이러한 방식으로 많은 내용들을 진화에 의해 주어진 도덕 감정에 포함시키려는 태도는 자칫 굴드(Steven Jay Gould)가 말하는 "그렇고 그런 이야기(just so story)" 혹은 적응주의(adaptionism)적 설명이라는 비판을 면하기 어려울 것이다.

---

7) Michael Ruse, *Taking Darwin Seriously*, 237쪽.
8) Edward Wilson, *On Human Nature*(Harvard Univ. Press, 1978), 163쪽.

2. 폭로 효과

그렇다면 진화가 규범 윤리에 기여할 수 있는 바는 없는가? 싱어(Peter Singer)를 포함한 일부 학자들은 진화론을 통해 우리가 받아들이는 일부 직관이나 전통 규범, 혹은 윤리 이론 등의 기원을 드러내 보임으로써 이들을 재고하는 데에 도움을 줄 수 있다고 생각한다. 이는 진화론으로부터 적극적으로 가치를 도출하려는 작업이 아니라 도덕성의 정체를 폭로함으로써 이의 설득력을 격하시키는 작업이라 할 것이다. 이러한 작업을 통해 검토할 대상은 크게 윤리 이론, 도덕적 직관, 전통 규범으로 나누어 살펴볼 수 있을 것이다.

윤리 이론 중에서 진화론적 검토를 통해 타격을 가할 수 있는 사례로 지적되고 있는 이론은 자연법(Natural Law)이다. 해리스(Charles Harris)에 따르면 자연법 윤리 이론[9]의 기본적인 입장은 인간의 근본적인 경향성과 성향들이 목표로 하고 있는 가치들을 우리가 촉진해야 한다는 것이다. 이와 같은 자연법 이론은 신이 내린 불변의 명령이 인간의 본성 안에 자리 잡고 있다는 생각에 기반을 두고 있다. 이는 일종의 절대주의 윤리 이론이며, 이로 인해 모든 근본적 가치들이 간접적으로도 침해될 수 없는 것으로 규정된다. 때문에 자연법 윤리설에서는 생명이라는 기본적 가치를 무너뜨리는 낙태, 출산과 관계없는 성행위나 동성연애 등은 어떠한 경우에도 금지되어야 한다.[10]

월슨은 이러한 자연법 윤리설을 비판하면서 성(性)과 관련한 자연법적 규제를 집중적으로 거론한다. 월슨의 주장에 따르면 자연법 이론은

---

9) 여기서 말하는 자연법 윤리설이란 상당히 개괄적인 것이다. 여기서는 단지 '월슨이 생각하고 있는' 의미에서의 자연법 이론을 말할 따름이며, 이론이 훨씬 복잡하며, 많은 논의의 여지가 있음은 말할 것도 없다.

10) Charles Harris(김학택, 박우현 옮김), 『도덕이론을 현실문제에 적용시켜보면』(서광사, 1994), 122쪽.

출산과 관계없이 이루어지는 성행위나 동성애 등을 자연스럽게 보지 않으며, 이에 따라 이들을 잘못된 행위로 간주한다. 하지만 진화사적인 관점에서 보았을 때 이러한 입장은 재고해보아야 한다. 왜냐하면 진화사적인 관점에서는 '자연스럽다'를 다르게 정의할 수 있기 때문이다. 이처럼 윌슨은 철학적인 비판보다는 '자연스러움'이라는 용어 자체를 진화사적인 입장에서 새롭게 조명하면서 성에 대한 자연법적 규제에 이의를 제기한다. 예컨대 윌슨은 오직 성이 생식 수단으로서의 역할만을 하며, 이것만이 자연스럽다고 생각하는 것은 착각이라고 주장한다. 생물학적인 측면에서 볼 때 인간에게서 섹스는 생식 수단이라는 측면 못지않게 유대를 강화하기 위한 장치라 할 수 있다. 이러한 관점에서 윌슨은 오직 자손을 얻기 위한 성행위만이 자연스럽다고 주장하는 자연법 윤리가 잘못을 범하고 있다고 주장한다.[11]

다음으로 진화사적인 검토를 통해 우리는 자명하다고 생각하는 도덕적 직관을 재고할 수 있게 된다. 싱어가 밝히고 있듯이 가족을 우선적으로 배려해야 한다는 생각은 "인간의 역사를 통틀어 살펴보아도 이제껏 의문의 대상이 된 적이 없었다."[12] 이는 최근까지도 우리가 너무나도 당연하게 받아들이는, 별다른 논의의 여지가 없는 생각이다. 하지만 이러한 직관은 진화론자가 말하는 혈연 이타성이 반영된 것으로 설명할 수 있다. 이는 진화사로 인해 우리가 당연하다고 받아들이고 있는 직관이다. 그런데 이와 같은 직관이 진화에 의해 주어진 것임을 알게 될 경우, 우리는 이에 대한 신뢰를 상당 부분 상실할 수가 있다. "우리의 직관이 생물학적 기원을 갖는다는 사실을 알게 될 경우 우리는 도덕적 직관이 자명한 도덕적 공리라는 생각에 의심을 품게 될 것이다."[13]

11) Edward Wilson, *On Human Nature*, 141–142쪽.
12) Peter Singer(김성한 옮김), 『사회생물학과 윤리』(인간사랑, 1999), 137쪽.
13) 같은 곳.

마지막으로 진화사적인 검토는 우리가 별다른 생각 없이 받아들이고 있는 전통 규범에 대한 신뢰를 무너뜨릴 수 있다. 예를 들어 여성에게 혼전 순결을 강요하는 규범은 남성 중심적인 사회에서 남성의 성 특성이 반영되고 있는 규범이라 할 수 있을 것이다. 진화심리학자인 시먼스(David Symons)에 따르면 "남성의 배우자에 대한 성적 질투심은 거의 보편적이다."[14] 남성 중심적인 사회에서 남성들은 자신들이 이러한 경향을 갖는 근본적인 진화론적인 이유를 의식하지 못하면서 그와 같은 경향을 반영하는 사회 규범을 제정할 수 있는데, 혼전 순결 규범은 바로 이의 사례다.

이상에서 살펴본 바와 같이 진화사적인 설명은 '당연한' 것으로 받아들여왔던 규범이나 윤리 이론, 직관들을 정당화하기는커녕, 오히려 자명한 듯이 보였던 이들이 누리던 고상한 지위를 격하시키는 수단이 될 수 있다. 이를 좀 더 일반화시켜 말한다면 진화사적인 설명은 각종 규범 윤리 이론들이 근거하는 바가 무엇이며, 이의 정체를 재고하는 데에 도움을 줄 수 있을 것이다. 그럼에도 우리가 염두에 두어야 할 것은 오직 진화사적인 설명만이 규범의 정체를 폭로하는 역할을 맡는다고 말할 수는 없다는 점이다. 우리는 규범이 발달해온 사회적, 문화적, 역사적인 배경 등을 확인해봄으로써 규범의 정체를 좀 더 구체적으로 확인할 수 있을 것이다. 예를 들어 가톨릭교회에서는 동성애를 엄격히 금한다. 이들에 따르면 우리는 오직 이성과 성관계를 해야 하는 자연스런 성향을 전해 받았다. 이렇게 볼 때 그들의 입장에서는 동성애는 "본래적으로 난잡한 행동"이 된다.[15] 그런데 이러한 입장은 동성애 금지 규범이 탄생하게 된 배경을 무시한 처사라고 할 수 있다.

---

14) Donald Symons, *The Evolution of Human Sexuality*(Oxford Univ. Press, 1979), 27쪽.
15) Edward Wilson, *On Human Nature*, 141쪽.

"너는 여성과 동침하듯이 남성과 동침해서는 안 된다. 그것은 가증스러운 행위이다." 이러한 성서의 논리는 인구 성장이 부진했던 시기의 극단적으로 단순화한 자연법의 견해에 부합하는 듯하다. 그와 같은 상황 하에서는 성행위의 가장 중요한 목적은 아이의 출산이었을 것이기 때문이다.[16]

만약 이것이 사실이라면 동성애 금지 규범은 인구 성장이 필연적으로 요구되었던 구약성서 시대에 인구 증가를 목적으로 제정된 규범으로 보아야 할 것이다. 이처럼 도덕의 정체 폭로의 역할은 단지 진화사적인 설명만이 아니라 사회적, 문화적, 역사적인 배경 등을 통해서도 설명될 수가 있다.

또 한 가지 지적해야 할 점은 진화사적인 검토를 통해 모든 윤리 이론이나 직관 또는 규범에 대한 신뢰가 손상되지는 않는다는 것이다. 물론 윤리 규칙들 중에는 생물학적 적응에 직접적으로 도움이 될 수 있는 것들이 있다. 예를 들어 자식을 사랑해야 한다거나 이웃을 사랑해야 한다는 규칙 등은 혈연 이타성이나 호혜적 이타성이 반영된, 생물학적 적응에 도움이 되는 윤리 규칙이라 할 수 있을 것이다. 하지만 이러한 규칙과는 달리 직접적인 생물학적 적응과 다소 거리가 있는 윤리 규칙이나 원리가 있을 수가 있다. 물론 이들의 기원을 확인해볼 경우 생물학적 적응에 직접적인 도움이 되는 특징이 발견될지도 모른다. 그럼에도 이들에는 이성 능력이 더욱 크게 관여하는 듯이 보인다. 예를 들어 최대다수의 최대행복의 원리는 혈연이나 주변 사람을 소중히 여겨야 한다는 최초의 생각이 이성 능력의 도움을 받아 공평무사성을 도모하게 됨으로써 탄생하게 되었으며, 이의 타당성은 설령 이러한 원리가 생물학적 기원을 갖는다고 해도 손상을 받지 않을지도 모른다. 그 이유는 이러한 원리가 비록 생물학적 기원을 갖지만 이성적 사유의 결과로 탄생했을 수 있기 때

---

16) 같은 책, 142쪽.

문이다.[17]

　이렇게 보았을 때 "윤리 규칙들이 진화사로부터 결과된 생물학적 적응의 산물임을 알게 되었다면 우리는 더 이상 그러한 윤리 규칙들을 절대적으로, 또는 자명하게 옳다고 생각하지 않을 것이다."[18]와 같은 주장은 신중하게 그 의미를 구분할 필요가 있다. 이와 같은 주장은 '윤리 규칙[19]이 곧 생물학적 적응의 산물'이라는 것인지, 아니면 '생물학적 적응의 산물로서의 구체적인 특징이 일정한 발달 과정을 거쳐 윤리 규칙들이 탄생하게 되었다'는 의미인지가 분명하지 않은데, 우리는 마땅히 이러한 주장을 후자의 의미로 받아들여야 하며, 이 경우 우리는 설령 윤리 규칙들이 절대적으로 옳다고 말할 수는 없어도 적어도 진리를 논할 수는 있다고 말할 수 있을 것이다. 이러한 생각이 적절하다면 우리는 진화사적인 검토를 통해 손상을 줄 수 있는 도덕은 **모든** 도덕이 아니라 일부에 국한된다고 말해야 할 것이다.

3. 진화적 사실과 기존의 도덕원리를 연결시켜 새로운 규범을 도출

　진화론자가 사실로부터 일정한 규범을 도출하려 할 때 우리는 거의 반사적으로 '자연주의적 오류'를 떠올린다. 한마디로 '사실'로부터 '가

---

17) 폭로 효과와 관련해 도덕 직관에는 진화의 산물도, 사회, 문화의 산물도 아닌 것처럼 보이는 유형이 있는데, 싱어(Peter Singer)는 이러한 직관을 '이성적인 직관'이라고 말한다. Peter Singer(구영모 외 옮김), 『이 시대에 윤리적으로 살아가기』(철학과현실사, 2008), 70쪽. 이는 생물학적인 영향을 받는 것도, 사회, 문화의 영향을 받는 것도 아닌 이성에 의해 파악되는 직관이다. 더욱 논의가 필요하겠으나 이에 대해서는 진화론적 폭로 효과가 긍정적인 영향도 부정적인 영향도 미치지 못할 수가 있다.

18) Peter Singer, 『사회생물학과 윤리』, 135쪽.

19) 여기서의 규칙은 다음 절에서 말하는 규칙과는 달리 다소 막연하게 쓰인 것으로, 편의상 싱어의 표현을 그대로 사용했다.

치'를 직접 도출할 수는 없다는 것이다. 하지만 논의를 조금 더 세분화시켜본다면 우리는 이와 같은 주장을 무차별적으로 적용할 수 없다는 사실을 알게 된다. 이와 같이 이야기하는 이유는 우리가 '가치'라고 하였을 때 그것이 뜻하는 바가 상이할 수 있으며, 비록 생략된 형태이긴 하지만 자세히 살펴보면 궁극적인 윤리원리에 호소하여 가치를 도출하고 있는 경우가 있을 수 있기 때문이다. 예를 들어 가치가 궁극적인 도덕원리 (principle)를 뜻하고, 어떠한 진화적 사실로부터 직접적으로 이러한 원리를 논리적으로 연역해내려 한다면 자연주의적 오류라는 비판은 대체로 타당하다. 하지만 가치가 도덕원리가 아니라 도덕 규칙(rule)을 뜻하고, 이때 우리가 궁극적인 도덕원리의 도움을 받아서 규칙을 도출하고 있다면(비록 명시적으로 드러나고 있지 않아도) 여기에 대해서는 자연주의적 오류라는 비판을 제기할 수 없다. 때문에 진화론자들이 가치를 거론할 때 우리는 그것이 궁극적인 기준이라 할 수 있는 윤리원리를 뜻하는지, 아니면 그보다 하위 규범인 윤리 규칙을 윤리원리의 도움을 받아 이끌어내려고 하는지를 분명히 할 필요가 있다.[20] 비판자들은 이를 염두에 두지 않는 듯이 보이는데, 예컨대 싱어는 윌슨이 과거의 진화론적 윤리학자와 마찬가지로 자연주의적 오류를 범하고 있다고 밝히고 있다.[21]

하지만 필자는 설령 윌슨이 새로운 규범을 제시하고 있어도, 이것이 윤리원리를 산출하려는 시도는 아니라고 생각한다. 필자는 윌슨이 규범 도출과 관련해 '고통'과 '행복'이라는 공리주의적 기준을 통해 규칙을 제시하고 있을 따름이며, 이와 동시에 기존의 윤리원리 중 현재의 우리의 상황에 부합되는 것은 무엇이며 그렇지 않은 것은 무엇인가를 검토하

---

20) 이러한 구분에 대해서는 Philip Kitcher, *Vaulting Ambition: Sociobiology and the Quest for Human Nature*(MIT Press, 1985), 417쪽을 볼 것.
21) Peter Singer, 『사회생물학과 윤리』, 141쪽.

고 있는 데에 머무르고 있다고 생각한다.22) 이를 확인하기 위해 이하에서
는 윌슨이 말하는 '생래적인 도덕 다원론(innate moral pluralism)'을 살
펴보도록 하자.23) 윌슨이 말하는 '생래적인 도덕 다원론'이란 모든 인간
개체군에 적용되는 유일한 도덕적 기준, 또는 각각의 개체군 내에서의
상이한 연령이나 성적인 집단에 속해 있는 모든 대상들에 통용될 수 있
는 단일한 도덕적 기준은 존재하지 않는다는 입장이다. 이러한 입장에
따르면 모든 인간 개체군에 적용되는 유일한 도덕적 기준, 또는 각각의
개체군 내에서의 상이한 연령이나 성적인 집단에 속해 있는 모든 대상들
에 통용될 수 있는 단일한 도덕적 기준은 존재하지 않는다. 윌슨이 이와
같은 입장을 견지하는 이유는 인류가 성차 또는 연령에 따라 생물학적으
로 각기 다른 특성을 지니고 있다고 생각하기 때문이다. 이에 따라 그는
성차 또는 연령에 맞는 새로운 규범을 창안해내야 한다고 주장한다.

만약 생물학적 검토를 통해 연령이나 남녀간에 서로 다른 특성이 분
명하게 드러난다면 과연 우리는 동일한 규범을 모두에게 일괄적으로 적
용하는 것을 다시 한 번 검토해보아야 할 것이다. 실제로 뇌의 생래적인
잠재의식 억압 장치(innate censors)와 동기 부여 장치로부터 장기간
이탈해 있는 것은 궁극적으로 불안감을 초래하고, 결국에 가서는 사회
적 불안정을 불러일으킬 것이며, 유전적 적응에 있어서도 막대한 손실
을 초래할 수 있을 것이다. 윌슨은 바로 이와 같은 문제점을 좀 더 명확
하게 파악하겠다는 의도로 윤리에 대한 진화론적 접근의 필요성을 역설

---

22) 물론 윌슨이 공리주의를 의식적으로 받아들이고 있진 않다. 그럼에도 그의 주장을 보면
그가 무의식적으로 공리주의에 호소해서 생래적 도덕 다원론 등을 받아들이는 듯하다.
이 부분은 필자가 보기에 윌슨이 전문적인 윤리학자가 아니기 때문에 스스로 의식하지
못하고 있는 부분이라 생각된다. 김성한, 「에드워드 윌슨의 윤리적 입장에 대한 재구성
과 검토」, 『철학』 94집(한국철학회, 2008), 123-125쪽을 볼 것.
23) Edward Wilson, *Sociobiology: The New Synthesis, The Abridged Edition*
(Harvard Univ. Press, 1980), 288쪽.

하고 있다. 이로부터 도출된 규범은 생물학적 검토 과정을 거쳤으므로 더욱 심층적으로 이해된 규범이라고 할 수 있을 것이며, 이로 인해 더욱 오래 지속될 수 있는 기준이 된다고 말할 수 있을 것이다.

그런데 이와 같은 주장에서 유전적 적응에 손실을 초래한다는 부분을 제외한다면 윌슨은 사실상 고통을 방지하려는 공리주의적 기준을 통해 '생래적 도덕 다원론'을 옹호하고 있는 것처럼 보인다. 다시 말해 그는 진화적 사실을 통해 직접적으로 궁극적인 도덕원리를 산출하고자 하는 것이 아니라 공리주의를 매개로 하여 생래적 도덕 다원론을 이끌어내고 있다는 것이다. 간단하게 그의 추론 형식은 다음과 같이 나타낼 수 있을 것이다.

대전제 : 고통을 산출하는 것은 그르다.
소전제 : 생물학적 검토 없이 동일한 규범을 모든 사람에게 일괄적으로 적용하는 것은 모두에게 고통을 산출한다.
결 론 : 따라서 모두에게 일괄적으로 동일한 규범을 적용해서는 안 된다.

만약 윌슨이 이와 같은 방식으로 생래적인 도덕 다원론을 옹호하고 있다면 이는 자연주의적 오류를 범하는 것이 아니며, 적절한 방식으로, 공리주의의 도움을 받아 특정 규범을 옹호하고 있는 것이다. 그럼에도 우리는 윌슨이 말하는 생래적 도덕 다원론을 받아들여야 하는가에 대해 의문을 제기할 수 있다. 물론 윌슨이 지적하고 있는 바와 같이 우리에게는 연령과 성에 따른 진화에 의해 주어진 차이가 있을지 모른다. 그럼에도 윌슨이 지적하고 있는 연령차와 성차는 확률적인 것에 지나지 않는다. 특히 연령차라는 것은 성차에 비해 훨씬 애매하다. 예를 들어 40대와 40대 중반, 그리고 50대의 구분이 애매할 수 있으며, 50대 중에서도 신체적 특성이 30대에 해당하는 사람이 있을 수 있을 것이다. 간단히 말해 연령 차이에 따른 구분은 통계적인 것에 지나지 않으며, 구체적인 개개인의 인간으로 따지자면 나이와는 상당히 다른 신체 조건을 갖춘 사람이 있을 수 있는 것이다. 뿐만 아니라 나이에 따른 특징은 생물학적인 요인 외에도 사회적, 관습적 특징 또한 중요하다. 이를 무시하고 특정한 나이에는 대략 진화에 의해 주어진 어떤 특성을 나타낼 것이라고 해서 일정한 규범을 제시한다면, 이에 부합되지 않은 신체적, 정신적 조건을 가진 사람은 고통을 받게 될 것이다. 우리는 성차에 대해서도 마찬가지로 이야기할 수 있다. 성차라는 것은 확률적인 것이지 모든 남성 또는 모든 여성이 동일한 특성을 지니고 있진 않다. 예를 들어 남성들 중에서 흔히 여성의 특성으로 알려진 요소들을 많이 가지고 있는 사람이 있을 수 있고, 그 반대의 경우도 얼마든지 있을 수 있다. 또한 젠더와 섹스에 대한 구분에서 시사되고 있듯이 성차는 문화적, 사회적 요인이 강하게 반영된다. 이러한 상황에서 진화적으로 주어진 성차에 따른 규범 준수를 요구할 경우 오히려 많은 사람들이 정신적인 고통을 받을 수 있다. 상황이 이러하다면 우리는 생물학적 요인 외에 다양한 요인들을 감안한 규범을 개인별로 만들어야 할 것이다. 이는 우리가 생래적 도덕적 다원론을 받아들이기보다는 모든 사람들의 특징을 일일이 종합적으로 파악하여 그에 맞는 규범을 각자에게 제시해야 함을 시사한다.

새로운 규범 도출과 관련해 추가적으로 지적해야 할 것은 어떤 것이 진화에 의해 주어진 것임을 분명하게 밝혀내기가 쉽지 않으며, 설령 그것이 가능해도 규범화되었을 때의 이해득실을 따지기가 쉽지 않다는 점이다. 예컨대 성차가 있다는 사실이 사회생물학적 탐구를 통해 밝혀진다고 해도, 성차를 인정하는 규범이나 제도를 제정할 경우 초래될 수 있는 부작용을 짐작하기란 어렵지 않다. 윌슨은 이와 관련해 세 가지의 선택지가 있을 수 있다고 주장한다. (1) 남녀간의 행동 차이를 더욱 강화하기 위해 사회구성원들을 조건화한다. (2) 남녀간의 행동 차이를 제거하기 위해 구성원들을 훈련시킨다. (3) 남녀 모두에게 모든 것을 선택할 기회와 방법을 공평하게 제공하고, 그 이상의 간섭을 하지 않는다.[24] 여기에서 윌슨은 딜레마를 상정하고 있는데, 즉 어떠한 규범을 선택하여도 반드시 부작용은 일어날 수밖에 없다는 것이다. 예를 들어 첫 번째 경우를 선택할 경우 남성의 여성 지배 체제가 더욱 공고해질 우려가 있고, 두 번째 경우를 선택할 경우 남녀 차이를 제거하기 위해 요구되는 규제의 양이 일부 사람들의 자유를 위협하게 가능성이 높게 될 수 있으며, 최소한 일부 개인들은 자신들의 잠재력을 충분히 발휘할 수 없게 될 수 있다. 마지막의 경우는 현재 대부분의 사회에서 채택하고 있는 선택지인데, 이 경우도 문제는 여성들이 자녀 양육에 관심을 갖지 않고 직업적 성공에 관심을 갖게 될 경우, 아이들의 정서 발달에 상당한 지장이 초래될 수 있다는 점이다. 여기서 우리는 무엇을 선택하여야 할 것인가?

윌슨은 이들을 의식적으로 선택할 때 요구되는 전제조건들을 이야기한다. 그는 생물학적인 탐구를 통해 남녀 차이에 관한 정확하고도 완전한 지식이 요구된다고 말하고 있으며, 개인의 자유 및 잠재력이 얼마만큼 영향을 받으며, 사회적 지출 및 노력의 크기를 전체적으로 고려하여 선택이 이루어져야 한다고 주장하고 있다.[25] 하지만 이와 같은 전제들을 통해 얼마만큼 이해득실을 따질 수 있으며, 이들이 실질적인 선택에 어떤 도움을 줄 수 있을지, 그리고 얼마만큼 부작용을 줄이는 데 기여할 수 있을지 의심스럽다. 이와 같이 이야기하는 이유는 윌슨이 언급한 전제조건들을 충분히 알고 있음에도 선택이 쉽지 않은 경우를 어렵지 않게 발견할 수 있기 때문이다. 예를 들어 환경 문제에서 개발이냐 보존이냐의 문제라든가, 낙태, 안락사 등의 문제는 사실에 대한 지식이 부족하기 때문에 해결을 보지 못하는 것이 아니다. 이러한 점을 고려해봤을 때 우리는 기존의 도덕이론과 진화론적 사실을 통해 새로운 규범을 도출해내

---

24) Edward Wilson, *On Human Nature*, 132-133쪽.
25) 같은 책, 134쪽.

는 데에 적지 않은 난관들이 도사리고 있음을 받아들여야 할 것이다.

4. 연역보다는 약한 의미의 가치 도출

지금까지 살펴본 바에 따르면 진화적 사실로부터 가치를 직접적으로 도출하는 것은 가능하지 않아 보인다. 그렇다면 우리는 결국 사실과 가치에 다리를 놓을 수 없다는 결론에 이르러야 하는가? 레이첼즈(James Rachels)는 그렇지 않다고 주장한다. 그에 따르면 설령 사실로부터 가치를 논리적으로 연역해낼 수는 없어도 우리가 합당한 방식으로 특정한 가치를 선택할 수 있다고 주장한다.[26] 예를 들어보자. 레이첼즈에 따르면 서구의 전통적인 윤리는 소위 유대-그리스도적 세계관을 반영하고 있다. 이러한 세계관에 따르면 신의 형상에 따라 만들어진 존재는 인간 뿐이며, 오직 인간만이 불멸의 영혼을 소유한다. 때문에 서구의 전통 윤리는 오직 인간만이 존엄한 대상이며, 도덕적으로 존중해야 하는 대상임을 강조한다. 그런데 신의 형상에 따라 인간이 만들어졌다는 사실로부터 인간을 도덕적으로 존중해야 한다고 말하는 것은 엄밀하게 말해 자연주의적 오류를 범하는 것이다. 이렇게 말하는 이유는 신의 형상에 따라 만들어졌다는 사실이 인간을 존중해야 한다는 주장을 논리적으로 함

---

26) 이 유형은 세 번째 유형이 결론을 도출하기 위해 도덕원리의 도움을 받고 있음에 반해 이 유형은 그렇지 않다는 점에서 세 번째 유형과 다르며, 단지 폭로에서 머물지 않고 한 걸음 더 나아가 새로운 도덕이론을 받아들이길 권유하고 있다는 점에서 두 번째 유형과 도 다르다. 한편 본문의 예에서 좋은 노래를 많이 부른 가수가 가수왕을 차지해야 한다는 주장은 사실에서 가치를 도출하고 있는 일종의 자연주의적 오류다. 그런데 이는 논리적인 연역이 아님에도 자연스럽고 합당한 우리의 추론 방식이다. 이처럼 도덕원리가 매개되어 있지 않음에도 사실 문제로부터 일정한 가치를 이끌어내는 추론 방식이 있을 수 있는데, 레이첼즈는 이를 자연주의적 오류라고 말하며 부정해버리기보다는 진화론적 사실로부터 일정한 가치(레이첼즈는 도덕적 개체주의를 옹호하고 있다)를 합당하게 이끌어내는 추론으로 간주하여 긍정적으로 보고 있다.

의하지 않기 때문이다. 그럼에도 우리는 이러한 추론에 대해 별다른 문제를 제기하지 않으며, 일상적으로 이를 당연하다고 생각한다. 우리는 전자의 사실이 후자를 받아들일 훌륭한 이유라고 생각하는 것이다. 레이첼즈가 이러한 논의를 통해 밝히고자 하는 것은 사실로부터 가치를 이끌어내는 추론 방식 중에서 전자가 후자를 함의하는 강한 의미의 연역(deduce) 관계만을 생각해서는 안 된다는 점이다. 레이첼즈는 어떤 믿음이 다른 믿음을 함의(entail)하지 않아도, 다른 믿음에 대한 증거(evidence)를 제공하거나 다른 믿음을 지지(support)할 수 있으며, 거꾸로 다른 믿음의 토대를 훼손(undermine)할 수 있다고 주장한다.[27]

예를 들어 '조용필이 가수왕을 차지해야 한다'는 가치가 개입된 믿음을 고찰해보자. 왜 그가 가수왕이 되어야 하느냐는 질문을 받을 경우 우리는 그가 창밖의 여자, 고추잠자리 등 수많은 좋은 노래들을 불렀기 때문이라고 답할 것이다. 이러한 추론에서 창밖의 여자, 고추잠자리 등 수많은 노래들을 불렀다는 사실이 '조용필이 가수왕을 차지해야 한다'는 가치 판단을 함의하지는 않는다. 그럼에도 이러한 사실이 '조용필이 가수왕을 차지해야 한다'는 가치 판단을 지지할 수는 있다. 그런데 누군가가 사실에 대한 지식이 잘못되었을지도 모른다는 주장을 제기했다고 가정해보자. 예를 들어 조용필이 창밖의 여자, 고추잠자리를 부르지 않았을지도 모른다는 의문이 제기될 수 있으며, 가수왕이 되어야 한다고 논거로 제시한 여러 노래들 중에서 일부만을 조용필이 불렀다는 의혹이 제기될 수 있다. 이 경우 사람들은 '조용필이 가수왕을 차지해야 한다'는 가치 판단을 재고하려 하면서 더 많은 정보를 확보하기 위해 노력할 것이다. 정보 확보를 위한 노력은 다양한 방식으로 이루어질 수 있으며, 이를 얼마만큼 강력한 증거로 활용할 수 있는지에 대해서는 획일적으로 말할 수 없다. 증거는 매우 직접적이고도 확실할 수 있고, 방법상의 한계로

---

27) James Rachels, *Created from Animals*(Oxford Univ. Press, 1990), 93-98쪽 참조.

개연적인 데에 머물 수도 있다. 어찌되었건 최종적으로 이러한 노래들을 실제로는 조용필이 아니라 나훈아가 불렀다는 사실을 알게 되었다고 가정해보자. 이 경우 사람들은 '조용필이 가수왕을 차지해야 한다'는 가치 판단을 철회하려 할 것이다.[28] 이는 비록 논리적 연역은 아니지만 그럼에도 합당한 추론이다. 이처럼 사실이 가치를 함의하지는 않는다고 해도 사실은 가치를 지지하거나 훼손하는 정보가 될 수 있다. 이러한 사실적 정보가 연역과 같은 강한 방식으로 가치를 지지하는 것은 아니다. 그럼에도 이는 합당한 지지 방식이라고 말할 수 있을 것이다.

레이첼즈는 진화론적 사실이 이상에서 설명한 방식으로 서구의 전통 도덕을 훼손하는 역할을 할 수 있다고 주장한다. 이렇게 말하는 이유는 진화론이 전통적으로 받아들여진 바와는 근본적으로 다른 인간 개념을 상정하고 있기 때문이다. 진화론은 오직 인간만이 신의 형상에 따라 만들어진 존재라는 생각을 거부한다. "오만 방자한 인간은 스스로를 위대한 작품이라 생각하며, 신의 중재를 맡을 수 있는 존재로 파악한다. 나는 인간이 훨씬 비천한 존재이며, 동물에서 유래한 존재로 생각하는 것이 옳다고 생각한다."[29] 이처럼 진화론은 인간이 자연선택을 거쳐 현재에 이른 존재로, 다른 동물과 공통의 유래를 가졌음을 보여준다. 또한 진화론은 종차가 고정불변하지 않으며, 인간과 다른 동물의 차이는 질적인 차이가 아니라 단지 정도의 차이임을 드러내기도 한다. 나아가 진화론은 동물들 또한 원초적이지만 도덕성이 있으며, 동물들이 고통을 느낄 수 있음을 보여준다. 이러한 방식으로 진화론은 오직 인간만을 존중해야 할 근거로 제시되어왔던 인간만의 고유한 특징에 대해 의문을 던지며, 이를 통해 서구의 전통 도덕에 대한 의문을 갖게 할 수 있다.

---

28) 여기서 철회의 여부는 증거를 얼마만큼 신뢰할 수 있는가에 달려 있을 것이다.

29) Charles Darwin, *Charles Darwin's Notebooks, 1836-1844*, transcribed and ed. Paul H. Barrett, et al.(Cornell University Press, 1987), 300쪽.

유대-그리스도교의 권위를 인정하고, 이러한 권위를 고수하려는 사람들은 이와 같은 생각을 받아들이지 않을 것이다. 이러한 태도가 가능한 이유는 조용필의 예에서와는 달리 인간의 기원에 대한 사실적 문제가 명확하게 밝혀질 수가 없기 때문이다. 그럼에도 진화론을 옹호하는 사람들은 지금까지의 증거 자료를 합당하게 해석할 경우 현재로서는 진화론을 받아들일 수밖에 없다고 주장할 것이다. 물론 그들 또한 자신들이 증거를 충분히 확보하지 못했으며, 동일한 자료에 대한 다양한 해석의 여지가 있음을 잘 알고 있다. 그럼에도 그들은 현재로서는 진화론을 선택하는 것이 다른 이론을 선택하는 경우에 비해 합당하다고 생각하며, 적어도 자연사의 증거를 통해 보았을 때 몇 가지 사실 — 예를 들어 인간과 인간 아닌 동물은 동일한 기원을 가지며, 종차가 가변적이라는 사실, 그리고 동물들 또한 고통을 느낄 수 있는 존재라는 사실 등 — 만큼은 부정할 수 없으리라 말할 것이다. 이것이 사실이라면 오직 인간만이 존엄하며, 인간의 생명만이 가치가 있다는 생각은 적어도 과거와는 다른 방식의 정당화가 요구될 것이다.

5. 윤리 이론이 탄생하기 위한 출발점으로서의 사회적 본능

마지막으로 우리는 진화적 사실이 도덕이론 탄생의 단초를 마련해주었다는 측면에서 규범적 함의를 생각해볼 수 있을 것이다. 전통적으로 특정한 도덕판단은 보편적 도덕원리, 그리고 이와 관련된 사실에 대한 언명으로부터 연역적으로 도출된다고 파악되었다. 여기서 보편적 도덕원리는 더 이상 논의의 여지가 없는 자명한 것으로 간주되었으며, 특정한 도덕판단은 이러한 원리에 부합되느냐에 따라 적절성이 결정되었다. 그런데 슈니윈드(Jerome Schneewind)는 이에 반론을 제기하면서 증명 불가능한 출발점이 도덕원리가 아니라 구체적인 도덕판단일 수 있다고 주장했다. 그는 특정한 도덕판단들이 "구체적인 판단, 규칙, 그리고 관념들로, 우리가 이들의 옳음을 긍정하는 데에 아무런 주저가 없는 것들"30)이라고 밝히면서, 이와 같은 일종의 아르키메데스의 점으로서의 판단들로부터 도덕원리가 탄생할 수 있었다고 주장한다.31)

물론 슈니윈드가 도덕의 진화론적 기원을 의식하면서 이와 같이 주장한 것은 아니다. 그럼에도 우리는 이러한 주장으로부터 진화적 사실이 도덕원리를 탄생시키는 데에 일정한 역할을 한다는 단서를 발견할 수 있을지 모른다. 우리는 진화 과정을 거침으로써 특정한 판단을 자명하게 느끼게 될 수가 있고, 이러한 판단이 계기가 되어 도덕원리가 탄생하게 되었다고 생각해볼 수 있을 것이다. 예를 들어 유전자 선택 이론에 따르면 우리는 혈연에 대한 관심을 나타내도록 진화에 의해 조건화되었다. 이로 인해 우리는 자연스레 혈연, 특히 자식에 대해 관심을 나타낸다. 그런데 우리는 이와 같은 관심이 왜 혈연에만 국한되어야 하는가에 대해 의문을 품을 수 있고, 이로 인해 동일 종(種), 나아가 동물에까지 관심을 가질 수 있게 된다. 그리고 이를 정당화하기 위해 매우 추상적인 형태의 도덕원리까지 만들어낼 수 있게 된다. 싱어는 이를 에스컬레이터 올라타기에 비유한다. 우리는 혈연 이타성에서 출발해 이성의 에스컬레이터에 올라타서 알지 못하는 곳에 이를 수가 있고, 이러한 지점에서 도덕원리를 발견하게 되는 것이다.32)

---

30) Jerome Schneewind, "Moral Knowledge and Moral Principles," in S. Hauerwas and A. MacIntyre, eds., *Revisions*(Univ. of Notre Dame Press, 1983), 120쪽.
31) 슈니윈드가 밝히고자 하는 핵심은 도덕원리이건 구체적인 도덕판단이건 그 어느 쪽도 기준이 될 수 없으며, 한쪽이 변할 경우 다른 한쪽도 변할 수 있다는 점이다. 마치 과학원리에 따라 특정한 과학적 사실이 설명되지만 반대로 특정한 과학적 사실에 대한 관찰이 반복됨으로써 과학원리가 변할 수 있듯이, 그는 도덕에서도 마찬가지의 경우가 발생할 수 있다고 생각한다. 이처럼 그는 특정한 도덕판단과 도덕이론이 일종의 반성적 평형 상태에 도달하는 것을 염두에 두고 있다.
32) 이와 유사한 방식으로 다윈은 사회적 본능의 유래를 부모와 자식 간의 사랑에서 찾고 있으며, 이러한 본능이 이성 능력의 도움을 받아 오늘날의 도덕으로 거듭나게 되었다고 생각한다. Charles Darwin(김관선 옮김), 『인간의 유래 II』(한길사, 2006), 571쪽.

이러한 생각의 문제점으로 지적할 수 있는 것은 출발점인 진화에 의해 주어진 일정한 정서적 경향으로부터 은근슬쩍 가치로 이행하고 있다는 점이다. 앞에서 언급한 바와 같이 '자녀들을 보호하고 싶다'와 '자녀들을 보호해야 한다'는 엄연히 다른 주장으로, 전자는 우리가 일반적으로 가지고 있는 경향임에 반해 후자는 일종의 의무감이다. 그런데 전자로부터 후자로 넘어갈 경우, 우리는 악명 높은 자연주의적 오류의 덫에 걸리게 된다. 만약 이와 같은 덫을 벗어나려면 우리는 출발점에서부터 아예 특정한 의무감이 주어졌다고 주장해야 할 것이다. 하지만 이것이 어떻게 가능한가?

이에 대한 다윈의 설명을 잠시 살펴보도록 하자. 다윈에 따르면 우리의 조상들은 긴밀한 관계를 유지하면서 소집단을 이루고 살았다. 이로 인해 인류는 진화 과정을 거치면서 사회적 본능을 갖게 되었는데, 이는 집단 성원들에게 긍정적인 태도를 나타내려는 일종의 경향성이라고 말할 수 있다. 이후 인류는 신피질이 발달하게 되며, 어떤 상황에서 충동으로 인해 사회적 본능에 따르지 못한 것을 기억할 정도로 지적 능력이 발달하게 된다. 이러한 상황에서 먼 조상들은 회한을 느낄 수 있게 되었는데, 이것이 바로 도덕 감정 또는 양심이다.[33] 이는 양심은 단순한 경향성에서 한 단계 나아간 일종의 의무감이라 할 수 있을 것이다.[34] 이러한 감정은 인간이 사유 능력을 발달시키면서 자연스레 갖게 된 것이다. 물론 이러한 의무감이 진화에 의해 주어진 생래적인 감정은 아닐지도 모른다. 이렇게 말하는 이유는 이러한 의무감이 사유나 기억 능력이 전제되어야 가능한 감정인 듯이 보이고, 이에 따라 이러한 의무감 자체를 진화

---

33) Charles Darwin(김관선 옮김), 『인간의 유래 I』(한길사, 2006), 189-190쪽.
34) 이곳에서 제시한 의무감의 기원에 대한 설명은 다윈의 것으로, 이러한 설명 방식 외의 다른 설명도 가능하다. 진화론이 규범 윤리에 시사하는 바에 이용하고자 한다면 이에 대한 설명을 최대한 가다듬어야 할 것이다.

에 의해 주어졌다고 말할 수 없는 듯하기 때문이다.[35]

그런데 다윈의 설명과 같이 도덕 감정 또는 양심이 우리가 가지고 있는 사회적 본능에 따르지 못한 데에 따른 회한이라고 한다면 우리가 어떤 도덕 감정을 가지고 있는지는 우리가 어떤 사회적 본능을 가지고 있느냐에 따라 달라질 것이다. 그리고 우리가 어떠한 사회적 본능을 가지고 있는지는 우리가 갖추고 있는 구체적인 특징과 밀접한 관계가 있을 것이다. 예를 들어 우리는 쾌락과 고통을 느낄 수 있으며, 쾌락을 추구하고 고통을 회피하려 하는데, 사회적 본능은 우리가 가지고 있는 이와 같은 특징을 반영한다. 구체적으로 우리는 사회적 본능을 갖추고 있음으로써 타인에게 고통을 준 것에 대해 마음 아파하며, 행복을 느끼게 한 것에 대해 즐거워한다. 그런데 우리가 쾌락과 고통을 느낄 수 있는 능력을 갖추고 있지 못하다고 가정해보자. 이 경우 타인의 쾌락과 고통을 말하는 것은 무의미해질 수가 있으며, 우리의 사회적 본능에는 타인의 쾌락과 고통에 대한 배려가 반영되지 않을 것이다.

벌의 예를 들어보자. 벌이 고통을 느낄 수 있는지가 논란이 될 수 있지만 그럼에도 대체적인 기준이라 할 수 있는 중앙신경계를 가졌는지의 여부, 신경생리학적인 변화, 행동을 통한 고통의 표현 등으로 미루어 보았을 때[36] 벌이 고통을 느낄 수 있는지는 분명하지 않다. 설령 벌들이 고통을 느낄 수 있다고 해도 인간이 느낄 수 있는 정도는 아닐 것이며, 그 강도는 훨씬 미약할 것이다. 그런데 우리가 벌의 특성을 갖춘 존재라고 가정해보자. 그리하여 사유 능력 등은 갖추고 있지만 그럼에도 벌과 유사하게 고통을 거의 느끼지 못하는 존재라고 생각해보자.[37] 이 경우

---

35) 이렇게 보았을 때 진화에 의해 주어진 것은 특정한 내용의 의무감이라기보다는 의무감을 가질 수 있는 능력이라 말해야 할 것이다.
36) Peter Singer(김성한 옮김), 『동물해방』(인간사랑, 1999), 47–49쪽.
37) 논의의 편의를 위해 여기에서는 벌이 아예 고통을 느끼지 못하는 존재로 상정하는 것이 좋을 듯하다.

설령 우리가 사회적 본능을 가지고 있어서 타인을 배려한다고 해도 타인의 '고통'을 심각하게 고려하게 되지는 않을 것이다. 나아가 이러한 사회적 본능이 출발점이 되어 도덕원리가 만들어진다고 하더라도 그러한 원리에는 고통에 대한 배려가 확고하게 반영되지는 않을 것이다.

이렇게 보았을 때 우리가 어떤 사회적 본능을 갖추고 있으며, 어떤 종(種)적인 특징을 갖추고 있느냐에 따라 자명하게 받아들이는 도덕 감정이 달라질 수 있으며, 이를 출발점으로 만들어지게 되는 도덕원리 또한 달라질 수 있다고 말할 수 있을 것이다. 이러한 과정이 논리적 연역의 과정은 아니다. 그럼에도 우리는 사회적 본능이 출발점이 되어 의무감이 탄생했고, 이에 대한 이성적 검토 과정을 거쳐 도덕원리가 탄생할 수 있게 되었다고 생각해볼 수 있을 것이다. 만약 이와 같은 방식으로 도덕원리가 만들어졌다면 진화에 의해 주어진 사회적 본능은 도덕원리가 탄생하기 위한 필요충분한 조건은 아닐지라도 적어도 필요조건이 된다고 말할 수 있을 것이다.

참고문헌

김성한, 「에드워드 윌슨의 윤리적 입장에 대한 재구성과 검토」, 『철학』 94집, 한국철학회, 2008.

Charles Darwin(김관선 옮김), 『인간의 유래 I』, 한길사, 2006.

____(김관선 옮김), 『인간의 유래 II』, 한길사, 2006.

Charles Harris(김학택, 박우현 옮김), 『도덕이론을 현실문제에 적용시켜보면』, 서광사, 1994.

Peter Singer(김성한 옮김), 『사회생물학과 윤리』, 인간사랑, 1999.

____(김성한 옮김), 『동물해방』, 인간사랑, 1999.

____(구영모 외 옮김), 『이 시대에 윤리적으로 살아가기』, 철학과현실

사, 2008.

Richard Dawkins(홍영남 옮김), 『이기적 유전자』, 을유문화사, 1993.

Charles Darwin, *Charles Darwin's Notebooks, 1836-1844*, transcribed and ed. Paul H. Barrett et al., Cornell University Press, 1987.

Donald Symons, *The Evolution of Human Sexuality*, Oxford Univ. Press, 1979.

Edward Wilson, *On Human Nature*, Harvard Univ. Press, 1978.

____, *Sociobiology: The New Synthesis, The Abridged Edition*, Harvard Univ. Press, 1980.

James Rachels, *Created from Animals*, Oxford Univ. Press, 1990.

Michael Ruse, *Taking Darwin Seriously*, Basil Blackwell, 1986.

Philip Kitcher, *Vaulting Ambition: Sociobiology and the Quest for Human Nature*, MIT Press, 1985.

Jerome Schneewind, "Moral Knowledge and Moral Principles," in S. Hauerwas and A. MacIntyre, eds., *Revisions*, Univ. of Notre Dame Press, 1983.

In Defense of Razian Liberal Perfectionism

엄 성 우

1. Introduction

Is it desirable for a state to be neutral towards conceptions of the good? Anti-perfectionists claim that the state should remain uncommitted to any of conceptions of the good. They have shown general agreement on putting much emphasis on respecting each individual citizen's personal autonomy, which they regard as an essential element in leading a good life. If the state favor a particular conception, they say, it tends to interfere with each citizen's autonomous life. This is the main reason why they give a positive answer to the question above. Perfectionists, by contrast, claim that the state should favor valuable

* 이 논문은 한국윤리학회 편, 『윤리학』 제1권 1호(2012. 11)에 실린 글이다.

conceptions of the good. They hold that the state must promote or even assist its citizens to develop and exercise their ability or excellence required to lead worthwhile lives. For this reason, it is commonly claimed that perfectionism is incompatible with the ideal of personal autonomy, and thus inconsistent with liberal political theory.

Against this wide-spread view, Joseph Raz argues in his *The Morality of Freedom*(1986) that the ideal of personal autonomy and perfectionism are not incompatible. He suggests that his liberal perfectionism can accommodate the ideal of personal autonomy by taking it as a fundamental perfection which makes a person's life valuable. I think Raz's view is especially significant among perfectionist views because it does justice to personal autonomy, while approving the state's positive role in protecting and improving its citizens' lives. Recently, however, Jonathan Quong presented criticisms against Raz's view in his book, *Liberalism without Perfection*(2010), especially in chapter 2. As an anti-perfectionist, he attempts to undermine Razian liberal perfectionism by attacking his main arguments.

My aim in this paper is to defend Razian liberal perfectionism against Quong's criticisms. Raz claims that liberal perfectionism can embrace the harm principle, the principle that the only legitimate or justifiable reason for the state to use its coercive power against someone is to prevent harm. Against Raz, Quong raises two main objections: first, the *contingency objection*, and second, the *manipulation objection*. I shall argue that both objections fail to undermine Razian liberal perfectionism. First, against the contingency objection, I argue that the Razian harm principle does not owe its appeal to the contingent fact of current technological inability to use coercion in precise and targeted way. Next, against the manipulation objection, I argue that Quong fails to prove that perfectionist subsidy policy constitutes autonomy-threatening manipulation, even that it is a form of manipulation. My defense of Razian liberal perfectionism will also include my own addition to this view, which is intended to supplement Raz's own view. Fleshing out the concept of autonomy and of autonomy-undermining manipulation will take up much part of this supplementation.

2. Razian View on Autonomy

1) Raz on Autonomy

Let me begin with a brief introduction to Raz's view on autonomy presented in chapter 14 and 15 of *The Morality of Freedom*, focusing on the parts related to Quong's criticism.[1] Raz claims that personal autonomy is an essential element of the good life, and thus that everyone has reason to make oneself and others autonomous. It is very important to note that, according to Raz, autonomy is valuable only if what it aims at is good. He suggests three necessary conditions for an autonomous

---

1) Raz(1986), pp.369-429.

life.[2] First, a person should have sufficiently complex mental abilities. Second, there should be an adequate range of options available. These two conditions comprise the capacity for autonomy. The third condition, which I shall call the *independence condition*, is that a person should be independent, i.e. free from coercion or manipulation of others.

Raz's autonomy-based doctrine of freedom has three main features. First, it is mainly concerned about promoting and protecting the capacity for autonomy. Second, the state should not only prevent denial of freedom, but also promote it by creating the conditions of autonomy. Third, a person's pursuit of a certain goal that infringes people's autonomy cannot be justified, unless it is required to protect or promote the autonomy of those people or of others. Two limits on this doctrine are also suggested.

First, it neither protects nor requires any particular option. What is required is only the availability of an adequate range of options. Second, it does not protect morally repugnant activities or forms of life, while requiring positive promotion of the flourishing of a plurality of incompatible and competing pursuits, projects and relationships.

Importantly, Raz argues that the autonomy-based doctrine of freedom implies the harm principle. The harm principle is the most well-known principle of liberal toleration, the basic idea

---

2) Raz(1986), pp.372-3.

which is that the only legitimate or justifiable reason for the state to use its coercive power against someone is to prevent harm.[3] This principle has been broadly assumed to be anti-perfectionist, because it seems to aim at reducing the freedom of government to enforce its own conception of good. However, against the common belief, Raz not only believes that the harm principle is compatible with perfectionism, but claims that it is itself "a part of a perfectionist doctrine which holds the state to be duty-bound to promote the good life."[4] He further claims that the harm principle is necessary to preserve the availability of adequate range of options. This claim presupposes competitive value pluralism, according to which people who pursue different valuable forms of life will show intolerance to other valuable forms of life.

For Raz, respecting persons does not mean just to let them live on their own agency; it also requires concern for their well-being, for which it is crucial that the agent shapes her life through her own activities. Raz says that perfectionist policies are required to create conditions of valuable autonomy. The role of the Razian perfectionist state, though confined to maintaining such conditions for plurality and autonomy, is extensive, especially compared to that of anti-perfectionist state.

---

3) Raz's harm principle is different from Mill's version in that preventing the harm on *the agent herself*, as well as that on others, can give justification for the state's coercive interference.
4) Raz(1986), p.426.

2) Autonomy as Conditional Value

Before we move to Quong's criticism on Raz, let me suggest a Razian view on autonomy, which might not be exactly Raz's own view. I believe that autonomy is of a *conditional* value in two different senses. First, it is conditional in that it is a *necessary condition* for all valuable types of human life. A totally nonautonomous life—e.g., a slave's life—is not a valuable life, at least not as a *human* life. This holds true even if the slave's life is filled with a good deal of pleasure thanks to the mercy of her master, since her life would not be so different from a happy swine's life. Second, autonomy is conditional in that the value of an autonomous choice is determined by the value of the options chosen. If an option is good, it is better when it is chosen autonomously. For example, it would be more valuable to donate money to Oxfam if it is done autonomously, than when it is done, say, by others' coercion. On the other hand, if an option is bad, it would be worse when it is chosen autonomously. For example, killing an innocent person would be much worse if it is committed autonomously than when it is not. In this sense, the value of autonomy itself is not determined until the option is also fixed.

3. Quong's Two Objections against Raz

Now let us turn to Quong's criticism on Raz. Chapter 2 of Quong(2010) is devoted to criticizing the core arguments of Raz's liberal perfectionism. According to Quong, Raz holds both comprehensive liberalism, which states that liberal politics should be grounded in a particular conception of good or human flourishing, and what he calls the Liberal Perfectionist Thesis. The latter thesis runs as follows:

> *The Liberal Perfectionist Thesis*: It is at least sometimes legitimate for a liberal state to promote or discourage particular activities, ideals, or ways of life on grounds relating to their inherent or intrinsic value, or on the basis of other metaphysical claims.[5]

Quong's criticism targets the way Raz combines comprehensive liberalism and the liberal perfectionist thesis. He presents two arguments against Raz: first, that Raz relies on certain empirical premises which are not relevant to a sound liberal theory of toleration in supporting the harm principle; second, that Raz's conception of autonomy cannot *both* justify the harm principle and permit the kind of non-coercive perfectionist policies favored by liberal perfectionists. According to Quong, the combination of the valuable option condition and the independence condition causes serious problems for Raz's thesis that autonomy both justifies the harm principle, and also permits perfectionist policies. He concludes that the argument from autonomy, which claims that "principles of liberal toleration are best, or most plausibly, justified by appealing to

---

5) Quong(2010), p.46.

the intrinsic or inherent value of leading an autonomous life,"[6] cannot support Razian liberal perfectionism.

1) Contingency Objection

Let us examine Quong's first objection developed in section 2.3, which he calls the *contingency objection*.[7] According to Quong, Raz claims that we ought to embrace the harm principle on the basis of two premises:

> Factual Premise: There is no practical way for the state to use coercion to prevent people's pursuit of repugnant options without this coercion also preventing people's autonomous pursuit of the good.
>
> Normative Premise: We should not reduce people's ability to autonomously choose the good in order to prevent them from choosing badly.[8]

Quong argues that Raz's argument fails because the harm principle is contingent on wrong factual premise, which reveals that his argument ultimately rests on the wrong kind of normative considerations.[9] This objection is to show that Raz's argument is significantly illiberal, since it entails that one should attempt to make the world a place where coercive paternalism

---

6) Quong(2010), p.45.
7) Quong(2010), p.53.
8) Quong(2010), p.54.
9) Quong(2010), pp.54-5.

towards grown-up citizens is both possible and morally desirable.[10]

But I find Quong's claim unconvincing. He argues that, if we follow Raz's condition of valuable option, we are committed to liberal toleration only on the condition that current technology is unable to use coercion in precise and targeted way. However, the examples Quong uses fail to show that Raz's argument for the harm principle is flawed. Here are the examples:

[The brain implant example]

Suppose technological advances have made it possible to precisely control people's preferences and impulses via a chip implanted in the brain. The degree of precision is such that we could design the chips so that the one and only effect they have is to prevent us from choosing bad options. So long as we are going to make valuable choices, the chip remains inactive, but *if the chip senses we are going to make an unworthy choice, the chip prevents us from doing so.* The chip would not interfere with our brain function in any other way.

[Albert-Carl example]

Suppose Albert has decided he would like to get back together with his ex-girlfriend Betty. The relationship was objectively bad for Albert: Betty is a mean and manipulative person, and Albert is

---

10) Quong(2010), p.60.

much better off without her in his life. But, lovesick and lonely, Albert decides to go over to Betty's apartment and beg her to take him back. Carl, a nosy neighbour of Albert's, knows this course of action is clearly not in Albert's best interests. *So, at the crucial moment, Carl locks Albert in his room to prevent him fromgoing over to Betty's house.* Carl keeps Albert locked in the room for a couple of hours until Albert has been persuaded by Carl about Betty's flaws, and changed his mind about getting back together with Betty. *Albert was not going to be doing anything else during those hours other than begging Betty to take him back.*[11]

According to Quong, these examples suggest that there is something wrong with preventing people from choosing badly, even when this can be done without limiting their ability to choose valuable options. Quong's point is that Raz's argument for the harm principle cannot explain these intuitively troubling examples, where coercion can be used to prevent people from choosing badly without impinging on their autonomous pursuit of the good.[12] I tend to agree that the harm principle still ought to be applied in both cases. But I think, unlike Quong, the autonomous pursuit of the good *is* impinged in these examples.

At this point, to defend Raz's position, I would like to add a supplementation to his independence condition for an autonomous life. I claim that the condition should also include

---

11) Quong(2010), p.55. (emphasis added)
12) Quong(2010), p.56.

the condition of *effective judgment*, which states that the agent's judgement should be effective. A person's judgment is effective only if she can choose an option as she herself judges to be worth pursuing. Actually, these are the conditions concerning manipulation under which personal autonomy is threatened, which Raz himself does not sufficiently address in his book. According to Raz, manipulation, "unlike coercion, does not interfere with a person's options. [I]t *perverts the way that a person reaches decisions, form spreferences, or adopts goals.*"[13] I take the brain implant example as a case where the way that a person reaches decisions is perverted. (I shall say more about manipulation later.) In the brain implant case, the condition of effective judgment is violated, because even if the agent judges an objectively bad option, B, to be worth choosing, she would not be able to choose it due to the chip's prevention. Thus, it cannot be a case of the autonomous pursuit of the good that Razian view can accept. And the threat to personal autonomy expressed in this example is the source of our feeling of repugnance about the brain implant.

Admittedly, as Quong points out, Raz denies that bad options are necessary in order for the autonomous choice of the good to be of value: Raz says that "[s]ince autonomy is valuable only if it is directed at the good it supplies no reason to provide, nor any reason to protect, worthless let alone bad options"[14]; that "while

---

13) Raz(1986), pp.377–8. (emphasis added)
14) Raz(1986), p.411.

autonomy is consistent with the presence of bad options, they contribute nothing to its value"[15]; and that "[p]roviding, preserving or protecting bad options does not enable one to enjoy valuable autonomy." However, even if the absence of bad options does not impinge on the agent's autonomous pursuit of the good, Raz can still say that preventing her from choosing the bad options to which she is already committed to or that are already available to her does. Consider Raz's following remarks, which is relevant to this point:

> The longer and the more deeply one is committed to one's projects the lessable one is to abandon them (before completion) and pick up some others as substitutes. But even if such a change is possible, denying a person the possibility of carrying on with his projects, commitments and relationships is *preventing him from having the life he has chosen*. A person who may but has not yet chosen the eliminated option is much less seriously affected. Since all he is entitled to is an adequate range of options the eliminated option can, from his point of view, be replaced by another without loss of autonomy. This accounts for the importance of changes being gradual so that they will not affect committed persons.[16]

A moral theory which values autonomy highly can justify restricting the autonomy of one person for the sake of the greater autonomy of

---

15) Raz(1986), p.412.
16) Raz(1986), p.411. (emphasis added)

others or even of that person himself in the future. That is why it can justify coercion to prevent harm, for harm interferes with autonomy. But it will not tolerate coercion for other reasons. The availability of repugnant options, and even their free pursuit by individuals, does not detract from their autonomy. *Undesirable as those conditions are they may not be curbed by coercion.*[17]

These remarks suggest that, although the state would be permitted to reduce the availability of bad options, it requires stronger justification to eliminate an option which is already available for the person or one to which she is already committed. I say this is difference in the distance of option. When the person is, say, already deeply committed to an option, this option is the closest to the agent; on the other hand, an option is distant from the agent if she is, say, not even aware of the availability of the option. The closer the option is to the agent, the stronger justification for elimination of or prevention from that option is required. I call this *the principle of option-distance.* It seems that, in Quong's examples, the options which are already available, and thus very close to, the agent, are being deprived and thus stronger justification is required to prove that there is no impingement on autonomous pursuit of the good. This principle will enable us to understand why the cases of autonomous pursuit of the good differ in the degree of intuitiveness.

---

17) Raz(1986), p.419. (emphasis added)

Let us now examine Albert–Carl example. Quong's point here seems to depend on the assumption that the only thing Albert was going to do during the confined hours is to beg Betty to take him back. It is, however, not the kind of contingent empirical fact on which Quong should claim Raz's argument relies. What kind of high–technology would ever enable us to know this kind of fact? Even if we might accept that the brain implant example as suitable for Quong's purpose, Albert–Carl example cannot be used to make the same point. We can never know for sure, in principle, what others will or will not do in a given time, and this is not a matter of empirical fact about the level of our current technology. At best, we can only make a plausible guess, and this is one of fundamental reasons why it is important respect each other's personal autonomy. Hence, that Carl never knows what Albert was going to do during the confined period and, as Raz claims, the only way to prevent Albert from choosing the supposedly bad option is to deprive him of his personal autonomy. Therefore, this surely is a case the application of the harm principle is justified.

Even assuming, for the sake of argument, that there is no impinging on Albert's autonomous pursuit of the good in the Albert–Carl example, this example still fails to support Quong's point. I think this examples owe its counterintuitiveness at least partly to the fact that it deals with what seems to be a totally *private* matter. The choice's being bad in Albert's private area does not necessarily justify Carl's interfering in his private affair. This point becomes clearer if we consider a modified version of this example, which differs from the original one only in that Albert has decided to restart abusing drugs, not to get back together with his ex-girlfriend. Here the counterintuitive feeling, on which Quong's point depends, is amuch weaker at least. Therefore, Quong's contingency objection fails to undermine Raz's perfectionist argument for the harm principle.

2) Manipulation Objection

Section 2.4 of Quong(2010) is devoted to the *manipulation objection*, which targets Raz's claim that certain forms of perfectionist state activity are *consistent* with the harm principle. This focuses on the role of the independence condition, which requires that a person not be subject to the will of someone else. Raz's concept of manipulation is at the center of this objection. As pointed out above, Raz does not say much about manipulation. Raz's negligence is hard to understand, especially considering its importance comparable to the concept of coercion in specifying the cases of violating the independence condition. For this reason, Quong's analysis of manipulation heavily relies on his own interpretation of this concept. I suspect that Quong fails to do justice to Raz's own view on manipulation.

Let us begin with considering Raz's own remarks on manipulation. According to Raz, manipulating people "interferes with their autonomy, and does so in much the same way and to the same degree, as coercing them," and thus resort to "manipulation should be subject to the same condition as resort to coercion."[18] It seems that the concept of manipulation is the key concept which allows Raz to extend the role of the harm principle beyond the negative role of securing the freedom from coercion.[19] He says: "[Manipulation,] unlike coercion, does not interfere with a person's options. Instead it perverts the way that a person reaches decisions, forms preferences, or adopts goals. It too is an invasion of autonomy whose severity exceeds the importance of the distortion it causes."[20]

Quong points out that liberal perfectionists should prove that their perfectionist state actions are non-manipulative, as well as non-coercive, and thus do not threaten the citizens' autonomy. His main claim is that subsidies from a perfectionist state are a form of manipulation, and thus not consistent with the Razian harm principle.[21] Quong presents an argument based on Robert Nozick's distinction between *threats* and *offers*. In his 'Coercion'(1999), Nozick argues that what differentiates threats from offers is that a rational person would choose, if she could, to move from the pre-offer situation to the post-offer situation, whereas a rational person would not choose, if she could, to move from the pre-threat to the post-threat situation. Threats involve a person being subject to another's will, while offers do not, since the former put a person in a situation that she would not have chosen to put herself in.[22]

---

18) Raz(1986), p.420.
19) Cf. Raz(1986), pp.420-1.
20) Raz(1986), pp.377-8.
21) Quong(2010), p.62.
22) Nozick(1997), "Coercion," pp.15-44.

Quong rejects the claim that perfectionist subsidies are simply offers and thus non-manipulative. For he believes that there is a disanalogy between a person A's subsidizing a person B's opera ticket and the government's offering this subsidy to its citizens. In the case of perfectionist subsidies, unlike that of individuals, the resources the state spends do not belong to it in the way that they can belong to an individual.[23] Notice, however, that Quong does not claim that perfectionist subsidies are threats, either; rather, he takes them as the combination of threat and offer:

> The initial collection of tax dollars may be achieved via threat(i.e. hand over the taxes or we will put you in prison), but the conjunction of taxation plus subsidy is not accurately described as a threat. It is most accurately described as the combination of a threat at t1, and the fruits of the threat are then used at t2 to make an offer. But because the offer at t2 depends on the resources obtained via threat at t1, *the overall taxation plus subsidy policy is neither offer nor threat, but rather a form of manipulation.*[24]

There are several flaws in Quong's reasoning. First of all, Quong takes the perfectionist subsidies as a two-step process, which consists of threat and offer. In the first step, he says, "the initial collection of tax dollars may be achieved *via threat.*"[25] If,

---

23) Quong(2010), p.65.
24) Quong(2010), p.66. (emphasis added)
25) Quong(2010), p.66. (emphasis added)

however, the tax money is collected in this way, it should mean that the money has already left the hands of the citizens, even when its particular use is yet to be decided. That is, that the government has decided to subsidize opera with the tax should not affect the citizens' rational preference. To borrow the term from economics, the tax payment should be regarded as a *sunken cost*, the resources which should not be considered in the agent's rational choice any more. Thus, if the combination of taxation and subsidy policy undermines the citizen's autonomy, the reason lies in the way the tax is *collected*, not in the way the collected money is *used*. Therefore, there would be nothing wrong in the perfectionist subsidizing policies themselves. If something is wrong, that would be the taxation via threat, which is not a particularly perfectionist policy. Raz himself also says that it cannot be an objection to him, since he assumes that "tax is raised to provide adequate opportunities."[26]

Moreover, even assuming that the policy of perfections subsidy is a form of manipulation, it does not imply that they cannot be justified by Razian liberal perfectionism. Notice that Raz does not regard all forms of coercions or manipulations as threatening autonomy; his harm principle is applied only to cases where the use of coercions or manipulation would frustrate or diminish citizens' ability to have a good life rather than promote it.[27] In other words, if certain types of coercion or

---

26) Raz(1986), p.417.
27) See Raz(1986), pp.378, 421, and 426.

manipulation do not frustrate or diminish the ability of people to have a good life but promote it, the state can be permitted, or even encouraged, to make use of them. For this reason, in order to show that a certain form of perfectionist state activities — e.g. subsidizing opera — ought to be rejected, Quong must prove that they are the kind of manipulation which undermines, rather than promotes, people's ability to lead a good life. Therefore, Quong's objection is unsuccessful.

3. Conclusion

In this paper, I have attempted to defend Razian liberal perfectionism against Quong's anti-perfectionist criticism. The main focus has been on showing that both of Quong's objections, i.e., the contingency objection and manipulation objection, fail. In this process, I have also tried to construct a more complete Razian liberal perfectionism especially by supplementing Raz's view on autonomy and manipulation. As I have already mentioned, the beauty of Razian liberal perfectionism is that, if successful, it captures the ideal of liberalism, while allowing the state's intervention to some reasonable degree. Although there still may be other problems to solve concerning Razian liberal perfectionism, I hope my defense against a powerful anti-perfectionist objection can be the first step towards perfecting this view.

References

Nozick, Robert(1999). *Socratic Puzzles*, Harvard University Press.

Quong, Jonathan(2010). *Liberalism without Perfection*, Oxford University Press.

Raz, Joseph(1986). *The Morality of Freedom*, Oxford: Clarendon Press.

지젝의 관점에서 스피노자 윤리학 비판

김 성 민 / 김 성 우

1. 스피노자를 사랑하라는 시대적 명령에 반(反)하여

네그리에 따르면 헤겔이 정립한 근대성 정의의 주기(cycle)가 그 끝에 도달한 지금, 스피노자주의는 더 이상 역사적인 준거점이 아니라 살아 작동하는 패러다임이 된다. 이는 스피노자주의가 근대성 비판의 마침표를 대표하기 때문이다. 스피노자주의는 포스트모던적인 집단적 주체를 근대적인 개인적인 주체에 대립시킨다. 다시 말해서 현존하는 역량으로서의 사랑과 신체의 관점을 매개와 선험(초월론)적인 것의 개념에 대립시킨다. 개인적인 주체는 데카르트로부터 헤겔과 하이데거에 이르기까지 근대의 개념에 스며들어 있다. 스피노자주의는 합목적성과 결별한 시간론이며, 형성 과정으로 생각된 존재론의 토대이다. 이러한 기초 위

---

* 이 논문은 철학연구회 편, 『철학연구』 제105집(2014)에 「포스트모던 스피노자 윤리학에 대한 헤겔주의적 비판」으로 게재된 글이다.

에서 스피노자주의는 근대의 정의(definition) 안에서 대안의 효소로서 작용한다.[1]

이렇게 탈근대적인 스피노자주의가 유령처럼 세계 철학계를 배회하고 있다. 다시 말해서 스피노자가 전복적 저항의 투사이자 변혁적인 유물론의 존재론적인 철학자로 새롭게 복원되고 있다. 이런 현상을 지젝은 다음과 같이 표현한다. "프랑스로부터 미국에 이르기까지 오늘날 아카데미의 불문율 중의 하나는 스피노자를 사랑하라는 명령이다. 알튀세르적인 엄격한 '과학적 유물론자들'로부터 들뢰즈적인 분열적 아나키스트들에 이르기까지, 종교에 대한 합리적인 비판가들로부터 자유주의적인 자유와 관용의 당파주의자에 이르기까지, 물론 주네비브 로이드와 같은 여성주의자는 말할 것도 없이 모든 이가 그를 사랑한다. 그녀는 『윤리학』의 신비스런 제3종의 인식 유형을 여성적인 직관적 인식(남성적인 분석적 지성을 능가하는 인식)으로 해석하기를 제안한다."[2] 이렇게 새로운 진보와 변혁의 철학으로서 스피노자주의가 포스트모던이라는 이름을 달고 등장했다.

일명 '스피노자냐 헤겔이냐'라는 테마와 관련한 상반된 입장들은 헤겔의 스피노자 해석을 받아들이는 태도와 밀접한 연관성을 지닌다. "이처럼 연구문헌들에 나타나는 다양한 평가들은 헤겔의 스피노자 해석과 스피노자 비판을 거부하거나, 헤겔 체계와 스피노자 체계를 원칙적으로 구별하는 입장에서부터 헤겔의 스피노자 이해를 인정해주거나, 아니면 스피노자주의의 완성으로 헤겔의 형이상학을 인정해주는 입장까지 실로 다양하다. 보통 이러한 평가들은 성숙한 헤겔이 스피노자와 맺는 관계에 해당된다고 할 것이다."[3] 전자처럼 헤겔의 스피노자 비판을 역으

---

1) Negri(2004a), pp.89-90.
2) Žižek(2004b), p.29.
3) 뒤징(2003), p.203.

로 비판하면서 헤겔이 아니라 스피노자가 새로운 마르크스주의의 구원자로 등장하는 반(反)헤겔주의적인 해석들이 있다. 이를 대표하는 철학자들이 알튀세르, 들뢰즈, 마슈레[4]이다.[5] 이 글의 중심적 비판 인물인 네그리와 하트의 반(反)헤겔주의적인 스피노자주의[6]는 이 중에서도 들뢰즈의 영향을 크게 받는다. 하지만 지젝은 다시 스피노자에 대한 헤겔의 비판으로 되돌아가 이러한 비판을 현대적 의미에서 반복하고자 한다.

네그리와 더불어 하트는 전복적 스피노자주의를 대표하는 학자들이다. 그들은 현대라는 시대적 조건에서 민주주의 원리를 실현하기 위해 대의제 민주주의에 대한 불신을 가지고 더 근본적인 변혁을 추구하려고 절대 민주주의론을 제시한다. 그 철학적인 토대는 스피노자의 '다중'이라는 주체이다. 이 글은 지젝이 어떻게 라캉적인 헤겔 해석을 바탕으로 해서 하트와 네그리의 절대 민주주의론을 비판하는지를 보여주려고 한다. 이로써 정치 공간의 논리 전체를 새롭게 바꾸는 작업에 스피노자가 아닌, 헤겔이 철학적인 마스터가 되어야 함을 제시하고자 한다. 이를 위해서는 전복적 스피노자의 기초상을 제시한 들뢰즈의 반(反)변증법적인 존재론도 비판의 대상이 되어야 한다.[7] 왜냐하면 네그리의 전복적 스피

---

4) 마슈레는 역설적이게도 스피노자에 대한 헤겔적 해석을 헤겔에 대한 스피노자적인 해석으로 전도시킨다. 다시 말해서 그에 따르면 스피노자가 미리 헤겔을 읽고 헤겔이 자신에게 가한 비판에 대해 대답을 하기라도 하는 것처럼 스피노자의 철학을 헤겔에 대한 반박으로 읽어야 한다. 이에 관해서는 Macherey(2011), pp.3-12.

5) 스피노자에 관한 해석사적인 맥락에서 알튀세르, 마슈레, 들뢰즈의 해석적 특징들에 대하여서는 Norris(1991), Chapters 1-2.

6) 반(反)헤겔주의의 시대사적인 맥락과 관련해서 하트의 다음과 같은 말은 의미심장하다. "포스트구조주의의 뿌리들, 그리고 포스트구조주의를 통일시키는 기반은 단순히 그저 철학적 전통에 대한 일반적 대립이 아니라 특히 헤겔적 전통에 대한 일반적 대립이다. 1960년대에 성숙기에 도달한 대륙의 사상이 세대에게 헤겔은 질서와 권위의 형상으로서 적대의 초점 역할을 했다." 그에 따르면 들뢰즈가 "무엇보다도 혐오한 것은 헤겔주의와 변증법이었다." 들뢰즈의 이 한마디는 헤겔이야말로 그가 살던 동시대의 플라톤이었음을 보여준다. 이에 관해서는 하트(2006), pp.16-17.

7) 바디우 역시 들뢰즈의 스피노자는 자신이 인정하기 힘든 창작물이라고 비판한다. 이에 관해서는 바디우(2008), p.32.

노자는 들뢰즈의 스피노자이기 때문이다.[8] 네그리에 따르면 "삶을 체제화하려는 모든 시도에 대한 다중의 저항은 내가 믿기로는 특이성의 쾌락을 체험하는 데 있다. 이런 개념화에 도달하는 것이 내게는 어려웠다. 나도 스피노자를 읽었다. 그러나 들뢰즈를 읽고 나서야, 그와 더불어 스피노자의 작품을 논의하고 깊게 성찰하고 나서야 나는 이러한 특이성(독특성) 개념의 강도를 이해할 수 있었다."[9]

2. 포스트모던 스피노자의 존재론적인 윤리학

네그리에 의하면 다중은 다음과 같은 세 가지 의미를 지닌다.[10] 첫 번째로, 다중은 철학적이고 긍정적인 의미에서 다수의 주체성이다. 고전적인 형이상학처럼 통일성으로 환원되는 인민과는 반대로 다중은 환원할 수 없는 다수성(다양체), 즉 절대적으로 미분된 전체이며 무한한 양의 점들이다. 전체 시민이 인민이든 대중이든 계급이든 통일성으로 환원된다면 이는 추상화된 무리에 불과하다. 인민(민중)은 다수의 특이성들의 실체적 환원을 표상한다. 근대적인 의미에서 주권은 인민에 기초를 둔다고 주장하며 그 이미지를 인민으로 옮겨놓았다. 정치적인 대표(표상 또는 재현)의 기만들과 주권 및 인민의 개념이 엮여 있다. 그런데 주권자인 인민은 어디로 갔는가? 주권자인 인민은 정치적 대의제의 타락에 의해 공동화된 제국의 안개 속으로 사려져버렸다. 오직 다중만이 남아 있다.

---

8) 들뢰즈와 네그리의 스피노자 해석의 관련성에 대해서는 현 프랑스를 대표하는 스피노자 해석자인 모로의 다음과 같은 표현이 시사(示唆)하는 바가 크다. 들뢰즈에게는 스피노자주의가 역량의 철학이며 네그리에게는 구성적인 사유이다. 이에 관해서는 Moreau(1996), p.430.

9) Negri(2004b), p.151.

10) 다중의 세 가지 의미는 네그리의 견해를 그대로 요약적으로 정리한 것임. 이에 관해서는 Negri(2004b), pp.113-114.

두 번째로 다중은 계급의 개념으로서 생산적인 특이성들의 계급이며 비물질적인 노동의 작업자들의 계급이다. 이 계급은 즉자적으로는 계급이 아니다. 그것은 오히려 노동 전체의 창조적인 힘이다. 다중은 경제적 현실에 대한 이름이며 노동력의 변화를 무시하려는 권력의 변덕에 여전히 종속되어 있다. 그러나 이러한 노동력이 더 이상 계급은 아니지만 그럼에도 불구하고 이것은 극도로 강력한 생산적 힘이 된다. 노동계급의 투쟁은 더 이상 존재하지 않지만, 다중은 그 자신을 계급투쟁의 주체로 정립하며 이러한 주체이기 위하여 역사상 가장 생산적인 계급이 되어야 한다. 다중은 항상 생산적이고 운동하며 시간적인 관점에서 보면 착취당하고 있으며, 공간적인 관점에서조차도 생산적인 사회 및 생산을 위한 사회적 협력을 구성하는 한 착취당한다. 노동계급은 생산의 관점과 사회적 협력의 관점에서 보면 제한된 개념이다. 왜냐하면 그것은 산업 노동자만을 포함하며 사회적인 생산의 복합체에 작업하는 노동자들 중 소수만을 담당하기 때문이다. 대중이란 불명확한 다수의 개인으로서 척도(측정)를 위한 목적으로 노동의 정치경제학에서 구성된 것이다. 마치 인민이 주권의 상관자인 것처럼, 이런 의미에서 대중은 자본의 상관자이다. 인민의 개념은 세련된 케인스주의적이고 복지국가적인 버전의 정치경제학에서 특히 척도(측정)가 된다. 반대로, 다중의 착취는 표준화될 수 없으며, 권력(potere)은 척도(측정) 밖에 있는 특이성, 동시에 척도(측정) 너머의 협력과 대면해야 한다. 이러한 역사적인 전환은 존재론적으로도 시대적인 것으로 규정된다. 각 시대에 타당한 척도(측정)의 장치나 기준이 급격하게 의문에 붙여진다. 우리는 전환을 겪고 있다. 그러나 척도(측정)의 새로운 기준과 장치가 정립되고 있는지는 확실치 않다.

세 번째로 다중은 존재론적인 역량(포텐자)이다. 이것이 의미하는 바는 다중은 욕망을 대표하고 세계를 변혁하려는 메커니즘을 구현한다는 것이다. 다중의 소망은 세계를 자신의 이미지와 닮은꼴로 재창조하는 것이다. 이것이 의미하는 바는 자신을 자유롭게 표현하고 자유인(自由

人)의 공동체를 형성하는 주체성의 넓은 지평을 구축하는 것이다.

　이러한 포스트모던적인 주체로서의 다중 개념에 기반을 둔 저항 정치가 절대 민주주의이다. 네그리는 민주주의가 여전히 개념과 용어로서 의미심장하며 강력하고 긍정적인 방식으로 사용될 수 있다고 주장한다. 그에게 민주주의는 이중적인 역사를 지닌다. 한편으로는 민주주의는 다수에 의한 정부(통치)의 형식으로 정의된다. 여기서는 다수에 의한 하나(the One)의 통치가 된다. 군주정이 한 사람에 의한 하나의 통치이며, 귀족정 또는 과두정은 소수에 의한 하나의 통치라면 민주주의, 아니 더 정확히 말해서 민주정은 다수에 의한 하나의 통치를 형성한다. 다른 한편으로는 이러한 역사에서 급진적인 단절점이 절대 민주주의이다. 절대 민주주의는 입헌 민주주의나 다양한 형태의 다수에 의한 하나의 통치와 연관된 민주주의에 대립한다. 절대 민주주의는 '다중이라는 측면에서 민주주의에 관한 정의'이다. 반면에 서구 전통에서 민주주의는 '인민(국민)의 통치'를 의미한다. 여기서 인민은 권력의 토대로서 정치적 정당성의 기초로 정립되지만, 실제로 인민이란 주권의 초월성을 전제하는 개념이며 권력의 규율적 지배의 산물일 뿐이다. 따라서 인민은 신비화된 것이다. 그렇다고 해서 민주주의를 다중의 표현이라고 말하는 것은 아직 형태를 갖추지 않았다는 점에서 불충분하다. 그런데 다수에 의한 하나의 통치의 형태는 하나 안에서의 다수의 매개, 분절화 및 소외일 뿐이다. 반면에 다중의 증식하고 다수적이며 절대적인 형태로서 의도된 민주주의는 무정부주의적인 형태일 수는 없다. 이 지점에서 공동(공통)적인 것(the common)이나 코뮌주의가 의미를 지닌다. 요약하면 절대 민주주의란 우선 바깥을 지니지 않는다는 점에서 절대적이며 공동적인 것의 표현으로서의 다중의 표현이다. 즉, 존재론적인 기체로서의 공동적인 것이 다중의 표현으로서의 민주주의를 보장한다. 부연하자면 어떤 정부 형태도 시민들의 코뮌, 즉 시민들의 관계를 조직화할 수 있는 강력한 제도적인 역량 없이는 존립할 수 없다. 이런 식으로 공동적인 것이라는, 존재론적인 선행조건이나 기체(基體)가 대단히 강력하다는 사실을 깨닫게 되면 민주주의와 코뮌주의는 긴밀하게 서로에게 연관성을 지니게 된다.[11]

반면에 전통적인 모든 정부 형태는 그러한 기체의 실존을 완벽히 알고 있었지만 이를 정부 동력학에 외적인 것으로 상대화시켜버린 문제점을 안고 있다. 이와는 다르게 네그리는 그 기체를 절대화한다. 그래서 그에게 민주주의는 정부에 선재하는 그 기체를 재구성하고 재조립하려는 점에서 심지어 정부의 형태도 아니며 단지 '함께 존재함(being-together)의 형태'라는 존재론적인 특징을 지닌다. '인간은 인간에게 늑대(*homo homini lupus*)'라는 근대의 이기적인 개인-주체는 완전히 허구일 뿐이다. 이런 식으로 그의 탈근대적 계보학적 작업은 '주류 근대성' 속에 묻혀 있는 '다른(대안) 근대성(altermodernity)'을 발굴하는 작업이다. 이러한 주류 근대성의 초월성과는 달리 다른 근대성은 내재성, 즉 존재의 생산성에 대한 긍정이며, 주류 민주주의가 인민의 통치라면 절대 민주주의는 모든 통치 형태의 존재론적인 기초이며 '함께 존재함의 형태'이다. 이런 식으로 근대 민주주의에는 두 가지의 전혀 별개의 계보학적 노선들이 있다. 홉스-루소-헤겔 노선과 마키아벨리-스피노자-마르크스 노선(니체 포함)이 그것이다. 후자의 노선이 통치 가능성의 조건을 형성하는 '함께 존재함의 형태'를 추구했다.[12] 다시 말해서 네그리에 의하면 근대 시민사회와 근대 서양 철학 이후로 공화정이라는 위장된 형태로 나타난 주권 절대주의에 대항하며 마키아벨리, 스피노자, 마르크스의 대안적인 지하 노선이 절대 민주주의(다른 민주주의)를 탐구해온 것이다.[13]

---

11) Casarino and Negri(2009), pp.101-102.
12) Casarino and Negri(2009), pp.102-103.
13) Negri and Hardt(2009), p.115.

네그리에게 근대성 안에서 다른 근대성을 발굴하는 것은 일종의 탈은폐(unveiling)이다. 그러나 이는 하이데거적인 존재론의 차원에서의 존재의 탈은폐가 아니라 집단적인 실천(즉, 사회적 삶의 공동적인 본성이며 사회적 실존에 내재적인 목적론)의 탈은폐이다. 그러나 탈은폐로 끝나서는 안 된다. 진정한 도전 과제는 다중을 드러내고 설명하는 것이 아니라 생산하는 것이다.[14] 이러한 과제는 코뮌주의 역사에서 영웅적이자 패배한 첫 번째 국면 이후에 다시 코뮌주의의 기초들을 전반적으로 구성해야 하는 오늘날의 시대적 국면과 연관된다. 이 국면에서 재발견되고 재구성되고 있는 것은 단순히 코뮌주의의 혁명적 요소들이 아니라 광범위한 문화적 맥락이다. 이 맥락은 급진적인 자유주의의 계보학으로부터 불교와 같은 아시아 종교들에 관한 대립적 재전유에 이르기까지 극히 다양한 요소들을 포함하고 있다. 다시 말해 오늘날은 일군의 형식화된 욕망들이 세계 차원에서 재배치되고 있는 구성적인 국면이다. 네그리는 (기독교 교부철학에 힌트를 얻어) 이러한 집합이나 배치를 새로운 코뮌주의 교부(敎父)철학이라고 부른다. 이러한 배치의 관점에서 민주주의와 코뮌주의는 절대적으로 상호 교환적이다. 분파주의적으로 코뮌주의 전사들이 '진정한 코뮌주의'의 의미를 놓고 서로 싸우고 죽이는 데 열중했던 첫 번째 단계와는 달리 지금 단계는 재구성을 지향 중이다. 민주주의와 관련한 재구성에서 중요한 점은 다수에 의한 하나의 운영(management) 개념이 아니라 모두에 의한 전체의(of the All by everybody) 운영 개념이다.[15]

집단적 실천의 역사에서 중요한, 다중과 절대 민주주의라는 두 가지 변혁 정치학의 열쇠 개념은 네그리가 앞서 언급한 것처럼 들뢰즈의 영향 아래 새롭게 발굴한 스피노자의 **전복적인 윤리적 사유**에서 꺼내온 것이

---

14) Casarino and Negri(2009), pp.104-105.
15) Casarino and Negri(2009), p.107.

다. 그의 생각에 스피노자 철학이 현대성을 지니는 데에는 다섯 가지 이유가 있다.[16]

첫 번째로 존재는 진리를 지니지 않는 생성에 종속되려고 하지 않는다. 진리는 존재에 관해서 언급되는 것이다. 진리가 혁명적이므로 존재는 이미 혁명적이다.[17] 반면에 변증법적인 생성은 거짓을 구현한 것이며 존재를 파괴하고 진리를 억누르려 한다. 이와는 달리, 스피노자의 진리는 의식 속에서 성취된 진리요, '다중(multitudo)을 통한 윤리학의 대자존재'에 대한 탐구이자, 그것의 효과성에 대한 발견이다. 반면에 변증법적인 생성의 심장에 놓여 있는 위반과 회복의 경향은 일종의 신학적인 초월과 소외의 전통을 부활시킨다. 철학적 위장을 한 이러한 변신론(theodicy)은 항상 갱신된 인간적인 착취 및 항상 부과된 불행의 문자화(transcription)일 뿐이다. 근현대 서구 형이상학의 역사인 변증법적 이데올로기의 역사는 존재의 충만 대신에 무의미한 생성을 정당화하면서 존재의 역량을 상실해가는 길을 대표한다. 변증법적 변신론은 모든 윤리적인 토대를 상실했다. 이렇게 윤리적인 토대가 상실되면 존재는 논리적인 정초에 굴복하면서 그 뿌리가 점점 더 깊게 잘려나간다. 따라서 존재는 멀어지고 존재의 논리적인 정초는 점점 더 형식적인 수준으로 하락한다. 대신에 공허한 생성, 즉 허무(the void)가 부조리의 극장과 초현실주의 게임에서 철학적인 대장(boss)이 된다. 이러한 자본주의적 이데

---

16) 스피노자 철학의 현대성에 관한 다섯 가지 이유는 네그리의 견해를 그대로 요약적으로 정리한 것임. 따라서 별도의 각주 표시가 없는 인용은 Negri(2004a), Chapter 1 참조.

17) 네그리에 따르면 변혁 정치의 출발점은 변혁 존재론이다. 그래서 그의 정치적 논의는 존재론으로부터 시작한다. 이러한 존재론으로부터 혁신된 주체가 생산된다. 주체의 생산은 윤리와 연관된다. 그래서 존재론은 윤리학을 거쳐 정치로 모아진다. 이런 정치와 존재론의 연관성을 잘 보여주는 단어가 아르케(archē)이다. 아르케는 근원이나 원리를 의미하는 존재론적인 원리이면서 지배를 의미하는 정치적인 명령이다. 이를 근거로 그는 다음과 같은 말을 한다. "정치는 존재론으로서 태어난다. 이번에는 철학이 서양에서 탄생할 때 정치적인 논증으로서 그 자신을 제시한다." 이에 관해서는 네그리(2010), p.293. 번역 수정.

올로기의 반복과 바뀌지 않은 틀에 대항해서 스피노자는 혁명적인 지혜를 드러내고, 권력의 논리적 허무에 그는 존재론적 역량의 윤리적인 충만을 대립시킨다. 그러나 이러한 지혜는 우선 광기로 나타나 질병이나 전복이라고 불린다. 진리의 적이 스피노자의 철학을 비정상적인 별종으로 정의하는 것과는 반대로, 진리의 친구와 후손은 그것의 야생적이고 환원 불가능한 성격을 알아본다. 이런 식으로 스피노자는 모든 억압적인 규정의 형상에 관한 부정인 야생적인 부정, 즉 비정상적인 별종이다. 스피노자주의자가 된다는 것은 규정이 아니라 조건이다. 다시 말해서 생각하려는 사람은 우선 스피노자주의자가 되어야 한다. 이렇게 스피노자는 더 이상 비정상적인 별종이 아니라 기원적인 도약(Ursprung)이며 원천이고 본래적인 깨달음이다. 스피노자주의자에게 세계는 절대자로서 충만이며 환원할 수 없는 집단적 특이성을 특징으로 지닌다. 그런데 변증법의 허위는 만능열쇠의 허위와 같은 반면에 윤리학은 이러한 특이성에 적합한 열쇠이다. 그래서 "윤리학은 우리의 길을 열고 우리의 식별을 규정하는 비(非)변증법적인 열쇠이다."

두 번째로 스피노자는 세계를 절대적인 필연성, 즉 필연성의 현존으로 서술한다. 그러나 바로 이 현존이 모순적이다. 절대적 필연성이란 우리에게는 절대적 우연성으로 현상한다. 그래서 절대적 우연성이야말로 세계를 윤리적인 지평으로 주장하는 유일한 길이다. 존재의 고정성이 존재의 혁신적인 재앙들과 같은 것으로 나타나고 존재의 필연성은 혁명과 같은 것으로 제시된다. 이것이 필연성의 역설이다. 이러한 역설을 이해하려면 세계를 논리적으로 장악하려는 노력의 산물인 위기의 폭과 그 안에 뿌리내려 있는 존재 파괴의 그 효과적 가능성을 파악해야 한다. 이렇게 논리학은 지배의 행위를 추구한다. 이때 세계인 존재는 파괴될 가능성이 있다. 세계가 파괴되면 오히려 세계는 전체적으로 다시 형성될 수 있다. 이렇게 재앙이 결정론을 제거하므로 세계의 필연성은 절대적 우연성이 된다. 유물론자에게 필연성은 우연이다. 다시 말해서 재앙의 그

의미는 우리에게 세계를 자유와 집단적 창조의 가능성으로서 회복시킨다. 스피노자에게 세계는 우리가 그것을 살아가는 한에서 윤리적이다. 이러한 윤리적 역량이 스스로를 존재의 절대적인 우연성 속에서 분절화하는 운동은 비규정적인 것이 아니다. 이때 삶과 죽음의 양자택일, 건설과 파괴의 양자택일이라는 윤리적 양자택일이 그 기준이 되어 다시 최고의 의미를 얻게 된다. 이원론과 매개의 어떤 형태도 이러한 윤리적 양자택일을 억누르지 못한다. 이런 선택의 강도(intensity)와 드라마 속에서 윤리학은 정치적인 것이 된다. 이때 윤리학은 죽음의 세계와 대립되는 세계에 관한 생산적 상상력이 된다.

세 번째로 생산적 상상력이 윤리적인 역량이다. 그 기능이 자유의 건설과 발전을 주재하며 해방의 역사를 유지한다. 생산적 상상력은 집단 이성과 그 내적 분절화의 구성이며 윤리학의 기원적인 도약(Ursprung)으로서 윤리적인 존재의 계속적인 탈중심화와 자리바꿈(displacement)을 통과하는 구성적인 역량이다. 이렇게 스피노자는 우리를 혁명의 존재로 도로 이끌며 우리를 다시 그 윤리적 양자택일의 급진적인 구성적 규정 안에 도로 놓는다. 그러므로 과학과 노동, 언어와 정보의 세계는, 그 힘이 존재를 형성하는 데 있다는 점에서, 도로 윤리학으로 되돌려진다. 그것들은 그 형성된 시간의 관점, 즉 그 생산의 계보학(푸코 식으로 표현하면 역사비판적 존재론)에서 연구된다. 낱말과 사물이 작동하는 지평에 설치되면서 상상계가 이러한 구성적인 역동성을 정의내리고 인간은 윤리적으로 상상한 미래를 형성하는 시나리오들의 현존에 처한다. 그런데 스피노자에게 시간은 척도가 아니라 삶이자 윤리이다. 즉 시간은 해방으로서만 실존한다. 윤리학에 뿌리를 둔 생산적인 상상력으로서의 해방된 시간은 생성도 아니며 변증법도 아니고 매개도 아니다. 스스로를 구성하는 존재이며 역동적인 구성이자 실현된 상상력이다. 이렇게 상상력이 스피노자주의적인 존재의 숨겨진 차원을 탈은폐한다. 이러한 **스피노자적인 존재는 윤리적 존재이며 혁명의 존재이다.** 이는 생산에 관한 연속적인 윤리적 선택이다. 그렇지만 이렇게 존재를 실존으로 실현하는 목표로 노력하는 모든 사람들의 노동의 결실이 존재의 필연성이다. 이는 어떤 합목적성도 정립하지 않는다는 점에서 역사주의적 흔적과 종말론적인 색깔과는 결별한다. 도리어 존재 필연성은 유일하게 존재와 그 역량에 관한 긍정이며 혁명적 요구이다. 그래서 윤리학이란 존재의 지속(persistence)이며 **옹호이자 저항**이다. 이런 식으로 스피노자는 벌써 일어난 혁명의 해독가(cipher)이다. 이러한 해독가는 "충만하게 전개된 자유가 출현할 수 있는 장소에 관한 선택, 즉 존재에 관한 역사적이고 결정적인 선택을 자유 자체를 위해 규정하는 필연성"이다.

네 번째 이유는 스피노자가 제시한 사랑[18]과 신체의 개념이다. 절대정신의 변증법적 논리와는 다르게 존재의 표현[19]은 신체 및 신체들의 다수성(다양체)을 파악하는 위대한 감각적인 행위이다. 다수의 사물들이 하나의 이데아에 참여하는 것과는 거꾸로 '존재'는 다수성(다양체)에 참

---

18) 스피노자에게 사랑의 역량(잠재력)은 다중이 스스로를 주체화하는 지점이고 절대 민주주의를 생각하는 모든 가능성의 토대가 된다. 이 사랑의 역량은 존재론적인 연속성 안에서 형이상학적인 잠재력(potentia)으로, 물리적인 코나투스(충동)로, 윤리적인 욕망(cupiditas)으로 그리고 마지막에는 지성적인 사랑으로 구성된다(네그리(2010), p.281. 번역 수정). 또한 스피노자에 따르면 "이 충동(코나투스)이 정신에만 관계될 때에는 의지(voluntas)라고 일컬어지지만, 그것이 정신과 신체에 동시에 관계될 때에는 욕구(appetitus)라고 일컬어진다. 그러므로 욕구는 인간 본질 자체인 것이다. 이러한 본성으로부터 그의 생존유지에 기여하는 것들이 필연적으로 생겨나며 따라서 인간은 이런 것들을 행하도록 되어 있다. 다음으로 다만 욕망이 자신의 욕구를 의식하는 한에서 주로 인간에게 관계된다는 것을 제외하고는 욕구와 욕망의 차이는 거의 없다. 따라서 욕망이란 의식을 동반한 욕구로 정의될 수 있다. 그러므로 이상의 모든 것에서 다음과 같은 사실이 분명해진다. 즉 우리는 어떤 것을 선이라고 판단하기 때문에 그것에 대하여 충동하고 의지하며 욕구하고 욕망하는 것이 아니라, 반대로 충동하고 의지하며 욕구하고 욕망하기 때문에 그것을 선이라고 판단한다." 이에 관해서는 스피노자(1990), 제3부 정리 9 주석. 번역 수정.
19) "표현은 일과 다를 매개하는 관계이며, 고정하고 제한하는 방식이 아니라 풍부화(증식)하고 복잡화하는 방식이다. 표현을 통해 실체에서 속성으로, 속성에서 양태로 풍부화가 이루어진다." 이에 관해서는 문성원(2012), p.228.

여하는 것을 의미한다. 이는 집단의 영원하고 단단한 구성 및 그것에의 참여를 뜻한다. 결과적으로 존재의 새로운 자리바꿈과 더불어 새로운 사회가 해방되고 구성된다. 이런 의미에서 새로운 사회를 언급하는 것은 새로운 존재를 언급하는 것과 마찬가지이다. "상상력은 구성된 새로운 존재 안에서 존재자들이 연결되는 채널이다." 그래서 만물(모든 존재자)은 표면이고 존재는 유출의 원천이자 원리이다.[20] 스피노자가 주장하는 유출은 고대와 르네상스의 유출론의 흐름과는 달리 지상적이고 물체적인 관점에서 이해된다. 이는 마치 구름떼가 거대한 폭풍의 사나움 속에서도 물과 생명의 선물을 만드는 것과 같다. 매순간 집단적으로 새로운 존재의 이러한 기적이 각 존재의 천 일(1,001) 개의 특이한 행동들을 통해서 일어난다. "세계는 번쩍인다." 이러한 상이한 존재자들을 함께 묶는 것이 사랑이다. 사랑은 "신체들을 생산하고 집단적으로 그들의 특이한 본질을 재생산함으로써 그들을 통일하면서도 다수화하면서 행위이다." 따라서 우리 존재는 항상 그 자체로 집단적이어서 누구도 외롭지 않다. 반면에 생성과 변증법은 고립화를 낳는다. 반면에 존재와 사랑은 그렇지 않다. 따라서 사랑이 유일한 유출의 힘이며 욕망[21]이 사랑과 존재

---

20) 정말로 유일의 실체가 속성의 다수성으로의 유출이 필연적인 것인가에 관하여 다음과 같은 비판이 있을 수 있다. 유일의 실체는 처음부터 관계성을 배제한 것은 아닌가? "맑스의 유물론적 역사관은 관계의 존재론에 바탕을 두고 있다. 관계는 실체성을 거부한다. 실체성이 부여된 것은 (라이프니츠의 모나드처럼 소통의 창이 없는) 고립된 존재자이다. 실체에서 유출(스피노자)되건 실체가 창조 작용(기독교)을 하건, 실체가 이처럼 유출되거나 창조 작용을 해야 할 필연적인 이유가 없다. 왜냐하면 실체는 다른 존재자를 전제할 필요가 없이 스스로 존재하는 것이기 때문이다. 따라서 실체는 (언어적 차원이건 행위의 차원이건 존재의 차원이건 간에) 상호 관계맺음이라는 피투성과 또한 상호 관계성에 의거한 상호작용이라는 활동성이 배제된다. 이런 실체와는 달리 '관계'는 관계하고 있는 각자의 실체적 독립성을 인정하지 않고 대신에 관계자들의 상생과 상극의 이중성을 내포한다. 이 이중성의 관계 속에서 관계하는 것들의 대립과 모순이 '필연적으로' 생겨난다. 맑스의 변증법적 존재론은 이러한 관계성을 인식하는 데서 출발한다." 이에 관해서는 김성민, 김성우(2005), pp.88-89.
21) 여기서 말하는 들뢰즈와 가타리가 주창한 욕망은 엄마, 아빠, 나라는 가족주의적인 오이

의 접착제이다. 따라서 스피노자의 철학은 유아론이 아니다.

다섯 번째 이유는 스피노자 철학의 영웅주의이다. 이는 다중 안의 그리고 다중을 통한 혁명의 영웅주의이며 상상력과 자유[22]를 향한 열망의 영웅주의이다. 이는 집단적 영웅주의로서 의지에 바탕을 둔 광란주의가 아니라 이성적인 명료성의 힘을 요구하며 혁명적인 자연권을 주장한다. 이러한 영웅주의의 윤리적 태도는 거만함이나 명예욕이 아닌 이성의 기쁨이다. 이러한 영웅주의는 마키아벨리와 갈릴레오에게서, 그리고 마르크스와 아인슈타인에게서 발견된다. "저항과 존엄, 무의미한 실존의 불안에 대한 거부, 이성의 독립성, 이것들은 도덕적인 규정[23]이 아니라 상태, 즉 윤리적인 정리(ethical theorem)이다."(헤겔처럼 또는 이를 비판하기는 하지만 여전히 하이데거처럼) 부정적인 존재론에 사로잡힌 변증법에 종속되지 않고 지배의 전쟁터로부터 탈주하는 것이야말로 최고의 영웅주의이다. 이러한 철학적 영웅주의를 제시한 "스피노자의 숨결이야말로 마키아벨리적인 현실주의와 마르크스적인 비판을 되살리는 것이다."[24] 17세기에는 '별종'이었다가 현대에는 '동시대적인 것'이 된 스피노자의 사유 방식은 급진적으로는 '대안'적이며, 구체적으로는 혁명적이다.[25]

디푸스적인 결여에 근거를 두는 것이 아니다. 오히려 욕망은 다양체(다수성)이고 항상 유동 상태에 있는 생산적인 기계이다. 욕망은 창조와 변형을 통한 삶의 팽창이다.

22) 스피노자가 우리의 동시대 철학적인 이유는 스피노자가 자유를 향한 추구와 자유에 관한 사랑 사이에 놓인 길을 따라가기 때문이다. 이 길 위에서 그는 개인을 사회적인 협력으로 여는 쪽으로 인도하는 과정의 그 단계들, 그 차원들, 그리고 그 감지되는 이행들에서 자유를 확인한다. 이에 관해서는 네그리(2010), p.276.

23) 들뢰즈와 이를 따르는 네그리에 의하면 (법칙이나 규칙과 같은) 도덕과 (존재론적인 태도나 상태를 의미하는) 윤리에 차이가 있다. 스피노자는 도덕을 제시하지 않는다. 그는 의무의 도덕성 대신에 기쁨의 윤리를 제시한다. 역량 강화를 제시한다. 따라서 슬픔은 지성적이지 않다. 권력은 대중에게 슬픔을 요구한다. 그러므로 고뇌와 고통은 해방으로 이끌지 못한다. 스피노자는 삶의 철학자이다.

24) Negri(2013), p.6.

25) Negri(2013), p.4.

3. 후기 자본주의 이데올로기인 '의무론 없는 윤리학'

헤겔도 스피노자 철학의 진리를 인정한다. "누군가 철학을 시작하려면 우선 스피노자주의자가 되어야 한다. 영혼은 하나의 실체의 이러한 에테르 속에서 목욕해야 한다. 이 하나의 실체 안에서 인간이 참다운 것으로 간주한 모든 것들이 사라진다. 그것이 각각의 철학자들이 도달했던 것, 즉 모든 특수한 것의 부정이다. 그것이 정신의 해방이며 정신의 절대적 기초이다."[26] 그러나 청년기에 스피노자 철학에 경도되었던 헤겔은 성숙기에서는 스피노자 철학을 비판한다.[27] 절대적 주체성의 형이상학의 관점에서 후기 헤겔은 세계가 해체되어 그 안으로 함몰되어 버리는, '경직되고 죽어 있으며 몰(沒)주체적인' 스피노자의 절대적 실체[28]를 순수한 주체성이나 사변적 '개념'으로 전화시킨다. 이처럼 헤겔은 스피노자의 유일 실체 형이상학을 지양하여 스피노자주의를 계속 보존하면서도 단지 지양되는 선행적인 단계로 이해한다.[29]

지젝도 이러한 '옛날 방식의 헤겔적인 스피노자 해석'을 의도적으로 계승하여 네그리와 하트의 윤리학 및 그들이 따르는 들뢰즈의 존재론이 지닌 스피노자주의적 애매모호함을 드러내려고 한다.[30] 그에 따르면 이

---

26) Hegel(1971), p.165.
27) 헤겔의 스피노자 해석의 변천사에 관해서는 뒤징(2003), pp.204-232.
28) 헤겔에 의하면 "따라서 엘레아학파의 존재나 스피노자적인 실체는 그 자신 안에 관념성 (이데아적인 본질성)이 정립되지 않고서는 단지 모든 규정성의 추상적인 부정인 것이다. 즉 스피노자의 경우에 아래에서 더 언급될 것처럼 무한성은 단지 사물의 추상적인 긍정, 결과적으로 단지 부동(不動)의 통일인 것이다. 그러므로 실체는 주체와 정신의 규정은 말할 것도 없이 대자존재의 규정도 획득하지 못한다." 또한 "그러나 스피노자에게서 실체와 그것의 절대적 통일은 부동의, 즉 자기 자신에 의해 매개되지 않은 통일의 형태, 즉 자신의 부정적 통일의 개념, 다시 말해서 주체성이 결여된 경직성의 형태를 지닌다." 이에 관해서는 Hegel(1969), p.179, p.291.
29) Hegel(1969), pp.223-224.
30) Žižek(2004b), p.29.

교도-유대교-기독교의 삼박자는 근대 사상사에서 처음에는 스피노자-칸트-헤겔로 반복되고 다음에는 들뢰즈-데리다-라캉으로 반복된다. 이교도, 스피노자, 들뢰즈는 하나-실체를 다중의 무차별적인 매체로서 전개한다. 다음으로 유대교, 칸트, 데리다는 이러한 하나-실체를 자신과 다른 철저한 타자성으로 바꾸어 놓는다. 마지막으로 기독교, 헤겔, 라캉은 그 하나 자체에 균열, 벤 자국, 틈을 도로 가져온다. 이런 식으로 스피노자-칸트-헤겔[31]은 철학 전체를 관통하는 세 가지 철학적 입장을 대표한다. 이중에서 스피노자의 실체에 관해 지젝은 전형적인 헤겔적 비판을 시도한다. 그것은 서로 간에 매개가 존재하지 않는 속성(본질적 성질)들의 다중의 중립적인 매체를 가리킨다. 이러한 매개의 결여는 주체성의 결여와 동일한 것이다. 왜냐하면 주체가 상이한 두 계열의 봉합점(들뢰즈 식으로 표현하면 '암흑의 선구자')로서 그러한 매개 작용을 하기 때문이다. 한 마디로 "스피노자에게 없는 것은 부정성을 특징짓는 변증법적인 전환이라는 기초적인 '비틀기'이다." 지젝은 이러한 헤겔적인 비판을 다시 라캉적인 언어로 제시한다. 이러한 변증법적인 전환에 의해 욕망의 포기는 포기의 욕망으로 전환되고 이를 계속 되풀이한다. 스피노자의 코나투스(conatus)는 각 존재자가 자신의 존재를 지속하고 강화하려고 추구하며 이런 식으로 행복을 추구하려고 한다. 그런데 이러한 코나투스는 여전히 아리스토텔레스적인 좋은 삶의 프레임에서 벗어나지 못하고 칸트적인 정언명법으로 나아가지 못한다. 그 정언명법은 자신의 안녕(well-being)과 상관없이 인간 주체에 기생하는 일종의 무조건적인 추진력이다. 이것이야말로 프로이트가 말한 '쾌락 원칙 너머'의 '죽음에의 충동'[32]이다. 이를 라캉은 가장 순수한 상태의 욕망[33]이라고

---

31) 이 글은 주로 스피노자와 헤겔의 관계를 다룰 것이다. 칸트에 관한 헤겔의 비판에 관해서는 김성우(2013) pp.199-201.

32) 지젝에 따르면 생물학적인 충동과 이를 넘어서는 충동은 구분된다. 충동이 단지 동물적 삶의 자연학의 일부라면, 충동(죽음에의 충동)은 초-자연학(형이상학)적인 차원을 도입

한다.[34]

이러한 스피노자 실체의 철학적 결과는 다음의 세 가지로 나타난다. 첫 번째 결과는 들뢰즈의 '존재의 일의성'이다. 이러한 일의성이 의미하는 바는 다양한 사물들 사이에 논리적인 연결을 설정하는 메커니즘이 중립적이라는 것이다. 왜냐하면 그 메커니즘은 그 결과의 좋고 나쁨과는 무관하기 때문이다. 그래서 스피노자는 다중과 관련된 표준적인 접근의 이중적 덫에서 벗어난다. 즉 그는 다중을 형성하는 메커니즘을 비이성적인 파괴적 군중의 원천으로 기각하지도 않으며 동시에 이를 이타적인 자기 극복과 연대의 원천으로 일방적으로 찬양하지도 않는다. 다시 말해서 스피노자는 다중의 파괴적인 잠재력도 고통스럽게 인지하고 있으면서 그 동일한 메커니즘에 의해 고귀한 집단적 행동도 생겨난다는 것도 알고 있었다. 군중으로서의 다중은 거대한 하나(일자)에 대한 저항이면서도 비이성적으로 폭력을 폭발하는 야만적인 폭도이기도 하다. 그는 민주주의와 폭도가 동일한 원천에서 나온 것이라는 가치중립성을 주장한 것이다. 이러한 스피노자의 심오한 통찰이 네그리와 하트가 주창한 다중의 이데올로기에서는 사라진다. 그들은 일방적으로 다중을 저항 세

한다. 마르크스에서도 노동자 계급이 사회적인 지식으로 접근 가능한 경험적인 범주라면 프롤레타리아트는 혁명적인 진리의 주체-행위자이다. 동일한 노선 위에서 라캉은 충동이 윤리학적 범주라고 주장한다. 이에 관해서는 Žižek(2004a), p.255.

33) 지젝이 제시한 이러한 철학적 입장의 삼박자에 의하면 들뢰즈에게는 헤겔주의를 비판하는 것이 동시에 라캉을 비판하는 것이 된다. 이와 동일한 의도에서 라캉주의자들의 정신분석학을 비판하기 위해 쓰인 들뢰즈와 가타리의 『안티 오이디푸스』에 의하면 정신분석학은 자본주의에 고유한 도착증이다. 실제로 들뢰즈가 라캉주의 정신분석학을 비판하며 말하기를 "우리가 정신분석학의 관념론이라고 부르는 것은 그 분석의 이론과 실제상의 환원, 축소 체계입니다. 욕망하는 생산을 이른바 무의식적 표상 체계로, 그리고 대응적인 표현, 이해 등 인과관계 형태로 축소하고, 무의식의 기계 공장들을 오이디푸스, 햄릿과 같은 하나의 연극 무대로 축소한 것이라든가, 리비도의 사회적 투자(집중)를 가족적인 투자로 축소하고, 욕망을 또 오이디푸스와 같은 가족적 좌표로 환원해버린 것 등을 말합니다." 이에 관해서는 들뢰즈(1993), p.44. 번역 수정.

34) Žižek(2004b), p.30.

력으로 긍정해버리기 때문이다.[35]

두 번째 결과는 부정성에 대한 철저한 거부이다. 스피노자 존재론에서는 긍정만 있을 뿐 결여는 긍정적인 역할을 담당하지 못한다. 다시 말해서 긍정적인 결여로서의 '생성적인' 부재(不在)가 없는 것이다. 이러한 존재의 긍정성(혹은 실정성)이 스피노자에게는 힘(권력)과 권리(정의)의 철저한 동일시로 나타난다. 이러한 동일시에서 권리(정의)의 형식은 유지되더라도 권리의 실질적 내용은 힘에 대한 복종(불의)인 것이다. 이러한 형식과 내용의 괴리는 단지 특정한 불운한 상황의 결과물이 아니라 그 개념 자체를 구성한다. 다시 말해 권리는 그 자체로, 즉 그 개념적으로 힘의 형식이 된다, 요컨대, 권리는 정당화된 힘이다. 권력이 정의가 될 수 없다면 정의가 권력이 될 수밖에 없다. 이러한 '체념적인' 권력과 정의의 동일시는 들뢰즈 사상의 또 다른 주춧돌인 니체의 운명애(amor fati)와 동일자의 영원한 회귀에 상응한다. 여기서 정의는 환상과 마찬가지로 전제된 것이다. 이로써 정의는 윤리학과 존재론의 비밀스런 연결고리가 된다.[36]

세 번째 결과로, 스피노자에게는 통상 우리가 도덕이나 윤리라고 부르는 규범의 '의무론적' 차원이 중지되어 있다. 스피노자의 『윤리학』에는 윤리가 없다. 스피노자는 의지의 자유나 선택의 자유를 부정한다. 그는 우주를 탈(脫)주체화한다. 따라서 진정한 자유는 선택의 자유가 아니라 우리를 결정하는 필연성에 대한 정확한 통찰인 것이다. 여기에는 두 가지의 차원이 있다. 상상의 차원과 진정한 인식의 차원이 그것이다. 의지의 자유는 상상력에 속하는 잘못된 의인화일 뿐이며 진정한 인식은 비인격적인 진리에 관한 철저히 비(非)의인화된 인과적 연관에 관한 것이다. 스피노자는 이런 식으로 의도, 명령과 같은 의인화된 도덕적 범주 바

35) Žižek(2004b), pp.30-31.
36) Žižek(2004b), pp.31-35.

깥에서 윤리학을 사유하려고 한다. 이것이 존재론적인 윤리학이다. 그러나 이것은 의무론적인 차원이 결여된, '당위' 없는 '존재'의 윤리학이다. 이는 마스터 시니피앙[37](시니피앙의 결여를 메우고 있는 반성적 시니피앙)의 윤리적 명령이 중단된 것이다. 이것의 대가는 무엇인가? 라캉의 정신분석학적 용어로 말하자면, 인식의 편에 서 있는 **초자아**(Über-Ich)[38]의 명령이 도처에서 늘 작동한다. 삶을 부인하는 부정성 없는 힘들의 순수한 긍정성의 세계와 삶의 즐거운 긍정이라는 태도 및 일상적 인간의 열정(수동 감정)과 이해관계를 넘어선 그리고 모든 죄의식과 도덕적 분노를 넘어선 거의 성인에 가까운 무심한(indifferent) 태도의 숨은 이름이 초자아이다.[39]

이런 관점에서 초기의 지젝은 하트와 네그리의 다중과 절대 민주주의 개념의 원천인 포스트모던적인 스피노자 해석을 후기 자본주의의 이데올로기[40]로 규정한다. 그런데 후기의 지젝은 스피노자 철학에서 시차적 관점을 인정하고 그를 '철학자 자체'로 취급한다. 그럼에도 불구하고 스피노자는 결정적으로 헤겔과 차이가 있다. 스피노자에게 시차는 균형적이다. 다시 말해서 두 양태인 몸과 마음 사이의 **접촉점**이나 **이행점**이 없

---

37) 아버지의 이름(고정점)과 같은 마스터 시니피앙을 배척하는 정신병의 과정을 설명하기 위해 도입된 것이 거부(foreclosure, 폐제)이다. 이러한 거부는 정신병적인 현상의 변별적인 특징이다. 이런 관점에서 보면 마스터 시니피앙이 부재한 스피노자의 세계는 아직 상징계에 진입하지 못한 정신병자의 세계인 것은 아닌가? 스피노자-칸트-헤겔의 삼박자를 임상적 용어로 표현하면 정신병-도착증-신경증의 삼박자인 것은 아닌가?

38) 주이상스 자체를 위반으로 경험은 실은 부과되고 명령된 것이다. 즉 향락(주이상스)을 누리는 것은 결코 자발적인 것이 아니라 항상 어떤 명령을 따른다. 초자아란 통상적으로 알려진 바와 같이 양심의 심급이 아니라, 이러한 외설적인 명령이나 부름에 대한 라캉주의적인 정신분석학적 명칭이다. 이에 관해서는 Žižek(2008a), pp.9-10.

39) Žižek(2004b), pp.30-37.

40) 스피노자 체계에는 마스터 시니피앙과 같은 명령과 금지의 시니피앙이 부재한 까닭에 스피노자적인 지혜의 태도는 의무론이 존재론으로 환원된 것이다. 그래서 지젝은 스피노자주의를 쾌락을 위해서 모든 것이 허용된 '후기 자본주의의 이데올로기'라고 부른다. 이에 관해서는 Žižek(1993) 참조.

이 단지 각자가 다른 양태로 평형적인 네트워크를 드러낸다. 반면에 헤겔에게 시차적 전환에 얽힌 두 차원은 철저히 비균형적이다. 한 차원이 독자적으로 설 수 있다고 보이는 한편, 다른 차원은 그러한 전환 자체를 나타낸다. 여기서의 둘은 단순히 하나 그리고 하나가 아니다. **둘은 하나로부터 둘로의 이동/전환을 표시하기 때문이다.** 예를 들어 부르주아 계급과 프롤레타리아 계급 사이의 계급투쟁에서 프롤레타리아 계급이 그러한 투쟁 자체를 대표한다. 스피노자적인 일자(그것의 양태들의 중성적인 매개체/창고)로부터 헤겔적인 일자의 내재적인 균열로의 이행은 그 유명한 실체로부터의 주체로의 이행이다.[41]

게다가 지젝은 이와 같이 스피노자 철학 자체의 한계를 드러낼 뿐만 아니라 알튀세르로부터 들뢰즈를 거쳐 네그리에 이르기까지의 '프랑스적인' 스피노자 해석[42]에 눈이 멀어 또 다른 해석을 망각해서는 안 된다고 지적한다. 우선 스피노자는 러시아 사회 민주주의의 핵심적인 이론가인 플레하노프의 작업에서 중요한 준거점이었다. 플레하노프는 포괄적인 세계관으로서의 이른바 '변증법적 유물론'을 최초로 정립했다. 앞서의 포스트모던 해석가들이 경악할 정도로, 그는 헤겔에 반대하여 마르크스주의를 '현대의 스피노자주의'라고 지칭했다. 다음으로 현재 미국 네오콘(신보수주의)의 창시자인 레오 스트라우스의 작업에서 스피노자는 핵심적인 준거점이다. 그에게 스피노자는 보통사람들에게 적합한 대중적인 이데올로기와 소수에게만 접근 가능한 진정한 인식 사이에 벌어지는 균열의 모델이다. 마지막으로 저명한 인지주의자이고 뇌과학자인 안토니오 다마시오는 스피노자의 인간 정신에 관한 반(反)데카르트적인 학설을 일종의 권위로 높인다. 따라서 포스트모던적인 프랑스적 스피노자에게는 마치 부인된 외설적인 복제자나 선구자가 동행하는 것 같

---

41) Žižek(2006), p.42.
42) Wegner(2011) 참조.

다. 예를 들어 칸트에게는 사드가 동행하듯이, 알튀세르의 '원형 마르크스 주의자(proto-Marxist)인 스피노자'에게는 변증법적 유물론을 명명한 정통 마르크스주의자인 플레하노프가, 네그리의 '다중의 반(反)제국 스피노자'에게는 미국 네오콘의 스승인 레오 스트라우스가, 들뢰즈의 '감정 (affects, 정동)의 스피노자'에게는 신경생물학적 환원주의자인 다마시오가 동행한다.[43]

4. 아름다운 영혼으로서의 스피노자주의

들뢰즈와 그를 따르는 네그리와 하트의 스피노자주의는 모순보다는 차이를, 부정보다는 긍정을, 고뇌보다는 기쁨을, 노동보다는 놀이를, 변증법보다는 윤리학을, 그래서 헤겔보다는 니체를 강조한다. 이들은 헤겔 식으로 말하면 일종의 '아름다운 영혼'들이다.[44] 이들에게 스피노자는 차이와 다수성(다양체)의 철학자인 반면에 헤겔은 동일성의 철학자일 뿐이다. '아름다운 영혼'이란 경건한 양심에 근거한 도덕적 의무와 자발적인 충동을 화해시키기 위해 실러와 괴테가 추구한 인물형이다. 헤겔에 의하면 양심은 행위하기는 하나 한정되어 있는 정신이지만, 아름다운 영혼은 한정되지 않은 정신이긴 하나 행위로부터 도피한다.[45] "마음의 순수함을 보존하기 위해서라면 자신(아름다운 영혼)은 현실과의 접촉

---

43) Žižek(2006), pp.391-392.
44) Malabou(1996), p.118.
45) 가토(2009) 참조. 여기에 다음과 같은 실러와 괴테의 작품이 인용되어 있다. 실러에 의하면 "마치 오로지 본능만이 그로부터 발현하여 행동하는 것처럼 용이하게 이 [아름다운] 영혼은 인간성에 있어 가장 고통스러운 의무도 수행한다. 그리고 이 영혼이 자연충동에서 획득하는 가장 장렬한 희생마저도 이 충동 그 자체의 자발적인 결과인 것으로 볼 수 있다."(실러, 『우미와 존엄에 대하여』) 괴테의 소설 『빌헬름 마이스터의 수업시대』 제6권의 '아름다운 영혼의 고백'에 따르면 "어떠한 것에서도 제계는 계명의 형태로는 나타나지 않는 것입니다. 저를 이끌어 저로 하여금 언제나 정도를 걷도록 하는 것은 충동입니다. 저는 자유롭게 스스로 생각하는 것에 따르며, 거의 아무런 구속도 회한도 없습니다."

을 피하고 극단적 추상으로 치닫는 자신을 떨쳐버리고 세계의 질서에 편승함으로써 사유를 존재로 전환하거나 절대적 구별을 받아들이거나 해야만 하겠지만, 여기서 자신은 이를 도저히 해낼 수 없다는 무력감에 젖어 있다."[46] 아름다운 영혼은 이렇게 극단적 순수함으로 인해 자신을 외화(자신의 부정)를 감내할 내적 힘이 결여되어 안개처럼 사라져버리는 존재자이다.

지젝이 제시한 라캉적인 헤겔주의적 관점에서 보면 하트와 네그리가 제시한 아름다운 영혼으로서의 '다중'은 종교적인 맥락과 맞닿아 있어서 변화의 주체가 될 수 없다. 다중은 절대 민주주의의 현전이기 때문에 정치적인 대표(재현)를 거부한다. 그런데 대의제의 형태를 제거하고 직접적인 투명성에 도달하고자 하는 것은 거의 종교적인 꿈처럼 불가능한 것이다. 세계 차원에서의 직접적이고 투명한 민주주의의 획득은 그 자체로 '전체주의적인 잠재 요소를 지닌 유토피아'가 아닌가?[47] 결국 지젝에 따르면 포스트모던 스피노자의 상에 근거를 둔 하트와 네그리의 절대 민주주의론은 포스트모던적인 수준에서 고전적인 마르크스주의적인 제스처를 반복하거나 자본주의의 "규정적인 부정"(추상적인 부정과는 달리 부정적인 해체만이 아니라 긍정적인 대안도 제시하는 부정)을 연기(演技)하는 정도로만 모험을 감행한다.[48]

지젝에 의하면 아름다운 영혼의 운명과 마찬가지로 절대 민주주의의 스피노자적인 직접적인 것과 다중의 한계는 분명하다. 혁명 정치학은 여전히 주권 국가, 구심점, 자유의 체제, 즉 헤겔적인 것에 토대를 두어야 한다. 지젝의 말을 인용하면, "여기서 우리가 다루고 있는 전환은 열쇠가 되는 변증법적인 전환이다. 그러나 '부정 변증법'이 부정성의 폭발을 사

---

46) 헤겔(2005), p.222.
47) 지젝(2012), p.156, pp.226-227.
48) Žižek(2008b), p.338.

랑하고 '저항'과 '전복'의 상상 가능한 모든 형태를 사랑하지만 기존의 실정적인 질서에 자신이 기생하고 있다는 현실을 극복할 수 없다. 그래서 '부정 변증법'이 이러한 전환을 파악하기는 대단히 어렵다. 그 전환이란 (억압적인) 체제에서 해방되는 야생의 댄스로부터 (독일 관념론이 부르는 것처럼) 자유의 체제로의 전환이다."[49]

참고문헌

가토 히사타케 외(2009). 『헤겔 사전』. 이신철 옮김. 서울: 도서출판 b.

김성민, 김성우(2005). 「문화산업의 논리와 신화: 문화분석을 위한 맑스의 유물론적 관계존재론의 가능성에 대한 서론」. 『철학연구』 94집: 85-115.

김성우(2013). 「가라타니 고진의 '세계공화국'에 대한 지젝의 비판」. 『시대와 철학』 제24권 3호: 179-209.

안토니오 네그리(2010). 『네그리의 제국 강의』. 서창현 옮김. 서울: 갈무리.

질 들뢰즈(1993). 『대담(1972-1990)』. 김종호 옮김. 서울: 솔.

마이클 하트(2006). 『들뢰즈 사상의 진화』. 김상운, 양창렬 옮김. 서울: 갈무리.

문성원(2012). 『해체와 윤리』. 서울: 그린비,

바디우(2008). 『들뢰즈: 존재의 함성』. 박정태 옮김, 서울: 이학사.

스피노자(1990). 『윤리학』. 강영계 옮김. 파주: 서광사.

---

49) Žižek(2006), p.8.

슬라보예 지젝(2012). 『불가능한 것의 가능성』. 인디고연구소 편. 서울: 궁리출판.

클라우스 뒤징(2003). 『헤겔과 철학사』. 서정혁 옮김. 고양: 동과서.

G. W. F. 헤겔(2005). 『정신현상학』. 임석진 옮김, 파주: 한길사.

Casarino, Cesare and Negri, Antonio(2009). *In Praise of the Common*. Minneapolis: University of Minnesota Press.

Garrett, Don, ed.(1996). *The Cambridge Companion to Spinoza*. New York: Cambridge University Press.

Hallward, Peter, ed.(2004). *Think Again: Alain Badiou and the Future of Philosophy*. London and New York: Continuum.

Hegel, G. W. F.(1969). *Wissenschaft der Logik I*. Frankfurt am Main: Suhrkamp,

____(1971). *Vorlesungen über die History der Philosophie III*. Frankfurt am Main: Suhrkamp.

Macherey, Pierre(2011). *Hegel or Spinoza*. Minneapolis: the University of Minnesota Press.

Malabou, Catherine(1996). "Who's afraid of Hegelian Wolves." in Patten(1996), pp.114-138.

Moreau, Pierrre-François (1996). "Spinoza's Reception and influence." in Garrett(1996), pp.408-434.

Negri, Antonio(2004a). *Subversive Spinoza: (Un)Comtemporary Variations*. Manchester and New York: Manchester University Press.

____(2004b). *Negri on Negri: In Conversation with Anne Dufourmentelle*. London: Routledge.

____(2013). *Spinoza for Our Time*. New York: Columbia University Press.

Negri, Antonio and Hardt, Michael(2009). *Commonwealth*. Cambridge, Massachusetts: Harvard University Press.

Norris, Christoper(1991). *Spinoza & the Origins of Modern Critical Theory*. Oxford: Basil Blackwell.

Patten, Paul, ed.(1996). *Deleuze: a Critical Reader*. Oxford: Blackwell.

Wegner, Phillip E.(2011). "Hegel or Spinoza (or Hegel): Spinoza and Marx." in Mediations Volume 25, No. 2: http://www. mediationsjournal.org/articles/hegel-or-spinoza-or-hegel.

Žižek Slavoj(1993). *Tarrying With The Negative: Kant, Hegel, and the Critique of Ideology*. Durham, NC: Duke University Press.

____(2004a). "From Purification to Subtraction: Badiou and the Real." in Hallward(2004), pp. 165-181.

____(2004b). *Organs without Bodies: On Deleuze and Conse-quences*. London and New York: Routledge.

____(2006). *The Parallax View*. Cambridge, MA: MIT Press.

____(2008a). *For They Know Not What They Do: Enjoyment as a Political Factor*. London and New York: Verso.

____(2008b). *In Defense of Lost Causes*. London and New York: Verso.

도덕 실재론의 과거와 그 전망

김 신

1. 들어가는 말

도덕 사실은 있다, 사회적 약자를 우선 배려하는 것은 옳으며, 불평등 조장 특히 사리사욕을 채우기 위한 불평등 조장은 그르다 등등, 이를 부인하는 사람은 없을 것이다. 그럼에도 불구하고 도덕 사실의 위상 및 그 근거에 대한 논의는 인류의 역사만큼이나 오래되었다고 할 수 있다. 이 논의는 역사적으로 여러 가지 모양새를 띠었지만, 무어의 '열린 질문 논증'이 큰 영향력을 행사하였던 20세기 초 이래로 도덕 실재론 논쟁의 모습을 취한다.[1] '도덕 사실이 있는가?'라는 질문은 긍정적인 답변을 실재론 진영으로부터, 부정적인 답변을 반실재론 진영으로부터 이끌어내었다. 하지만 '도덕 사실이 없다.'는 주장은 '도덕 사실이 있기는 하지만,

---

* 이 논문은 한국헤겔학회 편, 『헤겔연구』 38호(2015)에 실린 글이다.
1) Darwall, Gibbard, and Railton(1992)와 Miller(2003) 참조.

실재론자가 주장하는 대로 있는 것은 아니다.'로 풀어 쓸 수 있다.

　도덕 실재론자는 '약자 배려는 **실재로** 옳으며, 불평등 조장은 **실재로** 그르다.'고 주장한다. '어떤 것이 **실재로** 이러저러하다.'는 '어떤 것이 인간의 의식으로부터 독립하여 객관적으로 이러저러하다.'를 의미한다.[2] 예를 들어, 도덕 실재론자의 주장은 '불평등 조장이 도덕 성질인 그름을 가지며, 이 도덕 성질은 인간의 감정, 바람, 의도, 취향에서[3] 독립하여 객관적으로 있다.'이다. 한편, 도덕 반실재론자는 '불평등 조장이 그름이라는 성질을 가지나, 이 성질은 인간의 취향에 의존한다.'라고 주장한다. 도덕 실재론 논쟁은 이와 같이 도덕 성질의 의식 의존성 내지는 의식에서의 독립 및 객관성 여부의 문제로 다뤄지기도 한다. 또한 '어떤 것이 이러저러하다.'는 일종의 판단이기에 그 판단의 내용이 무엇이며 어떠한지에 대한 논의로 실재론 논쟁이 이어지기도 한다.

　도덕 성질이 인간에서 독립하여 있는지 또는 그것에 의존하는지의 여부를 파악하고자 할 때 고려해야 할 자료는 무엇인가? 또는 도덕판단이 평가하는 내용이 인간에서 독립하여 있는 도덕 사실인지, 아니면 그것에 의존하는지의 여부를 판단할 때 고려해야 할 자료는 무엇인가? 어떤 기준을 적용하여 확보된 자료를 평가하여야 도덕 성질의 의존 여부를 올바르게 파악할 수 있을까? 다시 말해, '도덕판단에서 평가되는 내용이 인간에서 독립하여 있는 도덕 사실이다.'라는 도덕 실재론 입장과 '그 평가 내용은 궁극적으로 인간 자신의 선호이다.'라는 반실재론 입장을 분석하고자 할 때, 도덕판단의 어느 측면을 자료 삼아 어떤 기준으로 비교하는 것이 적절할까?

　이 논문에서 나는 도덕 실재론과 도덕판단의 관계, 곧 도덕 심리, 도덕 언어, 그리고 도덕 진리의 관계를 밝히고자 한다.

---

2) 이후 '인간의 의식에서 독립하여 객관적으로'를 '인간에서 독립하여'로 줄여 쓴다.
3) 이후 '인간의 감정, 바람, 의도, 취향'을 '인간의 취향'으로 줄여 쓴다.

이는 다음과 같이 진행된다. 우선 도덕 인지주의와 도덕 기술주의를 정의하고 이 둘 사이에 성립하는 관계를 살핀다. 다음으로 도덕 기술주의와 도덕 인지주의가, 전자가 후자를 함축하기에, 동일한 근거로부터 옹호될 수 있음을 밝힌 후, 도덕 기술주의와 도덕 실재론 사이에 성립하는 관계를 살핀다. 마지막으로 도덕 기술주의가 도덕 실재론의 필요조건이지만 이 이론이 옳기 위한 충분조건이 아니기에, 그 대안으로 도덕 진리 대응설을 살핀다. 이 논문의 결론은 '도덕 진리 대응설이 비록 도덕 실재론을 보장하지만 그 이론적 부담이 크기 때문에 도덕 실재론자라면 가능한 피해야 할 것으로 보이며, 따라서 도덕 실재론은 도덕 기술주의보다는 강하지만 도덕 진리 대응설보다는 이론적 부담이 적을 수 있는 대안을 모색해야 한다.'이다.

2. 도덕 인지주의와 도덕 기술주의

아동 학대 행위를 목격했을 때 우리는 끔찍하다고 여기는 동시에 '이는 그르다.'는 도덕판단을 내린다. 이는 방금 목격한 아동 학대 행위에 관한 것이다. 하지만 도덕 속성인 그름은 지각되는 것이 아니기에 우리가 목격하는 것에는 통상 속하지 않는다. 그럼에도 불구하고 '방금 목격한 아동 학대 행위는 그르다.'는 판단은 일종의 마음 상태이다. 도덕판단을 내릴 때의[4] 마음 상태는 물리판단을 내릴 때의 그것과 다를까? 만일 서로 다르다면, 그 둘을 구분 짓는 것은 무엇일까? 도덕판단에 대한 인지주의와 비인지주의는[5] 이 질문에 대해 서로 다르게 대답한다.

우선 인지주의는 모든 영역에 걸쳐서 다음과 같이 정의될 수 있다.

---

4) 이 논문에서 '도덕판단을 내릴 때'와 '도덕판단을 내리는 동안'을 구분하지 않고 사용한다.
5) 이 논문에서 '도덕판단에 대한 (비)인지주의'를 '도덕 (비)인지주의'라고 줄여 쓴다.

(C) 인지주의

어떤 종류의 판단 x를 내릴 때의 마음 상태는 믿음의 상태, 곧 인지 상태이다.

따라서 다음과 같다.

(MC) 도덕 인지주의[6]

도덕판단을 내릴 때의 마음 상태는,[7] 그것이 한 종류인 한, 믿음의 상태 곧 인지 상태이다.

만일 도덕판단 상태가 인지 상태라면, 도덕판단을 내리는 것이 우리의 환상이 아닌 한, 도덕판단의 대상과 한 예로 물리판단의 대상이 지니는 심리학적 위상은 같을 것이다. 따라서 물리판단의 대상이 인간에서 독립하여 있는 한, 도덕판단의 내용 또한 인간에서 독립하여 있을 것이다. 곧 도덕 인지주의는 도덕 실재론을 지지하는 것으로 여겨진다.

도덕 인지주의가 도덕 실재론을 지지할 수 있다고 해서 '도덕 실재론이면 도덕 인지주의 이론이다.'가 반드시 성립하지는 않는다. 예를 들어 월러의 '비인지주의 도덕 실재론'이[8] 유지 가능한 이론이라면, 그의 이론은 도덕 실재론자가 반드시 도덕 인지주의자일 필요가 없다는 점을 보여줄 것이다. 월러의 이론을 살펴보기에 앞서 도덕 인지주의를 주장할 근거에 대해 우선 살펴보자.

---

6) 밀러는 도덕 인지주의에서 강 인지주의와 약 인지주의 둘을 구분한다. 이 둘은 도덕판단을 내릴 때의 마음 상태가 인지 상태라는 점은 공유하지만, 그 판단의 대상이 일상 인지능력에 의해서 파악될 수 있는지의 여부에 관한 입장에서는 각기 스스로의 길을 걷는다. Miller(2003) 참조. 이 논문의 주장에 대해 강 인지주의와 약 인지주의가 각기 지니는 함축은 2절에서 접하게 된다.
7) 이후 '도덕판단을 내릴 때의 마음 상태'는 '도덕판단 상태'로 줄여 쓴다.
8) Waller(1994).

'도덕판단 상태는 인지 상태이다.'의 근거는 어쩌면 심리학에서 찾아야 할지도 모른다. 판단은 분명히 일종의 심리 현상, 사건, 내지는 과정이며, 심리에 대한 최선의 설명은 심리학에서 찾아질 것으로 여겨지기 때문이다. 그렇다고 해서 메타 윤리학 연구가 도덕 인지주의의 근거에 대해 무관한 것은 아니며, 직접적이 아닌 간접적인 근거를 제공할 수 있다.

일상적인 도덕규범 체계가 원활하게 작동하기 위해서는 그 체계의 규범이 우선 공유되어야 하며, 이러한 규범의 공유는 무엇보다도 도덕 언어의 발달을 전제로 한다. 도덕 언어의 주된 목표는 소통이다. 그런데 도덕규범이 전달되며 이해되어 소통되게끔 하는 도덕 언어의 기능과 그 구조에 대해서는 여러 가지 견해가 있다. 그 한 견해인 도덕 기술주의를 정의하기에 앞서, 모든 영역에 걸친 기술주의는 다음과 같이 정의된다.

(D) 기술주의
어떤 종류의 언어 x는 그 종류의 사실에 관한 기술이며 진리값을 가질 수 있다.

따라서 다음과 같다.

(MD) 도덕 기술주의
도덕 언어는, 그것이 한 종류인 한, 도덕 사실에 관한 기술이며 진리값을 가질 수 있다.

도덕판단 상태가 인지 상태라면, 이를 위한 소통의 도구인 도덕 언어는 인지된 내용을 전달할 것이다. 그리고 도덕 언어가 도덕 사실에 관한 기술이라면, 이는 인지 상태의 내용을 전달할 것이다. 도덕 인지주의와 도덕 기술주의는 이와 같이 한 배를 탄 운명 공동체일 수도 있겠다. 일상적인 도덕 언어의 사용은 이러한 점에서 다음 주장을 지지하는 것으로 보인다.

'도덕 인지주의는 도덕 기술주의가 옳을 때, 오로지 그때에만 옳다.'

호건과 티몬스에 따르면 위의 '도덕 인지주의와 도덕 기술주의는 서로 함축관계에 놓여 있다.'는 옳지 않다. 그들은 '인지된 내용이라 할지라도 반드시 기술된 내용일 필요는 없다.'고 주장한다.

"인지된 진짜 내용[과] … 기술된 내용을 [구분하지 못하고 동일하게 여겨온 것은] 이제껏 너무도 많은 이들이 간과한 도그마이다."[9]

결과적으로 그들의 주장이 옳다면 기술주의는 인지주의를 함축하지만, 그 역은 성립하지 않는다.

호건과 티몬스의 주장은 흥미로우며 중요한 결과로 여겨진다. 그들의 결과 자체를 탐구하는 것은 이 논문의 범위를 넘어가는 것이어서, 여기서는 그들도 인정하는 '만약 도덕 기술주의가 옳다면, 도덕 인지주의도 옳다.'만을 받아들인다. 그렇다 하더라도 도덕 기술주의와 도덕 실재론의 논리적 함축관계는 도덕 인지주의와 도덕 실재론의 논리적 관계 연구에 적용될 수 있다. 언어 현상과 그 사용은 판단을 내릴 때의 마음 상태보다는 객관적이어서 그것보다 수월하게 탐구할 수 있어 보이기에 기술주의의 근거를 인지주의 근거 대신에 살펴보기로 한다. 나아가 도덕 기술주의가 도덕 인지주의를 함축한다면, 방금 언급하였듯이, 도덕 기술주의의 근거는 동시에 도덕 인지주의의 근거로도 활용될 수 있다.

'물리적인 것에 대한 내용을 전달하는 물리 언어가 물리 사실에 관한 기술이며 진리값을 가질 수 있다.'를 부인할 사람은 많지 않을 것이다. 곧 물리 기술주의는 옳다. 도덕 언어의 작용이나 사용, 그리고 그 구조가 물리 언어의 그것과 매우 유사하다면, 아니 오히려 동일하다면, 그 동일한 점은 '도덕 기술주의는 옳다.'를 결론으로 하는 논증의 전제로서 사용될

9) Horgan and Timmons(2000), p.124.

수 있다. 도덕 언어는 물리 언어와 다음과 같은 동일한 '주어-술어'의 문법적 구조를 가지며, 동시에 동일한 논리 규칙의 지배를 받기에, 물리 기술주의가 옳은 한, 도덕 기술주의 역시 옳다고 받아들여져야 한다.

다음의 두 문장을 생각해보자.

'장발장은 은촛대를 훔쳤다.'

'장발장은 선하다.'

위 두 문장에 따르면, 각각 순서대로, 동일한 사람인 장발장이 '은촛대를 훔침'이라는 물리 성질과 '선함'이라는 도덕 성질을 갖는다. 장발장에게 부여된 성질의 종류가 다르지만, 우선, 위 두 문장의 문법적 구조는 전혀 다르지 않다. 곧 주어-술어의 구조를 가지고 있다.

둘째, 위 두 문장은 다른 문장과 결합하여 그 문장보다 복잡한 또 다른 문장을 형성할 수 있다는 점에서도 서로 구별되지 않는다. 예를 들어, '장발장이 은촛대를 훔치기는 하였지만 사람을 죽이지는 않았다,' '장발장이 선하다면 자기 스스로에게 떳떳할 것이다,' '장발장이 은촛대를 훔치기는 하였지만 처벌해서는 안 된다.' 등등. 나아가 일상 언어 사용자는 물리 문장, 도덕 문장, 규범 문장 등의 차이를 문법의 차이로 여기지 않는다.

셋째, 물리 언어를 지배하는 논리 규칙과 도덕 언어를 지배하는 그것은 동일하다. 예를 들어, '장발장이 은촛대를 훔쳤거나 훔치지 않았다.'와 '장발장은 선하거나 선하지 않다.'는 논리적으로 동치이다. 또한 '만일 장발장이 은촛대를 훔쳤다면 처벌을 받아야 한다.'와 '장발장이 은촛대를 훔쳤다.'로부터 '장발장은 처벌을 받아야 한다.'가 도출되는데, 이때의 논리 규칙은 도덕 문장을 결론으로 하는 다음 논증을 타당하게끔 하는 논리 규칙과 동일하다.

(1) 장발장이 선하다면, 그는 자기 스스로에게 떳떳할 것이다.

(2) 장발장은 선하다.

∴ 장발장은 스스로에게 떳떳하다.

정리하자면, 도덕 기술주의 옹호를 위한 유비논증은 (1) 도덕 문장과 물리 문장의 구조적 동일성, (2) 둘을 지배하는 논리 법칙의 동일성, 그리고 (3) 두 종류의 문장을 자유롭게 구사하는 일상 언어 사용자가 이 둘에 대하여 갖는 느낌의 동일성 등의 전제로 구성될 수 있다. 도덕 기술주의는 이를 옹호하는 이와 같은 긍정적인 논변 외에도 프레게-기취 문제 논증과 같이 도덕 비기술주의의 한계를 지적하는 소극적 논변으로 옹호될 수도 있다.[10]

이 절에서는 도덕 인지주의와 도덕 기술주의를 정의하였으며, 도덕 기술주의의 근거를 도덕 언어의 구조 및 활용을 들어 유비적으로 논증하였다. 기술주의가 인지주의를 함축하므로, 이 절의 논증은 인지주의 옹호 논증으로 받아들여질 만하다.[11]

---

10) '프레게-기취 문제'는 도덕 언어의 비기술주의 분석이 모든 문장에 일관적으로 적용될 수 없다는 점을 들 수 있다. 예를 들어, '빵을 훔치는 것이 나쁘다면 아우를 시켜 빵을 훔치는 것도 또한 나쁘다.' 와 같은 도덕 문장의 경우이다. 이런 복합진술은 단순히 '빵을 훔치는 것은 나쁘다.' 는 진술과 구분되어야 할 뿐 아니라 '아우를 시켜 빵을 훔치는 것은 나쁘다.' 는 진술과도 또한 별개의 것이다. 이와 같이 삽입어구를 포함하는 복합문장의 분석이 새롭게 제시된다고 하여도 프레게-기취 문제는 완전하게 해결되지는 않는다. 다음과 같이 일반적으로 타당하다고 여겨지는 전건긍정 논증이 도덕 언어에 대한 비기술주의 분석에서는 타당하지 않고 오히려 한 문장의 부분이 같은 논증에서 한 의미가 아닌 여러 가지 의미로 사용되는 '다의의 허위'란 오류를 범하는 것으로 파악되기 때문이다. 곧 '빵을 훔치는 것은 나쁘며, 빵을 훔치는 것이 나쁘다면 아우를 시켜 빵을 훔치는 것 또한 나쁘기 때문에 결론적으로 아우를 시켜 빵을 훔치는 것은 나쁘다.' 의 논증의 경우이다. 이 논증에서 '빵을 훔치는 것은 나쁘다.' 와 '빵을 훔치는 것이 나쁘다면 아우를 시켜 빵을 훔치는 것 또한 나쁘다.' 에 등장하는 '빵을 훔치는 것은 나쁘다.' 는 동일한 의미로 사용되었다고 말하기 어렵기 때문이다.

11) 이를 뒷받침할 만한 다음의 원칙은 사실 받아들이기 어려운 점이 있다: 'A의 근거는 A 가 B를 함축할 때 B의 근거이기도 하다.' 하지만 이 논문의 주된 결론은 이 원칙에 의존하지 않는다.

다음 절에서는 도덕 기술주의와 도덕 실재론 사이에 성립하는 양상 관계에 대해 살펴보겠다.

3. 도덕 실재론과 도덕 기술주의

도덕 실재론은 '도덕판단의 내용인 도덕 사실이 인간에서 독립하여 있다.'는 주장이다. 한편, 앞 절에서 살펴보았듯이, 도덕 기술주의는 도덕 인지주의를 함축하며, 이는 '도덕 언어가 도덕 사실을 기술하며 진리값을 가질 수 있다.'는 주장이다. 이 절에서 그 성립 여부를 확인하고자 하는 양상 관계는 두 가지인데, 이는 (1) 도덕 실재론의 도덕 기술주의(따라서 도덕 인지주의) 함축과 (2) 도덕 기술주의의 도덕 실재론 함축이다.

(1) 도덕 실재론은 도덕 기술주의(따라서 도덕 인지주의)를 함축하는가? 이는 다음의 물음으로 풀어서 물어질 수 있다.

도덕판단의 내용인 도덕 사실이 인간에서 독립하여 있지만, 그럼에도 불구하고 그 판단의 내용을 표현하는 도덕 언어가 도덕 사실을 기술하지 않는 경우가 있을 수 있을까? 그런 경우가 적어도 하나 있다는 입장을 '비기술주의 실재론'이라고 해야 할 것이다. 도덕 비기술주의는 앞에서 정의한 도덕 기술주의 (MD)에 비추어 다음과 같이 정의된다.

(MND) 도덕 비기술주의
도덕 언어는, 그 것이 한 종류인 한, 도덕 사실에 대한 호소(명령 내지는 감탄)이며,[12] 진리값을 가질 수 없다.

사이어-머코드는 '비기술주의 도덕 실재론'의 이론적 유지 가능성을 부인한다.[13] 그러나 이 입장은 논리적으로 가능해 보이며, 나아가 그런 이론을 실제로 제시코자 하는 시도 또한 있었다. 월러는 '기술주의가 함축하는 인지주의를 받아들이지 않더라도 도덕 실재론을 받아들일 수 있다.'고 주장하였다.[14] 따라서 도덕 실재론이 지니는 도덕 기술주의와의 함축관계는 월러의 이론이 지닐 수 있는 이론적 유지 가능성을 확인한 후에야 비로소 파악될 수 있다. 우선 도덕 비인지주의는 앞에서 논의한 도덕 인지주의(MC)에 비추어 다음과 같이 정의된다.

(MNC) 도덕 비인지주의
도덕판단 상태는, 그것이 한 종류인 한, 인간의 취향 상태 곧 비인지 상태이다.

월러의 비인지주의 실재론이 이론적으로 유지될 수 없다면, 인지주의와 기술주의의 함축관계에 따라, 비기술주의 실재론 또한 이론적으로 유지될 수 없다.
'비인지주의 실재론'의 가능성을 제시코자 하는 월러의 전략은 규범 체계를 두 단계로 나누어 고려하는 것이었다. 규범 체계는 상정된 공통의 규범이 있어 그에 대한 물음이 제기되지 않는 단계와, 그와 같은 공통의 규범이 상정되지 않은 '메가 도덕 단계'로 구분될 수 있다. 월러에 따르면, "[도덕] 비인지주의는 근본 가치의 충돌이 발생하며 기본 가치에

---

12) 에이어와 스티븐슨의 주정주의에 따르면 도덕 언어는 승인 내지는 불만의 감정을 표출한다. Ayer(1952)와 Stevenson(1937) 참조. 헤어의 보편적 규정주의에 따르면 "'당위판단'은 보통의 임무와 같은 규정이기는 하지만 그 임무들과는 다르게 보편화될 수 있다." (Hare(1991), p.457) 기바드의 규범 표출주의에 따르면 도덕판단이 그저 단순한 감정이나 선호가 아닌 그를 지니는 것이 합리적인 내지는 정당한 도덕 정서와 관련한다. Darwall, Gibbard, and Railton(1992), pp.150-151 참조. 투사주의에 따르면 도덕 언어는 사람들이 그들 자신의 이야기를 세상에 펼쳐놓을 수 있게끔 한다.
13) Sayre-McCord(1988), pp.9-14.
14) Waller(1994).

관한 물음이 제기될 경우, 그 논쟁과 가치는 비인지적이라는 점을 주장한다."[15] 또한 그는 2공통 규범 단계에서의 "도덕 사실은 실재"하지만 메가 도덕 단계에서의 "[도덕 사실은] 상상"에 불과하다고 주장한 바 있다.[16]

월러의 '비인지주의 도덕 실재론'은 아마도 메가 도덕 단계의 비인지주의와 공통 규범 단계의 도덕 실재론이 짝지어진 결과물일 것이다. 그의 주장이 이론적으로 유지되려면 적어도 그 두 단계의 경계를 허물어 서로 넘나들 수 있는 가능성이 전제되어야만 한다. 하지만 그런 가능성에 대해 월러는 침묵하고 있다. 게다가 월러는 "도덕 [규범의] 전환은 도덕 실재론을 선호하게 하며, 도덕 비인지주의를 배격하게 한다."[17]라고까지 말한 적도 있었다. 이는 도덕 실재론과 도덕 비인지주의가 동시에 모두 옳을 수 없다는 점을 시사한다. 따라서 '비인지주의 도덕 실재론'의 이론적 유지 가능성을 보이기 위한 월러의 분할 정복 전략은 공통 규범 단계에서의 '인지주의 도덕 실재론', 그리고 메가 도덕 단계에서의 '비인지주의 도덕 반실재론'의 가능성만을 재확인한 채 실패한 것으로 여겨진다.

마치 '도덕 실재론은 도덕 인지주의를 함축한다.'의 반례가 될 수 있어 보였던 월러의 '비인지주의 도덕 실재론'은 위 단락의 결과와 같이 그 둘 사이에 함축관계가 성립하지 않는다는 점을 보여주는 사례가 아니다. 그렇다면 도덕 인지주의가 도덕 실재론의 필요조건인가? 이에 대해 긍정적으로 답하려면 다음의 가능성을 확인하여야 한다.

도덕판단의 내용인 도덕 사실이 인간에서 독립하여 있기는 하지만(곧 도덕 실재론이 옳기는 하지만), 인간의 인식적 한계 때문에 우리가 도덕

15) Waller(1994), p.63.
16) Waller(1994), p.67.
17) Waller(1992), p.129.

사실을 전혀 인식할 수 없는 경우, 내지는 도덕 사실이 인식된다손 치더라도 물리 사실의 인식과 전혀 다른 종류여서 앞서 살펴본 기술주의 옹호 논변으로 지지되지 못하는 경우를 생각해보자. 무어의 직관주의가 아마도 두 번째 경우일 것이다.[18] 이러한 입장을 과연 '비인지주의 실재론'이라고 해야 할까?

'도덕 사실이 인식될 수 없거나 또는 직관과 같이 특별한 인식을 요구한다는 입장은 도덕 비인지주의가 아니라 오히려 도덕 인지주의이며, 도덕 실재론이 아니라 오히려 도덕 반실재론이다.'라고 해야 할 근거는 다음 두 가지이다. 첫째, '도덕판단 상태는 인지 상태이다.'는 '도덕판단이 지향적이다.'와 '도덕판단의 내용은 명제이다.'라는 주장을 포함한다. 그런데 도덕판단의 내용, 곧 도덕 사실이 인간에게 허용되지 않는다고 해서 반드시 도덕판단이 지향할 것이 없다고 할 수는 없다. 나아가 설사 도덕판단이 그 내용을 지향하는 방식이 아주 특별한 인식 모드를 요구한다손 치더라도 반드시 도덕판단이 지향할 것이 없다고는 할 수 없다. 다시 말해, 무어의 직관주의와 같은 이론 또한 인지주의 이론으로 보아야 한다. 이 입장은 앞 절 각주 6에서 언급되었던 밀러의 '약 인지주의'에 해당된다. 둘째, 우리가 전혀 알지 못하는 도덕 사실에 대한 판단이 설사 지향적이지 않다 하더라도, 판단은 항상 그 대상을 전제하며, 이때 전제되는 것은 아마도 인간의 취향에 의존할 수밖에 없을 것이다. 다시 말해, 인간의 인식을 허용하지 않는 도덕 사실은 인간에서 독립하여 있기 어려워 보인다. 그런 입장은 도덕 반실재론의 하나인 것이다. 이제까지의 결과로 월러의 '비인지주의 실재론'이나 무어의 직관주의 등등의 이론은 '도덕 실재론은 도덕 기술주의를 함축한다.'는 주장의 반대 사례가 될 수 없다. 따라서 도덕 기술주의는 도덕 실재론의 필요조건이라고 잠정적으로 결론 내릴 수 있다.

---

18) Moore(1903) 참조.

다음은 이 절 도입부에서 제기한 (2) 도덕 기술주의의 도덕 실재론 함축에 관한 질문이다.

(2) 도덕 기술주의(따라서 도덕 인지주의)는 도덕 실재론을 함축하는가? 이는 다음의 물음으로 풀어질 수 있다.

도덕판단의 내용을 표현하는 도덕 언어가 도덕 사실을 기술하며 진리값을 가질 수 있지만, 그 도덕 사실이 인간의 선호에 의존적인 경우가 있을까?

그런 경우가 적어도 하나 있다는 입장을 '기술주의 도덕 반실재론'이라 해야 할 것이다.

맥키는 다음과 같이 말한다.

"도덕판단이 전제하는 객관적 가치, 곧 고유한 그 어떤 것이 있다는 주장은 무의미한 것이 아니라 오히려 거짓이다."[19]

맥키의 주장은 첫째, '도덕 사실이 인간에서 독립하여 있다는 주장은 무의미하지 않다, 곧 유의미하다.'와 둘째, 그렇다고 해도 '도덕 주장은 거짓이다.'로 나눠진다. 도덕 사실에 관한 판단을 표현하는 문장이 유의미한 경우는 그 내용이 명제가 될 수 있을 때이다. 맥키의 두 번째 주장때문에 그의 이론은 일단 기술주의 이론으로 여겨진다. '도덕 주장이 거짓이다.'라는 것은 그 주장에 사용된 도덕 문장이 진리값을 가질 수 있다는 것이며, 도덕 문장이 진리값을 가질 수 있다는 것은 도덕 문장이 도덕 사실을 기술한다는 것이기 때문이다. 곧 위에서 인용한 맥키의 발언은 그의 이론이 도덕 기술주의 이론이라는 점을 보여준다.

---

19) Mackie(1977), p.40.

한편, '도덕 문장이 왜 거짓인가?'에 대한 맥키의 답변은 그의 입장이 도덕 반실재론의 것이라는 점을 보여준다. 맥키에 따르면, 도덕 문장은 있지 않은 것을 기술하고자 하지만, 없는 것은 기술될 수 없기에 '없는 것이 이러저러하다.'는 식의 문장은 체계적 실수를 범하며, 결코 그 목적을 달성할 수 없다. 따라서 도덕 문장은 모두 거짓이다.[20] '도덕 사실이 없다.'는 주장을 이 논문 도입부에서처럼 '도덕 사실이 있기는 하지만 도덕 실재론자가 주장하는 대로 있는 것은 아니다.'로 분석해 이해한다면, 맥키의 이와 같은 실수이론은 '기술주의 도덕 반실재론' 입장으로 이해되어야 한다. 다시 말해, 맥키의 실수이론은 도덕 기술주의가 도덕 실재론을 함축하지 않는다는 점을 보여주는 사례이다.

맥키의 실수이론 이외에도 '도덕 기술주의는 도덕 실재론을 함축하지 않는다.'를 보여줄 다른 사례에 대해 간략하게 언급하고, 이 논문의 마지막 주제인 도덕 진리와 도덕 실재론의 함축관계를 살피기로 한다.

하찌모이시스에 따르면, "[인지주의 도덕 반실재론이] 요구하는 것은 진리 최소주의에 의해 [모두] 만족된다."[21] 스코럽스키 또한 '비실재론자의 인식주의'가 이론적으로 유지 가능하다고 주장한다. 그는 "[판단의] 내용이 모두 사실의 내용이다."를 거부하면, 자신의 기술주의 도덕 반실재론이 기술주의 실재론과 비기술주의 반실재론의 중요한 대안이 될 수 있다고 주장한다.[22]

도덕 언어가 인지 상태를 표현한다고 해서, 다시 말해, 도덕 언어가 도덕 사실을 기술한다고 하더라도, 이때 기술되는 사실이 인간에서 독

---

20) 이와 같은 맥키의 주장은 사실 받아들이기 어렵다. 예를 들어, '산타는 은발로 염색하였다.'와 같은 문장, 그리고 수없이 많은 없는 것에 대한 문장 모두가 유의미하지만 거짓이라고 얘기할 수 없어 보이기 때문이다. 하지만 맥키 의미이론의 성공 여부는 이 절의 결론과 무관하다.

21) Hatzimoysis(1997), p.448.

22) Skorupski(1999), p.438.

립하여 있다는 점을 보장하지는 못한다는 것이 스코럽스키의 입장이다. 그에 따르면, "규범 주장[곧, 도덕 주장]은 진리값을 가질 수 있는 인지 내용을 갖지만, 그렇다고 해서 그 주장의 참 또는 거짓이 그 주장과 인간 에서 독립하여 있는 규범 사실과의 대응 여부의 문제도 아니며, 인간에 서 독립하여 있는 규범 사실이 재현되는 것인지의 여부의 문제 또한 아 니다."

이 절에서는 도덕 기술주의가 도덕 실재론을 함축하지 않으며, 도덕 실재론은 도덕 기술주의를 함축한다는 점을 논증하였다. 다음 절에서는 도덕 기술주의가 도덕 실재론의 충분조건이 되지 못한다면, 특정 진리 이론이 도덕 진리가 있다는 가정 하에서 도덕 실재론을 보장하는지의 여 부에 관하여 논의한다.

4. 도덕 실재론과 도덕 진리 대응설

도덕 기술주의가 옳다고 하더라도 도덕 실재론은 옳지 않을 수 있다. 그렇다면 도덕 실재론을 보장해줄 근거는 무엇이 있을 수 있을까? 또는 무엇이 과연 도덕 실재론의 타당성을 보장할까?

라이트에 따르면, 도덕 실재론 논쟁은 궁극적으로 진리 이론에 관한 논 쟁의 결과에 의거해 결정되어야 한다.[23] 그의 아이디어는 다음과 같다. 어떤 진리 이론은 진리 제조자를 상정하지만, 또 다른 진리 이론은 진리 제조자를 상정하기는커녕 진리 자체를 장식품, 미사여구, 또는 강조의 도 구로 여긴다. 만일 (1) 특정의 진리 이론이 진리 제조자를 상정하며, (2) 이 때 상정된 진리 제조자가 인간에서 독립하여 있고 동시에 (3) 도덕 영역에 서 이와 같은 진리 이론이 받아들여질 수 있다면, 그렇다면 그 진리 제조

---

23) Wright(1993).

자를 도덕 성질 내지 도덕 사실이라고 할 수 있다. 그런 조건을 만족시키는 진리 이론이 옳지 않다는 점을 보여준다면, 이는 도덕 실재론이 특정 진리 이론에 의하여 보장되지 못한다는 점을 보여주는 것이다.

우선 '진리 실재론'이라 부를 수 있는 입장은 모든 영역에서 다음과 같이 정의될 수 있다.

(TR) 진리 실재론

어떤 종류의 문장 x는 그에 상응하는 진리 제조자가 있을 때, 오로지 그때에만 참일 수 있다.

따라서 다음과 같다.

(MTR) 도덕 진리 실재론

도덕 문장은, 그것이 한 종류인 한, 그에 상응하는 진리 제조자가 있을 때, 오로지 그때에만 참일 수 있다.

진리 실재론은 한 문장을 참이게끔 만드는 진리 제조자의 성질에 따라서 진리 대응설과 진리 정합설로 나눠질 수 있다.

어떤 문장이 참인지의 여부를 그 문장이 표현하는 믿음과 그 믿음체계 내의 다른 믿음과의 정합 여부에 의거해 파악하는 진리 정합설은 실재론을 보장하기 어려워 보인다. 실제로 진리 정합설의 가장 심각한 문제점이 바로 외부 세계와 단절된 믿음 체계조차도 내재적으로는 정합적일 수 있다는 비판이기 때문이다. 한편, 진리 비실재론,[24] 곧 '···는 참이다.'라는 술어가 그저 강조의 수단이며 '···'의 내용에 전혀 더해주는 정보가 없다는 입장 또한 실재론을 옹호하는 근거가 되기 어렵다. 진리 비

---

24) 진리 비실재론은 진리 최소주의와 deflationism 등을 들 수 있다.

실재론자에 따르면, '장발장은 은촛대를 훔쳤다는 참이다.'와 '장발장은 은촛대를 훔쳤다.'는 동일한 내용을 갖기 때문이다. 따라서 진리 실재론이 도덕 실재론을 보장할 수 있다면, 이는 진리 대응설에 의거할 수밖에 없다.

이제까지의 방식대로 진리 대응설을 모든 영역에 걸쳐 다음과 같이 정의할 수 있다.

(TC) 진리 대응설
어떤 종류의 문장 x는 그 문장의 진리 제조자인 그 종류의 사실과 대응할 때, 오로지 그때에만 참이다.

따라서 다음과 같다.

(MTC) 도덕 진리 대응설
도덕 문장은, 그것이 한 종류인 한, 그 문장의 진리 제조자인 도덕 사실과 대응할 때, 오로지 그때에만 참이다.

도덕 진리 대응설이 옳다고 해서 참인 도덕 문장이 반드시 있는 것은 아니다. 그러나 '도덕 사실이 인간에서 독립하여 있기는 하지만 그 사실을 표현하는 도덕 문장 중 어느 것도 참이 아니다.'라는 입장을 도덕 실재론의 것으로 인정하기는 무척 어렵다. 이와 같은 주장은 실패한 윌러의 비인지주의 도덕 실재론 논의 마지막 부분에 등장했던 인지 불가능한 도덕 사실의 경우 내지는 특별한 인지 모드를 필요로 하는 도덕 사실의 경우와 마찬가지의 경우라고 여겨진다. 다시 말해, 참된 도덕 문장이 전혀 없다는 주장은 도덕 비실재론의 주장이다. 따라서 도덕 실재론은 도덕 진리 대응설과 일종의 성공론, 곧 '참인 도덕 문장이 있다.'를 함축한다. 성공론을 포함하는 도덕 진리 대응설과 도덕 기술주의 사이에 성립하는 관계에는 어떤 것이 있을까?

참인 도덕 문장이 있으며 그 도덕 문장의 진리값이 그 문장의 진리 제조자인 도덕 사실과의 대응 여부에 의해 결정되려면, 도덕 문장은 진리값을 가질 수 있어야만 한다. 따라서 도덕 진리 대응설은 오로지 기술된 내용만이, 곧 명제적 내용만이 진리값을 갖는다는 전제하에서 도덕 기술주의를 함축한다. 곧 도덕 진리 대응설은 참된 도덕 문장이 하나라도 있다고 가정하는 한, 도덕 기술주의를 함축한다. 이미 위 단락에서 언급했던 대로 참인 도덕 문장을 인정하는 도덕 진리 대응설은 도덕 실재론의 필요조건이다.

그렇다면, 마지막으로, 도덕 진리 대응설은 도덕 실재론의 충분조건이기도 할까? 이 질문에 대해서도 긍정적으로 답할 수 있어 보인다. 왜냐하면, 도덕 문장이 도덕 사실을 표현하며 참일 때, 그 사실과 대응할 수 있으려면 그 문장을 참이게끔 만드는 진리 제조자가 인간에서 독립하여 있어야 하기 때문이다. 하지만 이제 문제는 오히려 진리 대응설 자체를 옹호하는 것이 어렵다는 것에서 발생한다. 도덕 진리 대응설 및 도덕 진리 성공론을 증명하는 것과 도덕판단의 내용이 인간에서 독립하여 있다는 점을 증명하는 것은 그 어려운 정도에서 별반 차이가 나지 않아 보이기 때문이다.

도덕 실재론의 필요조건 및 충분조건을 검토하는 이유에는 궁극적으로 형이상학의 물음, 특히 존재론의 물음을 좀 더 "수월"하게 확인 가능한 다른 물음으로 바꿔 묻겠다는 전략이 담겨 있다. 도덕 진리 대응설이 도덕 실재론의 충분조건이라 할지라도, 이제 막 언급한 대로, 도덕 실재론에 비해 그것의 타당성이 보다 수월하게 확인되는 주장이 아니기에 그런 전략을 도모할 수 없다. 다시 말해, 도덕 실재론을 보장하기 위해 도덕 진리 대응설의 도움을 얻는다 하더라도 그 전략이 성공할지의 여부는 가름하기 어렵다.

성공론을 포함하는 도덕 진리 대응설은 도덕 실재론보다 강한 주장이며, 따라서 도덕 실재론자가 피할 수 있다면 피해야만 한다. 어떤 이론이 옳기 위하여 받아들여야만 하는 것이 많으면 많을수록, 곧 이론적 부담이 크면 클수록 그 이론을 증명해 보일 가능성은 점점 작아지기 때문이다. 결국 도덕 실재론자는 도덕 진리 대응설 보다는 받아들일 것이 적은 이론을 찾아 자신의 이론이 옳다는 근거를 제시해야 할 것이다.

5. 맺는말

이 논문의 결과는 다음과 같다. 우선, 도덕 언어가 도덕 사실에 관한 기술이며 진리값을 가질 수 있다면, 도덕판단 상태는 인지 상태이다. 그 역 또한 성립할 수도 있지만, 이 논문의 결과는 이를 전제하지 않는다. 다음으로, 도덕 사실이 인간에서 독립하여 있다면, 도덕 언어는 그 사실에 관한 기술이며 진리값을 가질 수 있다. 이는 도덕 실재론이 '도덕판단 상태는 인지 상태이다.'를 함축한다는 결과이기도 하다. 마지막으로, 도덕 문장이 그 진리 제조자인 도덕 사실과 대응할 때, 오로지 그때에만 참이며, 참인 도덕 문장이 적어도 하나 있다면, 도덕 사실은 인간에서 독립하여 있다.

도덕 진리 대응설과 도덕 진리 성공론이 지니는 이론적 부담은 언급하기는 하였지만,[25] 더 많은 연구가 진행되어야 할 과제이다. 아마도 진리 제조자로서의 도덕 사실이 지니는 역할 및 도덕 사실의 성질 파악이 주된 과제가 될 것으로 전망한다.

---

25) 이 논문에서 언급된 이론이 지니는 이론적 부담은 도덕 인지주의, 도덕 기술주의, 그리고 도덕 진리 대응설의 함축관계를 볼 때, 지금의 나열 순서에 맞춰 커진다고 여겨진다.

참고문헌

Ayer, A.(1952). *Language, Truth, and Logic.* New York: Dover Publications.

Darwall, S., A. Gibbard, and P. Railton(1992). "Toward fin de si' ecle Ethics: Some Trends." *The Philosophical Review* 101 (1): 115-189.

Hatzimoysis, A.(1997). "Minimalism about Truth and Ethical Cognitivism." *Analyomen 2, Volume III: Philosophy of Mind, Practical Philosophy, Miscellanea.* G. Meggle(ed.). de Gruyter: Hawthorne.

Horgan, T. and M. Timmons(2000). "Nondescriptivist Cognitivism: Framework for a New Metaethic." *Philosophical Papers* 29: 121-153.

Mackie, J. L.(1977). *Ethics: Inventing Right and Wrong.* London: Penguin.

Miller, A.(2003). *An Introduction to Contemporary Metaethics.* Polity.

Moore, G. E.(1903). *Principia Ethica.* Cambridge: Cambridge University Press.

Sayre-McCord, G.(1988). "The Many Moral Realisms." *Essays on Moral Realism.* Ithaca: Cornell University Press.

Skorupski, J.(1999). "Irrealist Cognitivism." *Ratio* XII: 436-459.

Stevenson, C. L.(1937). "The Emotive Meaning of Ethical Terms." *Mind* 46: 14-31.

Waller, B.(1992). "Moral Conversion Without Moral Realism." *Southern Journal of Philosophy* 30 (3): 129-137.

_____(1994). "Noncognitivist Moral Realism." *Philosophia* 24 (1–2): 57–75.

Wedgwood, R.(2009). *Nature of Normativity*. Oxford University Press.

Wright, C.(1993). "Realism: The Contemporary Debate: Whither Now?" *Reality, Representation and Projection*. J. Haldane and C. Wright(eds.). Oxford: Oxford University Press.

3부

사회윤리의 메타적 고찰

현대적 의미의 청렴성 개념과
그 윤리적 기반의 구축

박 정 순

1. 부패 문제의 대두와 그 국제적 배경

부패 문제는 현재 인류사회가 당면한 가장 중대하고도 시급한 문제가 아니라는 지적도 있다. 인류사회는 전 지구적으로 볼 때 환경파괴, 전쟁과 인종청소의 참화, 인종적, 종교적 갈등, 식량 부족과 기근 등에 시달리고 있으며, 국내적으로 경제적 불평등의 심화, 폭력, 마약, 인종적, 지역적 갈등, 여성차별, 교육의 황폐화 등에 시달리고 있다. 부패는 이러한 문제보다 시급한 것은 아니라는 것이다.[1] 그러나 이제 부패 문제도 그러한 전 지구적 문제들과 정도의 차이는 있지만 직간접적으로 연관되어 있다는 각성이 고조됨으로써 더 이상 국가 내부적으로 해결해야 할

---

* 이 논문은 2007년 4월 6일 한국윤리학회, 국가청렴위원회 주최 '현대적 의미의 청렴 개념 조명' 공개토론회에서 발표한 글이다.
1) Caiden et al.(2001), p.6.

과제에 머물지 않고 국제적으로 중요한 관심사가 된 것이 오늘날의 엄연한 현실이 되었다.

부패는 동서고금을 막론하고 정도의 차이는 있지만 어느 사회에서나 존재해온 대표적인 사회병리 현상 가운데 하나이다. 따라서 오늘날 부패는 문화적, 경제적 후진국이나 개발도상국에서만 찾아볼 수 있는 것은 아니다. 즉 부패는 "국민성의 징후(stigma of nationality)"라기보다는 "인간의 재앙(affliction of human)", 즉 "인간성의 취약성(human susceptibility)"에서 유래한다.[2] 그러나 물론 부패는 윤리적, 도덕적 측면에서 인간 개개인의 부도덕한 탐욕 때문에만 발생하는 것이 아니다. 부패는 인간사회의 구조적 측면, 제도적 측면, 사회문화적 측면에 깊숙이 연관되어 있다는 데 문제의 심각성이 가중된다.[3] 설상가상으로 부패는 속성상 그 달콤한 유혹에서 벗어나기 어렵다는 마약과도 같은 습관성, 그리고 부패한 악화가 양화를 구축하는 암세포적 확산성, 자기정체성을 교묘히 세탁하여 감추는 은밀성과 익명성, 그리고 위선성으로 말미암아 노출되지 않고 은폐되어 있는 부분이 훨씬 큰 빙산의 일각성, 그리고 뇌물을 준 사람은 더 많은 뇌물을 받으려고 하는 보충성으로 점철되어 있다.[4] 인간사회의 유구한 안건인 부패 문제가 오늘날 새롭고도 중차대한 관심의 대상으로 국제사회의 핵심이슈로 등장한 것은 "반부패 라운드" 등에 따른 국제적인 윤리환경의 급속한 변화, 부패에 대한 경제학적 논의의 부상, 부패의 용인에 대한 문화적 설명과 납득의 거부, 국가와 정부의 신뢰성 하락, 부패 방지책이 통제와 적발과 처벌 위주에서 적절한 제도적 관리와 교육, 그리고 윤리적 지도에로의 이행이라는 다섯

---

2) Hager(1973), p.197; 이영균(1996), p.515; Caiden et al.(2001), p.4.
3) 부패방지위원회(2002), p.10.
4) 국가청렴위원회(2005), p.9.

가지 시대적 상황에서 기인한다.[5]

2. 부패와 그 유관 개념에 대한 분석

부패의 개념적 정의에 관련하여 볼 때, 부패는 가장 광의의 개념으로 해석되어야 할 것이다. 즉 "부패는 자신의 영향력을 부당하게 행사하여 부당한 몫의 사회적 가치를 실현하는 것이라고 넓게 정의해야 한다."[6] 경제협력개발기구(OECD)의 윤리기반 구축 방안에서도 부패는 법의 규정을 명백히 위반하는 것으로서 형사적 범죄와 경범죄(misdemeanors)를 포괄하는 불법적 행위(illegal acts), 윤리적 지침과 원칙, 혹은 가치를 위반하는 비윤리적 행위(unethical acts), 그리고 일상적 관습과 건전한 사회적 관행을 어기는 부적절한 행위(inappropriate acts)가 모두 포함되어 있다.[7]

이러한 관점에서 부패와 그 유관 개념들은 다음과 같이 분석될 수 있다. (1) 부패의 최광의 개념은 주어진 권한이나 권위를 오용하는 일체의 행위로서 부조리, 비리, 비위 등의 유사 개념이 사용되고 있다. (2) 부패의 광의 개념은 공직자에 의해 행해지는 일체의 불법, 부당 행위로서 공직부조리, 공직비리, 공직부패, 관료부패 등의 유사 개념이 사용되고 있다. (3) 부패의 협의의 개념은 공직자의 직무의무 위반 행위로서 오직, 독직, 직무상의 부당 행위 및 의무 불이행 등의 유사 개념이 사용되고 있다. (4) 부패의 최협의 개념은 공직자의 직무상의 범죄 행위로서 공직범죄(금품수수, 공금횡령, 유용, 공문서 위조 및 변조, 비밀누설, 직권남용) 등의 유사 개념이 사용되고 있다.

---

5) Larmour and Wolanin(2001), pp.xi-xii.

6) 신윤환(1992), p.136.

7) OECD(1996), p.11.

우리나라의 경우는 (1) 부패가 사회 전체의 불합리한 구조적 틀 속에서 발생하여 계속 만연되고 있으며, (2) 권력비리가 난무하는 가운데 국민들은 도덕적 불감증, 정부불신, 냉소주의, 자포자기 의식이 확산되어 개혁이 저해되고 있으며, (3) 부패문화가 하나의 세력권으로 형성되어 뇌물문화로 굳어진 점 등이 지적될 수 있다. 다시 말하면, 우리나라의 부패는 생계형 비리와는 차원을 달리하는 총체적 부패, 구조화, 일상화, 관행화된 부패, 조직화, 대형화된 부패로 규정할 수 있을 것이다. 우리 한국사회에서처럼 부패의 원인과 현상이 구조적이고 제도화된 것이라면, 부패의 방치책도 아울러 구조적이고 제도화된 종합적인 대책이 되어야 할 것은 자명할 것이다. 따라서 부패는 "부패와의 전쟁" 등 적발과 처벌 위주의 대증요법이나 공직자 개인의 양심에 호소해서는 해결하기가 곤란할 것이다. 부패의 원인과 처방에서 개인의 도덕적 특성에 의거하는 것은 부패 행위가 특정한 형의 인간에게만 나타나는 고유한 행위가 아니라는 점과 개인의 도덕적 특성 강조는 제도나 법률이 대체로 완전하다는 것을 전제로 할 수도 있다는 약점이 있는 것도 사실이다. 따라서 가장 효율적인 부패 방지책은 결국 국가사회 전체의 청렴성(national integrity system)을 제고하기 위해서 윤리기반(Ethics Infrastructure)을 어떻게 구축할 것인가의 문제가 될 것이다.

국제기구를 통한 반부패와 청렴성 제고 방안의 전 지구적 전개에 대해서 서구의 도덕적 제국주의의 확장이라는 시각이 없는 것도 아니지만, 우리 한국의 국내적 경제적, 사회적, 문화적 상황과 전통도덕적 관점에서 보더라도 부패척결과 청렴성을 제고해야 할 충분한 도덕적, 경제적 이유와 문화적 전통과 가치가 존재하고 있다는 확신이 설 수 있을 것이다. 그런 의미에서 우리는 전통적인 청백리 정신이 깃들어 있는 청렴성을 논하고 그 현대적 의의를 강구할 필요가 있다.

3. 청렴성의 전통적 의미와 그 비판적 분석

청렴의 사전적 의미는 "마음이 고결하고 재물 욕심이 없음"을 뜻한다. 이러한 청렴성의 전통적 연원은 한국의 전통윤리의 하나인 청백리(淸白吏) 사상에 기인한다. 청백이라는 것은 청렴결백(淸廉潔白)의 약칭으로서 우리나라를 비롯한 동양에서 가장 이상적인 관료의 미덕을 지칭하는 것이었다. 보다 구체적으로 우리나라에서 전통적으로 8덕목(淸白, 勤儉, 厚德, 敬孝, 仁義, 善政, 忠誠, 遵法)을 실천하는 바람직하며 깨끗한 공직자상을 지칭하는 말이었다. 청백리 정신에서 그 요체인 청렴정신은 탐욕의 억제, 재물이나 권세를 얻으려고 이름이나 명예를 파는 매명(賣名) 행위의 금지, 성품의 온화성 등의 뜻을 내포하고 있다. 또한 청백리 정신은 품행의 순결성, 정의를 위한 순직, 정도와 청백한 방법이 아니면 모든 공직에 나가지 않는 것, 신분에 부적합한 직업을 회피하는 것, 공과 사에서 사리가 분명하고 청초하여 과오가 없을 것, 지역 풍속에 밝고 애민하는 신하 등의 개념도 들어 있다.[8] 또한 청백리 정신은 단순히 청렴한 품성만을 의미하는 것이 아니라 더 나아가서 성심성의로 봉사하는 근면성과 이를 통해 실제 행정에도 효과를 올리는 능력까지도 포함한다.[9]

그렇다면 청렴성은 전통적으로 바람직한 공직자상을 나타내는 복합적인 도덕적 개념이라고 생각할 수 있을 것이다. 이러한 청백리 사상은 유교사상에 그 철학적 근원을 두고 있다. 즉 자신을 다스린 연후에 정치에 나가는 수기치인(修己治人), 덕치주의, 정직과 염치의 정신, 근검사상, 선비정신 등이 전통적인 청렴성에 관련된다. 또한 청백리 사상에는 선비정신과 관련하여 청빈 사상이 연계되어 있다고 할 수 있다.[10]

---

8) 이서행(2002), p.92; 김택(2004), pp.96-97.
9) 김택(2004), p.97.
10) 이재선(1987),

그렇다면 이러한 전통적인 청백리 사상에 기초한 청렴성은 현대적으로 과연 적용 가능할 것인가? 청백리 사상이 도출된 전통사회와 현대사회는 그 상황 변화가 극심하기 때문에 무조건적인 액면 그대로의 수용은 힘들 것이라는 지적은 수긍할 수 있을 것이다. 그 상황 변화는 다음과 같이 정리될 수 있을 것이다.[11] (1) 정치, 사회, 문화의 전환을 보면, 조선조는 유교문화와 사상이 지배했던 반면, 현대사회는 민주적 문화와 사상이 지배하고 있다. (2) 통치구조의 전환을 보면, 조선조는 왕조지배체제와 양반계급의 독점체제였던 반면에, 현대사회는 민주적 다원체제와 개방적 상호의존체제이다. (3) 행정이념의 전환을 보면, 조선조는 유교 중심의 규범적 행정이념이었던 반면, 현대사회는 민주성, 효율성, 합법성, 합리성의 행정이념이다. (4) 행정행태의 전환을 보면, 조선조는 국왕에 대한 충성, 수기치인, 애민정신이 중심이었는 데 반해, 현대사회는 공익을 위한 충성, 대민봉사, 사회복지의 촉진, 미래지향적 창의력이 중심이 된다.

그렇다면 우리는 전통적인 청백리 사상에 기초한 청렴 개념을 어떻게 현대에서도 적용 가능한 것으로 정립할 수 있을 것인가? 물론 이러한 통시적인(diachronic) 시대적 상황 변화에도 불구하고, 공시적인(synchronic) 관점에서 청렴성은 여전히 유의미한 것으로 볼 수도 있을 것이다. 즉 "청백리 정신의 핵심 덕목인 청렴과 결백의 도덕성이야말로 현대사회에서 가장 절실한 윤리적 덕목이다. 개인윤리의 핵심은 이기심의 극복과 무사공평이다. 도덕적 삶은 다른 사람의 삶에 적극적인 관심을 갖는 타인에 대한 배려이며, 자신의 욕구와 감정을 절제할 수 있는 도덕적 성품과 의지력에 다름이 아니다."[12] 또한 "청백리 정신의 요체인 청렴과 결백의 도덕성은 정의와 정도에 따른 공직의 수행, 공정하고 사

---

11) 이서행(1990), p.186.
12) 감사교육원(1996), p.102.

리가 분명한 업무처리를 요구하고 있는 것이다."[13]

현대적 의미의 청렴성 개념은 동양철학적 관점에서는 다음과 같이 정리할 수 있을 것이다. 동양적 전통에서 볼 때, 비록 맹자가 시장을 피하는 맹모삼천지교의 교육철학으로 성장했다고는 하지만, 일반서민의 경우 "항산이 없으면 항심도 없다(無恒産因無恒心)"고 강조했다. 공자는 의(義)를 추구하는 군자와 이(利)를 추구하는 소인을 확연히 구분하고, 거친 밥 먹고 물 마시고 팔 베고 눕는 곡굉이침지(曲肱而枕之)의 안빈낙도(安貧樂道)를 말하면서 의롭지 못하게 부하고 귀한 것을 뜬구름(浮雲)처럼 보라고 권고했다. 그러나 그는 『논어』에서 부이호례(富而好禮)도 안빈낙도에 못지않은 높은 경지라고 말했다. 현대적 청렴성은 안빈낙도보다는 결국 부이호례의 발현이 되어야 하는 것은 아닐까 생각해본다.[14] 부이호례는 결국 청빈론이 아니라 청부론으로 연결될 수 있을 것이다.[15]

전통적인 청렴 사상은 중국 주(周)나라의 전설적인 형제성인(兄弟聖人)인 백이숙제(伯夷叔齊)의 일화에서 단적으로 드러난다. 두 사람은 중국 은나라 말엽 주나라 초엽에 살았던 이름난 선비였다. 본래는 은(殷)나라 고죽국(孤竹國: 河北省 昌黎縣 부근)의 왕자들이었는데, 아버지가 죽은 뒤 서로 후계자가 되기를 사양하다가 끝내 두 사람 모두 나라를 떠났다. 그 무렵 주나라 무왕(武王)이 은나라의 주왕(紂王)을 토멸하여 주왕조를 세우자, 두 사람은 무왕의 행위가 인의(仁義)에 위배되는 것이라 하여 주나라의 곡식을 먹기를 거부하고, 수양산(首陽山)에 몸을 숨기고 고

---

13) 감사교육원(1996), p.104.
14) 『논어』「학이(學而)」편. "子貢曰 貧而無諂 富而無驕 何如. 子曰 可也 未若貧而樂 富而好禮者也." 해석: 자공이 "가난해도 아첨하지 않고 돈이 많아도 교만하지 않으면 어떻습니까?" 하고 묻자 공자께서 말씀하셨다. "좋은 말이다. 그러나 가난하면서도 도를 즐기며 돈이 많으면서도 예를 좋아하는 것만은 못하다."
15) 청부론과 청빈론에 대한 고찰은 김영봉(2002) 참조.

사리를 캐어먹고 지내다가 굶어죽었다. 사마천의 『사기』 "백이열전"에서 백이숙제는 청렴성의 전형으로 언급되고 있으며, 유가(儒家)에서도 이들을 청절지사(淸節之士)로 크게 높였던 바 있다. 특히 맹자는 백이를 성인 중에서도 그중 청렴했던 사람 — 즉 "백이(伯夷)는 성지청자야(聖之淸者也)" — 으로 간주하고 다음과 같이 높이 평가하고 있다.[16]

"백이(伯夷)는 부정한 것이면 눈으로 보지 않았고, 부정한 소리면 귀로 듣지 않았다. 자기에게 맞는 임금이 아니면 섬기지 않았고 자기에게 맞는 백성이 아니면 다스리지 않았다. 다스려지면 나갔고, 혼란해지면 물러났다. 사나운 정치를 하는 데와 사나운 백성들이 머물러 있는 데에는 살지 못하였다. 그래서 예(禮)를 지킬 줄 모르는 향인(鄕人)과 함께 섞여서 사는 것을 마치 조복(朝服)과 조관(朝冠)의 차림으로 시커먼 진흙에 앉는 것과 같이 생각하였다. 주(紂) 때를 당하여서는 북해의 변두리로 피해 가 살면서 천하가 맑아지기를 기다렸던 것이다. 그래서 백이의 기풍을 들은 사람들은 아무리 우둔, 탐욕하는 자라도 청렴해지고, 겁 많은 자라도 지조를 지킨다."

도덕철학과 사회심리학의 관점에서 본다면, 백이숙제의 일화에 근거한 전통적인 청렴 사상은 다음과 같은 봉건사회적 특징을 가진 것으로 폄하될 수 있을 것이다. (1) 경제적으로 정태적인 전통사회에서 볼 때, 특히 가난한 농민사회에서 토지 등 한 사람의 부의 취득이 다른 사람의 부의 박탈을 의미하는 영합적 게임(zero-sum game) 사회였기 때문에 청렴성은 도덕적으로 타락한 사회에서 청빈을 기초로 하는 퇴행적인 자기방어적 자기위안적 심리 기제로 작동할 수도 있었을 것이다. (2) 따라서 청렴 개념은 역설적으로 부도덕한 방식으로 축적된 정치적 권력과 경제적 부에 대한 가장된 시기심(disguised envy) 혹은 도덕적 분노

---

16) 『맹자』 만장장구(萬章章句) 하(下) 1절.

(moral resentment)를 표명하는 윤리적 기제였을 가능성도 있다. (3) 청렴 개념은 부패집단은 악으로, 청렴집단은 선으로 구획하는 절대적인 도덕 흑백론적 입장에 서 있는 것으로 볼 수도 있을 것이다. (4) 따라서 청렴 개념은 정도와 청백한 방법이 아니면 모든 공직에 나가지 않는다는 조건도 있는 것으로 보아 청렴한 선비로서 남을지언정 타락할 가능성이 농후한 공직에 아예 나가지 않는다는 독야청청(獨夜靑靑)격의 높은 절개 로서의 고지식하고 자기고립적인 현실도피적 태도를 견지하게 만들 수 도 있었을 것이다.[17]

이러한 해석은 청렴 개념에 대한 가능한 한 최악의 해석이라고 생각 될 수도 있을 것이다. 그러나 과감히 이러한 최악의 상상력을 발휘해보 는 것은 청렴 개념이 시대착오적인(anachronic) 것이 아니고 현대적으 로 적용되기 위해서는 어떠한 변환과 극복이 필요한지를 대조적으로 파 악할 수 있는 반면교사가 될 수도 있을 것이기 때문이다. 현대사회는 경 제발전이 가능한 사회이고, 한 사람의 부의 취득이 다른 사람의 부의 취 득을 저하시키는 것이 아닌 플러스적 비영합적 게임(non-zero-sum game) 사회로 생각할 수 있으므로 우선 경제적 부에 대한 평가를 청빈 에서 청부로 변경시킬 필요가 있을 것이다. 즉 우리는 "사회적 부는 상 호이익이 되는 협동의 결과로 생각하는 것이 옳을 것이다."[18]

4. 현대 자본주의 사회와 현대 법치국가에서의 청렴성

그러면 현대 자본주의 사회에서 청렴성은 어떠한 의미를 갖는지 살펴 보기로 하자. 자본주의는 개인의 경제적 효용에만 전적으로 의존하는

---

17) 이러한 해석 중 시기심이 경제발전이 정체된 비영합적 사회에서 평등에 대한 한 요구로 서 발생할 수도 있다는 설명에 대한 비판적 논의는 롤즈/황경식 옮김(2003), p.689.
18) 롤즈/황경식 옮김(2003), p.689.

것은 아니다. 자본주의도 나름대로의 도덕적 기초를 갖는다: "아담 스미스가 자본주의에서 도덕정서를 논한 것이나, 베버가 자본주의 정신으로서 청교도적 정신훈련을 강조한 것은 자본주의의 … 천민성을 극복하기 위한 것이다. 자본주의가 그 도덕적, 정신적 기반을 상실하고 오로지 경제적, 물질적 욕구에 조종될 때, 그것은 본래적 의미에서의 자본주의가 아닌 '천민자본주의'로 나타나게 된다."[19]

그러면 현대 법치국가에서 청렴성은 어떠한 의미를 갖는지 살펴보기로 하자. 오늘날 공적 지위에서 요구되는 청렴 내지는 청렴의무는 단순히 공직자 개인이 갖추어야 할 윤리적 덕목 내지 윤리적 소양 정도로 이해되어서는 아니 되며, 윤리적 의무보다 고양된 법적 구속력을 갖는 의무로서 이해되어야 할 것이다. 물론 이것은 윤리를 폄하하자는 것이 아니라, 비록 법과 윤리가 상충하는 경우도 있지만, 법은 윤리의 최소한이고 핵심이라는 관점에서 이해되어야 한다. 정치적 조직체로서 국가기관은 공직 기능과 서비스 수행을 본래적 업무로 하므로 불편부당성이 중요하며, 공직자 역시 공무담임권이라는 헌법적 권리를 통해서 "국민에 대한 봉사자"로서의 공적 의무를 수행하는 것이므로, 공직자들에게 요구되는 청렴은 국민에 대한 봉사로서 공적 기능에 적극적으로 구속될 의무로 이해되어야 할 것이다. 따라서 "청렴이 강한 윤리적 속성을 전제로 한 것은 사실이지만, 청렴이 법적인 영역에서 문제될 때, 그 의미는 국가의 기능을 저해하지 않고 나아가 이를 위해 적극적으로 노력해야 할 법적인 의무로서 이해되어야 할 것이다."[20] 국가 청렴성을 이러한 시각에서 바라볼 때, 청렴성의 확보의 진정한 주체 내지는 수혜자는 바로 국민이라고 할 수 있다. 그래서 국가의 청렴성 확보는 법치국가의 온전한 실현을 위한 토대이다. 공직사회의 부패는 법치국가의 실현을 가로막는

---

19) 감사교육원(1996), p.112.
20) 김상겸(2006), p.255.

요인이다. 공직사회의 부패는 결국 법에 의한 지배가 아니라 자의적인 인적 지배를 초래한다. 법치국가의 제반 법 규정의 일반성과 추상성과 보편성은 국민과 공직자에게 형평 내지는 평등을 담보하고 안정된 법적 생활을 제공하는 기능을 수행하는데, 이러한 법을 집행하고 판단하는 업무를 수행하는 공적 지위가 사적 이익을 추구하는 통로로 이용될 때 그러한 법적 기능은 상실되고 말 것이기 때문이다.[21]

이러한 관점에서 공직자의 청렴의무를 윤리학적 관점에서 해석하면, 그것은 공정성(fairness)과 성실성 혹은 충실성(fidelity)과 함께 사회적 직책에 따른 사회적 책무(social obligations)에 해당한다. 그것은 결코 선택해도 그만이고 선택 안 해도 그만인 무차별(indifference)적 행위나 의무로서 부과되지는 않지만 하면 칭송을 받을 수 있는 것으로서 의무 이상의 행위인 여공적 행위(supererogatory acts)가 아니다. 무차별적 행위나 여공적 행위는 도덕적 허용 사항(moral permission)의 영역에 속할 뿐인 것이다.[22] 어떤 의미에서 청렴의무는 공직자를 포함한 국민 모두에게 부패가 결국 국가경제를 손상시키고, 궁극적으로 국민복지에 해악을 끼치고, 또한 사법 분야에서의 부패는 법치국가의 기반을 손상 시켜 유전무죄, 무전유죄의 냉소주의적 도덕불신적 한탄을 자아내므로 상해 금지(not to injure or harm)와 무죄자 처벌 금지(not to harm the innocent)를 규정한 인간의 소극적인 자연적 의무(negative natural duties)이기도 하다. 더 나아가서 청렴의무는 정의의 유지, 상호협조, 상호존중과 인간사회의 도덕적 신뢰를 유지할 수 있는 중대한 덕목이므로 동시에 인간의 적극적인 자연적 의무 사항(positive natural duties)이기도 한 것이다.[23] 이러한 관점에서 보면, 청렴의무는 인간의

---

21) 김상겸(2006), p.257.
22) 롤즈/황경식 옮김(2003), p.170.
23) 롤즈/황경식 옮김(2003), pp.168-169.

도덕적 요구(moral requirements) 전반에 관련된 복합적인 도덕적 덕목으로서, 인간의 도덕적 의무, 즉 인간의 자연적 의무와 사회적 책무의 대강을 차지한다고 해석될 수 있을 것이다.

5. 도덕적 덕목으로서의 청렴성에 대한 현대적 고찰

영어의 integrity가 청렴성의 의미를 갖는 것은 그것이 moral integrity로서의 도덕적 통합성 혹은 완전무결성을 의미할 때이다. 즉 청렴성은 건전한 도덕적 목적을 지향하는 하나의 종합적인 혹은 복합적인 덕목으로서, 인간 행위에 대한 지속적인 성향으로 표출되어 자아의 도덕적 통합성을 견지하고 완전무결성을 지향하도록 한다. 따라서 청렴성은 인간의 도덕적 정체성(moral identity)을 구성하는 본질적인 요소라고 할 수 있을 것이다.[24] 이러한 관점에서 볼 때, 청렴성을 완전무결하게 갖춘 사람은 거의 없으며, 대부분의 인간에게서 청렴성은 하나의 지향적 목표로서 형성과정에 있는 것이라고 볼 수 있다.[25] 따라서 청렴성은 인간의 도덕적 발전과 밀접한 관련을 갖는 것으로 나타난다.[26]

어떤 의미에서 청렴성이 복합성 혹은 복잡성을 갖는 다발 개념이라는 것은 청렴성을 하나의 개방적 개념(open concept)로 생각하게 만든다. 그러나 이러한 개방적 개념의 약점은 그 영역적 외연과 속성적 내포가 명확하지 않다는 것이다. 따라서 도덕적 통합성으로서의 청렴성 개념에 대해서 철학적으로 일치된 정의를 찾기는 어려울 것이다. 다만 청렴성은 사회적 규범에 준수하려는 경향, 일탈적 행위를 피하려는 경향, 정의

---

24) Diamond(2001), p.864. 청렴성이 복합적인 덕목이라는 관점에서 부패 문제도 덕의 윤리의 관점에서 전개되어야 한다는 주장은 Everett et al.(2006) 참조.
25) McFall(1987), p.20.
26) Putman(1996); Petrcick and Quinn(2000).

와 진실과 공정성을 수용하려는 태도 등을 포괄하는 도덕적 성향으로 정의되는 것이 일반적인 경향일 뿐이다.[27]

흔히 경영학에서 행해지는 직업적성검사에서는 소위 빅파이브(Big Fives), 즉 인간의 주요한 다섯 가지 성격적 특성이 직업적 숙련성, 교육적 숙련성, 개인적 데이터 등에 관한 평가 기준으로 조사된다. 그중 특히 직업적 적성과 수행 능력(job performance)과 청렴성(integrity test)이 주요 판정 기준이 된다. 그러한 다섯 가지 특성은 외향성(extraversion), 감정적 안정성(emotional stability), 호감성(agreeableness), 양심(conscientiousness), 경험적 개방성(openness to experience)이다. 그 결과 양심은 모든 직업군에서 모든 직업적 적성과 수행 능력에 관련하여 가장 일관성 있는 관련성을 나타낸 것으로 드러났다.[28] 따라서 흔히 직업적성검사에서 청렴성이라고 하면 양심과 동일한 것으로 간주하는 것이 일반적인 경향이었다. 그러나 최근에는 청렴성이 복합적 덕목이라는 점을 감안하여 그것이 단순히 양심(honesty 혹은 conscientiousness)으로 환원될 수 없는 독특한 것이라는 논변이 제기되고 있는 실정이다.[29] 이러한 논변의 핵심은 우선 양심은 하나의 내면적 소리로서 순전히 개인적인 도덕적 속성에 의거하므로 도덕적으로 중립적이거나 상대적인 것으로 나타날 수도 있다는 것이다. 또한 양심은 하나의 사태에 대해서 거짓을 꾸며내서는 안 된다는 인식인 데 반해서, 청렴성은 양심을 저버려서는 안 된다는 인식과 아울러 자신이 따르고 있는 진정한 원칙과 가치에 반하지 말라는 추가적 인식도 포함하고 있다는 것이다.[30] 따라서 청렴성은 사실과 가치의 일치, 언행일치, 혹은 도덕적 신념과 행위의

27) Connelly et al.(2006), p.82.
28) Barrick and Mount(1991),
29) Becker(1998),
30) Becker(1998), p.158.

일치라는 도덕적 통합성을 나타내고 있다는 것이다. 또한 청렴성은 어떠한 가치에 따라서 일관되게 행동하라는 것만을 말하는 것이 아니라 도덕적으로 정당화될 수 있는 객관적 보편적 가치체계나 도덕원칙에 부응해서 행동하라는 것을 말하고 있다는 것이다.[31]

이제 청렴성은 복합적인 도덕적 덕목으로서 그 조작적 정의(operational definition)와 그 지표 측정이 가능한 "청렴능력구성(the integrity capacity construct)"으로 등장하게 된다.[32] 이러한 청렴능력구성으로서의 청렴성은 개인적 혹은 집단적 수준에서 나타난 "도덕적 자기통할(moral self-governance)의 성정(性情)"이라고 정의될 수 있다. 이러한 청렴능력구성은 그간에 철학과 심리학에서 전개되었던 기존의 논의를 종합적으로 반영함과 아울러 우리 일상언어에서 (특히 영어에서) 나타난 다의성을 포괄하여 다음과 같은 네 가지 도덕적 요소로서 나타나게 된다.[33]

(1) 도덕적 양심(moral conscientiousness)과 분별(discernment) : 선악정사(善惡正邪)를 분별할 수 있는 지속적인 반성적 고려와 관심과 아울러 양심적으로 고찰된 신념에 대한 신뢰할 만한 충심 혹은 충실성.

(2) 도덕적 결단(moral resolution)과 공공적 책임성(public accountability) : 개인과 집단이 자신들의 책임을 느끼는 분야와 사안, 그리고 자신들의 행위에 대한 정당화로서 공개적으로 공공적으로도 수용할 수 있는 가능한 합리적 태도에 대한 지속적인 종합적 고려와 아울러 도덕적 딜레마와 난관 봉착을 해결할 수 있는 균형적인 도덕적 판단.

(3) 도덕적 공약 혹은 헌신(moral commitment)과 성격(character) :

---

31) Becker(1998), p.157.
32) Petrick and Quinn(2000).
33) Petrick and Quinn(200), p.4.

개인과 집단이 불리한 상황과 유혹에 직면할 때 확고하고 견실하게 자신들이 중시하는 원칙을 준수하고 고수하여 기꺼이 윤리적으로 행동하려고 하는 변함없는 신념과 태도와 성향.

(4) 도덕적 일관성 혹은 통합성(moral coherence)과 진정성(authenticity) : 판단, 신념, 표현, 공약, 특히 언행 사이의 제반적 일치, 그리고 이성적으로 숙고된 원칙들 사이의 조화(harmony)와 아울러 일상적 행동에서 그러한 원칙에 따른 확신이 견지되어서 성실성(sincerity)을 통해서 표출된다는 인식.

영어의 전통적인 일상용어법에 따르면, 청렴성은 흔히 개인적 원칙들에 대한 단순하고도 엄격한 충실성(fidelity)으로 국한되는 경우가 많다. 그러나 그러한 전통적 일상용어법의 심층적 저류를 분석하면, 우리는 청렴성이 다양한 수준의 인간 공동체에서 발생하는 도덕적 복잡성(moral complexity)을 보다 효과적으로 인식하여 분석 처리할 수 있기 위해서 필수적으로 요청되는 다양한 도덕적 고려(moral regard)와 포괄적 반응(inclusive responsive)을 포함하는 복합적인 도덕적 능력이라는 사실을 알 수 있게 된다.[34] 복합적인 도덕적 능력으로서 "청렴능력(integrity capacity)"은 다음과 같은 네 가지 구성요소를 가지고 있다. 이러한 구성요소를 통해 "청렴능력구성(integrity capacity construct)"이 판정될 수 있다. 청렴능력은 과정(process), 판단(judgement), 발전(development), 체계(system)를 통해서 종합적으로 구성되게 된다.[35]

(1) 과정 청렴능력(Process integrity capacity) : 도덕적 인식, 숙고, 성격, 그리고 행위에 대한 "반복적인 과정적 조율 혹은 정합(repeated

---

34) Petrick and Quinn(2000), p.4; Cox et al.(2005).
35) Petrick and Quinn(2000), pp.4-15.

process alignment)"으로서의 지속적인 성향 표출.

(2) 판단 청렴능력(Judgment integrity capacity) : 집단적 의사결정에서 도덕적, 사법적 복잡성에 대처할 수 있는 종합적이고 균형 잡힌 이론적 실천적 판단 능력.

(3) 발전 청렴능력(Development integrity capacity) : 개인적 혹은 집단적 도덕적 추론 능력으로서 자기이익 중심의 전인습 단계(preconventional level)에서의 집단적 묵과(collective connivance)를 거쳐, 인습 단계(conventional level)인 집단적 준수(collective compliance)를 거쳐, 인습후 단계(postconventional level)인 집단적 청렴성(collective integrity)으로의 발전.36)

(4) 체계 청렴능력(System integrity capacity) : 조직과 조직 구성원의 청렴성 제고를 위한 교육과 적성 능력 향상 등이 가능하도록 특별한 지원구조(supportive framework)를 확립함과 아울러 조직과 조직 사이, 그리고 조직의 하부 구조 내에서 전반적인 도덕적 개선이 지속적으로 이루어질 수 있도록 하는 일련의 통합적인 조직 정책과 전략의 적용에 관한 실행.

이상의 논의를 종합해본다면, 청렴능력은 개인적, 집단적 도덕적 진보(moral progress)의 본질적 요소로서 그 자체로서도 가치 있는 것이다. 더 나아가서 그것은 개인이나 기업이나 공직자나 정부 조직의 신뢰성과 명망성과 투명성을 보장하는 "무형적 자산(intangible asset)" 혹은 "조직적 혹은 사회적 자본(organizational or social capital)"으로서 성공과 번영을 위한 "지속적인 경쟁우위(a sustainable competitive advantage)"를 확보해줄 수 있는 수단적, 도구적 가치로서도 중요한 것

---

36) 이것은 소위 콜버그의 도덕발전 3수준 6단계론에 근거한 것이다. Kohlberg(1984) 참조.

이라고 평가될 수 있을 것이다.[37] 현대사회에서 청렴성은 결국 인간 공동체에서 개인과 다양한 조직의 "경제적 성공과 도덕적 진보"가 동시에 이룩될 수 있다는 가능성에 대한 심원한 인식과 투철한 신념을 일관되게 반영하는 것이다.[38] 청렴성은 전통적 사회에서만이 아니라 현대사회에서도 "청렴능력구성"에서 예시된바 그 현대적 의미가 잘 궁구되고 실현된다면 인간의 실현 가능한 도덕적 능력으로서 큰 의의를 갖는다고 평가될 수 있을 것이다.

이러한 관점에서 다산 정약용이야말로 현대적 의미를 갖는 청렴성 개념을 이미 소유했다고 평가할 수 있을 것이다:[39]

"다산은 청렴이야말로 수령의 본분이며, 선의 원천이고, 모든 덕의 근본이라고 보았다. 청렴하지 않고는 능히 수령 노릇을 할 수가 없다는 것이다. 그는 청렴은 관료들의 당연한 의무이며, 그것이 천성적으로 체질화되어 자연스럽게 표출되어야 할 것으로 보았다. 그러나 그는 이 문제를 공리적으로 설명하기도 했다. 그는 청렴이 대단히 유익한 자산이라고 설파했다. 심지어 그는 청렴을 '천하의 큰 장사'라고 묘사하기도 했다는 것이다. 벼슬에 욕심이 큰 사람은 반드시 청렴하여야 한다는 것이다. 청렴에 대한 평가와 명성이야말로 계속하여 그 사람의 승진과 영전을 보장한다는 것이다. 이 때문에 그는 청렴하지 못한 사람들을 지극히 어리석게 보았다. 그토록 뻔한 사리를 지혜가 짧아 제대로 인식하지 못하고 부정과 부패에 물들어 관료로서의 빛나는 전도를 망치기 때문이라는 것이다."

---

37) 사회적 자본의 개념은 Portes(1998), 그리고 Coleman(1988)에서 개진되었다.
38) Petrick and Quinn(2000), p.16.
39) 김택(2004), p.111.

6. 청렴 사회의 달성 가능성과 청렴성 제고의 과제

청렴성의 전통적 현대적 개념이 분석되고, 현대에서도 유의미한 청렴성 개념이 파악된 연후에는 청렴성 제고를 위한 윤리기반 구축을 다각적으로 모색되어야 할 것이다. 우선 우리는 인류 역사에 잔존했던 부패에 관한 금기와 허위의식을 파악하고 타파되어야 할 것이다. 인류 역사에 유전되어온 다음과 같은 다섯 가지의 일상적 신념, 즉 뇌물에 대한 허위의식은 뇌물 수수 행위를 도덕적인 잣대만으로 판정해서는 안 된다는 항변을 담고 있다.[40] 이러한 항변은 다음과 같은 다섯 가지 주장이다.

(1) 뇌물 수수 행위는 보편적 현상이다.
(2) 뇌물 수수 행위는 필요악이다.
(3) 다양한 호혜주의적 행위는 형식적으로는 구별하기 어렵다.
(4) 뇌물죄의 단죄 과정 자체는 대단히 부도덕한 방식으로 전개된다.
(5) 비난받고 있는 뇌물 수수 행위의 실질적인 효과는 사소하거나 입증할 수 없는 경우가 많다.

누난은 이러한 다섯 가지 주장에 대해서 상세한 반론을 제기하고 있지만, 다음과 같이 요약될 수 있다.[41]

(1) 뇌물 수수 행위가 보편적이라는 주장은 하나의 통계적 주장으로 그 신빙성이 없으며, 설령 현재의 뇌물 수수 행위가 아무리 보편적으로 행해지고 있다고 해도 그것이 도덕적으로 정당한 것으로 옹호되지는 못한다. 그러한 주장은 과거 노예제도의 옹호 주장과 비견될 수 있는 것이다.

---

40) Noonan(1984), pp.685-693.
41) Noonan(1984), pp.693-702; 누난/이순영 옮김(1996), pp.483-499.

(2) 미국과 해외에서 일하는 많은 회사들은 뇌물을 주지 않고서도 충분히 번성할 수 있었고, 오직 5% 정도의 회사만이 해외에서 뇌물을 준 경험이 있는 것으로 밝혀지고 있다. 필요해서 뇌물을 준다는 주장은 뇌물의 사회적 기능을 신봉하는 사람들이 역설하는 것이지만, 그것은 마치 식인 관습, 유아 제물, 인종 차별 등이 모두 일정한 사회적 기능을 가지고 있기 때문에, 즉 인간의 욕구를 충족시켜준다는 점에서 도덕적이라고 강변하는 것과 같다. "존재하는 것은 선하다"는 격언은 도덕적 판단의 기준을 박탈해버려 도덕을 유명무실한 것으로 만들어버린다.

(3) 비록 인간사회가 다양한 호혜주의적 방식으로 유지되는 것은 사실이고, 선물과 뇌물을 구분하는 것이 어려울 경우가 있지만, 뇌물 수수 행위는 그 독특한 상호 관련방식과 심적 부담감으로 구분될 수 있다. 뇌물은 자기가 원하는 것을 얻기 위한 절대적 의무감과 부담감을 주기 위한 것이다. 뇌물을 주는 자는 어떤 반대급부가 있기 때문에 뇌물을 준다. 마찬가지로 뇌물을 받은 자는 그런 이유로 반대급부를 내놓지 않을 수 없다. 따라서 뇌물은 팁의 경우에는 찾아볼 수 없는 의무의 갈등과 이해의 충돌을 발생시킨다. 뇌물은 정당한 선거헌금과는 다르게 은밀하고 절대적인 특혜적 예외 제공의 의무를 요구하며, 선물에서는 찾아볼 수 없는 사랑 없는 결과적 반응만을 촉구한다.

(4) 뇌물죄의 적용이 대단히 부도덕한 방식으로 전개되고 있다는 주장은 그 유효성을 내세우기 위해서 그 스스로 도덕률에 의존하고 있다. 만약 어떤 죄의 단죄 과정이나 적용 과정이 부도덕하다고 해서 그 죄 자체의 부도덕성이 없어지는 것은 아닐 것이다. 물론 도덕적인 정부는 뇌물을 방지하기 위해서 비열한 수단을 동원해서는 안 될 것이다.

(5) 뇌물죄가 너무 사소하여 도덕률의 대상이 되지 않는다는 주장은 뇌물 수수 행위가 주는 통계적인 물질적 손실만을 강조하는 경향이 있다. 그러나 뇌물이 미치는 구체적인 악영향은 사회적 공동선이라고 할 수 있는 도덕률을 파괴하는 것이다. 뇌물 수수 행위가 그것에 참여한 개

인들의 마음에 끼치는 부정적 영향은 이루 말할 수 없다. 즉 뇌물 수수 행위는 창녀가 몸을 팔듯 공직을 팔아먹는 행위라고 볼 수 있다. 성윤리와 공직윤리는 이러한 관점에서 같은 관점을 가지고 있다. 부패(corruption)라는 용어는 로마시대 이후 뇌물의 접수와 성적 타락을 동시에 의미했다. 두 윤리의 핵심에는 두 가지 도덕률, 즉 충심과 무상이 자리 잡고 있다. 공직과 성행위의 기능은 절대적 상업적인 관점에서 운영되어서는 안 된다.

이러한 뇌물에 대한 인류의 허위의식이 타파된 뒤에는 공직윤리의 기초로서 사익과 공익의 관련 방식이 구체적으로 해명되어야 하고, 전 지구적 자본주의 시대에서 타당한 기업윤리의 유형도 논구되어야 하고, 또한 국제기구, 특히 경제협력개발기구(OECD)의 윤리기반 구축 방안이 중점적으로 논의될 필요가 있다. 이어서 우리나라 국가 청렴성 제고를 위한 여러 윤리적 개선 방향도 구체적으로 논구되어야 할 것이다.

그리고 청렴성 제고를 위한 철학적 윤리학의 과제로서 생존과 번영을 위한 경쟁적 차원에서의 도덕성, 즉 도덕성의 합리적 근거와 정당화 문제도 논의되어야 할 것이다. 이와 관련하여 호모 에코노미쿠스의 도덕성 수용 문제가 천착될 필요가 있으며, 도덕성이 반드시 비용 편익 계산적인 합리성과 일치하지 않는다는 점도 인정되어야 할 것이다. 따라서 우리는 도덕성의 근거는 합리성만이 아니라 넓은 의미에서 공정한 사회적 배경 질서를 따르려는 합당성도 필요하다고 주장하는 롤즈(J. Rawls)의 입장을 수용해야만 할 것이다.[42] 그리고 사회적 불평등에 따른 시기심으로 인한 부패 발생 요인과 동시에 우리 한국사회의 문화적 부패 요인, 특히 공직을 이용한 사적 이익추구와 각종의 연고주의, 특혜

---

42) Rawls(1980), p.530.

주의도 동시에 척결할 수 있는 사회윤리적 이상으로서 월저(M. Walzer)의 복합평등론도 논의되어야 할 것이다.[43] 복합평등사회는 모든 사람의 행복과 불행이 공동체 전체에 의해서 공유되는 정도까지는 아니지만, 기본적으로 우리의 행복과 불행은 여러 종류와 방식으로 존재한다는 다원주의적 인식에 따른 상호존중과 자존감이 풍만한 사회가 될 것이다. 상호존중과 공유된 자존감은 복합평등의 심층적 원동력인 것이다. 아마도 이러한 사회만이 부패를 척결할 수 있는 사회윤리적 기반을 진정으로 확보했다고 말할 수 있을 것이다. 그러나 월저가 꿈꾸는 복합평등사회는 아직 인류역사상 한 번도 존재한 적이 없고, 또한 그 현실적 실현의 과제는 너무나도 중차대해서 쉽게 이루어질 수 없을 것이다.

따라서 지금 우리는 부패 척결을 위해서 인류역사에서 유전된 부패에 대한 집단무의식적인 허위의식과 우선적으로 싸워야만 한다. 누난(J. T. Noonan)은 부패라는 용어는 성적 타락과 뇌물의 접수를 동시에 의미했다고 파악하고, 공직윤리와 성윤리가 동질성을 가진다는 점을 부각했다. 즉 두 윤리의 핵심에는 두 가지 도덕률, 즉 충심(忠心)과 무상(無償)이 자리 잡고 있다는 것이다. 그러나 현대사회에서 성윤리가 문란해지면서 공직윤리도 마찬가지의 길을 가는 것이 아니냐는 우려의 목소리가 나오고 있다. 그러나 이러한 비관적 전망에 대해서 우리는 비록 두 윤리가 비유적인 측면에서 같은 기능을 하지만 그 윤리가 적용되는 대상은 전혀 별개임을 지적할 수 있다. 오늘날 미국의 경우 성윤리에 대한 규제가 느슨해진 반면에, 그것에 대한 반발로 공직윤리에 대한 요구가 더 거세어진 측면도 있다.[44]

뇌물을 섹스에 비유하는 것 이외에 또 다른 비유가 있다. 즉 심리적으

---

43) Walzer(1983) 참조.
44) 누난/이순영 옮김(1996), p.499.

로 당사자에게 영향을 미친다는 점에서 뇌물과 마술이 똑같은 기능을 발휘한다고 보는 것이다. 마술의 희생자가 괴로움을 느낀다면, 뇌물을 받은 자는 부담을 느낀다. 이 두 가지 경우는 신체적으로 압박을 가하기보다 정신적인 부담을 준다. 오늘날 우리는 더 이상 마술의 초자연적인 힘을 믿지 않지만, 뇌물의 경우는 여전히 그 위력을 발휘한다고 믿는다. 그래서 뇌물 수수 행위를 예방하기 위해 이해관계가 있는 공무원이 뇌물을 받았으면, 그 뇌물의 효과가 나타나지 않았더라도 뇌물죄로 처벌된다. 우리는 뇌물과 그 결과물 사이에 있는 상관관계에 관심이 있기보다는 뇌물을 주고받는 행위 자체가 바로 사회를 오염시킨다는 점을 더 중시하는 것이다. 이것은 마치 중세 사람들이 마녀가 사회를 오염시킨다고 보았듯이 말이다.[45] 또 한 가지 비유는 뇌물은 부당한 이득을 취한다는 점에서 고리대금업과도 비유된다.[46] 서구에서 12–17세기까지는 고리대금업을 경제행위로 판단하기보다는 도덕적인 문제로 단죄하는 입장이 더욱 강했다. 그러나 이제는 이슬람 국가를 빼면, 전 세계 어디에서나 과거의 고리대금업과 같은 관행으로 이루어지는 은행의 이식 행위를 도덕적 잣대로 재단하는 국가는 없다. 물론 현대에서도 터무니없는 높은 이자를 받는 사금융권의 행패는 여전히 도덕적으로 비난할 수 있지만 말이다.

누난은 『뇌물의 역사』에서 앞으로 인류사회에서 뇌물과 부패의 미래에 대해서 다음과 같이 예언했다:[47]

"뇌물 수수자들이 수치를 느낀다는 사실은 그것이 인간의 공동선을 침해하는 행위임을 잘 보여준다. 또한 금권정치는 혐오스러운 것이고 정부에 대한 신임은 곧 공직에 대한 신임이며 그러한 신임이 없는 정부는 철권통치세력일

45) 누난/이순영 옮김(1996), pp.8-9.
46) Noonan(1984), p.xix.
47) 누난/이순영 옮김(1996), pp.506-507. 강조 부가.

뿐이다. 그리고 신의 질서는 명백하게 존재한다. 뇌물행위는 개인적·사회적 욕구를 파괴한다. 왜냐하면 그것은 돈보다 소중한 가치관을 숭상하는 기본적 욕구, 정부를 신임하려는 기본적 욕구, 하늘에 계신 아버지를 모방하려는 기본적 욕구를 파괴하는 것이기 때문이다. 뇌물의 본질은 완성을 향해 피어나는 인간의 본질과 정면으로 배치된 것이도 하다. … 과거 한때 경제적 필요에 의해 강력하게 지지되었던 노예제도가 결국에는 파기되었듯, 공직자의 특혜를 노리고 돈을 주는 받는 행위인 뇌물은 결국 지상에서 사라질 것이다. 최근 공직자의 부당한 거래를 엄격하게 제한하는 각종 법규가 많이 제정되고 있는 것은 뇌물행위를 없애야 한다는 **강력한 도덕심의 발로**라 할 수 있다."

그런데 우리는 뇌물을 주고받는 그 수수(授受)행위 속에는 아무런 도덕심의 발로도 없다고 말할 수는 없을 것이다. 뇌물 수수 행위는 그 커다란 부도덕성 가운데서도 최소한의 도덕성을 가지고 있는데 그것은 호혜주의(reciprocity)에 대한 의무이다. 결국 뇌물이란 호혜주의의 한 형태이다. 잘 살펴보면 인간사는 이러한 호혜주의로 구성되어 있다.[48] 이러한 관점에서 누난은 신에 대한 공물과 동물 희생제와 번제는 인간의 구원이라는 가장 고귀한 목적을 위해서 전지전능한 신을 설득시키는 거대한 규모의 뇌물이라는 신성모독적인 지적도 한다.[49] 이것은 기독교만의 경우는 아니고 모든 종교와 미신과 샤머니즘에서의 기복신앙적 태도에서 찾아볼 수 있을 것이다. 여러 사회에서 상호거래가 하나의 규칙이 되어 있음을 발견한 인류학자들은, 어떤 특정한 그룹의 다른 그룹보다 더 뇌물을 밝히는 것은 아니라고 주장한다. 뇌물 수수 행위는 주고받는 양측의 호혜주의적 필요가 맞아떨어졌을 때만 가능하다는 것이다.[50]

---

48) 누난/이순영 옮김(1996), p.3.
49) Noonan(1984), p.xxi.
50) 누난/이순영 옮김(1984), p.473.

그렇지만 우리는 호혜주의 도덕도 그 수준이 다양하다는 것을 알아야 할 것이다. 누난은 호혜주의를 도덕발전의 관점에서 분석하고 있지는 않다. 그러나 뇌물 수수 행위에서의 호혜주의는 콜버그(L. Kolberg)의 도덕발전론의 관점에서 보면, 그것은 제1수준인 전인습적 수준의 자기 이익추구 단계인 제2단계에 불과하다.[51] 즉 이 수준의 호혜주의는 자기 이익이 되는 한 타인과의 호혜성을 고려하는 것일 뿐이다. 즉 "당신이 내 등을 긁어주면, 나도 당신 등을 긁어준다"(You scratch my back, and I'll scratch yours)는 식이다. 보다 높은 단계의 호혜성은 제2수준인 인습적 수준의 제3단계인 사회적 임무에 따른 개인 상호간의 조화와 순응이다. 이 단계에서는 개인간 상호협조와 상호존중, 그리고 기독교적 황금률의 형식적 적용의 단계이다. 제3수준인 인습후 수준의 제5단계인 사회계약적 단계는 전체적인 사회적 이익을 위해 보편적인 상호계약을 하고, 또 그것을 준수하는 단계이다. 제3수준인 인습후 수준의 마지막 제6단계는 보편적인 윤리적 원칙이 적용되는 단계이다. 여기서는 호혜주의는 칸트의 정언명법처럼 자신의 준칙이 모든 사람에게 보편적으로 적용될 수 있는 단계로서의 보편적 호혜주의라고 할 수 있을 것이다. 또한 기독교적 황금률의 이타주의적 적용도 이 단계에 속한다. 즉 상대방으로부터의 호혜를 바라지 않고, 원수를 사랑하듯이 선행을 베푸는 단계, 즉 선한 사마리아 사람의 단계인 것이다. 뇌물 수수 행위가 비록 부도덕하지만 인류사회에서 끈질기게 잔존할 수 있었던 것은 "이번에 내가 봐주었으니 다음에는 네가 봐줘"와 같은 식으로 인간의 도덕발전 제2단계에서의 호혜주의 때문이었다는 것은 참으로 도덕적 아이러니라고 해야 할 것이다. 그것은 비록 깡패집단에도 의리가 있고, 도둑들 사이에도 분배적 정의의 관행이 있는 것에 불과할 것이지만 말이다.

---

51) Kohlberg(1984) 참조.

이와 관련하여 한 가지 더 언급할 것은 부패한 사람은 돈 문제만이 아니라 모든 면에서 부패했을 것이라고 단정하는 경향이 있다는 것이다. 즉 뇌물은 받아먹었으니 그도 다른 사람에게 뇌물을 갖다 주었을 것이라는 믿음이다. 그러나 영국의 유명한 철학자 프랜시스 베이컨(Francis Bacon)은 성실한 사람이었음에도 불구하고 뇌물을 받았다. 역시 유명한 철학자 비트켄슈타인(L. Wittgenstein)도 오스트리아가 나치에 병합되자 그 치하에 있는 자신의 두 누이들을 유대인 학살로부터 지켜내기 위해 영국에서 독일로 가서 나치당국에 뇌물을 주었고, 링컨 대통령도 노예제도 폐기를 위한 미국 수정헌법 13조의 제정을 위해 민주당 위원들을 매수했다는 의심을 받고 있기도 하다.[52] 물론 이 두 경우는 소위 "학대행위를 못하도록 돈을 주고 막는 것(buy back harassment, redimere vexationem)"이거나, 커다란 공익을 위해서 손을 더럽힐 수밖에 없는 고육책(dirty hand situation)으로 나온 것으로 이해해야 할 것이다. 우리나라의 경우 황희 정승도 나중에 뇌물죄로 단죄를 받았다는 이야기도 있다. 뇌물에 대한 이러한 아량 있는 인식은 부패를 절대적 악으로 보는 것을 방지하여, 부패가 개선될 수도 있다는 가능성을 심어주는 측면도 있다. 따라서 공무원 사회에서 부패한 공무원 있었고, 앞으로 부패 가능성이 있다고 해서 공무원 집단을 부도덕하고 사악한 집단으로 보고, 강한 통제와 적발 중심의 반부패 정책을 펴는 것은 옳지 않을 것이다. 우리가 반부패 정책의 경제개발기구(OECD) 유형에서도 보았듯이, 가장 선진적인 청렴성 준거 윤리체제 모형은 사회적 핵심가치를 추구하여 자발적인 도덕적 자정을 지향하는 "높은 길"인 것이다.

제8회 반부패국제회의(ICAC)에서 채택된 '리마선언'(1997)은 인류는 부패와의 투쟁을 통해서 21세기는 "윤리와 청렴성의 새로운 천년시대의

---

52) 누난/이순영 옮김(1984), p.4, pp.471-472.

개막"이 될 것을 희망하면서 종언했다. 우리 인류는 21세기가 윤리와 청렴성의 제고를 통한 새로운 "지복천년"으로 시작되었다고 자부하기에는 이르지만 그러한 희망과 그 실현을 계속적으로 견지해서 우리 마음속에서 "도덕의 재림"이 이루어질 때까지 반부패를 위해 분투하는 것은 이 시대를 사는 우리들 모두의 도덕적 사명이라고 할 것이다. 그렇다면 모든 국가사회에서 "바람직한 국정운영(a good governance)은 본질적으로 도덕적 사업(moral enterprise)"이 될 것이다.

참고문헌

감사교육원(1996).『청백리정신과 감사인』.

국가청렴위원회(2005).『청렴국가건설을 위한 공직자 부패방지 가이드』.

김상겸(2006).「한국사회의 청렴성 제고를 위한 헌법적 고찰」.『헌법학연구』, vol. 12, pp.249-280.

김영봉(2002).「청부론인가, 청빈론인가」.『기독교사상』, vol. 46, pp.232-245.

김택(2004).「공직윤리와 청백리 사상에 관한 연구」.『한국부패학회보』, vol. 9, pp.87-118.

누난(John T. Noonan)/이순영 옮김(1996).『뇌물의 역사』. 서울: 한세.

롤즈(John Rawls)/황경식 옮김(2003).『정의론』. 서울: 이학사.

부패방지위원회(2002).『청렴국가건설을 위한 부패방지 기본계획』.

신윤환(1992).「부정부패의 정치경제학」.『사회평론』, 1992년 6월호, pp.134-141.

이서행(1990).『청백리정신과 공직윤리』. 서울: 인간사랑.

_____(2002).「반부패의식과 제도로서의 청백리 규범문화」.『한국부패학회보』, vol. 7, pp.81-101.

이영균(1996). 「공무원 부정부패의 원인과 방지대책」. 『한국행정논집』, vol. 8, pp.1-23.

이재선(1987). 「청빈을 삶의 가치로 삼아온 선비정신과 여유의 멋」. 『북한』, 1987년 11월호, pp.158-161.

Barrick, Murray and Michael Mount(1991). "The Big Five Personality Dimensions and Job Performance: A Meta-Analysis." *Personnel Psychology*, vol. 44, pp.1-26.

Becker, Thomas(1998). "Integrity in Organization: Beyond Honest and Conscientiousness." *Academy of Management Review*, vol. 23, pp.154-161.

Caiden, and Gerald E., O. P. Dwivedi, and Joseph Jabbra, eds.(2001). *Where Corruption Lives*. Bloomfied: Kumarian Press.

Connelly, Brian, Scott Lilienfeld, and Kelly M. Scheelk(2006). "Integrity Test and Morality." *International Journal of Selection And Assessment*, vol. 14, pp.82-86.

Cox, Damian, Marguerite La Caze, and Michael Levine(2005). "Integrity." in *Stanford Encyclopedia of Philosophy*(http://plato.stanford.edu), pp.1-16.

Diamond, Cora(2001). "Integrity." in Lawrence Becker and Charlotte Becker, eds. *Encyclopedia of Ethics*. New York: Routledge, pp.863-866.

Everett, Jeff and Dean Neu, and Abu Shiraz Rahaman(2006). "The Global Fight Against Corruption: A Foucaultian, Virtue-Ethics Framing." *Journal of Business Ethics*, vol. 65, pp.1-12.

Hager, L. Michael(1973). "Bureaucratic Corruption in India." *Comparative Political Science*. vol. 6, pp.197-219.

Kohlberg, Lawrence(1984). *The Psychology of Moral Development: The Nature and Validity of Moral Stages.* New York: Harper & Row.

Larmour, Peter and Nick Wolanin, eds.(2001). *Corruption and Anti-Corruption.* Canberra: Asia Pacific Press.

McFall, Lynne(1987). "Integrity." *Ethics,* vol. 98, pp.5-20.

Noonan, Jr., John T.(1984). *Bribes.* Berkely: University of California Press.

OECD(1996). *Ethics In the Public Service: Current Issues and Practice.* Public Management(PUMA) Occasional Papers, No. 14, pp.1-63.

Petrick, Joseph A. and John F. Quinn(2000). "The Integrity Capacity Construct and Moral Progress in Business." *Journal of Business Ethics,* vol. 23, pp.3-18.

Putman, Daniel(1996). "Integrity and Moral Development." The *Journal of Value Inquiry,* vol. 39, pp.237-246.

Rawls, John(1980). "Kantian Constructivism in Moral Theory." *The Journal of Philosophy,* vol. 77, pp.515-572.

Walzer, Michael(1983). *Spheres of Justice: A Defence of Pluralism and Equality.* New York: Basic Books.

사회계약론의 풀리지 않는 문제와 사회계약론의 자연화

박 종 준

1. 서론

전통적 사회계약론의 문제를 요약하면 "어떻게 처음부터 계약이 가능했다는 것인가? 그리고 계약의 준수는 어떻게 가능한 것인가?"이다. 이 문제가 사회계약론에서 중요한 이유는 전통적 사회계약론이 가정하는 사회적 조건과 개인의 본성이 참이라면 애초에 계약의 성립이나 준수가 어렵다고 여겨져왔기 때문이다. 즉, 전통적 사회계약론이 가정하는 인간관으로서의 '동기'와 사회적 배경으로서 '상황'이라는 두 전제로는 사회계약론의 풀리지 않는 문제를 극복하기 어렵다는 것이다. 이 논문의 목적은 전통적 사회계약론의 풀리지 않는 문제가 어떻게 현대 사회계약론에 유전되고 있는지를 밝히고, 이 문제를 해결하기 위해 현대 사회계

---

* 이 논문은 대한철학회 편, 『철학연구』 제143권(2017)에 실린 글이다.

약론은 어떻게 '상황'과 '동기'에 대한 수정을 가하고 있는지를 분석하는 것이다. 이 논문은 현대 사회계약론이 상황과 동기에 대한 수정에도 불구하고 그 해법에 순환적 구조가 내포되어 있다는 점을 논변한 후, 이러한 순환을 해결하기 위해서는 사회계약론이 어떻게 자연화될 수밖에 없는지를 논변한다. 그리고 사회계약론의 자연화 과정에서 관습주의가 제기되는 논리적 근거를 제시한다.[1]

2. 전통적 사회계약론의 풀리지 않는 문제와 전통적 대응들

사회계약론의 풀리지 않는 문제란 무엇인가? 브레이브루크(Braybrooke, 1976)는 전통적 사회계약론에서 가정되는 두 조건, 즉 투쟁적 자연상태라는 상황(circumstance)과 타인의 처지와 복지에는 무관심한 채 저마다의 생명과 소유를 보존하고 합리적인 이익을 추구하는 (non-tuistic) 개인들의 이기적인 동기(motivation)들 중 어느 하나가 수정되거나 포기되지 않는다면 어떠한 계약의 준수도 성립할 수 없다는 논변을 통해 전통적 '사회계약론의 해결할 수 없는 문제'를 제기하였다.[2] 그렇다면, 이러한 상황과 동기에 대한 수정이나 추가적인 가정들이 있다면 문제는 해결될 수 있다는 것인가? 일단은 그렇다. 그러나 그것은 전통적 사회계약론의 가정을 포기하거나 수정한다는 점에서 전통적 사회계약론에 제기된 문제 자체를 해결하는 것이 아니다. 그러한 수

---

1) 이러한 맥락에서 이 논문의 목적은 관습주의의 구체적 논변들을 본격적으로 논의하는 것이 아니다. 이 논문은 사회계약론의 풀리지 않는 문제가 어떻게 비계약론적 모델인 관습주의 논의를 요구하지 않는지 그리고 그러한 과정에서 사회계약론이 어떻게 자연화되는지를 논의하는 것이다.

2) Braybrooke(1976), "The Insoluble Problem of the Social Contract," in Richmond Campbell and Lanning Sowden(1985), *Paradoxes of Rationality and Cooperation*, The University of Columbia Press, p.279.

정이나 포기는 해법이라기보다는 전통적 사회계약론 자체의 수정이나 포기를 의미한다.[3]

브레이브루크의 문제를 간략히 살펴보자. 만일 다음과 같은 우호적인 상황 조건이 성립한다면 계약의 성립이 가능할 것이다.

① 각 개인들은 단지 제한된 정도로만 피해를 입을 수 있다.
② 상호협조의 실패는 상호작용하는 이들 중 어느 한쪽의 복지에 중대한 결과를 초래한다.
③ 상호협조 실패의 원인이 확실하게 정해질 수 있다.
④ 협조하고 이익을 얻을 수 있는 기회는 상호작용하는 개인들에게 정확하게 번갈아 온다.

브레이브루크에 따르면, 이 조건들 중 어느 것도 전통적인 사회계약론에서 가정되는 상황에서는 성립하지 않는다. 첫째, 이기적인 개인들 간의 계약이 이루어지는 초기 상태에서 일방적인 계약 준수는 타인에 의해 생명을 잃거나 목전에서 재산을 강탈당하는 상황이 될 수 있기 때문에 ①이 성립하지 않는다. 둘째, 상호협조의 실패로 인해 얻지 못하는 이익이 크다면 당사자들은 모두 그러한 결과에 중요성을 부여할 것이다. 그러나 사람들은 자신의 생명과 재산을 지키는 데 여념이 없다. 즉, 일방적인 계약 준수는 위험하지만, 쌍방 간의 비준수는 원래 상태와 비교해서 큰 차이를 만들지 않는다. 따라서 초기 상태에서는 ②가 성립하지 않는다. 셋째, 초기 상태는 단지 두 사람만이 존재하는 것이 아니라 다수의 사람들이 상호작용하기 때문에 계약이 실패하는 원인 또는 계약을 위반하는 사람의 익명성이 존재한다. 따라서 ③이 성립하지 않는다. ③이 성

---

3) Braybrooke(1976), p.280.

립하지 않기 때문에 누군가는 계속해서 이익을 보고 누군가는 계속해서 손해를 볼 수 있다. 따라서 ④도 성립하지 않는다.

소벨(Sobel, 1976)의 논의는 훨씬 더 비관적이다. 소벨에 따르면 전통적 사회계약론의 문제는 계약 당사자들의 이기적 동기를 수정해도 해결 불가능하다.[4] 브레이브루크가 제시하는 해법은 상황이나 동기에 대한 수정이지만, 소벨에 따르면 상황을 고정시킨 채 동기에 대한 수정만으로는 문제의 해결이 가능하지 않다. 예를 들어, 브레이브루크에 따르면, 앞의 조건들이 만족되는 상황이라면 끝이 정해지지 않은 반복된 상호작용이 지속되는 경우 사람들은 상호간에 협조적 관계를 지속할 것이다. 그러나 소벨은 초합리적 최대효용추구자들은 반복된 상호작용을 통해서도 협조할 수 없을 것이라고 주장한다. 왜냐하면 그들은 첫 번째 상호작용에서 협조와 비협조 중 어떤 전략을 취해야 할지를 알지 못하기 때문이다. 결국 브레이브루크와 소벨이 제기하는 전통적 사회계약론의 문제를 종합하면 다음과 같다. 이기적 개인들이 경쟁적으로 상호작용하는 전통적 자연상태에서는 계약이 불가능하기 때문에 이기적 개인이라는 전제나 투쟁적 자연상태라는 전제들 중 하나는 포기되어야 한다. 그런데 이 두 전제는 전통적 사회계약론의 핵심전제이기 때문에 둘 중 하나의 포기는 전통적 사회계약론의 수정 또는 포기를 의미한다.[5] 사회계약론의 문제에 대해 전통적으로는 시장적 해법, 계약론적 해법, 위계적 해법, 공동체적 해법이라는 네 가지 해법이 제시되어왔다. 시장적 해법은 대표적으로 자유시장주의자들에 의해 주장되는 것으로서, 사회적 기획

---

4) Soble(1976), "Utility Maximizers In Iterated Prisoner's Dilemmas," in Richmond Campbell and Lanning Sowden(1985), *Paradoxes of Rationality and Cooperation*, The University of Columbia Press, p.311.

5) 브레이브루크와 소벨의 주장에서 요점들은 모두 공공재의 딜레마의 논리적 구조를 갖고 있다. 즉 브레이브루크의 네 가지 조건들은 공공재의 딜레마의 논리적 조건을 만족시키기 때문에 타당한 문제제기이다.

에 관여하지 않는 개인들을 가정한다. 따라서 시장적 접근은 '보이지 않는 손'으로 대표되는 과정을 추구하는데, 이 해법에 따르면 개인들은 공공재를 위한 기획에 자발적으로 참여하게 된다는 것이다. 계약론적 해법은 자신들의 사회를 집합적으로 계획하는 개인들을 가정한다. 위계적 해법은 사회를 관리하기 위해 만들어진 강제력을 가진 기관(예를 들어 정부)의 존재를 가정한다. 이것은 계획된 질서의 특징을 갖는다. 그리고 위계적인 해법은 공공재의 문제를 강제적으로 해결하는 '보이는 손'을 추구한다. 공동체적 해법은 사회적 기획을 불필요하게 할 정도로 효과적인 공동체의 존재를 가정한다.

테일러(Taylor, 1987)는 전통적인 해법들을 내재적 해법과 외재적 해법으로 단순화시킨다. 내재적 해법은 게임에서 개인들에게 주어진 가능성과 개인들의 선호들 그리고 그들의 믿음(기대)에 있어서 어떠한 변화를 포함하지도 전제하지도 않는다. 반면, 외재적 해법은 정부와 같은 강제력을 가진 주체에 의해 사람들의 태도와 믿음에 변화를 주는 방식의 해법이다.[6] 외재적 해법은 다시 '중심화된 해법'과 '탈중심화된 해법'으로 나뉜다. 국가는 중심화된 해법의 사례이고 공동체는 탈중심화된 해법의 사례이다.

테일러에 따르면, 외재적 해법들은 집단적 선택과 관련된 선결문제가 해결될 것을 전제하고 있다. 예를 들어, 정부와 같은 제삼자의 제재(sanctions) 체계를 도입하고 유지하는 것은 이미 정부도입을 위한 계약의 문제가 해소되어야 하는 것이기 때문이다. 따라서 외재적 해법들은 모두 선결문제의 오류를 안고 있다. 그렇다고 해서 내재적 해법이 그 자체로 성공적인 것은 아니다. 시장의 해법은 전통적으로 인정되는 시장실패의 사례가 보여주듯이 그 자체로 해법이 되지 못한다. 시장실패를 막

---

6) Taylor(1987), *The Possibility of Cooperation*, Cambridge University Press, pp.21-23.

기 위해서는 시장에 대한 정부의 개입이 그 보완책으로 인정되지만, 다시 정부실패라는 함정이 기다리고 있다. 또한 정부가 시장을 통제함에 있어서 실패하지 않을지라도 정부는 그 자체로 공공재이기 때문에 공공재 도입을 위한 사회계약이 이미 선결문제를 안고 있게 되는 것이다. 따라서 계약론적 해법 역시 선결문제를 피할 수 없다는 결론이 도출된다.

3. 현대 사회계약론에서의 상황과 동기

롤즈의 사회계약론은 계약의 성립과 준수라는 고전적 사회계약론의 문제를 중요하게 다루고 있다. 고티에 역시 홉스적 상황과 동기라는 고전적 사회계약론에서 어떻게 계약의 성립과 준수가 가능한지 해명하려는 기획을 분명하게 천명한다. 그럼에도 불구하고, 롤즈와 고티에는 브레이브루크와 소벨이 지적한 '상황'이나 '동기'를 명백히 수정하고 있을 뿐만 아니라, 그러한 수정의 근거에 대한 자신들만의 이론이 없이 현대 심리학이나 진화론적 근거에 힘없이 기대고 있을 뿐이다. 이 절에서는 그러한 방식의 수정에도 불구하고 그들의 해법이 선결문제를 요구한다는 것을 분석함으로써 그들이 사회계약론의 문제를 여전히 해소하지 못함을 논변한다.

1) 롤즈의 사회계약론에서의 원초적 상황과 동기

무지의 베일에 가려진 상태에서 합의된 원리들은 어떻게 준수될 수 있는가? 롤즈는 합의된 정의의 두 원칙에 대한 준수를 다음과 같이 설명한다.

"정의로운 사람은 어떤 일을 하지 않을 각오가 되어 있어서, 열악한 여건에 직면해서도 부정의한 행위를 하기보다는 차라리 죽음을 감수하겠다는 결정을 할 수 있다. 그러나 비록 정의 그 자체를 추구하는 사람이 자신의 생명을 잃을 수도 있고, 그렇지 않은 다른 사람이 더 오래 살아남을 수 있다는 것이 사실이라 하더라도, 정의로운 사람은 그 모든 것을 고려한 후에도 그가 가장 원하는 것을 행한다."[7]

롤즈의 주장은 도덕적 행위가 심리적인 보상을 주고 비도덕적 행위는 영혼의 불행을 초래할 것이라는 전통 플라톤주의적 입장이 충분한 설명을 주지 못한다는 것을 함축한다. 왜냐하면 플라톤의 설명은 모든 이가 이미 도덕적으로 행위하도록 심리적으로 성향지어졌다는 전제를 필요로 하기 때문이다. 그렇지 않다면 왜 도덕적 행위의 실패 때문에 심리적인 고통을 받겠는가? 더구나 비도덕적인 사람은 그것이 성공적인 한 항상 그러한 행위를 하도록 유인될 것이다. 따라서 플라톤주의적 설명은 사람들의 도덕심리학적 성향이 어떻게 형성되고 그것은 정의로운 사회와 어떤 관계를 가지는지를 해명할 때 비로소 완성될 수 있을 것이다. 그런데 바로 이러한 플라톤주의적 설명의 미완결성은 롤즈의 이론 내에서도 발견된다.

(1) 정의의 두 원칙의 안정성과 균형 그리고 비판들

원초적 입장에서 합의된 원칙의 준수는 어떻게 보장될 수 있는가? 롤즈는 합의의 결과인 정의의 두 원칙의 준수에 대해, 완전히 정의로운 사회인 질서정연한 사회(well-orderd sociery)에서의 철저한 준수론을 전제한다. 즉 "모든 사람들이 정의롭게 행동하고 정의로운 제도를 유지하기 위해 각자의 역할을 다하는 것으로 가정한다."[8] 질서정연한 사회에서는 모든 사람이 정의감을 소유한 자유롭고 평등한 도덕적 존재로서 나

---

7) Rawls(1971), *A Theory of Justice*, Belknap Press, p.502.
8) Rawls(1971), p.8.

타남으로써 정의와 선은 정합하며 정의의 두 원칙에 대한 준수는 보장된다. 그렇다면 결국 합의된 정의원리들에 대한 준수는 그 원리들이 아무런 도덕적 가정 없이 도출된 것인지에 결정적으로 의존하게 된다.

롤즈의 기획이 가진 전제가 이미 어떤 도덕적 입장에 기반하고 있다면, 도덕원리들의 합리적 정초라는 시도도 성공적일 수 없다. 사실 원초적 입장에서 합의된 정의의 원리들은 이미 모종의 도덕적 가정을 가지고 있을 수밖에 없다는 의문은 지속적으로 제기되어왔다. 예를 들어, 섬너는 철저한 준수론에 대한 롤즈의 대답이 또 다른 질문을 제기한다고 주장한다. "정의의 원리가 공정하다는 것은 어떻게 정당화되는가? 그것은 그 이론의 전체적인 선택 과정에서 가정되기 때문에 그 이론의 산물일 수가 없다. 그렇다면 그 정당성은 비계약론적으로 주어져야 한다."[9] 동일한 맥락에서, '질서정연한 사회'에서의 준수론 자체가 어떤 순환성을 내포한다는 비판이 있다. 고티에는 롤즈의 기획과 같은 '특수한 상황에서의 합리적 선택'은 '이성'이라는 도덕적 가정을 가지고 있다고 비판한다.[10] 이런 이유로, 섬너는 권리의 도덕적 기초에 대한 계약론적 방법론이 도덕적으로 무관하거나 완전하지 않다고 주장한다.[11] 이러한 비판을 이미 의식하고 있었기 때문인지 롤즈 자신도 "나는 원초적 입장의 개념 그 자체가 도덕적 힘이 없다든가 혹은 그것이 의거하고 있는 개념군이 윤리적으로 중립적이라고 주장하지 않는다. 그러한 문제를 나는 그냥 접어두기로 한다"[12]고 고백한다.

한편, 원초적 입장에서 무엇이 도출되는가도 논쟁의 중심에 있다. 원초적 입장에서 도출되는 것이 다양하다면 어떤 하나의 원칙에 대한 합의

---

9) Sumner(1987), *The Moral Foundation of Rights*, Clarendon, p.159.
10) Gauthier(1986), *Morals by Agreement*, Oxford University Press, p.17.
11) Sumner(1987), p.160.
12) Rawls(1971), p.507.

나 계약 그리고 계약의 준수는 기대하기 어렵기 때문이다. 최초의 상황에 대해서는 여러 해석이 가능한데, 롤즈 스스로 말하고 있듯이, 그러한 다양한 관점들은 계약 당사자들을 어떻게 생각하며, 그들의 소견과 관심이 무엇이고, 그들에게 가능한 대안들이 무엇인가에 따라서 달라진다. "이런 의미에서 여러 가지 계약론이 있게 된다. 공정으로서의 정의는 이들 중의 하나에 불과하다."[13]

여러 정의관들이 도출되는 것은 각각의 정의관들이 가지고 있는 고유한 최초의 입장에 대한 해석 때문이다. 그렇다면 원초적 입장뿐만 아니라, 그로부터 도출되는 원칙도 우리가 취할 수 있는 여러 입장들 중의 하나가 된다. 예를 들어, 노직(Nozick, 1974)은 개인적 노력을 통해 얻은 이익(S)과 협조를 통해 잉여 생산된 이익(T)의 분배와 관련해서 의문을 제기한다. 분배되어야 하는 대상이 'T'인가 'T-S'인가? 노직에 따르면, 롤즈의 정의론은 T의 분배와 관련된 것 같은 인상을 주지만, 그것이 무엇이든, 그것은 하늘에서 그냥 떨어지는 "만나(manna)"가 아니다. 사회적 협조의 산물이라고 말함으로써 권리 관계가 혼탁해지고, 비협조적인 경우에는 분명한 소유권에 기반했던 원리들이 협조적인 경우에는 불분명해지고 만다는 것이다. 그러나 거기에는 분명히 기여분에 대한 개인들의 소유권이 존재한다. 개인들은 모두 자신의 소유를 주장할 수 있으며, 차별적인 기여는 차별적인 권리주장의 근거가 될 수 있다.

노직은 사정이 더 나은 사람들도 동일한 원리를 채택하여 자신들의 처지가 더 나아지는 한에서 차등의 원칙을 받아들일 것이라고 비판한다. 즉, 사정이 더 나쁜 사람들이 정당하게 주장할 수 있는 정의원리라면, 그보다 더 나은 사람들이 주장해서는 안 되는 이유가 무엇이냐는 것이다. 반대로, 사정이 더 나은 사람들이 자신의 처지가 더 나아지는 한에

---

13) Rawls(1971), p.105.

서 협조할 것이라고 고집하는 것이 과도하다면, 동일한 태도가 왜 사정이 더 나쁜 사람들에게는 적용되지 않느냐는 것이다. 따라서 롤즈는 더 많은 혜택을 받은 자가 다른 사람으로 하여금 더 많은 것을 갖도록 하기 위해 더 적은 것을 갖도록 요구받는 것에 대해 아무런 불평도 하지 못할 것이라는 것을 입증하지 못했다는 것이다. 뿐만 아니라, 노직에 따르면, 공리주의자들은 자신들의 최초의 입장으로부터 두 원칙이 아니라 다른 원리들을 도출할 것이다. 이것은 노직 자신이 제시하는 소유권적 원리들을 도출하기 위해서도 최초의 상황이 구성될 수 있다는 것을 의미한다.

노직이 소유권을 주장하는 곳에서 하사니(Harsanyi, 1975)는 '평균 공리의 원칙'을 추론한다. n명의 개인들로 이루어진 사회에서, 개인들이 최상위 조건에 처할 확률과 차상위 그리고 3위, 계속해서 최하위 조건에 처할 확률이 모두 동일하게 1/n이라고 하자. 이것을 하사니는 '동일확률의 가정'이라고 부른다. 여기에서 개인들은 '기대효용의 극대화'에 따른다고 가정한다.[14] 이러한 가정 하에서 개인들은 그 사회의 개인들에게 최고의 평균효용을 산출하는 사회체계를 선택할 것이다. 즉 개인들은 모든 가능한 사회적 제도들을 평가함에 있어서, 그로부터 산출되는 평균효용의 수준에 입각할 것이다. 이 기준이 바로 '평균효용의 원칙'이다.[15] 결국 롤즈의 의도와 달리 두 원칙의 합리성뿐만 아니라 도덕성 역시 비판에 시달리고 있다는 것은 두 원칙에 대한 준수 즉 안정성이 보장되지 않는다는 문제가 남아 있음을 함축한다.

---

14) 하사니는 이러한 조건들이 자신이 말하는 "원초적 입장"에 해당하는 것이라고 말한다. Harsanyi(1975), "Can the Maximin Principle Serve as a Basic for Morality?" *The American Political Science Review*, 69, p.598.

15) Harsanyi(1975), p.598. 하사니의 가정으로부터 Olson(1987)은 소득의 평준화를 도출한다. 올슨에 따르면, 무지의 장막에서 사람들이 기대하는 소득의 한계효용은 사회의 모든 계층에 속한 사람들의 소득의 한계효용과 그 계층에 속할 가능성을 곱하여 더한 것이다.

(2) 롤즈의 사회계약론에 내재하는 순환

롤즈는 계약의 준수에 대한 정의감과 타인의 손해에 대한 관심을 강조한다. 롤즈에 따르면, 우정과 상호 신뢰 그리고 공유된 정의감은 정의로운 체제의 안정성을 위해서는 홉스의 군주와 동일한 기능을 할 것이라고 주장한다. "안정성을 보장하기 위해서는 사람들이 정의감이나 혹은 그들의 잘못으로 인해 손해를 보게 될 사람들에 대한 관심을 가져야 하며, 더욱 좋은 것은 이 양자를 모두 갖는 것이다. 이러한 감정들이 충분히 강하여 규칙들을 위반하려는 유혹을 억누를 수 있을 경우 정의로운 체제는 안정된다."[16]

그렇다면 여기서 다음과 같은 질문이 발생할 수밖에 없다. 질서 정연한 사회의 정의로운 체계와 사람들의 정의감의 관계는 어떻게 형성되는가? 질서 정연한 사회가 정의감을 만드는가, 아니면 그 반대로 정의로운 사람들이 질서 정연한 사회를 만드는가? 정의로운 체계와 개인들의 정의감이라는 두 요소의 논리적 흐름 또는 인과관계에 대한 롤즈의 태도는 비교적 분명하다. 롤즈는 계약의 준수를 위한 강제의 사용이 무임승차자를 배제하기 위한 필요조건은 되나 충분조건은 아니라고 본다.[17] "정의로운 사회에 있어서도 준수를 보장하기 위해 일정한 강제 체제를 받아들이는 것은 합당하지만 그 주요 목적은 시민 상호간의 신뢰를 보장하는데 있다. 그러한 체제에 의거하는 일은 드물 것이며 그것은 사회체제의 작은 부분을 차지하게 될 것이다."[18] 롤즈에 따르면, 공동체의 안정성을 유지하게 하는 기제는 공동체의 성원들이 공유하는 정의감인데, 이를 위해서 필요한 것이 도덕감이다.[19] 따라서 롤즈는 공동체라는 조직이

16) Rawls(1971), p.435.
17) Rawls(1971), p.211.
18) Rawls(1971), p.505.
19) Rawls(1971), p.401.

정의의 관점에서 안정성을 유지하는 기제를 개인의 도덕감에서 찾고 있는 것이다.

그렇다면 애초에 정의감을 위한 도덕감은 어떻게 확보되는가? 도덕의 발달 과정을 설명하면서 롤즈는 어떻게 공동체에 의해 도덕이 발달할 수 있는지를 말한다. 그는 정의로운 것으로 알려진 조직체에 참여하는 자들이 우호와 상호 신뢰의 유대에 의해 결속되고 그들이 서로 간에 각자의 본분을 다하리라고 믿게 되는 일이 어떻게 생겨날 것인가를 묻는다. 그리고 그러한 감정과 태도가 그 조직체에의 참여에 의해 생기게 되었다고 말한다. 여기에서 롤즈의 설명에 존재하는 순환이 감지된다. 롤즈에 따르면, 일단 유대가 확립되면 사람은 자신의 본분을 다하지 못할 경우 다양한 방식으로 죄책감을 경험할 것이다. 즉 우호와 신뢰의 관계가 존재할 경우 자신의 의무를 수행하지 못하게 되면 그러한 억제 반응이 생기게 된다는 것이다.

결국, 롤즈는 질서정연한 사회의 시민들이 통상적으로 충분한 정의감을 갖게 되어 그 사회의 정의로운 제도들에 따르도록 하는 도덕심리학을 구축함으로써 시민들의 정의감 획득을 설명하려고 한다.[20] 롤즈에 따르면, 어느 경우에 있어서나 어떤 자연적인 태도가 그에 대응하는 도덕적인 감정의 바탕에 깔려 있으며, 이러한 감정의 결여는 그러한 태도가 없음을 나타내준다.[21] 그런데 "감정의 결여가 태도의 결여를 함축한다"는 명제로부터 "태도의 존재는 감정의 존재를 함축한다"는 명제를 얻을 수 있다. 따라서 이 명제로부터 정의감뿐만 아니라 상대방의 도덕적 행위에 무임승차하려는 본성도 인간 안에 존재한다는 것이 증명된다. 즉 개인들에게는 계약을 준수하지 못한 죄책감도 존재하지만 상대방의 계약 준수를 역이용하려는 자연적 감정도 존재하고 있다는 것이다. 물론 이

---

20) Rawls(1993), *Political Liberalism*, Columbia University Press, p.141.
21) Rawls(1971), p.412.

러한 무임승차의 욕구는 정의로운 조직체에서는 효과적으로 억제될 것이긴 하나, 정의로운 조직체의 안정성 자체가 개인의 도덕감에 의존하고 있기 때문에 순환은 해소되지 않는다. 따라서 개인의 도덕감에 의존하지 않은 정의로운 조직체의 형성을 설명하거나 정의로운 조직체가 없어도 계약이 준수될 수 있는 가능성을 설명할 수 있어야만 순환은 해소될 것이다.

2) 고티에의 사회계약론에서의 상황과 동기

고티에의 논의는 고전적 사회계약론에서 제기된 계약의 성립과 준수의 문제의 해결을 단도직입적이고 분명하게 천명함으로써 시작된다. 고티에의 논의는 비도덕적인 것으로부터 합리적 제약으로서의 도덕을 산출해낸다는 점에서 홉스와 칸트(롤즈)의 전통을 완성시키려는 것이다.[22] "도덕의 존재 이유는 모든 이들이 자신의 이익을 추구하는 것이 모두에게 해가 되는 경우에 있어서, 자기의 이익 추구에 대한 이유를 지배하는 근거를 제공하는 것"이라는 바이어(K. Baier)의 주장을 인용하면서, 고티에는 자신의 도덕이론의 전통을 홉스에게서 찾는다. 고티에의 계약론에서 중요한 부분은 가상적 합의로부터 실제적 준수를 위한 실제적 제약으로 이행해가는 부분에 있다. 문제는 왜 자신이 처한 실제적 상황에서 사후에 자기의 선택을 구속하는 이 원칙들을 수용하고 준수할 필요가 있는가 하는 것이다. 고티에에 있어 도덕은 합리적 선택의 필요조건이 된다. 즉 합리적이면 도덕적이다.[23] 그렇다면 도덕의 합리적 정

---

22) 킴리카는 사회계약론을 홉스적 전통과 칸트적 전통으로 구분한다. 두 전통은 계약을 준수해야 하는 이유로 홉스적 전통에서는 상호이익을, 그리고 칸트적 전통에서는 공정성을 제시한다. 킴리카에 따르면, 홉스적 전통은 도덕을 합리성에 정초시킬 수 없는 반면, 칸트적 전통은 도덕성을 선결문제로 가진다.

23) Gauthier(1986), p.4.

초라는 고티에의 사회계약론적 기획은 어떻게 가능한가.[24] 과연 고티에의 사회계약론은 도덕적 진공 상태에서 어떠한 사회적 배경 조건과도 무관하게 성립함으로써 홉스와 롤즈의 사회계약론에 제기된 난점을 넘어설 수 있는가?

(1) 직접적 극대화와 제한적 극대화

공정한 계약과 자발적 준수의 합리성은 어떻게 상응하는가? 고티에는 도덕을 자기이익에 따르는 것을 억제하면서 모든 사람들이 받아들일 때 모두에게 똑같이 이익이 되는 그런 원리의 체계라고 말한다. 도덕은 합리성에 기반하고 있고 합리성이 도덕적 행위들과 원리들을 위한 정당화 체계를 제공한다. 따라서 계약에 의해 합의된 원칙들의 준수가 보장되는 이유는 그러한 원칙들을 준수하는 것이 합리적이기 때문이다. 여기서 "제한적 극대화(constrained maximization)"라는 핵심 개념이 제시된다.[25] 특정한 선택에 있어서 자신의 만족을 극대화하거나 자신의 이익을 성취하는 데 직선적인 성향을 보이는 개인과 타인으로부터 유사한 도덕적 준수를 기대할 수 있다는 전제 하에 상호 혜택적인 도덕적 제약을 준수하려는 성향을 가진 개인 중, 후자가 제한적 극대화자이다.[26] 제한적 극대화자는 개인적 이익의 최대극대화를 꾀하는 사람이 누리지 못하는 협조의 기회를 가진다. 물론 제한적 극대화자는 호혜성을 잘못 기대하고 협조적으로 행위함으로써 착취당하는 경우도 있다. 따라서 제한적 극대화자는 자신이 어떤 사람과 상호작용하는지에 대해 알아야 한다.

---

24) 고티에의 기획에 대한 다양한 평가가 있다. Kimlycka(1991)는 이 문제에 대한 개괄적인 논의이다. 박정순(1993a; 1993b)은 이러한 문제를 중점적으로 다룬 유용한 논문들이다. 계약론의 딜레마적인 상황에 대해서는 Sumner(1987), chap. 5를 보라.

25) Gauthier(1986), p.15.

26) Gauthier(1986), pp.167-168.

정리해보면, 제한적 극대화자는 (i) 모든 사람이 그렇게 행동할 때 그 결과가 공평하고 최적적인지를 검토하고, (ii) 그가 그렇게 행동할 때 기대되는 결과가 그에게 상호 비협조보다 더 큰 효용을 주는지를 검토한다. 만일 두 조건 모두 만족된다면, 그는 자신의 행동을 공동 전략에 기초시킨다.[27] 반면, "직접적 극대화자(straightforward maximizer)"는 자신과 상호작용하는 사람들의 전략을 가정하고 자신의 효용을 극대화하고자 하는 사람이다. 직접적 극대화자는 공동 전략에 기초하여 자신이 행동할 때 기대되는 결과가 다른 대안적 전략에 따라 행동할 때 기대되는 결과보다 더 큰 효용을 주는지만을 검토할 뿐이다. 예를 들어, 죄수의 딜레마에서 각자는 상호 비협조에 비하여 상호 협조를 통해서 이익을 얻지만 각자는 상대방이 무엇을 하든지 간에 비협조로부터 혜택을 얻는다. 이런 구조에서 직접적 극대화자는 협조하지 않는다. 그러나 상대방이 협조할 것이라고 가정할 때 자신의 기대효용이 비협조적 결과의 효용보다 크다면 제한적 극대화자는 협조할 것이다. 그래서 제한적 극대화자는 직접적 극대화자가 얻을 수 없는 협조적 혜택을 얻을 수 있다. 직접적 극대화자는 부주의한 제한적 극대화자를 착취함으로써 이익을 얻을 수 있다. 각자는 자신의 성향이 합리적이라고 생각한다. 누가 옳은가?

　고티에에 따르면, 협조적 성향을 가진 사람은 그들의 생각에 유사한 성향을 가진 것으로 여겨지는 사람들과 협조적으로 상호작용하기 때문에, 직접적 극대화자는 제한적 극대화자가 누리는 혜택을 누릴 수 없다. 그렇다면 합의를 준수할 성향을 가진 사람들만이 합의의 당사자로서의 자격을 가진다. 직접적 극대화자가 호혜적 합의를 할 수 없는 이유는 직접적 극대화자가 합의를 할 의사가 없어서가 아니라 그들의 위반하려는 성향을 전제로 할 때 합의의 당사자로서 수용되지 않기 때문이다. 직접적 극대화자는 기회가 있을 때마다 그들의 동료를 이용할 성향을 가진

----

27) Gauthier(1986), p.167.

다. 이것을 아는 이상, 그들의 동료는 그런 기회가 발생하는 것을 막고자 한다.

(2) 제한적 극대화 전략의 합리성

그런데 앞 절에서의 추론 역시 옹호되지 않은 하나의 가정을 가지고 있다. 다른 사람이 그와 어떻게 상호작용할 것인지에 대한 기대는 자신 스스로가 다른 이들에 대해 어떤 성향을 가질 것인지에 의존한다. 그리고 그것은 다른 사람과 어떻게 상호작용할 것인지가 알려지는 경우에만 그렇다.[28] 과연 각자가 그 성향을 드러낼 것인가? 고티에는 모든 사람들이 자신의 성향에 있어서 투명하거나 불투명하다는 가정을 모두 물리치고 반투명성을 가정한다. 투명성은 현실과 맞지 않을 뿐만 아니라, 실제로 사람들이 투명하다면 합리적 제약으로서의 도덕을 주장할 수 없기 때문이다. 모든 사람들이 불투명하다면 도덕적인 해결책이 아닌 정치적인 해결책이 필요하게 되는데, 이것은 고티에가 홉스를 비판하는 이유이다. 따라서 고티에는 사람들이 투명하지도 불투명하지도 않아서 협조에 대한 성향이 다른 사람에 의해서 추정적으로만 알려질 수 있는 반투명성을 제안한다.

만일 사람들이 반투명하다면, 제한적 극대화자들은 서로를 인식하는데 가끔 실패할 것이고 그래서 비협조적으로 상호작용할 뿐만 아니라 가끔 직접적 극대화자들을 인식하는데 실패하여 협조적으로 행동할 것이다. 만일 직접적 극대화자들이 제한적 극대화자들을 인식한다면, 그들을 이용할 것이다. 반투명한 제한적 극대화자들은 투명한 제한적 극대화자들이 상호작용에서 기대하는 것보다 잘 행동하지 못한다. 반투명한 직접적 극대화자들은 투명한 직접적 극대화자가 기대하는 것보다 잘 행동해야 한다.

---

28) Gauthier(1986), p.173.

(3) 고티에의 사회계약론에 내재하는 순환

그렇다면 고티에의 계약론에서 핵심적인 개념인 제한적 극대화자의 성공 여부를 결정하는 가장 중요한 변수는 제한적 극대화자들이 상호 인식에 성공하고 협조할 확률과 제한적 극대화자들이 직접적 극대화자들에 의해 착취될 확률의 크기이다. 그렇다면 이러한 확률들의 크기를 결정하는 것은 무엇인가? 제한적 극대화자들이 상호 인식에 성공하고 협조할 확률은 다른 제한적 극대화자들의 성향을 파악하고 자신들의 성향을 그들에게 드러내는 제한적 극대화자들의 능력에 의존한다. 제한적 극대화자들이 직접적 극대화자들에 의해 착취될 확률의 크기는 직접적 극대화자들의 성향을 파악하고 그들 자신의 성향을 직접적 극대화자들에게 숨기는 제한적 극대화자의 능력이나, 제한적 극대화자의 성향을 파악하고 자신의 성향을 제한적 극대화자에게 숨기는 직접적 극대화자들의 능력에 의존한다. 고티에가 인간의 능력에 대한 경험적 사실에 기댈 수밖에 없는 지점이 여기이고 바로 이 지점에서 고티에의 계약론에 내재하는 선결문제가 순환의 형태로 드러난다.

제한적 극대화 전략이라는 합리성에 대한 제한이 도덕성과 일치하기 때문에 개별적인 경우 직접적 극대화자는 이익을 보게 되지만, 종국적으로 볼 때 자신에게 이익이 되는 사회적 협동체로부터 추방된다. 제한적 극대화자는 그 지속적인 성향으로 말미암아 협동체의 일원으로 받아들여져 자신의 이익을 증진시킬 수 있다는 것이다. 따라서 제한적 극대화가 직접적 극대화보다 합리적이며 합리적으로 선택하기 위해서는 도덕적으로 선택해야 한다는 것이다.[29] 제한적 극대화의 기대효용이 직접적 극대화의 기대효용보다 큰 경우 그리고 오직 그 경우에만 제한적 극대화의 성향을 가지는 것이 합리적이다.

---

29) Gauthier(1986), pp.183-184.

그런데 이러한 가정은 이미 그 사회가 제한적 극대화 전략이 일반화되어 있을 때나 가능한 전략이다. 제한적 극대화자는 제한적 극대화자에 대해서만 자신의 전략이 합리적이게 되기 때문이다. 즉 제한적 극대화자의 성향이 합리적이게 되는 조건은 이미 사회에 제한적 극대화자가 많이 존재해야 한다는 것이다. 그리고 이 지점에서 제한적 극대화의 순환이 존재한다. 제한적 극대화의 합리성이 다시 제한적 극대화 전략이 안정적으로 작동하는 사회적 배경에 의존한다. 이런 점에서 그 사회가 어떻게 협조가 일반화될 수 있는지에 대한 설명이 결여되어 있다면, 그의 논의는 순환적인 가정을 포함할 수밖에 없다.[30]

고티에는 사람들이 투명하지도 불투명하지도 않아서, 협조에 대한 그들의 성향이 다른 사람에 의해서 확실성으로서가 아니라, 단순한 추정보다 조금 나은 정도로 확인될 수 있다는 가정을 하는 반투명성을 제안한다. 불투명한 존재는 시장에 의해서 충족될 수 없는 자연적 상호작용의 문제들에 대한 정치적 해결을 추구하도록 저주받을 것이다. 그러나 우리는 반투명하기 때문에 도덕적 해결책이 합리적으로 가능하다는 것이다.[31] 이렇게 보면, 고티에는 직접적 극대화와 제한적 극대화의 전략이 상대방이 협조적으로 나올 확률에 의거함을 인정하고 있다.

고티에는 이러한 문제를 위하여 협조자로서 환영받고 이상적으로 합리적인 사람을 상정하고, 사람들을 투명한 존재로 간주함으로써 문제를 피해가고자 한다. 각자는 동료의 성향을 직접적으로 알고 있고, 그리하여 직접적 극대화자와 제한적 극대화자의 상호작용을 알게 된다. 위장은 불가능해지고, 직접적 극대화자는 자신을 노출할 수밖에 없다는 것이다. 하지만 고티에는 이러한 이상적인 가정이 합리적 제약으로서의

---

30) Kraus and Coleman(1987), "Morality and the Theory of Rational Choice," *Ethics* 97, p.745.
31) Gauthier(1986), p.174.

도덕의 불필요성에 대한 근거가 된다는 점에서 부담스러워한다고[32] 말함으로써 갈팡질팡하는 모습을 보인다. 고티에는 제한적 극대화자들과 직접적 극대화자들은 모두 다른 사람들의 성향을 파악하는 그들의 능력을 증진시킴으로써 혜택 받을 것을 기대해야 한다고 말한다.[33] 여기서 그는 직접적 극대화자들이 자신의 성향을 지속적으로 감출 수 있다고 가정함으로서, 사회가 비반복적인 상호작용이 일어나는 것처럼 말하고 있다. 그러나 비반복적 상호작용이 연출되는 사회는 반복적 상호작용이 일어나는 곳에 비해서 직접적 극대화자가 활동하기 유리하다. 반면, 구성원의 행위 성향에 대한 정보와 평판이 신속히 알려지는 공동체에서는 반복적인 게임이 연출될 것이고, 따라서 직접적 극대화자들은 자신의 성향이 단 한 번의 비협조에 의해서 발각되고 말 것이다. 만일 직접적 극대화자들이 성공한다면 그것은 이미 안정적인 사회가 아니며(홉스의 자연상태와 비슷하여 비협조가 만연하게 될 것이다), 안정적인 사회라면 직접적 극대화자들은 계속해서 성공하지 못한다.

4. 현대 사회계약론에서 상황과 동기의 순환: 개인의 도덕심리학과 공동체

롤즈가 참고하는 도덕심리학에 대한 경험적 논의들은 사회학습이론과 합리주의적 이론이다. 그러나 정의감의 기원은 프로이트의 이론과 같이 사회학습이론으로 설명되거나, 피아제의 이론과 같은 합리주의적 이론에 따라 본성 안에서 자연적으로 발전하는 것이라는 두 입장을 모두 받아들인다고 하더라도(롤즈는 실제로 합리주의적 전통의 설명을 만족스럽게 생각한다), 롤즈의 설명은 완결적이지 않다. 사회학습이론을 택한다면 비

---

32) Gauthier(1986), p.174.
33) Gauthier(1986), pp.180-181.

대면적인 현대의 대규모 도시사회에서 정의로운 체계의 안정성이 사람들의 정의감과 타인에 대한 관심에 의해 유지될 수 있기 위해서는 정의로운 체계의 형성이 어떻게 가능한가에 대한 설명이 선결적으로 요구된다. 특히, 비대면적인 현대의 대규모 도시사회에서 정의로운 체계의 안정성이 사람들의 정의감과 타인에 대한 관심에 의해 유지될 수 있기 위해서는 정의로운 체계 이전에 정의감의 형성에 대한 설명이 선결적으로 요구되기 때문이다. 피아제의 발달단계이론과 같은 합리주의적 전통을 택한다면, 롤즈의 설명은 어떻게 해서 질서정연한 사회의 정의로운 체제가 그 안에서 정의감을 가진 시민의 안정적인 활동을 가능하게 하는가에 대한 해명을 필요로 한다. 두 이론의 장점들만을 취해서 정의감과 정의로운 체계의 상호 관계를 설명하는 것은 순환을 감추는 것일 뿐이다.[34]

고티에는 제한적 극대화자와 직접적 극대화자가 상대방을 인식하는 능력이 존재함을 입증하는 방편으로, 진화론자인 트리버스(Trivers, 1971)의 논의를 빌린다. 트리버스에 따르면, 자연선택은 단순히 가장된 이타주의를 파악하는 능력의 발달을 돕는다. 이것은 제한적 극대화자가 성공적이기 위해서는, 직접적 극대화자의 성향을 파악할 수 있어야 한다는 고티에 자신의 논의와 일치한다.[35] 트리버스는 자연선택이 다른 사람의 혜택에 보답하지 않는 사람들로 하여금 미래에 그들의 방식을 변경하도록 유도하는 장치인 죄의식이 발달하는 것을 선호할 것이라고 주장한다. 고티에는 이러한 감정적 성향에 호소하지 않는 점을 들어 자신의 논의를 차별화한다. 고티에 역시 타인의 성향을 파악하는 능력이라는 특별한 진화적 성향을 요구하는 이유는, 직접적 극대화자들이 자신들의 성향을 지속적으로 감출 수 있다고 가정하기 때문이다. 그러나 고티에가 부담스러워하는 가정, 즉 투명한 공동체에 대한 가정이 특별한

---

34) 도덕감의 발달에 대한 롤즈의 설명은 『정의론』, 69, 71, 72절을 참조하라.
35) Gauthier(1986), p.187.

문제가 없다면, 트리버스나 고티에가 가정하는 특별한 진화적 성향에 의존하지 않는 설명도 가능할 것이며 그러한 단순한 설명이 철학적 장점을 더 많이 가질 것이다.

5. 사회계약론의 자연화: 관습주의의 논리적 기반

1) 현대 사회계약론의 선결문제

롤즈에게 제기된 문제를 상기해보자. 롤즈의 이론에 내재하는 순환은 개인의 도덕감에 의존하지 않은 정의로운 조직체의 형성을 설명하거나 정의로운 조직체가 없어도 계약이 준수될 수 있는 가능성을 설명할 수 있어야만 해소될 수 있다. 고티에의 제한적 극대화자의 성공 여부 역시 제한적 극대화자들이 서로를 알아챌 수 있는 사회적 조건에 달려 있다. 제한적 극대화자들의 상호작용이 단순히 확률적으로만 일어난다면 제한적 극대화자가 성공하리라는 보장은 없다. 제한적 극대화자가 자신과 유사한 성향을 가진 이를 알아채는 진화적 능력이 있다고 가정하는 것은 부담이 적지 않은 가정일 뿐만 아니라 공동체 내에서 계약이 성립하고 준수되는 비계약론적 설명이 가능한 경우 그러한 가정이 제한적 극대화자의 성공에 반드시 필요한 것도 아니다. 바로 이 지점에서 관습주의가 주목하는 공동체의 필요성이 제기된다.[36]

롤즈가 도덕과 무관한 고려 사항들이 차단된 원초적 입장이라는 가상적 상황에서의 합리적 선택을 활용하였다면, 고티에는 합리적 선택을 현실의 선택 상황에 적용하려고 하였다. 이러한 두 대표적인 사회계약론적 기획의 공통점은 계약의 당사자들의 '상호 무관심'이다. 그러나 문

---

36) 박정순(1993b), 「고티에의 합의도덕론과 그 정치철학적 위상」, 차인석 외, 『사회주의와 자유주의』, 사회철학대계 2권, 민음사, p.379.

제는 그들의 사회계약론적 기획이 결코 상호 무관심한 사람들로 구성된 공동체를 전제로 할 수가 없다는 것이다. 왜냐하면 이들이 기획하는 현대 사회계약론에서 합의된 계약의 준수를 보장하는 중요한 두 요소는 개인의 정의감과 정의로운 사회적 배경과의 상호작용이기 때문이다. 상대방의 이익에 상호 무관심한 개인들의 정의감이나 그러한 개인들로 이루어진 정의로운 사회는 이해하기 힘든 개념이 될 수밖에 없기 때문이다.

현대 사회계약론에 내재하는 이러한 순환은 계약론적 설명으로는 벗어나기 힘들어 보인다. 결국 계약의 성립과 준수에 대한 비계약론적 설명의 가능성이 중요한 문제가 된다. 한 공동체 내에서의 계약의 성립과 준수에 관한 관습주의적 논의의 필요성은 이러한 사회계약론의 고질적인 문제로부터 나온다. 결국 현대 사회계약론의 기획이 성공하기 위해서는 정의감을 안정화시키는 계약이 준수되는 특정한 유형의 환경적 압박이 전제되어야 하는 것처럼 보이기 때문이다. 그렇다면 현대 사회계약론의 논의가 흘러갈 방향은 명확해진다. 결국은 계약이 이루어지는 배경으로서 하나의 공동체가 어떤 상태인지가 중요해진다. 그런 공동체는 처음부터 어떻게 가능했던 것인가? 결국 공동체와 계약의 형성 그리고 준수를 가능하게 하는 논리적 조건들에 대한 탐구의 필요성이 제기된다. 부연하자면, 롤즈의 순환은 정의감이나 그러한 정의감에 의존하는 질서 정연한 조직체라는 가정이 없이 계약의 준수가 가능한 공동체가 요구된다는 것이다. 한편, 고티에는 공동체의 투명성을 이상적인 것이라 부담스러워하는데, 여기에서 순환이 해소되지 않는다. 그러나 만일 사람들의 성향이 투명하게 나타나는 공동체를 가정하는 것이 철학적으로 더 유리한 설명이라면 고티에의 반투명성 가정은 오히려 부담스럽다. 투명성 조건은 이상적이어서 실현 불가능한가? 구성원의 행위 성향에 대한 정보와 평판이 신속하고 일반적으로 알려진, 투명성이 존재하는 공동체를 가정해서는 안 되는가?

2) 순환 해소를 위한 사회계약론의 자연화: 관습주의

관습주의는 사회계약론의 난점들에 대한 하나의 가능한 설명을 제공한다.[37] 계약의 성립과 준수에 대한 문제로서 사회적 딜레마인 사회적 조정(coordination)에 대한 해법은 흄(Hume, 1740)에게서 시작하여, 흄의 논의를 발전시키는 루이스(Lewis, 1969)와 셸링(Schelling, 1960)에 의해서 '관습주의(conventionalism)'로 통칭되어 논의되고 있다. 현대의 가장 발전한 관습주의적 논의는 스킴스(Skyrms, 1996; 2004)에 의해서 '자연화된 사회계약론'이라는 이름으로 불리고 있다. 관습주의는 사회적 갈등과 딜레마가 어떻게 해소되고 사회계약으로 발전할 수 있는지를 진화론적 게임이론, 특히 조정게임을 통하여 연구한다.

흄에 따르면, 사회를 형성하게 하는 관습은 '공동의 이익에 대한 일반적인 감각'이다. 그것은 사회의 모든 이들에게 표명되며, 사회의 구성원들이 특정한 규칙들에 따라 자신들의 행위를 규율하도록 유도한다. 다른 이들이 나에게 그렇게 하는 한, 나도 타인에게 동일하게 행위하는 것이 더 이익이 될 것이라는 것을 안다. 이러한 상식이 상호간에 표명되고 알려지면, 적절한 해결책과 행위들을 산출할 것이다. 그리고 이것이 관습이라고 불릴 수 있을 것이다.[38] 흄에 따르면, 상호 이익의 감각은 인간의 행동 방식이 미래에도 규칙적일 것이라는 믿음을 부여한다. 즉 관습은 약속을 가능하게 하는 것이다. 따라서 관습은 전통적 사회계약이론의 주요 개념인 '계약'과 다르다. 사회계약이론에서 선결적인 논의는

---

37) 전통적으로 제기된 사회계약론의 난점으로는 사회계약의 역사적 허구성에 관한 것이다. 이 비판은 사회계약의 역사적 실재성이 아닌 논리적 가능성 즉, 가상적 자연상태에서 어떻게 정부와 같은 정치체제를 구상할 수 있었을 것인지에 대한 가상적 추론이라는 답변으로 피해 갈 수 있다. 그러나 이러한 답변으로도 두 번째 문제인 계약 성립과 준수의 논리적 불가능성의 문제는 피할 수 없다.

38) Hume(2000), 3.2.2.

계약의 가능성이지만, 흄에게 있어서 중요한 것은 계약이 아니라 계약이 가능한 조건으로서 관습이다. 관습이 약속을 확립하기 전에는 어떠한 계약도 이행될 수 없다. 즉 계약 이전에 관습이 존재해야 한다.

게임이론에서 조정게임은 상호 협조와 상호 비협조라는 두 개의 내쉬 균형(Nash equilibrium)이 존재한다는 점에서 다른 종류의 사회적 딜레마 게임들과 상이한 논리적인 구조를 갖기 때문에 상이한 해법이 존재하게 된다. '조정'이란 다른 사람들이 어떤 전략을 선택한다는 가정에서 그 전략에 순응하는 것을 말한다. 예를 들어 한 게임에서 두 개의 균형이 있다고 하자. 그중 하나의 균형(A)은 경기자 모두에게 다른 균형보다 더 많은 이익을 준다. 이때 한 경기자가 A 전략을 선택하면, 나도 A 전략을 선택하고 그가 A 전략을 선택하지 않으면 나도 A 전략을 선택하지 않는 것이 조정이다. 두 경기자는 상호의 이익을 위해서 전략적 선택에서 조정을 필요로 한다.

그런데 이러한 균형들 중에서 어떤 것이 선택될지는 게임이론 자체적인 분석으로는 알 수 없다. 이것은 선험적 추론에 의해서 알아낼 수 있는 것이 아니기 때문에 이 지점에서 우리는 논리를 떠나 경험적 생활세계로 들어가야 한다. 게임이론의 이 부분은 원래 경험적 증거에 의존한다.[39] 조정게임의 균형은 관습과 같은 사회적 관행들이 불규칙적임에도 불구하고 왜 안정적인가를 설명할 수 있다. 즉 그것은 내쉬 균형이며, 따라서 자기 강화적(self-enforcing)이다. 예를 들어, 한 지역에서 특정한 날에 장이 열리는 관습을 고려해보자. 두 가지 질문이 가능하다. 첫째, 왜 일주일에 한 번 그것도 특정한 날에 장이 열리는가? 둘째, 장은 언제 열리는가? 이 두 질문에 대한 대답은 게임의 논리적 구조가 아니라 장이 열리는 공동체의 역사에 달려 있다. 판매자와 구매자가 같은 날 특정한 장

---

39) Schelling(1960), *The Strategy of Conflict*, Cambridge: Harvard University Press, pp.97-98.

소에 모이면 둘 다 이익이지만, 어느 한 사람이라도 다른 날에 오게 되면 두 사람 모두 헛걸음을 하기 때문에 손해를 본다. 따라서 두 사람은 7개의 같은 날의 전략쌍들 중에 어느 전략쌍의 균형을 도출하겠지만, 어느 균형이 성립할지는 알 수 없다. 만일 그 공동체가 노동집약적인 산업에 속해 있다면 매일 장을 여는 것은 비효율적이다. 반면 기술집약적인 산업구조를 가지고 있다면 장은 매일 열릴 수 있다. 따라서 조정게임에서 균형은 관습과 전통의 역사로부터 나온다. 그리고 한 번 결정된 균형은 왜 관습과 전통이 지속적으로 계승되는지를 설명한다.

조정의 문제가 반복해서 발생한다면 이제 어느 한 균형으로서의 관습은 자연적으로 발생할 수 있을 것이다. 즉 흄이 주장하는 것처럼 관습은 어떤 합의나 강제력 없이 자발적으로 생겨날 것이다. 이런 점에서 관습주의는 자연상태에서의 불신을 해결하기 위한 홉스식의 해법이 가진 난점을 뛰어넘는다. 즉 정부와 같은 강제적인 힘을 통한 신뢰의 도입은 불완전한 균형에 머물러 있을 수밖에 없기 때문에 강제력 없는 자발적 균형의 지속적 유지가 어떻게 가능한지를 보여주는 것이다. 관습은 자발적으로 발생할 뿐만 아니라 자발적으로 지속된다는 점에서 안정성 또한 가진다. 즉 관습은 준수되는 경향을 보인다는 것이다. 왜냐하면 관습은 어떤 이도 먼저 이탈하려는 유인을 갖지 않은 균형이기 때문이다. 따라서 사람들은 정부나 어떤 강제력의 강제 없이도 관습에 자발적으로 순응할 것이다. 즉 관습의 자발적 출현과 지속성은 사회계약이라는 행위를 가능하게 하는 역사적인 증거이며 논리적인 기반이 된다.

참고문헌

박정순, 「현대 윤리학의 사회계약론적 전환」, 『사회계약론 연구』, 철학
　　과현실사, 1993a.

＿＿, 「고티에의 합의도덕론과 그 정치철학적 위상」, 차인석 외, 『사회
　　주의와 자유주의』, 사회철학대계 제2권, 민음사, 1993b.

Boudewijn de Bruin, "Game Theory in Philosophy," *Topoi* 24,
　　2005.

Bradley, *Ethical Studies*, Oxford, 1876, 1962 reprinted.

Braybrooke, David, "The Insoluble Problem of the Social
　　Contract," *Dialogue* 15, 1976: 3-37, in Richmond Campbell
　　and Lanning Sowden(eds.), *Paradoxes of Rationality and
　　Cooperation*, The University of Columbia Press, 1985.

Gauthier, David P., "Morality and Advantage," *Philosophical
　　Review* 76, 1967.

＿＿, *The Logic of Leviathan*, Oxford, 1979.

＿＿, *Morals by Agreement*, Oxford University Press, 1986.

Kavka, Gregory "Reconciliation Project," in *Morality, Reason
　　and Truth*, eds., D. Copp and D. Zimmerman, Totowa, N.J.：
　　Rowman & Allenheld, 1984.

Harsanyi, John, "Can the Maximin Principle Serve as a Basic for
　　Morality?" *The American Political Science Review* 69, 1975.

＿＿, "Morality and the Theory of Rational Behavior," in A. Sen
　　and B. Williams(eds.), *Utilitarianisn and Beyond*, Cambridge
　　University Press, 1982.

Hobbes, Thomas, *Leviathan*, Yale University Press, 2010.

Hume, David, *A Treatise of Human Nature*, David Fate Norton and Mary J. Norton(eds.), Oxford University Press, 2000.

Kant, Immanuel, *Groundwork of the Metaphysics of Morals*, H. J. Paton, "The Categorical Imperative," London, 1963.

Kraus and Coleman, "Morality and the Theory of Rational Choice," *Ethics* 97, 1987.

Kymlicka, Will, "The social contract tradition", *A Companion to Ethics*, Peter Singer(ed.), Blackwell Reference, 1991.

Lewis, David, *Convention*, Cambridge: Harvard University Press, 1969.

____, "Convention: Reply to Jamieson," Rpt. in *Papers in Ethics and Social Philosophy*. Cambridge: Cambridge University Press, 1976/2000.

Nozick, Robert, *Anarchy, State, and Utopia*, New York: Basic Books, 1974.

Olson, Mancur, "Why Some Welfare-State Redistribution to the Poor is a Great Idea," in *Democracy and Public Choice*, Basil Blackwell, 1987.

Vallentyne, Peter(ed.), *Contractarianism and Rational Choice*, Cambridge University Press, 1991.

Plato, *Republic*, R. E. Allen(translated), Yale University, 2006.

Rawls, John, *A Theory of Justice*, Belknap Press, 1971. 황경식 옮김, 『정의론』, 이학사, 2003.

____, *Political Liberalism*, New York: Columbia University Press, 1993. 장동진 옮김, 『정치적 자유주의』, 동명사, 1998.

Shelling, Thomas C., *The Strategy of Conflict*, Cambridge: Harvard University Press, 1960.

Skyrms, Brian, *The Stag Hunt and the Evolution of Social*

Structure, Cambridge University Press, 2004.

Sobel, Jordan H., "Utility Maximizers In Iterated Prisoner's *Dilemmas*," *Dialogue* 15, 1976: 38–53. in Richmond Campbell and Lanning Sowden(eds.), *Paradoxes of Rationality and Cooperation*, The University of Columbia Press, 1985.

Sumner, L. W., *The Moral Foundation of Rights*, Clarendon, 1987.

Trivers, Robert L., "The Evolution of Reciprocal Altruism," *Quarterly Review of Biology* 46, 1971.

Taylor, Michael, *The Possibility of Cooperation*, Cambridge University Press, 1987.

간접 공리주의에 대한 비판적 고찰

강 준 호

1. 들어가는 말

오랫동안 되풀이하여 지적되어온 행위 공리주의의 자기 모순적이고 반직관적 결함에 대한 대안을 강구하는 과정에서 규칙 공리주의와 공리주의적 일반화, 그리고 — 최선의 결과의 산출에 자발적으로 협력하는 어떤 집단이 취할 행동 계획을 기준으로 삼는 — 협력적 공리주의 (cooperative utilitarianism)의 여러 형태들이 증식했다.[1] 이런 증식의 배후에는, 프레이(R. G. Frey)와 하트(H. L. A. Hart)의 소견에 따르면, 온갖 형태들을 탐구하다 보면 마침내 행위 공리주의에 — 어쩌면 공리주의 일반에 — 대한 주요 반론들에 대응할 수 있는 궁극의 형태를 발견하

---

* 이 논문은 대동철학회 편, 『대동철학』 49호(2009)에 실린 글이다.

1) '협력적 공리주의'에 관해서는 D. H. Regan, *Utilitarianism and Co-operation*, Oxford: Clarendon Press, 1980; H. Silverstein, "Utilitarianism and Group Co-ordination," *Nous* 13, 1979 등을 참고하시오.

리라는 막연한 신념이 있었던 듯하다.[2]

당연히 공리주의 비판가들은 이런 궁극의 형태를 발견할 가능성에 대해 부정적이다. 그들의 부정적 태도는 다음과 같은 딜레마적 상황을 가정한다: 모든 유효한 형태의 공리주의는 결국 행위 공리주의로 환원되거나, 아니면 직관적 도덕원칙들을 포섭할 수 있는 유연성을 획득하는 대가로 진정한 "공리주의의 정신(spirit of utilitarianism)"을 — 말하자면 공리극대화(maximizing utility)라는 근본 원리를 — 상실할 것이다.[3] 이 가정을 토대로 비판가들은 공리주의 자체의 보다 근원적인 문제에 접근한다.

여러 비판가들은 공리주의의 개인-중립적(person-neutral) 사고방식, 즉 쾌락이든 욕망만족이든 뭐든 공리의 순수 잔여량(net balance)을 척도로 세계의 상태를 판정하려는 몰개인적인(impersonal) 도덕 추론에 주목했다. 이와 관련하여 하트는 이렇게 선언한다: "개인의 개별성의 도덕적 중요성을 … 무시한 것이 무제약적 공리주의의 원죄라는 근대적 통찰은 … 심오하고 날카로운 비판이다."[4]

---

2) R. G. Frey, "Introduction: Utilitarianism and Persons," in R. G. Frey ed., *Utility and Rights*, Minneapolis: University of Minnesota Press, 1984, pp.3-19; H. L. A. Hart, "Between Utility and Rights," in A. Ryan ed., *The Idea of Freedom*, Oxford: Oxford University Press, 1979, pp.77-98. 이 글들에서 프레이와 하트는 모두 공리주의자들이 이런 확신에 기대어 있다고 가정하면서, 이런 확신에 대해 자신들의 부정적 소견을 제시한다.

3) 이런 딜레마적 상황에 대한 가장 명료한 설명은 B. Williams, "A Critique of Utilitarianism," in J. J. C. Smart and B. Williams, *Utilitarianism: For and Against*, Cambridge: Cambridge University Press, 1973를 참고하시오. 여기서 윌리엄스는 행위 공리주의와 직접 공리주의(direct utilitarianism)를 거의 동일시하면서, "직접 공리주의가 공리주의의 패러다임이며 … 공리주의 정신에 가장 충실한" 학설이라고 말한다(pp.128-129).

4) H. L. A. Hart, 1979, p.80.

오늘날 공리주의자들에게 주어진 문제는 단순히 행위 공리주의의 태생적 결함을 회피할 수 있는 대안만이 아니라, 기본권과 정의에 대한 고려를 개인-중립적 도덕에 결합시킬 수 있는 대안을 찾아내는 것이다. 롤즈(J. Rawl)를 비롯한 권리이론가들은 이를 불가능한 임무라고 단정했다.[5] 그레이(J. Gray)에 따르면, 이들은 상황을 다음과 같이 파악한 듯하다:

이것은 결국 집합적(aggregative) 원칙으로서의 공리와 권리 및 정의에 관한 원칙들의 분배적 성격이 상충한 결과일 뿐이다. 가장 심층적으로 이 상충은 도덕원칙들의 참뜻에 있어서의 가장 근본적인 상이함을 표현한다. 우리에게 어떤 가치를 증진하라고 명령하는 목적-중심 혹은 목적론적 원칙들과 가치들의 증진에 의무론적 제약을 가하는 권리-중심 혹은 의무-중심 원칙들 사이의 상이함을 표현한다. 기본권들의 공리주의적 도출이 불가능한 것은 바로 이러한 근본적 차이의 결과이다.[6]

현대 윤리학자들에게 기본권과 정의에 적합한 고려는 개인을 독립된 자율적 존재로 바라보는 개인-중심적(person-centered) 관점을 요구한다. 물론 순전한 집합적 원칙으로 이해되는 공리의 원칙은 그러한 고려에 전혀 적합하지 않을 것으로 보인다. 공리주의가 사회적 유용성의 한계를 넘어선 실질적 기본권들을 보증할 수 없다는 것은 이미 만연한

---

5) 예컨대 롤즈의 공평한 관찰자 논증을 살펴보자. 그 논증에 따르면, 공리주의적 도덕 추론에서 채택된 공평한 관찰자의 관점은 개인들의 삶들의 경계선을 간과한다. 유사한 맥락에서 고티에(D. Gauthier)에 의하면 공리주의적 도덕 추론은 어떤 "초월적 생명체(super-organism)" 혹은 "세계영혼(World Soul)"의 관점과 같은 망상적 관점을 요구하며, 그것은 인류 전체를 그러한 단일한 존재자로 간주하는 단순히 인공적 관점일 뿐이다. D. Gauthier, *Practical Reasoning*, Clarendon Press, 1962, p.126.
6) J. Gray, "Indirect Utility and Fundamental Rights," in E. F. Paul, F. D. Miller, and J. Paul eds., *Human Rights*, Oxford: Basil Blackwell, 1984, p.74.

견해이다. 이런 견해에 대응하여 일부 공리주의자들은 공리의 원칙의 적용 영역 혹은 방식에 대한 새로운 정의를 시도했고, 이런 시도의 중요한 사례로 기존의 규칙 공리주의를 그 외연에 포섭하는 '간접 공리주의'가 있다.

다소 무리한 일반화일지 모르나, 간접 공리주의의 배후에는 인간의 도덕적 사고를 두 수준으로, 즉 '비판적(critical)' 수준과 '실천적(practical)' 수준으로 구분할 수 있다는 헤어(R. M. Hare) 식의 가정이 있다. 한편으로 비판적 혹은 반성적 수준의 도덕적 사고에선 공리의 원칙이 실천적 혹은 직관적 수준의 도덕적 사고에 대한 '배경적 원리(background rationale)'[7]로 작동하고, 다른 한편으로 이 원리의 작동을 통해 실천적 혹은 직관적 수준의 도덕적 사고에선 권리 및 정의에 관한 원칙들이 유연하게 수용될 수 있는 이원적(二元的) 구조에 대한 가정이 있다.

도덕적 사고의 이원적 구조에 대한 가정이 지닌 장점과 이 구조를 수용하는 형태의 간접 공리주의의 장점은 비교적 가시적이며 이 논문에서 논의될 내용의 중요한 일부이다. 그러나 필자가 주목할 것은 이 이원적 구조의 문제점과 따라서 이 구조를 수용하는 간접 공리주의의 문제점이다. 필자는 롤즈의 공지성(publicity) 개념을 끌어들여 공리주의의 본질을 단순한 '옳음의 기준(a standard of rightness)'이 아니라 '의사결정 절차(a decision procedure)'로 규정하면서, 공리주의 전체의 편에서 간접 공리주의는 전략적으로 더 나은 선택이 아님을 주장할 것이다.

---

7) 이것은 필자가 조합한 용어로 간접 공리주의에선 공리 원칙이 도덕판단이나 결정의 전면에 드러나지 않고 막후에서 은밀히 작동하는 원리로 간주된다는 의미를 담고 있다.

2. 직접/간접 공리주의의 차이점

현대 윤리학 저술들에선 '직접/간접' 공리주의의 구분이 '행위/규칙' 공리주의의 구분보다 더 유행하게 되었다. 그러나 후자에 비하여 전자의 구분에 관한 명쾌한 기술을 발견하긴 어렵다. 한편으로 '직접 공리주의'는 행위의 결과만을 고려하는 형태의 공리주의를 지칭하는 용어로 사용되며, 따라서 종종 '행위 공리주의'와 동일시되기도 한다. 다른 한편으로 '간접 공리주의'는 규칙, 제도, 성향처럼 행위가 아닌 것들의 결과를 고려하는 형태의 공리주의를 지칭한다. 그 용어들을 이렇게 이해할 경우, '간접 공리주의'가 규칙 공리주의 이상(以上)을—예컨대 로버트 애덤스(Robert Adams)가 제안한 '동기 공리주의(motive utilitarianism)'를—포함한다는 점을 제외하면, 문제의 두 구분들 사이에 본질적 차이가 없는 것처럼 보일 수도 있다.[8] 따라서 '행위/규칙' 공리주의의 구분을 논박하는 논변이 '직접/간접' 공리주의의 구분을 논박하는 논변으로 차용될 수도 있다.

윌리엄스(Bernard Williams)가 제시한 대표적 논증을 살펴보자. 그의 논증은 직접/간접 공리주의는 모두 "총합적 평가의 체계들(systems of total assessment)"이라는 가정에서 출발한다. 이 가정에서 총합적 평가의 한 체계인 직접 공리주의는 공리를 산출하는 모든 것을—아마도 모든 개별 행동의 공리효과(utility effect)를—고려해야 한다는 결론에 이른다. 그러나 어떤 일정한 규칙의 채택으로부터 산출되는 잉여의 인과적 효과가 있고 이런 효과를 개별 행동의 공리로는 설명할 수 없

---

8) R. Adams, "Motive Utilitarianism," *Journal of Philosophy* 73, 1976, pp.467-481. 그러나 많은 학자들은 그의 동기 공리주의를 간접 공리주의의 한 형태라기보다는 세련된 행위 공리주의의 한 형태로, 말하자면 일상적인 도덕적 추론에서 경험 규칙들(rules of thumb)을 유용한 실천적 지침으로 인정하는 형태의 행위 공리주의로 본다. 따라서 애덤스의 동기 공리주의를 간접 공리주의의 한 형태로 보는 것은 적합하지 않다.

다고 가정해보자.

실제로 분별 있는 공리주의자는 일정한 사회적 규칙과 성품적 특성이 공리의 중요한 원천들이며 그것들로부터 산출되는 총합적 공리는 그것들의 존재로 인해 생겨난 행동들의 공리로는 모두 설명될 수 없음을 부정하지 않는다. 그럼에도 직접 공리주의자들이 개별 행동들의 공리만을 고려하고자 한다면, 그들은 공리의 모든 차(差)들을 포착할 수 없을 것이며 이는 공리주의의 근본 목적에 비추어 비합리적이라고 간주될 것이다. 왜냐하면 그들은 분명 공리의 중요한 원천을 무시하고 있기 때문이다.

이런 곤란에서 벗어날 수 있는 유일한 합리적 조처는 개별 행동의 즉각적 공리효과뿐만 아니라 예컨대 일정한 사회적 규칙을 수용함으로써 얻어지는 공리와 일정한 성품적 특성을 존중함으로써 얻어질 수 있는 점진적 공리효과도 고려하는 것이다. 그리하여 윌리엄스가 말하기를, 직접 공리주의자는 "여하한 모든 것의 공리를 고려할 각오를 해야 한다: 그의 목적은 공리를 극대화하는 것이고 … 무엇이든 이 세계의 만족의 양에 영향을 미치는 것은 공리주의적 기준에 의한 평가의 후보여야 한다."9)

이로부터 도출되는 결론은 직접/간접 공리주의의 본질적 차이는 단지 그것들의 1차적 평가대상만을 주목함으로써 파악될 수 없다는 것이다. 다른 상황에서도 동일한 결론에 도달할 수 있다. 이번엔 직접 공리주의에 유리한 상황, 즉 개별 행동의 공리로 계산될 수 없는 공리는 아무것도 없는 상황을 가정해보자. 막연히 행위 공리주의와 동일시하여, 직접 공리주의는 옳은 행동은 최선의 결과를 가져오는 행동이라는 친숙한 원칙과 동일시될 수도 있다. 예상컨대 간접 공리주의는 이 원칙을 거부하면서 어떤 행동들은 설령 공리를 극대화하지 않더라도 옳은 행동일 수 있

9) J. J. C. Smart and B. Williams, 1973, p.119.

다고 주장할 것이다. 따라서 그것들의 차이점은 개별 행동의 평가라는 단계에서 표면화될 것이다.

그것들의 차이점이 드러나는 것은 바로 행동의 옳음에 관련해서이다. "행동의 옳음이 무엇에 놓여 있는가?" 하는 물음에 대해, 예컨대 간접 공리주의자는 그것이 공리주의적으로 유익한 규칙에 따라 행해짐에 있다고 답할 것이며, 이것은 직접 공리주의자가 동의하지 않을 대답일 것이다. 그러나 윌리엄스에 따르면, 직접/간접 공리주의자 모두에게 결정적 물음은 사회적 규칙과 성품적 특성의 가치가 어디에 놓여 있는가 하는 것이다. 그의 주장은 간접 공리주의자는 사회적 규칙과 성품적 특성의 가치가 그것들의 존재로 인해 발생할 행동들의 공리에 놓여 있다고 답할 것이며, 이는 바로 직접 공리주의자가 제시할 답과 다를 바 없다는 것이다.[10]

만약 행동 이외의 것들이 공리주의적 평가대상이 된다면, 그것들이 공리주의적으로 유익하다고 간주된다면, 행동 이외의 것들의 가치는 그것들이 전체 공리에 기여하는 바에 놓여 있을 것이다. 더 중요한 것은, 그것들의 총합적 공리효과가 그것들의 존재로부터 산출되는 행동들의 공리로 계산될 수 있어야 한다는 점이다. 윌리엄스는 다음과 같이 말한다: "만약 제도나 규칙이나 성품적 성향이 공리를 획득한다면, 그것들은 그것들이 다양한 방법으로 고무하거나 허가하거나 명령하거나 인도하는 행동들의 관점에서 공리를 획득하는 것이다."[11] 그렇다면 결국 간접 공리주의자가 수행하는 모든 공리계산은 이런 결과적 행동들의 공리계산일 것이며, 이는 공리계산에서 직접 공리주의자가 수행하는 바와 본질적으로 다르지 않을 것이다.

---

10) ibid., p.122.
11) ibid., p.119.

윌리엄스가 시도한 바는 직접/간접 공리주의의 차이가 불명확해지는 상황을 제시한 것이다. 요컨대 직접 공리주의는 개별 행동의 즉각적 공리효과만을 계산하자고 고집할 수 없을 것이며, 간접 공리주의는 이 효과에 완전히 개의치 않을 수 없을 것이다. "총합적 평가의 체계"인 한, 그것들은 이런 상황을 회피할 수 없다. 윌리엄스의 논증은 라이온스(D. Lyons)의 "외연적 동치(extensional equivalence)" 논증과 흡사하다. 윌리엄스 자신은 직접 공리주의가 "공리주의의 정신"에 가장 충실한 공리주의의 패러다임이며, 간접 공리주의는 결국 직접 공리주의로 환원되거나 공리주의의 근본 원리를 상실하리라고 믿는다. 그러나 그가 끌어낸 분명한 결론은 개별 행동들의 공리라는 견지에서 계산될 수 없는 무언가가 있든 없든, 직접/간접 공리주의의 차이는 전혀 명확하지 않다는 것이다.

언뜻 보기에 직접/간접 공리주의의 1차적 평가대상들은 그것들의 가시적 차이점을 형성한다. 간접 공리주의의 명확한 특징은 공리주의적 평가는 행동에 직접적으로 적용되는 것이 아니라 사회적 규칙 및 감정, 태도, 성향과 같이 행동을 지배하는 모든 항목에 적용된다는 생각이다. 윌리엄스가 시도한 바는 이런 가시적 차이점이 그저 외견상의 차이점일 뿐임을 보여준 것이다. 필자는 이 점에 관한 한 그의 생각에 동의하는 편이다. 그러나 1970년대 다른 공리주의 비판가들과 마찬가지로 윌리엄스의 논의의 중심은 직접 공리주의에 있으며, 사실 그가 간접 공리주의를 논한 부분은 그가 간접 공리주의를 얼마만큼 이해하고 있는가에 대해 의혹을 품게 한다. 필자가 보기에 간접 공리주의는 직접 공리주의와 구별되는 보다 근본적인 몇몇 특징들이 있다. 이제 이 특징들과 이것들이 실질적 권리의 옹호를 위한 간접 공리주의의 논증에서 어떻게 기능하는가를 살펴보자.

3. 간접 공리주의의 특징과 문제점

간접 공리주의는 본질적으로 공리의 원칙을 규범적(prescriptive) 원칙이 아니라 평가의 일반적 기준으로 간주한다. 헤어처럼, 간접 공리주의는 도덕적 사고의 비판적/실천적 수준들을 구분하고 공리의 원칙을 오직 도덕적 사고의 비판적 수준에서만 작동하는 원칙으로 설정하는 이론으로 이해할 수 있다. 따라서 간접 공리주의에서 공리의 원칙은 실천적 문제의 해결에 전면(前面)에서 관여하는 의사결정 절차(decision procedure)의 원칙이 아니다.

헤어는 두 종류의 실질적 도덕원칙들을 구분한다: 첫째는 "무제한적 한정성(unlimited specificity)"을 가진 "비판적 도덕원칙들"로서 각각 "개별적 세부상황에 맞도록 만들어져" 그 상황에서 무엇을 해야 할지를 우리에게 말해주는 원칙들이며, 둘째는 "제한적 한정성(limited specificity)"을 가진 "조건부(prima facie)" 원칙들로서 보통 도덕규범들 속에서 발견되는 원칙들이다. 그러나 헤어에게 공리의 원칙은 실질적 도덕원칙이 아니라 **도덕적 추론의 원리**에 해당된다. 두 종류의 실질적 도덕원칙들은 모두 규범적인 반면, 도덕적 추론의 원리는 그렇지 않다.

헤어에 따르면, 비판적 수준의 도덕적 사고는 도덕적 추론의 원리를 이용하여 두 종류의 실질적 도덕원칙들을 산출하며, 직관적 (혹은 실천적) 수준의 도덕적 사고는 이 실질적 도덕원칙들 가운데 두 번째 종류의 원칙들을 이용하여 개별적 사례의 옳고 그름에 대한 도덕판단들을 산출한다. 또한 그는 비판적 수준의 도덕적 사고가 직관적 (혹은 실천적) 도덕적 사고에 인식론적으로 선행한다고 주장하는데, 이는 직관적 수준의 도덕적 사고가 채택하는 "조건부" 원칙들은 비판적 수준의 도덕적 사고에 의해 선택되거나 적어도 그것에 의해 시험되어야 한다는 뜻이다.[12]

요컨대 공리의 원칙은 규범적 도덕원칙들과 구분되며 그것들의 구분은 그것들이 상이(相異)한 수준의 도덕적 사고에 채택된다는 사실로 설명된다. 공리의 원칙을 규범적 도덕원칙이 아니라 평가의 일반적 기준으로 규정함으로써, 간접 공리주의는 그 원칙의 사용 범위를 비판적 수준의 도덕적 사고에 제한하며, 그것의 1차적 역할을 실질적 도덕원칙들의 선택과 시험에 국한시킨다.

공리의 원칙에 대한 이런 자리매김의 원형은 존 스튜어트 밀(J. S. Mill)의 이론에서 발견된다. 그는 단순한 편의성(mere expediency)과 도덕성을 분리하면서, 공리는 일반적 평가의 원칙이지 무엇을 행해야 하는가에 대한 판단을 획득하는 원칙이 아니라고 단언한다.[13] 말하자면 그에게 공리의 원칙은 윤리를 비롯한 모든 행위 영역에서 평가의 최고 기준으로 적용됨에도 불구하고 그 자체로는 도덕원칙이 아니다. 따라서

---

12) 헤어의 설명에 따르면, 소위 "보편적인 규범적 원칙들(universal prescriptive principles)"이라고 불리는 (실질적 도덕원칙들 중) 첫 번째 부분집합의 도덕원칙들은 결코 무시될 수 없는 반면, 두 번째 부분집합의 도덕원칙들은 그렇게 될 수 있다. 그리고 첫 번째 부분집합의 도덕원칙들은 비판적 수준의 도덕적 사고가 두 번째 부분집합의 원칙들을 선택하거나 시험할 때 사용하는 원칙들이다.

13) 공리의 원칙은 행위의 모든 영역들에 있어서 평가의 최고 기준이라는 밀의 진술에 대하여 상반된 해석들이 존재한다. 드라이어(D. P. Dryer)나 브라운(D. G. Brown) 같은 수정주의적 해석자들에 따르면, 밀이 생각하는 공리의 원칙은 순전히 '가치론적(axiological)' 원칙으로서 결코 행위지침을 주지 않으며, 그저 행복이 그 자체로 바람직한 유일한 것이라고 규정할 뿐이다. 이런 해석과 관련하여 D. P. Dryer, "Mill's Utilitarianism," in *Collected Works of John Stuart Mill*, Vol X, 1969; D. G. Brown, "Mill on Liberty and Morality," *Philosophical Review* 81, 1972, pp.133-158을 보시오. 그러나 이런 견해에 반대하여 라일리(J. Riley)는 행복을 행위들의 목적으로 규정함으로써 행위들은 행복을 증진해야 한다고 "명령하거나 권고한다"는 의미에서 밀에게 공리의 원칙은 행위지침적 원칙이라고 말한다. 말하자면 그 원칙은 어떤 명확한 목적으로 행위들을 인도한다는 것이다. 이런 해석과 관련해서는 J. Riley, *Liberal Utilitarianism: Social Choice Theory and J. S. Mill's Philosophy*, Cambridge University Press, 1988. 또한 라일리는 이렇게 말한다: "사실 밀에게 공리의 원칙은 우선순위에 따라 다양한 종류의 행위들의 등급을 매겨야 하고 그리하여 충돌의 상황에서 선호되는 행동을 알게 된다는 것은 의심의 여지가 없다."

그것은 그 자체로는 우리에게 옳은 행동의 기준을 제공하지 않는다. 하트는 여기서 공리의 원칙에 대한 밀의 개념은 벤담의 개념을 따르고 있다고 지적한다:

> 벤담도 밀도 공리의 원칙의 직접적 요구사항들이 그 자체로 의무를 형성한다고 생각하지는 않았다. 두 사상가들은 책무(obligation) 개념을 강제적 제재의 개념과 연결시켰다. 비록 그들은 그 연결의 형태와 그런 제제들이 취할 수 있는 형태들에 대해서는 서로 의견을 달리했지만 말이다. 벤담은 공리의 원칙을 '옳음과 그름의 척도'라고 부르고 그것을 어떤 사회의 법률과 전통적 도덕을 심판할 수 있는 기준을 구성한다고 간주하지만, 그는 명백히 (밀도 그러했듯 그가 동등한 것으로 간주했던) 책무들과 의무들이 공리의 원칙에 의하여 산출된다고 생각하지 않는다.[14]

요컨대 벤담도 밀도 도덕적 책무를 전체적 공리를 극대화하는 행위와 동일시하지 않는다. 밀에게 도덕성은 단순한 편의성과 구별되는 공리의 한 특별한 조각이며 전체적 공리를 극대화하는 모든 행동을 취하도록 우리에게 요구하지 않는다.

더 나아가 밀은 전체적으로 볼 때 행복의 직접적 추구는 오히려 역효과를 가져올 수 있다는, 말하자면 최선의 결과에 대한 의식적 관심이 옳은 행동의 기준이 될 수 없다는 견해에 근거하여, **공리주의적 전략의 차원**에서 도덕성은 자유를 최대한으로 허용해야 한다고 주장한다. 이 주장은 밀이 간접 공리주의에 관여한다는 또 하나의 중대한 표식이다. 『자유론』에서 밀은 공리의 원칙 자체보다는 자유의 원칙을 사회적 협력의 여

건들을 구성하기 위한, 말하자면 사회적 삶의 강제적 측면들을 규정하기 위한 제1의 격률로 천거한다. 요컨대 간접 공리주의는 공리의 원칙보다 더 구체적인 전략적 원칙들을 채택하며, 이 원칙들은 공리를 추구하면서 우리가 채택하게 되는 방침들에 제약을 가한다.

이런 간접 공리주의의 문제점들로 넘어가기 전에, 두 가지 지적할 점이 있다. 첫째로 지적할 점은 헨리 시즈위크(H. Sidgwick)의 입장, 즉 그의 전반적 입장을 간접 공리주의로 이해해야 하는가 하는 물음에 관한 것이다. 이 물음에 관해 대립적 견해들이 있다.[15] 일부 논평자들은 시즈위크의 공리주의를 간접 공리주의로 인식했다.[16] 그러나 시즈위크는 위에서 기술한 것과 같은 간접 공리주의의 특징을 그대로 수용하지 않는다는 점을 관찰해야 한다.

한편으로 시즈위크는 여느 간접 공리주의자 못지않게 직접 공리주의를 실천에 적용함으로써 수반되는 모순적 상황을 인식한다. 그는 실제로 모든 사람이 공리주의자가 되는 세상을 만들려는 시도는 공리주의적 견지에서 옹호할 수 없는 일이라고 말한다. 왜냐하면 그런 세상을 만드는

15) 스마트(J. J. C. Smart)는 시즈위크를 대담한 행위 공리주의라고 평한다. J. J. C. Smart, "An Outline of a System of Utilitarian Ethics," in J. J. C. Smart and B. Williams, 1973을 보시오. 또한 R. Brandt, *Morality, Utilitarianism, and Rights*, New York: Cambridge University Press, 1992, p.16을 보시오. 시즈위크를 행위 공리주의자로 보지 않는 견해로는, P. Pettit and G. Brennan, "Restrictive Consequentialism," *Australasian Journal of Philosophy* 64, 1986, pp.439–455; J. Duario, "Sidgwick on Moral Theories and Common Sense Morality," *History of Philosophy Quarterly* 14, 1997, pp.425–445; A. Gibbard, "Inchoately Utilitarian Common Sense: The Bearing of a Thesis of Sidgwick's on Moral Theory," in H. B. Miller and W. H. Williams, *The Limits of Utilitarianism*, University of Minnesota Press, 1982, pp.71–85을 보시오.

16) M. Singer, "Sidgwick and Nineteenth-Century Ethical Thought," in B. Schultz ed., *Essays on Henry Sidgwick*, Cambridge University Press, 1992, pp.76–86; D. Parfit, *Reasons and Persons*, Oxford University Press, 1984, chapter 7; R. Adams, 1976.

대가(代價)가 지나치게 높기 때문이다. 그런 취지에서 시즈위크는 이렇게 말한다: "공리주의자는 공리주의적 원칙에 근거하여 자신의 결론들 가운데 몇몇은 인류 전체가 거부하기를 합리적으로 바랄 수도 있다."[17]

그러나 다른 한편으로 시즈위크에게 공리의 원칙 자체는 직접적 도덕 원칙이다. 일상적 도덕 생활에서 직관적 원칙들의 역할을 부단히 강조하면서도, 밀과는 달리, 그는 그 원칙들이 도덕적 책무의 궁극적 원천이거나 행위의 실제적 옳음을 결정할 수 있다고 주장하지 않는다. 또한 그는 공리의 원칙의 철저한 적용이 틀림없이 부적절한 경우에라도 어떤 특정한 전략적 준칙들이 공리의 원칙의 자리를 정당하게 대신할 수 있다고 생각하지 않는다. 예컨대 시즈위크는 자유의 원칙에 대한 밀의 논증의 배후에 있는 주된 생각, 즉 개인의 자유에 대한 사회의 간섭을 제한하지 않음은 어쩔 수 없이 역효과를 가져오리라는 생각에 동의하면서도, 그는 다른 사람에 대한 해악을 방지하는 것 외에는 어떠한 것도 간섭의 이유로 받아들일 수 없음을 하나의 원칙으로 받아들이지 않는다. 그는 개인의 자유를 단순히 "사회적으로 유용한 자극(socially useful stimulus)"이라고 기술한다.[18] 따라서 그가 진정으로 간접 공리주의자인지 혹은 정교한 행위 공리주의자인지는 여전히 의문이다.

둘째로 지적할 점은, 간접 공리주의자들이 공리주의적 방침들에 제약을 가하는 것으로 간주하는 관행들이나 관례들은 비판가들이나 행위 공리주의자들이 이야기하는 경험규칙들(rules of thumb)이 아니라는 점이다. 이것 역시 간접 공리주의의 본질적 특징들 가운데 하나이다. 전형적 규칙 공리주의의 설명에서, 사회적 관행들과 관례들이 우리의 행동과 숙고에 미치는 현실적/잠재적 힘들은 종종 "2차적 공리(second-

---

17) H. Sidgwick, *The Methods of Ethics*, the seventh edition, Macmillan and Company, 1907, p.490.
18) ibid., p.442.

order utility)"라고 명명된다. 그런데 비판가들은 이 2차적 공리를 중대한 것으로 여기지 않았다. 왜냐하면 그들은 규칙 공리주의자들이 지지하는 이 관례들과 관행들이 항상 공리의 원칙에 의해 압도당한다고 생각했기 때문이다. 말하자면 비판가들은 그것들을 보다 큰 공리를 위해 언제든 희생될 수 있는 단순한 경험규칙들이라고 간주했다. 이와 대조적으로 그레이는 다음과 같이 말한다: "간접 공리주의는 … 일정한 관행들과 관례들이 공리주의적 평가에 의한 침식에 저항할 수 있을 만큼의 무게를 가져야 한다고 요구한다."[19] 달리 말해서, 그 관행들과 관례들이 불가피하게 역효과를 가져올 단순한 극대화 방침에 대한 제약들로 기능할 경우, 간접 공리주의는 그것들을 공리주의적 근거에서 **일관성** 있게 경험규칙 이상의 지위를 가진 것으로 간주할 수 있다.

여기서 제기되는 물음은 진정 간접 공리주의가 실천적 수준에서 채택하는 도덕원칙들이 경험규칙 이상의 무게를 가질 수 있을까 하는 것이다. 공리주의적 권리론에 대한 전형적 비판은 설령 공리주의 이론이 권리들을 경험규칙의 일부로 수용할 수 있다 해도 이런 권리들이 전체적 공리의 추구에 제약들로 기능할 수 없으리라는 것이다. 이 비판에 대해 간접 공리주의자는 만약 권리들이 2차적 공리의 속성을 가진다면 그것들은 비생산적인 직접 공리주의적 방침에 대한 실천적 제약들을 필요로 하는 상황에서 공리주의적으로 정당화된다고 답할 수도 있다.

그러나 이런 대답이 어떻게 공리주의적 권리론에 대한 전형적 비판에 대응할 수 있을지, 말하자면 간접 공리주의에선 권리들이 단순한 경험규칙 이상의 무게를 가질 수 있음을 증명하는 것은 결코 쉽지 않다. 왜냐하면 간접 공리주의가 권리들에 부여하는 중요성도 결국 "전략적" 중요성에 지나지 않는 것처럼 보이기 때문이다. 여기서 "전략적"이란 말이 "유용한" 혹은 "편리한" 혹은 "도구적"을 뜻한다면, 간접 공리주의와 정

---

19) J. Gray, 1984, p.84.

교한 행위 공리주의를 본질적으로 구분하는 것은 무엇인가? 간접 공리주의의 전략에 따라 권리들에 부여된 중요성이 전체적 공리의 고려에 의해 흔들리지 않을 것임을 어떻게 보장할 수 있는가? 간접 공리주의는 진정 권리 원칙들의 채택을 요구하는가?

간접 공리주의의 또 다른 중요한 문제점은 그것이 결국 **오류주의적 논증**(fallibilistic argument), 즉 우리는 최선의 결과를 가져올 행위를 확인할 신뢰할 만한 수단이 없다는 논증에 의존하고 있음을 발견하는 순간에 드러난다. 한편으로 이 논증은 공리의 원칙이 아닌 전략적 준칙들의 필요성을 입증할 수도 있다. 그러나 그것이 권리들의 상황을 지지할 수는 없다.[20] 간접 공리주의의 논증은 다음과 같이 진행한다. 진정으로 공리주의적 행동방식이 불분명한 어떤 상황들이 존재한다. 그런 상황에서 사회적 규칙들과 권리들은 준최적(sub-optimality)을 피하도록 개별 행동들을 미리 조정할 수 있다. 장기적 안목에서 이 사회적 규칙들과 권리들을 일관적으로 따름으로써 전체적 복지가 가장 증진될 것이라는 의미에서, 이 규칙들과 권리들은 바로 전체적 공리라는 기준에 의해 정당화된다. 이 논증은 명확히 인간 오류 가능성의 사실에 의존하고 있다. 그러나 간접 공리주의의 옹호자들은 그런 오류 가능성이 자신들의 입장을 비지성적인 입장으로 만들지 않는다고 논한다. 반대로 그것은 간접 공리주의를 완전히 지성적인 입장으로 만든다고 논한다.

간접 공리주의에서 권리들의 지위와 관련하여, 어떤 면에서 간접 공리주의는 완고한 도덕적 보수주의로 이어지는 것처럼 보일 수도 있다. 예컨대 밀의 자유의 원칙은 사물들을 평가하는 유일한 토대인 공리의 원칙을 적용한 결과로 도출된 것이지만, 행위 공리주의와 연관되는 종류의 경험규칙은 결코 아니다. 정상적 상황에서는 전체적 복지의 고려에 의해

---

20) ibid., p.85.

무효화될 수 없다는 의미에서 그것은 영속적이고 완고한 원칙이다.

『공리주의』의 마지막 장에 나오는 정의에 대한 설명에서, 밀은 "안전 (security)"을 모든 종류의 공리들 중에서 가장 기본적인 것을 구현하는 것으로 간주하며, 모든 인간이 안전에 대한 실질적인 도덕적 권리를 가진다는 것을 인정할 타당한 근거들을 제시하려 한다. 이 권리가 결코 정당하게 침해당할 수 없다는 말은 아니다. 밀은 기본권들 중 어떤 것도 파기될 수 없다는 것이 아님을 분명히 한다. 그러나 그는 안전이 정상적 상황 하에서는 전체적 복지의 고려에 의해 파기될 수 없는 실질적인 도덕적 권리들의 지위를 받아야 한다고 주장한다.

『자유론』에서의 논증은 『공리주의』의 마지막 장에서 제시된 논증과 유사하면서 그것을 완성시킨다. 『자유론』에서 그는 강압적인 사회적 통제를 제한하기 위해, 지식의 진보에서 자유로운 지적 사색 및 실천적 실험의 역할을 강조함과 더불어, 개체성 및 자율성에 대한 인간의 이해관심을 제시한다.[21] 오직 다른 사람들의 이익에 대한 해악이 문제시되는 경우에만 자유에 대한 제한이 정당화될 수 있다. 달리 말해서, 자유에 대한 제약이 복지라는 측면에서 더 많은 이익을 가져올 수 있다는 사실은, 그 제약이 또한 다른 사람들에 대한 해악을 방지하지 않는 한에는, 그 제약을 찬성할 이유가 될 수 없다.

공리주의적 전략에 근거하여, 밀은 인간의 이해관심의 전체 범위 안에서 자율성과 안전에 대한 이해관심을 다른 모든 이해관심들 위에 둔다. 어째서 이 한 쌍의 이해관심들이 다른 것들보다 상위의 이해관심들로 선택될 타당한 공리주의적 이유를 갖는다고 생각해야 하는가 하고 물

---

21) 『자유론』에서 밀은 '자율성(autonomy)'이라는 말을 사용하지 않는다. 그럼에도 흔히 그의 '자유(freedom)' 개념은 '자율성'을 의미한 것으로 해석된다. 이런 해석의 대표적 예로는 R. J. Arneson, "Mill versus Paternalism," *Ethics* 90, 1980, pp.470–498을 보시오.

을 수 있다. 이 물음과 관계없이, 요점은 밀의 논증이 "완벽하게 이해할 만한 입장"을 제공한다는 것일 수도 있다. 왜냐하면 그의 논증은 그런 자유의 원칙을 받아들이기 위해 전체적 복지를 거부할 필요가 없음을 성공적으로 증명하기 때문이다.[22]

그러나 기본권들을 도출하는 밀의 논증 구조는 간단치 않은 문제점들을 안고 있다. 아마 가장 어려운 문제점은 그 한 쌍의 가장 중요한 이해관심들, 즉 안전과 자율성 사이에, 혹은 이것들에 기반을 둔 기본권들 사이에 충돌이 있을 경우에 드러난다. 밀은 이런 종류의 충돌을 해결하기 위한 의사결정 절차를 제공할 필요가 있을 듯하다. 그러나 이것은 밀에게만 해당되는 특수한 문제가 아니다. 이 문제는 기본권들이 현실적으로 상충하는 요구들을 일으키도록 허용하는, 그리고 이 권리들이 절대적 지위를 가진 권리들이 아니라 교환될 수 있는 권리들로 간주하는 모든 이론들에서 나타나는 일반적 문제이다. ― 예컨대 "기본적인 선들(primary goods)"에 대한 이론에서 롤즈가 직면한 문제를 생각해보라.

밀이나 다른 간접 공리주의자들에게 해당되는 특수한 문제는 그들이 제공할 의사결정 절차는 극대화에 어떠한 근본적인 관여도 수반해선 안된다는 것이다. 이 문제에 대한 간접 공리주의자의 대답은 아마 극대화의 책임이 실천적 방침들에 침투하는 것을 피하기 위해 하나의 공리주의적 전략의 규칙으로서 우리는 권리들 사이의 교환을 금지하는 것이 정당하다는 것일 것이다. 앞에서처럼 간접 공리주의자는 권리들 사이의 교

---

22) 밀의 논증에 대한 이런 평가에 관해서는 D. Lyons, "Human Rights and the General Welfare," *Philosophy and Public Affairs* 6, 1977, pp.113-129를 보시오. 이와 관련하여 그레이 역시 다음과 같이 주장한다: "우리가 밀을 공리주의적 고려들 자체가 하나의 실천적 격률으로서의 자유의 원칙을 어떠한 결과주의적 극대화 원칙보다 위에 둘 것을 요구한다고 주장하는 것으로 보는 순간, 그의 논증은 지성적이고 강력한 논증이 된다." J. Gray, 1984, p.86.

환을 금하는 자신의 정당화를 오류주의적 추론에 의존할 것이다. 우리는 권리들의 그런 교환이 결국 권리들의 보호라는 관점에서 최적의 조건이 되는 사례들을 확인할 신뢰할 만한 수단이 없다.

기본권들에 대한 간접 공리주의의 도출방식은 오류주의적 추론에 상당히 깊이 의존하고 있다. 이것은 또 다른 문제를 야기한다. 어떤 사람은 그런 오류주의적 추론 자체가 실로 기본권들을 뒷받침할 신뢰할 만한 수단인가 하는 물음을 제기할 수 있다. 왜냐하면 그것은 마치 권리들의 엄격함과 완고함이 우리의 무지에 의존한다는 말처럼 들리기 때문이다. 따라서 그 추론이 정말 간접 공리주의를 지성적인 견해로 만드는가 하고 물을 수 있다. 오류주의적 추론은 만약 우리가 권리들 사이의 교환을 금함에 있어서 정당하다면 그것은 부분적으로 우리가 관련 사실들에 대해, 즉 그 교환들이 장기적으로 전체적 복지에 어떻게 영향을 미칠지에 대해 확실히 모르기 때문이라고 말한다. 그런데 이것은 권리들의 가치에 대한 순전히 도구주의적(instrumentalist) 설명의 일부이다.

오류주의적 추론은 권리들에 대한 공리주의적 견해는 지나치게 도구주의적이어서 그 견해는 기본권들의 도덕적 중요성에 대한 우리의 의견을 제대로 파악할 수 없다는 의무론자들의 비판에 대한 대답일 수 없다. 오히려 오류주의적 추론은 권리들은 항상 어떤 보다 근본적인 원칙, 즉 공리의 원칙의 파생물들로서 도덕적, 정치적 이론 속으로 들어온다는 견해를 수립하는 데 공헌한다. 실제로 어떠한 도덕원칙이나 권리도 자명하지 않다는 것이 간접 공리주의의 핵심 주장이다. 이 주장에 대한 의무론자의 반대는 우리의 도덕적 지식 속에서 모종의 직관주의, 권리 원칙들이 우리의 이론 속에서 가지는 무게에 대한 직관주의를 전제하는 논증에 기초를 두고 있다. 직접이든 간접이든, 공리주의자들은 이렇게 직관적 판단들을 도덕이론으로 변형하는 것은 잘못된 방법으로 간주하며, 충돌하는 권리들 사이의 의사결정이 단순히 직관적인 어떤 원칙에 의해 좌우되어선 안 된다고 주장한다.

그러나 간접 공리주의가 오류주의적 논거들에 의존하는 것은 어떻게 보아야 하는가? 이 논거들은 그저 임시변통의 경험적 진술들일 뿐이지 않는가? 페티트(P. Pettit)와 브레넌(G. Brennan)이 "제한적 결과주의 (restrictive consequentialism)"라고 명명한 간접 공리주의의 또 다른 논증을 살펴보자.

이 논증은 어떤 특정한 유익한 결과들은 그 본성상 직접적 공리계산에 의하여 획득될 수 없다는 사실적 가정에 기초하고 있다. 페티트와 브레넌은 "계산을 억제하는(calculation-inhibiting)" 경향을 선택하게 만드는 일정한 이익들이 있고, "그것들은 계산상으로 파악하기 어려우며 (calculatively elusive) … 계산상으로 취약하다(calculatively vulnerable)" 고 말한다.[23] "계산상으로 파악하기 어려운" 이익이란 "비자각적 성향들에 의해 확실히 산출되지만 지속적인 행위-계산(action-calculation)의 체계 하에서는 소실되는" 이익으로 정의되며, "계산상으로 취약한" 이익이란 "계산적 관리감독 하에선 즉각 파괴되는" 이익으로 정의된다.[24] 이런 이익들은 오직 어떤 특정한 지위를 가진 권리들의 체계의 부산물로 생긴다.

제한적 결과주의 논증은 지금까지 살펴본 간접 공리주의의 기본 특징을 드러낸다. 도덕적 사고의 비판적 수준과 실천적 수준의 구분에 기초하여, 그 논증은 권리들이 비판적 수준의 도덕적 사고에서 수단적 지위를 가짐에 틀림없다고 제시한다. 그러나 의사결정에서 보다 높은 지위의 권리들을 욕망된 결과들을 성취하기 위한 필요조건으로 삼음으로써, 이 논증은 그런 권리들을 실천적 수준의 도덕적 사고에선 근본적 권리들로 설정할 것을 지지한다. 이 논증에 따르면, 도덕적 사고의 실천적 수준에서 의사결정을 내리는 상황에서 개인들은 그런 높은 지위의 권리들이

---

23) P. Pettit and G. Brennan, 1986, p.442.
24) ibid.

설령 그렇지 않더라도 내재적 가치를 가진 것처럼 행동해야 한다. 이는 매우 명백하게 헤어의 도덕적 사고의 두 수준에 대한 가정을 생각나게 한다.

제한적 결과주의와 관련하여 가장 중요한 물음은 어떤 권리와 관행에 의해 산출되는 어떤 이익이 계산상으로 파악하기 어렵거나 계산상으로 취약한가 하는 물음이다. 페티트의 설명은 대체로 우리의 성향들에 대한 심리적 분석, 즉 "이 특성을 권할지 저 특성을 권할지, 이 동기를 권할지 저 동기를 권할지, 이 방침을 권할지 저 방침을 권할지 등에 대한 심리적 선택사항들"에 대한 분석에 의존한다.[25] 그러나 필자가 지적하려는 바는 그저 제한적 결과주의의 논증은 밀이 기본권들을 도출한 방식과 마찬가지로 계산적 행동의 선택에 의해선 획득될 수 없는 어떤 이익들이 있다는 경험적 가정에 기초하고 있다는 점이다.

필자가 보기에 공리주의 비판가들은 이 경험적 가정을 명백한 거짓이라고 여긴다. 사실 공리주의자가 이 가정을 받아들이는 데에는 모순이 있다. 이 모순은 간접 공리주의의 결정적 모순이다: 간접 공리주의자는 각각의 경우에서 가능한 최선의 결과와 일치하지 않는 준칙 혹은 선택기준에 따라 움직여야 한다는 모순이다. 우리는 이미 이에 대한 간접 공리주의자의 대답을 알고 있다. 전반적으로 최상의 결과를 성취하기 위해선 공리주의적 행위자는 각각의 경우에서 최상의 결과를 추구해선 안 된다는 것이다.

그러나 문제의 경험적 가정에는 또 다른 난점이 있다. 비판가들은 만약 계산상으로 파악하기 어렵든 계산상으로 취약하든 행위의 계산적 선택에 의해 획득될 수 없는 이익들이 본질적으로 계산이 불가능한 이익들이라고 할 것 같으면, 말자하면 공리주의적 계산의 여지가 없는 이익들이라고 할 것 같으면, 문제는 그것들이 어떻게 전체적 복지에 관한 공리

---

25) ibid., p.440.

주의적 이론에 적합할 수 있는가 하는 것이다.

4. 간접 공리주의의 비교적(秘敎的) 성격과 공지성 개념

요컨대 간접 공리주의는 공리의 극대화가 공리를 극대화하는 전략에 의해 성취될 수 없다는 뚜렷한 모순을 공략한다. 이는 간접 공리주의가 '옳은' 의사결정은 항상 가능한 좋음을 극대화하는 의사결정이어야 한다는 대전제를 부정한다는 뜻은 아니다. 그것이 부정하는 바는 그런—가능한 좋음을 극대화하는— 의사결정을 발견하기 위해 항상 옳음의 기준을 직접적으로 적용해야 한다는 것이다. 간접 공리주의는 어떤 경우엔 최적의 의사결정이 극대화적 사고방식을 제한함으로써 얻어질 수 있다고 제안한다.

그러나 공리의 원칙에 대한 밀의 개념은 상당히 혼란스럽다. 그것을 도덕원칙이 아니라 평가의 일반적 원칙이라고 규정할 때, 그는 아마도 공리의 원칙이 옳음의 기준이 아니라 차라리 쾌락 혹은 행복만이 본질적 가치를 가진다고 명시하는 가치론적 명제일 뿐이라고 주장하는 것처럼 보인다. 모든 간접 공리주의적 접근방식들이 공리의 원칙에 대해 이렇게 위축된 개념을 인정하진 않는다는 점에 유의해야 한다. 사실 대부분의 간접 공리주의적 접근방식들은 공리의 원칙이 옳음의 기준임을 받아들인다. 그것들이 주장하는 바는 공리주의적 전략의 차원에서 공리의 원칙을 옳은 행동의 기준으로 받아들이지 않을 수 있다는 것이다. 달리 말해서, 공리 이외의 준칙들이 옳은 행위의 대체 기준들이 되어 실천적 수준의 도덕적 사고에서 도덕적 책무들을 규정한다는 것이다. 그리고 이 준칙들의 역할은 자기 모순적인 것으로 드러날 극대화적 사고방식을 제한하는 것이며, 공리의 증진이라는 견지에서 극대화의 제약들로 작용할 것이다.

앞 절에서 논한 것처럼, 극대화의 제약들에 관한 간접 공리주의의 논증은 결과들과 그것들의 가치에 대해 확실한 평가를 내릴 수 있는 우리의 능력의 한계에 의존한다. 간접 공리주의의 옹호자들은 바로 이런 한계가 공리주의적 행위자는 전체적 복지의 극대화를 시도함으로써가 아니라 우리에게 지극히 중요한 이익들의 보호나 증진에 실제 이바지하는 것으로 정당화될 수 있는 도덕 규칙들과 권리들에 의지하는 방식으로 숙고해야 할 공리주의적 이유를 제공한다고 논한다.

공리주의적 근거에서 정당화될 수 있는 도덕 규칙들 및 권리들과 그것들을 얼마나 엄격하게 따라야 하는가는 결과들 및 그것들의 가치를 계산할 수 없는 우리의 무능력이 얼마나 심각하고 보편적인가에 달려 있다. 어떤 특이한 상황들과 도덕 규칙들 및 권리들이 충돌하는 상황에서, 공리주의적 행위자는 도덕 규칙들 및 권리들을 파기하고 극대화 방식에 따라 숙고할 가능성이 더 높을 것이다. 전체적으로 최적의 규칙들의 적용이 분명 피할 수 있지만 상당한 고통을 산출할 때나, 혹은 공리주의적으로 정당화될 수 있는 이 규칙들이 서로 충돌할 때, 직접적 극대화 방식은 옳은 숙고 방식이 된다. 그렇다면, 브링크(David O. Brink)가 주장하기를, 공리주의적 행위자는 자신의 이론을 의사결정 절차가 아니라 옳음의 기준으로 해석할 수 있다.[26] 인간의 오류 가능성은 우리가 공리주의적으로 유익한 도덕 규칙들 및 동기들에 따라 행동하고 지극히 중대한 인간 이익들에 근거한 도덕적 권리들을 존중할 타당한 공리주의적 근거를 제공한다. 규칙적으로 이런 규칙들 및 동기들에 따라 행동하고 이런 권리들을 존중함으로써, 우리는 우리의 행위에 의해 실현되는 총합적 공리를 극대화할 것이다.

우리가 행위의 결과들과 그 가치들을 정확히 평가할 능력이 부족하다는 것은 거의 분명한 사실이다. 우리는 종종 무엇이 다른 사람들에게 이

---

26) D. O. Brink, "Utilitarian Morality and the Personal Point of View," *Journal of Philosophy* 83, 1986, p.426.

익이 될지 알 수 없다. 그러나 마찬가지로 중요한 사실은 인간의 오류 가능성에 대한 호소가 간접 공리주의에게 얼마만큼 도움이 될지도 알 수 없다는 것이다. 간접 공리주의에 따르면, 그런 인간의 오류 가능성을 사실로 가정한다면 공리주의적 근거에서 정당화될 수 있는 일련의 도덕 규칙들 및 권리들은 대부분의 경우 다소 엄격하고 무비판적으로 적용되어야 한다는 주장은 완벽히 지성적인 주장이다. 요컨대 우리는 인간의 오류 가능성이라는 사실이 도덕적 권리들에 대한 간접 공리주의의 접근방식을 완벽히 지성적인, 분명 직접 공리주의의 접근방식보다 훨씬 더 지성적인 입장으로 만들어준다는 라이온스와 그레이, 그리고 다른 간접 공리주의자들의 주장에 동의할 수 있다. 그러나 필자는 이런 일반적인 경험적 사실로부터의 논증이 지속적인 의무론자들의 반론에 대응하는 데 그다지 큰 도움이 되지 않는다고 생각한다.

간접 공리주의의 주장들 속에서 공리주의는 어떤 모습이 되는지를 살펴보자. 첫째, 공리주의는 어떤 특별한 경우를 제외하곤 직접적 도덕이론이 아니다. 둘째, 밀의 도덕이론에 대한 라이온스의 결론을 상기해보자: 밀의 도덕이론은 공리주의조차 아니다. 간접 공리주의에 따르면, 공리주의는 바로 그 자체의 근거에서 어떤 도덕 규칙들 및 권리들이 보다 유익할지를 우리에게 말해주게 된다. 그러나 이런 도덕 규칙들 및 권리들의 집합은 분명 비(非)공리주의적인 도덕 규칙들 및 권리들을 포함할 수도 있다. 왜냐하면 간접 공리주의가 가정하는 것처럼 우리는 그 규칙들과 권리들이 전체적 복지에 대체로 어떻게 영향을 미칠지 모르기 때문이다.

실제로 인간의 오류 가능성이라는 전제는 특정한 규칙들 및 권리들이 공리주의적 근거에서 정당화될 수 있다고 말해주는 것이 아니라, 우리가 그저 어찌할지를 알 수 없는 어떤 규칙들 및 권리들이 있다는 사실만을 말해주기 때문이다. 설령 우리가 그것들이 전체적 복지에 긍정적 영향을 주지 않는다고 확신하더라도, 그것들이 부정적 영향을 미친다는 증거가 없는 한 우리는 그것들을 버릴 수가 없다. 어떤 규칙들과 권리들은 공리를 증진하는 것이 아니라 단지 보호하는 것일 수도 있다. 어쨌든 라이온스가 주장하는 것처럼, 밀의 도덕이론에서 도덕 규칙들과 권리들은 공리주의적 근거에서만 정당화될 수 있는 것들이 아니다. 일반적으로 말해서, 간접 공리주의는 어떤 식으로든 공리주의를 의사결정 절차가 아니라 오직 평가의 기준만을 제공하는 것으로 규정한다.

그러나 명확히 공리주의를 향한 가장 직관적인 반론은 의사결정 절차로서의 공리주의를 겨냥한 것이다. 따라서 그것이 의사결정 절차임을 부정함으로써 공리주의자들이 얻게 되는 이익도 분명하다. 그러나 비판가들은 공리주의자들이 그렇게 할 수 없다고 논한다. 공리주의는 옳음의 기준과 의사결정 절차를 구분할 수 없으며, 따라서 비(非)공리주의적인 동기들과 다수의 도덕 규칙들의 무비판적 수용을 정당화할 수 없다. 윌리엄스는 "만일 그것이 … 무엇을 행할지를 우리가 어떻게 결정해야 하는가에 관한 학설이 아니라면" 공리주의는 그 특징적 지위를 상실할 것이라고 주장한다: "공리주의자들에게 어떤 행동이 옳은가 라는 물음의 유일한 특징적 관심사 혹은 요점은 그것들을 행하기로 결정하는 상황들과 연관된다."[27] 같은 맥락에서 다음에 나오는 롤즈의 주장을 살펴보자.

그런데 우리가 주목해야 할 것은 공리주의는, 우리가 규정한 대로, 공리의 원칙이 사회의 공공적 정의관을 위해 올바른 원칙이라고 보는 견해라는 점이다. … 우리가 알고자 하는 것은 반성적 평형 상태에 있어서 우리의 숙고된 판단을 특징지어주고 사회의 공공 도덕의 기초 역할을 가장 잘 해줄 정의관이 어떤 것인가 하는 것이다. 이러한 정의관이 공리의 원칙에 의해 주어진다고 주장하지 않는 한 우리는 그를 공리주의자라고 할 수는 없다.[28]

27) J. J. C. Smart and B. Williams, 1973, p.128.
28) J. Rawls, *A Theory of Justice*, the revised edition, Harvard University Press, 1999, pp.158-159.

어떤 면에서 옳음의 기준과 의사결정 절차의 구분에 대한 롤즈의 반론은 도덕적 권리들에 대한 간접 공리주의적 접근방식의 토대를 부정하기에 이른다. 간접 공리주의자들이 어떤 도덕 규칙들 및 권리들은 공리주의적 근거에서 정당화될 수 있다고 주장할 때, 그들은 단지 그 규칙들과 권리들이 공리주의적 기준에 의해 받아들여질 만하다고 말할 수 있을 뿐이다. 그러나 그들은 그 규칙들과 권리들의 실질적 내용이 공리의 원칙으로부터 도출된다고 말할 수는 없다. 롤즈가 보기에, 이것은 공리주의가 전혀 아니다. 올바른 정의관에 대한 논쟁에서 자신의 공정으로서의 정의(justice as fairness)와 공리주의를 대조하는 것이 『정의론』에서 전개된 롤즈의 공리주의 비판의 핵심이란 점을 주목한다면, 공리주의는 그 실질적 내용을 그것의 제1원칙으로부터 끌어내는 도덕이론이어야 한다.

　　롤즈에게 있어서, "사회의 공공 도덕의 기초"라는 것은 하나의 도덕이론으로 간주될 수 있는 개념적 조건이다. 롤즈가 "공지성 조건(publicity condition)"이라고 명명한 이 개념적 조건은 옳음의 기준과 의사결정 절차의 구분을 파괴하는 것처럼 보인다. 왜냐하면 사회의 공공 도덕의 기초는 그저 옳음의 기준일 수만은 없으며 실천적 상황에서 무엇을 행할지를 결정하는 절차를 제공해야 하기 때문이다. 즉, 참된 의미의 도덕이론은 의사결정 절차로서 인식되거나 추천되어야 한다.

　　그러나 롤즈에 따르면, 도덕이론으로서의 공리주의는 공지성 조건을 위반하며, 이 조건을 위반하는 도덕이론은 바로 그 이유로 설득력이 떨어질 것이다. 그는 "정의관의 바람직한 특징은 그것이 인간의 상호 존중을 **공적으로** 나타내야 한다는 점"이라고 말한다.[29] 공리주의는 특히 자존감(self-respect)의 문제에 있어서 공지성 개념을 위반한다는 취지에서, 롤즈는 다음과 같이 논한다.

---

29) ibid., p.156.

이 [공지성] 조건이 요구하는 것은 평균 공리를 극대화하는 일은 공리주의적 원칙이 공공적으로 인정되고 사회의 기본 헌장으로 준수된다는 조건 하에서 이루어져야 한다는 점이다. 사람들로 하여금 비공리주의적 원칙을 채택하고 적용하도록 권장함으로써 평균 공리를 증대하는 일은 우리가 할 수 없는 일이다. 어떤 이유 때문이든지 간에 공리주의의 공적인 인정으로 인해 어느 정도 자존감이 손상되는 경우에는 이러한 결함을 피할 길이 없다. 그것은 공리주의 체제가 어쩔 수 없이 치러야 할 대가이다.[30]

그들이 공리주의를 의사결정 절차를 제공하지 않는 것으로 규정할 때, 실제로 간접 공리주의자들은 공리주의를 시즈위크가 "비교적(秘敎的) 도덕(esoteric morality)"이라 부른 것으로 간주하는 것이다. 이는 실천적 상황에선 대부분의 사람들이 공리주의를 옳은 행위의 기준을 제공하는 것으로 의식조차 않는 것이 가장 좋을 것이라는 뜻이다.[31] 롤즈에겐 이런 비교적 도덕은 단순히 공지성 조건, 즉 그럴듯한 도덕이론의 기본 조건을 위반한다. 그리고 더 심각한 문제는 공리주의 원칙이 사회의 공공 도덕의 기초로서 공적으로 받아들여질 때 일어난다.

롤즈의 견해에 대응하여, 브링크는 어떤 도덕이론이든 비교적 도덕이 될 가능성이 있다고 주장한다. 어떤 도덕이론에서든, 그 이론을 인식하고 적용하는 것보다는 어떤 다른 대안적 이론을 인식하고 적용하는 편이 그 이론을 더욱 만족시키는 상황들이 있을 수 있다는 것이다. 그런 의미에서 "칸트주의자도 공지성을 위반해야 한다고 생각할 상황이 없겠는가?"라고 반문하면서,[32] 그는 단지 어떤 도덕이론이 공지성 조건의 위반을 요구하는 상황이 있을 수 있다는 사실이 공리주의에만 해당하는 사실

---

30) ibid., p.158.
31) H. Sidgwick, 1907, pp.489-490.
32) D. O. Brink, 1986, p.429.

은 아니고, 그런 사실 자체가 공리주의에 대한 반론은 아니라고 논한다.

그러나 설령 그의 주장이 옳더라도, 필자는 브링크가 여기서 요점을 놓치고 있다고 생각한다. 반복하자면 롤즈에게 비교적 도덕으로서의 공리주의는 전혀 경쟁의 대상이 아니다. 실제로 공리주의에 대한 대부분의 비판들은 그것이 "공교적 도덕(exoteric morality)"이 될 경우, 말하자면 공리의 원칙이 대부분 사람들의 도덕적 숙고를 지배하는 의사결정 절차가 될 경우, 혹은 비교적이든 공교적이든 공리주의가 사회적 의사결정 절차가 될 경우에 제기되는 것이다.

개인-중심적 관점으로부터 제기된 반론은 옳음의 공리주의적 기준, 즉 공리의 극대화로 옳음을 규정하는 목적론적 정의에 대한 반론으로 해석될 수 있다. 이런 정의에서 부당하다고 여겨지는 것은 순전히 몰개인적인 태도이다. 그러나 만약 공리주의가 옳음의 기준이지 의사결정 절차가 아니라면, 그것은 우리로 하여금 몰개인적 태도를 취하도록 요구할 필요가 없다. 예컨대 한 개인 자신의 삶의 계획과 복지에 대해 특별한 관심을 가지는 것이 전체적 복지에 이바지하는 것으로 드러난다면, 그런 관심은 공리주의적 옳음의 기준에 근거하여 정당화될 수 있다. 따라서 공리주의 도덕이론은 특별한 관심의 도덕적 허용과 모순되지 않는다.

그러나 앞에서 논한 것처럼, 롤즈는 옳음의 기준과 의사결정 절차의 구분을 부정한다. 그리고 보다 더 중요한 물음은 개인들에 대한 특별한 관심이 전체적 복지에 이바지하지 않는 것으로 드러난다면 어쩔 것인가 하는 물음이다. 공리주의자들은 그 문제에 대해 무엇을 할 수 있겠는가? 롤즈가 말한 것처럼, "일반적 사실로부터의 논증에 너무 많은 비중을 두는 것이 공리주의의 특징이다."[33] 비록 이 말은 다소 다른 맥락에서 말해진 것이지만, 필자는 이것이 바로 간접 공리주의의 핵심적 문제점을

---

33) J. Rawls, 1999, p.138.

지적하는 것으로 본다.

하나의 도덕이론으로 간주될 수 있는 것은 무엇인가 하는 물음은 결코 의견의 문제가 아니다. 만일 공지성 조건이 설득력 있는 도덕이론의 개념적 조건으로 받아들여진다면, 간접 공리주의자들도 그것을 심각히 받아들여야 한다. 간접 공리주의자들은 공리주의적 평가가 결코 공지성 개념을 위반하지 않는다고, 오히려 실제 세계에서 공리주의는 공지성 개념을 만족시킨다고 대답할 수도 있다. 브링크는 "오직 공리주의가 옳음의 기준으로 인정받을 수 없거나 공리주의적 추론이 항상 부적절한 경우에만" 공리주의가 이 조건을 위반할 것이라고 말한다.[34] 그러나 분명 어떤 상황에선 공리주의적 평가가 적절하다. 분명 도덕 규칙들과 권리들의 적용을 제한하고 그것들 사이의 충돌을 해결하기 위해 공리주의적 숙고를 요구하는 상황들이 있다. 게다가 어떤 상황에선 일부 행위자들은 과거로부터 어떤 특정한 도덕 규칙들의 집합을 고수해온 결과를 평가하기 위해 시간과 노력을 들일 수 있다. 브링크는 공리주의에 대한 이런 태도는 "심리적으로 가능하며 공지성 조건을 위반하지 않는다"고 선언한다.[35]

그러나 이 응답에서 브링크는 공지성 조건의 결정적 의미, 즉 그것은 어떤 도덕이론이 사회의 공공 도덕의 기초, 즉 사회적 의사결정 절차가 될 것을 요구한다는 의미를 놓치고 있다. 롤즈에 따르면, 공지성 조건은 보편성 조건과 다르다. "후자는 우리들로 하여금 모든 사람이 지적인 이해를 갖고 규칙적으로 따르는가의 여부에 기초해서 원칙들을 평가하게 하는 데" 비하여, 전자의 조건은—"공공적으로 인정되고 충분히 유효한 사회생활의 도덕적 헌장"이 되어야 한다는 조건은—그저 어떤 원칙이 어떤 가능한 상황에서 적절하다고 해서 완전히 만족될 수 없다.[36]

---

34) D. O. Brink, 1986, p.428.
35) ibid., p.429.
36) J. Rawls, 1999, p.115.

5. 나가는 말

앞 절에서 살펴본 바는 옳음의 기준과 의사결정 절차를 구분하고 공리의 원칙을 본질적으로 전자에 국한된 것으로 간주함으로써 간접 공리주의가 과연 어떤 이득을 얻는다고 보는가 하는 물음이다. 여기서 우리는 한 개인 자신의 복지나 이익에 대한 특별한 관심에 대한 상당히 유연한 공리주의적 정당화를 발견할 수 있다고 생각할 수 있다. 물론 어떤 상황에선 모든 사람의 이익을 불편부당하게 고량(考量)하는 것은 다른 사람들에게 더 큰 해악이 돌아가는 것을 막기 위해 개인의 중요한 인생 목표나 계획의 희생을 요구할 것이다. 이런 성질의 불편부당성이 그 자체로 반대할 만한 것은 아니다. 오히려 그것은 도덕이론이 우리에게 요구하리라고 기대하는 바이다.

그럼에도 도덕적 권리들을 공리주의 이론에 짜 넣으려는 거의 모든 시도들에 깔려 있는 도구적 추론에 대한 의무론자들의 반론은 옅어지지 않는다. 간접 공리주의자에게 제기되는 특히 어려운 물음은 간접 공리주의의 유연함이, 예컨대 개인의 복지에 대한 특별한 관심을 정당화하는 것이 과연 공리주의적 자원에 기초하고 있는가 하는 물음이다. 설령 간접 공리주의가 우리의 기본권이라고 여겨지는 몇몇 도덕적 권리들에 상당히 수용적인 도덕이론을 만들어낸다 해도, 그것이 그 권리들을 수용함은 그 권리들이 전체적으로 인간의 중대한 이해관심들의 증진에 이바지한다는 경험적 전제, 말하자면 그것들의 도구적 가치에 깊이 의존하고 있다. 비판가들이 일반적으로 논해온 것처럼, 이런 경험적 전제에 기초하는 공리주의 도덕이론은 결코 실체적인 도덕적 권리를 규정할 수 없다. 왜냐하면 그 권리들의 기본권적 지위는 언제든 더 큰 이익에 대한 전망에 의해 무효화될 수 있기 때문이다. 한마디로 그것은 공리주의적 자원에 기초하고 있지 않기 때문이다.

지금까지의 논의에서 필자의 의도는 결코 공리주의 도덕이론의 틀로 기본권들을 설명하는 것은 불가능하다는 비판가들의 전형적 주장을 되풀이하려는 것은 아니었다. 필자의 의도는 다만 비판가들의 주장에 대응하여 간접 공리주의가 취한 일반적 전략, 즉 공리의 원칙의 의사결정 절차로서의 지위를 포기하는 전략이 그다지 매력적이지 않음을 ― 결국 실질적 기본권들에 대한 공리주의의 도구주의적 추론에 대한 반론을 약화시키지 못함을 ― 보여주려는 것이다. 또한 이런 시도 속에서 필자는 간접 공리주의가 직접 공리주의에 대한 매력적 대안이라는 생각이 잘못된 것임을 암시하려 했다.

참고문헌

Adams, R., "Motive Utilitarianism," *Journal of Philosophy* 73, 1976, pp.467-481.

Arneson, R. J., "Mill versus Paternalism," *Ethics* 90, 1980, pp.470-498.

Brandt, R., *Morality, Utilitarianism, and Rights*, New York: Cambridge University Press, 1992.

Brink, D. O., "Utilitarian Morality and the Personal Point of View," *Journal of Philosophy* 83, 1986.

Brown, D. G., "Mill on Liberty and Morality," *Philosophical Review* 81, 1972, pp.133-158.

Dryer, D. P., "Mill's Utilitarianism," in *Collected Works of John Stuart Mill*, Vol. X, 1969.

Duario, J., "Sidgwick on Moral Theories and Common Sense Morality," *History of Philosophy Quarterly* 14, 1997, pp.425-445.

Frey, R. G., "Introduction: Utilitarianism and Persons," in R. G. Frey ed., *Utility and Rights*, Minneapolis: University of Minnesota Press, 1984, pp.3–19.

Gauthier, D., *Practical Reasoning*, Clarendon Press, 1962.

Gibbard, A., "Inchoately Utilitarian Common Sense: The Bearing of a Thesis of Sidgwick's on Moral Theory," in H. B. Miller and W. H. Williams, *The Limits of Utilitarianism*, University of Minnesota Press, 1982, pp.71–85.

Gray, J., "Indirect Utility and Fundamental Rights," in E. F. Paul, F. D. Miller, and J. Paul eds., *Human Rights*, Oxford: Basil Blackwell, 1984.

Hart, H. L. A., "Between Utility and Rights," in Alan Ryan ed., *The Idea of Freedom*, Oxford: Oxford University Press, 1979, pp.77–98.

_____, *Essays on Bentham: Studies in Jurisprudence and Political Theory*, Clarendon Press, 1982.

Lyons, D., "Human Rights and the General Welfare," *Philosophy and Public Affairs* 6, 1977, pp.113–129.

Parfit, D., *Reasons and Persons*, Oxford University Press, 1984.

Pettit, P., Brennan, G., "Restrictive Consequentialism," *Australasian Journal of Philosophy* 64, 1986, pp.439–455.

Rawls, J., *A Theory of Justice*, the revised edition, Harvard University Press, 1999.

Regan, D. H., *Utilitarianism and Co-operation*, Oxford: Clarendon Press, 1980.

Riley, J., *Liberal Utilitarianism: Social Choice Theory and J. S. Mill's Philosophy*, Cambridge University Press, 1988.

Sidgwick, H., *The Methods of Ethics*, the seventh edition, Macmillan and Company, 1907.

Silverstein, H., "Utilitarianism and Group Co-ordination," *Nous* 13, 1979.

Singer, M., "Sidgwick and Nineteenth-Century Ethical Thought," in Bart Schultz ed., *Essays on Henry Sidgwick*, Cambridge University Press, 1992, pp.76-86.

Williams, B., "A Critique of Utilitarianism," in J. J. C. Smart and Bernard Williams, *Utilitarianism: For and Against*, Cambridge: Cambridge University Press, 1973.

칸트의 인간성 정식과
인간에 대한 대우 방식들

강 철

1. 서론

우리는 서로를 어떻게 대우해야만 하는가? 서로를 이용하는 데 있어서, 서로에게 합당하게 요구할 수 있을 정당한 대우방식은 무엇인가? 인간을 수단으로 대우하지 않고 오직 목적으로만 대우하는 행위는 언제나 도덕적으로 선한가?[1] 상대의 능력을 오직 수단으로만 이용해서는 정말로 안 되는가? 이와 같은 물음들은 인간이 서로에게 영향을 미치는 영역이라면 어느 영역에서든지 간에 검토되어야 할 중대한 물음일 것이다.

'단지 이용해 먹는다'거나 '목적으로 대우한다'는 것이 무엇을 의미하는지는 어쩌면 경험적으로 또는 직관적으로 우리에게 명확해 보일 수 있

---

* 이 논문은 한국윤리학회 편, 『윤리연구』 제112권(2017)에 실린 글이다..
1) 이 행위는 "오직 수단으로만 대우하지 말고 항상 동시에 목적으로 대우하는" 행위와는 다르다. 칸트의 인간성 정식은 바로 이 뒤의 행위를 명령하고 있다.

다. 하지만 다음의 사례들은 사람들마다 판단이 갈릴 것 같으며, 이것들 모두를 일관되게 체계적으로 설명할 수 있는 원칙이 무엇인지에 대해서 논란이 있을 수 있다.

(1) 어떤 회사가 신입사원의 선발에서, 어떤 a가 단지 동남아인이라는 이유로 선발을 하지 않았다면, a를 수단으로 대우한 것인가?

(2) 어떤 여자대학교가 지금까지 그리고 앞으로도 입학 자격을 남학생에게 주지 않는다면, 남학생을 수단으로 대우하는 것인가?

(3) 특정한 종교재단이 설립한 대학교가 가령 기계공학을 전공한 신입교원을 선발하는 데 있어서, 특정한 종교를 가진 자를 지원 자격의 요건으로 요구한다고 해보자. 특정한 종교 이외의 종교를 가진 자나 무교인 자에게는 자격을 주지 않는다면, 그들을 수단으로 대우한 것인가?

본 논문은 위와 같은 세 사례들의 물음을 다룰 수 있을 개념들과 원칙들에 대해서 논의하고자 한다. 그런데 우리가 서로를 '수단으로 대우하는 것'은 도덕적으로 허용될 수 있다거나 적어도 그르지 않다고 해야 할 것 같다. 오히려 어떤 관점에서 보자면 '수단으로 대우할 수밖에 없다'거나 '수단으로 대우해야만 한다'고 주장해야 할 것 같다. 그 이유는 인간들이 함께 모여 살고자 한다면 또는 사회라는 것이 존속되려면 서로를 '수단으로 대우하는 것'이 필요조건이라고 생각되기 때문이다. (가령, 내가 택시를 이용할 때에 나와 택시기사, 양자 모두는 자신의 어떤 목적을 위한 수단으로 서로를 대우하고 있는 것이다.) 또한 보다 근본적이고 실존적인 측면에서 보자면, 인간이란 존재는 이해관심을 가진 존재이며, 스스로 목적을 설정하고 추구하는 존재이다. 이 점에 비추어 보자면, 서로를 수단으로 대우하는 것은 불가피하다고 여겨진다.[2]

---

2) 이원봉은 "인간은 완전히 자족적인 존재가 아니고, 신체에서 비롯하는 경향성을 만족시키지 않고는 살아갈 수 없기 때문에, 타인을 자신의 경향성을 만족시키기 위해 사용하지

그렇다면, '수단으로(as a means)'가 아닌 '오직 수단으로만(merely as a means)' 대우하는 행위가 도덕적으로 문제 삼을 수 있는 행위일 것이다. 필자는 이 말에 동의한다. 따라서 인간을 대우하는 방식과 관련해서 위 세 가지 사례에서 "수단으로 대우한 것인가?"라는 물음을 "오직 수단으로만 대우한 것인가?"로 대체하고자 한다. 그렇다면 '수단으로 대우한 것'일 뿐, '오직 수단으로만 대우한 것'은 아닌 경우는 어떤 경우인가? 오직 수단으로만 대우하지 않기 위해서 충족시켜야 할 조건은 무엇인가? 칸트의 인간성 정식을 해석하는 많은 논자들은 대우받는 자의 자발적인 또는 충분한 정보에 의한 동의(voluntary or informed consent)를 그 조건으로 제시한다. 또한 많은 논자들은 대우하는 자의 목적을 대우받는 자가 공유할 수 있는지, 즉 목적의 공유(end sharing)를 그 조건으로 제시한다.[3] 주의할 점은 '수단으로 대우받는 것'과 '오직 수단으로만 대우받는 것'을 구분시켜주는 기준과 관련된, 또는 수단으로 대우받은 것일 뿐이지, 오직 수단으로만 대우받은 것은 아닐 조건과 관련된 문제는 중요한 문제이기는 하지만, 현재 논문의 탐구 주제는 아니기 때문에 그리고 제한된 지면 때문에 논의하지 않을 것이란 점이다.[4]

인간을 대우하는 방식들을 논의하기 위해서 먼저 두 가지 경우를 시험 삼아 검토해보자. 첫 번째 경우는, 비록 상대를 그가 보유한 어떤 특

않을 수 없다. … 인간 사회에서 일어나는 모든 교환 행위는 상대가 가진 것을 자신의 목적을 위해 사용하는 것이고, 이것이 없다면 인간 사회는 성립하지 않을 것이다"라고 말한다. 이원봉, 「성과 결혼의 윤리적 정당화: 칸트의 입장을 중심으로」, 『생명연구』 19집(서울: 서강대학교 생명문화연구소, 2011), pp.168-169. 같은 취지의 언급으로는 문성학, 「칸트 윤리학의 정언명법론」, 『철학논총』 68집(경산: 새한철학회, 2012), p.241 참조.

3) 자세한 논의는 Samuel Kerstein, *How to Treat People*(Oxford Univ. Press, 2013).

4) 예컨대 커스타인은 오직 수단으로만 이용(또는 대우)할 조건을 설명하는 원칙으로 Actual Consent Account와 Possible Consent Account를 제시하고 있는 반면에, 수단으로만 이용(또는 대우)한 것일 뿐이지, 오직 수단으로만 이용(또는 대우)한 것은 아닐 조건을 설명하는 원칙으로 Actual Consent Accountn과 Possible Consent Accountn을 제시하고 있다. Kerstein(2013), 3, 4, 5장 참조.

성이나 능력에 의거해서 이용을 하지만, 그렇더라도 그를 오직 수단으로만 이용해서는 안 된다고 보는 경우이다. 예컨대, 어떤 기업주는 임금을 지불할 능력이 있고, 그 직원은 기술과 노동을 제공할 능력이 있다고 해보자. 그리고 우월한 위치에 있는 A가 열등한 위치에 있는 B를 이용하지 않는다면 B의 이익이나 복지가 상당히 감소한다고 해보자(즉, A와 B는 대등한 위치에 있지 않다). 이런 상황에서조차도, A와 B는 서로를 수단으로 이용을 하는 것은 허용되지만, A는 B를 오직 수단으로만 이용을 해서는 안 된다고 많은 사람들은 주장할 것이다.[5] 요컨대 각자를 지배하는 어떤 중대한 공동의 이익이 존재하고, 이 이익으로 인해서 서로를 수단으로 이용하려는 상호작용이 지속적으로 추동될 수 있는 그런 호혜적(reciprocal) 상황을 생각해보자. 상황은 이처럼 호혜적임에도 불구하고, B는 자신의 생존이나 번영을 위해서 A에 의존해야 하는, 따라서 협상력에 있어서 열등한 위치에 있는 약자이고, 반대로 A는 강자일 수 있다. 이럴 경우에 강자는 불평등한 권력관계를 이용해서 약자를 오직 수단으로만 이용하거나 부당하게 이용(즉, 착취)할 수 있는 것이다.[6] 바로 이런 행태들이 근래에 우리 사회에 심각한 문제로 대두되고 있는, 소위 '갑을관계'인 것이다. 많은 사람들은 호혜적인 상황에서 서로가 서로

---

5) 위 사례에서 우월한 위치에 있는 자가 기업주일 필요는 없다. 어떤 직무와 관련해서, 문제의 직원 말고는 그 직무를 제대로 해낼 수 있는 다른 직원들이 없다고 해보자. 이때에 그 직원은 가령 임금협상 등에 있어서 그 기업주보다 우월한 위치에 있을 수 있는 것이다.

6) '오직 수단으로만 이용하는 것(use merely as a means)'과 '착취(exploitation)'는 다른가? 착취의 핵심적인 특성은 '부당하게 이용하는 것(use unfairly)'에 있다. (착취에 대한 포괄적인 설명으로는 "Exploitation"(Matt Zwolinski, *Stanford Encyclopedia of Philosophy*, 2016) 참조) '오직 수단으로만 이용하는 것'과 '부당하게 이용하는 것'을 필자가 구분하는 까닭은 무엇인가? 오직 수단으로만 이용하면서도 부당하게 이용한다고 보기 어려운 그런 경우가 있다고 보기 때문이다. 가령, 어떤 굴지의 대기업 S사가 직원들에게 동종 업계에서 최고의 임금을 지불할 뿐만 아니라, 다른 직종과 비교해보아도 상당히 높은 임금을 지불한다고 해보자. 그리고 그런 임금에 직원들은 동의는 물론이고 만족해한다고 해보자. 사정이 이러할 경우, S기업은 그들을 '부당하게 이용한 것'인가? 그렇지 않은 것 같다. 하지만 그럼에도 그들을 '오직 수단으로만 이용하는 것'은 가능할 수 있는 것이다.

를 이용은 하되, 오직 수단으로만 이용해서는 안 된다고 주장한다. 그럼에도 대기업과 하청업체, 전문직과 의뢰인, 상사와 부하 등등의 관계에서 우리들은 위와 같은 갑을관계를 어렵지 않게 발견하곤 한다. 요약하자면, 호혜적인 상황에서 중요하게 제기되는 도덕적 요구는 상대를 수단으로 이용은 하되, 오직 수단으로만 이용해서는 안 된다는 요구이다.

두 번째 경우를 보자. 여타의 존재자들과 달리, 인간이란 존재자는 그 자체 목적으로 규정되기 때문에 인간을 목적으로 대우해야 한다고 보는 경우이다. 이를 검토하기 위해서, (상대를 그가 보유한 어떤 특성이나 능력에 의거해서 이용하는 게 아닌) 상대를 배제하거나 제거하려는 그런 경쟁적인 상황에 놓인 A와 B를 생각해보자. 그리고 A와 B 각자가 자신의 생존과 번영을 도모할 경우에, 상대에게는 중대한 손해나 불이익이 야기되지 않을 수 없다고 해보자. 즉, 각자를 지배하는 이익이 배타적이고, 이런 배타적 이익으로 인해서 서로를 배제하거나 퇴출시키려는 상호작용이 추동될 수 있는 상황이다. 이런 상황을 적대적(adversary) 상황이라고 부를 수 있다. 많은 사람들은 이와 같은 상황에서조차도 각자는 상대를, 곧 인간을 목적으로 대우해야 한다고 주장할 것이다. 적대적 상황에서 긴급하게 제기되는 도덕적 요구는 인간을 목적으로 대우해야 한다는 요구이다.

요약해서 말하자면, 첫 번째 경우와 같은 호혜적인 상황에서, 정말로 우리는 서로를 '오직 수단으로만 이용해서는 안 되는가?' 그리고 두 번째 경우와 같은 적대적인 상황에서, 정말로 우리는 서로를 '목적으로 대우해야만 하는가?' 이 두 종류의 물음은 면밀히 검토할 충분한 가치가 있는 규범적 물음이라고 본다.

그런데 인간을 대우하는 방식들에 관해서 논의를 할 때에, 수단으로 또는 목적으로 대우하는 방식들이나 이와 유사한 방식들 이외의 방식들이 있을 수 있다. 이러한 방식들은, 본 논문의 주제 범위에서 벗어나기 때문에, 간략히 언급한 후에 논외로 제쳐두고자 한다. 인간을 대우하는

데 있어서, 비도덕적이라고 추정되는 여러 유형의 방식들이 있을 수 있다. 가령, 타인의 재산에 손해를 입힐 수 있다(재산상 손해), 타인의 신체를 침해하거나 생명을 박탈할 수 있다(신체나 생명에 대한 침해), 타인의 정신에 침해를 야기할 수 있다(정신적 침해), 타인의 사회적으로 표현하고자 하는 인격적 형상(形相)을, 가령 사회적으로 비춰지는 명예를 대외적으로 훼손할 수 있다(사회적 인격상의 대외적인 훼손), 타인의 자신의 인격에 대한 내적인 인식을, 가령 그의 자존감을 훼손할 수 있다(인격적 가치의 대내적인 훼손), 타인의 곤궁한 처지나 긴급한 필요를 무시할 수 있다(필요에 대한 무시), 타인의 자신의 인격을 사회적으로 형성시키고 발현시킬 기회를 제한할 수 있다(인격의 사회적 형성 기회에 대한 제한).[7] 요컨대 인간을 대우하는 위와 같은 방식들을 '피해를 야기하는 대우방식들'이라고 부를 수 있는데, 본 논문이 탐구하려는 대우방식은 아니기 때문에, 논외로 제쳐두고자 한다. 본 논문의 탐구주제는 말하자면, '목적과 수단의 대우방식들'인데, 인간을 '수단으로' 또는 '오직 수단으로' 또는 '목적으로' 대우하는 등등의 행위유형들을 일컫는다.

그런데 대우방식을 '피해를 야기하는 대우방식들'과 '목적과 수단의 대우방식들'이라는 두 종류로 구분을 하는 실익은 어디에 있는가? '피해를 야기하는 대우방식들'은 '우리의 의도적이거나 비의도적인 행위로 인해 상대에게 가해진 결과'에 초점을 맞추는 반면에, '목적과 수단의 대우방식들'은 '우리가 상대에게 가하는 작용'(즉, 목적으로 또는 수단으로 대우하는 그 작용)에 초점을 맞추기 때문에 이 둘을 구분할 실익이 있는 것이다. 즉 전자가 상대의 영역에서 객관적으로 발생되는 '행위의 결과'를 문제 삼고 있다면, 후자는 행위자의 주관적 영역에서 발생되는, 상

---

7) 예를 들어, 집단 따돌림인 '왕따'를 보자. 왕따에는 피해자에게 신체적이거나 정신적인 피해가 수반되기 마련이다. 하지만 왕따의 본질적인 특성은 따돌림이다. 즉 왕따란 인격을 사회적으로 형성시키고 발현시킬 기회를 제한시킨다는 데 그 본질적인 나쁨이 있는 것이다.

대를 목적이나 수단으로 대우하려는 '행위자의 작용'이나 이 작용에 근거한 '행위의 양태'를 문제 삼고 있기 때문에, 두 종류의 대우방식을 구분하는 것은 유의미한 것이다.

필자가 인간에 대한 대우방식을 두 종류로 구분해야 한다고 주장하지만, 그럼에도 강조하고 싶은 점은, 그것들이 중첩될 수 있다는 점이다. 가령, 타인의 신체나 생명에 침해를 가하는 방식으로 타인을 오직 수단으로만 이용할 수 있는 것이다. 하지만 필자는, '목적과 수단의 대우방식들'에는 이것들을 별도로 논의할 만한 독특한 도덕적 논점들이 존재한다고 본다. 이 논점들을 아래에서 상세히 검토할 것이다. 강조하고 싶은 점은, 지금까지 두 종류의 대우방식들에 대한 필자의 설명이 타인을 중심으로, 즉 타인본위(other-regarding)로 이루어졌지만, 자기본위(self-regarding)의 측면에서도 그 대우방식들을 논의할 수 있다는 점이다. 다시 말해, 자신이 자기에게 가하는 피해에 초점을 맞추거나, 자기 자신을 목적이나 수단으로 대우하는 측면에 초점을 맞추어서 논의를 전개할 수 있는 것이다.[8]

본 논문에서는 다음과 같은 문제들을 면밀히 검토하고자 한다. 첫째, 칸트의 인간성 정식의 'brauchen'의 번역어와 관련해서 세 가지 해석안을 제시할 것이다. 둘째, 'brauchen'의 번역어로서 '이용하다'와 '대(하다'와 관련된 문제를 '인과질서'와 '가치질서'의 측면에서 면밀히 고찰할 것이다. 셋째, 앞서 제시한 (1), (2), (3) 세 사례들을 인과질서의 입장과 가치질서의 입장에 의거해서 분석할 것이다.

---

8) 칸트의 인간성 정식을 아래에서 논의할 텐데, 이 정식은 "너 자신의 인격에서의 인간성뿐만 아니라 다른 모든 사람들의 인격에서의 인간성도 항상 동시에…"라고 진술하고 있다. 타인본위의 측면과 자기본위의 측면, 양 측면 모두를 고려하고 있는 것이다. 따라서 인간성 정식을 논의할 때는 목적과 수단의 대우방식들을, 양 측면 모두를 유기적으로 고려해야 한다. 왜냐하면 "항상 동시에(always at the same time)"라고 진술하고 있기 때문이다. 지면 관계상 이 과제는 다른 기회에 시도하고자 한다.

2. 본론

'목적과 수단의 대우방식들'에 관한 쟁점들을 논의하기 위해서 본 논문은 칸트의 인간성 정식(또는 목적 그 자체의 정식, the Formula of Humanity)에서부터 논의를 시작하고자 한다. 그 까닭은 인간성 정식이 어떤 형태의 대우방식(즉, '오직 수단으로만 이용하는 방식')은 강력하게 규탄하는 반면, 어떤 형태의 대우방식(즉, '목적으로 대우하는 방식')은 강력하게 촉구하기 때문이다. 또한 인간성 정식에 등장하는 (인간성, 인격, 목적, 수단, 대우 등의) 개념들과 그것들 간의 관계에 대한 분석은 이론적인 영역과 실천적인 영역 모두에서 매우 큰 의의를 가지기 때문이다. 다시 말해, '목적과 수단의 대우방식들' 각각의 도덕적 정당성을 규명하는 일은 윤리학의 관점에서도 매우 의의 있는 일이며, 인간을 이용하거나 대우하는 행위나 정책이 적용되는 현실적인 영역들, 예를 들어, 인적 자원 관리(Human Resource Management) 분야에서도 매우 긴급한 문제이기 때문이다.

이제, 칸트 자신이 진술한 그의 인간성 정식을 보자.

"Handle so, dass du die Menschheit sowohl in deiner Person, als in der Person eines jeden andern jederzeit zugleich als Zweck, niemals bloß als Mittel brauchst."[9]

이 문장을 필자는 다음과 같이 번역하고자 한다.

"네 자신의 인격에서의 인간성뿐만 아니라 다른 모든 사람들의 인격에서의

---

9) 이 문장은 흔히 다음과 같은 영어 문장으로 번역된다. "So act that you use humanity, whether in your own person or in the person of any other, always at the same time as an end, never merely as a means."(429)

인간성도 오직 수단으로만 이용하지 말고 항상 동시에 목적으로 대우하라."

그런데 유의할 점은, 칸트가 진술한 인간성 정식에는 'brauchen'이라는 하나의 용어만이 제시되어 있지만, 위 번역문은 수단과 관련해서는 '이용하다'라는, 목적과 관련해서는 '대우하다'라는 두 가지의 번역어를 채택하고 있다는 점이다. 그렇다면 왜 두 가지 용어로 번역을 한 것인가? 이 점은 작은 차이일지 모르며, 그동안 칸트의 인간성 정식을 논의할 때에 주제적으로 다루어지지 않았던 부분이다. 필자가 살펴본 바에 따르면, 용어 'brauchen'을 한국어나 영어로 번역할 경우에, 세 가지 해석안이 있을 수 있다. '수단으로 …하다'와 '목적으로 …하다'에 있어서, 첫째는 '이용하다(또는 사용하다)'나 'use'라는 하나의 용어로 번역하는 경우이다. 둘째는 '대우하다(또는 대하다)'나 'treat'라는 하나의 용어로 번역하는 경우이다. 그리고 셋째는 위의 번역에서처럼, 두 개의 용어로, 곧 수단과 관련해는 '이용하다'나 'use'로, 목적과 관련해서는 '대우하다'나 'treat'로 번역하는 경우이다. (이와 반대로, 목적에는 '이용하다'를, 수단에는 '대우하다'를 적용한 문헌은 없는 것 같다.) 세 가지 번역 각각에는 특징적인 측면과 장단점이 있다고 본다. 하지만 인간성 정식을 논의해왔던 문헌들은, 세 종류로 번역될 수 있다는 점과 세 가지 해석안들의 특징들이나 장단점을 면밀히 고찰하지 않았던 것 같다. 더 나아가, '사용하다'나 '대우하다'를 일관되지 않게 혼용해서 번역하기도 했다. 필자는 'brauchen'을 어떻게 번역할지는 매우 중대한 도덕적 함의를 가질 수 있다고 보며, 이 함의를 자세히 검토할 것이다.

본 논문은 칸트의 인간성 정식 그 자체를 논의하기보다는, 이 정식을 바탕으로 논의를 전개하려고 한다. 즉, 칸트가 자신의 인간성 정식에 대해서 직접 행한 진술들의 의미를 정치하게 추적하거나 칸트의 다른 정식들과의 관계 속에서 인간성 정식의 중요성을 내재적으로 논의하는 그런 작업에 초점을 맞추기보다는, 어떤 포괄적인 의무주의 정신, 곧 일반적인 도덕이론으로서 (결과주의(consequentialism)와 대립하는 그런) 의무주의(deontology) 정신에 입각해서 인간성 정식을 길잡이 삼아 '목적과 수단의 대우방식들'에 대한 필자 나름의 이해를 제시하고자 한다.

1) 대우의 대상 문제

'brauchen'을 어떻게 번역할지에 앞서서, 'brauchen'의 대상, 즉 '목적으로 대우해야 할' 또는 '오직 수단으로만 대우하거나 이용하지 말아야 할' 그 대상은 어떤 대상인지, 말하자면 대우의 대상 문제를 먼저 검토할 필요가 있다. 왜냐하면 논의 전개상, 대우의 대상을 확정하고 나서 그 대상에 관한 목적과 수단의 대우방식들의 문제점을 검토하는 것이 순서라고 생각되기 때문이다.

칸트의 인간성 정식은 그의 보편법 정식(the Formula of Universal Law)과 달리, 우리의 행위를 보다 구체적으로 지도해주는 정식으로 인정받고 있다. 인간성 정식은 인간을 대우하는 방식과 관련해서 어떤 행위는 금지하고 어떤 행위는 촉구하는 구체적인 명령을 내림으로써, 그리고 그 명령이 도덕적으로 합당해 보인다는 점으로 인해서 호소력이 있는 것으로 평가받고 있다. 그럼에도 불구하고, 그런 행위의 '대상'을 무엇으로 볼지는 불명확한데, 그 주요한 원인은 그 대상들을 칸트가 일관되지 않게 진술하고 있기 때문이다.[10][11] 칸트 학자들은 두 가지 종류의 대상을, 즉 '인간(human beings)'과 '인간성(humanity)'을 놓고 근래

---

10) 『도덕형이상학정초』에서 칸트가 인간성 정식을 설명하기 위해서 도입한 사례들 중 자살 사례에 관한 칸트의 언급을 보자. "첫째로, 자기 자신에 대한 필연적인 의무의 개념에 따라, 자살하려는 사람은, 과연 자신의 행위가 목적 그 자체로서의 인간성(Menschheit/humanity)의 이념과 양립할 수 있는가를 스스로 물을 것이다. 만약 그가, 힘겨운 상태에서 벗어나기 위해 그 자신을 파괴하는 것이라면, 그 자신의 인격(Person/person)을, 생이 끝날 때까지 견딜 만한 상태로 보존하기 위한, 한낱 수단으로 이용하는 것이다. 그러나 인간(Mensch/human being)은 물건이 아니고, 그러니까 한낱 수단으로 사용될 수 있는 어

에 논쟁을 벌이고 있는데,[12] 인간이라면 어떤 종류의 인간인지, 인간성이라면 어떤 종류의 인간성인지에 대해서 다투고 있다. 지배적인 견해는 칸트의 철학에 있어서 대우의 대상을 '인간'이 아닌 '인간성'으로 보아야 한다고 주장한다.

대우의 대상 문제에 관해서 데니스(Denis)가 요약한 바에 따르면 다음과 같다.[13] 지배적인 견해는 인간성을 '목적을 설정하는 능력(the capacity for setting ends)'으로 보는데, 예컨대 코스가드(Korsgaard), 우드(Wood), 힐(Hill) 등이 거기에 해당한다. 물론 이들 간의 견해에 있

떤 것이 아니며, 오히려 그의 모든 행위에 있어 항상 목적 그 자체로 보아야 한다. 그러므로 나는 나의 인격 안에서 인간(den Menschen in meiner Person/the human being in my own person)에 대해 아무것도 처분할 수 없으니, 인간을 불구로 만들거나, 훼손하거나 죽일 수 없다. (모든 오해를 피하기 위한 이 원칙에 대한 더 상세한 규정은, 예컨대 나를 보존하기 위한 지체의 절단, 나의 생명(mein Leben/my life)을 보존하기 위해 나의 생명을 위험에 내맡기는 일 등에 대한 상세한 규정은 여기서는 지나칠 수밖에 없다. 그것은 본래의 도덕에 속하는 것이다.)" 이 한 구절에 한정시키더라도, 칸트는 수단의 대상을 '인간성', '인격', '인간', '인간생명' 등으로 일관되지 않게 언급하면서도, 이것들이 서로 어떻게 연관되는지에 관해서는 논의를 하고 있지 않다.

11) 칸트가 혼용해서 사용하는 것을 다음과 같이 주장하면서 옹호하는 견해로는 문성학(243쪽) 참조. "비록 인간의 인간성과 동물성이 개념적으로 구분된다 하더라도 실제로 이 양자는 불가분리적으로 결합되어 있기 때문에 인간의 동물성을 목적으로 대함이 없이 인간의 인간성만을 목적으로 대하는 것은 불가능한 일이 될 것이다." 그런데 필자는 문성학 교수의 이와 같은 주장에 동의하지 않는다. 필자는 "인간성과 동물성 … 실제로 이 양자는 불가분리적으로 결합되어 있다"고 하더라도 인간성과 동물성은 개념적으로 구분되기 때문에 "인간의 동물성은 목적으로 대함이 없이" 즉, 인간의 동물성을 수단으로 대하면서도 "인간의 인간성을 목적으로 대하는 것"은 가능한 일이라고 주장한다. 다시 말해, 필자는 동물성이란 말로 인간도 생명체인 한에서 생명 또는 인간생명을 보존하는 성향을 뜻하고, 인간성이란 결정능력으로서의 자율성을 뜻한다고 본다. 즉 자살이나 안락사 등의 사례에서 동물성과 인간성 중 어느 하나를 수단으로 대우하면서 다른 하나를 목적으로 대우하는 것은 가능한 일이라고 본다.

12) Richard Dean, "The Formula of Humanity as an End in Itself," in Hill, Thomas(ed.), *Blackwell Guide to Kant's Ethics*(United Kingdom: Blackwell Publishing, 2009). Richard Dean, *The Value of Humanity In Kant's Moral Theory*(Clarendon: Oxford Univ. Press, 2006) 참조.

13) Lara Denis, "Kant's Formula of the End in itself: Some Recent Debates," *Philosophy Compass*, 2-2(Feb., 2007).

어서 약간의 변형과 확장이 있기는 하지만 기본적으로는 "이 세 설명 모두는 좁은 도덕적 의미가 아니라, 넓은 의미에서의 '이성적 본성(rational nature)'을 목적 그 자체로 간주하는 것이다. ['이성적 본성'을 칸트는 '인간성'과 교환될 수 있는 용어로 사용하고 있다.] 이 접근은 매력적인데 그 주요한 이유는 인간성의 담지자로서의 모든 이성적 행위자들이 평등하고 기본적인 존중을 받을 자격이 있다는 점을 직접적으로 함축하기 때문이다." 반면에 보다 고차적인 능력, 예컨대 자기입법적이거나 이와 관련된 능력을 주장하는 학자들로 데니스는 가이어(Guyer), 딘(Dean)을 언급하고 있다. 가이어는 '자유(freedom)' 또는 '자율성(autonomy)'으로서의 이성적 본성을 주장한다. 한편, 딘은 '선의지(good will)'를 목적으로 대우받을 대상으로 제시한다.[14] 오근창은 코스가드의 '목적 수립 능력 일반'으로서의 인간성 개념은 너무 얇은 개념이라고 비판하고, 반면 딘의 '선의지'로서의 인간성 개념은 너무 두꺼운 도덕주의적 개념이라고 비판하면서 '도덕적 자율성'을 인간성으로 보아야 한다고 주장한다.[15]

지금까지 언급된 학자들과 대조적으로, 데니스는 소수의 견해이기는 하지만 '이성적 능력들'이 아닌 '이성적 존재자(ration beings)'를 목적으로 대우받을 대상으로 주장하는 학자들로 팀머만(Timmermann)과 마틴(Martine)을 언급하고 있다.[16] 팀머만은 이성적 본성과 이성적 존

---

14) 힐(Hill)은 이성적 본성을 "최소한으로(minimal)", 가령 목적을 설정하는 능력으로 규정하려는 견해를 옹호하면서, 딘의 견해를 즉, 단지 선의지를 가진다는 점 때문에 목적으로 대우받을 자격이 있다는 그의 견해를 "도덕주의적(moralist)" 견해라고 비판한다. Thomas E. Hill, Jr., *Respect, Pluralism and Justice: Kantian Perspectives* (Clarendon, Oxford Univ. Press, 2000), p.300.
15) 국내 학자로는 가령 문성학(2005, 257-258쪽)을 들 수 있다. 그는 "피와 살을 가진 인간"을 목적 그 자체로 받아들이지 않으면 안 된다고 주장한다.
16) 오근창, 「칸트의 인간성 정식과 도덕적 자율성」, 『철학사상』 54집(서울: 서울대 철학사상연구소, 2014).

재자(또는 개인)를 동의어로 이해하는 것이 합당하다고 하면서, '이성적 존재자'를 대우의 대상이라고 주장한다. 그리고 마틴은 "목적 그 자체 정식(또는 인간성 정식)은 능력을 목적으로 대우할 것을 명령하지 않는다. 대신에 자율적인 한에 있어서 모든 자율적 존재자들(autonomous beings)을 목적 그 자체로 대우할 것을 명령한다"고 주장한다.

이제 필자는 의무주의 정신이라는 포괄적인 입장에 입각해서, 대우의 대상 문제를 추가로 논의하고자 한다. 우선 인간과 인간성, 이 두 개념들 간의 차이를 명확히 하기 위해서, '인간'을 '존재자로서의 인간'이나 '인간생명'으로, 반면 '인간성'은 인간을 여타의 동물들과 구분시켜주는 특성, 다시 말해 '인간다운 특성'으로 규정하고자 한다. 그러나 주의할 점은, 인간성 또는 인간다운 특성을 필자는 딘이 언급하고 있듯이,[17] 인간 종의 또는 호모 사피엔스의 종적인 특성으로 규정하지 않는데, 곧 '단지 인간만이 가진' 특성으로 규정하지 않으며 더 나아가 '모든 인간들이 가진' 특성으로도 규정하지 않는다는 점이다. 요컨대 인간성(humanity)이라는 표현 속에 '인간'이라는 표현이 포함되어 있기는 하지만, 인간성이란 소위 말해 '모든 이성적 존재자에 타당한' 그런 능력인 것이다. 이와 같은 인간성의 유력한 후보로는 (사고할 수 있는 능력으로서의) '이성 사용(reasoning) 능력', (목적을 설정하고 추구할 수 있는 능력으로서의) '합리성', (스스로 자신의 행위를 규율할 수 있는 능력으로서의) '자율성', (도덕법칙을 준수할 수 있는 능력으로서의) '도덕적인 판단능력' 등이 있겠다.

그런데 필자는 위에서 언급한 학자들과는 달리, 인간성을 어느 것으로 확정지을지는 핵심적인 문제는 아니라고 주장하고자 한다. 즉 목적으로 대우받게 되거나 대우하는 '본질적인' 이유는 인간성이라는 어떤 객관적 특성(이 특성을 상식적으로 합당하게 수용할 수 있는 한에서 어

---

17) Dean(2009), p.83 참조.

떤 것으로 확정짓든 간에, 이 특성)에 근거해 있는 것이 아니라, 소중히 또는 가치 있게 여기려는 우리의 주관적 태도에 근거해 있다고 주장하고자 한다. 필자는 인간성의 내용을 어느 하나로 확정짓는 입장이 아니라, 다양하게 허용하는 입장, 곧 맥락이나 상황에 따라서 그 내용이 달라질 수 있다는 입장이다. 다시 말해, 대상 또는 이성적 존재자가 가진 어떤 객관적 특성으로 인해서 그 대상이 목적으로 대우받을 대상이 되는 것이 아니라, 그 특성을 상식적으로 수용하고 수긍할 수 있는 한에서 그 특성을 목적으로 대우하려는 우리의 태도로 말미암아서 그 대상이 (엄밀히는 그 대상의 특성이) 목적으로 대우받을 대상이 된다고 주장하는 것이다.[18]

인간성(humanity)에 대한 이러한 주장을 보다 잘 이해하기 위해서 존엄성(dignity)에 대한 유사한 주장을 살펴보고자 한다. 위에서 언급한 학자들을 포함해서 많은 사람들은 인간의 존엄성에 있어서도, 그 대상 (즉, 이성적 존재자)이 가진 내재적인 특성에 근거해서 정당화하려고 한다. 즉 '인간은 도대체 왜 존엄한가?'라는 물음에 직면해서 인간의 객관적인 이런저런 내재적 특성을 그 근거로 제시하는 것이다. 그런데 '인간은 도대체 왜 존엄한가?'라는 물음은 왜 제기되는가? 인간을 존엄하다고 선언할 실천적이고 이론적인 필요성이 (이를테면, 인간을 대상으로 했던 역사상의 무자비한 인간실험을 생각해보자) 있기 때문일 것이다. 그런데 이 필요를 충족시키기 위해서, 인간의 내재적인 어떤 특성을 언급한다고 해보자. 그럴 경우 왜 그 특성이어야만 하는지에 관해서 논란과 임의성 문제는 피할 수 없다고 필자는 생각한다. (그리고 제거될 수 없는 이러한 논란은 인간에 관한 이해를 심화시키는 긍정적이고 생산적인 기능을 한다고 본다.) 요컨대 필자는 인간의 존엄성이란 인간이 가진 어떤 내재적 특성에 의거해 있는 것이 아니라, 그 특성을 소중히 또는 가

---

18) 앞서 언급했듯이 필자가 위와 같은 주장을 할 때에, 칸트가 자신의 문헌에서 직접 언급한 것에 입각해 있는 것이 아니라, '어떤 포괄적인 의무주의 정신'에 입각해 있다.

치 있게 대우하려는 우리의 대우방식에 의거해 있다고 주장한다. 존엄
성(dignity)이란 맥락에 따라서 채워져야 할 빈칸이 있는(placeholder)
그런 개념인 것이다. 필자는 인간성(humanity)도 마찬가지라고 생각한
다. "인간성을 오직 수단이 아니라 항상 동시에 목적으로 대우하라"는
말을 이해하기 위해서는 인간성의 내용이 무엇인지를 규명하는 것이 핵
심적으로 요구되는 것이 아니라, 합당하게 수용될 수 있는 한에서 그 인
간성을 목적이나 수단으로 대우하는 우리의 태도의 본성이 무엇인지를
규명하는 것이 핵심적으로 요구되는 것이다. 이 점에서 '대우의 대상 문
제'는 '목적과 수단의 대우방식들'과 본질적으로 연관되는 것이다.[19]

이제, 목적으로 대우받을 대상을 '인간성'이 아닌 '인간'으로 보는 입
장을 논의해보자. 일상적인 대화 속에서 주로 등장하는 것은 '인간성'이
아니라 '인간'이지 않은가? 더 나아가, 우리나라 헌법을 포함해서 민주
주의 국가 대부분의 헌법들이나 세계인권선언(1948) 등 많은 국제적 규
약들도 '인간성'이 아닌 '인간'에 대한 존중과 '인간'의 존엄을 명문화하
고 있다는 점을 고려해본다면, 대우의 대상을 '인간'으로 보는 것이 자
연스럽고 합당해 보인다.[20]

하지만 대부분의 상황에서는 목적으로 대우받을 대상을 '인간'으로
보든 '인간성'으로 보든, 큰 차이는 없다고 할 것이다. 왜냐하면 '인간생
명'을 목적으로 대우하는 것은 그의 '인간성'을 존중하는 것에도 부합할
것이기 때문이다. 즉, 어떤 인간의 생명을 목적으로 대우하기 위해서 그
를 구조하거나 유지시켜주는 것 자체가 그의 이성 사용 능력, 합리성, 자
율성 등이 행사되고 보존되기 위한 근본적인 조건이자 전제가 되기 때문

---

19) 인간성이 빈칸 개념이라고 주장을 개진한 까닭은 본 논문의 한 심사위원이 "'대우의 대
   상 문제'와 '목적과 수단에 관한 해석안'(내지 '목적과 수단의 대우방식들의 문제')이 서
   로 긴밀히 연계되지 않는 점이 아쉬운 점으로 남는다"라고 언급했기 때문이다. 중요한
   언급에 대해 감사를 드린다.
20) 우리나라 헌법 제10조 , 독일 기본법 제1조, 세계인권선언, 벨몬트리포트 등 참조.

이다. 이번에는 반대로, 어떤 인간의 인간성을 목적으로 대우하는 것은 그의 생명을 존중하는 것에도 부합할 것이다. 즉 우리가 어떤 자의 인간성을 목적으로 대우하고자 한다고 해보자. 그는 합리적인 한, 자신의 이성을 사용해서 자신의 생명이 구조되거나 유지되는 것을 자율적으로 요구할 것이다. 그의 자율성으로서의 인간성을 목적으로 대우하라는 말은 결국 그의 생명을 보존할 것을 요구할 것이다.

그러나 어떤 상황에서는 목적으로 대우받을 대상이 '인간'이냐 '인간성'이냐에 따라서, 인간에 대한 대우방식은 현저히 다른 함의를 가질 수 있다. 먼저, '인간생명'을 목적으로 대우하라는 도덕적 요구를 검토해보자. 예컨대, 안락사 사례에서 극심한 고통의 시간만이 남아 있는 말기 환자가 그 고통으로부터 벗어날 수 있는 유일한 수단이 자신의 죽음이라고 해보자. 자신의 죽음을 자율적으로 또는 충분한 정보에 의해서 결정한 것이라고 하더라도, 인간생명을 목적으로 대우하라는 도덕적 요구는 그 환자의 생명을 인위적으로 단축시키는 행위를 하지 말 것을 명령할 것이다. 반면, '인간성'을 목적으로 대우하라는 도덕적 요구를 검토해보자. 예컨대 연명의료 사례에서 의료가 본래적 목적인 환자를 치료하거나 회복시키는 기능을 수행하는 것이 아닌 경우를 생각해보자. 환자에게서 생체활동의 회복이 불가능하고 의식의 회복이 불가능한 상황에서, 의료가 불가역적인 죽음의 과정에 진입한 환자의 사망 시점만을 연장시키고 있다고 해보자. 이때에 환자의 자율성을 목적으로 대우하라는 도덕적 요구는 그 환자의 사전의료 의향서(advance directive)나 추정적 의사에 의거해서 연명의료를 중단하는 것을 명령할 수 있다. 요컨대 목적으로서의 인간생명과 인간성이 충돌하는 상황에서는 인간생명을 목적으로 대우하느냐, 아니면 자율성으로서의 인간성을 목적으로 대우하느냐에 따라서 인간에 대한 대우방식이 현저히 다른 함의를 가질 수 있는 것이다. 이와 같은 이유 때문에 '대우의 대상 문제'와 '대우의 방식 문제' 간의 본질적인 연관이 있지만 그럼에도, 이 둘을 별개로 논의할 필요가 있는 것이다.

2) 목적과 수단의 관계에 관한 세 가지 해석안

칸트의 제2정언명법인 인간성 정식은 "… jederzeit zugleich als Zweck, niemals bloß als Mittel brauchst"로 진술되어 있는데, '목적으로'와 '수단으로'가 'brauchen'이라는 하나의 용언을 한정하고 있다. 그런데 필자가 검토한 바에 따르면, 'brauchen'을 어떻게 번역하느냐에 따라서 인간성 정식을 언급하는 국내 문헌들과 영미 문헌들을 세 가지 해석안으로 구분할 수 있다. 첫 번째 해석안은 원문에 'brauchen'이라는 하나의 술어만이 쓰인 점에 입각해서 '사용하다' 또는 'use'로 번역하는 경우인데, "… 결코 단지 수단으로만 사용하지 말고, 항상 동시에 목적으로 사용하도록 그렇게 행위하라"는 식으로 번역을 한다. 두 번째 해석안은 '사용하다'와 '대하다' 또는 'use'와 'treat'라는 두 가지 용어로 번역을 하는 경우이다. "… 언제나 동시에 목적으로 대하고 결코 단순히 수단으로만 사용하지 않도록 그렇게 행위하라"는 식으로 번역을 한다. 수단과 관련해서는 '사용하다'와 'use'라는 술어를, 목적과 관련해서는 '대하다'와 'treat'라는 술어를 채택하고 있는 것이다. 그리고 세 번째 해석안은 '대하다' 또는 'treat'로 번역하는 경우인데, "… 항상 동시에 목적으로 대하고, 결코 한낱 수단으로 대하지 않도록, 그렇게 행위하라"는 식으로 번역을 한다. 수단과 목적, 양자 모두에 '대하다'라는 하나의 술어를 적용시키고 있는 것이다. 나는 이 세 가지 해석안은 목적과 수단 간의 모종의 관계를 전제하고 있다고 보는데, 이를 'brauchen의 번역 문제'라고 부를 것이다. 그리고 그 관계를 인과질서로 파악하는 경우와 가치질서로 파악하는 경우로 대별하고자 한다.

특이한 점은 내가 살펴본 한에서 인간성 정식에 관한 국내 문헌들은 'brauchen'을 '사용하다'로 번역하면 번역했지, '이용하다'로 번역하지는 않는다는 점이다. 그런데 필자는 '사용하다'라는 표현을 '이용하다'로 대체하고자 한다. 이유는 우리의 일상적인 대화에서 가령 "인간을 수단

으로 이용하지 말라", "당신은 단지 수단으로 이용당한거야"라는 말이
흔히 쓰인다는 점을 살리기 위해서이다. '이용하다'로 번역한 국내 문헌
을 찾기 어려운 까닭은 아마도 칸트의 인간성 정식을 "네 자신의 인격에
서의 인간성뿐만 아니라 다른 모든 사람들의 인격에서의 인간성도 오직
수단으로만 이용하지 말고 항상 동시에 목적으로 이용하라"라고 번역했
을 경우에 의무주의 정신에 현저히 반하는 그런 반직관적인 함의를 가지
기 때문인 것 같다. 다시 말해, 의무주의 정신에 따르자면 '인간성' 또는 인
간성의 담지자인 '인간'은 일반적으로 목적 그 자체(end in itself)로 규정
된다. 그리고 그 자체로 목적인 대상은 상대적 가치가 아닌 절대적 가치를,
조건적 가치가 아닌 무조건적 가치를, 도구적 가치(instrumental value)가
아닌 본래적 가치(intrinsic value)를 지닌 것으로 규정된다. 따라서 인간이
나 인간성을 목적으로 "이용하라"는 말은 본래적 가치를 지닌 대상을 대하
는 적합한 태도(fitting attitude)[21]가 아닌 것이다. 비록 "목적으로"라는 단
서가 붙어 있기는 하지만, 그렇더라도 "목적으로 대우하라"는 말은 인간
과 인간성을 용도성의 맥락 속에서 결국은 수단시하라는 함의를 가지는
것이고, 인간 또는 인간성에 귀속되어 있는 '목적 그 자체로서의 지위'와
'본래적 가치라는 속성'을 상실하게 만드는 것이다.[22] 실상, "존중하라"
또는 "존엄하게 대우하라"가 그 자체 목적인 인간이나 인간성을 대하는
적합한 태도일 것이다. 아무튼 국내의 많은 문헌들이 '이용하다'가 아닌

---

21) 가치에 대한 반응으로서의 적합한 태도에 관해서는 "Fitting Attitude Theories of
Value"(Daniel Jacobson, *Stanford Encyclopedia of Philosophy*, 2011) 참조.

22) 또 다른 예를 들어보자. 신과 신의 은총이 목적 그 자체이고 절대적인 가치를 지닌다고
해보자. 그리고 천국에 가기 위해서는 신의 은총이 필수적이라고 해보자. 그러나 그렇
다고 해서 신의 은총을 '이용' 또는 '사용'해서 천국에 간다고 말하는 것은 엄밀히 말해
서 그 자체 목적인 그런 대상에 대한 적합한 태도가 아닌 것이다. 일테면, 신의 은총을
"입어서" 또는 신을 "경배함"으로 인해서 천국에 간다라고 말하는 것이 적합한 태도일
것이다. "이용하는 것"은 목적 그 자체인 대상을 용도성의 맥락 속에서 절대적 가치가
아닌 사용 가치를 가지는 것으로 전환시키는 것이다.

'사용하다'라는 번역어를 채택하고 있기는 하지만, 그렇다고 해서 위와 같은 함의를 피할 수 있을지는 의심스럽다. 한편 필자는 인간성 정식에서 '목적으로'가 'brauchen'을 한정하는 경우에는, 이 'brauchen'을 '이용 또는 사용하다'가 아닌 '대우하다'로 번역하고자 한다. 그 이유는 위에서 언급했듯이, 절대적 가치를 대하는 적합한 반응이나 태도 때문이다.

국내 문헌들은 '대하다'라는 표현을 흔히 채택하고 있지만, 필자는 '대우하다'라는 표현을 사용하고자 한다. 이유는, 가령 '인간적인 또는 비인간적인 대우'라는 표현이 일상 대화에서 자주 쓰인다는 점을 살리기 위해서이다.

이제, '오직 수단으로만 …하다'와 '목적으로 …하다'에서 'brauchen' 을 어떻게 번역하느냐와 관련해서 세 가지 해석안을 제시하자면, 첫 번째 해석안을 '이용-이용' 해석안, 두 번째 해석안을 '이용-대우' 해석안, 세 번째 해석안을 '대우-대우' 해석안이라고 부를 수 있다.[23] 이용-이용 해석안은 독일어 원문에 'brauchen'이라는 하나의 용어가 사용되고 있다는 점에 충실하다는 장점이 있다. 하지만 위에서 논의했듯이, 목적 그 자체인 대상에 대해서, '이용한다'거나 '사용한다'는 것은 그 대상에 대한 적합한 태도가 아닌 것이다. 따라서 나는 이용-이용 해석안은 부적절하다고 본다. 한편, 이용-대우 해석안과 대우-대우 해석안은 각각의 장단점이 있다고 보는데, 두 해석안은 '목적'과 관련해서는 모두 '대우하다'를 채택한다는 점에서 공통적이지만 '수단'과 관련해서는 '이용하다'와 '대우하다'를 쓴다는 점에서 차이가 있다. 이 차이를 필자는 아래에서 '인과질서'와 '가치질서'라는 두 개념 간의 차이로 심화, 확대

---

23) 본 논문의 한 심사위원은 필자의 세 가지 해석안과 관련해서, "인간/인간성을 단순한 수단으로 취급하지 말라", 그리고 "인간/인간성을 항상 동시에 목적으로 대우하라"라고 하면 간단히 처리할 수 있다고 주장한다. 이와 같은 일종의 '취급-대우' 해석안도 유용한 해석이라고 본다. 그러나 '취급하다'라는 것이 정확히 어떤 의미인지에 대해 추가적인 설명이 필요할 수 있으며, 그럴 경우 다시 세 가지 해석안에 관한 논의로 돌아갈 수 있기 때문에, 세 가지 해석안을 검토할 필요가 있을 것이다.

시키고자 한다. 이제 세 가지 해석안과 관련된 국내 문헌들과 영미 문헌들을 언급하면서 이 절을 마무리하고자 한다.

이용-이용 해석안이 보이는[24] 국내 문헌들로는 권미연(2016, 239쪽), 김덕수(2012, 218쪽), 문성학(2000, 50-51쪽), 오근창(2014, 98쪽), 이원봉(2011, 167쪽) 등이 있다. 이용-대우 해석안이 보이는 문헌들로는 강영안(1993, 33쪽), 공병혜(2013, 35쪽), 남기호(2011, 133쪽), 문성학(2005, 240쪽), 송경호(1993, 244쪽) 이상헌(2011, 133-134쪽) 이원봉(2011, 179쪽), blog[25] 등이 있다. 대우-대우 해석안이 보이는 문헌들로는 강영안(1993, 41쪽), 김덕수(2012, 138쪽), 박찬구(2016, 3장), 백종현(2005, 148쪽), 오근창(2014, 96쪽), 이원봉(2011, 179), 이창후(2013, 12장) 등이 있다. 한편, 영미 문헌들의 경우에 use-use 해석안이 보이는 문헌들로는 우드(Wood, 2002, pp.46-47), 샐리 시지윅(Sally Sedgwick, 2007, p.96), 팀머만(Timmermann, 2007, p.96), 데니스(Denis, p.173), 칼라난(Callanan, 2013, p.89) 등이 있다. use-treat 해석안이 보이는 문헌들로는 오닐(O'Neil, 2013, p.513), 화이트(White, 2011, p.26), 보일과 사불레스쿠(Boyle and Savulescu, 2001, p.1241), 윌킨슨(Wilkinson, 2010, p.134) 등이 있다. 그리고 treat-treat 해석안이 보이는 문헌들로는 커스타인(Kerstein, 2013, p.29), 힐(Hill, 2000, p.64), 파핏(Parfit, 2011, 9장), 페이턴(Paton, 1953, p.187), 코르스가드(Korsgaard, 1996, p.137), 스캔론(Scanlon, 2010, p.5), 서스맨(Sussman, 2001, p.4) 등이 있다.

한 번 더 강조하자면, 칸트의 인간성 정식을 이해할 때에 필자가 살펴

---

24) "보이는"이라고 표현한 까닭은 저자들이 "brauchen의 번역 문제"를 의식하지 않았을 수 있으며, 하나의 논문에서 "이용하다"와 "대우하다"를 의미의 차이 없이 사용하고 있기 때문이다. 그런데 내가 만약 그 저자들에게 "brauchen의 번역 문제"를 제기했더라면, 그들은 아마도 좋은 대답을 가지고 있었을 것이라고 생각한다.

25) http://www.civiledu.org/970

본 대부분의 국내 문헌들과 영미 문헌들은 'brauchen의 번역 문제'를 면밀히 검토하지 않는 것 같다. 즉, '이용하다'와 '대우하다' 또는 'use' 와 'treat'라는 두 종류의 번역어를 의미상 구분하지 않으며,[26) 그 둘을 교환될 수 있는 말로 혼용해서 쓰기도 한다.[27) 하지만 필자는 '이용하 다'와 '대우하다' 또는 'use'와 'treat'의 번역어들이 지닐 수 있는 의미 상의 차이를, 필자가 일컫는바 '인과질서'와 '가치질서'에 의거해서 확 대, 심화시킬 것이다. 이런 시도를 통해서, 칸트의 인간성 정식을 해석 하는 데에 있어서 서로 다른 견해를 가지게 되는 까닭을 체계적으로 설 명할 수 있다면, 그렇다면 필자의 그와 같은 시도는 나름의 타당성을 가 질 수 있다고 본다.

3) 인과질서와 가치질서

목적과 수단의 관계를 인과질서나 가치질서로 파악한다는 것은 무슨 뜻인가? 두 가지 입장 간의 차이를 먼저 표로 요약하자면 다음과 같다.

	목적과 수단의 관계	합리성	목적과 수단의 결정 기준	인과관계	착오
인과질서의 입장	시간계열상의 선후관계	도구적 합리성	객관적인 인과법칙 주관적인 이용의사	단순한 사실적 인과관계	인과관계에 대한 착오: 믿음의 실패
가치질서의 입장	가치계열상의 우열관계	평가적 합리성	합당한 가치체계 행위자의 가치평가적 태도	포괄적인 반사실적 인과관계	가치관계에 대한 착오: 욕구의 불발

---

26) 예외적인 주장은 커스타인(2013), 스캔론(2010)에서 찾아볼 수 있다. 이들의 주장은 아래에서 다시 논의할 것이다.
27) 가령, 다른 많은 문헌들의 경우에도 그렇지만, 이원봉(2011)에서도 인간성 정식을 한국말로 번역하는 데 있어서, 이용-이용 해석안(167)과 대우-대우 해석안(179)이 동시에 나타나고 있다.

(1) 인과질서의 입장

목적과 수단의 관계를 인과질서로 이해하는 입장에서 보자면, 수단이란 목적을 결과로서 발생시켜줄 원인으로, 목적이란 원인인 수단에 의해서 발생될 결과로 규정된다. 원인과 결과 간에 그러한 것처럼, 수단과 목적 간에도 시간계열상의 선후관계가 성립하는 것이다. 목적과 수단의 관계를 시간계열상의 선후관계로 파악한다는 바로 이 점 때문에 인과질서의 입장은 두 가지를 함축하는데, 행위자의 합리성에 있어서 도구적 합리성과 인과관계에 있어서 실현된 또는 실현될 사실적 인과관계가 그것이다. (이 '사실적 인과관계'를 아래에서 논의할 '포괄적인 반사실적 인과관계'와 구분할 필요가 있기 때문에, '단순한 사실적 인과관계'라고 부르고자 한다.) 도구적 합리성이란 "합리적인 개인이 자신의 목적을 실현시켜줄 최선의 수단이나 도구를 강구한다"고 했을 때의 합리성을 말한다. 이 '사실적 인과관계'와 '도구적 합리성'이 결합을 해서 인과질서의 입장은 수단과 목적에 관해서 다음과 같은 설명을 제시한다. 행위자에게 이용될 수 있어야 그에게 수단이 될 수 있으며, 행위자에 의해서 실현될 수 있어야 그에게 목적이 될 수 있는 것이다. 따라서 만약 어떤 대상이 이용될 수 없다면, 그 대상은 수단이 될 수 없으며, 실현될 수 없다면, 그 대상은 목적이 될 수 없는 것이다. 예를 들어, 내게 가용한 망치질 행위는 못을 박으려는 나의 목적을 실현시켜줄 효과적인 수단인 것이다.

인과질서의 입장에서 행위자는 객관적인 인과법칙을 '전제하고서' 목적과 수단에 관한 추론을 하는데, 이는 행위자가 논리적인 사고를 할 수는 있지만 그렇다고 논리법칙 자체를 만들어낼 수는 없고 전제해야만 하는 것과 같은 이치이다. 요컨대, 어떤 대상이 목적이나 수단이 될 자격을 부여해주는 기준은 객관적인 인과법칙인 것이다.

그런데 '목적과 수단으로서의 자격을 부여받는 것'과 '목적과 수단으로 특정되는 것'은 별개의 문제이다. 인과질서의 입장에서 첫째, 어떤 대상에 목적이나 수단의 자격을 부여해주는 것은 객관적인 인과법칙이다. 그리고 목적이나 수단의 자격이 부여될 때에, 필자가 선호하는 표현으로 하자면, 목적이나 수단으로 지정(指定)될 때에, 그 대상은 모든 행위자들에게 범주의 측면에서 동일한 그런 목적이나 수단이 된다. (가령, 갑에게 수단인 것은 을에게도 수단인 것이다.) 따라서 지정 수준에서의 목적과 수단은 행위자-중립적(agent-neutral)인 목적과 수단이다. 둘째, 목적과 수단으로 특정(特定)된다는 것은 무슨 뜻인가? 어떤 대상들이 개개 행위자의 이해관계에 의거해서 각자에게 목적과 수단으로 채택되고 실현된다는 뜻이다. 그렇다면 인과법칙으로 인해 범주적으로 동일한 그런 목적이나 수단을 개개 행위자에게 실질적인 목적과 수단이 되도록 만들어주는 것은 무엇인가? 즉, 지정 수준에서의 목적과 수단을 특정 수준에서의 목적과 수단으로 만들어주는 것은 무엇인가? 어떤 대상을 자신의 목적이나 수단으로 이용하려는 행위자의 의사, 곧 '이용의사'이다. 특정 수준에서의 목적과 수단은 행위자-상대적(agent-relative)인 목적과 수단인 것이다. 요컨대 '객관적인 인과법칙'과 '주관적인 이용의사'가 결합을 해서 개개 행위자의 목적이나 수단으로 결정(決定)되는 것이다. 인과질서의 입장에서 목적이나 수단의 결정은 지정 수준에서 특정 수준으로의, 즉 위에서 아래로(top-down)의 방식이라고 할 수 있다.

목적과 수단에 관해서 지정 수준과 특정 수준의 구분은 다음과 같은 사례에서 의미가 있다. 예컨대, 영희가 조깅을 하는데, 우연히 어떤 사람이 부는 휘파람으로 인해서 기분이 상쾌해졌다고 해보자. 이때에 그 휘파람은 영희의 기분이 상쾌해지기 위한 수단인 것인가? 그 영희에게는 수단이 아닌데, 왜냐하면 그 휘파람을 이용하려는 의사가 영희에게는 없기 때문이다.[28] 요컨대 행위자의 이용의사에 의해서 어떤 대상이 개개 행위자들에게 각자의 목적이나 수단으로 비로소 결정되는 것이다.

---

28) 이 예는 커스타인이 제시한 예에서 비롯된 것이다. 커스타인(2013), p.56.

그런데 어떤 대상을 이용하려는 의사가 어떤 행위자에게 있었지만, 객관적인 측면에서 인과관계가 성립하지 않는다고 해보자. 인과질서의 입장에서 보자면, 그 대상은 수단이 될 수 없으며 행위자는 인관관계에 대해서 착오를 일으킨 것이 된다. 더 나아가, 인과관계에 대한 착오로 인해서 어떤 대상이 수단이라는 행위자의 믿음은 실패(failure)한 것이 되며, 실패로 확정되고 종결된다. 인과질서의 입장에 따르자면, 주관과 객관, 마음과 세계에 있어서 부합의 방향(direction of fit)은 "믿음에 있어서(for belief)" "마음에서-세계로(mind-to-world)"이다.[29] 즉, 목적과 수단 관계에 대한 주관적인 믿음을 객관적인 인과법칙에 맞추는, 곧 부합시키는 것이다. 인과관계에 대한 착오라는 믿음의 실패가 실패로 확정되고 종결되는 까닭은 인과질서의 입장이 전제하는 객관적 인과법칙, 그 인과법칙의 객관성 때문이다.

(2) 가치질서의 입장

목적과 수단 관계를 가치질서로 이해하는 입장은 목적과 수단의 관계를 가치계열상의 우열관계로 파악한다. 즉, 목적이란 수단에 비해 가치가 우등한 것으로, 반면 수단이란 열등한 것으로 행위자에 의해 욕구되는 대상을 일컫는다. 그리고 가치계열상의 우열관계로 파악한다는 이점 때문에 가치질서의 입장은 두 가지를 함축하는데, 평가적 합리성과 반사실적 인과관계가 그것이다. 필자가 일컫는바, 평가적 합리성이란 무엇인가? 가령, 교환이 이루어지는 거래를 예로 들어보자. 판매자 갑이 욕구하는 목적은 '금전을 지급받는 것'이고, 그 수단은 '제품을 제공하는 것'이다. 반면 구매자 을이 욕구하는 목적은 '제품을 제공받는 것'이고, 그 수단은 '금전을 지급하는 것'이다. 이때에 갑이 거래에 참여하는

---

29) '부합의 방향'에 관한 논의는 앤스콤에서 시작된 것으로 알려져 있다. G. E. M. Anscombe, *Intention*(Cambridge, Mass: Harvard Univ. Press, 2010), p.56.

동기는 무엇인가? '금전의 지급'을 '제품의 공급'보다 가치적으로 우월한 것으로 욕구하거나 평가하는 태도를 가졌기 때문이다. 을도 거래에 참여하고자 하는데, 그 동기는 가치평가에 있어서 갑과 반대되는 태도를 가졌기 때문이다. 이처럼, 행위자는 대상들을 자신의 가치평가적 태도에 의거해서 목적과 수단으로 설정한다. 이때에 작동하는 합리성을 필자는 평가적 합리성이라고 부르고자 한다.

어떤 행위자가 대상들에 대한 가치평가에 있어서 착오를 일으켰다고 해보자. 가령 구매자 을의 현재 처지에서는 제품보다는 금전이 그에게 더 소중함에도 불구하고, 을이 가치의 우열에 관해서 착오를 일으킨 것이다. 따라서 거래를 할 경우에 더 좋은 상태에 있으려는 그의 욕구는 불발된 것(misfire)이며, 더 나쁜 상태에 있게 된 것이다. 즉 구매 행위가 욕구했던 그 상태를 적중시키지 못한 것이다. 이때에 그는 원래 있던 상태로 회복하고자 그 거래를 취소하거나, 취소할 수 없다면 새로운 욕구를 발생시켜서 인수받은 제품을 그 욕구에 맞추거나, 또는 더 좋은 상태에 있으려 했던 그 욕구를 다른 방식으로 충족시키려고 하거나, 아니면 아예 포기할 수도 있다. 요컨대 믿음의 실패에서처럼 실패를 할 때에 그 욕구는 실패로 확정되고 종결되는 것이 아니다. 가치관계에 대한 착오에 있어서 욕구는 '실패'가 아닌 '불발'이라고 보는 것이 적합한데, 욕구에 있어서는 (믿음의 경우에 있던 객관적인 인과법칙과 같은 그런) 어떤 객관적인 기준이 존재하지 않기 때문이다. 가치질서의 입장에 따르자면, 주관과 객관, 마음과 세계에 있어서 부합의 방향은 "욕구에 있어서(for desire)" "세계에서-마음으로(world-to-mind)"이다. 목적과 수단 관계에 있어서 욕구하는 목적 상태에 주변 여건을 조정해서 맞추는, 곧 부합시키는 것이다.

가치질서의 입장에서는 개개 행위자의 가치평가적 태도가 목적인지 수단인지를 '주관적으로' 결정(決定)한다. 그리고 주관적으로 결정한다는 이 측면에서 목적이나 수단은 행위자-특수적(agent-specific)이다.

행위자-특수성에서는 (앞서 설명한, 행위자-상대적인 목적과 수단에서의 그) 행위자-상대성에서와는 달리, 어떤 행위자에게 목적인 것이 다른 행위자에게는 수단이 될 수 있다.[30] 하지만 '객관적 관점'에서 또는 '규범적 관점'에서 목적이나 수단으로 승인을 받기 위해서는 행위자의 가치평가적 태도가 합당한, 다시 말해 도덕적으로 정당화되는 (legitimate) 가치체계에 저촉되지 않아야 한다.

4) 인과질서와 가치질서의 차이에 대한 검토

인과질서의 입장과 가치질서의 입장의 차이를 구체적으로 설명하기 위해서 본 논문의 도입부에서 제시되었던 세 가지 사례들을 다시 논의해 보자. 이 사례들 모두에서 어떤 개인이나 집단이 선발이나 입학에서 배제되고 있다. 먼저 (인과질서의 입장이 아닌) 가치질서의 입장에서 논의하고자 한다. (1)에서 피부색이 해당 업무와 무관한 요인이라면, 그 회사가 a를 배제하는 것은 '인간의 존엄성'이나 '적극적인 평등실현(the affirmative action)' 등의 합당한 어떤 가치체계 X를 위반한 것이다. 반면, a를 배제하는 것을 정당화시켜주는 가치체계 Y는 존재하지 않는 것 같다. 따라서 그 회사는 a를 오직 수단으로만 대우하는 것이 될 것이다.

그러나 (1)과 달리, (2)와 (3)에서의 배제는 어떤 합당한 가치체계 X에는 반할 수 있더라도, 다른 합당한 가치체계 Y에는 반하지 않을 수 있다. 가령 여자대학교의 경우에 그 설립목적이나 존재이유가 도덕적으로 정당화될 수 있는 그런 근거들이 있을 수 있는 것이다. 가령, '적극적인 평등실현'이나 '문화적 다양성'이나 '대학의 자율성' 등의 어떤 합당한

---

30) 나는 '행위자-중립적', '행위자-상대적', '행위자-특수적'이라는 용어를 나의 현재 목적에 맞게 사용하고 있다. 이 용어들의 의미에 관한 영미 윤리학계에서의 논의를 알고자 한다면, Ridge(2011) 참조.

가치체계에 의거해서 남학생을 배제하는 것은 정당화될 수 있는 것이다. 그러나 다른 합당한 가치체계, 가령 '사회통합'에는 반할 수 있는데, 인종적 분리에 의한 '흑인대학교'나 '백인대학교'가 도덕적으로 정당화되지 않는 것처럼, '여자대학교'도 그렇다는 것이다. 한편 사례 (3)에서 특정한 종교의 재단이 설립한 대학교의 경우에도 '대학의 자율성'이나 '종교결사체의 사회활동의 자유' 등의 합당한 가치체계에 의거해서 그 특정한 종교를 가지지 않은 자에게 지원 자격을 주지 않는 것이 정당화될 수 있다. 그러나 '특정한 종교를 가지지 않거나 무교인 자들을 배제하는 행위'는 다른 합당한 가치체계에는 저촉될 수 있는데, 헌법에 보장된 '종교의 자유'와 '직업 선택의 자유'에 저촉될 수 있는 것이다. 요컨대 필자가 강조하고자 하는 점은 가치질서의 입장에서는 오직 수단으로만 대우받은 것인지 여부는 경쟁하는 합당한 가치체계들 간의 비판적인 고려나 조정의 문제인 반면에, 인과질서의 입장에서는 객관적 인과법칙에 의거해서 객관적으로 결정된다는 것이다. 인과질서의 입장에서 목적과 수단의 결정이 지정에서 특정으로의, 즉 '위에서 아래로(top-down)'의 방식인 데 반해서 가치질서의 입장에서 목적과 수단의 결정 및 승인은 '비판적 심의(critical deliberation)'의 방식이라고 할 수 있다.

한편, 인과질서의 입장은 사례 (1), (2), (3)에 대해서 가치질서의 입장과는 다른 결론을 내릴 것이다. 왜냐하면 인과질서의 입장에서는 객관적인 인과법칙을 전제로 행위자에게 이용하려는 의사가 있어야만 어떤 대상이 목적이나 수단으로 결정되기 때문이다. '단순한 사실적 인과관계'만을 인정하는 인과질서의 입장에서, 가령 사례 (1)에서 그 회사는 '이용하다'의 통상적인 의미에서 a를 이용한 것은 아니기 때문에, a를 이용하지 않고 배제하는 행위는 수단으로 결정될 수 없으며 따라서 그 회사는 a를 오직 수단으로만 이용한 것일 수도 없는 것이다. 반면, 가치질서의 입장은 이용의사가 없었더라도, 행위자의 가치평가적 태도에 의거해서 어떤 대상이 수단으로 결정될 수 있다. 이 점을 설명하기 위해서 필자는 가치질서의 입장에서는 포괄적인 반사실적 인과관계가 요구된다고 본다. 여기서 포괄적이라고 함은 목적과 수단의 관계에 있어서 전반적으로는 사실적 인과관계를 인정하면서도, 이용을 하지 않는 경우에도 대우는 할 수 있다는 것을 인정한다는 의미이다. 즉 만약 a가 반사실적으로 동남아인이 아니었더라면, a를 선발했겠는가? 만약 선발할 수 있었다고 한다면, a를 배제하는 행위는 수단으로 승인되는 것이다.

지금까지 나는 칸트의 인간성 정식과 관련해서 '인과질서의 입장'과 '가치질서의 입장'이라는 분석틀을 제시하였는데, '목적과 수단의 대우방식들'의 의미와 정당성 문제에 관해서 논자들이 논쟁을 할 때에, 그 논쟁을 체계적으로 이해할 수 있는 개념들을 제공하기 위해서 제시한 것이다. 물론 인간성 정식에 대한 해석안들 중에서 논자들이 과연 어떤 해석안을 옹호하는지를 실제로 조사하거나 확인한 것은 아니다. 그리고 그들이 'brauchen'의 번역 문제 자체를 고려하지 않았을 수도 있다. 하지만 그 분석틀을 가지고 '목적과 수단의 대우방식들'에 대한 논자들 간의 견해의 차이를 체계적으로 규명할 수 있다면, 그 분석틀은 나름의 타당성을 가질 수 있다고 본다. 예를 들어, 커스타인과 스캔론의 인간성 정식에 대한 서로 다른 견해의 차이를 살펴보자. 커스타인은 "treat another as a means' and 'use another as a means' are equivalent"라고 말한다.[31] 이렇게 말하는 까닭은 캠(Kamm, 1993)의 주장을 반박하기 위해서이다. 캠이 제시한 사례를 논의하면서 캠의 주장을 커스타인은 다음과 같이 반박한다.

우리는 A의 생명을 구할지 아니면 B의 생명을 구할지, 둘 중에 하나를 선택

---

31) Kerstein(2013), pp.56-57.

해야만 하는데, 만약 A가 아닌 B가 살아남는다면, B는 C의 생명을 구하는 유용한 기능을 할 것이다. 가정하기를, 만약 B가 살아남는다면, B는 C를 구할 것이라는 점, 다분히 이 점을 근거로 우리가 B를 구하기로 했다고 해보자. 캠에 따르자면, 이 경우에 우리는 A를 수단으로 대우한 것이다(treat). 수단으로 대우한 까닭은 "A가 우리에게 이용될 수 있는지, 그 유용성 (usefulness)를 검토하고서 이용될 수 없기 때문에 A를 거부한 것"이기 때문이다.

캠은, 이용될 수 없기 때문에 즉 유용성이 없다는 이 이유로 어떤 대상을 구조에서 배제한다면 그 대상을 수단으로 대우한 것이라고 주장한다. 그러나 커스타인은 수단으로 이용할 수 없다면 당연히 수단으로 대우할 수도 없다고 반박하고 있는데, 그는 '대우하는 것'과 '이용하는 것'을 동치로 보고 있기 때문이다. 자신의 주장을 옹호하기 위해 그가 제시한 예를 보자.

집주인이 못을 박을 만한 어떤 것을 찾기 위해서 연장통을 뒤진다고 해보자. 그는 드라이버를 발견하고는 초점을 곧바로 다른 곳으로 옮긴다. 그는 망치를 찾고는 그것을 꺼낸다. 이때에 그 드라이버를 그 집주인이 수단으로 이용한 것이라고 말하는 것은 정말로 매우 기이한데, 설령 그 드라이버가 자신에게 소용이 될 수 있는지를 검토하고서 무용한 것이기 때문에 내버려둔 것이라고 하더라도 말이다.

커스타인은 위와 같은 직관적으로 호소력이 있어 보이는 사례, 드라이버와 같은 사물에 관한 사례로부터, 사람에 관한 사례로 옮겨 간다. 즉 농구경기에서 투입되기를 바라는 철수가 있다고 하자. 그런데 감독이 판세를 보고는 다른 선수가 적합하다고 판단하고서 철수 대신에 다른 선수를 투입한다. 이때에 커스타인은 말하기를 "감독이 철수를 수단으로 이용했다고 말하는 것은 오류인데, 철수가 경기를 이기는 데는 적합한 수단이 아니라고 판단하고서 철수를 투입하지 않았다고 하더라도 말이다."

캠에 대한 커스타인의 반박이 성공하기 위해서는 '이용하다'와 '대우하다'가 의미상 동치라는 그의 직관이 정당화되어야 할 것이다. 커스타인은 인과질서의 입장을 옹호하고 있는 것이다. 하지만 그 둘이 동의어가 아니라는 직관도 유력한데, 캠 이외에도 스캔론에서 그러한 직관을 찾아볼 수 있다. 스캔론은 가치질서의 입장을 옹호하는 것으로 볼 수 있다. 다음과 같은 그의 주장을 보자.[32]

사람을 목적 그 자체로 대우함(treating)이라는 개념을 우리는 어떻게 이해해야 하는가? 그리고 사람을 목적 자체로(as an end in him-or herself) 대우함과 오직 수단으로만(merely as a means) 대우함 간의 대조를 어떻게 이해해야 하는가? 한 가능성에 따르면, 단순한 수단이라는 것은 그것이 어떤 다른 목적에 유용한 한에서 가치를 갖게 된다는 것이다. 하지만 '유용함(usefulness)'이라는 개념은 지나치게 제한적일 수 있다. 좀 더 기본적인 대조는 부차적인 가치(derivative value)와 비부차적인 가치(nonderivative value) 간의 대조인데, 이 대조에 따르면 어떤 목적을 야기하는 하나의 방편으로서의 유용함은 부차적 가치를 가질 수 있는 방식들 중 하나일 뿐이다. 그래서 좀 더 일반화하자면, 우리는 다음과 같이 말할 수 있다. "어떤 대상을 오직 수단으로만 간주한다는 말은 그 대상이 다른 어떤 가치에 의해서 부여받을 수 있는 가치를 제외하고는 어떤 가치도 가지지 않는 것으로 그 대상을 간주한다는 말"이며, 그리고 "어떤 대상을 목적 그 자체로 간주한다는 말은 그 대상을 어떤 다른 원천으로부터도 파생되지 않는 가치를 가지는 것으로

32) Thomas Scanlon, *Moral Dimensions*(United States: Belknap Press, 2010), pp.91-92.

간주한다는 말"이다.[33)

스캔론은 위에서 "어떤 목적을 야기하는 하나의 방편으로서의 유용함은 부차적 가치를 가질 수 있는 방식들 중 하나일 뿐이다"라고 말한다. 즉, 그는 인과적인 방식으로 수단이 되는 것은 가치적인 방식으로 수단이 되는 것의 한 방식일 뿐이라고 말하는 것이다. 그리고 그는 "오직 수단으로만 간주한다"거나 "목적 그 자체로 간주한다"는 말을 가치계열상의 우열관계에 의거해서 정의하고자 하는 것이다.

3. 결론

지금까지 필자는 목적과 수단의 관계를 우리가 가질 수 있는 자연스런 두 가지 입장, 즉 인과질서의 입장과 가치질서의 입장에 의거해서 규명하려고 하였다. 이 두 입장은 또한 우리가 가진 두 가지 근본적인 도덕적 직관을 잘 설명해준다고 본다. 하나는 "목적은 수단을 정당화하지 못한다"는 직관이다. 이 직관이 의미 있으려면 인과질서를 전제해야 할 것이다. 즉 달성될 목적이 아무리 좋더라도, 그것을 야기할 수 있는 수단이 나쁘다면 그 목적은 정당화될 수 없다는 것이다. 우리가 "인간을 오직 수단으로만 이용해서는(use) 안 된다"고 믿는 신조 역시도, 넓은 의미에서 보자면 "목적은 수단을 정당화하지 못한다"는 그 직관에 뿌리를 두고 있다고 할 것이다. 한편 또 하나는 "인간은 그 자체 목적으로 존중받아야 한다"는 근본적인 도덕적 직관이다. 존중은 대우(treat)의 한 방식이다. 이 직관은 인간을 가치계열상의 최상위에 두는 것으로서 가치질서의 입장에 의거해 있다고 할 수 있다. 한편, 현상적 자아와 본체적 또는

---

33) 번역본은 성창원(2012, 126쪽) 참조. 번역본과는 약간 다르게 번역하였다. 강조는 필자.

도덕적 자아 간의 관계에 관한 칸트의 설명을 이해하기 위한 한 가지 방편으로, 수단에 관해서는 인과질서 입장에서 그리고 목적에 관해서는 가치질서의 입장에서 인간성 정식에 접근할 수 있다. 그렇게 함으로써 칸트의 두 자아관을 인간성 정식을 통해서 통일적으로 이해할 수 있을 것이다.[34]

칸트의 인간성 정식에는 알다시피, 타인본위의 측면뿐만 아니라 자기본위의 측면도 포함되어 있다. 따라서 대우의 대상에 있어서 타인이나 그의 인간성뿐만 아니라 자신과 자신의 인간성도 포함되는 것이다. 이러한 두 측면이 목적과 수단의 대우방식들과 어떻게 입체적으로 관련되는지의 문제는 차제의 연구과제로 삼고자 한다.

참고문헌

〈저서〉

박찬구, 『생활 속의 응용윤리』(서울: 세창출판사, 2016).

이창후, 『그렇게 살라는 데는 다 철학이 있다』(서울: 좋은날들, 2013).

Anscombe, G. E. M., *Intention*(Cambridge, Mass: Harvard Univ. Press, 2010).

Callanan, John, J., *Kant's Groundwork of Metaphysics of Morals*(Edinburgh: Edinburgh Univ. Press, 2013).

Dean, Richard, *The Value of Humanity In Kant's Moral Theory*(Clarendon: Oxford Univ. Press, 2006).

Hill, Thomas E., Jr., *Respect, Pluralism and Justice: Kantian*

---

34) 이 제안은 한 심사위원이 해주셨다. 감사를 드린다.

Perspectives(Clarendon: Oxford Univ. Press, 2000).

Kamm, F. M., *Intricate Ethics*(New York: Oxford Univ. Press, 2007).

____, *Mortality*, Vol. 1(New York: Oxford Univ. Press, 1993).

Kerstein, Samuel, *How to treat people*(Clarendon: Oxford Univ. Press, 2013).

Parfit, Derek, *On What Matters*, I(Clarendon: Oxford Univ. Press, 2011).

Paton, H. J., *The Categorical Imperative: A Study in Kant's Moral Philosophy*(United Kingdom: Hutchinson's Univ. Library, 1953).

Sally Sedgwick, *Kant's groundwork of the metaphysics of morals*(Cambridge: Cambridge Univ. Press, 2008).

Scanlon, Thomas, *Moral Dimensions*(United States: Belknap Press, 2010).

Sullivan, Roger, J., *An Introduction to Kant's Ethics*(Cambridge: Cambridge Univ. Press, 1994).

Sussman, David G., *The Idea of Humanity: Anthropology and Anthroponomy in Kant's Ethics*(New York: Routledge, 2001).

Timmermann, Jens, *Kant's Groundwork of Metaphysics of Morals*(Cambridge: Cambridge Univ. Press, 2007).

White, Mark, *Kantian Ethics and Economics: Autonomy, Dignity, and Character*(Stanford: Stanford University Press, 2011).

Wilkinson, Stephen, *Choosing Tomorrow's Children: The Ethics of Selective Reproduction*(Clarendon: Oxford Univ. Press, 2010).

〈역서〉

Kant, I., 백종현 옮김, 『윤리형이상학 정초』(파주: 아카넷, 2005).

Korsgaard, Christine, 김양현, 강현정 옮김, 『목적의 왕국: 칸트 윤리학의 새로운 도전』(서울: 철학과현실사, 2007).

〈논문〉

권미연, 「청소년 자살예방교육의 철학적 토대로서 칸트의 도덕철학」, 『도덕교육연구』 28(3)(서울: 한국도덕교육학회, 2016).

강병호, 「정언명령의 보편법 정식과 목적 그 자체 정식」, 『칸트연구』 제32집(서울: 칸트학회, 2013).

강영안, 「칸트의 목적 자체로서의 인간과 〈목적의 왕국〉 개념」, 『서강인문논총』 2권(서울: 서강대학교 인문과학연구소, 1993).

김덕수, 「칸트의 도덕형이상학에서 '동시에 의무인 목적'」, 『철학논총』 제68집(경산: 새한철학회, 2012).

____, 「칸트의 관계적 자율성: 도덕 형이상학의 덕론을 중심으로」, 『철학논총』 제70집(경산: 새한철학회, 2012).

남기호, 「칸트의 형벌이론에서의 사형제 폐지가능성」, 『사회와 철학』(서울: 사회와철학연구회, 2011).

문성학, 「칸트 윤리학의 정언명법론」, 『철학논총』 제68집(경산: 새한철학회, 2012).

____, 「인간 존엄성 테제에 대한 칸트의 증명과 문제점」, 『철학연구』 제96집(대구: 대한철학회, 2005).

송경호, 「칸트 도덕철학에서의 인간관」, 『범한철학』 제8권(전주: 범한철학회, 1993).

이상현, 「칸트 도덕철학의 관점에서 바라본 포스트휴먼」, 『서강인문논총』 32권(서울: 서강대학교 인문과학연구소, 2011).

이원봉, 「성과 결혼의 윤리적 정당화: 칸트의 입장을 중심으로」, 『생명
연구』 19집(서울: 서강대학교 생명문화연구소, 2011).

오근창, 「칸트의 인간성 정식과 도덕적 자율성」, 『철학사상』 54집(서울:
서울대 철학사상연구소, 2014).

Boyle, Robert and Savulescu, Julian, "Ethics of using
preimplantation genetic diagnosis to select a stem cell donor
for an existing person," *British Medical Journal*, 323(Nov.,
2001).

Denis, Lara, "Kant's Formula of the End in itself: Some Recent
Debates," *Philosophy Compass*, 2-2(Feb., 2007).

〈편저서〉

Dean, Richard, "The Formula of Humanity as an End in Itself,"
in Hill, Thomas, ed., *Blackwell Guide to Kant's Ethics*(United
Kingdom: Blackwell Publishing, 2009).

O'Neill, Onora, "Kantian Approaches to Some Famine Problems,"
in Russ Shafer-Landou, ed., *Ethics an Anthology*(United
Kingdom, Blackwell Publishing, 2013).

Wood, Allen, ed., *Groundwork for the Metaphysics of Morals*
(New Haven and London: Yale Univ. Press, 2002).

〈기타 자료(인터넷 자료 등)〉

Jacobson, Daniel, "Fitting Attitude Theories of Value," *Stanford
Encyclopedia of Philosophy*(2011).

Ridge, Michael, "Reasons for Action: Agent-Neutral vs. Agent-
Relative," *Stanford Encyclopedia of Philosophy*(2011).

Zwolinski, Matt, "Exploitation," *Stanford Encyclopedia of Philosophy*(2016).

Blog "철학, 끄적끄적" http://textexture.tistory.com/65

후설의 현상학적 사회윤리학의 의의와 과제

이 남 인

현상학적 윤리학에 대한 후설의 강의록, 논문, 연구유고 등이 후설 전집을 통해 다수 출간되면서[1] 21세기에 들어서서 후설의 현상학적 윤리학에 대한 관심이 고조되고 있다. 그런데 후설은 현상학적 윤리학의 다양한 영역을 개척하면서 그중에서 사회윤리학을 전개해나갔다.[2] 그는 1920년대 초에 집필된 '공동정신'에 관한 유고(Hua XIV, 163ff,

---

* 이 논문은 서울대학교인문연구원 편, 『인문논총』 제69권(2013)에 실린 글이다.

1) 현상학적 윤리학의 문제를 다루고 있는 후설의 작품들 중에서 현재까지 출간된 것들 중에서 중요한 것으로는 후설전집으로 출간된 『윤리학과 가치론 강의들. 1908-1914』(Hua XXVIII)와 『윤리학 입문. 1920년과 1924년의 여름학기 강의』(Hua XXXVII)를 비롯해 다음과 같은 것들이 있다: "쇄신에 관한 다섯 개의 논문들"(Hua XXVII, 3ff.), "피히테의 인간의 이상(1917의 3개의 강의)"(Hua XXV, 267ff.), "공동정신 I"(Hua XIV, 165ff.), "공동정신 II"(Hua XIV, 192ff.).

2) 3절에서 살펴보겠지만 사회윤리학은 개인윤리학과 대비되는 개념이다. 개인윤리학과 사회윤리학은 서로 밀접한 연관 속에서 존재하지만, 윤리학의 초점을 개인에게 둘 것이냐 사회에 둘 것이냐에 따라 개인윤리학과 사회윤리학을 구별할 수 있다.

192ff.)에서 사회윤리학을 전개하고 있고, 역시 1920년대 초에 집필된 쇄신의 윤리학에 관한 5편의 논문(Hua XXVII, 3ff.)에서도 사회윤리학을 전개하고 있으며, 그 후 집필된 다른 작품들에서도[3] 사회윤리학의 문제와 씨름하고 있다. 그런데 후설의 현상학적 사회윤리학은 한편으로는 여러 가지 점에서 중요한 내용들을 많이 담고 있으나 다른 한편으로는 충분히 체계적이지 못하며 불투명한 점을 많이 가지고 있다.

이러한 상황에서 본 연구는 1920년대에 집필된 '공동정신'에 관한 유고와 쇄신의 윤리학에 관한 5편의 논문에 나타난 후설의 현상학적 사회윤리학의 핵심적인 내용을 검토하고 그의 의의와 더불어 한계를 해명함을 목표로 한다.[4] 우리는 우선 1절에서 후설의 현상학적 사회윤리학을 이해하기 위한 토대를 마련하기 위하여 형식적 윤리학, 내용적 윤리학, 경험적 윤리학, 초월론적 윤리학 등으로 나누어지는 현상학적 윤리학의 다양한 차원을 살펴볼 것이다. 거기에 이어 2절에서는 '공동정신'에 관한 유고에 나타난 현상학적 사회윤리학을 살펴보고 3절에서는 쇄신의 윤리학에 관한 5편의 논문에 나타난 현상학적 사회윤리학을 살펴볼 것이다. 마지막으로 우리는 4절에서 '공동정신'에 관한 유고와 쇄신의 윤리학에 관한 5편의 논문에 나타난 현상학적 사회윤리학의 의의와 과제를 살펴보면서 이 글의 전체적인 논의를 마무리할 것이다. 기존의 연구들 중에서 후설의 현상학적 사회윤리학을 다루고 있는 중요한 연구들이

---

3) 대표적인 예로는 유고 A Ⅴ 21(1924-1927)과 유고 E Ⅲ 4(1930) 등을 들 수 있다.

4) 이 글에서 필자가 1920년대에 집필된 "공동정신"에 관한 유고와 쇄신의 윤리학에 관한 5편의 논문에 한정하여 논의를 전개하는 이유는 이 두 부류의 작품이 현상학적 사회윤리학을 가장 풍부하며 체계적으로 발전시키고 있기 때문이다. 필자의 견해에 의하면 두 부류의 작품에서 전개된 현상학적 사회윤리학과 비교해볼 때 후설의 다른 작품들에서 전개된 현상학적 사회윤리학은 훨씬 더 단편적이며 비체계적이다. 그리고 이 글에서 후설의 현상학적 사회윤리학이라 할 때 그것은 대부분의 경우 1920년대에 집필된 "공동정신"에 관한 유고와 쇄신의 윤리학에 관한 5편의 논문에 나타난 현상학적 사회윤리학을 뜻한다. 그러나 맥락에 따라 그것은 후설의 현상학적 사회윤리학 전체를 뜻하기도 한다.

있지만[5] 그것들 중에서 본 연구처럼 후설의 현상학적 윤리학의 다양한 차원에 대한 논의를 토대로 '공동정신'에 대한 유고와 쇄신의 윤리학에 관한 논문들에 나타난 현상학적 사회윤리학의 내용을 해명하고 그 의의와 과제를 검토한 연구는 존재하지 않는다.

1. 후설의 현상학적 윤리학의 다양한 차원들

후설에 의하면 현상학적 윤리학은 다양한 차원으로 나누어진다. 그런데 이 점을 살펴보기에 앞서 우리는 후설의 현상학적 윤리학이 포괄하는 것이 정확히 무엇인지 이해할 필요가 있다. 후설의 현상학적 윤리학은 그 포괄하는 범위에서 볼 때 크게 세 가지로 나누어진다. 가장 좁은 의미의 현상학적 윤리학은 실천학을 뜻한다. 그러나 그것은 가치론과 분리되어 전개될 수 없으며 따라서 현상학적 윤리학은 실천학과 더불어 가치론을 포함한다. 더 나아가 현상학적 윤리학은 이론적 학문들과 분리되어 전개될 수 없기 때문에 가장 넓은 의미에서 현상학적 윤리학은 원칙적으로 실천학 및 가치론뿐 아니라 이론적 학문까지 포괄할 수 있다. 이 점과 관련해 그는 1924년에 발표한 「개인윤리학적 물음으로서의 쇄신」 (Hua XXVII, 20ff.)이라는 논문에서 "완전한 윤리학(die volle Ethik)"

---

5) 후설의 현상학적 사회윤리학을 다루고 있는 중요한 연구들로는 다음과 같은 것들이 있다: J. G. Hart(1992), *The Person and the Common Life: Studies in Husserlian Social Ethics*, Dordrecht: Kluwer Academic Publishers; 조관성(2003), 『현상학과 윤리학』, 교육과학사; 조관성(1999), 「후설철학에서의 개체와 공동체 그리고 윤리적 사회성」, 『철학과 현상학 연구』 12, 한국현상학회; 홍성하(1999), 「후설의 현상학적 윤리학과 보편적 목적론」, 『철학』 59, 한국철학회; 박인철(2001), 「포용과 책임: '사랑의 공동체'에 대한 현상학적 고찰」, 『철학과 현상학 연구』 18, 한국현상학회; U. Melle(2002), "Edmund Husserl: From Reason to Love," J. J. Drummond and L. Embree(eds.), *Phenomenological Approaches to Moral Philosophy. A Handbook*, Dordrecht: Kluwer Academic Publishers.

은 논리학, 가치론, 실천학을 포괄한다고 말한다(Hua XXVII, 40). 그러나 그는 『윤리학과 가치론 강의들』(Hua XXVIII)에서 현상학적 윤리학을 전개하면서 윤리학을 이처럼 가장 넓은 의미로 사용하지는 않는다. 그는 윤리학을 실천학과 동일한 것으로 규정하기도 하고 실천학과 가치론을 포괄하는 것으로 규정하기도 한다. 이 절에서 우리는 현상학적 윤리학을 현상학적 실천학과 현상학적 가치론을 포괄하는 학문 분과로 간주하고 그의 다차원적인 구조를 살펴볼 것이다.

후설은 윤리학과 이론적 학문과의 유비관계를 해명하면서 윤리학의 다양한 차원이 존재한다는 사실을 해명한다. 우리는 윤리학의 다양한 차원을 살펴보기 위하여 우선 이론적 학문에 어떤 차원이 존재하는지 살펴볼 필요가 있다. 필자가 다른 곳에서 자세하게 해명하였듯이[6] 이론적 학문은 크게 네 가지 차원으로 나누어지는데, (1) 물리학, 화학, 생물학 등의 자연과학뿐 아니라, 언어학, 역사학, 사회학, 정치학, 경제학, 문화인류학 등의 인문사회과학을 포괄하는 경험과학, (2) 경험과학의 내용적인 본질적 전제들을 탐구함을 목표로 하는 내용적 존재론 내지 영역적 존재론, (3) 형식논리학, 전체와 부분에 관한 이론처럼 모든 학문의 형식적인 본질적 전제들을 탐구하는 형식적 존재론, (4) 모든 대상 구성의 원천을 해명함을 목표로 하는 초월론적 현상학 등이 그것이다.

후설에 의하면 가치평가적 이성을 통해 전개되는 가치론과 실천이성을 통해 전개되는 실천학 역시 이론이성을 통해 전개되는 이론적 학문들처럼 다음과 같이 다층적인 차원에서 전개될 수 있다.

1) 가치론과 실천학은 우선 경험적 차원에서 경험적 가치론과 경험적 실천학으로 전개될 수 있다. 경험적 가치론과 경험적 실천학은 구체적인 역사적, 사회적 상황에서 어떤 개인 또는 사회구성원들이 어떤 식으

---

6) 이에 대한 보다 더 자세한 논의는 이남인(2004), 『현상학과 해석학』, 서울대학교 출판부, 32쪽 이하 참조.

로 가치평가를 하며 어떤 윤리적 규범을 타당한 것으로 받아들이면서 윤리적으로 살아가야 하는지 등을 해명함을 목표로 한다. 경험적 가치론과 경험적 실천학이 구체적인 역사적, 사회적 상황에 놓인 개인 또는 사회를 연구대상으로 삼기 때문에 그것은 시대와 사회가 변함에 따라 각기 다른 모습을 보일 수 있다.

후설은 현상학적 윤리학을 전개하면서 여기저기서 경험적 가치론 내지 경험적 실천학에 대해 언급하고 있다. 예를 들어 그는 1908/09년 겨울학기에 행한 "윤리학의 근본문제"에 관한 강의에서 가치론을 "가치의 본질 법칙들"을 해명함을 목표로 하는 본질적 가치론으로서의 "순수가치론"과 "구체적 가치들(konkrete Werte)"을 해명함을 목표로 하는 "구체적 가치론"(Hua XXVIII, 278)으로 나누는데, 여기서 구체적 가치론이 경험적 가치론을 뜻한다. 그리고 그는 1924년에 일본에서 출간한 한 논문에서 "순수윤리학(die reine Ethik)"과 "경험적인 인간적 윤리학(die empirisch-humane Ethik)"을 구별하고 있는데(Hua XXVII, 20), 여기서 "경험적인 인간적 윤리학"이 바로 경험적 실천학을 뜻한다.

2) 가치론과 실천학은 내용적 가치론과 내용적 실천학의 차원에서 전개될 수 있다. 경험적 가치론과 경험적 실천학이 경험적인 차원의 학문인 것과는 달리 내용적 가치론과 내용적 실천학은 다양한 가치들과 실천 행위들을 관통해 흐르고 있는 내용적 본질구조를 해명함을 목표로 하는 본질학이다. 후설은 내용적 가치론과 내용적 실천학을 체계적으로 전개하지 않았다.[7]

3) 가치론과 실천학은 "형식적 가치론(die formale Axiologie)"(Hua

---

7) 내용적 가치론을 구체적으로 전개시킨 현상학자는 셸러(M. Scheler)인데, 그는 『윤리학에서의 형식주의와 내용적인 가치윤리학』에서 감각적 가치, 생명적 가치, 정신적 가치, 성스러운 가치 등을 구별하고 이들 각각의 정체를 해명하고 있다. 이 점에 대해서는 M. Scheler(1980), *Der Formalismus in der Ethik und die materiale Wertethik*, Bern: A. Franck AG, 122ff. 참조.

XXVIII, 70ff.)과 "형식적 실천학(formale Praktik)"(Hua XXVIII, 126ff.)의 차원에서 전개될 수 있다. 형식적 가치론과 형식적 실천학은 형식적 존재론과 마찬가지로 형식적 학문이다. 형식적 가치론은 가치평가적 이성을 지배하는 형식적 법칙들을 연구하는 학문을 뜻하고 형식적 실천학은 실천이성을 지배하는 형식적 법칙들을 연구하는 학문을 뜻한다.

후설에 의하면 형식적 가치론의 연구대상인 가치평가적 이성을 지배하는 형식적 법칙들과 형식적 실천학의 연구대상인 실천이성을 지배하는 형식적 법칙들이 실제로 존재한다. 가치평가적 이성을 지배하는 형식적 법칙의 예로는 다음의 것을 들 수 있다: "좋은 것이 존재하는 상황이 나쁜 것이 존재하는 상황보다 더 낫고, 나쁜 것이 존재하지 않는 상황이 좋은 것이 존재하지 않는 상황보다 더 낫다."(Hua XXVIII, 93) 그리고 실천이성을 지배하는 형식적 법칙의 예로는 다음의 것을 들 수 있다: "모든 선택행위에서 더 좋은 것은 좋은 것을 흡수하고, 가장 좋은 것은 그 자체로 실천적으로 좋다고 평가될 수 있는 여타의 모든 것을 흡수한다."(Hua XXVIII, 136) 이러한 법칙에 따르면 좋은 것보다는 더 좋은 것을 선택하고, 더 좋은 것보다는 가장 좋은 것을 선택하는 것이 더 좋다. 따라서 우리는 좋은 것보다는 더 좋은 것을 선택하고, 더 좋은 것보다는 가장 좋은 것을 선택하도록 해야 한다. 그리고 후설은 선택행위를 규제하는 이러한 법칙을 토대로 실천행위를 규제하는 최상의 법칙에 해당하는 정언명령(Hua XXVIII, 136)을 도출한다: "선택할 수 있는 것들 중에서 그 어떤 다른 것에 의해서도 삼켜질 수 없는 최선의 것을 선택하라!" 그는 정언명령을 다음과 같이 표현하기도 한다: "얻을 수 있는 모든 것들 중에서 최선의 것을 얻도록 하라!"(Hua XXVIII, 137)[8]

4) 가치론과 실천학은 초월론적 현상학의 차원에서 전개될 수 있다.

---

[8] 후설의 정언명령에 대한 보다 더 자세한 논의는 조관성(2008), 「후설의 정언명령」, 『철학과 현상학 연구』 37, 한국현상학회 참조.

잘 알려져 있듯이 초월론적 현상학의 과제는 다양한 유형의 이론적 학문이 다루는 다양한 유형의 대상들이 우리의 초월론적 의식을 통해 어떻게 구성되는지 해명하는 데 있다. 그런데 우리는 이론이성을 통해서 구성되는 대상들뿐 아니라, 가치평가적 이성을 통해서 구성되는 대상들, 즉 다양한 유형의 가치들과 실천이성을 통해 구성되는 대상들, 즉 다양한 유형의 실천행위들에 대해서도 초월론적 현상학적 연구를 수행할 수 있다. 후설은 1914년에 행한 "윤리학과 가치론의 근본문제에 대한 강의"에서 다양한 가치들에 대한 초월론적 현상학과 다양한 유형의 실천행위들에 대한 초월론적 현상학을 "노에시스적으로 선험적인 학문들"(Hua XXVIII, 141)이라 부른다. 그에 의하면 이러한 "노에시스적으로 선험적인 학문들"은 "가치평가하고 의지하는 이성의 순수현상학"(Hua XXVIII, 141)으로서 그것은 "의식일반에 관한 일반적 현상학"(Hua XXVIII, 141)의 한 부분이 된다.

2. "공동정신"에 관한 유고에 나타난 사회윤리학과 사랑의 윤리학

후설은 1920년을 전후하여 "공동정신(Gemeinschaft)"(Hua XIV, 165ff, 192ff.)이라는 제목으로 단 두 개의 유고를 남겼는데,[9] 이 두 유고는 후설의 현상학적 사회윤리학의 정체를 이해함에 있어 결정적으로 중요한 의미를 지닌다. 이 두 유고에서 후설은 다양한 유형의 사회를 분석하면서 사회윤리의 문제를 논하고 있다. 이 두 유고가 다양한 유형의 사회의 구성과정을 해명하고 있기 때문에 그것은 "정신적 세계의 구성"에 대한 논의를 담고 있는 『이념들 II』의 3부의 연장선상에 있는 것이라

---

9) 이 두 유고 중에서 첫 번째 유고는 1921년에 집필되었으며 두 번째 유고는 1921년 또는 1918년에 집필된 것으로 추정된다.

할 수 있다. 이와 관련해 우리는 후설이 『이념들 II』의 3부에서 정신적 세계의 구성을 분석하면서 사회의 구성원리에 대해 논하고 있다는 사실에 유의할 필요가 있다. 그러나 이 두 유고는 『이념들 II』의 논의 범위를 넘어서고 있다. 그 이유는 바로 이 두 유고가 『이념들 II』에서는 거의 논의되지 않았던 사회윤리학의 문제를 다루고 있기 때문이다.

이 두 유고에서 후설은 사회윤리학의 문제를 분석하기 위하여 우선 다양한 유형의 사회에 대해 논한다. 예를 들어 그는 "자연적-본능적으로 형성된 인격적 유대들", 즉 "자연적-본능적으로 형성된" 사회들과 "특정한 목적을 위해 인위적으로 구축된" 사회들을 구별한다(Hua XIV, 179). 이와 관련해 그는 퇴니스(Tönnis)의 "공동사회(Gemeinschaft)"와 "이익사회(Gesellschaft)"의 구별을 언급하는데(Hua XIV, 182), 퇴니스의 공동사회는 "자연적-본능적으로 형성된 사회"에 해당하고 퇴니스의 이익사회는 "인위적으로 구축된 사회"에 해당한다고 할 수 있다. 후설은 공동사회, 즉 "자연적-본능적으로 형성된 사회"의 예로 언어공동체, 가족공동체, 결혼공동체, 민족공동체 등을 들고 있고, 이익사회의 예로 과학자들의 세계, 예술가와 감상자들로 구성된 예술적 세계 등을 들고 있다(Hua XIV, 182ff.). 다양한 유형의 사회의 구별에 대한 분석은 다양한 유형의 사회의 본질적 구조를 해명함을 목표로 하는 본질학으로서의 "사회적 존재론"(Hua VIII, 98)의 핵심적인 과제 중의 하나에 속한다.

그러나 사회에 대한 현상학은 단순히 사회적 존재론의 차원에 머물지 않고 사회에 대한 초월론적 현상학으로 이행한다. 그런데 사회에 대한 초월론적 현상학의 중요한 과제 중의 하나는 다양한 유형의 사회가 형성되는 과정을 해명하는 일이다.[10] 다양한 유형의 사회란 주체들의 지향

---

10) 4절에서 논의되듯이 후설의 후기 철학에서 초월론적 현상학은 정적 현상학과 발생적 현상학으로 나누어지는데, 다양한 유형의 사회가 형성되는 과정을 해명함을 목표로 하는 초월론적 현상학은 정적 현상학이 아니라 발생적 현상학이다. 그 이유는 형성 과정이란 발생 과정을 뜻하며 발생 과정이 바로 발생적 현상학의 핵심적인 주제이기 때문이다.

적 작용을 통해 형성된 것이며 바로 이러한 이유에서 사회에 대한 현상학은 다양한 유형의 사회가 형성되는 과정을 해명하기 위하여 주체들과 그들의 지향작용들을 분석할 필요가 있다.

앞서 우리는 다양한 유형의 사회에 대해 언급하였는데, 우리는 그 각각에 대해 그의 형성과정을 분석할 필요가 있다. 그런데 후설은 "공동정신"에 관한 유고에서 "인위적으로 구축된" 사회, 그중에서도 "전형적인 의미로 이해된 의지"(Hua XIV, 182)를 통해 형성된 본래적인 의미의 "실천적인 의지사회"(Hua XIV, 169)가 형성되는 과정을 해명하고 있다.

그런데 후설이 본래적인 의미의 실천적인 의지사회의 형성과정을 해명하기 위해 특별히 관심을 기울이는 지향적 작용은 "사회적 작용(soziale Akte)"(Hua XIV, 166ff.)이다. 이 경우 사회적 작용이란 둘 이상의 주체들 사이에서 쌍방향적으로 작동하면서 이 주체들을 하나로 묶어 사회가 구성되도록 하는 지향적 작용을 뜻한다. 이처럼 사회적 작용이 없이는 사회가 구성될 수 없으며 그러한 점에서 사회적 작용은 바로 사회구성의 토대라 할 수 있다. 그런데 사회적 작용은 다음과 같은 요소들을 가지고 있다.

첫째, 두 사람 사이에 형성되는 사회를 살펴보면 알 수 있듯이[11] 사회적 작용을 구성하는 일차적인 요소는 타인 경험의 능력이다. 사회적 작용이란 두 주체 사이의 쌍방향적인 지향적 작용인데, 이러한 작용이 가능하기 위해서는 각각의 주체가 타인 경험의 능력을 가지고 있어야 하기 때문이다.

둘째, 그러나 타인 경험의 능력만 존재한다고 해서 곧바로 사회적 작

---

11) 후설은 종종 가장 단순한 유형의 사회인 두 사람 사이에 형성되는 사회를 예로 들어 사회적 작용의 구성요소를 해명하고자 시도한다. "공동정신"에 관한 유고(Hua XIV, 165ff, 192ff.)에서도 후설은 여기저기서 두 사람 사이에 형성된 사회를 예로 들어 사회구성에 대한 논의를 전개하고 있다. 우리도 이 글에서 두 사람 사이에 형성된 사회를 예로 들어 사회적 작용의 구성요소를 살펴볼 것이다.

용이 나타나는 것은 아니다. 사회적 작용이 존재할 수 있기 위해서는 타인 경험의 능력과 더불어 "의사전달(die Mitteilung)"(Hua XIV, 169) 능력과 "의사소통(Einverstandnis)"(Hua XIV, 169ff.) 능력이 있어야 한다. 타인 경험의 능력만 존재하고 의사전달 능력이 존재하지 않으면 쌍방향적인 작용은 존재할 수 없기 때문이다.

셋째, 그러나 이처럼 의사전달 능력과 의사소통 능력이 존재한다고 해서 곧바로 사회적 작용이 나타나는 것은 아니다. 의사전달 능력과 의사소통 능력이 쌍방향적인 것으로 구현되어 사회적 작용으로 발전하기 위해서는 의사전달과 의사소통을 쌍방향적인 것으로서 구현시키고 또 지속시킬 수 있는 주체들 사이의 공통적인 실천적 관심이 있어야 한다. 후설은 이러한 실천적 관심을 "두 주체를 포괄하는 노력의 통일체 또는 고유한 의미의 의지의 통일체"(Hua XIV, 171)라고 부르기도 한다. 이처럼 "두 주체를 포괄하는 노력의 통일체 또는 고유한 의미의 의지의 통일체"가 없이는 쌍방적인 작용으로서의 사회적 작용이 존재할 수 없다.

넷째, 바로 "두 주체를 포괄하는 노력의 통일체 또는 고유한 의미의 의지의 통일체"를 토대로 두 주체 사이의 쌍방향적인 지향적 작용이 반복적으로 작동함에 따라 두 주체 사이에 "나-너-관계(die Ich-Du-Beziehung)"(Hua XIV, 166ff.)가 형성된다. 이러한 "나-너-관계"는 사회적 작용을 구성하는 핵심적인 요소 중의 하나이다. 이 경우 "나-너-관계"는 사회적 작용의 노에마적 상관자라 할 수 있다.

다섯째, 그런데 이처럼 "나-너-관계"에 들어선 주체는 타인에 대한 경험, 즉 타인에 대한 의식만을 가지고 있는 것이 아니라, 자기 자신에 대한 경험, 즉 자기 자신에 대한 의식도 가지고 있다. 예를 들어 "나-너-관계"에 들어선 모든 주체는 타인과의 관계에서 볼 때 자기 자신이 어떤 의미를 가지고 있고 어떤 역할을 해야 하는지 생각하면서 자기의식을 가지고 있는 것이다. 물론 이 경우 자기의식이란 단순히 이론적인 자기의식이 아니라, 실천적인 맥락 속에서 의미를 가지고 있는 자기의식이며 그러한 점에서 그것은 "실천적인 자기의식(praktisches Selbstbewusstsein)"(Hua XIV, 170)이라 불릴 수 있다. 실천적 자기의식 속에서 각각의 주체는 자기 자신에 대해 "실천적 주제(praktisches Thema)"(Hua XIV, 171)가 되는데, 이는 각각의 주체가 자기 자신에 대해 실천적인 차원에서 반성의 대상이 됨을 뜻한다. 이처럼 주체들이 "나-너 관계 속에서 인격적 자기의식을 획득함"(Hua XIV, 170)은 사회적 작용의 중요한 구성요소이다.

후설에 의하면 이러한 여러 가지 요소를 가지고 있는 사회적 작용이 존재해야만 둘 이상의 주체 사이에 본래적인 의미의 "실천적인 의지사회"(Hua XIV, 169)가 구성될 수 있다. 이러한 요소들이 결여되어 있을 경우 본래적인 의미의 실천적 사회는 존재할 수 없다. 예를 들어 우리는 타인 경험의 능력이 결여되어 있고 오직 충동적인 지향성만을 가지고 있는 "충동적 주체"(Hua XIV, 165)를 상정해볼 수 있는 있는데, 이러한 충동적 주체들만 존재할 경우 실천적인 의지사회는 구성될 수 없다. 그리고 사회구성을 위해 필요한 여타의 요소들이 갖추어져 있을 경우 만일 주체들을 묶어줄 수 있는 실천적 관심이 존재하지 않으면 이 경우에도 실천적인 의지사회는 구성될 수 없다. 이 점과 관련해 후설은 주체들 사이의 의사전달이 공통적인 실천적 관심에 의해 매개되지 않고 단순히 객관적인 어떤 사태를 중심으로 이루어질 경우 "모종의 의지사회(eine gewisse Willensgemeinschaft)"(Hua XIV, 169)가 형성될 수는 있지만 본래적인 의미의 실천적인 의지사회는 형성될 수 없다고 말한다.

후설은 "공동정신"에 대한 유고에서 사회적 존재론과 사회에 대한 초월론적 현상학을 전개하면서 그와 더불어 사회윤리학도 전개하고 있다. 이 점과 관련해 그는 다양한 유형의 사회는 나름의 윤리를 가지고 있다는 사실을 지적하고 있다. 예를 들어 자연적으로 형성된 가장 단순한 유형의 사회인 가족의 경우 가족을 유지하기 위하여 가족 윤리가 존재한다. 예를 들어 가족 구성원 중의 하나인 어머니는 어머니의 책임이 있으며, 아버지는 아버지의 책임이 있고, 자녀들은 자녀들의 책임이 있다. 말하자면 "각각의 가족 구성원은 책임을 가지고 있는 주체이며", 따라서 각각은 나름의 "당위(Sollen)", "의무(Pflicht)" 등을 가지고 있다(Hua XIV, 180ff.).

그러나 가족뿐 아니라, 모든 유형의 사회는 그 사회 나름의 고유한 윤리를 가지고 있으며, 이러한 윤리의 정체를 해명하는 일은 현상학적 사회윤리학의 핵심적인 과제 중의 하나에 속한다. 후설은 "공동정신"에 관한 유고에서 이처럼 다양한 사회에서 기능하는 다양한 유형의 윤리에 대해 부분적으로만 언급하고 있을 뿐 그에 대해 상세하게 논의하고 있지 않다.

그런데 "공동정신"에 관한 유고에서 가장 주목해야 할 점은 후설이 "사랑의 공동체(die Liebesgemeinschaft)"(Hua XIV, 173ff.)에 대해 논하면서 사랑의 윤리학을 전개하고 있다는 사실이다.[12]

후설은 사랑의 윤리학을 전개하면서 두 가지 종류의 사랑을 구별하는데, "인격적 사랑(die personale Liebe)"(Hua XIV, 172)과 "윤리적 사랑"(Hua XIV, 174)이 그것이다.

우선 인격적 사랑이란 어떤 두 남녀의 사랑처럼 서로 마음에 드는 두 사람들 사이의 사랑을 뜻한다. 이 경우 사랑은 언제나 인격체로서의 특정한 두 사람 사이의 사랑을 뜻한다. 그러한 점에서 인격적 사랑은 구체적이며 특정한 사랑을 뜻한다. 인격적 사랑이 구체적이며 특정한 사랑이라 함은 그것이 차별적인 사랑임을 뜻한다. 인격적 사랑을 하는 두 사람 각각은 각기 상대방을 여타의 다른 무수히 많은 사람들과 차별하면서 사랑하는 것이다. 이러한 점에서 인격적 사랑은 배타적 사랑이라 할 수

---

12) 이 주제에 대한 보다 더 상세한 논의는 다음의 연구들을 참조할 것. 박인철(2001), 「포용과 책임: '사랑의 공동체'에 대한 현상학적 고찰」, 『철학과 현상학 연구』 18, 한국현상학회; U. Melle(2002), "Edmund Husserl: From Reason to Love," in J. J. Drummond and L. Embree(eds.), *Phenomenological Approaches to Moral Philosophy. A Handbook*, Dordrecht: Kluwer Academic Publishers.

있다. 그리고 내가 어떤 사람을 인격체로서 사랑하면 "나는 나로서 그 사람 안에서 살아가고 그 사람은 내 안에서 살아간다."(Hua XIV, 172) 사랑하는 두 사람 중에서 한 사람의 모든 인간적인 애환은 다른 사람의 애환 속으로 녹아들어가고 그 역도 마찬가지다. 이처럼 사랑하는 두 사람의 삶은 분리할 수 없게끔 서로서로 녹아들어가 있다. "사랑하는 사람들은 서로 떨어져 곁에서 함께 살아가는 것이 아니라, 서로 뒤섞여서 살아간다."(Hua XIV, 174) 그런데 후설은 이러한 인격적 사랑을 뒤에서 살펴보게 될 윤리적 사랑과 구별하여 "죄를 짓는 사랑(eine sundige Liebe)"(Hua XIV, 174)이라고 부른다. 인격적 사랑이 "죄를 짓는 사랑"이라 불리는 이유는 인격적 사랑을 하는 어떤 사람은 어떤 특정한 사람을 다른 여타의 사람들과 차별하면서 배타적으로 사랑하기 때문이다.

이처럼 인격적 사랑을 통해 두 사람 사이에 형성된 사회는 "사랑의 공동체"(Hua XIV, 172ff.)라 불린다. 인격적 사랑을 하는 두 사람 사이에 형성된 사랑의 공동체는 사랑하는 두 사람 및 자녀를 비롯해 그들과 밀접히 결합되어 있는 사람들만을 구성원으로 가지고 있는 배타적이며 차별적인 공동체이다. 이처럼 배타적이며 차별적이기 때문에 그것은 "죄를 짓는 공동체"라 할 수 있다.

인격적 사랑과 달리 윤리적 사랑은 인격체로서의 어떤 특정한 두 사람 사이의 사랑이 아니라, "일반적인 인간사랑(die allgemeine Menschenliebe)"(Hua XIV, 174), 즉 인류에 대한 보편적인 사랑을 뜻한다. 이러한 윤리적 사랑의 전형적인 예는 "그리스도교적 사랑(die christliche Liebe)"(Hua XIV, 175), 즉 "모든 인간을 향한 그리스도의 무한한 사랑"(Hua XIV, 174)이다. 윤리적 사랑은 차별적인 사랑도 아니요 배타적인 사랑도 아니다. 무차별성과 비배타성을 가지고 있기 때문에 윤리적 사랑은 인격적 사랑과 근본적으로 구별된다. 인격적 사랑을 하는 사람이 수없이 많은 사람들 중에서 어떤 특정한 사람만을 배타적이며 차별적으로 선택하여 사랑하는 것과는 달리 윤리적 사랑을 하는 사람은 모든 사람을 보편적으로 사랑한다. 진정으로 윤리적 사랑을 하는 사람은 심지어 원수까지도 사랑해야 한다. 물론 이 경우 원수를 사랑하는 사람은 "원수가 가지고 있는 악한 것", "악행"(Hua XIV, 174)을 사랑하는 것이 아니라, 사랑받을 자격을 가지고 태어난 인간인 한에서 원수를 사랑하는 것이다. 바로 이처럼 윤리적 사랑이 차별적이지도 않고 배타적이지도 않기 때문에, 즉 보편적이기 때문에 그것은 바로 "윤리적"이라 불리는 것이다. 그리고 윤리적 사랑이 이처럼 차별적이지도 않고 배타적이지도 않기 때문에 그것은 인격적 사랑과는 달리 "죄 없는 사랑"이라 불릴 수 있다.

후설에 의하면 모든 사람은 윤리적 사랑이라는 선을 행할 수 있는 잠재적인 능력을 가지고 있다. "모든 인간의 영혼 속에는―이것은 하나의 믿음인데―스스로 활동하면서 전개해나가야 할 선을 향한 소명, 씨앗이 들어 있다."(Hua XIV, 174) 그리고 이러한 잠재적인 능력이 발현되어 실제로 윤리적 사랑을 하게 될 경우 그 사람은 자신의 영혼 속에서 잠들어 있던 "이상적인 자아, '참다운' 인격의 자아"(Hua XIV, 174)를 깨우는 것인데, 이러한 자아는 오직 선행 속에서만 자기 자신을 실현시킬 수 있는 것이다. 그리고 이처럼 윤리적으로 각성된 사람은 자신의 이상적인 자아를 장차 스스로 해결해야 할 하나의 무한한 과제로서 정립하는 것이다.

윤리적 사랑을 하는 사람 역시 "사랑의 공동체"를 형성하며 그 안에서 살아간다. 그러나 윤리적 사랑을 하는 사람의 사랑의 공동체는 인격적 사랑을 하는 사람의 사랑의 공동체와는 본질적으로 성격을 달리한다. 인격적 사랑을 하는 사람의 사랑의 공동체가 배타적이며 차별적인 성격을 가지고 있는 것과는 달리 윤리적 사랑을 하는 사람의 사랑의 공동체는 배타적이지도 않고 차별적이지도 않은 공동체이다. 인격적 사랑을 하는 사람의 사랑의 공동체가 사랑하는 두 사람 내지 이 두 사람과 밀접히 결합된 몇몇 사람들만을 구성원으로 가지고 있는 것과는 달리 윤리적 사랑을 하는 사람의 사랑의 공동체는 전 인류를 구성원으로 가지고 있다.

3. 쇄신의 윤리학으로서의 형식적 사회윤리학

후설은 1920년대 초반 *Kaijo*라는 일본의 잡지에 투고한 3편의 글을 포함해 모두 5편의 논문에서 "쇄신(die Erneuerung)"의 문제를 다루면서 현상학적 윤리학을 "개인윤리학(Individualethik)"과 "사회윤리학(Sozialethik)"으로 나누어서 전개하고 있다. 개인윤리학과 사회윤리학은 서로 밀접한 연관 속에서 존재한다. 그럼에도 불구하고 우리는 윤리학의 초점을 개인에게 둘 것이냐, 사회에 둘 것이냐에 따라 개인윤리학과 사회윤리학을 구별할 수 있다. 앞서 논의되었듯이 실천학으로서의 윤리학이 다양한 차원에서 전개될 수 있기 때문에 개인윤리학과 사회윤리학 역시 다양한 차원에서 전개될 수 있다. 말하자면 그것은 경험적 윤리학, 내용적 윤리학, 형식적 윤리학, 초월론적 윤리학 등 다양한 차원에서 전개될 수 있다. 그러나 후설은 이 5편의 논문에서 개인윤리학과 사회윤리학을 형식적 윤리학으로서 전개시키고 있다. 이 점과 관련해 그는 그가 여기서 전개하고 있는 개인윤리학과 사회윤리학이 "윤리적 원칙론(ethische Prinzipienlehre)"(Hua XXVII, 50)에 해당하며 따라서 그것이 "단지 형식적일 뿐"(Hua XXVII, 50)이라고 말한다.

그러면 우선 형식적 개인윤리학에 대해 살펴보고 그를 토대로 형식적 사회윤리학에 대해 살펴보기로 하자. 형식적 개인윤리학의 출발점은 형식적 실천학을 통해 정립된 정언명령이다. 앞서 살펴보았듯이 형식적 실천학의 정언명령은 우리에게 다음과 같이 명령한다: "선택할 수 있는 것들 중에서 그 어떤 다른 것에 의해서도 삼켜질 수 없는 최선의 것을 선택하라!" 또는 "얻을 수 있는 모든 것들 중에서 최선의 것을 얻도록 하라!"

그러면 정언명령이 알려주는 것처럼 선택할 수 있는 것 중에서 최선의 것을 선택할 수 있기 위해서 우리 각자는 어떻게 해야 할까? 이를 위해 우리가 일차적으로 해야 할 것은 우리의 삶과 관련해 우리가 선택할 수 있는 다양한 가능성들을 살펴보는 일이다. 이 점과 관련해 우리는 각자에게 무한히 다양한 삶의 가능성이 존재하며 그중에서 우리는 매순간 하나의 가능성을 선택하면서 살아간다는 사실에 유의할 필요가 있다. 그러면 우리 각자는 어떻게 우리 각자에게 주어진 그처럼 다양한 가능성을 모두 조망할 수 있을까? 이 점과 관련해 후설은 이처럼 무한한 가능성을 조망할 수 있는 가능성을 자유변경을 토대로 한 본질직관의 방법에서 찾고 있다.[13] 말하자면 나는 현재 내가 살아가고 있는 삶의 모습을 출발점으로 삼아서 나의 삶의 모습을 다양한 방식으로 자유변경해가면서 내가 선택할 수 있는 삶의 모습들을 모두 조망해볼 수 있다. 그리고 이처럼 다양한 나의 삶의 유형들을 조망하면 나는 그를 토대로 내가 택할 수 있는 그처럼 무한한 삶의 유형들 중에서 어떤 삶의 유형이 가장 가치가 있는 것인지 평가하고 경우에 따라 그를 위해 결단을 내릴 수 있다. 이 점과 관련해 후설은 우리 모두가 일생에 한 번은 자신의 삶 전체에 대해 총체적으로 반성하면서 "삶 전체를 위해 결정적으로 중요한 의미를 지니고 있는 결단"(Hua XXVII, 43)을 수행할 필요성에 대해 역설하고 있다.

그러면 이러한 결단을 통해 우리 각자에게 어떤 일이 일어나는가? 이러한 결단을 통해 우리 각자는 "윤리적 이념(die ethische Idee)"(Hua XXVII, 43)에 따라 윤리적 삶을 살아갈 수 있게 된다. 그리고 이처럼 윤리적 삶을 살아가게 됨에 따라 우리 각자는 "'윤리적 노예상태'로 퇴락한 인간"(Hua XXVII, 43), 즉 이전의 "낡은 인간"을 버리고 "새로운 참된 인간"(Hua XXVII, 43)으로 다시 태어나게 된다. 이처럼 다시 태어난 새로운 인간의 윤리적 삶의 본질은 인간을 "낮은 곳으로 떨어트리는 경향성들과의 투쟁"(Hua XXVII, 43)에 있다. 그리고 이러한 경향성들이

---

13) 이 점과 관련해 쇄신에 관한 5개의 논문들 중에서 처음 두 개의 논문들은 각각 다음과 같은 제목을 달고 있다. "쇄신. 그의 문제와 방법"(Hua XXVII, 3); "본질직관의 방법"(Hua XXVII, 13).

인간을 끊임없이 따라다니기 때문에 그에 대한 투쟁은 일회적인 것이 아니라 부단히 지속되어야 하며, 바로 이러한 과정을 통해 윤리적 인간은 "지속적인 쇄신"(Hua XXVII, 43)을 통해 부단히 거듭나야 하는 것이다. 여기서 알 수 있듯이 인간의 "지속적인 쇄신"은 바로 윤리적 삶의 핵심이다.

그러면 이제 형식적 사회윤리학에 대해 살펴보자. 형식적 사회윤리학과 관련하여 우리는 쇄신이 개인적 차원에서뿐 아니라, 사회적 차원에서도 수행되어야 한다는 사실에 유의할 필요가 있다. 말하자면 개인과 마찬가지로 사회 역시 윤리적 이념에 따라 부단히 쇄신되어야 한다. 바로 사회의 부단한 쇄신을 목표로 삼는 것이 다름 아닌 사회윤리학이다.

그런데 후설에 의하면 사회의 쇄신 역시 주먹구구식으로가 아니라 방법적 이념에 따라 체계적으로 수행되어야 한다. 앞서 우리는 개인윤리학을 살펴보면서 그의 방법적 구성요소 중의 하나로 자유변경에 토대를 둔 본질직관의 방법을 살펴보았는데, 이러한 본질직관의 방법이 개인의 쇄신을 방법적으로 수행될 수 있도록 해주는 요소이다. 이와 마찬가지로 사회의 지속적인 쇄신 역시 자유변경에 토대를 둔 본질직관의 방법을 통해 체계적으로 이루어져야 한다.

사회의 쇄신을 위해서 우리는 우선 자유변경에 토대를 둔 본질직관의 방법을 사용해 우리가 생각해볼 수 있는 무수히 많은 가능한 사회의 유형을 모두 떠올려보고 그 각각의 정체를 해명해야 한다. 이와 관련해 후설은 1922-23년에 집필한 한 유고에서 "인간의 발전과정에서 나타난 문화의 형식적 유형들"(Hua XXVII, 59)이라는 주제 하에서 역사적으로 존재했던 다양한 문화 유형을 검토한다(Hua XXVII, 59ff.). 여기서 그는 역사적으로 존재했던 문화 유형을 크게 종교적 문화 유형과 철학적 문화 유형(학문적 문화 유형)으로 나눈 후 이 각각을 보다 더 세분하여 고찰한다. 그는 종교적 문화 유형을 자연종교에 의해 각인된 문화 유형, 종교적 자유운동에 의해 각인된 문화 유형, 중세적인 종교적 문화 유형

등으로 나누어 고찰하고, 철학적(학문적) 문화 유형을 철학적 자유운동을 통해 각인된 철학적 문화 유형, 그리스에서의 철학적 문화 유형, 중세의 철학적 문화 유형, 근대의 철학적 문화 유형 등으로 나누어 고찰하고 있다.

　그리고 이처럼 다양한 문화 유형을 떠올려본 후 우리는 그중에서 가장 이상적인 문화 유형이 무엇인지 검토해야 한다. 후설에 의하면 종교적 문화 유형에 비해 철학적 문화 유형이 더 바람직한 문화 유형이다. 그 이유는 철학적 문화는 종교적 문화와는 달리 이성비판을 통해 정초된 것이기 때문이다. 그리고 다양한 철학적 문화 유형 중에서 근대의 철학적 문화 유형이 여타의 철학적 문화 유형에 비해 더 바람직한 문화 유형이다. 그 이유는 근대의 철학적 문화 유형은 "이성비판"을 통한 "절대적 자기정당화의 이념"(Hua XXVII, 94)을 특징으로 하고 있으며, 바로 이러한 이념을 토대로 해서만 진정한 의미에서 부단한 사회의 쇄신이 가능하기 때문이다.

　쇄신의 윤리학으로서 후설의 형식적 사회윤리학은 보편적 목적론에 토대를 두고 있다. 그 이유는 그것이 사회의 부단한 쇄신을 목표로 하고 있으며 이러한 부단한 쇄신은 우리가 끊임없이 더 높은 새로운 목적을 설정하고 그를 향해 나아갈 때 가능하기 때문이다. 이 점과 관련해 우리는 사회의 쇄신이 일회적으로 완결될 수 있는 것이 아니라, 무한히 반복되어야 하는 것임을 유의할 필요가 있다. 바로 사회의 쇄신이 이처럼 무한한 반복의 과정을 통해 수행되어야 하기 때문에 사회적 삶 전체를 지배하는 목적론은 보편적 목적론의 성격을 갖게 되는 것이다.

　후설에 의하면 이처럼 부단한 사회의 쇄신을 가능하게 하는 보편적 목적론의 최종적인 원천은 신이다. 그 이유는 보편적 목적론은 인류가 그를 향해 무한히 나아가야 할 "절대적 극한치(der absolute Limes)" (Hua XXVII, 33)를 전제하는데, 바로 이러한 절대적 극한치가 다름 아닌 "신의 이념(die Gottesidee)"(Hua XXVII, 34)이기 때문이다. 이처럼

후설의 쇄신의 윤리학은 보편적 목적론을 매개로 철학적 신학으로 이행하게 된다.[14]

4. 후설의 현상학적 사회윤리학의 의의와 과제

지금까지 우리는 "공동정신"에 관한 유고와 쇄신의 윤리학에 관한 5편의 논문을 중심으로 후설의 현상학적 윤리학에 대해 살펴보았다. 그러면 이제 지금까지 살펴본 후설의 현상학적 사회윤리학의 의의와 과제를 살펴보기로 하자.

1) 후설의 현상학적 사회윤리학의 의의 중의 하나는 그것이 경험적 사회윤리학, 내용적 사회윤리학, 형식적 사회윤리학, 초월론적 사회윤리학 등 다양한 차원의 사회윤리학으로 나누어 체계적으로 전개될 수 있는 가능성을 가지고 있다는 데 있다. 철학사에 등장한 여러 철학자들의 사회윤리학뿐 아니라, 현재 논의되고 있는 여러 가지 사회윤리학들을 살펴보아도 우리는 그것들이 이처럼 다양한 차원으로 전개된 경우를 찾아볼 수 없으며, 바로 이러한 점에서 후설의 현상학적 사회윤리학은 여타의 사회윤리학과 구별된다.

2) 그런데 후설의 현상학적 사회윤리학의 다양한 차원 중에서 무엇보다도 초월론적 현상학적 사회윤리학은 장차 사회윤리학의 새로운 지평을 개척함에 있어 결정적으로 중요한 의미를 지니고 있다. 그 이유는 초월론적 현상학적 사회윤리학이 가능한 모든 유형의 사회윤리 현상의 뿌리를 해명함을 목표로 하기 때문이며, 바로 초월론적 현상학적 윤리학적 연구를 통해 가능한 모든 유형의 사회윤리 현상의 정체가 그 뿌리로부터 철저하게 해명될 수 있기 때문이다. 이처럼 가능한 모든 유형의 사

---

14) 후설의 윤리학과 목적론의 관계에 대한 보다 더 구체적인 논의는 홍성하(1999), 「후설의 현상학적 윤리학과 보편적 목적론」, 『철학』 59, 한국철학회 참조.

회윤리 현상의 정체를 그 뿌리로부터 해명할 수 있는 초월론적 현상학적 사회윤리학은 지금까지 전개된 여러 가지 사회윤리학의 정체를 해명하고 더 나아가 그의 한계를 극복하면서 사회윤리학의 새로운 지평을 개척하는 데 기여할 수 있을 것이다.

3) 후설의 현상학적 사회윤리학의 또 하나의 중요한 의의는 그것이 엄밀한 현상학적 방법을 통해 전개되고 있다는 데 있다. 앞서 쇄신의 윤리학에 관한 논문들에 나타난 후설의 현상학적 사회윤리학을 살펴보면서 확인했듯이 후설은 형식적인 현상학적 사회윤리학을 전개하면서 자유변경에 토대를 둔 본질직관의 방법을 사용하고 있다. 본질직관의 방법은 쇄신의 윤리학으로서의 형식적인 현상학적 사회윤리학을 전개하기 위해 꼭 필요한 방법이다.

그러나 후설은 본질직관의 방법 이외에도 현상학적 사회윤리학을 엄밀한 학으로 전개시키기 위한 중요한 방법들을 마련해놓았다. 앞서 1절에서 우리는 다양한 차원의 현상학적 윤리학에 대해 살펴보았는데, 비록 우리가 그에 대해 논의하지 않았지만, 이 각각의 차원의 현상학적 윤리학을 체계적으로 전개시키기 위해서는 다양한 유형의 현상학적 방법이 필요하다. 잘 알려져 있듯이 후설은 자신의 현상학을 전개해나가면서 현상학적 심리학적 환원, 생활세계적 환원, 초월론적 현상학적 환원 등 다양한 현상학적 방법들을 개발하였는데, 이러한 방법들은 현상학적 사회윤리학을 엄밀학으로 전개하기 위해 없어서는 안 될 필수적인 요소이다. 물론 이처럼 다양한 현상학적 방법들을 현상학적 사회윤리학을 전개시키기 위하여 사용할 경우 우리는 필요할 경우 그것들을 현상학적 사회윤리학의 맥락에 맞게 수정하고 보완하여 사용할 필요가 있다.[15]

---

15) 이 점과 관련해 하트(J. G. Hart)는 후설적인 사회윤리학에 대한 연구라는 부제를 달고 있는 그의 한 저서에서 "윤리적 환원", "윤리적 환원과 초월론적 환원" 등에 대해 논하고 있다. 그에 대해서는 J. G. Hart(1992), *The Person and the Common Life: Studies in Husserlian Social Ethics*, 26ff. 참조.

이처럼 후설의 현상학적 사회윤리학이 중요한 의의를 가지고 있음에도 불구하고 "공동정신"에 관한 유고와 쇄신의 윤리학에 관한 5편의 논문에 나타난 현상학적 사회윤리학은 결코 이미 완성되어 더 이상의 보완이 필요하지 않을 정도로 완결된 체계를 갖추고 있는 것은 아니다. 그것은 여러 가지 점에서 수정되고 보완되어야 할 필요가 있으며 그러한 한에서 앞으로 해결해야 할 여러 가지 과제들을 가지고 있다. 필자의 견해에 1920년 대 중후반 이후에 집필된 후설의 작품들에서도 이러한 과제들은 해결되지 않은 채 남아 있다. 그러면 이제 지금까지 살펴본 후설의 현상학적 사회윤 리학이 앞으로 해결해야 할 중요한 몇 가지 중요한 과제들을 살펴보자.

1) 앞서 살펴보았듯이 후설의 현상학적 사회윤리학이 경험적 사회윤 리학, 내용적 사회윤리학, 형식적 사회윤리학, 초월론적 사회윤리학 등 다양한 차원의 사회윤리학으로 나누어 체계적으로 전개될 수 있는 가능 성을 가지고 있음에도 불구하고 후설은 현상학적 사회윤리학을 이처럼 다양한 차원으로 나누어 체계적으로 전개하지 않았다. 현상학적 사회윤 리학을 이처럼 다양한 차원으로 나누어 체계적으로 전개하는 일은 장차 현상학적 사회윤리학에 부과된 중요한 과제 중의 하나이다. 쇄신의 윤 리학에 관한 5편의 논문이 보여주듯이 후설이 가장 심혈을 기울여 전개 한 것은 형식적 사회윤리학이며 내용적 사회윤리학, 경험적 사회윤리 학, 초월론적 사회윤리학은 거의 전개되지 않았거나 충분히 전개되지 않은 채 있다. 따라서 내용적 사회윤리학, 경험적 사회윤리학, 초월론적 사회윤리학 등을 풍부하게 전개하는 일은 장차 현상학적 윤리학에 부과 된 중요한 과제이다.

2) "공동정신"에 관한 유고와 쇄신의 윤리학에 관한 5편의 논문에 나 타난 후설의 현상학적 사회윤리학은 여기저기 불투명한 점을 많이 남겨 놓고 있는데, 이러한 불투명성을 극복하고 사회윤리학을 엄밀학으로 정 립하는 일은 후설의 현상학적 사회윤리학이 해결해야 할 또 하나의 중요 한 과제이다.

예를 들어 그는 형식적 사회윤리학을 전개하면서 이성비판을 통한 절대적인 자기정당화의 이념에 의해 정초된 사회를 가장 이상적인 사회로 제시하는데, 이처럼 특정한 유형의 사회를 이상적인 사회로 간주하는 윤리학이 과연 형식적 사회윤리학인지 하는 문제점이 제기될 수 있다. 필자의 견해에 의하면 특정한 내용을 가지고 있는 사회를 가장 이상적인 사회로 제시하는 그의 사회윤리학은 형식적 사회윤리학이 아니라, 내용적 사회윤리학에 해당한다.

그리고 과연 이성비판을 통한 절대적인 자기정당화의 이념에 의해 정초된 사회가 가장 이상적인 사회라는 그의 견해가 어느 정도 타당한 것인지 하는 점도 문제라 할 수 있다. 이 점과 관련해 후설은 이성비판을 통한 절대적인 자기정당화의 이념에 의해 정초된 사회를 가장 이상적인 사회로 제시하고 있음에도 불구하고 사랑의 공동체를 가장 이상적인 사회로 간주하는 경향을 보이기도 한다. 바로 이러한 맥락에서 이러한 두 가지 유형의 사회가 서로 어떤 관계에 있는지 하는 물음이 제기될 수 있다. 이 점과 관련해 멜레(U. Melle)는 "이성과 사랑이 신적인 세계질서라고 하는 양자의 총체적인 맥락에 놓일 때만 양자는 하나라고 후설이 생각하는 것 같다"[16]고 말하면서 신적인 세계질서의 차원에서 보면 이 두 유형의 사회가 사실은 동일한 사회라는 견해를 피력하고 있다. 필자는 이러한 멜레의 견해가 나름대로 타당성을 가지고 있다고 생각한다. 그 이유는 가장 이상적인 사회는 오직 하나밖에 없을 텐데, 이성비판을 통한 절대적인 자기정당화의 이념에 의해 정초된 사회도 가장 이상적인 사회이고 사랑의 공동체도 가장 이상적인 사회라면 이 둘은 동일한 것일 수밖에 없기 때문이다. 물론 이러한 멜레의 견해와 관련하여 우리는 그 근거를 보다 더 철저하게 해명할 필요가 있는데, 이처럼 그 근거를 보다

---

16) U. Melle(2002), "Edmund Husserl: From Reason to Love," in J. J. Drummond and L. Embree(eds.), *Phenomenological Approaches to Moral Philosophy. A Handbook*, Dordrecht: Kluwer Academic Publishers, p.247.

더 철저하게 해명하는 일 역시 후설의 현상학적 사회윤리학이 해결해야 할 중요한 과제 중의 하나이다.

3) "공동정신"에 관한 유고와 쇄신의 윤리학에 관한 5편의 논문에는 최근 들어 한국사회에서 많이 논의되고 있는 정의로운 사회에 대한 논의가 등장하지 않는다. 필자의 견해에 의하면 정의로운 사회는 현상학적 사회윤리학이 꼭 해명하여야 할 주제이다. 정의로운 사회에 대한 해명 및 정의로운 사회가 이성비판을 통한 절대적인 자기정당화의 이념에 의해 정초된 사회 및 윤리적 사랑의 공동체와 어떤 관계에 있는지에 대한 해명은 현상학적 사회윤리학에 부과된 중요한 과제 중의 하나이다.

4) 후설은 『논리연구』, 『이념들 I』 등 초중기 저술에서 주로 정적 현상학적 분석만을 수행하였으나 후기에 접어들면서 정적 현상학적 분석과 더불어 발생적 현상학적 분석도 수행하고 있다. 후설은 정적 현상학과 발생적 현상학을 초월론적 현상학, 즉 "구성적 현상학의 두 가지 얼굴" (Hua XV, 617)로 간주하고 있다. 이처럼 후설의 후기 현상학에서 초월론적 현상학이 정적 현상학과 발생적 현상학으로 나누어지기 때문에 그에 상응해 초월론적 현상학적 사회윤리학 역시 정적 현상학과 발생적 현상학 등 두 가지 유형으로 나누어 전개될 필요가 있다. "공동정신"에 관한 유고와 쇄신의 윤리학에 관한 5편의 논문은 후설의 후기 현상학이 막 시작하던 때에 집필되었으나 후설은 거기서 정적 현상학과 발생적 현상학의 구별을 의식하면서 현상학적 사회윤리학을 전개하고 있지 않다. 따라서 정적 현상학과 발생적 현상학으로 나누어 초월론적 현상학적 사회윤리학을 체계적으로 전개하는 일은 현상학적 사회윤리학에 부과된 중요한 과제 중의 하나이다.

5) 생활세계는 후설의 후기 현상학의 핵심적인 주제 중의 하나이다. 물론 후설의 초중기 현상학에서도 생활세계라는 개념이 등장하기는 하지만 이 개념은 그의 후기 현상학에서 본격적으로 다루어지고 있다. 그런데 이 점과 관련해 주목해야 할 점은 생활세계는 윤리학이 간과해서는

안 될 중요한 주제 중의 하나라는 사실이다. 그 이유는 윤리란 근원적으로 우리가 일상적인 삶을 영위하는 생활세계 속에서 의미를 가지면서 작동하는 것이지 일상적인 삶의 맥락을 벗어난 추상적인 세계 속에서 존재하는 것이 아니기 때문이다. 따라서 생활세계의 문제를 고려하면서 사회윤리학을 체계적으로 전개하는 일은 후설의 현상학적 사회윤리학에 부과된 중요한 과제 중의 하나에 속한다. 필자는 후설 역시 "공동정신"에 관한 유고와 쇄신의 윤리학에 관한 5편의 논문에서 생활세계의 문제를 고려하면서 현상학적 사회윤리학을 전개하고자 시도하였다고 생각한다. 앞서 우리는 "공동정신"에 관한 유고에서 후설이 다양한 유형의 사회를 고려하면서 그 각각에서 작동하는 윤리를 해명하고자 시도하고 있음을 살펴보았는데, 이러한 후설의 시도는 생활세계의 문제를 고려하면서 현상학적 사회윤리학을 새롭게 정립하려는 시도라 할 수 있다. 이 점과 관련해 우리는 "공동정신"에 대한 유고에서 다루어지고 있는 다양한 유형의 사회, 즉 언어공동체, 가족공동체, 민족공동체 등이 다름 아닌 생활세계를 구성하는 요소들이라는 사실에 유의할 필요가 있다. 그럼에도 불구하고 후설은 "공동정신"에 관한 유고와 쇄신의 윤리학에 관한 5편의 논문에서 생활세계의 문제를 본격적으로 고려하면서 현상학적 사회윤리학을 체계적으로 전개하지 않았으며, 바로 생활세계의 문제를 본격적으로 고려하면서 현상학적 사회윤리학을 체계적으로 전개하는 일은 후설의 현상학적 사회윤리학에 부과된 중요한 과제 중의 하나라 할 수 있다.

6) 후설은 『논리연구』, 『이념들 I』 등의 초중기 저술에서는 주로 이성에 초점을 맞추어 현상학적 분석을 수행하고 있으나, 후기 저술에서는 이성의 발생적 토대인 수동적 종합의 문제를 본격적으로 분석해 들어가며 그 과정에서 특히 원초적인 본능의 문제를 분석해 들어간다. 그에 따라 현상학적 사회윤리학 역시 이성의 문제에만 초점을 맞추어 전개될 수는 없으며 수동적 종합, 본능 등의 현상을 체계적으로 분석하면서 전개될 필요가 있다. 그리고 이러한 현상들, 예를 들어 본능 현상을 체계적으

로 분석하면서 사회윤리 현상을 규명할 경우 현상학적 사회윤리학은 "공동정신"에 관한 유고와 쇄신의 윤리학에 관한 5편의 논문에 나타난 현상학적 사회윤리학과는 전혀 다른 모습을 보일 수도 있다. 바로 이러한 이유에서 후설 역시 몇몇 유고에서 본능의 문제를 분석하면서 현상학적 사회윤리학을 전개하고자 시도하고 있다. 그 대표적인 예는 앞서 살펴본 "공동정신"에 관한 유고이다. 이 유고에서 그는 다음과 같이 쓰고 있다: "사회 속에서의 이성. 윤리적인 것. 본능적 토대 위에 선 윤리적인 것."(Hua XIV, 180) 그럼에도 불구하고 후설은 본능 현상을 철저히 해명하면서 현상학적 사회윤리학을 전개하지 않았는데, 이러한 작업 역시 후설의 현상학적 사회윤리학에 부과된 중요한 과제 중의 하나이다.[17]

지금까지 우리는 "공동정신"에 관한 유고와 쇄신의 윤리학에 관한 논문들에 나타난 후설의 현상학적 사회윤리학의 내용을 검토하고 그의 의의와 더불어 앞으로 해결해야 할 과제들에 대해 살펴보았다. 후설의 현상학적 사회윤리학은 여러 가지 이유에서 미래의 사회윤리학을 위해 결정적으로 중요한 의의를 지닌다. 필자는 사회윤리 현상을 그 뿌리에서부터 근원적이며 총체적으로 해명하고자 하는 연구자들은 후설의 현상학적 사회윤리학에 대해 관심을 가지고 연구할 필요가 있다고 생각한다. 그럼에도 불구하고, 앞서 살펴보았듯이, 후설의 현상학적 사회윤리학은 앞으로 해결해야 할 많은 과제들을 안고 있다. 이처럼 후설의 현상학적 사회윤리학이 많은 과제를 가지게 된 가장 중요한 이유는 현상학적 사회윤리학이 다루어야 할 주제는 방대한 데 반해 후설이 그것을 천착할 수 있는 시간을 충분히 가지지 못했기 때문이다. 필자는 앞서 살펴본 과

---

17) 이 점과 관련해 로이돌트(S. Loidolt)는 후설의 현상학적 윤리학이 이성과 본능의 관계를 보다 더 철저하게 해명할 필요가 있음을 지적하고 있다. 이 점에 대해서는 S. Loidolt(2011), "Fünf Fragen an Husserls Ethik aus gegenwärtiger Perspektive," V. Mayer, Ch. Erhard, and M. Scherini, *Die Aktualitat Husserls*, Freiburg/München: Alber 참조.

제들을 철저하게 해결해나가는 과정에서 현상학적 사회윤리학의 새로운 지평이 열릴 수 있을 것으로 기대한다.

참고문헌

박인철(2001), 「포용과 책임: '사랑의 공동체'에 대한 현상학적 고찰」, 『철학과 현상학 연구』 18, 한국현상학회.

이길우(1988), 「현상학적 윤리학: 후설의 순수윤리학의 이념을 중심으로」, 『철학과 현상학 연구』 3, 한국현상학회.

____(1999), 「현상학적 관점에서 본 칸트의 윤리학」, 『철학과 현상학 연구』 13, 한국현상학회.

____(1996), 「현상학의 감정윤리학: 감정 작용의 분석을 중심으로」, 『철학과 현상학 연구』 8, 한국현상학회.

이남인(2004), 『현상학과 해석학』, 서울대학교 출판부.

조관성(2003), 『현상학과 윤리학』, 교육과학사.

____(1999), 「후설철학에서의 개체와 공동체 그리고 윤리적 사회성」, 『철학과 현상학 연구』 12, 한국현상학회.

____(2008), 「후설의 정언명령」, 『철학과 현상학 연구』 37, 한국현상학회.

홍성하(1999), 「후설의 현상학적 윤리학과 보편적 목적론」, 『철학』 59, 한국철학회.

Hart, J. G.(1992), *The Person and the Com mon Life: Studies in Husserlian Social Ethics*, Dordrecht: Kluwer Academic Publishers.

Husserl, E.(1976), *Ideen zu einer reinen Phänomenologie und phänomenologischen Philosophie. Erstes Buch: Allgemeine Einfuhrung in die reine Phänomenologie. 1. Halbband. Text der 1.-3. Auflage,* Den Haag: Martinus Nijhoff. (Hua III/1, 「이념들 I」)

Husserl, E.(1952), *Ideen zu einer reinen Phänomenologie und phänomenologischen Philosophie. Zweites Buch: Phänomenologische Untersuchungen zur Konstitution,* Den Haag: Martinus Nijhoff. (Hua XIV, 「이념들 II」)

Husserl, E.(1954), *Die Krisis der europaischen Wissenschaften und die transzendentale Phänomenologie. Eine Einleitung in die phänomenologische Philosophie,* Den Haag: Martinus Nijhoff. (Hua XIV, 「위기」).

Husserl, E.(1966), *Analysen zur passiven Synthesis. Aus Vorlesungs- und Forschungsmanuskripten 1918-1926,* Den Haag: Martinus Nijhoff. (Hua XI, 「수동적 종합의 분석」)

Husserl, E.(1973), *Zur Phänomenologie der Intersubjektivitat. Texte aus dem Nachlaß. Erster Teil 1905-1920,* Den Haag: Martinus Nijhoff. (Hua XIII, 「상호주관성 I」)

Husserl, E.(1973), *Zur Phänomenologie der Intersubjektivitat. Texte aus dem Nachlaß. Zweiter Teil: 1921-1928,* Den Haag: Martinus Nijhoff. (Hua XIV, 「상호주관성 II」)

Husserl, E.(1973), *Zur Phänomenologie der Intersubjektivitat. Texte aus dem Nachlaß. Dritter Teil: 1929-1935,* Den Haag: Martinus Nijhoff. (Hua XV, 「상호주관성 III」)

Husserl, E.(1984), *Logische Untersuchungen, Zweiter Band: Untersuchungen zur Phänomenologie und Theorie der Erkenntnis. Erster Teil,* Dordrecht/Boston/London: Kluwer

Academic Publishers. (Hua XIX/1, 『논리연구 II/1』)

Husserl, E.(1984), *Logische Untersuchungen, Zweiter Band: Untersuchungen zur Phänomenologie und Theorie der Erkenntnis. Zweiter Teil*, Dordrecht/Boston/London: Kluwer Academic Publishers. (Hua XIX/2, 『논리연구 II/2』)

Husserl, E.(1987), *Aufsätze und Vorträge(1911-1921)*, Dordrecht: Martinus Nijhoff. (Hua XXV, 『강연집 1』)

Husserl, E.(1989), *Aufsätze und Vorträge(1922-1937)*, Dordrecht/ Boston/London: Kluwer Academic Publishers. (Hua XXVII, 『강연집 2』)

Husserl, E.(1988), *Vorlesungen über Ethik und Wertlehre*, Dordrecht/Boston/London: Kluwer Academic Publishers. (Hua XXVIII, 『윤리학 1』)

Husserl, E.(2004), *Einleitung in die Ethik. Vorlesungen Sommersemester 1920/1924*, Dordrecht/Boston/London: Kluwer Academic Publishers, 2004. (Hua XXXVII, 『윤리학 2』)

Husserl, E., 유고 A V 21, E III 4.

Loidolt, S.(2011), "Fünf Fragen an Husserls Ethik aus gegenwärtiger Perspektive," V. Mayer, Ch. Erhard, M. Scherini(eds.), *Die Aktualität Husserls*, Freiburg/München: Alber.

Melle, U.(1991), "The Development of Husserl's Ethics," *Éudes Phénoménologiques*.

Melle, U.(1992), "Husserls Phänomenologie des Willens," *Tijdschrift voor Filosopfie* 54.

Melle, U.(2002), "Edmund Husserl: From Reason to Love," J. J. Drummond, L. Embree(eds.), *Phenomenological Approaches* to *Moral Philosophy. A Handbook*, Dordrecht: Kluwer Academic Publishers.

Roth, A.(1960), *Edmund Husserls ethische Untersuchungen*, Den Haag: Martinus Nijhoff, 이길우 옮김(1991), 『후설의 윤리연구』, 세화.

Scheler, M.(1980), *Der Formalismus in der Ethik und die materiale Wertethik*, Bern: A. Franck AG.

4부

동양 윤리의 재해석

이성과 감성, 그리고 도덕성의 성리학적 상보성(相補性)

리 기 용

1. 서론

1.1.

인류의 역사발전의 대표적 이해 방식으로 인류지성의 발달 혹은 물질 문명의 발달을 들 수 있다. 지성사적 측면에서 볼 때 이러한 발전은 한편 으로는 자연과 인간, 신과 인간, 인간과 인간이라는 자아 외부와의 갈등 과 투쟁의 역사로, 다른 한편에서는 자아 내면의 이성과 감성의 대립과 갈등의 역사로 구분해볼 수 있을 것이다.

서구 근대 이후 총체적 전환의 계기를 마련한 '자아'의 확립은 인간의 사유방식과 인식작용 등 감성에서 이성까지의 제 작용에 대한 해명을 요

---

* 이 논문은 율곡학회 편, 『율곡사상연구』 제5권(2002)에 실린 글이다.

구하게 되는데, 가장 대표적 문제로 제기된 것 중 하나가 'Mind-Body Problem'이라고 할 수 있다. 문제의 설정에서 엿볼 수 있듯이 물심(物心) 이원론적 사유는 이성과 감성의 대립을 더욱 첨예하게 드러내주었다. 이성과 감성의 대립은 주인과 노예의 메타포로 비유되곤 하였는데, 이 비유들은 이성의 통제 아래 감정의 위험한 충동을 안전하게 억제하거나 또는 일정한 방향으로 이끌거나, 이성과 조화를 이루도록 함으로써 우리 자신의 주인이 된다는 것을 말해주고 있다.[1] 그러나 지난 세기 후반 이성에 의한 획일화된 규범에 지쳐버린 인간의 마음은 감정에 대한 새로운 접근을 시도하였다.

본고에서 관심을 둔 주제는 이성과 감성의 대립적 구도의 맥락을 일탈한 감정을 전제로 한 도덕적 의지에 관한 문제이다. 그런데 서구의 경우 감성 중심적 관점에서 접근하였던 Emotivism(정의론, 情意論)은 상대적으로 비판적 관점에서 논의되었으나, 최근 감정에 담론의 부상과 함께 감정의 표출을 표방하는 Expressionism(표현주의)과 같은 논의들이 긍정적인 평가를 받고 있다는 점은 주목할 사실이다.

1.2.

최근 감성에 대한 우호적 경향은 지난 세기 말 대두되기 시작했던 표현주의 등 감성의 철학이나 E.Q. 신드롬 등을 통하여 확인할 수 있다. 이성 중심적 사유나 인간의 지능, 지성에 대한 평가가 I.Q.라는 획일적 측면에서 이루어졌던 것에 대해 이러한 추이는 이성에 위배, 대립되는 듯 여겨왔던 감성에 대한 새로운 조망을 가능하게 하였다.

그러나 감정에 대한 문제를 해명하는 것만으로는 전인적 인간으로서의 정립이 불가능하다는 것은 주지의 사실이다. 때문에 E.Q. 신드롬의

---

1) 박정순, 「감정의 윤리학적 사활」, 『감성의 철학』(민음사, 1996) pp.69-80.

여파를 타고 새롭게 등장한 문제들로 M.Q. 또는 C.Q., L.Q. 등의 문제들이 연이어 일어나고 있다. 총체적 관점에서 이것들을 종합해보면, 이러한 지수들은 결국 전인적 인간으로서의 정립의 일환으로 제기된 잣대라는 점이다.

1.3.

필자는 앞에서 살펴보았던바 현대 영미 윤리학의 쟁점들 특히 최근의 감성, 도덕성 등에 관한 윤리학적 논의들을 접하면서, 이것들이 16세기 우리의 지성사 속에서 보았던 친숙한 논의들과 크게 다르지 않다는 것을 확인할 수 있었다. 감정을 전제로 한 이성, 도덕성의 실현 등의 문제는 조선조를 통하여 이미 심도 있게 논의된 주제였다. 그러나 우리의 철학계에서는 현대 서구의 감성 중심의 논의들을 단절된 전통사상과는 전혀 별개의 것으로 간주된 채, 서구의 신사조나 핫이슈로만 받아들이고 있다는 것이다. 때문에 이 논문에서는 조선성리학, 특히 (퇴계와) 율곡의 철학을 통해서 이 문제들을 반추해봄으로써 현대사회에서 단편적으로 세파를 타고 유행처럼 번지는 감성·감정, 도덕성과 그 실천 등에 관한 문제들이 어떻게 하나의 사유체계로 설명되었는지에 초점을 맞추어 총체적으로 조망해보려고 한다. 먼저 말하면 16세기 퇴계와 율곡의 철학에서 마음의 지각 기능을 전제로 사단칠정론[情]이 전개되고, 이 논의는 인심도심론[情, 意]으로 발전되면서 인간의 마음을 중심으로 그 구조와 기능에 대한 심층적 조망이 이루어지고 있었다는 점을 상기하자는 것이다. 물론 성리학의 심(心), 성(性), 정(情), 의(意), 혹은 마음[心]의 지각, 사단칠정, 인심도심의 논의들을 유비적이라고 하더라도 각각 이성, 감정·감성, 도덕성·도덕의지의 문제로 풀이하는 것은 많은 오해의 소지를 가질 수밖에 없다. 그러나 이러한 유비적 논의의 시도는 이미 사장화되어버린 성리학의 개념을 현대적으로 이해하고, 풀이해내기 위한 과정에서 빚어질 수밖에 없는 의도적인 것이라는 것을 미리 밝혀둔다.

2. 인욕천리(人欲天理)와 인심도심(人心道心)

2.1.

동아시아의 전통철학에서 감정과 도덕의 문제는 인간의 감성적 욕구[人欲]와 그 주재적 원칙으로 제시된 보편리[天理] 문제와 밀접하게 연결되어 있다. 이 문제는 크게 두 가지로 나누어 볼 수 있는데, 하나는 천리와 인욕이 상대해 있다는 입장[天理人欲相對]이며, 다른 하나는 천리는 인욕 속에 있다는 입장[天理存乎人欲]이다. 이것은 다시 '존천리멸인욕(存天理滅人欲)'과 '이천리절인욕(以天理節人欲)'의 구체적 수양론의 입장으로 대별되기도 한다. 감성적 욕구와 이성적 제어에 관한 문제들이 총체적으로 다루어지는 담론의 장이 바로 조선성리학의 '사단칠정논변(四端七情論辨)'이라고 할 수 있다. 그리고 이 문제는 도덕성에 관한 논의로 발전하면서 '사단칠정론은 인심도심론'으로 전개된다.

2.2.

'인심도심론(人心道心論)'의 연원은 『상서(尚書)』의 십육자심법(十六字心法)과 『예기(禮記)』의 인욕천리(人欲天理)의 문제이다. 전자는 송명이학에서 후자의 방식으로 해석되면서 쟁점으로 부각하게 되며, 이 문제는 조선조 사단칠정[情]에 관한 논의와 연결되면서 인심도심론, 즉 성리학적 '정의론(情意論)'으로 발전한다.

리학(理學)의 인심도심론은 요(堯), 순(舜), 우(禹)가 전한 치인적(治人的) 심법(心法)을 유가(儒家)의 도덕철학(道德哲學)이 성립할 수 있는 전문적인 심론(心論)으로 풀이한 것이다. 주자(朱熹, 1130-1200)에 의하면

430

인심도심(人心道心)이 구분되는 것은 지각(知覺)하는 것이 같지 않기 때문인데, 지각이 같지 않게 되는 까닭은 형기(形氣)의 사사로움에서 나오고[或生於形氣之私], 성명(性命)의 바름에 근거하기[或原於性命之正] 때문이라는 것이다. 즉 인심(人心)은 형기에서 드러나는[生] 것으로 감각적(感覺的)인 마음이며, 도심(道心)은 성명에 근원[原]하는 것으로 의리(義理) 혹은 도의적(道義的)인 마음으로서 지각(知覺)의 방식이 다른 것으로 볼 수 있다. 주자(朱子)는 인심을 부정적으로 보지 않고 인심과 도심은 누구나 가지는 기본적인 마음의 형태라고 파악하면서, 결국 인심도심론의 본지는 '치심(治心)'에 있음을 밝히고 있다. 그리고 이 논의는 마음의 지각(知覺)을 전제로 한 '인심청명어도심(人心聽命於道心)'의 상태를 지향하게 된다. 이렇게 볼 때 주자는 인심도심을 이발상(已發上)의 마음이되 그 존재 양태가 대립적(對立的)이 아니라 층차를 달리한 주종적(主從的) 공존(共存), 즉 대대(對待)의 관계로 본 것이다. 이렇게 본다면 정주이학에서의 인욕천리와 인심도심의 문제는 전형적인 이성과 감정 즉 주인과 노예의 메타포의 연장선에서 이해할 수 있게 된다.

2.3.

송명이학의 인심도심론은 형기의 인심(人心)이 어떻게 의리가 주재(主宰)하는 도심(道心)의 명(命)을 듣는지의 '청명(聽命)' 여부와 그 가능성 문제가 남게 되는데, 이 문제는 조선 성리학 특히 퇴계(退溪 李滉, 1501-1570)와 율곡(栗谷 李珥, 1536-1584)의 사단칠정론, 특히 율곡의 인심도심론을 통하여 잘 설명된다.

사람이 태어나서 고요한 것은 하늘로부터 타고난[天]의 본성이요, (사물에) 감응하여 움직이는 것은 사람의 본성[性]이 갖는 욕구[欲]이다(『예기(禮記)』「악기(樂記)」. 감동할 때에 인(仁)에 거하려고 하고, 의(義)에 말미암으려 하

고, 예(禮)를 회복하려 하고, 리(理)를 궁구하려 하며, 신을 충직히 지키려 하
며, 어버이께 효도하려고 하고, 임금께 충성하려고 하고, 가정을 바르게 하려
고 하며, 형을 공경하려고 하고, 친구에게 간절히 선행을 격려하려고 하니 이
런 것들은 도심(道心)이라고 이르는 것이다. (사물에) 감응하여 움직이는 것
은 진실로 형기(形氣)이지만 그 발하는 것이 인의예지(仁義禮智)의 바른 것에
서 곧바로 나와 형기에 가리어지지 않으므로 리(理)를 위주로 삼아 이것을 명
목하여 도심(道心)이라 하는 것이다.

혹 배고프면 먹으려 하고, 추우면 입으려 하고, 목마르면 마시려 하고, 가려
우면 긁으려 하며, 눈은 좋은 빛깔을 보려고 하고, 귀는 좋은 소리를 듣고자
하며, 사지는 편안하려고 하니 이와 같은 류를 인심(人心)이라 이르는 것이
다. 그 원천은 비록 천성에서 근본하지만 그 발(發)하는 것이 이목과 사지의
사사로움에서 나와서 천리(天理)의 본연(本然)이 아니므로 기(氣)를 위주로
삼아 이것을 명목하여 인심(人心)이라 하는 것이다.[2]

율곡은 인심도심(人心道心)을 『예기(禮記)』의 인욕천리(人欲天理) 문제
와 연관시켜 해석하는 한편, 인심과 도심에 대해 구체적인 예를 들어 설
명하고 있다. 이것을 정리해보면 도심(道心)은 의리(義理), 도의(道義)를
위하는 도덕적 마음이며, 인심(人心)은 식색(食色), 형기(形氣)를 위하는
생리적(감각적)인 마음으로서 서로 층차가 다르다.[3] 감동(感動)하는 것은

---

2) 『栗谷全書』 1, 198면 10:4a「答成浩原」(論理氣 第三書). 人生而靜, 天之性也, 感於物而動,
性之欲也.(樂記) 感動之際 欲居仁, 欲由義, 欲復禮, 欲窮理, 欲忠信, 欲孝於其親, 欲忠於
其君, 欲正家, 欲敬兄, 欲切偲於朋友, 則如此之類, 謂之道心. 感動者固是形氣, 而其發也直
出於仁義禮智之正, 而形氣不爲之撂蔽, 故主乎理而目之以道心也. 如或飢欲食, 寒欲衣,
渴欲飮, 癢欲搔, 目欲色, 耳欲聲, 四肢之欲安逸, 則如此之類謂之人心. 其源雖本乎天性, 而
其發也由乎耳目四肢之私, 而非天理之本然, 故主乎氣而目之以人心也.
3) 율곡의 인심도심에 대한 정의는 이 편지 곳곳에서 찾아볼 수 있다. 그리고 이러한 인심도
심의 정의는 그의 晩年까지 크게 달라지지 않는다.
人心道心, 雖二名, 而其原, 則只是一心. 其發也, 或爲理義, 或爲食色, 故隨其發, 而異其名.
『栗谷全書』 1, 198면 10:4b「答成浩原」(論理氣 第三書).

본래 형기(形氣)이지만 그 발(發)하는 것이 인의예지(仁義禮智)의 바른 것에서 곧바로 나와 형기에 가리우지 않으므로 리(理)를 주로 하여 도심(道心)이라 하며, 그 근원은 비록 하늘로부터 타고난 천성(天性)에서 나왔지만 그 발(發)하는 것이 이목과 사지의 사사로움에서 나와 천리(天理)의 본연(本然)이 아니므로 기(氣)를 주로 하여 인심(人心)이라 한다고 보고 있다. 바로 이러한 점 때문에 도심은 미미하고, 인심은 위태롭다는 것이다.

그런데 율곡의 이러한 설명도 도심(道心)을 '형기불위지엄폐(形氣不爲之揜蔽)'라고 하고 인심(人心)을 '기발야유호이목사지지사(其發也由乎耳目四肢之私)'라고 정의함으로써, 형기(形氣)는 마치 이목사지를 말하는 것처럼 오해될 소지를 다시 갖게 된다. 왜냐하면 도심은 도덕적 마음이라고 할 때 이것은 이목사지를 위하는 생리적 마음과는 다른 층차의 마음이지만, 이것을 배제한 도심은 성립될 수 없기 때문이다. 이것은 (사물에) 감응하여 움직이는 것[感動]은 형기이지만 발하는 것이 인의예지의 바른 것에서 곧바로 나와 형기에 가리우지 않는 것을 도심이라고 정의하는 것을 볼 때, 여기서 기[形氣]의 엄폐(揜蔽)는 심기(心氣)의 엄폐 여부를 말하는 것이라고 보아야 한다.

율곡의 인심에 대한 이러한 해석은 「논리기(論理氣) 제4서(第四書)」에서 '인심(人心)을 성인(聖人)도 없을 수 없는 마음'으로 보는 것과 「인심도심도설(人心道心圖說)」에서 '인심(人心)에 인욕(人欲)과 천리(天理)가 함께 있다'고 함으로써 더욱 구체화된다.

성인(聖人)의 혈기(血氣)는 다른 사람들과 같다. 배고프면 먹고자 하고, 목마르면 마시고자 하고, 추우면 입고 싶어 하며, 가려우면 긁고 싶어 하는 것은 (성인) 역시 면할 수 없다. 그러므로 성인(聖人)도 인심(人心)이 없을 수 없다.[4]

人心道心, 則或爲形氣, 或爲道義.『栗谷全書』1, 198면 10:5a 「答成浩原」(論理氣 第三書).
4)『栗谷全書』1, 203면 10:15b 「答成浩原」(論理氣 第四書). 聖人之血氣與人同耳. 飢欲食, 渴欲飮, 寒欲衣, 癢欲搔, 亦所不免. 故聖人不能無人心.

율곡은 인심(人心)을 생리적 지각의 마음으로 보고, 도심(道心)을 도의적 지각의 마음으로 보면서, 인심은 성인(聖人)도 없을 수 없다고 말함으로써 살아 있는 인간이면 누구나 갖는 기본적인 생리적 혹은 생존적인 마음이라고 보게 된다. 이렇게 볼 때 인심과 도심은 더 이상 대립적인 마음이라고 볼 수 없으며, 어떻게 인심 가운데의 인욕을 천리(天理)에 합당하게 하여 인심이 바로 도심의 상태로 유지될 수 있는가의 문제가 남게 된다.

정리해보면, 정(程), 주(朱) 이후 조선조의 퇴계에 이르기까지 대부분의 성리학자들은 도심(道心)을 순선(純善)한 천리(天理)로, 그리고 인심(人心)을 유선악(有善惡) 심지어는 악(惡)한 인욕(人欲)으로 파악하는 경향을 갖고 있었다. 즉 이성적 천리와 감성적 인욕은 주종적 관계로 설정되었다는 것이다. 그러나 율곡은 인심을 인욕으로, 도심을 천리로 대립적 관계로 파악하지 않고, 인심이나 인욕은 사람이면 없을 수 없는 것[5]으로, 그것이 중절(中節)하게 되면 도심이요 천리라고 주장하고 있다.[6] 그가 마음의 지각(知覺) 기능을 전제로 인심과 인욕을 사실의 차원에서 긍정하되 그것이 도심의 주재(主宰)를 받는다고 논의를 전개한 것은 '알인욕존천리(遏人欲存天理)'라는 종래의 신유학(新儒學)의 금욕주의적(禁慾主義的) 수양론(修養論)과는 구분되는 것이다. 이렇게 볼 때 이 문제는 감성적 인욕을 전제로 하되 합리적 이성적 인식에 따른 중절 문제로 가치 판단의 문제를 전환시킴으로써 정(情), 의(意)의 문제는 감정과 이성, 더 나아가 도덕성을 하나의 상보적 문제로 풀이하고 있다. 이러한 율곡의 특징이 잘 드러난 것이 '심위성정의지주(心爲性情意之主)' 혹은 '심성정의일로(心性情意一路)'라고 할 수 있다.

---

5) 『栗谷全書』 1, 282면 14:4b 「人心道心圖說」. 道心純是天理, 故有善而無惡, 人心也有天理
也有人欲, 故有善有惡, 如當食而食, 當衣而衣, 聖賢所不免, 此則天理也, 因食色之念而流
而爲惡者, 此則人欲也.
6) 같은 곳.

3. 기화리승(氣化理乘)과 기발리승(氣發理乘)

3.1.

율곡의 철학에서 인간의 마음[心]의 문제는 그 본성을 해명하는 성(性)에 대한 논의와 마음이 발현되는 구조를 해명하는 정(情), 구체적으로는 사단칠정(四端七情)에 대한 논의 그리고 도덕실천 수양론의 하나로서 도덕적 실천의 문제를 중심으로 정(情)의 문제에 의(意)의 문제를 더하여 논의되고 있는 인심도심론(人心道心論) 즉 성리학적 정의론(情意論), 이것들이 바로 그의 리기심성론(理氣心性論)에서 다루어지고 있는 주요 주제들이다.

율곡의 심성론(心性論)에 대한 해명은 그의 리기론(理氣論)을 이해하는 관건이며, 그 역도 성립한다. 인간이 존재하는 방식이나 인간의 행위나 마음의 작용은 심성론에 관련된 논의이지만 리기론의 방식으로 설명할 수밖에 없다.[7] 때문에 율곡의 철학적 문제를 올바로 밝히기 위해서 이 양자를 하나의 체계로 이해해야 하는데, 이것은 바로 리기(理氣)와 심성정의(心性情意)에 대한 의미를 정확히 밝히느냐에 달려 있다.

성(性)은 리(理)이고, 심(心)은 기(氣)이며, 정(情)은 심(心)의 움직임이다. 선현이 심(心)과 성(性)에 대해 합하여 말한 것이 있으니 맹자(孟子)가 '인(仁)은 사람의 마음[人心]이다'라고 한 것이 이것이고, 나누어 말한 것도 있으니 주

---

7) 황의동은 리기지묘(理氣之妙)를 중심으로 율곡의 철학을 분석하면서 율곡에 있어서는 존재적으로 리(理)와 함께 기(氣)가 필요했듯이, 가치적으로도 기는 이와 함께 중요한 의미를 갖는 것이라고 보았다. 그는 이러한 리기지묘의 가치적 질서는 근본적으로 인간의 존재원리에 근거하는 것이라고 보면서 인간이 리기지묘의 존재구조를 갖는 것처럼 인간의 삶도 리기지묘를 준거로 한다고 그 의미를 구체적으로 밝혀주고 있다. 『율곡철학연구』, 112면.

자(朱子)가 '성(性)이란 마음의 리(理)이다'고 한 것이 이것이다. 나누어 그 뜻을 얻고 합해서 그 뜻을 얻은 연후에야 리기(理氣)를 알게 된다.[8]

율곡은 심성정의(心性情意)에 대해서 정의하면서 선현들이 각기 말한 뜻을 완벽하게 이해하여야 하지만 리기(理氣)에 대해서도 알게 된다고 말하고 있다. 그는 심성정의와 리기의 문제가 분리된 것이 아니며, 따라서 심성정의에 대해서 완벽하게 이해한다면 이것을 통해서 리기까지 유비적으로 알 수 있다고 보았다.

퇴계의 철학과 대별되는 율곡의 '기발리승일도(氣發理乘一途)'는 그의 철학적 문제들을 하나의 체계로 이해할 수 있는 좋은 단서를 제공해준다. 구체적으로 말하면 우주 본체의 생성변화뿐만 아니라 마음의 지각(知覺)의 발현 역시 이와 같은 방식을 통해서 드러난다는 것이다. 후자의 경우 리기(理氣)의 문제는 마음[心]의 성(性), 정(情), 의(意)로 드러나는 발현을 설명한다.

3.2.

주지하듯 율곡의 리기(理氣)에 대한 정론은 '발하는 것은 기이고, 발하는 까닭은 리이다[發者 氣也, 所以發者 理也]'라는 10자의 정의로 요약할 수 있으며, 이것은 리기에 대한 율곡의 정론(定論)이라 할 수 있다. 이것을 본고의 주제인 마음[心]의 지각(知覺)과 연관시켜보면 다음과 같은 일관성을 갖는다.

---

8) 『栗谷全書』 1, 248면 12:20b-21a 「答安應休」. 性理也, 心氣也, 情是心之動也. 先賢於心性, 有合而言之者, 孟子曰, 仁 人心, 是也. (心性)有分而言之者, 朱子曰, 性者 心之理, 是也. 析之得其義, 合之得其旨, 然後 知理氣矣.

발자(發者) 기야(氣也), 소이발자(所以發者) 리야(理也).9)

능지능각자(能知能覺者) 기야(氣也), 소이지소이각자(所以知所以覺者) 리야
(理也).10)

총명사려자(聰明思慮者) 기야(氣也), 기소이총명사려자(其所以聰明思慮者)
리야(理也).11)

리기(理氣)의 정의를 지각(知覺)의 문제에까지 유비적으로 미루어본
다면 '알 수 있고 깨달을 수 있는 것은 기이며, 알 수 있고 깨달을 수 있
는 까닭은 리이다[能知能覺者 氣也, 所以知所以覺者 理也]'라고 할 수 있
다는 것이다. 그는 지각의 문제뿐만 아니라 지각한 상태나 과정으로 볼
수 있는 총명(聰明), 사려(思慮)의 문제까지도 같은 방식으로 설명한다.
    율곡이 리기에 대한 해석을 지각의 문제와 의(意) 즉 총명, 사려의 문
제까지 확대시켜 해석하는 것은 주자의 '깨달을 수 있는 것은 기의 영묘
함 때문이요, 깨닫는 바는 마음의 리이다[能覺者 氣之靈, 所覺者 心之
理]'12)의 견해와 유사하다. 즉 주자가 능각자(能覺者)를 기(氣)로 소각자
(所覺者)를 리(理)로, 즉 지각과 리기의 문제를 능(能)과 소(所)의 구분으
로 설명한 것은 앞에서 살펴본바 율곡의 리기와 지각, 그리고 의(意) 즉
총명, 사려로 풀이한 것과 동일한 지평에서 이해할 수 있다. 율곡이 지각
의 리기론적(理氣論的) 체계를 지각과 총명, 사려에까지 유비적 구조로
충실하게 해명하고 있는 것은 주자의 리기심성론의 발전선상에서 이해
할 수 있다.

9) 『栗谷全書』 1, 198면 10:5a 「答成浩原」(論理氣 第三書).
10) 『栗谷全書』 2, 245면 31:35b 「語錄」 上.
11) 『栗谷全書』 2, 541면 拾遺 4:22b 「死生鬼神策」.
12) 『朱子語類』 1, 85면 5: 「性理」 二(『朱子大全』 5:3).

위에서 살펴본 바와 같이 마음을 지각심(知覺心)으로 해석하는 것은 이미 주자의 심성론(心性論)에서 제기된 대전제이다. 율곡 역시 이것을 받아들여[13] 지각을 곧 마음으로 파악하면서 다음과 같이 말하고 있다.

지각(知覺)은 곧 마음이다. 인의예지(仁義禮智)의 성(性)을 모두 갖추고 있으므로 사단(四端)의 정(情)은 (칠정에) 의뢰한 바에 따라 발현된다. 이것이 그 마음의 지각이다.[14]

율곡은 지각이 곧 마음이라는 것을 전제로 마음의 발현을 해석한다. 즉 마음은 인의예지의 성(性)을 갖추었으므로 정(情)은 의뢰한 바에 따라 발현되는데 이것을 곧 그 마음의 지각이라고 보았다. 이것을 미루어보면 마음[心]이 성정(性情)을 통섭하는 방식은 바로 지각을 통해서라고 할 수 있다.

3.3.

율곡은 마음의 발현과 천지의 생성변화를 유비적으로 설명하면서 이것을 각기 기발리승(氣發理乘)과 기화리승(氣化理乘)으로 구분하여 설명하고 있다.

다만 사람의 마음만 그러한 것이 아니다. 천지의 변화[天地之化]도 기화리승(氣化理乘)이 아님이 없다. 그러므로 음양(陰陽)은 동정(動靜)하고 태극(太極)은 여기에 탄다. 이러한즉 선후(先後)를 가히 말할 수 없다. 리발기수(理發氣隨)의 주장 같은 것은 분명히 선후가 있으니 이것이 어찌 이치를 해함이 아니

---

13) 『栗谷全書』 1, 198면 10:4b 「答成浩原」(論理氣 第三書). 心之虛靈知覺一而已矣.
14) 『栗谷全書』 2, 245면 31:35b 「語錄」 上. 知覺卽心也. 該載仁義禮智之性, 故四端之情, 隨所寓而發見. 此其心之知覺也.

겠는가.

천지(天地)의 화(化)는 곧 내 마음의 발(發)이다. 천지의 화(化)에 리화자(理化者), 기화자(氣化者)가 있다면 반드시 내 마음에도 또한 당연히 리발자(理發者), 기발자(氣發者)가 있을 것이다. 천지에 이미 리화(理化), 기화(氣化)의 다름[殊]이 없은즉 내 마음에 어찌 리발(理發), 기발(氣發)의 다름[異]이 있겠는가.15)

율곡이 말하는 기발리승(氣發理乘)은 천지(天地)와 사람의 마음[心]을 동일하고 일관된 체계로 설명하고 있다. 이것을 다시 천지 즉 자연(自然)과 우주(宇宙)의 운행변화(運行變化)는 '화(化)'로, 인간(人間)의 마음[心]의 발동변화(發動變化)는 '발(發)'로 구별하여, 천지의 변화에 리기(理氣) 두 가지 변화[二化]가 없으며, 따라서 인심의 발동(發動)에도 리(理)와 기(氣)의 호발(互發)이 아니라고 설명하기도 한다. 이렇게 볼 때 기발리승은 우주본체론적(宇宙本體論的) 설명일 뿐만 아니라 인간의 심리(心理), 지각(知覺)에 대한 이론적 설명이다. 특히 후자는 도심(道心)과 인심(人心)에 대한 혹원(或原), 혹생(或生) 설이라는 근원적 방식[推本之論]을 본체론적으로 설명하는 것이라고 보아야 한다.

이것은 마음[心]의 지각 기능과 리기를 관련시켜볼 때, 그의 문제의식이 더욱 분명하게 드러난다. 율곡은 기발리승(氣發理乘)에 대한 세주(細註)에서 이것이 마음[心]의 지각(知覺)과 도체(道體)의 문제가 연관되어 있음을 다음과 같이 풀이하고 있다.

기(氣)는 발(發)하되 리(理)는 탄다[乘]. 음양(陰陽)은 동정(動靜)하되 태극(太極)이 이것을 탄다. 발(發)하는 것은 기(氣)이며 그 기틀[機]을 타는 것은 리

---

15) 『栗谷全書』 1, 198-199면 10:5b-6a 「答成浩原」(論理氣 第三書). 非特人心爲然. 天地之化, 無非氣化而理乘之也. 是故陰陽動靜, 而太極乘之. 此則非有先後之可言也. 若理發氣隨之說, 則分明先後矣. 此非害理乎. 天地之化, 卽吾心之發也. 天地之化, 若有理化者氣化者, 則吾心亦當有理發者氣發者. 天地旣無理化氣化之殊, 則吾心安得有理發氣發之異乎.

(理)이다. 그러므로 인심(人心)은 지각(知覺)하는 것이 있고, 도체(道體)는 무위(無爲)하다. 공자(孔子)는 말하기를 '사람은 도(道)를 넓힐 수 있으되 도가 사람을 넓히는 것은 아니다'라고 하였다.[16]

기발리승(氣發理乘) 즉 음양(陰陽)이 동정(動靜)하는데 태극(太極)이 이것을 타는 것 즉 태극이 음양의 동정에 내재[乘]하는 것은 바로 인심(人心)은 지각(知覺)하는 것이 있고 도체(道體)는 무위(無爲)하다는 것의 전제가 된다. 다시 말하면 기발리승을 인심도심(人心道心)과 연관시켜 말하면, 사람의 마음[人心]이 지각(知覺)하는 방식은 기발(氣發)이며, 기발에 내재[乘]한 도체(道體) 즉 리(理)는 무위(無爲)하다는 것이다. 이것을 정리해보면, 기발리승은 '지각발도체승(知覺發道體乘)', 그리고 '총명사려발리승(聰明思慮發(聰明思慮之)理乘)'이라는 방식으로 이해할 수 있다는 것이다. 여기서 도체가 지각에 탄다/내재한다[乘]는 것은 지각[氣]을 통해서 탄/내재한 도체[理]가 실현/발현[發]될 수밖에 없다는 것, 또 그렇게 되어야 한다는 것을 의미한다.

율곡이 기발리승(氣發理乘)을 설명하면서 『논어(論語)』의 '인능홍도(人能弘道), 비도홍인(非道弘人)'의 문제를 덧붙여 설명하는 것은 삶의 주체인 인간 특히 그 마음의 문제에 주체적인 해석이라고 볼 수 있다. 따라서 '인심유각(人心有覺)'은 지(知)의 문제에만 국한시켜 보아서는 안 된다. 그 이유는 사람이 도(道)를 넓힐 수 있다는 것은 단지 지식(知識)의 증대만을 말한다고 볼 수 없기 때문이다. 이것은 사람이 지각한 바를 실천할 수 있음을 말하는 것이며, 따라서 리기와 지각의 담론은 그 실천[行] 문제까지도 포함시켰다고 볼 수 있다. 즉 우주본체의 기화리승(氣化理乘), 인간의 마음에서의 기발리승이 유비적 체계로 일관된 설명의 대

---

16) 『栗谷全書』 1, 457면 20:60a 「聖學輯要」 修己上 窮理章. 氣發而理乘 (陰陽動靜, 而太極乘之, 發者氣也, 乘其機者理也. 故人心有覺, 道體無爲, 孔子曰, 人能弘道, 非道弘人.)

전제를 바탕으로 율곡의 심성론에서는 지행합일적(知行合一的) 체인(體認)으로서의 지각(知覺)을 지향하고 있다고 정리해볼 수 있다.

이렇게 볼 때 율곡의 기발리승(氣發理乘)은 심(心), 성(性), 정(情), 의(意)가 하나의 방식[一路]으로 발현되는 리기의 본체론적 설명방식이라고 할 수 있을 것이다. 동시에 이것은 마음[心]이 성, 정, 의의 제 작용을 주재[主]하는 본체론적 근거이기도 하다.

4. 심통성정(心統性情) Ⅰ: 심성정의일로(心性情意一路)와 심위성정의지주(心爲性情意之主)

4.1.

율곡은 리기심성론(理氣心性論)에 대한 해명을 통해서 율곡이전 조선 성리학의 특징 가운데 하나인 도해화(圖解化)에 따라 리기와 심성을 양변(兩邊)에 분속(分屬)시키는 경향, 특히 퇴계나 우계(牛溪 成渾, 1535-1598)의 심성(心性) 이용(二用)의 문제와 리기(理氣) 호발(互發)에 대한 오해를 종식시키려 하였다. 율곡이 두 작용이나 양변으로 나누어 대비적으로 배석하려는 오해를 배제시킨 것을 통하여 이성과 감성을 주인과 노예로 본 메타포 즉 은유(隱喩)가 어떻게 감성을 전제로 한 이성적 사유, 더 나아가 도덕성의 문제와 합일된 가치체계로 제시되는지, 곧 율곡 성리학(性理學)의 정의론(情意論)으로 전개되는지를 살펴볼 수 있을 것이다.

4.2.

그러면 율곡의 심(心), 성(性)을 두 갈래로 보는 이기(二歧)적 설명에 대한 비판을 통해서 율곡 이전의 이분법적 사유에 대한 율곡의 입장을 살펴보기로 한다.

　　이른바 사단(四端)과 칠정(七情)은 성(性)에서 발(發)하고, 인심(人心)과 도심
(道心)은 심(心)에서 발(發)한다는 것은 심(心)과 성(性)을 두 갈래[二歧]로 보
는 병통이 있는 것 같다. 성(性)은 마음 가운데의 리(理)요, 심(心)은 성(性)을
담고 있는 그릇[器]이니, 어찌 성(性)에서 발하는 것과 심(心)에서 발하는 것
의 구별이 있겠는가. 인심도심(人心道心)은 모두 성(性)에서 발하되 기(氣)에
가리어진 것은 인심(人心)이 되고, 기(氣)에 가리어지지 않은 것은 도심(道心)
이 되는 것이다.[17]

　　율곡은 사단칠정(四端七情)을 성발(性發)로, 인심도심(人心道心)을 심
발(心發)로 보는 것은 심(心), 성(性)을 두 갈래로 나누어[二歧化] 보는 문
제를 갖는다고 비판하고 있다. 그는 심성이기화(心性二歧化)에 대한 비
판을 통하여 사단칠정과 인심도심은 모두 성(性)에서 발(發)하는 것으로
보면서, 심, 성, 더 나아가 의(意), 정(情)은 양변으로 나누어 볼 수 없다
고 보았다. 굳이 두 갈래로 구분하자면 기(氣)의 엄폐(掩蔽) 여부에 따른
인심(人心)과 도심(道心)은 구분해볼 수 있다는 것이다.
　　양촌(陽村) 권근(權近, 1352-1409) 이래 퇴계와 우계까지 일관되게
보이는 심(心)과 성(性)의 이기화(二歧化) 경향은 운봉(雲峰) 호병문(胡炳
文, 1250-1333)의 '성발위정(性發爲情) 심발위의(心發爲意)'에 근거한
다. 운봉은 위 8자 명제에서 볼 수 있듯이 심(心)과 의(意), 성(性)과 정
(情)을 유비적 구조로 드러나는 것으로 설명하는 한편, 양자를 두 갈래로
나누어 설명하는 이기적(二歧的) 입장을 취하고 있다. 그리고 양촌 이후
퇴계와 우계 등은 그 입장을 그대로 받아들여 심(心), 성(性)과 의(意), 정

---

17)『栗谷全書』1, 193면 9:36b「答成浩原」(論理氣 第一書). (但) 所謂四七發於性, 人道發於
　　心者, 似有心性二歧之病. 性則心中之理也, 心則盛貯性之器也, 安有發於性, 發於心之別
　　乎. 人心道心, 皆發於性, 而爲氣所揜者爲人心, 不爲氣所揜者爲道心.

(情)을 양변에 배속시켜 도해화(圖解化)한 것에 대한 것이다. 율곡의 심성이기(心性二歧)에 대한 비판은 조선 전기 성리학의 주류에 대한 하나의 도전이 아닐 수 없는 것은 바로 이러한 이유 때문이다.

'성(性)이 발(發)하여 정(情)이 되고, 마음[心]이 발(發)하여 의(意)가 된다'고 말한 것은 뜻이 각각 있는 것이지 심성(心性)을 나누어 두 가지 작용[二用]으로 삼으려는 것이 아니었는데, 후세 사람들이 마침내 정(情)과 의(意)를 두 갈래[二歧]로 만들었다. (성(性)이 발(發)하여 정(情)이 된다는 것은 심(心)이 없다는 것이 아니요, 심(心)이 발(發)하여 의(意)가 된다는 것은 성(性)이 없다는 것이 아니다. 다만 심(心)은 성(性)을 다할 수는 있으나 성은 심을 검속할 수 없고, 의(意)는 정(情)을 운용할 수 있으나 정은 의를 운용할 수 없다. 그러므로 정(情)을 주로 하여 말하면 성(性)에 속하고, 의(意)를 주로 하여 말하면 심(心)에 속하지만 그 실상은 성(性)은 심(心)이 아직 발하지 않은 것[未發]이요, 정(情)과 의(意)는 심(心)이 이미 발한 것[已發]이다.)[18]

율곡은 호운봉(胡雲峰)의 '성발위정(性發爲情)'을 심(心)이 없는 것으로, '심발위의(心發爲意)'를 성(性)이 없는 것으로 보는 것은 잘못된 것이라고 밝히면서, 심(心), 성(性), 정(情), 의(意)에 대해 심은 성을 다할 수는 있으나 성은 심을 검속(檢束)할 수 없고, 의는 정을 운용(運用)할 수 있으나 정은 의를 운용할 수 없는 것으로 보았다. 운봉이 풀이하는 의미를 살펴보면, 위의 설명은 정을 주로 하고[主情], 의를 주로 한[主意] 것일 뿐이지 이것을 두 갈래[二歧]로 볼 수는 없다고 보았다. 전체의 범주

18) 『栗谷全書』 1, 454-455면 20:55b-56a 「聖學輯要」 修己 上, 窮理章. 性發爲情, 心發爲意云者, 意各有在, 非分心性爲二用, 而後人遂情意爲二歧. 性發爲情, 非無心也, 心發爲意, 非無性也. 只是心能盡性, 性不能撿心, 意能運情, 情不能運意, 故主情而言, 則屬於性, 主意而言, 則屬乎心, 其實則性是心之未發者也, 情意是心之已發者也.

인 마음[心] 하의 개념인 성, 정, 의를 굳이 구분하자면 미발(未發) 상태
는 성(性)이고, 이발(已發)한 것은 정(情)과 의(意)로 발하기 전과 후의 차
이가 있을 뿐이다.

4.3.

율곡은 율곡 이전 성리학의 일련의 경향인 심(心), 성(性)과 정(情), 의
(意)를 이분법적으로 혹은 대립적으로 파악하는 입장을 비판하며, 그 대
안으로 '심성정의일로(心性情意一路)'와 '심위성정의지주(心爲性情意之
主)'를 주장한다. 율곡이 주장하고 있는 전거는 송대리학에서 찾아볼 수
있다.

율곡이 주장하고 있는 심성론의 '심성정의일로(心性情意一路)'와 '심
위성정의지주(心爲性情意之主)'는 횡거(橫渠 張載, 1020-1077)의 '심통
성정(心統性情)'과 주자의 '심위성정지주(心爲性情之主)'의 주장 등을 살
펴보면 호병문의 견해와 그의 견해에 기초하고 있는 조선 전기 성리학자
들의 입장이 잘못된 것임을 알 수 있다.

장횡거(張橫渠)의 '심통성정'에 대하여 주자가 '심위성정지주'로 해석
하고 있는 구절을 율곡의 『성학집요(聖學輯要)』 수기(修己) 편, 궁리(窮
理) 장에서 인용하고 있다.

주자(朱子)는 말하기를 '통(統)은 주재(主宰)한다는 뜻이다. 성(性)은 마음의
리(理)요, 정(情)은 마음의 용(用)이다. 마음은 성정(性情)의 주재이니 곧 이
리(理)를 갖추고 이 정(情)을 행하는 것이다.'[19]

─────────

19)『栗谷全書』1, 453면 20:53b『聖學輯要』修己 上, 窮理章. 朱子曰, 統是主宰. 性者心之
理, 情者心之用. 心者性情之主, 卽所以具此理 而行此情者也.

위의 인용은 장횡거의 '심통성정(心統性情)'을 주자가 '심자성정지주(心者性情之主)'로 해석하며 그 입장을 계승하고 있음을 잘 보여준다.[20] 주자는 더 나아가 성(性)은 마음의 리(理)요 정(情)은 마음의 용(用)이며, 마음은 이것을 모두 주재하는 것이니, 곧 이 리(理)를 갖추고 이 정(情)을 행하는 것이라고 하여 마음과 리(理)의 개념을 중심으로 심(心), 성(性)과 정(情)이 하나의 총체적 작용임을 잘 드러내주고 있다.

> 마음은 신명(神明)한 집이니 한 몸의 주재(主宰)가 된다. 성(性)은 곧 많은 도리이니 하늘[天]에서 그것을 얻어 마음에 갖춘 것이다. 지식염려처(智識念慮處)에서 발(發)한 것은 모두 정(情)이다. 그러므로 심통성정(心統性情)이라고 말한다.[21]

주자는 심(心), 성(性)과 정(情)을 풀이하면서 정(情)을 지식(智識), 염려(念慮)에서 드러난[發] 것이라고 설명하면서 마음이 몸과 성(性)과 정(情)의 주재가 됨을 횡거의 '심통성정(心統性情)'을 빌려 풀이하고 있다. 이를 통해 볼 때 주자는 장재의 '심통성정'의 입장을 견지하고 있으며, 주자의 입장은 '심위성정지주(心爲性情之主)'로 정리할 수 있다.

여기서 주자가 정(情)을 지식염려처(知識念慮處)에서 발한 것으로 설명하는 것은 정(情)의 범주에 의(意) 개념이 포함되어 있는 것으로 보아야 하지만, 주자가 정(情)과 의(意)를 엄밀하게 구분하지 않은 미분화 단계로 볼 수 있다.

---

20) 송명리학(宋明理學)에서 심성정(心性情)에 대하여 논하는 것은 이 밖에도 邵康節의 '心者性之郭郭'(『性理大全』 551면 33:8b 「性理」 5), 陳潛室의 '心居性情之間'(『性理大全』 553면 33:11a 「性理」 5), 胡五峯의 '心妙性情之德'(『性理大全』 550면 33:6b 「性理」 5) 등이 있다.
21) 『朱子語類』 7, 2514면 98: 「張子之書」. 心是神明之舍, 爲一身之主宰. 性便是許多道理, 得之於天而具於心者. 發於智識念慮處皆是情. 故曰心統性情也.

율곡은 율곡 이전 성리학의 일련의 경향인 심(心), 성(性)과 정(情), 의(意)를 이분법적으로 혹은 대립적으로 파악하는 입장을 비판하며, 그 대안으로 심성정의일로(心性情意一路)를 주장한다.

모름지기 성(性), 심(心), 정(情), 의(意)는 단지 한 길이면서도 각각 경계가 있는 것임을 알아야 하니 그러한 뒤에야 어긋나지 않는다고 이를 수 있다. 마음이 아직 발하지 않은 것[未發]은 성(性)이며, 이미 발한 것[已發]은 정(情)이며, 정(情)이 발한 뒤에 이것을 (계교(計較)) 상량(商量)하는 것은 의(意)이니, 이것이 한 길[一路]이다.[22]

율곡은 심(心), 성(性)과 정(情), 의(意)를 미발(未發)과 이발(已發) 그리고 상량(商量)하는 것으로 나누어 볼 수는 있지만, 일로(一路) 즉 하나의 과정으로 해석해야 한다고 보았다. 그의 이러한 해석은 마음[心(人心, 道心)]은 정(情), 의(意)에 관한 것으로 율곡이 퇴계의 호발설을 비판하면서 그의 인심도심(人心道心)을 주장하게 되는 기본 전제가 되기도 한다.

여기서 율곡이 말하고 있는 심(心), 성(性)과 정(情), 의(意)에 대해 구체적으로 살펴보기로 한다. 그는 심, 성과 정, 의를 마음이 발하는 일련의 과정으로 이해하면서 이것을 다음과 같이 구분하여 설명하고 있다.

성(性)은 마음[心]의 리(理)요, 정(情)은 마음[心]의 움직임이다. 정(情)이 동(動)한 뒤에 정(情)에 연(緣)하여 계교(計較)하는 것이 의(意)가 된다. 그런데 만약 심(心)과 성(性)을 둘로 나누면 도(道)와 기(器)가 서로 떠날 수 있으며, 정(情)과 의(意)를 둘로 나누면 사람의 마음[人心]에 두 개의 근본이 있는 것이 되니 어찌 크게 어긋나는 것이 아니겠는가. 모름지기 성(性), 심(心), 정

22) 『栗谷全書』 1, 297면 14:33b 「論心性情」. 須知性心情意, 只是一路而各有境界然後, 可謂不差矣, 何謂一路心之未發爲性, 已發爲情, 發後商量爲意 此一路也.

(情), 의(意)는 단지 같은 종류이나 각각 경계가 있을 뿐임을 안 뒤에야 어긋나지 않는다고 이를 수 있다. 무엇을 일로(一路)라고 하는가. 마음이 아직 발하지 않으면 성(性)이 되고, 이미 발하면 정(情)이 되며, 정이 발한 뒤에 헤아려 재면 의(意)가 되니 이것이 하나의 길[一路]이다. 무엇을 각각 경계(境界)가 있는 것이라 하는가. 마음[心]이 적연하여 동하지 않을 때[寂然不動時]는 이것이 성(性)의 경계요, 감동하여 마침내 통하는 때[感而遂通時]는 이것이 정(情)의 경계요, 감동한 바에 따라 생각을 찾아내고 헤아리는 것은 의(意)의 경계가 되니 다만 하나의 마음으로써 각각 경계가 있는 것이다.[23]

율곡은 심(心), 성(性)과 정(情), 의(意)는 마음이 발하는 일련의 과정[一路]이되 이것은 각기 구분시켜볼 수 있다는 것을 밝히는 데 주력한다. 그는 정, 의를 둘로 나누게 되면 사람의 마음에 두 개의 근본을 설정하게 되는 것이라고 비판하면서 심, 성과 정, 의는 마음이 발현되는 하나의 과정이며, 굳이 구분하자면 그 과정상에서 경계를 나누어볼 수 있다는 것이다. 즉 마음이 적연부동(寂然不動), 감이수통(感而遂通), 주역사량(紬繹思量)함에 따라 그 경계가 각기 성(性), 정(情), 의(意)로 나누어진다고 보았다. 그는 또한 성, 정, 의의 특징으로 적연부동, 감이수통, 주역사량을 각각 배분하면서 이를 다시 미발(未發)과 이발(已發)로 나누어 설명하기도 한다. 마음이 아직 발하지 않은 미발과 마음이 이미 발한 이발로 나눌 때, 미발은 성[寂然不動], 이발은 정[感而遂通, 紬繹思量]의 상태를 말하는데 여기서 이미 발한 정의 범주 안에 계교상량(計較商量)하는 의가 이미 포함되어 있음을 알 수 있다.

---

23) 『栗谷全書』 1, 297면 14:33b 「論心性情」. 性是心之理也, 情是心之動也, 情動後, 緣情計較者爲意, 若心性分二則, 道器可相離也 情意分二則 人心有二本矣 豈不大差乎 須知性心情意, 只是一路而各有境界然後, 可謂不差矣, 何謂一路心之未發爲性, 已發爲情, 發後商量爲意 此一路也. 何謂各有境界, 心之寂然不動時, 是性境界, 感而遂通時, 是情境界, 因所感而紬繹商量爲意境界, 只是一心, 各有境界.

율곡은 특히 정(情), 의(意)를 양변으로 나누어 대립적으로 보는 것을 경계하며, 정과 의를 시간적 연속선상에서 이해한다. 다시 말하면 성(性)은 마음이 아직 드러나지 않은 미발(未發)의 본성이며, 정(情)과 의(意)는 마음이 이미 발한 이발(已發)의 상태라는 것이다. 이것은 율곡이 의를 정의 범주에 포함시켰다고 보는 결정적 단서가 된다.

> 마음[心]이 처음 움직이는 것이 정(情)이 되고, 이 정에 인연(因緣)하여 헤아려 생각하는 것이 의(意)가 된다. 성인(聖人)이 다시 나온다 해도 이 말을 바꾸지는 않을 것이다.[24]

율곡은 위의 인용에서 이러한 생각을 더욱 확고하게 밝히고 있다. 그는 심(心), 성(性)과 정(情), 의(意)를 두 갈래로 나누어보는 것을 경계하며, 심, 성과 정, 의를 하나의 연속선상[一路]에서 이해한다.[25] 즉 마음이 처음 움직이는 것이 정이 되고, 이 정으로 인하여 헤아려 생각하는 것이 의가 된다. 율곡의 정, 의에 대한 이러한 견해는 성인(聖人)이 다시 나온다 해도 이 말을 바꾸지는 않을 것이라고 단언하고 있다. '심지초동자위정(心之初動者爲情), 연시정이상량자위의(緣是情而商量者爲意)' 이 16자의 정의는 앞의 3절 2)에서 살펴본 그의 리기(理氣)에 대한 정론(定論)에 짝하여 한 쌍을 이루는 마음의 정의(情意)에 대한 정론(定論)이 된다.

이렇게 볼 때, 율곡이 생각하는 심(心), 성(性)과 정(情), 의(意)를 도식화하면 '심(성) → 정 → 의'라고 할 수 있으며, 이것은 성이 발현되는 데 인간의 의(염(念), 려(慮), 사(思))가 개입되는 시간적 순차를 염두에 둔

---

24) 『栗谷全書』 1, 250면 12:23a 「答安應休」. 心之初動者爲情, 緣是情而商量者爲意, 聖人復起, 不易斯言.

25) 율곡의 이러한 심성정의(心性情意)에 대한 입장은 이기(理氣)에 대한 정론(定論)인 '發者氣也 所以發者理也'와 함께 그의 철학에서 심성론적 입장을 단적으로 보여주는 것이라고 할 수 있다.

것이라고 할 수 있다. 그러나 마음[心]은 성과 정, 의를 총체적으로 말하는 것이라고 함으로써 이것들이 분리된 어떤 것이 아님을 보여준다.

4.4.

위에서 살펴본 율곡의 심성정의일로(心性情意一路)에 대한 입장을 퇴계의 내출외감(內出外感)의 문제와 대비시켜보면 그 특징이 더욱 분명하게 드러난다. 앞에서 살펴본 바와 같이 퇴계는 사단(四端)과 칠정(七情)과 도심(道心)과 인심(人心)을 심성(心性) 이용(二用), 리기(理氣) 호발(互發)로 설명하면서 이것을 '내출외감'의 방식으로 풀이한 바 있다. 퇴계는 사단(四端)과 도심(道心)은 인간이 원래 갖고 있는 리(理) 즉 성(性)이 발현된 것으로 보고, 이것은 마음 안에서 나오는 것[內出]으로 보았다. 반면 칠정(七情)과 인심(人心)은 기(氣) 즉 형기(形氣)가 발하는 것으로, 외물(外物)의 자극을 받아서 즉 감응(感應)해서 생기는 것[外感]으로 보았다. 더 나아가 퇴계는 사단칠정(四端七情)과 인심도심(人心道心)을 정의이기(情意二歧)에 따른 것으로 설명하기까지 한다. 이것이 기발리승(氣發理乘)하는 본체론적인 운화 방식과는 달리 심성론적 제 현상의 발현을 바로 리기(理氣)의 호발(互發)로 설명하려 했던 이유였다.

그러나 율곡은 마음이 하여 나오는 것은 모두 마음 안에서 나오는 것[內出]일 뿐이며, 이것은 밖으로부터 감응[外感]이 반드시 전제되어야 한다고 보았다. 이것은 그가 심성정의일로(心性情意一路) 더 나아가서는 기발리승일도(氣發理乘一途)만을 주장하는 것과 밀접한 연관을 갖고 있다.

퇴계의 내출외감설에 따르면 그는 심성(心性), 정의(情意), 사단칠정(四端七情), 인심도심(人心道心), 리기(理氣)를 동일한 선상에서 두 갈래[二歧] 혹은 호발(互發)의 대립적인 방식으로 이해하고 있다. 반면 율곡은 이것을 하나의 방식[一路] 혹은 일도(一途)의 방식일 뿐이라고 이해하는데, 위에서 살펴본 심성정의일로(心性情意一路)가 그것이다. 그런데 여기서 간과해서는 안 될 점이 있다. 그것은 퇴계와 율곡이 사용하고 있는 심(心), 성(性)과 정(情), 의(意)와 리(理), 기(氣) 등의 동일한 용어는 유사하다고 할 수는 있지만, 엄밀하게 따져보면 각 개념의 내포와 외연 상 퇴계와 율곡의 성리학설 내에 미미하지만 상이(相異)한 점이 있다는 것이다. 그 이유를 살펴보면 퇴계는 성정(性情), 심의(心意), 리기(理氣)를 동일한 선상에서 파악하여 '성(性), 심(心), 리(理)'를 순선(純善)으로 '정(情), 의(意), 기(氣)'를 형기(形氣)에 가려진 유선악(有善惡)의 마음으로 보려 하지만, 율곡은 심성정의(心性情意)를 우주본체가 기화리승(氣化理乘)하듯이 인간의 마음 역시 기발리승(氣發理乘)하는 한 가지 채널[一途]에 따른 한 가지 방식[一路]으로 드러나는 일련의 과정으로 파악하는 한편, 심성정(心性情)은 가치중립적인 것이며, 선악(善惡)의 문제를 논행한다면 그것은 바로 의(意)에 관련된 것이라고 보았다는 점에서 양자의 입장을 대별해볼 수 있다. 대동(大同)한 퇴계와 율곡의 리기심성론의 체계는 그 현상적 발현/발출의 전제와 그에 따른 현상적 차이[小異]에 따른 심, 성과 정, 의와 리, 기 각 개념의 내포와 외연의 함의가 일치하지 않게 되며, 바로 이러한 차이가 논쟁의 실마리가 된 것이다.

퇴계의 설명 방식이 대립적[對說]이라면, 율곡의 설명 방식은 집합론적 포함의 관계[因說]로 설명하기도 한다.[26] 즉 퇴계가 본연지성(本然之性) 대(對) 기질지성(氣質之性), 사단(四端) 대 칠정(七情), 도심(道心) 대 인심(人心), 리(理) 대 기(氣)의 대립적 구조로 설명한 것과는 달리 율곡은 사단과 칠정, 도심과 인심, 리와 기는 각각 인연(因緣)한 것으로 대립 혹은 분리되지 않았다는 것이다. 퇴계의 설명 방식과 대비시키기 위해 율곡의 리기심성론적 체계를 설명해보면, 기포리(氣包理), 칠정포사단(七情包四端), 기질지성포본연지성(氣質之性包本然之性) 등 전체집합과

---

26) 이상은, 「사칠논변과 대설·인설의 의의」, 『아세아연구』 49, 1973.

부분집합 사이의 포함[因] 관계가 된다.[27] 퇴계와 율곡의 설명 방식은 각기 일관된 구조적 설명 방식의 정합성을 갖고 있다. 그런데 퇴계와는 달리 율곡의 인심도심설의 경우 위의 체계로 설명되지 않고 있으며, 인심도심상위종시(人心道心相爲終始)하는 것으로 보아 형태적으로는 퇴계의 대설에 가까운 표현도 보이고 있다.

율곡 성리학에서 기발리승(氣發理乘)의 운화 속에 리기의 개념은 기포리(氣包理)의 구조 방식으로 존재한다. 이와 같은 방식으로 성(性) 즉 본연지성과 기질지성, 정(情) 즉 사단과 칠정도 같은 방식으로 설명될 수 있다. 그러나 인심도심(人心道心)은 겸정의(兼情意)의 정과 의의 범주와 선악의 가치론적 판단이 통섭되어 있는 문제라고 보았다. 그렇다면 기포리(氣包理)와 같은 방식의 칠포사(七包四)의 감정[情]에 계교상량(計較商量)하는 의(意)와 함께 판단하되 도덕적인 가치판단의 문제가 포함된 인심(人心)과 도심(道心)이 구분되는 결정적 관건은 의(意)에 있다고 보아야 하며, 이것은 위에서 말하고 있는 기(氣) 곧 형기(形氣)의 엄폐(掩蔽) 여부와 밀접한 연관을 가진다. 따라서 율곡의 체계에서는 인심포도심(人心包道心)이라고 할 수 없게 된다. 성(性)이나 정(情)의 문제는 기포리(氣包理)된 리기의 존재 방식과 같이 기질지성포본연지성(氣質之性包本然之性), 칠정포사단(七情包四端)의 존재 구조로 설명할 수 있지만, 인심도심은 마음의 기능과 도덕 실천에 대한 것으로 존재론적 구조를 그대로 적용시켜 설명할 수는 없게 된다. 퇴계와 율곡의 구조적 정합성의 체계만을 보면 퇴계의 설명이 형식적 우위를 차지하지만, 선악의 도덕 가치판단이라는 점까지 고려한 이론적 정합성은 오히려 율곡의 차지가 된다고 할 수 있다.

---

27) 배종호, 「율곡의 사단칠정론과 인심도심설」, 『동방학지』 19, 1978.

4.5.

'심성정의일로(心性情意一路)'가 마음의 상태와 발현을 구조적으로 설명하였다면, '심위성정의지주(心爲性情意之主)'는 마음이 발현되는 방식에 마음[心] 즉 지각(知覺)이 주된 기능이며, 지각의 주재가 됨을 설명한 것이라 할 수 있다.[28]

율곡이 '심위성정의지주(心爲性情意之主)'를 주장하는 것은 앞의 4절 3)에서 살펴본바, 횡거의 '심통성정(心統性情)'과 그에 대한 주자의 설명인 '심위성정지주(心爲性情之主)'의 연장선에서 이해할 수 있었다.

여기서 좀 더 살펴보고 싶은 것은 횡거의 심통성정에 대하여 주자가 '심위성정지주'로 해석하면서 밝히려는 그의 의도가 무엇인가이다.

> 또 (주자는) 말하기를 '마음의 전체가 맑게[湛然] 허명(虛明)하여 만 가지 이치를 모두 갖추고 있다. 그 유행(流行)은 모두 동정(動靜)에 관통하니, 그 미발(未發)한 전체로써 말하면 성(性)이요, 그 이발(已發)한 묘용으로써 말하면 정(情)이다. 그러나 다만 혼돈한 일물(一物) 중에 나아가서 그 이발과 미발을 가리켜서 말한 것일 뿐이지, 성(性)도 하나의 범주이고, 마음[心]도 하나의 범주이며 정(情)도 하나의 범주여서 이와 같이 현격하다는 것을 말하는 것이 아니다.'[29]

---

28) '心性情意一路'가 유비적으로 기발리승일도(氣發理乘一途)와 같은 방식으로 마음의 상태와 발현을 구조적으로 설명하였다면, '心爲性情意之主'는 그의 리통기국(理通氣局)의 방식으로 설명되어야 할 것이다. 졸고, 「지각의 지평에서 본 율곡의 리기」, 『동서철학연구』, 2008.

29) 『栗谷全書』1, 453면 20:53b 「聖學輯要」修己 上, 窮理章. (朱子) 又曰, 心之全體, 湛然虛明, 萬理具足. 其流行, 該貫乎動靜, 以其未發而全體者言之, 則性也, 以其已發而妙用者言之, 則情也, 然只就渾淪一物之中, 指其已發未發而爲言耳, 非是性是一箇地頭, 心是一箇地頭, 情又是一箇地頭, 如此懸隔也.

주자는 횡거의 '심통성정(心統性情)'에 대한 설명과 해석에 덧붙여 마음을 허명(虛明)한 것으로 보고 있으며, 이것을 다시 미발(未發)과 유행(流行)하는 이발(已發)의 문제로 구분해 설명하고 있다. 즉 성(性)과 정(情)은 미발과 이발 상의 구분일 뿐이며, 마음[心]을 말하면서 이것을 함께 언급하였기 때문에 두 개의 범주처럼 보일 수는 있지만, 이것을 구분해 나누어볼 수 있는 것은 아니라고 보고 있다. 율곡은 주자의 이러한 이해를 보다 구체적인 지각(知覺)의 과정으로 설명하는 것이라고 할 수 있다. 앞에서 살펴본 바의 내용들을 종합해 정리해보면, 주자의 심통성정에 대한 해석 즉 마음이 성정의 주재가 된다는 것[心爲性情之主], 특히 정(情)에 대한 문제는 마음의 지식(知識)과 염려(念慮)의 문제가 이미 포함된 것이라고 보기에 충분하다.

주자의 마음의 지각(知覺), 지식(知識)과 염려(念慮), 그리고 율곡의 지각(知覺)과 의지(意志), 염려사(念慮思) 등의 구분은 모두 마음[心]의 범주 내의 문제이며, 구체적으로는 마음의 지각 기능과 발현된 정(情)의 문제 혹은 그 정(情)의 심층적 개념 작용으로 파악하고 있다. 그러나 양자의 구분점은 율곡이 주자의 심(心), 성(性), 정(情)의 문제를 심(心), 성(性), 정(情), 의(意)의 문제로 확대 해석하면서 정, 의를 이미 발하여 드러난[已發] 후의 계교(計較) 작용으로 파악하는 것이다. 율곡은 심, 성, 정, 의의 관계를 다음과 같이 '심위성정의지주(心爲性情意之主)'로 설명하고 있다.

대저 아직 발(發)하지 않은 것[未發]은 성(性)이요, 이미 발한 것[已發]은 정(情)이며, 발하였으되 계교(計較)하고 상량(商量)하는 것[發而計較商量]은 의(意)이니, 마음[心]은 성, 정, 의의 주(主)가 된다. 그러므로 미발(未發)과 이발(已發) 그리고 그것을 계교하는 것은 모두 마음[心]이라 이를 수 있다.[30]

---

30) 『栗谷全書』1, 192-3면 9:35b-36a 「答成浩原」(論理氣 第一書). 大抵未發則性也, 已發則情也, 發而計較商量則意也, 心爲性情意之主. 故未發已發及其計較, 皆可謂之心也.

앞에서 율곡은 심, 성, 정, 의를 일로(一路) 즉 하나의 과정으로 해석해야 한다고 보았다. 그런데 여기서 마음[心]은 미발(未發)과 이발(已發) 및 이발에 대한 계교(計較)의 문제 즉 일련의 과정으로 드러나는 성, 정, 의를 주재, 통솔하는 것으로 파악하고 있다.

율곡이 의(意)를 주자처럼 정(情)의 범주에 포함시키지 않고 심, 성, 정에 덧붙여 설명하는 것은 주자의 견해와 비교해보면 정의 범주의 세분과 심화가 그 특징임을 찾아볼 수 있다.

5. 심통성정(心統性情) II: 성정통어심(性情統於心), 지의통어정(志意統於情)

5.1.

율곡은 인간의 마음[心]과 시비(是非), 선악(善惡)의 문제를 그 구조적 층차에서 해명하는 정(情)[四端七情]에 대한 논의로부터 발전시켜 도덕적 지각의 문제를 중심으로 한 의(意)에 대한 문제까지를 함께 논[兼情意]하게 되는데, 이것이 바로 그의 인심도심론(人心道心論)이다. 그의 인심도심론은 마음의 도덕적 자각능력을 논하는 일종의 철학적 인간학의 성격을 띠게 된다.

생각건대 인심도심(人心道心)은 정(情)과 의(意)를 겸하여 말하는 것이며, 정(情)만을 가리키는 것은 아니다. 칠정(七情)은 사람의 마음이 움직이는 것에 이 일곱 가지가 있다는 것을 통틀어 말하는 것이요, 사단(四端)은 칠정 가운데 나아가서 그 선한 일변을 가리켜서 말하는 것이니, 이는 진실로 인심(人心)과 도심(道心)을 상대적으로 말한 것[相對說下]과는 같지 않다. 또한 정(情)은 이와 같이 발출한 것으로 계교(計較)에는 미치지 못하는 것으로 인심도심이 서로 종시(終始)하는 것[相爲終始]과도 같지 않다.[31]

율곡의 논지에 따르면 사단칠정(四端七情)은 정(情)의 문제이며, 인심도심은(人心道心)은 겸정의(兼情意)의 문제로 그 층차를 달리하는 논의였다. 구체적으로 말하면 시비(是非), 선악(善惡)은 정(情)의 형태로 드러나지만 그 문제는 성(性), 정(情), 의(意)를 겸한 마음[心]의 지각(知覺) 문제라는 것이다.

이것은 퇴계처럼 사단(四端)과 칠정(七情)을 이기화(二歧化)시켜 선악(善惡)에 배속시키는 것이 아니라, 정(情)과 의(意)의 문제가 함께 개입된 인심도심(人心道心) 상에서 시비(是非), 선악(善惡)의 문제를 논해야 한다는 것이다. 그가 시비, 선악의 문제를 인심도심 즉 정(情), 의(意)가 복합된 범주의 문제라고 보는 이유는, 선악의 문제는 정(情)을 떠나서 논할 수 없으나, 이 정을 선하게 악하게 하는 중심적 역할을 하는 것은 의지(意志)이며, 이것이 선을 지향하게 하거나 그 상태로 유지시킬 수 있는 것은 리(理)에 대한 마음의 지각(知覺)을 전제로 한다고 보았다.

5.2.

율곡은 심(心), 성(性), 정(情)을 구체적으로 감정과 도덕의 지각(知覺) 문제와 연관시켜 다음과 같이 말하고 있다. 이것은 그의 중심문제가 바로 인심도심론(人心道心論)에 있으며, 이 문제는 지각의 층차에서 논의되고 있음을 시사하는 구절이기도 하다.

지(智)로써 말하면 시비(是非)의 리(理)를 아는 것은 곧 성(性)이요, 시비를 알아서 시비를 하는 것은 정(情)이요, 이 리(理)를 갖추고 그것이 시비가 되는

---

31) 『栗谷全書』 1, 192면 9:35a 「答成浩原」(論理氣 第一書). 蓋人心道心, 兼情意而言也, 不但指情也. 七情則統言人心之動, 有此七者, 四端則就七情中, 擇其善一邊而言也, 固不如人心道心之相對說下矣. 且情是發出恁地, 不及計較, 則又不如人心道心之相爲終始矣.

것을 깨닫는 것은 마음[心]이다. 이 분별됨은 호리(毫釐)의 차이에 있는 것이니 정밀하게 살펴야 곧 알 수 있다.'[32]

정(程), 주(朱)의 설을 얼핏 보면 이상한 것 같지만, 깊이 생각하면 의심할 것이 없다. 사람의 희로애락(喜怒哀樂)은 성인이나 미치광이거나 다 같이 가지고 있다. 그 희로애락하는 바의 이치는 성(性)이고, 그 희로애락할 수 있다는 것을 아는 것은 심(心)이요, 사물을 만나 희로애락하는 것은 정(情)이다. 마땅히 기뻐할 것은 기뻐하고, 마땅히 화낼 것을 화내는 것은 정(情)의 선(善)한 것이요, 마땅히 기뻐하지 않을 것을 기뻐하거나, 마땅히 화내지 않을 것을 화내는 것은 정(情)의 불선(不善)한 것이다.[33]

위의 두 인용은 율곡의 심(心), 성(性), 정(情)에 대한 새로운 시각을 구체적으로 제시해주는 구절이다. 그는 심, 성, 정을 지(智)의 문제와 연관시켜본 주자의 말을 인용하여 마음[心]을 시비(是非)를 아는 바의 리(理)를 갖추어 그것이 시비가 되는 것을 깨닫는 것으로, 성(性)을 시비를 아는 바의 이치로, 정(情)을 시비를 알아서 시비를 판단하는 것으로 보고 있다. 그는 또한 마음[心]을 그 희로애락(喜怒哀樂)을 아는 것으로, 성(性)을 그 희로애락하는 바의 이치로, 정(情)을 사물을 만나 희로애락하는 것으로 보고 있다. 이러한 율곡의 이해를 통해서 시비, 선악의 문제가 바로 인심도심(人心道心)의 문제와 직결되는 것이며, 이것은 정(情) 상에서만 구조적으로 말할 수 있는 것이 아니라 마음의 지각을 전제로 한 겸

---

32) 『栗谷全書』 1, 453면 20:53b 「聖學輯要」 修己 上, 窮理章. (朱子曰) 以智言之, 所以知是非之理則性也, 所以知是非而是非之者情也, 具此理而覺其爲是非者心也. 此處分別之在毫釐之間, 精而察之, 乃可見耳.

33) 『栗谷全書』 1, 455면, 20:57a 「聖學輯要」 修己 上, 窮理章 細註.程朱之說乍看, 若甚可駭然, 深思之, 則可以無疑. 人之喜怒哀樂, 聖狂同有焉. 其所以喜怒哀樂之理, 則性也, 知其可喜怒哀樂者, 心也, 遇事而喜怒哀樂之者, 情也. 當喜而喜, 當怒而怒者, 情之善者也, 不當喜而喜, 不當怒而怒者, 情之不善者也.

정의(兼情意)의 상태에서 어떻게 도덕의지가 발현되고 실천될 수 있는가
의 문제로 정립 귀결된다.

5.3.

율곡의 이러한 해석은 그가 정(情)의 범위를 의(意), 지(志)에까지 확대
시켜 해석함으로써 정 개념의 확대된 외연과 심화된 내포의 개념으로 사
용하는 것으로 볼 수 있다. 이것은 정을 희노애구애오욕(喜怒哀懼愛惡
欲) 칠정(七情)으로만 볼 경우, 정을 인간의 감정적인 층차만을 말하는
것으로 오해할 수 있는 문제의 여지를 없애버린 것이다.
  율곡의 문인 정수몽(廌曄 鄭守夢, 1563-1625)이 기록한 바에 의하면
율곡이 말한 정(情)의 의미를 다음과 같이 정리해놓고 있다.

정(情)이라는 것은 부지불각(不知不覺) 중에 저절로 발(發)하여 가르치지 않
아도 스스로에 말미암는 것이다. 생각건대 평상 생활 속에서 함양하는 공부
가 지극하면 정(情)이 발(發)하여 나오는 것이 자연히 사특함이 없게 될 것이
다.
의(意)란 정(情)이 발(發)하여 나오는 것에 인연하여 계교(計較)하는 것이며,
지(志)는 한 곳을 향하여 일직선으로 좇아가는 것이다. 의(意)는 숨은 것[陰]
이요, 지(志)는 드러난 것[陽]이다. 그러므로 성(性)과 정(情)은 심(心)에 통솔
되는 것이며[性情統於心], 지(志)와 의(意)는 또 정에 통솔되는 것[志意統於
情]이다.[34]

---

34) 『栗谷全書』 2, 266면 32:14a 「語錄」 下. (栗谷曰) 情是不知不覺, 自發出來, 不教由自家.
   惟平日涵養之功至, 則其發出者, 自無邪枉矣. 意則是情之發出, 因緣計較, 志則是指一處
   一直趨向者. 意陰而志陽也. 然則性情統於心, 而志意又統於情也.

위 인용을 살펴보면 정(情)은 마음이 발하는 것인데 부지(不知), 불각(不覺)한 것으로 일체의 사려 작용이 개입되지 않은 상태이며, 의(意)는 정(情)이 발하는 것에 사려가 개입되는 것이며, 지(志)는 구체적인 방향이 설정된 상태라고 정(情), 의(意), 지(志)를 구분하여 설명하고 있다. 그는 또한 의(意)와 지(志)를 음(陰)과 양(陽) 즉 숨어서 드러나지 않는 사려와 사려의 결과 드러난 것으로 구분하면서 이것을 정(情)에 통솔된 것으로 보았다. 이것을 마음의 지각 문제와 연관시켜보면, 마음이 발하는 것을 정, 의, 지의 순차적 작용으로 파악하여, 드러난 감정[情]이 어떻게 선악(善惡)으로 구분되는지의 문제를 설명하는 것이다. 율곡의 정에 대한 이러한 설명은 감정의 영역을 그대로 인정해주면서 그것을 시비, 선악의 문제로까지 확대 해석하면서 가치의 문제를 지각의 문제로 전환시켜주었을 뿐만 아니라 그 주체인 인간의 도덕의지를 강조한 것이라고 할 수 있다.

율곡은 여기서 '심위성정의지주(心爲性情意之主)'의 명제를 다시 세분하여 횡거의 '심통성정(心統性情)'의 주재적 기능관계를 의식하듯이 '성정통어심(性情統於心), 지의통어정(志意統於情)'이라는 두 가지 통섭 방식으로 나누어 설명하고 있다. 그의 이러한 해석은 장횡거의 '심통성정'이 호운봉의 '성발위정(性發爲情) 심발위의(心發爲意)'로 해석될 수 있는 오해의 소지를 제거하여 마음의 발현과 작용을 넘어서 이성적 사유와 감성적 감정이 도덕적으로 실천될 수 있는 메커니즘을 만들어주며 종합적으로 풀이해준 것이라 할 수 있을 것이다.

정리해보면 장횡거의 '심통성정(心統性情)'과 주자의 '심위성정지주(心爲性情之主)' 그리고 호운봉의 '성발위정(性發爲情) 심발위의(心發爲意)'를 체계적으로 종합하여, 율곡은 마음이 발현되고 실천되는 메커니즘적 구조인 '심성정의일로(心性情意一路)', 마음이 발현된 제 작용의 주재가 됨을 천명하는 '심위성정의지주', 그리고 성리학적 전제들을 율곡 고유의 방식으로 종합하여 심(心), 성(性), 정(情)과 정(情), 의(意), 지

(志)의 문제로 나누어 '성정통어심(性情統於心), 지의통어정(志意統於情)'이라고 정의해줌으로써 마음의 주재와 통섭의 방식을 넘어 감정의 범주가 세분화되며 심층적으로 논의될 수 있음을 보여주었다.

여기서 율곡의 심(心), 성(性), 정(情)의 관계는 성정통어심(性情統於心)의 방식으로, 정(情), 의(意), 지(志)의 관계는 지의통어정(志意統於情)의 방식으로 정리된다. 이 문제는 율곡학파 내에서 심화된 논의로 전개되며 남당(南塘 韓元震, 1682-1751)에 이르게 되면 전자는 '심통성정(心統性情)', 후자는 그에 대비되는 구조인 '정통지의(情統志意)'로 정립된다.[35]

마음의 작용으로서의 의(意)는 고정된 것이 아니라 변화 가능한 것[計較商量]이다. 지(志)는 이 변화의 방향을 설정하고 그렇게 지향하는 것[心之所之]을 말한다.[36] 즉 지는 의[念, 慮, 思]가 구체적으로 발현되는 방향성을 이미 갖는 것이다. 지(志)는 마음이 발현될 때, 구체적인 어떤 상태로 발현되려는 보다 강한 경향성 즉 실천의지(實踐意志)의 성격을 띠는 것이라고 할 수 있다.

여기서 관건이 되는 의(意)는 마음 즉 지각(知覺)이 발현되려는 양태를 말하는 것으로 앎[知]에 관련된 것이라면, 지(志)는 이것을 실현시키려는 지향적 특성을 지닌 것으로, 정(情)[意]의 방향성을 설정해주는 것 즉 실천의지에 대한 자각[覺]이다. 그러나 이것을 시간적 선후로만 보아서는

---

35) 남당은 율곡의 '志意統於情'을 '情統志意'라고 직접적으로 해석하고 있다. 이상곤은 이 것을 남당이 새롭게 창안한 것이라고 말하고 있지만(이상곤,『남당 한원진의 기질성리학 연구』, 108면), 이것은 율곡의 문제를 계승, 발전시켜 심층론적인 지각론(知覺論)의 심층적 문제로 전개시켰다고 보아야 할 것이다.
蓋以其主於身謂之心, 心之所具性也, 心之所發情也, 心之所之志也, 心之商量計較者意也, 念慮思皆意之別名. 情者心之初動處, 志意因情之發, 而定趣向有較量者也. 或意先而志後, 或志先而意後, 或獨意而無志, 或獨志而無意, 皆非與情而互相發用者也. 故張子曰 心統性情, 而吾又曰情統志意.(『南塘集』708면, 29:36a-b「示同志說」)
36)『栗谷全書』1. 456면 20:59a「聖學輯要」修己 上, 窮理章. 志者心之所之之謂, 情旣發而定其趣向也. 志者意之定者也, 意者志之未定者也.

안 된다. 왜냐하면 지(志)의 방향성이 올바로 설정되어야 성의(誠意)를 실천할 수 있는 한편, 성의(誠意)해야 지(志)의 방향성을 선(善)으로 나아가게 할 수 있기 때문이다. 그러나 앎의 실천(實踐)이라는 문제와 연관시켜본다면 구체적으로 의(意)보다 지(志)가 더욱 중요하다고 하여야 할 것이다. 이러한 맥락에서 율곡이 변화의 대상으로 삼은 우(愚)와 불초(不肖)의 문제는 결국 그의 도덕실천의 의지(意志) 문제에 관련된 것이라고 보아야 한다. 따라서 지를 세울 것을 강조하는 입지(立志)에 대한 논의는 율곡의 전 생애 동안 강조된다.[37] 그리고 지각(知覺)의 연장선에서 입지가 구체적으로 논해지는 것은 실천상의 리(理)에 대한 지각(知覺)의 문제를 전제로 하되, 한편으로는 의(意)의 심층적 개념인 염(念), 려(慮), 사(思)의 개념과, 다른 한편으로는 의(意)와 연관된 지(志)의 관계 속에서 함께 논의되어야 한다.

5.4.

율곡의 입지(立志)의 문제는 특히 변화기질(變化氣質)과 밀접한 연관을 갖고 있다. 그는 이 변화가 가능할 수 있는 것은 바로 마음의 허령한 지각(知覺)이 기질의 품부에 구애받지 않을 수 있다는 점에 근거한다고 보았다. 율곡은 이러한 입장에서 그의 심성론을 치심(治心)에 관한 논의로 발전시키되, 치심의 관건은 의(意)에 있으며, 구체적으로 성의(誠意)의 잣대는 리(理)에 대한 지각(知覺)에 달려 있다는 것임을 밝힌 것이다. 이렇게 볼 때, 의(意)의 문제는 지(志)뿐만이 아니라 지(知), 행(行)의 문제와도 밀접한 연관을 가지고 있다고 할 수 있다.

---

37) 박종홍은 입지(立志)를 주장하는 것을 율곡철학의 특징으로 보고 있다. "誠者는 天道인 만큼 그대로 誠인 것이요, 誠之者 즉 참되려고 노력하는 人之道를 理에 대한 敬에서 찾으려 한 것이 退溪요, 氣의 작용에 관심을 두고 志意의 중요성에 착안하여 立志를 강조한 것이 栗谷의 특색이다."(朴鍾鴻,『韓國思想史論攷』, 서문당, 1977. 200면)

다시 말하면 그는 도덕적 실천의 문제가 사단칠정(四端七情)[情]에만 국한된 문제가 아니라 인심도심(人心道心)[兼情意]의 문제이며, 이것은 결국 실천[行]의 문제와 분리시켜 생각할 수 없다고 보았다. 퇴계의 사단칠정론이 마음의 구조[情]에 대한 해명을 전제로 선악의 문제에 초점을 맞춘 것이라면, 율곡의 인심도심론은 겸정의(兼情意)한 것으로 마음의 구조에 대한 해명을 전제로 시비(是非), 선악(善惡)의 문제를 마음의 기능 특히 실천상의 앎[知]과 그 실천의지에 대한 자각[覺]의 문제를 해명하는 데 초점을 맞춘 것이라고 할 수 있다. 이것은 조선 성리학자들이 인간의 마음의 구조에 대해서 해명하려 했던 문제가 시비, 선악이라는 당위적 가치판단과 연관되어 있는 것을 볼 때, 율곡의 인심도심론은 겸정의(兼情意) 특히 의지(意志)와 밀접하게 관련된 문제라고 보아야 한다. 그는 의지 문제를 더 심화시켜 리(理)에 대한 지각과 실천의 문제까지 제기할 뿐만 아니라 이것에 근거해서 '인심청명어도심(人心聽命於道心)' 할 수 있는 실천적 메커니즘을 밝혀주고 있다.

6. 결론

6.1.

율곡은 마음[心]에 관한 제 논의를 '심성정의일로(心性情意一路)'라는 하나의 정합적 체계로 설명하는 한편, 심(心), 성(性), 정(情)의 문제를 심, 성, 정, 의(意)로 보다 세분화함으로써 심성론 논의의 범주를 확대 심화시켜놓았다. 이 논의를 통하여 율곡은 인간의 감정에 관한 논의를 토대로 하되 마음의 지각적 능력과 도덕적 실천의 문제가 어떻게 일관된 방식으로 드러나는지에 대해 초점을 맞추고 있었다. 이러한 그의 실천 철학적 특성을 잘 드러내주고 있는 명제가 바로 '심성정의일로(心性情意一路)'라고 할 수 있다.

퇴계의 사단칠정론(四端七情論)은 마음이 발현된 구조[情]에 대한 해명 즉 도덕적 감정인 사단과 생리적 감정인 칠정의 이분법적 존재방식의 설명에 초점을 맞추었다면, 사단칠정을 전제한 율곡의 정의론(情意論) 즉 인심도심론(人心道心論)은 마음의 구조에 대한 해명을 전제로 마음의 기능 특히 실천상(實踐上)의 앎과 그 실천의지에 대한 자각의 문제를 해명하는 데 초점을 맞춘 것이다. 왜냐하면 시비(是非), 선악(善惡)이라는 당위적 가치판단의 문제와 연관시켜볼 때, 이것은 정(情)만의 문제라기보다는 정(情), 의(意)를 겸(兼)한 특히 의(意)에 관련된 문제이기 때문이다. 이것은 가치(價値)의 문제를 앎 즉 지각(知覺)의 문제로 전환시킨 것이며, 수양론적 실천(實踐)의 문제를 실천상의 의지(意志)를 중심으로 하는 지각론적(知覺論的) 논의(論議)로 전환시켰음을 알 수 있었다. 달리 말하면 인(仁)을 중심으로 전개된 도덕 수양론적인 논의가 지(智)를 중심으로 하는 도덕 인식에 근거한 수양론의 철학 체계로 발전된 것이라고 할 수 있다. 이것은 이성과 감정, 도덕성을 하나의 상보적 체계로 종합시킨 것으로 현대 영미 윤리학에서 제기된 감정의 철학과 비교해보아도 손색이 없는 것이라 할 수 있다.

6.2.

일반적으로 퇴계와 율곡의 철학을 포함하는 성리학은 도덕적, 윤리적인 담론의 장이었다고 평가한다. 이상의 고찰을 통해서 조선 성리학 특히 율곡의 철학에 대해서 다음과 같은 평가를 새롭게 내릴 수 있을 것이다.

첫째 당시 성리학적 논의들은 마음[心]의 지각 기능을 전제하고 있었다는 점을 간과할 수 없다는 것이다. 둘째 인간의 욕구와 감정을 그대로 인정해주되 그것을 조절, 제어 즉 주제할 수 있는 주체가 바로 마음[心爲性情意之主]이라는 것이다. 이 경우 인간의 욕구와 감정은 필수 불가결

한 것이며 그 자체로서 선악의 가치판단을 할 수 없게 된다. 따라서 마음
[心]의 지각에 기초한 리(理)에 대한 선이해와 그것을 판단, 실천할 수 있
도록 하는 의(意), 지(志)의 문제가 제기되었고, 결국 리(理)에 대한 지각
(知覺)과 그것을 실천으로 옮길 수 있는 의(意), 지(志)의 과정을 통한 도
덕판단과 실천의 주체가 바로 인간 자신이라는 점을 밝혀주고 있다. 율
곡의 철학체계에서 이 문제는 일관된 체계[心(性) → 情 → 意]로 드러나
고 있음을 통해서 볼 때, 당시 성리학자들이 공유할 수 있었던 결론은 지
각, 감정, 도덕의 문제는 분리된 것이 아니라 하나의 총체적 마음의 지각
작용으로 파악하고 있었음을 확인할 수 있다. 결론적으로 본고에서 율
곡의 철학 — 리기심성론에 기초한 정의론(情意論)을 반추해봄으로써 인
간의 본성과 이성적 사유, 제 감정으로부터 추출된 도덕감정과 그 감정
을 실천으로 옮길 수 있도록 하는 도덕실천 의지는 리에 대한 지각 즉 마
음[心]을 전제로 하되 이성과 감성 그리고 도덕성이 성리학적(性理學的)
상보성(相補性)을 갖추어야 함을 잘 보여주었다. 그리고 그것은 현대사
회에서도 유효한 성리학적 정의론(情意論)임을 확인할 수 있었다.

장자(莊子)의 감정과 공감의 문제

이 진 용

1. 들어가는 말

역사적으로 인류가 군집생활을 하기 시작한 이래로, 우리는 현실사회라는 큰 울타리 안에서 타자와 더불어 살아갈 수밖에 없다. 타자와 더불어 살아가는 삶은 때로는 특정한 방식을 통해 조화로운 관계 설정과 그 결과로서 이상적 사회를 구성하는 긍정적 결과로 나타나기도 한다. 반면 대부분의 경우 상호 경쟁과 다툼의 양상을 보이며 자신의 선택과 무관하게 어쩔 수 없이 특정한 집단을 구성하며 타자와 더불어 살아가는 모습을 보일 때도 있다. 이러한 상황에서 우리는 공동체나 사회라는 큰 틀 안에서 사회구성원 모두가 전체적인 조화를 통한 안정적인 모습을 추구하는 것이 가능할지, 그리고 만약 이러한 이상적 집단이 구성될 수 있

---

* 이 논문은 한국철학사연구회 편, 『한국철학논집』 제46권(2015)에 실린 글이다.

다고 한다면 과연 무엇부터 어떻게 새로운 방식으로 정립해야 할지의 문제를 마주하게 된다. 중국철학의 흐름에서 대다수 철학자들은 인간과 세계에 대한 이해로부터 사회구성원 모두의 조화로운 공존의 관계를 모색했고, 이로부터 각기 사회정치적 맥락에서 조화와 공존에 관한 담론을 형성했다고 볼 수 있다. 이는 조화로운 공존의 사회를 구성하기 위해서는 그 무엇보다도 사회구성의 최소단위로서의 인간에 대한 온전한 이해가 선행되어야 하고, 또한 인간이란 존재는 과연 어떠한 맥락에서 그 본질적 속성이 결정되었는지를 세계에 대한 이해를 통해 접근하기 때문이다. 따라서 타자와의 조화로운 관계 설정을 논의하기 위해서는 무엇보다 인간에 대한 이해, 그리고 사유와 행위의 주체로서의 내가 객체로서의 타자를 어떻게 이해하고 받아들일 수 있을지의 문제를 고민해야 한다.

우리가 일상적으로 타자를 마주할 때에는 무엇보다 먼저 내가 마주하는 대상에 대한 기본적 인식으로부터 출발한다. 타자를 받아들이는 인식의 최초 단계에서는 타자로부터 특정한 느낌들을 갖게 된다. 마주하는 대상과 마주하는 상황의 차이에 따라 우리는 상이한 느낌을 지니게 되고, 때로는 동일한 대상에 대해서 내가 처한 구체적 상황이나 경험에 의해 상이한 느낌을 갖기도 한다. 따라서 우리는 이러한 느낌으로부터 구체적 판단을 진행하는 과정을 통해, 최종적으로 인식의 대상인 타자와 어떠한 관계를 맺을지를 결정한다. 이러한 과정은 우리 안에서 상당히 복잡하게 이루어지지만, 거칠고 투박하게 접근한다면 타자와 마주할 때 먼저 '감정'이 일어나고 이로부터 특정한 '판단'을 통해 실제적인 '행위'로 나간다고 볼 수 있다. 따라서 내가 타자와 상호 공존하는 조화로운 관계를 설정할 수 있을지는, 타자와 마주했을 때 어떠한 방식으로 감정을 이끌고 판단을 진행해야 할지의 문제를 최소한 검토해야 한다.

그런데 타자와의 첫 대면에서 발생하는 감정이 과연 어느 정도로 신뢰할 수 있을지에 대해서, 즉 감정 그 자체가 일관성을 지니고 있는지에 대해서는 수많은 학문 영역과 학자들에 의해 다양한 검토가 진행되었다. 그리고 이러한 검토의 결과로 감정에 대한 부정적 시각이 보다 다수를 이룬다고 볼 수 있다. 그렇다면 우리는 어떠한 맥락에서 감정을 긍정적으로 바라보지 못할까? 누스바움에 따르면, 감정은 규범적 의미에서 비합리적이며, 따라서 공적인 숙고 과정의 지침이 되기에 부적절하다는 비판을 받는다.[1] 물론 인간이면 누구나 지니는 감정을 일관되게 비판하고 부정할 수만은 없지만, 특정한 상황에서 우리가 대상에 대해 갖는 일차적 반응 양태로서의 감정이 과연 어느 정도로 우리의 삶에 유리한 방식으로 적절하게 작용하는지는 끊임없는 논란거리가 되어왔다. 특히 누스바움의 설명대로, 감정에 대해서는 지금까지 다양한 측면에서의 비판적 논쟁이 제기되어왔는데 모든 의견은 '비합리적'이라는 용어로 간추릴 수 있다.[2] 이처럼 감정을 비합리적이고 결핍과 불완전성에 기인하며 공평무사함과는 거리가 먼 것으로 이해할 수 있지만, 다른 한편으로는 분명 감정 또한 인간이 외부 대상과의 연관 속에서 긍정적이고 가치 있는 작용을 하는 무엇인가로 이해할 수 있는 여지가 생긴다.[3]

---

1) 감정 자체와 그 체계를 비판적 입장에서 출발해 이를 우리가 반대해야 하는 더 많은 이유를 가진 것으로 이해하는 입장은 동서를 막론하고 적지 않은 지식인들이 공유하던 것이었다. 특히 서구철학의 흐름에 이러한 감정의 문제는 이를 부정하는 여러 입장을 구체적으로 구분하고 범주화하려는 작업 가운데 마사 누스바움은 감정에 대한 네 가지 반대 견해들을 제시하며 이러한 견해들이 감정을 반대하는 이유가 무엇인지, 그리고 각각의 견해들 사이의 상호 연관관계는 어떻게 이루어지는 등의 문제를 다룬다. 그 가운데 누스바움은 이러한 네 가지 반론에 대한 답으로 인간에게 왜 감정이 필요하며 그 이유는 무엇인지, 그리고 감정이 지니는 효용성에 대한 설명을 세밀하게 전개한다. 이 글은 감정일반 또는 감정에 대한 전통 이래의 동서양에서의 공통적인 이해로부터 출발하여 장자의 감정에 대한 관점을 살펴보는 것을 목적으로 하기 때문에, 누스바움이 설명하는 감정을 반대하는 입장에서의 가치 있는 설명을 참고하여 논의를 전개하고자 한다. 감정에 대한 다양한 관점에 대한 누스바움의 소개 및 견해는 『시적 정의』를 참고하길 바란다(마사 누스바움, 박용준 옮김, 『시적 정의』, 궁리, 2015, 123-170쪽 참고).
2) 마사 누스바움, 앞의 책, 128쪽.

·그렇다면 고대 중국에서의 감정은 과연 어떠한 의미와 내용을 지녔고, 당시 지식인들은 감정일반에 대해 어떠한 입장을 견지했을까? 고대 중국에서 지금의 감정에 해당하는 용어는 '정(情)'이다. 이때 문제가 되는 것은 과연 '정' 자가 일반적 의미로서의 감정, 정감, 정념, 정서 등의 의미와 과연 부합하는가의 문제이다. 실제로 고대 중국에서의 '정'은 우리가 일반적으로 풀이하는 감정 이외의 다양한 의미로 사용되기 시작했다. 고대 문헌을 통해 이해할 수 있는 '정'의 의미는 우선 특정한 상황과 관련될 때에는 실제 상황이나 실제 모습 내지는 사실을 의미하고, 특정한 대상을 가리킬 경우에는 그 대상의 본질을 의미하였다. 이처럼 특정한 일이나 상황에 대한 사실적 진술의 의미에서, 전국시대에 이르게 되면 점차 감정일반 또는 감정의 집합을 뜻하게 된다.[4] 즉 외부 대상의 실제적 상황이나 외부 대상의 본질에 대한 주관적 반응 양태를 의미하는 의견 및 생각, 그리고 감정이나 심리적 반응 양태 등을 의미하게 되는 것이다.

주지하다시피 유가의 '정'은 그들의 도덕적 입장과 이론에 중요한 작

---

3) 이러한 맥락에서 누스바움은 역사적으로 감정을 반대하는 입장을 네 가지로 분류한 뒤, 각각의 관점에 대한 반박을 통해 감정이 지니는 긍정적 측면에 관한 논의를 전개한다(마사 누스바움, 앞의 책, 136-158쪽 참고).

4) 박원재, 「인지상정의 윤리학: 유교적 규범론의 재음미」, 『500년 공동체를 움직인 유교의 힘』, 한국국학진흥원 교양총서 전통의 재발견 03, 글항아리, 2014, 236쪽. 박원재의 이러한 관점은 고대 중국에서 '정(情)'의 함의에 대한 일반적 관점을 대표한다. 이러한 입장에서 출발해 김명석은 고대 중국의 문헌에서의 '정'은 특정한 상황과 관련된 사실 또는 특정한 사물의 특질 혹은 본질, 그리고 한 인간을 다른 사람들로부터 구별시켜주는 그 사람의 성격을 지칭한다고 주장한다. 즉 김명석은 고대 중국철학과 사상의 발전적 흐름에서 춘추시대에는 '정'이 사실과 대상의 본질을 의미하는 데에서 전국시대에는 점차로 특정한 감정의 집합을 가리키는 의미로 변화하는 흐름이 이미 춘추 이전과 춘추 당시 문헌에서도 발견되고 있다는 점을 논증하였다(김명석, 「『논어(論語)』의 정(情) 개념을 어떻게 이해할 것인가?」, 『동양철학』 제29집, 2008 참고). 이 글은 『장자』에 드러나는 '정' 개념을 중심으로 장자철학에서의 감정의 문제를 다루는 만큼, 춘추로부터 전국시대에 이르는 사상사의 흐름에서 '정'이 가리키는 다양한 함의를 중심으로 장자의 철학적 문제의식에 따라 그 의미를 찾고자 한다.

용을 한다. 유가는 공자와 맹자 이래로 도덕적 감정의 중요성을 직시하고, 타자와의 현실적 삶 속에서 이러한 감정을 바탕으로 인간다움의 논의를 전개한다. 이는 타자를 사랑하는 감정과 그 실천의 의미로서의 '인(仁)'에서 보다 구체화되는데, 특히 맹자에게서 사단(四端) 가운데 '측은지심(惻隱之心)'의 보편적 도덕 감정은 인간의 도덕 본성을 확인하고 함양하는 중요한 연결고리 역할을 한다.[5] 이에 비해 장자를 비롯한 선진 도가에서 '정'은 그다지 환영받지 못한다. 『장자』에 드러난 감정은 조절해야 하는 대상이자 억제하거나 심지어 제거해야 하는 것으로 이해될 수 있는 여지가 있다.[6] 이러한 관점은 특히 '성인무정(聖人無情)'의 명제에서 극대화된다. 그럼에도 모든 인간이 현실적 반응 양태로서 필연적으로 감정을 지니며 이로부터 다양한 판단을 진행할 수밖에 없다고 한다면, 장자에게서도 감정이 지니는 긍정과 부정적 측면을 올곧이 이해할 필요가 있다. 이러한 맥락에서 이 글은 장자가 이해하는 감정, 즉 감정과 그에 따른 판단이 이끄는 부정적 측면에 대한 이해로부터 출발하여, 타자와의 진정한 공존을 위해 새로운 감정과 판단체계는 어떻게 정립될 수 있을지를 검토하는 데 초점을 맞추고자 한다.

---

5) 『孟子』, 「公孫丑」上.

6) 김형중은 '감정(emotion)'의 주제가 유가의 경우 도덕심리학의 측면에서 핵심 주제로 다루어진다고 주장하며, 이는 맹자의 사단(四端), 『중용(中庸)』의 칠정(七情) 등처럼 초기 유가의 사상가들이 감정을 중요하게 다루었기 때문이라고 본다. 즉 선진유가의 입장에 따르면 감정은 덕의 함양이라는 인격 수양을 위해 고려되어야 할 필수 주제가 된다. 이에 비해 도가는 노자의 무지무욕(無知無欲), 장자의 성인무정(聖人無情)에서처럼 감정을 배제 혹은 제거의 대상으로 간주한다. 다만 이처럼 감정을 배제하거나 제거해야 하는 대상으로 보더라도 그 주장의 설득력을 위해서는 감정에 대한 적절한 이해와 논의가 전제되어야 한다고 주장한다(김형중, 「도가적 감정 이해의 전형(典型)」, 『동양철학』 제42집, 2014, 81쪽 참고). 필자 또한 이러한 이해에 전적으로 동의하며 이 글을 구성하고자 한다. 즉 장자철학에서 감정은 일관되게 부정되는 방식으로 다루어진다고 하더라도 감정일반에 대한 이해가 전제되어야 하고, 한 걸음 더 나아가 인간은 감정을 지니는 존재라는 점을 인정한다면 장자철학에서 감정은 또 다른 의미와 내용을 통해 긍정적인 기능을 수행한다고 볼 수 있기 때문이다.

이러한 문제의식에 따라 이 글은 다음 몇 가지 문제를 집중적으로 다루고자 한다. 먼저 일반적으로 장자철학에서 감정을 배제하거나 제거해야 하는 대상으로 이해하는 근거는 과연 어디에 있는지를 찾고자 한다. 이를 해명하기 위해서는 무엇보다도 우리가 외부 대상을 일차적으로 마주하여 인식하는 과정에서 일차적으로 어떠한 감정이 발생하는지, 그리고 감정과 인지는 어떠한 관련을 맺는지를 살펴보아야 한다. 다음으로 인간이면 누구나 지닐 수밖에 없는 감정을 과연 장자는 일관되게 부정하거나 배척하려고만 했는지, 아니면 새로운 지평에서 정립 가능한 또 다른 감정체계를 긍정했는지를 검토해야 한다. 이를 위해 '성인무정(聖人無情)'의 논의에 숨겨진 장자의 감정에 대한 긍정적 시각을 드러내고자 한다. 마지막으로 장자의 '무정(無情)'의 방식이 현실에서 타자와 어떠한 방식의 관계 맺음의 전제가 되며, 장자가 제시한 타자와의 새로운 공존의 틀은 무엇인지를 최종적으로 검토하는 것으로 논의를 마치고자 한다.

2. 감정의 역기능과 '성심(成心)'

주지하다시피 감정은 일반적으로 우리가 외부 대상을 마주하였을 때 그로부터 일정한 자극을 받아 그 반응으로 발생하는 일종의 경험의 집합으로 이해할 수 있다. 그리고 인간이면 누구나 이러한 감정체계를 지닐 수밖에 없다. 그럼에도 불구하고 우리가 시시각각으로 마주하는 대상을 통해 지니게 되는 감정이 항상 긍정적 작용만을 이끄는 것은 아니다. 때로는 특정한 감정에 사로잡혀 대상을 온전히 이해하지 못하기도 하고, 동일하거나 유사한 상황에서 특정 대상을 통해 갖게 되는 감정이 일관성이 결여되기도 한다. 그렇다면 장자는 어떠한 이유로 감정을 배제하거나 배척하려고 했을까? 다시 말해서 그는 감정의 부정적 측면 내지는 그 역기능을 어떻게 규정하려 했을까? 흔히 감정을 적극적으로 받아들이는 것 자체를 꺼리는 입장에서는, 감정은 일관되지 못하고, 감정에 의해 촉발된 행동은 항상 윤리적 행위로 규정할 수만은 없으며, 감정은 보편적, 일반적 특징을 지니지 않기 때문에 감정은 신뢰할 수 없다고 주장한다. 그리고 이로부터 감정은 그 자체로 우리의 현실 삶을 온전한 방향으로 이끌어가지 못하게 하는 부정적 기능을 내포하고 있다고 본다. 장자 또한 이러한 이유를 수용하여 감정을 부정적으로 이해했을까?

> (성인은) 사람의 형체가 있지만 사람의 감정은 없다. 사람의 형상이 있으므로 사람들과 어울리고, 사람의 감정이 없으므로 시비가 그 자신에게 영향을 주지 않는다. 매우 사소하도다, 사람에 속한 것들이여! 위대하도다, 홀로 그 천성을 이룬 사람이여![7]

위 인용문은 『장자』 「덕충부(德充符)」의 '성인무정(聖人無情)'을 설명하는 구절이다. 여기서 장자는 '정'이 없으면 '시비'의 구별이 없다고 역설한다. 물론 장자도 인간이면 누구나 서로 다른 형체를 지니며 구체적 현실에서 어울려 살아갈 수밖에 없음을 인정한다. 다만 서로 관계 맺으며 살아가는 현실적 삶에서 특정한 감정으로 인해 시비의 구별을 일삼게 되며, 그 결과 우리는 매우 사소한 측면인 인위적인 것에 물들어 결국 상호 다툼과 분쟁을 일으키게 된다. 그렇다면 장자가 이해하듯이 시비를 일으키는 우리의 감정은 과연 어떠한 내용을 지닌 무엇일까? 흥미롭게도 『장자』에서 이러한 문제를 일으키는 우리의 일차적 감정은 '좋음'과 '싫음'을 뜻하는 호오(好惡)의 상반된 감정으로 읽을 수 있다.[8]

또한 위나라 임금이 진실로 현인을 좋아하고[悅] 불초한 사람을 싫어한다면

---

7) 『莊子』, 「德充符」. "有人之形, 无人之情. 有人之形, 故群於人, 无人之情, 故是非不得於身. 眇乎小哉, 所以屬於人也! 謷乎大哉, 獨成其天!"
8) 김형중은 『장자』에서 '정(情)'은 몇몇 경우에 최소한 '호오(好惡)'('시비(是非)'를 포함한

[惡] 어찌 너를 써서 남다를 수 있기를 구하겠는가?[9]

미워하고[惡] 욕구하고[欲] 기뻐하고[喜] 성내고[怒] 슬퍼하고[哀] 즐거워하는 것[樂], 여섯 가지는 덕성을 번거롭게 한다.[10]

중국 선진 문헌에서 '정(情)'은 좋음과 싫음[好惡]의 감정적 반응과 함께 그러한 대상에 대한 욕구와 혐오의 태도를 가리키는 이중적 함의를 지니고,[11] 또한 좋음과 싫음은 욕구와 혐오라는 두 가지 대칭적 태도로 사용될 때, 그것은 접하는 대상이 어떤 종류냐에 따라 다른 감정들로 발현될 수 있다.[12] 그렇다면 위 인용문에서 현인을 좋아하고 불초한 사람을 싫어하는 것은 일차적으로 좋음과 싫음의 감정을 수반할 뿐 아니라, 그로부터 좋음을 지향하고 싫음을 거부하는 방식으로 전개될 수 있다. 즉 외부 대상이나 사태를 마주했을 때 우리는 즉각적으로 좋음과 싫음의 상반된 반응 양태를 먼저 가지며, 이러한 좋음과 싫음의 일차적 '정'은 좋아하는 것을 수용하거나 지향하는 형태로 확산되기도 하고[欲], 정반대로 싫어하는 것을 지양하거나 거부하고자 하는 방식으로 전개되기도

다)라는 감정을 총괄하는 개념으로 볼 수 있으며, 선진시기 문헌들에서 '호오'는 어떤 대상들을 좋아함과 싫어함이라는 감정 반응이라는 의미와 이러한 대상들에 대한 인간의 타고난 충동과 회피라는 경향성이나 태도를 지칭하는 점에서 이중적 의미로 사용되었다고 본다(김형중, 앞의 논문, 90-91쪽). 김명석 또한 호오라고 하면 좋은 것과 나쁜 것에 대해 인간이 느끼는 좋아함과 싫어함의 감정, 혹은 이러한 대상들에 대해 지니는 욕망과 혐오의 태도라고 이해해볼 수 있다고 주장한다(김명석, 「호오(好惡) 개념의 도덕심리학적 분석」, 『동양철학』 제31집, 2009, 97쪽). 필자는 이러한 관점이 고대 중국 문헌에서 '정'을 이해하는 데 매우 타당한 이해로서 받아들이며, 장자철학에서 '정'이 호오로부터 좋아함과 싫어함에 대한 경향성이나 추구를 통해 시비로 확장된다는 측면을 적극적으로 논증하고자 한다.

9) 『莊子』, 「人間世」. "且苟爲悅賢而惡不肖, 惡用而求有以異?"
10) 『莊子』, 「庚桑楚」. "惡欲喜怒哀樂六者, 累德也."
11) 김명석, 앞의 논문, 97쪽.
12) 김형중, 앞의 논문, 92쪽.

한다[惡]. 그리고 인간이 지니는 기타 감정은 좋아함과 싫어함으로부터 수용과 거부, 지향과 지양이라는 경향성이나 태도를 통해 기쁨과 화남, 즐거움과 슬픔 등의 상반된 다양한 감정으로 전개되는 것으로 이해할 수 있다. 여기서 무엇보다 주의할 점은 이러한 감정의 반응 양태의 흐름을 통해, 좋음과 싫음에 따르는 수용과 거부의 지향성과 태도는 최종적으로 내가 마주하는 대상에 대한 '옳고 그름[是非]' 판단으로 이어진다는 점이다.[13]

그렇다면 옳고 그름을 따지는 가치판단으로서의 '시비'는 일차적으로 좋음과 싫음의 감정에 대한 수용과 거부의 이중적 태도를 통해 최종적으로 내가 좋아하고 지향하려는 대상은 옳고, 반대로 내가 싫어하고 거부하려는 대상은 그르다는 판단으로 이어지는 것을 뜻한다. 여기서 한 가지 주의할 점은, '호오'의 감정이 수용과 거부의 지향성을, 이어서 옳고 그름의 판단을 일으키는 것인지, 아니면 이러한 과정이 또 다른 측면에서 옳고 그름의 판단이 특정한 감정을 재구성하는 것인지를 검토할 필요가 있다. 다시 말해서 '호오'의 감정 → 수용과 거부의 태도 → 시비 판단으로 이어지는 순차적인 발생 관계로 파악할지, 아니면 시비판단 ⇄ 수용과 거부의 태도 ⇄ '호오'의 감정의 상호 교차적 관계로 파악할지의 문제이다. 이는 다음 구절에 드러난 '정'의 발현 양태에 대한 설명을 통해 접근해볼 수 있다.[14]

견오(肩吾)가 연숙(連叔)에게 물었다. "내가 접여에게 들으니 (그의 말이) 크

---

13) 이처럼 호오의 감정과 옳고 그름의 가치판단을 연결시켜 사유하는 틀은 『莊子』「寓言」편의 "호오와 시비는 단지 사람들의 입을 막아 억지로 복종시킬 뿐이다(好惡是非直服人之口而已矣)"라는 구절에서처럼 장자가 일관되게 견지하는 관점이라 할 수 있다.
14) 좋아함과 싫어함의 호오로부터 지향과 거부의 태도를 통해 옳고 그름의 가치판단으로 이어지는 일련의 과정은 기본적으로 감정과 인지의 문제를 수반한다. 이 점에 대해서는 최근 국내 학자들의 연구 성과를 참고할 만하다. 정용환은 메타인지와 구속적 정서의 관

기만 하지 절실하지 않고 가도 가도 끝이 없는지라 나는 은하수처럼 끝이 없
는 그 말에 놀랐다. (그의 말이) 상식과 크게 현격하여 인지상정에 가깝지 않
았다(不近人情). … '막고야라는 산에 신인이 사는데 살결이 얼음과 같고 자
태의 부드럽고 아름다움이 처녀와 같으며, 오곡을 먹지 않고 바람을 마시고
이슬을 마시며, 구름을 타고 비룡을 어거하여 사해 밖으로 날아다닌다. 그의
정신은 응집되어 만물로 하여금 병들지 않게 하고 농작물을 익게 한다'고 한
다. 나는 이 말이 속이는 것이라고 생각되어 믿어지지 않는다."15)

위 글은 『장자』 「소요유」에 등장하는 견오와 연숙의 대화이다. 견오는
유가적 가치를 따르는 자로 은자인 접여의 말을 접하고 연숙에게 자신의
입장을 위와 같이 설명한다. 여기서 견오가 접여의 말을 전해 듣고 반응
하는 양태는 다음의 맥락에서 이해할 수 있다.

반응: 놀라움(驚怖) — 이유: 인지상정에 맞지 않음(不近人情) — 결
과: 믿지 못함(不信)

계를 통해 도가에서 해체하고자 하는 구속적 정서는 인지심리학적 견해에서 본다면 억
압적 메타인지에 의해 형성되는 인지 집중 증후군과 상통한다고 본다(정용환, 『유교 · 도
교 · 불교의 감성이론』, 경인문화사, 2011, 74-87쪽). 김형중 또한 『장자』의 현대적 이해
와 서구학자의 견해를 참고하여 좋아함과 싫어함의 감정과 그로부터 발생하는 옳고 그
름의 평가적 판단이 이루어진다는 전제 아래, 장자의 '성인무정'의 관점을 온전히 이해
하기 위해서는 '호오'와 '시비', 즉 감정과 인지의 관계를 검토해야 한다고 주장하며, 이
문제를 적극적으로 개진한다(김형중, 앞의 논문, 100-101쪽). 필자 또한 이러한 연구 성
과를 적극적으로 수용하여 이하의 내용을 구성하였다. 특히 호오의 감정, 수용과 거부의
경향성이나 태도, 시비판단의 흐름을 통해 내가 마주하는 대상에 대한 믿음이 과연 어떻
게 형성되는지를 검토하기 위해 아래 「소요유」편의 견오와 연숙의 대화를 세밀히 살펴
보고자 한다.
15) 『莊子』, 「逍遙遊」, "肩吾問於連叔曰: '吾聞言於接輿, 大而無當, 往而不返. 吾驚怖其言,
猶河漢而無極也; 大有逕庭, 不近人情焉.' … '邈姑射之山, 有神人居焉, 肌膚若氷雪, 綽
約若處子; 不食五穀, 吸風飮露; 乘雲氣, 御飛龍, 而遊乎四海之外. 其神凝, 使物不疵癘而
年穀熟.' 吾以是狂而不信也."

위 대화에서 견오가 접여의 말을 들은 뒤 최초의 감정 반응 양태는 '놀라움'이다. 견오가 보기에 접여의 말이 실질적이지 않고 효용가치도 없기 때문에, 여기서의 '놀라움'은 마치 누군가의 말이 나의 판단기준이나 관점과 어긋나기 때문에 빈정대듯이 '깜짝 놀랐다'고 표현하는 것과 엇비슷하다. 따라서 견오의 '놀라움'이라는 감정은 좋음과 싫음 가운데 '싫음', 그리고 지향과 거부 가운데 '거부'에 수반되는 감정이라 볼 수 있다. 이어서 접여의 말이 상식과 동떨어져 '인지상정[人情]'에 부합하지 않는다고 하는데, 이때의 '인지상정'은 싫음과 거부에 따라 발생하는 놀라움, 그리고 여기에 시비 판단 가운데 '그름[非]'의 판단이 더해진 결과라 볼 수 있다. 그리고 이는 공통된 판단기준을 지닌 사람들만이 공유하는 그들만의 감정 반응 양태라는 점에서 모든 사람들이 공유하는 보편적 의미로서의 '인지상정'이 아니다. 즉 특정한 관점을 공유하는 사람들의 특수한 '인지상정'을 가리킨다. 따라서 '싫음'이라는 평가적 판단에 따라 구성된 '정' 즉 '인정'에 따라 보았을 때, 접여의 말은 빈정댐과 조롱이 섞인 '놀라움'을 일으키게 되고, 그 결과 자신의 관점과 다른 개인 또는 집단의 견해를 '믿지 못하는[不信]' 결과를 이끈다.

이상의 논의를 통해 보자면, '좋음과 싫음[好惡]'의 감정으로부터 수용과 거부의 태도가 이어지고, 그리고 이로부터 다시 옳고 그름의 시비 판단이 발생하는 것을 확인할 수 있다. 동시에 옳고 그름의 시비판단은 또한 인간의 다양한 감정체계와 그 양태를 특정한 방향으로 이끌거나 고착시키는 작용을 하기 때문에, 시비판단이 '좋음과 싫음'의 감정과 지향과 거부의 지향성과 태도를 결정하기도 한다. 따라서 장자가 부정하는 감정은 두 가지 맥락에서 이해할 수 있다. 하나는 '좋음과 싫음'이라는 일차적 감정으로, 이는 수용과 거부의 태도와 지향을 일으키고, 이로부터 주관적 시비판단으로 확장되는 것이다. 다른 하나는 시비판단이 다시 '좋음과 싫음'과 수용과 거부의 과정에 직접적으로 개입하여 재구성된 '좋음과 싫음'의 감정 반응 양태이다. 전자의 경우 감정 그 자체는 가르쳐진 것도 아니고 우리의 일상적 신념 안에서 구현된 것도 아니다. 또한 좋음과 싫음이 반드시 수용이나 거부를 거쳐 시비판단을 일으키는 것은 아니기 때문에, 이러한 좋음과 싫음의 일차적 감정에 대한 부정은 제한적일 수 있다. 이는 어찌 보면 동물적 본능으로서 지니는 감정과 동일시할 수 있는 것으로, 이는 학습될 수도 완전히 제거될 수도 없는 것이자 동시에 사유 또는 인지가 개입하지 않은 것이기 때문에 불안정하다고 이해할 수 있다. 이에 비해 후자에서의 감정은 이미 가치를 판별하는 다양한 신념들에 따라 학습된 것이기 때문에, 특정한 신념체계를 구성하는 요소들을 감정에 다시 대입시키는 과정을 배제한다면 이러한 감정은 제거될 수 있다. 또한 이러한 감정은 특정한 신념체계에 따라 특정 사물들에 시시각각으로 중요성을 부여하는 생각들이기 때문에 그 자체로 불안정하고 사물이나 사태를 온전하게 이해할 수 없게끔 만드는 중요한 요인이 된다. 따라서 장자가 적극적으로 배척하고 배제하려는 감정은 바로 이러한 성격과 특징을 지니는 후자의 경우에 집중되어 있다고 볼 수 있다.

3. 감정의 순기능과 '무정(無情)'

장자는 옳고 그름의 시비판단에 따라 재구성된 좋음과 싫음의 감정, 그에 따른 수용과 거부의 경향은 우리의 현실 삶에서 개인과 사회 모두에 부정적 작용을 이끈다고 비판한다. 그러나 인간이면 누구나 외부 대상에 대해 필연적으로 감정적 반응을 보이고, 또한 일차적 감정 반응에 따라 특정한 태도나 경향성을 지니며, 이어서 인지에 따른 가치판단을 진행할 수밖에 없다. 따라서 감정의 부정적 반응 양태나 작용에서 벗어나 이상적 감정체계를 가지기 위해서는, 무엇보다도 새로운 판단의 방식, 그리고 특정한 감정 반응 양태를 부정하는 가운데 새로운 감정 반응의 방식이 필요하게 된다. 이 점에서 장자는 '무정(無情)'의 논의를 전개한다. 『장자』「덕충부」편에 보이는 '무정'에 관한 구절은 다음과 같다.

① (성인은) 사람의 형체가 있지만 사람의 감정은 없다. 사람의 형상이 있으므로 사람들과 어울리고, 사람의 감정이 없으므로 시비가 그 자신에게 영향을 주지 않는다.[16]

② 혜시가 장자에게 물었다. "사람은 본래 감정을 없게 할 수 있는가?" 장자가 말했다. "그렇다." 혜시가 말했다. "사람으로서 감정이 없으면 어떻게 그를 사람이라고 하겠는가?" 장자가 말했다. "도(道)가 그에게 용모를 주었으며 천(天)이 그에게 몸을 주었는데, 어떻게 그를 사람이라고 일컫지 않을 수 있겠는가?"[17]

③ 혜시가 말했다. "이미 그를 사람이라고 한다면 어찌 감정이 없을 수 있는가?" 장자가 말했다. "이것은 내가 이른바 감정이 없다는 뜻이 아니다. 내가 이른바 감정이 없다는 것은 사람이 좋아하고 싫어하는 감정으로, 안으로 그자신을 상하지 않게 하고 언제나 자연에 따르되 생(生)에 더 보태지 않는 것이다."[18]

이 구절에서 장자는 혜시와의 대화를 통해 '성인무정'의 관점을 피력한다. 장자는 ①에서 성인은 사람의 형체는 지니지만 사람의 감정은 없

---

16) 『莊子』, 「德充符」. "有人之形, 无人之情. 有人之形, 故群於人, 无人之情, 故是非不得於身."
17) 『莊子』, 「德充符」. "惠子謂莊子曰: '人故无情乎?' 莊子曰: '然.' 惠子曰: '人而无情, 何以謂之人?' 莊子曰: '道與之貌, 天與之形, 惡得不謂之人?'"
18) 『莊子』, 「德充符」. "惠子曰: '旣謂之人, 惡得无情?' 莊子曰: '是非吾所謂情也. 吾所謂无情者, 言人之不以好惡內傷其身, 常因自然而不益生也.'"

다고 단정한다.[19] 인간이면 누구나 감정과 그 반응방식을 지닐 수밖에 없는데도 '감정이 없다'고 말한 이유는 무엇일까? 장자는 직접적으로 여기서의 감정을 설명하고 있지 않지만, 감정이 없기 때문에 시비판단이 개입할 여지가 없다는 주장에서 이는 옳고 그름의 인지적 판단으로 구성된 좋음과 싫음 감정이라고 유추해볼 수 있다. 따라서 ②에서 혜시의 질문에 장자가 사람은 본래 감정을 없게 할 수 있다는 답 또한 시비판단에 의해 구성된 옳고 그름의 감정은 본래 없을 수 있다고 읽어야 한다. 이는 ③에서 명확해진다. 인간이라면 누구나 지니는 감정체계를 부정했다기보다는, 특정한 감정 반응 양식을 지양해야 한다는 것을 의미한다. 다시 말해서 장자가 말하는 '무정'은 감정 자체를 없앤다는 의미라기보다는 인위적인 것으로 타고난 자연성을 없애지 않는 것이고, 좋아하고 싫어하는 감정에 따라 사물의 자연성을 바꾸지 않는 것으로, 결국 우리의 마음가짐을 새롭게 해야 하는 것으로 읽어야 한다.[20] 따라서 이러한 관점에 따른다면 이제 한 가지 문제가 남게 된다. 좋음과 싫음에 대한 수용과 거부에 따라 형성된 시비판단이 다시 좋음과 싫음이라는 감정(또는 마음가짐)을 구성해가는 흐름에서 벗어나기 위해서는 새로운 판단기준이 필요한 것이고, 이 점에서 위 인용문 ③은 '자연에 따름'이라는 방법을 제시하고 있다.

그렇다면 장자가 제시한 새로운 판단기준은 어떻게 이루어질 수 있을까? 이를 명확히 하기 위해서는 장자가 부정하고자 하는 감정은 과연 어

---

19) 장자가 바라보는 성인은 분명 육체와 마음을 모두 지니는 존재일 수밖에 없다. 그럼에도 사람의 형체는 있지만 사람의 감정이 없다는 구절에서의 사람은 보통 사람을 가리키고, 이 점에서 성인은 보통사람들의 형체를 똑같이 지니지만, 마음에 있어서는 그들과는 다른 구조를 지닌다고 이해할 수 있다. 왕보(王博)는 이 구절에서 장자가 마음과 육체를 분리시켜 성인의 마음은 일찍부터 유형의 세계 밖으로 올라가버린 것으로 이해한다(왕보, 김갑수 옮김, 『장자를 읽다』, 바다출판사, 2007, 189쪽).
20) 왕보, 앞의 책, 191-193쪽.

떠한 맥락에서 구성되는지를 다시 살펴볼 필요가 있다. 즉 좋음과 싫음의 일차적 감정에 수용과 거부의 태도를 덧붙여 그 결과로 옳고 그름의 시비판단을 이루고, 다시 이로부터 대상을 마주할 때 일차적으로 반응하는 좋음과 싫음의 내용을 구성하게끔 하는 근본적인 원인에 대한 이해가 선행되어야 한다. 이 점에서 장자는 '성심(成心)'[21]을 언급한다. 그는 부정적 감정의 반응 양태의 이면에는 자기를 앞세우는 자기중심주의가 자리하고, 우리는 이러한 자기중심주의에 따라 사적 자의식을 유일무이한 판단기준으로 내세우는 마음[成心]이 작용하고 있다고 본다. 장자에게서 '성심'은 온전한 또는 완성된 마음이라기보다는 도리어 전체를 포용할 수 없는 자기 안에 사로잡힌 치우친 마음으로, 특정한 상황을 통해 고착되어버린 자의식이라 할 수 있다.[22] 이러한 '성심'은 오랜 경험을 통해 옳고 그름의 판단기준, 내가 무엇을 수용하거나 거부해야 이로울지, 그리고 좋음과 싫음은 과연 어떠한 기준을 통해 이루어지는 것인지를 지속적으로 만들어낸다. 우리는 이러한 성심에 따라 나 자신의 관점만을 세상을 판단하는 절대기준으로 삼고, 그 결과 "나는 옳고 남은 그르다"는 공식을 고착시키기 때문에, 나와 남의 경계선만이 굳어질 뿐이다.[23] 이처럼 장자가 말하는 '성심'은 바로 그가 부정하고자 하는 감정 반응 양태를 일으키는 주체이며, 이는 '옳고 그름의 판단'에 따라 구성된 감정체계를 지속적으로 양산한다.

따라서 내가 마주하는 대상에 대해 인지적 판단이 개입되어 반응하는 감정을 수렴하기 위해서는 무엇보다도 '인식의 전환'이 선행되어야 한다. 장자가 아내의 죽음을 맞이하여 상을 치르는 과정에서 기존의 인지적 판단이 개입된 감정의 반응 방식을 보이지만, 곧바로 인식의 전환을

---

21) 『莊子』, 「齊物論」. "夫隨其成心而師之, 誰獨且无師乎?"
22) 강신주, 『莊子: 타자와의 소통과 주체의 변형』, 태학사, 2003, 82-83쪽.
23) 이진용, 「코리안 디아스포라 연구 방법 고찰: 장자의 '소통'과 '조화'에 대한 이해를 중심으로」, 『중국학보』 제63집, 2011, 379쪽.

이루게 되어 아내의 죽음에 대한 좋음과 싫음에 따른 기쁨과 슬픔의 감정에서 벗어나게 된다. 삶과 죽음은 자연의 변화이기 때문에 그 자체에 마음을 쓰지 않고 편안히 순응하는 자세를 갖게 되는 것이다. 따라서 새로운 판단기준의 내용은 '자연의 질서'를 의미한다고 볼 수 있으며, 장자는 시비판단에 따른 감정에서 벗어나 자연의 질서에 따르는 방법으로, 옳고 그름의 판단이나 태도를 이끄는 자기중심주의나 사적 자의식의 작용을 그치게 할 것, 그리고 나의 마음을 가득 채우고 있던 감정을 비울 것을 요청한다. 이는 장자의 표현대로 '무기(無己)',[24] '상아(喪我)'[25]이며 바로 위 인용문에서의 '무정(無情)'을 의미한다. 장자는 「대종사」편에서 이러한 '무정'의 상태를 다리를 제대로 쓰지 못하는 불구자인 왕태(王駘)를 통해 설명한다.[26] 이 이야기에서 상계(常季)는 왕태가 다리가 잘린 사람임에도 불구하고 늘 그를 따르는 사람이 적지 않은 이유를 공자에게 묻자 공자는 그의 마음 씀씀이[用心]에 대해 다음과 같이 설명한다.

거짓되지 않은 참됨에서 안정되어 외물과 함께 변치 않고, 사물의 변화를 주재하여 그 근본을 지키는 사람이다.[27]

위 인용문에서 거짓되지 않은 참됨[無假]은 바로 '도'를 가리킨다. 왕태는 이러한 '도'를 깨달아 외부 사물이 시시각각으로 변화해가는 데에 자의식을 개입시키지 않고, 사물의 변화를 이끄는 궁극적 원리를 따르거나 다채로운 사물의 변화 가운데 질서를 파악하는 방식으로 외부 사물

---

24) 『莊子』, 「逍遙遊」.
25) 『莊子』, 「齊物論」.
26) 『莊子』 「大宗師」편에 등장하는 왕태(王駘)에 관련된 논의는 이진용의 「『莊子』「徐無鬼」편에 드러난 聖人의 德에 대한 이해」(『중국학보』 제73집, 2015, 469-471쪽)를 참고하기 바란다.
27) 『莊子』, 「德充符」. "審乎无假而不與物遷, 命物之化而守其宗也."

을 인식하고 마주한다.[28] 즉 위 인용문에서 왕태라는 성인은 그 또한 인간인 이상 외부 대상에 대해 필연적으로 감정 반응을 지니지만, 특정한 감정을 최대한 억제하는 가운데 자연의 질서에 따른 의식의 전환을 통해 본래의 감정 반응 방식을 회복하는 특징을 지닌다. 이러한 '무정'의 감정 반응 방식에 따르면, 기존의 시비판단의 결과에 의해 특정한 방향으로 고착되어버린 감정의 부정적 반응 양태에서 벗어날 수 있게 된다.[29]

4. '무정'에서 '공감'으로

이상의 논의를 통해 살펴보았듯이, 장자가 말하는 '성심'은 바로 그가 부정하고자 하는 감정 반응 양태를 일으키는 주체이며, 이는 '옳고 그름의 판단'에 따라 구성된 감정체계를 지속적으로 양산한다. 장자는 바로 '성심'에 따라 구성된 감정의 부정적 기능이 개인뿐 아니라 타자와 집단 및 사회와의 관계성에도 부정적 영향을 미치게 된다는 점을 역설하였다. 따라서 장자의 감정에 관한 문제는 결국 사회적 관계에 대한 근원적 고민으로 환원될 수밖에 없다. 이러한 맥락에서 이제 남은 문제는 개체의 자유가 보장되는 상황에서 전체의 조화를 이끌어내고자 했던 장자의 철학적 문제의식과 그가 제시한 '무정'이 어떠한 상관관계를 맺을 수 있을지에 대한 검토이다. 만약 사회적 관계 설정의 담론에 있어— 윤리학적 접근과 사회정치적 맥락을 모두 포함하여— 개체를 관계 설정의 주체 또는 객체임을 전제로 한다면, 인간이 지니는 감정을 배제한 채로 이

---

28) 이진용, 앞의 논문, 470-471쪽.
29) 왕보는 '무정'은 매우 적절하게 인정(人情: 인위적 감정)은 없지만 천정(天情: 자연적 감정)이 있는 것으로 이해될 수 있다고 본다. 즉 자연에서부터 발생하는 희로애락에 대해서 장자는 배척할 수도 없고, 배척해서도 안 되었지만, 자연을 저버리고 사실을 배반하는 감정은 부정적으로 인식한 것이라 할 수 있다. 따라서 무정은 먼저 자연에 대한 승인과 존중이고, 자연에 대한 순종인 것이다(왕보, 앞의 책, 193쪽).

러한 담론을 이끌어갈 수는 없을 것이다.[30] 표면적으로 접근하여 장자의 '무정'을 이해한다면 이러한 비판에 직면할 수 있지만, 장자가 제시한 '무정'이 자연이라는 큰 질서에 따라 우리가 본래부터 지니는 감정을 통해 반응하는 방식임을 직시한다면, 결국 '무정'의 논리가 장자철학에서 사회적 관계 설정의 출발점이자 방법이 될 수도 있다. 이 점을 보다 명확히 하기 위해 다음 구절을 살펴보도록 하자.

> 옛날 바닷새가 노나라 수도 밖에 날아들었다. 노나라 임금은 이 새를 맞이하여 친히 종묘 안으로 데려와 술을 권하고, 구소의 음악을 연주해주고, 소 돼지와 양을 잡아 대접했다. 그러나 새는 어리둥절하고 슬퍼할 뿐, 물 한 모금 마시지 않고 고기 한 점 먹지 않은 채 사흘 만에 죽어버렸다. 이는 자기를 기르는 방법으로 새를 기른 것이지, 새를 기르는 방법으로 새를 기르지 않은 것이다.[31]

위 인용문은 장자철학을 우언의 방식을 통해 설명하는 가장 대표적 이야기 가운데 하나이다. 여기서 등장하는 바닷새는 야생상태 그대로의 방식대로 살아가기 때문에, 분명 사람들의 행위방식을 거부할 것이다. 이는 바닷새가 사람과는 다른 선천적으로 그들 나름대로의 고유한 성질에 따라 자신의 생명을 영위하기 때문이다. 그런데 이러한 바닷새를 사람들이 자신의 입장에서 대하자 그 새는 이를 거부하고 결국 죽음에 이르게 되었다. 흥미로운 점은 위 인용문에 등장하는 사람들이 새를 죽이고자 한 의도도 없었을 뿐 아니라, 특정한 목적을 위해 바닷새를 수단으

---

30) 박원재는 감정을 배제한 윤리학은 반쪽의 윤리학일 수밖에 없으며, 이는 인간이라는 존재의 본질적인 존재 방식에 반하며, 감성은 이성보다 더 근본적인 요소라고 역설한다 (박원재, 앞의 책, 235쪽). 물론 그는 인지상정에 기반한 유가의 윤리학의 특성을 설명하며 이를 옹호하는 입장에서 이러한 주장을 펼쳤지만, 장자의 무정의 논의 또한 이러한 맥락을 또 다른 측면에서 접근하여 풀어내고자 한 결과로 이해할 수도 있다.
31) 『莊子』, 「至樂」. "昔者海海鳥止於魯郊, 魯侯御而觴之于廟, 奏九韶以爲樂, 具太牢以爲膳. 鳥乃眩視憂悲, 不敢食一臠, 不敢飮一杯, 三日而死. 此以己養養鳥也, 非以鳥養養鳥也."

로 삼은 것도 아니라는 점이다. 어찌 보면 자신의 방식대로 바닷새를 잘 대해주고 아끼려는 마음을 가졌는데도, 바닷새가 죽자 당황스러웠을 수도 있다. 이 이야기를 '무정'의 논리로 접근하기 위해서 노나라 임금이 바닷새라는 객체에 대해 어떠한 공감이나 동감을 형성했는지를 살펴볼 필요가 있다.[32] 먼저 노나라 임금이 바닷새에 대해서는 동일한 감정을 느끼지는 못했을 것이다. 왜냐하면 잡혀 있는 바닷새를 통해 심적 체험이 내포하는 느낌이나 그 느낌이 가지는 가치 사태가 양자에게 동일하게 적용될 수 없기 때문이다. 그렇지만 만약 노나라 임금이 자신의 특정한 과거 경험에 비추어 가령 다른 나라의 포로로 사로잡혀 오랜 기간 동안 제대로 먹지도 마시지도 못한 좋지 못한 기억을 떠올리며 바닷새를 이러한 방식으로 대했다면, 이는 일종의 감정전염이라고 볼 수도 있다. 한 걸음 더 나아가 노나라 임금이 감정전염의 극단적 방식으로서의 합일적 감정에 따라, 무의식적으로 자신의 기억 속의 감정을 상대의 감정으로 느끼는 동시에 나와 타자를 동일시하려는 결과로 이해할 수도 있다. 그 결과 노나라 임금은 바닷새를 인간이 아닌 새로 받아들이지 못하고 자신의 입장에서 자신의 방식대로 그 새를 대하고 만 것이다.

따라서 이 상황은 다음 몇 가지 측면에서 보다 세밀한 이해가 뒤따라야 한다. (1) 먼저 우리는 때때로 현실의 삶에서 타자의 체험에 직접적으로 참여하고자 하는 의식적인 의도를 지닌다. 그러나 타자의 체험에 직접적으로 참여하는 것이 과연 얼마나 가능한지는 내가 남이 아닌 이상 한계가 있을 수밖에 없다. 특히 이 과정에 의식적 의도를 내포한다는 것 자체가 때로는 나만의 고유한 자의식에 따른 의도가 되는 순간 타자의 삶을 온전히 이해하고 체험하는 것 자체는 불가능해진다. 따라서 이를

---

32) 일반적으로 공감(empathy)은 특정한 대상이나 상황을 마주했을 때 타자의 심리상태를 그 입장이 되어 느끼는 것으로 이해되며, 또한 특정한 대상이나 상황에 대해 공통의 감정을 지닌다는 측면에서 동감(sympathy)으로 이해될 수도 있다.

해결하기 위해서는 타자가 처한 특정한 상황을 온전히 이해하기 위해서는 무엇보다도 나의 의식을 잠재우고 의도를 최소화하는 과정이 선행될 필요가 있다. (2) 다음으로 나와 타자 사이의 간격 또는 거리감을 어느 정도 유지하는가의 문제이다. 일상적으로 우리는 특정한 상황에서 타자를 마주하고 그로부터 타자로부터 특정한 공감을 형성하는데, 이때 나와 타자 사이의 본질적 차이를 제대로 인식하는가의 문제가 발생한다. 즉 특정한 상황이나 사태를 공유한다 하더라도 개체들 사이에는 분명 이를 이해하고 판단하며 행동하는 반응양식의 차이가 발생할 수 있고, 이는 특히 개체들이 각기 그들에게 주어진 본질의 차이에 기인할 수도 있다. (3) 마지막으로 특정한 상황에서 내가 마주하는 타자를 나에 의해서 구축된 가상의 존재가 아닌, 나와 똑같은 실재적 존재로 다루어야 한다. 여기서 나에 의해서 구축된 가상의 존재는 내가 타자를 감정과 인지에 따라 인식한 결과물로서 나의 자의식이 투영된 특정한 가상의 존재로 구성한다는 것을 의미한다. 이는 결국 실상이 아닌 나의 의식이 반영된 그림자에 불과하기 때문에, 그 대상의 입장에서는 자신이 처한 상황이나 관점이 전혀 반영되지 못할 수밖에 없다. 또한 나와 똑같은 실재적 존재로 다루어야 한다는 것은 본래부터 타자와는 다른 나의 자리에 나와 타자 모두가 위치할 수 있다는 의미로, 서로 다름이 서로 다른 방식으로 내재한 개체로 타자를 인식하는 것이다.

이상의 세 가지 관점을 통해 다시 바닷새의 우언을 살펴보자. (1-1) 먼저 노나라 임금이 객체로서의 바닷새가 처한 특정한 상황을 온전히 이해하는 상황에서, 만약 자의식을 드러내지 않고 자신의 방식대로 바닷새를 도와주려는 의도를 개입시키지 않았다면 바닷새는 분명 죽음에 이르지 않았을 것이다. (2-1) 장자는 분명 이 세상의 다름을 인정한다. 특히 그에게서 '자연스러움[自然]'은 이 세상의 모든 존재가 저마다 주어진 방식 그대로의 속성을 지니고 있음을 강조한 술어라는 점에서, 본질적 차이를 인정하는 가운데 비로소 상호 공감대의 형성을 논할 수 있게 되는 것이다. 따라서 노나라 임금이 만약 바닷새와 자신 사이의 간격이나 거리감을 유지했다면, 바닷새는 죽음에 이르지 않았을 것이다. (3-1) 마지막으로 만약 노나라 임금이 바닷새를 자신의 의식이 투영된 가상의 존재가 아닌 나와 똑같은 서로 다름을 서로 다른 방식으로 공유하고 있는 실재적 존재로 인식하였다면, 그 새의 입장에서 그 상황을 풀어나갔을 것이며 그 결과 바닷새는 죽지 않았을 것이다. 이처럼 타자에 대한 올바른 공감의 형성을 통해 타자와의 진정한 사회적 관계를 구성하는 데 있어, 장자가 강조한 '무정'의 방식은 그 방법과 내용을 의미하는 것으로 볼 수 있다. 호오에 대한 수용과 거부의 태도를 통해 구성된 옳고 그름의 가치판단이 다시 특정한 감정체계를 구성한다는 점을 비판하는 맥락에서 드러난 '무정'의 논의는, 타자와의 관계에서 인위적 감정을 최대한 억제하고 나와 타자 사이의 본질적 차이를 긍정하는 가운데, 타자를 나와 똑같은 실재적 존재로 이해할 수 있는 방법이자 내용을 뜻하기 때문이다.

5. 맺는말

지금까지 '무정'의 논의를 중심으로 타자와의 참된 '공감'을 통해 조화로운 관계 설정을 모색하는 장자의 관점을 살펴보았다. 피상적으로 장자의 논의에 접근한다면, 그는 인간의 감정과 그 반응 양태 자체를 부정하고 그 결과 이상적 인격인 성인이 '무정'하다는 결론에 이른 것으로 보인다. 그러나 인간은 필연적으로 감정을 지닐 수밖에 없기 때문에, 장자는 나와 남에게 부정적 기능을 하는 특정한 감정은 어떻게 구성되는지, 그리고 이러한 감정은 어떻게 억제할 수 있는지의 문제를 통해 감정에 대한 관점을 정립해나간다. 장자는 감정 가운데 특히 좋음과 싫음[好惡]의 두 측면에서 출발해, 이에 대한 수용과 거부의 태도나 경향성, 그리고 옳고 그름을 따지는 인지적 판단의 흐름에 주목한다. 그리고 자기중심주의나 사적 자의식에 근거한 옳고 그름의 인지적 판단이 좋음과 싫음의 기본 감정을 재구성하기 때문에, 외부 대상을 그 자체로 인식할 수 없는 문제가 발생한다고 본다. 이러한 맥락에서 장자가 제시한 '무정'은 감정 자체를 인정하는 가운데 부정적 영향을 미치는 특정한 감정에 대한 비판을 진행한 것으로 이해할 수 있다.

인식과 행위의 주체가 '무정'의 방식을 통해 대상세계와 마주하게 되면, 일차적으로 내적으로 나 자신을 온전히 지키는 효과를 기대할 수 있게 된다. 『장자』에 등장하는 사례에서처럼 삶과 죽음의 이치를 온전히 알아차리고 그에 편안히 따르게 되면 좋음과 싫어함에 수반되는 기쁨, 슬픔, 즐거움, 분노 등의 감정이 개입하지 않게 되기 때문에 나의 몸과 마음이 그 생명력을 온전히 유지할 수 있다. 또한 외적으로는 특정한 관점에 따라 강제되는 감정체계를 따르지 않을 수 있기 때문에, 이 세계를 구성하는 서로 다른 사물들과 참된 조화를 이룰 수 있다. 이러한 이론적 특징을 『장자』 「지락(至樂)」편의 바닷새의 비유를 통해 살펴보았다. 노나라 임금은 결코 새를 가두어 두고자 하지도 않았고, 해치고자 하는 마음도 없었다. 다만 손님을 맞을 때 옳고 그름의 판단을 통해 이렇게 해야 새가 좋아하고 기뻐할 것이라고 예측하는 기존의 방식에 따라 바닷새를 대하였다. 즉 노나라 임금은 자신의 사적 자의식에 따라 새를 대함으로써, 그 새는 결국 죽음에 이르는 잘못된 결과를 마주하게 된다. 이 우언을 통해 장자는 나와 남의 차이를 인정하면서 서로의 공통분모를 모색하는 과정에서 진정으로 타자를 타자로 바라볼 수 있는 관점의 전환을 요청한다.[33] 동시에 타자와의 참다운 관계성 아래 형성될 수 있는 공감의 특징과 내용은 무엇인지를 함축적으로 담아내고 있다. 즉 장자가 제시한 인식의 전환의 방식인 '무정'과 이에 따른 타자와의 '공감'의 형성을 통해, 타자와의 윤리적 관계 설정의

---

33) 이진용, 「코리안 디아스포라 연구 방법 고찰: 장자의 '소통'과 '조화'에 대한 이해를 중심으로」, 『중국학보』 제63집, 2011, 380쪽.

새로운 모색이 가능하게 된다. 따라서 장자철학에서 '무정'은 진정한 '공감'에 기반한 조화로운 관계 설정의 근거라 규정할 수 있다.

참고문헌

郭慶藩,『莊子集釋』, 中華書局, 1989.

樓宇烈,『王弼集校釋』, 中華書局, 1999.

楊伯峻,『孟子譯注』上下, 中華書局, 2000.

이강수,『장자Ⅰ』, 도서출판 길, 2005.

____,『노자와 장자』, 도서출판 길, 2005.

왕보, 김갑수 옮김,『장자를 읽다』, 바다출판사, 2007.

막스 셸러, 조정옥 옮김,『동감의 본질과 형태들』, 아카넷, 2014.

마사 누스바움, 박용준 옮김,『시적 정의』, 궁리, 2015.

정용환,『유교·도교·불교의 감성이론』, 경인문화사, 2011.

강신주,『莊子: 타자와의 소통과 주체의 변형』, 태학사, 2003.

박원재,「인지상정의 윤리학: 유교적 규범론의 재음미」,『500년 공동체를 움직인 유교의 힘』, 한국국학진흥원 교양총서 전통의 재발견 03, 글항아리, 2014.

____,「『莊子』「德充符」편의 구조와 의미」,『동양철학』제7집, 1996.

김형중,「도가적 감정 이해의 전형(典型)」,『동양철학』제42집, 2014.

김명석,「『논어(論語)』의 정(情) 개념을 어떻게 이해할 것인가?」,『동양철학』제29집, 2008.

____,「호오(好惡) 개념의 도덕심리학적 분석」,『동양철학』제31집, 2009.

이진용,「코리안 디아스포라 연구 방법 고찰: 장자의 '소통'과 '조화'에 대한 이해를 중심으로」,『중국학보』제63집, 2011.

_____, 「『莊子』「徐無鬼」편에 드러난 聖人의 德에 대한 이해」, 『중국학보』 제73집, 2015.

유가적 덕 윤리: 군자와 소인은 누구인가?

이 장 희

1. 서론

정치사상으로서 유학이 지닌 심각한 문제점 중의 하나는 정치를 지나치게 도덕적으로 접근한다는 점이다. 정치의 도덕화 또는 도덕정치가 문제가 되는 이유는 여러 측면에서 논해질 수 있지만, 덕치(德治)에서의 도덕이 객관적 규범이기보다 개인의 내면적 덕성을 일컫는다는 점이 우선적으로 거론될 수 있다. 개인의 내면적 덕이 정치규범의 척도가 되면, 공공 영역의 규범이 사적인 개인의 내면적 덕성에 대한 주관적 평가에 의존하게 되는 결과를 가져오게 되고, 이는 거의 필연적으로 큰 논란거리를 양산하게 된다.[1]

---

* 이 논문은 경인교육대학교 교육연구원 편, 『교육논총』 제37권 3호(2017)에 실린 글이다.
1) 덕치(德治)의 문제는 인치(人治)와 법치(法治)의 대비를 통해 가장 많이 논의되어왔다. 근대의 성립을 제도적 법치의 성립에서 찾고자 할 때 흔히 거론되는 대비이다. 또 한편으로

정치사상으로서 유학이 지닌 이러한 문제점을 유학을 덕 윤리(virtue ethics)로 성격 지우려는 최근의 연구 경향과 연결시켜 생각해볼 수 있다. 덕(德)이란 글자 또는 개념이 주는 친근성은 유학 연구자들에게 유학이 덕 윤리가 아닌 적이 없었던 것처럼 보이게 하는 착시현상을 불러일으킨다. 하지만 유학의 덕 윤리적 성격을 강조할 때 종종 간과되는 것은 유학이 고대 그리스 철학과 같이 개인의 덕성을 닦아 행복한 삶을 사는 유데모니아(eudaimonia)적 이상을 추구하는 것이 아니라, 덕성을 닦은 인물의 지도력과 감화력으로 사회를 통치하는 것을 이상으로 여기는 윤리와 정치의 결합을 추구하는 사상이라는 점이다. 다시 말해 덕성을 갖춘 군자(君子)에 의한 통치를 이상적인 정치로 여기는 것인데, 이러한 덕성정치에 내재한 여러 문제들 중에서도, 덕성을 갖추지 못한 자 곧 소인(小人)과 덕성을 갖춘 군자를 어떻게 구분하느냐는 유학에서 가장 첨예한 문제의 하나이다. 소인이 군자 행세를 하는 것을 분간할 수 없다면 덕치(德治)를 주장하는 유학의 정치철학은 그 시작에서부터 좌초될 위기에 처한다고 하여도 과언이 아닐 것이다.

이 글은 군자와 소인이라는 개념의 틀이 어떻게 선진 유학사상에서부터 조선 유학에까지 작동하는지를 살펴봄을 통해 유학이 지닌 정치철학적 성격과 윤리학적 성격을 전체적으로 조감하고 유학을 덕 윤리라고 할 때 생기는 함의와 문제점을 살펴보고자 한다. 선진 유학에서 군자와 소인의 문제를 다루는 대표적인 사례는 '향원(鄕原)'에 대한 맹자의 인물평에서 찾을 수 있다. 『논어』와 『맹자』 두 문헌 모두에 등장하는 드문 인물인 향원은 '덕의 적[德之賊]'이라고까지 칭해진다. 유학의 형성 시기에 가장 문제적인 인물 중 하나인 것이다. 공자와 맹자가 왜 향원을 그토

마루야마 마사오에서 시작하여 미조구찌 유조까지 일본 학자들이 중국 사상의 전근대성을 문제 삼을 때 도덕과 정치, 나아가 자연까지 연속적으로 파악하는 중국 사상의 경향성을 중심주제로 삼는다.

록 경계했는지를 탐구하는 과정은 유학에서의 인물평, 더 나아가 덕성을 기준으로 인물을 군자와 소인으로 나누어 판단하는 방식이 지닌 심각한 문제점을 스스로 노정시킨 사례라는 점에서 유가적 덕 윤리의 성격과 문제를 이해하는 데 좋은 길라잡이가 될 것이다.

이런 작업이 단순히 추상적 이론의 차원에 머무는 한계를 조금이나마 벗어나기 위해 구체적인 역사적 현장에서 실천적 경세가로 활동한 조광조(趙光祖)와 이이(李珥)를 살펴보고자 한다. 조선조가 유학의 이념을 가장 철저히 관철시킨 국가였음은 역사적 사실이다. 유학적 이념을 현실 세계에 적극적으로 구현하고자 자신에게 주어진 역사적, 정치적 공간에 적극적으로 참여한 대표적인 유학자라 할 수 있는 조광조와 율곡의 사례는 우리에게 유학에서 정치사상적 성격과 윤리적 성격이 어떻게 길항하고 만나는지를 이해하는 데 훌륭한 자료가 될 것이다.

2. 선진 유학에서 군자와 소인

1) 덕 윤리

향원에 대한 논의에 앞서 잠시 우리가 논의하는 덕 윤리 또는 덕 윤리학이라는 레벨을 이해하기 위한 정지작업이 필요하다. 유학을 덕 윤리(virtue ethics)의 일종으로 보는 견해는 동양사상에 대한 철학적 접근을 시도하는 영미권 학회에서 일반적인 경향성이 되고 있다.[2] 서양의 근대 도덕철학이 지나치게 행위의 옳고 그름을 판별할 기준을 찾는 데 매몰되어 삶의 의미나 전체적인 방향성과 같은 근본적인 질문을 도외시

---

2) 다음을 보라. Philip Ivanhoe, "Virtue Ethics and the Chinese Confucian Tradition," *The Cambridge Companion to Virtue Ethics*(Cambridge University Press, 2013), pp.46-69.

하고 있다는 문제의식에서 "어떤 삶이 좋은 삶인가?"와 같은 소크라테스적 탐구에 기원을 두고 있는 덕 윤리학적 전통을 되살리고자 하는 시도가 현대적 덕 윤리의 연원이라 할 수 있다. 이런 윤리학적 전통의 가장 대표적인 철학자로 거론되는 아리스토텔레스는 인간 삶의 목적을 '유데모니아'[3]에 두고 이를 성취하기 위한 자질을 아레테 또는 덕[4]이라 불렀다. 아리스토텔레스의 윤리학을 덕 윤리학이라 부르는 이유는 이처럼 인간의 삶이 지향하는 목적인 '유데모니아'의 성취에 필수불가결한 품성으로서 덕을 제시하고 있기 때문이다. 잘 알려진 대로 아리스토텔레스는 지나침과 부족함을 피하고 우리에게 적절한 정도인 중용을 아는 지적인 덕과 이러한 중용을 따를 수 있는 기질 또는 품성을 도덕적 덕으로 나누었는데, 도덕적 덕은 타고나는 것이 아니라 어려서부터의 꾸준한 도야와 습성화를 통해 형성되는 것이라고 주장한다.[5]

아리스토텔레스로 대표되는 이러한 '유데모니아'를 목표로 하는 덕 윤리적 전통은 현대에서는 다양한 형태의 덕 윤리로 진화하게 된다. 흄과 같은 스코틀랜드 감정주의자의 계보를 잇는 덕 윤리와 니체의 초인의 특성에서 덕 윤리의 형태를 찾는 시도까지 덕 윤리의 모습은 한 가지로 규정하기 어려울 정도로 다기하게 분화되었다.[6] 이러한 저간의 사정을 고려한다면 성인(聖人) 또는 군자(君子)라는 이상적인 인간형을 상정하고 이러한 인간이 되기 위해 자신의 덕성을 부단히 함양 확충할 것을 주장하는 유가적 전통도 덕 윤리의 일종으로 말하기에 손색이 없어 보인

---

3) '유데모니아(eudamonia)'는 흔히 '행복'으로 번역되지만, 근자에는 그 원의가 주관적 심적 상태로 오인되기 쉬운 '행복'이 부적절하다고 보고 번역하지 않은 채 '유데모니아'를 그대로 쓰는 경향이 늘고 있다.

4) Dorothea Frede, "The Historic Decline of Virtue Ethics," *The Cambridge Companion to Virtue Ethics*(Cambridge University Press, 2013), p.126.

5) Dorothea Frede, "The Historic Decline of Virtue Ethics," p.127.

6) Christine Swanton, *Virtue Ethics, A Pluralistic View*(Oxford University Press, 2003), p.1.

다. 하지만 서양의 덕 윤리학의 프레임에 맞추어 유학을 바라볼 때 가장 문제가 되는 지점은 성인이나 군자라는 인물형이 단순히 개인적 차원의 이상형으로 비춰질 수 있다는 것이다. 유학의 전통에서 성인과 군자는 정치지도자이다. 다시 말해 유학에서 이상적 인간은 사적인 개인이 아니라 공적인 권위를 부여받은 인물이다. 그렇기 때문에 서구의 덕 윤리적 전통에서는 어느 정도 허용되는 주관주의적이고 상대주의적인 '덕' 개념이 유가에서는 훨씬 더 객관적이고 절대적인 개념으로 이해된다. 어느 정도 덕이 있는 인물이란 개념은 성립되기 어려우며, 완전한 의미에서 덕을 가졌거나 이에 미치지 못할 경우 덕을 가졌다고 해서는 안 된다. 이러한 엄격한 잣대가 없이는 누구나 군자, 성인을 참칭할 수 있으며, 이럴 경우 군자와 성인을 정치사회 규범의 정점에 두고 있는 유가적 사회는 큰 혼란에 직면할 것이기 때문이다.

서양의 덕 윤리가 가진 특징이 유학의 성격에서 어느 정도 찾아진다고 해서 우리가 쉽게 서양의 덕 윤리적 전통에 유학을 포섭하여 논하는 것을 주저하게 되는 이유를 짐작할 수 있을 것이다. 고대 그리스에서 덕 윤리는 덕을 함양하기 위한 공적 공간 곧 폴리스의 안정과 번영을 전제로 하긴 하였지만, 이러한 공적 성질은 개인의 덕을 실현시킬 조건의 의미였다면, 유가에서의 덕은 애초부터 개인적인 차원을 넘어서 정치공동체의 규범적 푯대로서의 공적인 성격이 확연히 강조되는 개념이었다고 할 수 있다. 군자와 소인이라는, 덕을 가진 인물과 덕을 가지지 못한 인물에 대한 대비는 유학의 덕성수련의 결과가 단순히 개인적인 차원에 머물지 않을 것임을 강력하게 시사한다. 우리는 이러한 군자/소인의 대비적 인간형 프레임이 가진 문제점을 『맹자』「향원」장에서 가장 선명하게 포착할 수 있다.

2) 사이비 군자, 향원

『논어』와 『맹자』 모두에 등장하는 드문 인물인 향원(鄕原)[7]은 공자가 "내 집 문 앞을 지나다가 내 집에 들어오지 않아도 유감이지 않는" 인물이며, "덕의 적[德之賊]"이라고까지 말한 인물이다.[8] 왜 공자는, 또 맹자까지 '향원'이란 인물을 이토록 경계하고 비난하는가? 향원에 대한 이런 평가를 이해하기 위해서 우리는 이 장을 좀 더 자세히 들여다볼 필요가 있다.[9]

이 장은 공자가 자신의 뜻을 펼칠 기회가 더 이상 없을 것 같은 시점에 노(魯)나라로 돌아갈 결심을 하면서 언급한 말로 시작한다. 공자는 비록 이상적인 "중도(中道)"를 얻은 이를 구하지는 못했지만 "광(狂)한 이와 견(狷)한 이"가 노나라에 있으므로 돌아갈 수 있다는 말을 했다고 만장(萬章)과 맹자는 전하고 있다.[10] '광'한 이는 이상은 높아서 언제나 "옛사람이여! 옛사람이여!"라고 외치지만 그 행실이 이에는 다소 못 미치는 이들을 가리킨다. '견'한 이는 깨끗하지 못한 일 근처에는 얼씬도 하지 않으려는 매우 결벽한 이들이다.[11] 이처럼 비록 이상적인 경지에 도달하

---

7) 주희는 '향원'을 단순히 무식한 자로 치부하였으나, D. C. Lau는 동네의 정직한 사람 (village honest person), Irene Bloom과 P. J. Ivanhoe는 동네의 모범(village paragon)이라고 각각 번역하고 있다.

8) 『맹자』「盡心 下」, 37. "孔子曰 過我門而不入我室 我不憾焉者 其惟鄕原乎 鄕原 德之賊也."

9) 『맹자』「진심 하」, 37. 일명 '향원' 장의 내용과 의미를 집중적으로 다룬 글들로는 다음이 있다. 박성규, 「공자·맹자의 향원비판」, 『태동고전연구』17, 2000, pp.181-203; 이혜경, 「향원을 향한 유가윤리의 비판은 정당한가?」, 『철학사상』제39호, 2011, pp.3-29; 이장희, 「향원은 왜 덕의 적인가?」, 『사회와 철학』제24집, 2012, pp.79-102.

10) 『맹자』「진심 하」, 37. "萬章問曰 孔子在陳 曷歸乎來 吾黨之士狂簡 進取 不忘其初 孔子在陳 何思魯之狂士? 孟子曰 孔子不得中道而與之 必也狂狷乎 狂者進取 狷者有所不爲也 孔子豈不欲中道哉 不可必得 故 思其次也."

11) 『맹자』「진심 하」, 37. "其志嘐嘐然, 曰 '古之人, 古之人.' 夷考其行而不掩焉者也. 狂者又不可得, 欲得不屑不潔之士而與之, 是狷也, 是又其次也."

지는 못했지만 그래도 함께 뜻을 나눌 만한 인물 유형들을 소개한 연후, 공자가 "내 집 문 앞을 지나도" 굳이 들라고 청하고 싶지 않은 인물인 '향원'이 등장하며, 이 향원에게 곧장 '덕의 적'이라는 혹독한 명칭을 선사한다.

향원은 무슨 패역무도한 짓을 저질렀는가? 『맹자』에는 고수(瞽瞍)나 상(象)같이 순(舜)임금이 자신의 아들이고 형제임에도 음해하고 시해하려 한 자들이 여러 번 등장하지만 한 번도 맹자는 이들을 '덕의 적'이라고 지칭한 적이 없다.[12] 오히려 이들의 악독함은 순임금이 얼마나 효성스럽고 형제의 우애를 지키는 인물인지를 드러내는 수단에 불과한 인물들로 보이기까지 한다. 고수와 상은 명백히 악행을 저지를 의도와 실제로 악행을 저지른 인물로 그려진다. 그런 데 비해 향원에 대해 살펴보면 우리는 그가 어떤 명백한 악행을 저질렀다는 증거도, 아니 그 어떤 명백한 '부덕(不德)'의 증거도 찾기 어렵다. 맹자에 따르면 향원은 '광'한 이들을 말로만 이상을 소리 높여 외치지만 행실은 이에 못 미친다고 조롱하며, 이 세상에 태어났으니 이 세상에 맞추면 그 정도로 충분히 '선(善)'하다 할 만하다고 하면서 세상 사람의 환심을 사는 자이다.[13] 하지만 우리는 여전히 이 정도로 향원을 '덕의 적'이라 비난하는 이유를 납득하기 어렵다. 만장이 우리를 대신하여 맹자에게 재차 질문한다. "한 마을이 다 '원인(原人)'이라고 칭하면 가는 곳에 원인이 되지 않는 이가 없는데, 어찌해서 공자께선 '덕의 적'이라고 하신 건가요?"[14] '원(原)'에 대해 주희가 '근후(謹厚)'함을 말한다고 주해한 데서도 알 수 있듯이, 향원은 "마을[鄕]에서는 삼가고 두터움[原]"이 있는 "마을의 모범(village paragon)"[15]이라고까지 불릴 수도 있는 인물인 것이다.

---

12) 다음을 보라. 「離婁 上」, 28, 「萬章 上」, 2, 「만장 상」, 4, 「告子 上」, 6, 「盡心 上」, 35.
13) 『맹자』 「진심 하」, 37. "生斯世也, 爲斯世也, 善斯可矣. ?然媚於世也者, 是鄕原也."
14) 『맹자』 「진심 하」, 37. "一鄕皆稱原人焉, 無所往而不爲原人, 孔子以爲德之賊, 何哉?"
15) Irene Bloom, trans., *Mencius*, p.165.

맹자도 인정하듯이 향원은 "비난하려 하여도 할 것이 없으며, 풍자하려 하여도 풍자할 것이 없는" 인물이며 처신하기를 "충신(忠信)과 같으며 행함에 청렴결백(淸廉潔白)과 같아서, 여러 사람들이 다 좋아하는"[16] 인물이다. 맹자는 마지막까지 아껴둔 향원을 비난하는 결정적 이유를 공자를 인용하며 제시한다.

공자(孔子)께서 말씀하시기를 "같아 보이면서도 아닌 것[似而非]을 미워하노니, 가라지를 미워함은 벼싹을 어지럽힐까 두려워해서요, 말재주가 있는 자를 미워함은 의(義)를 어지럽힐까 두려워해서요, 말 잘하는 입을 가진 자를 미워함은 신(信)을 어지럽힐까 두려워해서요, 정(鄭)나라 음악(音樂)을 미워함은 정악(正樂)을 어지럽힐까 두려워해서요, 자주색을 미워함은 붉은색을 어지럽힐까 두려워해서요, 향원(鄕原)을 미워함은 덕(德)을 어지럽힐까 두려워해서이다." 하셨다.[17]

우리가 위의 구절에서 추론할 수 있는 것은 공자와 맹자 모두 향원이 "같아 보이면서도 아닌[似而非]" 인물이어서 "덕을 어지럽힐까" 심히 경계하고 있다는 것이다. 공자나 맹자가 명시적으로 언급하고 있진 않지만 향원은 동네 사람들 사이에는 덕을 가진 '군자'로 여겨질 가능성이 큰 자이다. 하지만 군자라면 가져야 할 마땅한 이상에 대한 열망과 자신에 대한 엄격한 잣대를 내팽개치고 "유속(流俗)과 동화하며 더러운 세상에 영합하며"[18] "스스로 옳다 여기는"[19] '사이비' 군자이며, 따라서 공자

---

16) 『맹자』 「진심 하」, 37. "非之無擧也, 刺之無刺也; 同乎流俗, 合乎汙世; 居之似忠信, 行之似廉潔; 衆皆悅之."
17) 『맹자』 「진심 하」, 37. "孔子曰, 惡似而非者: 惡莠, 恐其亂苗也; 惡佞, 恐其亂義也; 惡利口, 恐其亂信也; 惡鄭聲, 恐其亂樂也; 惡紫, 恐其亂朱也; 惡鄕原, 恐其亂德也."
18) 『맹자』 「진심 하」, 37. "同乎流俗, 合乎汙世."
19) 『맹자』 「진심 하」, 37. "自以爲是."

와 맹자의 눈에는 명백한 소인(小人)인 것이다.

　문제는 공자와 맹자의 눈에는 명백한 소인일지라도 마을 사람들 곧 보통 일반인들의 눈에는 향원이 '군자'로 보일 수 있다는 점이다. 「향원」 장 전편을 통해 맹자가 과연 향원이 왜 덕의 적인지를 만장에게 분명히 설득하고 있는지 의심스럽다. 마을 사람들의 눈에 마을의 '원(原)'으로 서 신망이 두터운 이 인물이 군자가 아니고 소인이라는 사실은 공자나 맹자와 같이 유가적 인격의 최고 경지에 도달했다고 평가받는 인물들에 게나 분명히 식별 가능한 일일 수도 있다. 어떤 분명한 악행도 범하지 않 고 세상 사람들과 잘 맞추어 사는 인물이 군자가 아니라면 도대체 어떤 인물을 군자라고 해야 하나? 맹자는 향원이 덕의 적인 이유를 '사이비' 라고 하지만 사실 '사이비'란 매우 유사하여 진본과 쉽게 구분이 되지 않는 '유사본'을 일컫는 것이라면, 그 구분이 그만큼 어렵다는 방증이기 도 하다. 군자인지를 식별하는 데 누구나 납득할 만한 명백한 객관적 기 준을 제시하기가 그만큼 어렵다는 것이다. 또 한편으로 이혜경이 이미 지적한 대로,[20] 군자와 그토록 비슷하게 보일 정도로 자기를 수양한 인 물이라면 비록 군자는 아니라 해도 '덕의 적'이라고까지 할 필요는 없을 뿐 아니라 오히려 상찬해야 하는 것 아닌가? '향원'에 머무는 이에게 필 요한 것은 공자나 맹자와 같은 훌륭한 스승의 자극과 훈도이지 그토록 맹렬한 비난은 아니지 않는가? 하지만 공자는 아예 상종을 피하는 인물 이었다고 하니 무슨 곡절이 있는 것인가?

　필자가 다른 글에서 해명하려고 시도한 바 있지만,[21] 향원이 '사이 비'라는 사실이 왜 그를 덕의 적으로 만드는지는 유학이 지닌 일종의 '덕 윤리적' 성격을 통해 이해할 수 있다고 생각한다. 앞서 언급했듯이 공리주의나 의무론은 객관적으로 자명한 원칙을 기준으로 행위의 옳고

---

20) 이혜경, 「향원을 향한 유가윤리의 비판은 정당한가?」, pp.3-29.
21) 이장희, 「향원은 왜 덕의 적인가?」, pp.79-102.

그름을 판별하려는 도덕철학이라면, 덕 윤리는 개인의 품성을 중심에 두고 윤리적 문제에 접근하려 한다. 사람의 품성을 평가할 잣대를 객관적으로 드러나는 행위의 성격에 둘 경우 이는 공리주의나 의무론적 기준으로 회귀될 수 있으며, 내면적 덕성을 평가하려 할 경우 이를 객관적으로 확인할 방법이 없다는 딜레마를 덕 윤리학은 원천적으로 가지고 있다.[22] 유학을 덕 윤리학의 일종으로 평가할 수 있는 이유 중의 하나가 이상적인 인간상인 성인이나 군자를 지향하는 사상이라는 것인데, 우리가 『논어』나 『맹자』 등에서 자주 발견할 수 있듯이 이러한 이상적인 인간은 어떤 객관적인 기준이나 규칙을 준수하는 인물이 아니라 주어진 상황에 가장 적한 '시중(時中)'을 쫓는 '중도(中道)'를 획득한 인물이다. 그리고 이러한 이상적 인간만이 주어진 상황에 무엇이 적절한 대응인지를 정확히 판단하고 대처할 수 있다. 곧, 이 인물 자체가 기준이 되는 것이다. 이러한 유학의 덕 윤리학적 성격은 향원과 같이 사람들 사이에서는 높은 평가를 얻지만 실상은 유학적 군자의 이상을 추구하지 않는 인물이야말로 가장 경계의 대상일 수 있는 것이다. 군자라는 이상적 인간상의 표준을 흐려놓는 인물이기 때문이다. 따라서 공자와 맹자가 향원과 같은 '사이비 군자'를 덕의 적으로 규정한 것은 어찌 보면 너무나도 당연한 조처이자, 유학이 가진 최대 난점에 대한 솔직한 자기고백이라 할 수도 있을 것이다.

우리는 이러한 유학의 덕 윤리적 특성, 곧 덕에 대한 평가의 자의성 또는 주관성을 유학의 정신을 시대적 이념으로 구체화했던 조선시대의 대표적인 사상가들의 담론에서도 확인할 수 있다.

---

22) 다음을 보라. Julia Driver, *Ethics: The Fundamentals*(Blackwell Publishing, 2007), pp.149-152.

3. 조선 유학에서 군자와 소인

유학의 인간의 품성에 대한 깊은 관심은 일찍이 공자에서부터 면면히 이어져 송대(宋代) 이후의 신유학(Neo-Confucianism)에 이르기까지 이어진다고 할 수 있다. 일반적인 철학사적 서술에서 흔히 발견할 수 있듯이 선진시대의 유학은 송명대(宋明代) 유학으로의 전개에서 주희(朱熹)로 대표되는 이학(理學) 또는 성리학과 왕양명(王陽明)으로 대표되는 심학(心學) 등으로 심화 발전되었다고 하지만, 그 본질에 있어서 인간의 성인(聖人) 또는 군자(君子)됨을 향한 윤리적 추구라는 점에서 동질적이라는 점은 부정하기 어려울 것이기 때문이다. 성인과 군자가 단순히 사적 개인이 아니라 공적인 규범을 대변하는 권위로서 국가사회의 정치적 질서의 근간으로 여기는 유학적 접근법이, 성리학적 세계관을 국가적 이념으로 삼은 조선(朝鮮)에서 한층 더 심화된 형태로 발견되는 것은 마땅히 예상할 수 있는 일이다.

유학적 세계관을 그 근본에서 가장 깊숙이 받아들이고자 했던 조선에서 정치적 규범으로서 군자와 소인의 잣대의 적용이 더욱 첨예화해지는 것을 우리는 정암 조광조(靜庵 趙光祖, 1482-1519)와 율곡 이이(栗谷 李珥, 1536-1584)의 사례를 통해 확인해볼 수 있다. 조광조와 율곡은 조선이 유교국가로 확립해가는 초기에 유학적 이념의 선명성을 보다 확고히 정치현실에 뿌리내리고자 분투했던 대표적인 경세가이자 사상가라 할 수 있을 것이다.

1) 조광조의 경우

조광조는 조선 정치사에서 유학적 이념을 현실정치에 구현하는 데 가장 앞장선 대표적인 개혁적 경세가 중의 하나로 손꼽힌다. 따라서 그의 이력은 유학의 이상을 무엇으로 보고, 이를 어떻게 현실정치에 접목시키려 했으며 그 결과가 어떠했는지를 통해 평가될 수 있다. 조광조의 일대기를 간략히 정리하면 다음과 같다. 학통으로는 김종직의 학통을 이어받은 김굉필의 문하에서 수학하다 유숭조의 문하에서도 수학했다고 한다. 중종이 재위한 시대(1506-1544)에 훈구파에 대항하는 개혁적인 사림파의 정계 진출을 확립하는 데 큰 공헌을 했다는 평가를 받는다. 중종의 훈구파 견제 정책의 후원을 받아 홍문관과 사간원에서 언관 활동을 하였고, 성리학 이론서 보급과 소격서 철폐 등을 단행하였다. 성리학적 도학(道學) 정치 이념을 구현하려 힘썼으며, 지방의 인재를 등용하기 위해 '현량과(賢良科)'라는 당시로는 혁신적인 인사정책을 실시했으나, 종국에는 훈구세력의 반발로 실패하고 결국 사약을 받아 생을 마쳤다.[23] 조광조에 대해서는 개혁정책을 펼치다가 희생된 개혁가라는 시각과 급진적이고 극단적이라는 평가가 양립하고 있다.[24]

우리가 조광조에서 주목하는 지점은 그가 어떻게 군자 소인 개념을 활용하여 훈구파에 대한 사림파의 정당성을 확보하는지 하는 점이다. 다음은 조광조가 중종에게 올린 글 중에서 군자와 소인의 성격에 대해 가장 분명히 논하고 있는 부분이다.

군주의 마음이 광명한 연후에야 사람의 올바름과 사악함을 알 수 있습니다. 소인(小人) 중에서도 군자(君子)를 닮은 이들이 있지만 신하 중에 어찌 소인이 없을까 매번 의심할 수는 없습니다. 그 말하는 바와 행동하는 바를 관찰하면 자연히 누가 현인(賢人)이고 누가 아닌지 알아차리게 됩니다. 하지만 군주가 격물치지(格物致知)에 힘쓰지 아니하면, 군자를 소인으로 또는 소인을 군자로 오인할 수 있습니다. 또 소인이 군자를 공격하여 소인이라 지목하며, 혹

23) http://100.daum.net/encyclopedia/view/b19j2123b;https://ko.wikipedia.org/wiki/%EC%A1%B0%EA%B4%91%EC%A1%B0;http://100.daum.net/encyclopedia/view/14XXE0051606 등을 참조하였다.
24) 다음을 보라. 이상성, 『한국 도학의 태산북두 조광조』(성균관대학교 출판부, 2007).

은 말과 행동이 다르다거나 명예를 탐한다 하기도 하니, 군주는 살피지 않을 수 없습니다. 군자가 소인이 뜻을 얻는 것을 우려하여 혹 경연(經筵) 중에 소인의 뜻을 되풀이 반대할 때에도 만일 군주가 성심(誠心)으로 선(善)을 좋아하지 않으면, 군자의 말을 귀담아 듣지도 않고 쓰려고 하지도 않으면서 오히려 소인에 현혹되어 [군자를] 의심하게 됩니다. 대저 군자와 소인은 얼음과 숯이 함께하지 못하는 것과 같습니다. 소인인 자는 반드시 군자를 제거하고자 하지만 결국에는 자신의 몸을 보지하지 못합니다. 소인은 정말로 어리석은 자입니다. 옛적에 "다른 사람을 비난하기를 원하면 어찌 핑계가 없음을 두려워하겠는가? 소인이 군자를 모함하고자 하면 잡을 핑계가 어찌 없겠는가?"라고 하였습니다.[25]

이 글에서 확인할 수 있는 것은 군자와 소인을 구분하는 명확한 기준을 조광조가 쉽게 제시하고 있지 못하다는 점이다. "면밀히 관찰"하거나 "격물치지"에 힘쓰는 것 정도 이외에는 어떻게 군자와 소인을 구분할 수 있는지 객관적이고도 분명한 기준을 제시하지 못하고 있다. 조광조는 '현량과(賢良科)'와 같은 제도적 개혁을 통해 시골의 이름 없는 훌륭한 선비를 발굴할 수 있는 길을 텄지만 또 한편으로는 자신의 도당을 모으고 파벌을 형성한다는 반대파의 비난을 완전히 비켜가지 못해 결국 역모로 몰리고 사약을 받기에 이르렀다. 군자와 소인을 제대로 분간하는 길을 명명백백히 제시할 수 있었다면 이러한 모함으로부터 벗어날 수 있었을 것이라는 점을 생각해보면 조광조의 운명은 매우 아이러니하다고 할 수 있다.

---

25) 『中宗實錄』 권 32, 66a-b. "人主之一心光明然後 可以知人之邪正. 小人亦有如君子者, 但不可每疑其臣之無奈小人也. 若見其所言所行則有知其賢否也. 但在上無格致之功 則或以君子爲小人 或以小人爲君子也. 且小人之攻君子亦指曰小人 或謂言行各異 或謂釣名如黨錮之士. 人君不可不察. 君子懼小人之得志或於經筵之間 雖反覆言之在上 若不誠心好善則以不聽用君子之言 而或於小人反以爲疑也. 夫君子與小人如氷炭之不相容 小人者必芟夷君子 終亦不保其身. 小人亦云愚哉. 古云欲加之罪何患無辭. 小人之謀陷君子亦豈無所執之辭乎."

2) 율곡의 경우

율곡 이이가 탁월한 성리학자일 뿐 아니라 유능한 경세가였음은 잘 알려져 있다. 그의 대표적인 저작들인 『동호문답(東湖問答)』이나 『성학집요(聖學輯要)』 등도 율곡이 이상적으로 여기는 유학적 이념에 바탕을 둔 정치가 어떤 형태로 구현되는 것인지를 보여주는 저서라고 할 수 있다. 그런데 율곡이 현실정치의 장에서 보여준 자신의 정치적 이상을 펴고자 시작한 시기는 선조 초기로 이때는 이른바 개혁적 사류와 보수적인 대신 그룹 사이의 긴장이 높아갈 때였으며, 율곡은 신진 개혁세력을 대표하는 인물 중의 하나였다.

율곡이 소인과 군자의 구분을 제시하고 이를 통해 무엇을 말하고자 하는지가 비교적 분명히 제시된 글을 살펴보자. 「옥당진시폐소(玉堂陳時弊疏)」에서 일부분이다.

> 마음으로는 고도(古道)를 사모하고, 몸으로는 유자(儒者)의 행동을 신칙하고, 입으로는 법언(法言)을 말하고, 공론(公論)을 부지하는 사를 사림(士林)이라 한다. 사림이 조정에 있으면서 사업을 펼치면 나라가 다스려지고, 사림이 조정에 없고 그들의 말을 공언(空言)이라 여기면 나라가 어지러워진다. 옛날부터 군자와 소인의 진퇴에 다스림과 어지러움이 달려 있는데, 기관(機關)은 항상 소홀한 데서 발생하였다.[26]

율곡은 사림(士林) 곧 군자를 중용하고 소인을 배척하는 것에 나라의 흥망이 달려 있다고 주장한다. 하지만 율곡의 경우에도 어떻게 군자와

---

26) 『율곡전서』 권 3, 「옥당진시폐소」. "夫心慕古道 身飭儒行 口談法言 以持公論者 謂之士林 士林在朝廷 施之事業則國治 士林不在朝廷 付之空言則國亂 自古君子小人之進退 治亂所係 而機關常發於所忽焉."

소인을 구분할지의 문제에 대해서는 명확한 방책을 제시하고 있지 못하다. 다음의 글에서도 마찬가지이다.

어찌 조정에 간사하고 아첨하는 자가 없다고 할 수 있겠으며, 기미를 소홀히 할 수 있겠는가. 간악함은 하나의 모습이 아니며, 사람을 보는 것에는 다양한 방법이 있다. 사람 중에는 진실로 행동이 청렴결백하고, 평소 충신(忠信)한 것 같으나, 고도(古道)를 좋아하지 않고 유자를 깊이 미워하여 종국엔 현인을 방해하고 나라를 병들게 하는 데 이르게 하는 자가 있다. 또한 겉으로는 사류(士類)를 가탁하지만 속으로는 행검(行檢)이 없고 그저 들러붙어서 영향력을 빌려 뜻을 이루게 되면 이욕의 사사로움을 추구하여 끝내 조정을 흐리고 어지럽히는 자가 있다. 만약 그들을 분명히 판별하고, 결단력 있게 끊어내지 않는다면, 소인에 의해 미혹되는 경우가 적지 않다.[27]

율곡의 소인을 묘사하는 곳에서 우리는 '향원'을 연상하게 된다. 겉보기에 충신(忠信)한 것처럼 보이지만 사실은 고도(古道)를 좋아하지 않고 군자의 진출을 방해한다. 율곡은 이런 소인이 조정에서 영향력을 얻게 되는 것에 대해 심한 우려를 표명하고 있다. 하지만 향원과 같은 소인이 군자처럼 보일 수도 있는데도 불구하고 조광조가 군자와 소인을 분간하는 그 어떤 명확한 방책이나 기준을 제시하지 못한 것과 마찬가지로 율곡의 글에서도 소인을 명명백백하게 가려내서 조정에 발붙이지 못하게 할 방법을 발견할 수 없다. 덕성이 지니는 본질적으로 주관적인 속성상 개인의 덕을 객관적으로 분간되고 한 줌의 의혹 없이 평가하는 것은 정말로 지난한 일인 것이다.

---

27) 『율곡전서』 권 3, 「옥당진시폐소」. "豈可謂朝無憸佞 而輒忽幾微乎 姦細非一端 觀人亦多術 人固有行之似廉潔 居之似忠信 而不悅古道 深惡儒者 終至於妨賢病國者焉 亦有外託士類 內無行檢 攀附以假吹噓之力 得志方濟利欲之私 終至於濁亂朝著者焉 若非辨之明而決之斷 則不爲小人之所惑者幾希矣."

4. 결론

유학은 군자나 성인이 되기 위한 인격수양을 대전제로 하는 윤리적 사상인 동시에, 이를 바탕으로 사회에 훌륭한 감화력을 미칠 수 있는 덕을 지닌 지도자가 통치하는 것을 주장하는 정치사상이기도 하다. 그런데 인격수양과 관련하여 가장 난감한 문제의 하나는 누가 인격수양을 제대로 한 군자인지를 쉽게 식별할 기준이나 표식을 제시하기가 매우 어렵다는 점이다. 지극히 주관적인 잣대가 될 가능성이 있는 것이다. 일찍이 현상윤(玄相允)은 유학에서 매우 중시되는 군자와 소인의 구분이 지니는 문제점을 다음과 같이 지적한 바 있다. "군자 소인의 구별을 엄격히 하는 것은 주관적으로 자수(自修)를 하는 데는 매우 필요하고 좋은 사상이나, 이것을 객관적으로 사회에 처(處)하는 데는 대단히 유해한 일이다."[28] 자기 스스로를 닦고 수양하는 데[自修] 있어서는 소인을 경계하고 군자를 지향하는 태도를 가지는 것이 매우 중요하고 필요한 일일지 모르겠지만, 군자 소인의 구분을 다른 사람을 평가하는 객관적인 잣대로 쓰기 시작하면 매우 해롭고 심각한 결과를 가져온다는 것이다.

사실 유학의 창시자들은 군자와 소인의 경계를 나눔이 매우 곤혹스런 일이며, 이러한 인물에 대한 평가가 심각한 곤경에 처할 수 있음을 시초부터 이미 인지한 것처럼 보인다. 그 대표적인 사례가 공자와 맹자에 의해 공히 비난받은 '향원'이다. 군자로 충분히 오인될 수 있는 '향원'이란 존재의 가능성에 대한 공자와 맹자의 우려는 유학이 지배적인 정치사회적 이념이었던 조선 사회에서는 심대한 파급력을 지닌 정치현실의 문제가 되었음을 목도하였다. 한 개인의 덕성을 기준으로 군자와 소인을 구분하고 또 이를 준거로 정치권력의 정당성이 획득되는 유학적 덕 윤리의 프레임은 심각한 난제를 태생적으로 안고 있었던 것이다.

---

28) 현상윤, 『조선유학사』, p.6.

참고문헌

『孟子』

『栗谷全書』 권 3.

『中宗實錄』 권 32.

이상성(2007). 『한국 도학의 태산북두 조광조』. 서울: 성균관대학교 출판부.

이장희(2012). 「향원은 왜 덕의 적인가?」. 『사회와 철학』 제24집. 79-102.

이혜경(2011). 「향원을 향한 유가윤리의 비판은 정당한가?」. 『철학사상』 제39호. 3-29.

Bloom, Irene, trans.(2009). *Mencius*. New York: Columbia University Press.

Ivanhoe, Philip(2013). "Virtue Ethics and the Chinese Confucian Tradition." *The Cambridge Companion to Virtue Ethics*. Cambridge University Press. 46-69.

Driver, Julia(2007). *Ethics: The Fundamentals*. Oxford: Blackwell Publishing.

Frede, Dorothea(2013). "The historic decline of virtue ethics." *The Cambridge Companion to Virtue Ethics*. Cambridge University Press. 124-148.

Swanton, Christine(2003). *Virtue Ethics, A Pluralistic View*. New York: Oxford University Press.

현대인을 위한 유학의 재발견

손 흥 철

1. 머리말

21세기 현재 한국에서 '세계화(Globalization)'라는 말은 경제적 면에 서는 어느 정도 미래형이 아니라 현재형이 되었다. 세계 12위의 경제대 국이 된 것이다. 서구 국가에서 이룩한 근대 시민민주주의는 피로써 이 룩한 것이다. 한국의 민주주의도 예외는 아니다. 왕조국가를 지나 일제 강점기를 이기고 수많은 정치적 변혁기를 거치면서 우리는 민주주의와 인권의 신장이라는 놀라운 정치적 성과를 이루었다.

제2차 세계대전 이후 많은 국가들 가운데 경제발전과 민주화라는 두 마리 토끼를 잡은 국가는 극히 드물지만, 우리는 이 두 부분을 동시에 이 룩한 역량 높은 민족이다. 30년 전만 해도 유럽 선진국은 우리에게 꿈의 세계였지만 지금은 그렇게 멀리 느끼지 않는다. 자유로운 해외여행도

---

* 이 논문은 율곡학회 편,『율곡사상연구』제14권(2007)에 실린 글이다..

먼 나라 얘기였지만 지금은 마음만 먹으면 언제 어느 곳이라도 갈 수 있다. 한국의 전자기술이 일본을 따라잡으리라는 것은 꿈도 꾸지 못했지만 지금은 세계 최고의 정보기술(情報技術, Information Technology) 국가라는 자부심을 가지고 있다. 과거 산업화 과정에서 우리는 부지런히 열심히 하면 잘살 수 있다는 희망이 있었다. 특히 한국인의 역사에서 숙명처럼 안고 살았던 가난에서 벗어나야 한다는 절박한 염원이 있었다. 내일이 오늘보다 나아야 한다는 신념이 있었다. 그것이 한국의 발전을 추진한 동력이었다.

그러나 우리 한국이 안고 있는 상황은 결코 만만하지 않다. 비록 한국이 완전한 단일민족국가라고 하기에는 다양한 국제결혼이 이루어지고 있지만, 민족 분단의 비극을 안고 있는 거의 유일한 나라다. 우리를 둘러싼 국가들은 정치, 경제, 군사, 문화, 인구의 면에서 세계의 최고 강대국들이다.

또한 우리 사회에는 지역적, 계층적 갈등과 분열이 심각하다. 일부 지역에서는 세종대왕이나 이순신 장군 같은 사람도 지역을 대표하는 당이 아니면 당선되기 어렵다. 노동자와 사용자 사이의 갈등은 서로가 서로의 존재를 잘 인정하지 않거나 심지어 자신의 사적인 이익을 위해서 집단의 힘을 이용하기도 한다. 심지어 이미 일부이기는 하지만 정상적 한계를 넘어 적대적 관계가 되어 있다.

한편 우리 사회 내부에는 많은 문제가 있다. 문 밖을 나서자마자 수많은 무질서와 만나고, 사회 곳곳에는 부조리와 불합리가 산재(散在)해 있다. 조금만 바꾸려 해도 너무 힘이 든다. 특히 우리 사회에는 사회적 공인으로 반드시 모범을 보여야 할 사람들이 그렇게 하지 않는 경우가 너무 많다. 한마디로 흔히 사회지도층이라는 사람들 가운데 능력이나 도덕적으로 함량 미달의 사람들이 많다. 젊은이들은 우리 사회에 기회가 균등하게 주어지고 결과에 따라 합리적인 대가가 보장된다고 믿지 않는다. 능력 있는 많은 청년들이 한 번 피어볼 기회도 가지지 못한 채 사회의 그늘에서 스러져간다. 사회 전체적으로 도덕적 해이(moral hazard)가 심각하다. 이러면서 선진국 진입은 시간문제라고 생각한다.

한국은 WTO(세계무역기구, World Trade Organization)의 제한적 개방시대를 지나 FTA(자유무역협정, Free Trade Agreement) 시대라는 전방위적 개방시대를 맞이하고 있다. 신자유주의에 입각한 국제적 무한경쟁의 시대가 현실화되고 있다. 이러한 시대에 현대인의 가장 큰 관심사는 세계화와 함께 진행되는 무한경쟁에서 살아남는 것이다. 그런데 살아남는 방안만 찾다 보면 '어떻게' 혹은 '정당하게'라는 가치를 망각하기 쉽다. 그렇게 되면 세상은 더 혼란스럽게 된다.

이러한 상황에서 한국의 국가발전의 모델을 확고하게 세우고 치밀하게 준비하여 실천하여, 우리의 문제들을 슬기롭게 극복하지 못하면, 그동안 이룬 훌륭한 성과들을 잃어버리고 또다시 열강들의 이익안배에 따라 표류하게 될 것이다. 또한 우리는 새로운 가치문화를 재정립하지 않으면, 다시 혼란과 무질서와 가난으로 되돌아갈 것이다. 즉 한국사회가 계속 발전하기 위해서는 미래 한국의 발전을 주도할 가치를 창출하고 이를 추진할 지도자(leader)를 길러야 한다. 그리고 개개인의 능력과 도덕적 역량을 국제적 수준으로 고양시키지 않으면 우리는 2, 3류 국가를 면할 수 없을 것이다.

이러한 과제에 맞추어 과거 약 2천여 년간 동아시아의 대표적 사상이며, 정치, 경제, 문화의 이념적 토대였지만, 그동안 서구화의 과정에서 잊히고 있는 유학의 정신을 현대적 의미로 재해석함으로써 한국사회의 미래발전의 모델을 모색해보고자 한다. 그러나 유학의 경전과 해석에 대한 전통적 방법을 고수하려는 것은 아니다. 왜냐하면 현대인의 정신적, 물질적 생존문제를 해결하는 데 동서양의 구별은 무의미하기 때문이다. 또한 무턱대고 동양적 가치만 옹호하거나 서양적 가치를 무시하는 태도는 더욱 좋지 않은 태도다. 현대에 동서양 가치관을 비교해서 어느 것을 버려야 하고 어느 것을 취해야 한다는 이분법적 태도는 좋은 태도가 아니라고 생각된다. 문제는 우리의 창조적 의지와 역량(力量)이다.

그렇다면 우리 시대에 왜 유학인가? 포괄적 개념으로 유학은 현시대의 문제를 해결하고 세계화를 선도할 정신문화를 만들어내는 데 조금이나마 일조할 수 있는가? 이런 의문에 대한 해명으로서 유학이 우리 시대에 어떤 의미가 있는지를 찾아봄으로써 우리 사회의 새로운 성장 동력이 되는 정신문화를 새로 만드는 작은 시작으로 삼고자 한다.

이에 유학에 대한 바른 이해와 유학자들의 본질이 무엇인가를 알아보고자 한다. 유학의 본질을 이해하기 위해서는 객관적이고 합리적인 방법이 전제되어야 하고, 유학에 대한 비판도 이러한 토대에서 전개되어야 한다. 여기서는 유학에 대한 올바른 이해를 위해 기존의 종교적, 서양 중심적, 정치 이념적 관점과 문제점을 검토할 것이다.

다음으로 유학자들은 어떤 사람인가를 그들이 추구하는 가치와 사회적 역할을 통하여 살펴보고자 한다. 공자(孔子, B.C. 552-B.C. 479) 이래 수많은 유학자와 학파들이 명멸하였으며, 또한 철학적, 사상적, 이념적 이론체계도 매우 깊고도 다양하게 전개되었다. 이러한 철학적 내용은 이 글의 전체적 목적에 맞추어 이후 하나씩 진행될 것이다. 여기서는 유학자들이 지향하는 근본정신이 무엇이며, 이에 따른 공부 내용이 무엇인가를 검토하고자 한다.

이상과 같은 내용을 중심으로 유학의 현대적 의미는 무엇인지, 그리고 현대의 지성인과 유학자들의 정체를 비교함으로써 우리 사회에 필요한 진정한 지도자상이 어떤 것인지를 모색하고자 한다.

2. 어떻게 유학을 이해할 것인가?

유학(儒學)과 유학자에 대한 다양한 이해의 관점이 있다. 우리에게 유학은 전근대성을 대표하는 개념으로 쓰이기도 하고, 우리의 전통사상과 고유문화 및 동양의 정신을 대표하는 개념으로 쓰이기도 한다. 그만큼 포괄적인 개념을 지니고 있기 때문에 오해와 편견을 가지기도 쉽다. 유학에 대한 명칭은 시대별 특징을 구별해서 원시유학(原始儒學), 한당유학(漢唐儒學), 송명리학(宋明理學) 등으로 부르기도 하고, 중요 주제나 문제를 중심으로 훈고학(訓詁學), 고증학(考證學), 성리학(性理學) 등으로 부르기도 한다. 이 글에서 철학, 문학, 역사, 경학의 관점에서 유학을 고찰하려는 것은 아니다. 그것은 매우 방대한 작업이다. 다만 지난 20세기와 21세기에 걸쳐 유학에 대한 극단적 이해가 얼마나 많은 편견과 선입견을 낳게 하였으며, 그 결과가 어느 정도 부정적이었던가를 다음 몇 가지 방면에서 살펴보고자 한다.

1) 유학의 명칭과 종교성 문제

유학은 시대적 상황에 따른 중심주제와 명칭이 다르다. 학문적 특성을 가리키는 이름으로는 유술(儒術), 도술(道術), 경술(經術), 도학(道學),[1] 성리학(性理學) 등이 있다. 예를 들면 공자의 본래 유학을 강조하

---

1) 中國孔子基金會編, 『中國儒學百科全書』(北京: 中國大百科全書出版社, 1997), 「儒學」 항목 참조.
　　유술(儒術): 유가의 이론과 학술을 통칭하는 말이다. 포괄하는 범위가 매우 넓으며, 유가의 정치: 경제, 철학, 윤리, 도덕 등을 모두 일컬어 유술이라고 한다.
　　공자지술(孔子之術): 공자의 학술이다. 『漢書』 「董仲舒傳」에는 동중서의 『對策』을 인용하여 말하기를 "臣愚以爲諸不在六藝之科孔子之術者, 皆絶其道, 勿使並進."라고 하였다.
　　경술(經術): 『史記』 「太史公自序」에는 "仲尼悼禮廢樂崩, 進修經術, 以達王道."라고 하였다. 한대(漢代)는 경학(經學)을 숭상하였으며, 경(經)을 통하여 선비를 선발하였다. 이 때문에 유술은 경술(經術)로 포괄되었다. 한대의 경술지사(經術之士)가 곧 유자(儒者)이며, 경술이 곧 유술임을 설명한 것이다.
　　도술(道術): 『莊子』 「天下篇」에서 "古之所謂道術者, 果惡乎在?"라고 하였다. 여기서 말한 "도술(道術)"은 유술(儒術)을 가리킨다. 또한 정이(程頤)가 공맹의 도를 계승하여 송대 유가 도술의 기초를 확정한 것을 칭찬한 것이다. 유술은 유가학설을 대신한 호칭이 되었으며, 유가학자들의 행위를 감별하는 준칙 혹은 척도가 되었으며, 매우 숭고한 의의를 갖추고 있다.
　　도학(道學): 송대(宋代)의 이기(理氣), 심성(心性)을 중심주제로 연구하는 정주학파(程朱學派)의 학문을 이르는 별칭.

는 의미에서 사수학(泗水學)²⁾이라고 하며, 공자와 맹자(孟子, B.C. 385-B.C. 303?)가 정립한 학문이라는 의미에서는 공맹학(孔孟學)이라고 한다. 그리고 송대(宋代)에 새롭게 정립된 유학이라는 의미로 신유학(新儒學)과 구별하여 원시유학(原始儒學)이라고 한다. 이 신유학은 수기치인(修己治人)의 의리와 윤리도덕을 강조한다고 하여 '의리지학(義理之學)'이라고 하며, "인간의 도덕적 본성(本性)은 리(理)다[性卽理]."라는 명제로부터 성리학(性理學)이라고 하며, 송대에 정립된 학문이라는 뜻으로 '송학(宋學)'이라고 하며, 이정(二程)과 주희(朱熹)가 완성하였다는 의미로 '정주학(程朱學)'이라고 하며, 주희가 집대성하였다고 해서 '주자학(朱子學)'이라고 하며, 리(理)가 중심 개념이기 때문에 '리학(理學)'이라고 하며, 송나라, 명나라의 중심 사상이기 때문에 '송명리학(宋明理學)'이라고도 한다. 시사(詩詞), 문장(文章) 등 문학적 특성을 강조한 송(宋), 원(元), 명(明) 시대의 과거시험의 과목으로 쓰였던 유학을 사장지학(詞章之學)이라고 한다. 고대의 문헌들에 대한 실증적, 귀납적 고증(考證)을 중심으로 하는 고거지학(考據之學), 즉 고증학(考證學)은 비정치적, 비민족적 특성을 가졌으나, 이것은 이민족이 세운 청(淸)나라의 중국통치의 정치적 계산과 밀접한 관련이 있다. 근대로의 이행과정에서 경제와 국민복지, 부국강병 등을 강조한 유학을 경세지학(經世之學)이라고 한다. 이 경세지학을 흔히 실학(實學)이라고 하는데 이는 학파의 특징에 따라 실사구시(實事求是), 이용후생(利用厚生), 경세치용(經世致用) 학파로 나뉜다. 이 경세학(經世學)은 근대 지향적이며, 민족적 자긍심을 강조하고, 자연과학 및 기술을 중시하며, 개화(開化)와 자강(自強)을 중시한다.

이처럼 유학은 시대와 역사적 상황에 따라 중심주제가 다르며 명칭도 다르다. 따라서 유학이라는 이름으로 통칭(統稱)할 때와 각 시대별 혹은 중심주제별로 구별하여 부를 때를 구별해야 한다.

─────────

2) 공자의 출생지인 산동성(山東省) 곡부(曲阜)에 있는 강 이름.

유학에 대한 선입견 혹은 편견이 생기는 원인은 개념에 대한 정확한 정의 없이 사용하거나, 본질을 외면하고 지엽적이거나 부차적인 내용을 본질적인 것으로 보기 때문이다. 흔히 유학(儒學)과 유교(儒敎)를 혼용해서 많이 쓴다. 두 개념 다 분명한 연원이 있고 정확한 개념도 있으나, 정작 이 용어를 쓰는 사람은 그 본래의 의미와는 다르게 쓰는 경우가 많다. 이 글에서는 유학과 함께 쓰이는 유교라는 용어의 쓰임새에 대하여 분석하고자 한다.

유교(儒敎)라는 용어에는 두 가지 쓰임새가 있다. 하나는 '유학의 가르침'이라는 의미이고, 다른 하나는 유학을 종교로 보는 것이다. 그런데 순수하게 '유학의 가르침'이라는 의미에는 문제가 없으나, 유학을 종교로 보는 관점에서의 유교라는 개념에는 문제가 있다.

유학을 종교로 볼 수 있는가 없는가에 대한 논의는 그동안 수없이 많이 진행되었다. 그러나 이러한 논쟁은 비록 그 자체로서 의미는 있을지 모르나 유학을 종교로 보려는 관점 자체가 애초부터 문제라고 할 수 있다.

왜냐하면 종교는 초월적이고 초자연적인 의지를 가진 신의 존재를 인정하고, 그 신의 섭리에 따라 우주자연과 만물이 생성소멸하고, 인간의 행위가 이루어지고 그렇게 되어야 한다고 믿는 것이다. 이와 같은 신념 체계를 이루기 위해서 꼭 필요한 요소가 있다.

첫째, 종교에는 초월적이며 영원불변한 절대자 즉 신(神)이 있다. 그러나 유학은 이러한 신을 숭상하지 않는다. 『논어』에는 귀신(鬼神)이란 용어가 자주 등장한다. 그러나 이 귀신이 종교적 절대자를 의미하는 것은 아니다. 공자는 "백성을 의롭게 하는 데 힘쓰고, 귀신을 공경하되 멀리하면 이것을 앎[知]이라고 할 수 있다."[3]고 하였다. 또한 "능히 사람을 섬기지 못하면 어찌 능히 귀신을 섬기리오."[4]라고 하였다. 여기서 말하

---

3) 『論語』「雍也」. 樊遲問知. 子曰: 務民之義, 敬鬼神而遠之, 可謂知矣.
4) 『論語』「先進」. 季路問事鬼神. 子曰: 未能事人, 焉能事鬼.

는 귀신은 절대자를 의미하는 것이 아니라 세상을 떠난 조상이나 가족을 의미한다. 죽음이란 사람이면 누구나 맞이하는 것이며, 살아 있는 사람이 죽은 사람을 공경하는 것은 자신의 삶의 의미를 되돌아보는 의미이지 죽은 자의 신통력에 의지하는 것은 아니다.

또한 유학의 중요 개념인 천(天)은 창조자나 인격을 가진 절대자가 아니라, 자연원리와 도덕가치의 근거로 이해한다.

둘째, 종교에는 교주(敎主)가 있다. 그러나 유학에 부처나 예수 같은 존재는 없다. 비록 공자를 교주로 숭상하는 일부 사람들이 있기는 하지만, 공자를 계시를 받고 태어난 존재로 믿거나 영원불변하며 전지전능한 절대적 존재로 믿는 것은 아니다. 그리고 공자의 행적은 철저히 인간사회의 삶을 중심으로 전개되며, 그가 '기적을 보였다'든가 '현실에서의 선악이 사후세계에서 절대자로부터 심판을 받는다'는 등의 주장은 하지 않았다. 더군다나 공자를 절대자의 아들이라거나 영생을 얻은 신(神)적인 존재로 추존(追尊)하지 않는다.

셋째, 종교는 교리(敎理)와 경전(經典)이 있다. 사서오경(四書五經)이 유학의 경전이라고 할 수도 있겠지만, 그 내용은 신에 대한 경배나 창조 등을 설명한 것이 아니라, 인간의 역사와 문학, 도덕적 가치와 그 실천방법을 설명하거나 인간의 보편적 정서를 노래한 것이다.

넷째, 종교는 교단(敎團) 조직이 있다. 유학이 국가의 중요 이념이었던 시대에 향교(鄕校)나 유림(儒林)의 조직이 있었다. 그러나 이들 조직은 종교적 의례(儀禮)를 행사하는 조직이 아니다. 국가나 지방사회의 중요문제를 논의하고, 지방의 교육을 담당하며, 향리(鄕里)의 풍속을 교화하고 유지하는 역할을 담당하였다.

다섯째, 가장 중요한 요소로 종교는 내세관(來世觀)이 있다. 그러나 유학에 내세관은 없다. 공자는 "생을 모르는데 어찌 죽음을 알겠는가?"[5]라

---

5) 위의 책. 敢問死. 曰: 未知生, 焉知死.

고 하였다. 사후(死後)의 세계에 대해 유학에서 인간의 죽음은 또 다른 삶의 연장으로 보기도 하지만, 이것은 농경생활을 중심으로 한 가족적 삶의 양식에서 비롯된 것이며, 신에 의한 심판(審判)이나 천당(天堂), 지옥(地獄)과 같은 주장은 없다. 유학은 철저히 현실을 중시한 철학이다.

이상의 내용에 비추어보면 비록 불교(佛敎), 기독교(基督敎)와 같이 유교(儒敎)라는 이름으로 부르기는 하지만 유학은 결코 종교가 아니다.

유학이 한(漢)나라 이후 가끔 국교(國敎)로 존중되던 때도 있었고, 공자를 중심으로 한 사상체계로서 공교(孔敎)라고 불리기도 하였지만 그것은 종교로서가 아니다. 한(漢), 당(唐) 시절에는 오히려 종교에 가까운 황로(黃老)사상이나 도교의 시조인 노자(老子)를 숭상하였다. 1990년대 초만 하여도 일부 중국의 학자들은 유학을 종교로 보았지만, 이제는 더 이상 종교로 보지 않는다.

> 유학은 결코 종교가 아니며, 공자도 신이 아니다. 유학은 역사적으로 문화사상의 체계에 속하며, 한 번 동중서(董仲舒)의 천인감응(天人感應) 사상이 출현하였으나, 또한 이러한 성질을 바꿀 수는 없었다. 유학은 현실사회의 생활에 직면하며, 입세적(入世的)이지 결코 출세적(出世的)이 아니다. 유학에는 피안(彼岸)의 천국이 없다. 유가사상은 일종의 철리(哲理)에 속한다. 유학이 추구하는 것은 이성과 현실이며, 신령과 천당이 아니다. 이 때문에 유교(儒敎)는 결코 종교가 아니다.[6]

이름은 어떤 대상의 성질을 가장 정확하게 표현하는 말이다. 어떤 사물이나 사건을 부를 때 그 성격과 꼭 맞는 이름을 붙임으로써 구구하게 길게 설명하지 않아도 쉽게 이해할 수 있도록 한다. 물론 사람의 이름은 그

---

6) 中國孔子基金會編, 『中國儒學百科全書』(北京: 中國大百科全書出版社, 1997), 「儒學」 항목 참조.

이름이 정해진 뒤에 그 사람의 삶의 궤적에 따라 그 이름값이 달라진다.

그러나 종종 이름을 잘못 지음으로써 이해의 혼란을 가져오는 수가 있다. 이름과 대상의 본질이 일치하지 않는 경우가 그것이다. 어떤 대상이 가지고 있는 내용이 매우 다양하고 복잡하기 때문에 하나의 이름으로 지칭하기에 매우 어려운 경우도 있다. 그리고 그 대상을 대하는 사람의 입장에 따라 그 대상의 좋은 점과 나쁜 점을 지적해서 부르기도 한다.

이러한 태도는 학문적 내용을 왜곡시키기도 하고 그릇된 인식을 심어줄 수도 있다. 나아가 사회적 갈등을 일으키는 원인이 되기도 한다는 것을 알아야 한다. 동서양의 철학과 문화, 종교 등에 대한 상호이해의 올바른 태도는 각각 자신의 관점과 목적에만 집착하지 말아야 한다는 것이다. 있는 그대로 사실대로 인식하려는 열린 이해가 필요한 것이다.

2) 동방주의와 유학

한때 유학과 공자에 대하여 서구의 사상체계와 방법론에 맞추어 이해하려는 경향이 있었다. 이러한 경향은 유학을 서구적 기준으로 서구인을 이해시키는 데는 어느 정도 효과가 있었지만, 유학 자체의 철학적 특성과 사상체계를 충분히 드러내는 데는 미흡하였다. 객관적이고 공평한 관점에서 유학과 공자를 이해하기 위해서는 유학 자체의 가치와 논리를 존중해야 한다는 것이다.

즉 유학과 공자에 대하여 서구의 기준에만 의존하지 말고 동양의 관점으로도 이해하며, 객관적 관점으로 이해하자는 것이다. 과거 동양의 사상과 문화에 대한 이해는 주로 서구의 동방주의(東方主義, Orientalism)를 중심으로 이해하였다.

동양의 사상과 문화에 대한 이러한 태도는 매우 일찍부터 싹튼 것으로 18세기 이후 서세동점(西勢東漸)이 시작되면서 더욱 뚜렷해졌으며, 그것은 서구 중심의 관점에서 본 '근대성'이라는 개념을 중심으로 형성된 것이다. 흔히 근대성이라고 하면 서양 중세(中世) 이후 형성된 합리적 사유와 사회제도 등을 종합적으로 평가하는 말이다. 베버(Max Weber, 1864-1920)는 "과학과 예술, 관료집단, 정당, 자본주의, 사회주의, 합리주의 등 근대사회의 모든 요소들이 서구에만 나타난다."(Max Weber, *The Protestant Ethics and the Spirit of Capitalism* 참고)고 역설하였다. 19세기 이후의 세계사를 '근대화 = 서구화'라는 도식으로 이해한 서양중심주의 역사관을 우리 스스로도 따랐던 것이다. 이처럼 서양은 동양을 동등한 주체로 인정하지 않고 전근대적 존재로 이해하였다. 이러한 오리엔탈리즘의 바탕에는 서양의 합리주의가 깔려 있다.[7]

합리주의(合理主義, rationalism)는 우연적이고 예외적인 모든 것을 부정하고 이성적(理性的), 논리적(論理的)인 법칙이 인간의 사고와 만물을 형성한다고 생각한다. 이것을 합리론 혹은 이성론, 이성주의라고도 한다. 서양의 합리주의는 오늘날 서구문명을 형성하는 데 많은 기여를 하였으며, 특히 사상적으로는 서구인들의 의식 속에 굳건하게 자리 잡았다.

그런데 문제는 이러한 서구적 합리주의를 배경으로 동양의 사상과 문화를 이해하는 데서 비롯된다. 서양의 합리주의는 근대 이후 서양의 사상과 문화를 이해하는 기준이 될 수 있다. 그러나 서구적 합리성이 동양의 사상과 문화를 이해하는 기준이 될 수는 없다. 왜냐하면 동양은 동양의 합리성이 있기 때문이다. 본질적 가치와 보편적 기준은 문화와 철학이 생겨난 자연적, 민족적, 정치적, 시대적 환경에 따라 달라지는 것이지 서구적 합리성이 동서양을 포괄하는 보편적 합리성이라고 할 수는 없다.

예를 들면 유학의 중요 철학적 윤리적 주제인 인의예지(仁義禮智)의 사단(四端)은 인간이 인간일 수 있는 종합적 정신세계를 대표하는 개념이다. 진리의 대상이 단순히 지(知)의 차원이 아니라 자연세계의 사물과

---

7) Edward W. Said, *Orientalism*(New York: Random House, 1978) 참고.

그 법칙에 대한 이해와 인(仁)이라는 인간의 도덕적 본성과 상호 관계 속에서의 행위를 포함한다. 이것은 서양의 자연세계의 법칙탐구에서 필요한 과학적 사고와는 진리관이 다름을 의미한다.

동시에 진리대상을 이해하는 방법론에 있어서도 서구적 논리성이 동양의 사상을 이해하는 논리로 대변될 수 없다. 즉 논리성을 구성하는 논리구성의 체계가 다르기 때문이다. 자연세계의 법칙을 이해하는 단순논리와 인간의 도덕적 본성과 자연세계의 법칙을 종합적으로 이해하고 설명하려는 논리체계가 다르기 때문이다. 자세히 말하면, 가치의 근거에 대한 이해를 보면 일률적으로 말할 수는 없지만, 가치의 궁극적 근원을 서양의 경우는 기독교적 신의 의지에 둔다. 그러나 유학은 생생지리(生生之理)라고 하는 자연의 생명성과 그 영속성을 최고의 선(善)으로 이해한다. 이것은 존재론적 범주와 가치론적 범주를 철저하게 구분하는 서양의 경우와는 매우 다른 것이다. 유학에서는 존재론의 범주와 가치론의 범주를 구별하지 않고 존재론적 법칙을 최고의 가치범주로 이해하는 것이다. 인간의 존재 그 자체를 신(神)과 동격으로 보는 천인합일(天人合一)의 인간관에서 보면 존재론적 법칙이 인간의 가치론적 선(善)으로 이해될 수 있는 것이다.

유학의 철학적 정체성을 이해하기 위하여 서양의 합리주의나 근대성을 중심으로 동양의 사상과 문화를 재구성해보려는 것은 본질적으로 동양사상에 대한 정확한 이해를 목적으로 하는 것이 아니다. 그리고 이러한 태도는 동양의 사상과 문화를 영원히 서구에 비해 후진적인 것으로 고착시키는 결과를 초래할 수 있다.

여기서 유학에 대한 이해의 태도에서 꼭 제안하는 것은 먼저, 유학이 전근대적이고 비합리적이라는 선입견을 버리라는 것이다. 그리고 유학을 서구적 사유체계나 논리의 틀에만 맞추어 이해하려고 하지 말라는 것이다. 물론 서구적 관점으로의 이해도 필요하지만 그 자체에 만족하게 되면 유학의 본질을 이해하는 데는 부족하다는 뜻이다. 마지막으로 유학 본래의 정신이 무엇인가를 이해하려는 데 초점을 맞추라는 말이다.

3) 이념적 관점으로 보는 유학

철학으로서의 유학과 정치적 이념(ideology)으로서의 유학은 분명하게 구별되어야 한다. 유학은 과거 정치적 원인에 따라 매우 많은 굴절을 겪었다. 특히 역사상 이념에 편향된 사상가와 정치가들이 수없이 유학과 공자를 비판하고 유학자들을 박해하였다. 가까이는 신해혁명(辛亥革命)부터 5 · 4운동까지의 "공자의 가게를 뒤엎자[타도공가점(打倒孔家店)]"나, 문화혁명(文化革命, 1966-1976) 때 "임표(林彪)(의 자본주의)도 거짓이며, 공자도 거짓이다[비림비공(非林非孔)]"라는 구호가 그렇다.

근래 한국에도 한때 비록 일부였지만 『공자가 죽어야 나라가 산다』와 같은 매우 선동적 제목으로 유학과 공자에 대한 깎아내리기 혹은 왜곡하기에 환호하기도 하였다. 또한 정치적 이념을 중심으로 유학을 반동적 사상이거나 봉건지배체제에 협조한 사상이었다고 폄하하기도 한다. 유학에 대한 이러한 태도는 결코 유학과 유학의 창시자인 공자에 대한 바른 이해가 아니다. 그런데 정작 유학의 본래정신을 적극적으로 현대적 의미로 재해석하고 재정립해야 할 유학계는 한국의 전통사상이기 때문에 지키고 존중해야 한다는 등 다소 답답한 방어적 자세로 일관하고 있다.

한국과 중국은 근대로의 이행과정에서 정치적 상황 등에 의해서 국가발전의 기회를 잃어버리고 서양열강의 침략의 대상이 되고 말았다. 그 과정에서 국가발전의 원동력은 상실되고 숱한 사상적, 문화적 단절을 겪어야 했다. 이러한 상황에서 전통사상에 대한 거부감과 비판이 생기는 것은 자연스러운 일이다. 또한 근대의 시민민주주의 의식이 제대로 형성되지 못한 시대에 당시의 정치지도자들이 국가의 독립과 자존을 제대로 지켜내지 못한 사실에 대한 비판도 당연히 있어야 한다.

그러나 이러한 비판에 서구 중심적 사고가 전제되지 않은가에 대한 반성도 있어야 한다. 혹자는 "고려 500년을 망하게 한 것은 불교이며 조선 500년을 망하게 한 것은 유교(儒敎)"[8]라고 생각하고, "서양 중세 1,000여 년의 암흑기는 기독교의 본질이 아니라 그것을 운영하였던 지도자들의 문제"라고 이해하는 이중적 사고를 가진다. 고려의 불교와 조선의 유학에는 같은 논리를 적용하지 않는다. 유럽 중세의 건축물 등을 보면서 감탄하면서 동양의 문화유물에 대해서는 봉건적 착취의 결과라고 비판하기도 한다.

또한 동양의 정치적 실패가 무조건 유학 때문이라고 믿는 것도 하나의 문제다. 동양의 정치와 유학이 밀접한 관계가 있었던 것은 사실이지만, 정치지도자들이 모두 유학의 정치이념을 가진 것은 아니다.

일찍이 전한(前漢)시대 동중서(董仲舒, B.C. 170?-B.C. 120?)가 한무제(漢武帝, 재위 B.C. 141-B.C. 87)의 책문에 응하여 "백가(百家)의 사상을 물리치고, 오로지 유술만 존중하기(罷黜百家, 獨尊儒術)"를 건의하고, 이것이 받아들여져 유학이 국가의 정치적 이념으로 자리 잡은 뒤부터, 유학은 2천여 년 이상 동양의 정치적 이념을 뒷받침하였다. 이런 이유 때문에 정치적 실정이나 사건을 모두 유학의 탓으로 생각하는 것을 당연하게 여기는 경향이 있다. 왜냐하면 시대마다 일부의 유학자들이 정치적 목적에 따라 유학을 정치적 이념의 도구로 삼아 통치자들에게 협조하였던 것도 사실이기 때문이다. 동중서의 천인감응설(天人感應說)에 근거한 왕권신수설(王權神授說)이 그 대표적인 이론이기도 하다. 그러나 한대(漢代)의 정치적 상황을 살펴보면, 동중서의 이론은 통치자에 대한 최대한의 견제를 위한 것이라고도 볼 수 있다. 그리고 동중서의 왕권강화를 위한 춘추대일통(春秋大一統)의 이론은 이후 중국의 중화사상(中華思想) 이론적 근거가 되었다. 그러나 동중서의 이러한 이론이 더 이상 순수 유학이라고 볼 수 없다는 것도 후한(後漢)의 왕충(王充, 27-100?)의

---

8) 여기서 유교(儒敎)는 유학을 종교의 일종으로 보는 경향이 강하다.

비판에서 충분히 제기된 문제였다.

여기서 우리는 철학, 정치, 종교에 대한 영역은 분명히 구별해야 한다. 특히 분명하게 구별해야 할 것은 통치자들의 통치술은 덕치(德治)나 인치(仁治)와 같은 유가의 정치이상을 근거로 하지 않았다는 사실이다. 즉 과거 왕조시대의 정치적 이념이 비록 유가의 정치적 이상을 근원으로 하고 있지만, 통치행위는 유가의 정치이념인 인정(仁政)보다는 법가(法家)의 정치술(政治術)에 더 치중하였다는 사실을 이해해야 한다. 주지하듯이 법가의 통치술은 권력을 바탕으로 한 강력한 법의 시행이다. 여기에는 공리주의적 요소와 함께 개인보다는 전체를 우선한다. 이러한 법가의 사상은 대동사회(大同社會)를 이상으로 하는 유가의 정치관념과는 전혀 다르다. 중국의 경우 한대(漢代) 이후 정치사는 대부분 이민족이 세운 왕조들이 많았고, 광대한 국토와 인민을 다스리는 데는 유가의 정치이념보다는 법가의 통치술이 더 효과적이었다고 할 수 있다. 그러나 한국의 경우는 철저히 유가의 정치이념을 바탕으로 왕권의 견제와 위민(爲民)정치를 국가제도의 근본으로 삼았던 것이다.

한편 유학이 동양의 정치이념의 기초라고 해서 정치사에서 일어난 폭력이나 변란을 유학 자체의 폭력성으로 이해하는 태도는 결코 바람직하지 않다. 유학의 강력하고도 순수한 평화지향의 정신과 자기수양의 철학을 간과해서는 안 된다. 혹은 부지불식간에 과거 사상과 문화를 전근대적이고 봉건적이라는 명목으로 비하(卑下)시키거나, 무비판적 서구논리를 중심으로 유학을 비판하는 태도도 옳지 않다. 그리고 사상과 문화 그리고 철학을 연구하면서 학파적, 지역적, 이분법적 논리로 접근하는 것은 차라리 정신적 장애에 가깝다고 할 수 있을 것이다. 그리고 서구의 20세기를 기준으로 동양의 철학과 역사 및 문화를 이해하는 태도는 지양되어야 한다는 것이다. 만약 서양의 중세와 같은 시기의 조선시대를 객관적 관점에서 비교 분석하면 결코 당시의 조선이 유럽 중세에 비하여 야만국가의 반열에 있지는 않을 것이다.

한때 일부 학자들은 유학을 중국의 문화혁명기에 대유행하였던 정치적 이데올로기에 의하여 쓰인 중국 사상사의 논법과 관점을 그대로 답습하였던 적이 있었으며, 지금도 유학이 지배자들의 이익을 대변하였다는 지극히 이분법적 지배 피지배의 논리로 유학을 해석하는 분열적 시각도 있다.[9)

이와 같은 이분법적 사고로 말미암아 진시황(秦始皇)의 분서갱유(焚書坑儒)를 비롯한 수많은 정치적 비판과 박해가 자행되었다. 그러나 이러한 비판과 박해는 오래가지 못하였다. 분서갱유 이후 한(漢) 왕조가 시작되자마자 곧 유학부흥운동이 일어났다. 1898년 무술변법(戊戌變法)을 주도한 강유위(康有爲, 1858-1927)는 『공양춘추(公羊春秋)』를 모범으로 삼아 공자를 "난세를 바로잡고 삼세의 법을 확립하였다(据亂世而立三世之法)."라고 평가하였으며, 또한 근대 민주혁명의 모범으로 삼았다. 그리고 당시의 사상계를 주도하였던 담사동(譚嗣同, 1865-1898)과 양계초(梁啓超, 1873-1929) 등이 강유위의 관점을 찬성하였다. 1911년 신해혁명(辛亥革命) 뒤를 이어 등장한 1917년의 문학운동은 유학의 봉건성을 강력하게 비판하였으며, 1919년 5·4운동 때는 "공자의 가계를 때려 엎자(打倒孔家店)!"고 외쳤다. 그러나 진독수(陳獨秀, 1879-1942)와 이대소(李大釗, 1889-1927) 등은 마르크스주의를 중심으로 한 혁명을 주장하였지만, 호적(胡適, 1891-1962)과 노신(魯迅, 1881-1936)은 비록 유학의 봉건성을 비판하였으나, 마르크스주의를 고집하지 않고 유학의 정통성을 회복하여 새로운 민주정부의 건립을 모색하였다. 그러나 유학의 정통성 회복에 대한 열망은 중국의 공산화 이후 많은 정치적 투쟁 특히 문화혁명을 거치면서 유학은 철저히 부정되고 문화유적도 대량으로

---

9) 맹자의 정전제(井田制)는 오히려 사회주의적 토지제도다. 비록 정전제가 실제로 존재하였는가 아니면 유학자의 이상에 불과한 것인가의 논쟁이 있지만, 어느 경우든 유가철학이 지향하고 있는 토지제도의 기본적 이념인 것은 분명하다.

파괴되었다. 중국의 이러한 관점은 북한의 주체사상에도 큰 영향을 미쳤으며, 한국의 일부 진보적 지식인들도 그 궤를 같이하였다.

그렇다면 21세기가 시작된 현재는 어떤가? 중국은 아직도 문화혁명 때의 "비림비공(批林批孔)"을 외치지 않는다. 중국의 변화를 두 가지만 소개하자.

하나의 예는 유학과 관련된 문화의 부활이다. 한국에는 전통 상례(喪禮)인 유림장(儒林葬), 성균관 '석전제', 각 지방의 향교 등 유학과 관련된 문화유산이 있지만, 차츰 시대의 조류에 밀려 사라져가고 있다. 특히 성균관의 석전제는 한국만이 간직하고 있는 유학의 전통문화유산이었다. 중국은 이 문화유산을 문화혁명 기간 동안에 대부분 없애버렸고, 그외 종교와 관련된 수없는 문화유적을 파괴하였다.

그러나 중국은 이미 1990년대 초에 공자의 고향인 산동성(山東省) 곡부(曲阜)의 관광산업을 부흥하기 위하여 석전제의 의전행사의 절차를 힘들이지 않고 고스란히 베껴갔다. 그 후 더 이상 우리의 석전제가 세계에서 가장 정통성 있는 공자 문화제라는 의미는 사라졌다. 중국은 자신이 공자문화의 원형이라고 주장하고 관광객 유치에 열을 올리고 있다.

다른 하나는 중국의 공자 아카데미의 대대적 선양이다. 2006년 11월 4일 북경에서는 중국과 아프리카 48개국 정상들이 모여 "중국-아프리카 협력논단(Beijing Summit of the Forum on China-Africa Cooperation, FOCAC)"을 개최하였다. 아프리카 대부분의 국가의 원수를 한날 한자리에 불러 모은 것이다. 그리고 중국의 공산당 주석인 후진타오(胡錦濤)는 아프리카를 방문하면서 케냐 등에 '공자 아카데미'를 건립하였다. 21세기의 벽두에 중국은 유학의 부활을 전 세계에 공개적으로 천명한 것이다.

물론 중국의 이러한 태도의 변화도 자본주의 경제체제의 도입과 중국의 패권주의를 지향한 정치적 이념과 무관한 것은 아니지만 세상은 변한 것이다. 그리고 중국은 사회질서와 도덕성 제고를 위하여 유학부흥에 나서고 있다.

중요한 것은 우리다. 중국의 이러한 태도변화에 대하여 한때 문화혁명기 유학비판의 관점을 답습하였던 것에 대하여 어떤 대답을 할 것인가? 우리는 세계에서 유학문화의 원형을 가장 잘 보존한 나라임에도 불구하고 그것을 현대에 맞는 '문화적 내용(contents)'으로 충분히 재창조하지 못하고 있다. 실사구시(實事求是)를 국시(國是)로 삼고 있는 중국은 더 이상 이데올로기의 틀에 묶여 있지 않고, 경제개발을 위한 '문화적 내용'을 유학에서 찾고 있는 것이다.

유학이 시대적 사명을 다하지 못할 때는 부실기업이 퇴출당하는 것처럼 사라지고 말 것이다. 우리의 삶과 가치에 대한 긍정적 기능을 하지 못할 때도 그 존재의미를 상실하게 된다. 반면에 유학에 대한 본질적 접근방법이 아닌 관점으로 유학과 유학자들을 비판한다면 그것은 역사적 평가에서 결코 자유롭지 못할 것이다.

3. 유학자 그들은 누구인가?

현재의 유학자들에 대하여 시대에 뒤떨어진 '갓쟁이'라거나, 수구적 유물이라거나, 과거의 명맥을 유지해주는 중간자라거나, 현실에 안주하면서 자신의 유유자적한 삶을 과시하는 지식권력자라거나, 몇 줄 외운 경전의 내용을 잣대로 남을 평가하는 데 열중하는 위선적 지식인이라는 등 여러 가지 평가들이 있다. 이러한 평가가 유학자들에 대한 올바른 것이라고 할 수는 없다.

왜냐하면 과거 동양사회의 새로운 시대가 열릴 때마다, 혹은 세태가 쇠퇴하고 도의와 가치가 어지러울 때마다 시대정신을 개척하고 개혁에 앞장선 사람들은 대부분 유학자들이었기 때문이다. 즉 그들은 한 시대의 선구적 지식인들이었던 것이다. 현대사회에서 각 기업체나 학교 등에서 가장 많이 강조하는 인간형이 CEO(Chief Executive Officer, 최고경영자)라고 할 수 있다. 그리고 이 CEO의 가장 중요한 조건을 리더십, 즉 지도력이라고 한다. 이러한 CEO의 전형적인 인물들이 바로 유학자라고 할 수 있다. 지도력의 조건은 사람마다 다르게 말하며, 그 종류와 내용도 다르다. 그러나 그 가운데 공통되는 점이 있다. 즉 자기개발과, 사회적 역할이 그 중심내용이다.

이 절에서는 이러한 유학자들의 특징을 그들의 공부내용과 사회적 역할을 중심으로 살펴보고자 한다.

1) 최고의 가치를 추구한다(爲己之學, 仁, 中和)

유학자들은 어떤 가치를 추구하고 그 가치의 보편성을 어떻게 학문적으로 체계화하는가? 유학자들은 자신의 능력계발을 통하여 세속을 교화하려고 하였다. 이것이 유학자들의 출발점이었다. 즉 유학(儒學)의 근원적 개념은 유(儒)이며, '유'는 하나의 학문영역이자 전문학자들을 지칭하는 말이다.

유(儒)는 고대 학자에 대한 호칭으로 넓은 뜻과 좁은 뜻의 구별이 있다. 근대의 장병린(章炳麟)은 '유'를 달명(達名), 유명(類名), 사명(私名)의 세 종류가 있다고 보고, "'달명'의 '유'는 보통의 개념 혹은 넓은 의미의 '유'에 해당하며, 술사(術士)를 가리킨다. '유명'의 '유'는 '유'의 유개념(類概念)으로 예(禮), 악(樂), 사(射), 어(御), 서(書), 수(數)를 알고 육예(六藝)로써 백성을 교화하는 사람을 가리킨다. '사명'의 '유'는 '유'의 단독 개념 혹은 좁은 의미의 '유'이며, 공자를 종사(宗師: 모든 사람들이 숭상하는 사람)로 여기고 육경(六經)을 선양(宣揚)하는 유가학파를 가리킨다."(『國故論衡·原儒』)고 하였다. 장병린의 '유'에 대한 학설과 분류는 비교적 역사적 사실과 부합하여 대다수의 사람들이 받아들이고 있다.[10]

---

10) 中國孔子基金會編, 『中國儒學百科全書』(北京: 中國大百科全書出版社, 1997), 11쪽.

위에서 말한 술사(術士)는 다른 이름으로는 유자(儒者), 유생(儒生), 유사(儒士), 학사(學士), 경생(經生)[11] 등이 있다. 여기서 이러한 이름들에 대한 연원을 모두 정확하게 설명할 여지는 없으나 공통으로 쓰이는 이름으로 일반적으로는 유생이 보통명사로 쓰인다. 이상 유(儒)의 어원으로부터 유학(儒學)의 뜻을 정의하면, "유생이 공부하는 학문"을 의미한다.

유명(類名)의 '유'는 고대사회의 지식인으로서 기초학문에 속하는 예(禮), 악(樂), 사(射), 어(御), 서(書), 수(數)의 여섯 가지 항목 곧 육예(六藝)를 전문으로 공부하는 사람이다. 육예는 주대(周代)부터 확립된 교육과목으로 당시 지식인들은 이를 통하여 자신의 수양과 능력을 함양하고 국가경영에 적극적으로 참여하였다.[12] 이들 '육예'는 결코 간단한 항목

---

11) 위의 책, 儒學 항목 참조.

유생(儒生): 선진(先秦)시기 유가학파를 가리키며, 한(漢) 이후에는 독서인(讀書人), 지식인(知識人)을 범칭하였다. 진나라 말의 박사와 유생은 통칭(通稱)되었다.

유사(儒士): 『史記』 「平津侯主父列傳」에서는 "太常令所征儒士, 各對策, 百余人."이라고 하였다. 유사(儒士)는 한나라 초기에는 유생과 공통으로 쓰이는 이름이었다. 『論衡』 「謝短篇」에서도 "秦燔『五經』, 坑殺儒士."라고 하였다.

학사(學士): 『後漢書』 「儒林傳」에서는 "先是四方學士多懷挾圖書遁逃林藪."

경생(經生): 한대(漢代)는 경에 능통한 자를 관료로 선발[通經取士]하였고, 유생은 경서를 학습하는 것을 업으로 삼았다. 『論衡』 「謝短篇」에서는 "夫儒生之業『五經』也."라고 하였는데 이로 인하여 유생을 또 경생(經生)이라고 한다.

태학생(太學生): 옛날에 태학을 설립하여 관학(官學)으로 삼았는데, 태학생은 관비학생(官費學生)이다. 유생(儒生)은 태학에서 학습하고자 하고 경서(經書)를 강습하여 선거[選擧: 관료선발]에 응한다.

12) 인간관계를 총칭하는 예(禮)는 관례(冠禮), 혼례(婚禮), 상례(喪禮), 제례(祭禮), 향음주례(鄕飮酒禮), 상견례(相見禮)의 여섯 가지가 있고, 정서함양을 위한 음악인 악(樂)은 운문(雲門), 함지(咸池), 대소(大韶), 대하(大夏), 대호(大濩), 대무(大武)의 혹은 황제악(黃帝樂), 요제악(堯帝樂), 순제악(舜帝樂), 우왕악(禹王樂), 탕왕악(湯王樂), 무왕악(武王樂)의 여섯 가지가 있으며, 활쏘기인 사(射)는 백실(白失), 삼련(參連), 섬주(剡注), 상척(喪尺), 정의(井儀)의 다섯 가지가 있다. 말타기인 어(御)는 명화란(鳴和鸞), 축수곡(逐水曲), 과군표(過君表), 무교구(舞交衢), 축금좌(逐禽左)의 다섯 가지가 있다. 글쓰기인 서(書)는 전서(篆書), 예서(隷書), 해서(楷書), 행서(行書), 초서(草書)의 다섯 가지가 있다. 산술법인 수(數)는 황제(黃帝)가 예수(隷首)에게 명하여 만든 방전(方田), 율미(栗米), 쇠분(衰分), 소광(少廣), 상공(商功), 균수(均輸), 영육[瀛朒, 혹은 맹흉(孟胸)], 방정(方程), 구고[勾股, 혹은 방요(旁要)]의 구장산술(九章算術)이 있다.

이 아니다. 이들 중 어느 한 가지만 정통해도 현대에서 명인(名人)으로 불릴 수 있다. 과거 사회적 지도자가 될 수 있는 기본적인 자질함양의 수준과 현대사회에서 세칭 사회지도자라고 불리는 사람들의 그것과 비교하면 유학자들이 지향하는 목표가 어느 정도인지 알 수 있을 것이다. 유학자들에게 현실사회의 교화가 그들의 출발점이자 의무이기 때문이다.

유가는 옛 9가지 사조 가운데 하나다. 『한서(漢書)』「예문지(藝文志)」에서는 "유가의 무리는 대개 교육을 맡은 관리로부터 출발한다. 인군을 도와서 음양(陰陽: 자연의 섭리)에 순응하며, 교화(敎化)를 밝히는 사람이다. 육경(六經)에서 문장을 다듬고, 인의(仁義)의 경지에 관심을 가지며, 요순(堯舜)이 말한 바를 밝혀내어 서술하고, 문왕(文王)과 무왕(武王)의 업적을 높이 드러내고, 중니(仲尼, 孔子)를 으뜸의 스승으로 삼아서 그 말을 존중하여 최고로 여긴다. 공자는 말하기를 '만일에 칭찬하는 바가 있으면 그 시험한 바가 있다'라고 하였다." 살펴보면 후세의 기록자들은 언제나 공맹의 학설과 성리학자를 으뜸으로 숭상하여 말하기를 유가라고 하였다.13)

"유가의 무리"는 고대에 교육을 담당하는 관리[司徒之官]들 출신이다. 이들은 백성을 교화하는 관직으로부터 변화, 발전하여 후세의 유가가 되었다. 그들은 육경(六經)을 깊이 연구하고, 인의(仁義)를 최고의 도덕가치로 삼고 백성을 교화하며, 요순(堯舜)과 문무(文武)의 치세를 이상사회로 삼고, 공자를 최고의 스승으로 여겼다. 이러한 사실로부터 흔히

---

13) 中文大辭典編纂委員會, 『中文大辭典』(臺北: 中國文化大學出版部, 1993), 儒家, 古九流之一. 『漢書』「藝文志」. "儒家者類, 蓋出於司徒之官, 助人君順陰陽, 明敎化者也. 游文於六經之中, 留意於仁義之際, 祖述堯舜, 憲章文武, 宗師仲尼, 以重其言, 於道最爲高, 孔子曰 如有所譽, 其有所試." 按, 後世著錄家, 每稱凡宗尙孔孟之說與性理之學者曰儒家.
사도지관(司徒之官): 주대(周代)에 교육을 맡아보던 벼슬이름으로 한대(漢代)에는 삼공(三公)의 하나였다.

'유(儒)'를 '유가'로 통칭(通稱)하게 되었다. "유가학파의 창립은 공자 이전에 이미 '유'가 존재하였으나, 공자로부터 비로소 체계적 유가학설이 출현하기 시작하였으며, 유가학파를 형성하였다."[14] 그리고 이후 2천년 이상 공자의 학문을 중심으로 각 시대적 사명과 역할을 하게 된 이들이 유가들이었다. '유가' 즉 '유학자'는 수기치인(修己治人)과 위기지학(爲己之學)을 학문의 근본으로 삼고 도의(道義)를 밝혀 수신, 제가, 치국, 평천하를 실현하기 위해 노력하는 학자들을 총칭하여 말하는 것이다. 이들의 시대적 역할은 때로 부정적이기도 하지만, 대개 시대정신을 창조하고 구현하며 사회적 리더로서의 역할을 하였다. 그들은 자신들이 몸담고 있는 현실사회를 교화시키기 위하여 자신의 능력계발을 첫째 과제로 삼은 것이다.

이러한 현실적 요구에 부응하기 위해서는 무엇보다 중요한 것은 자기완성이다. 위 사명(私名)의 '유'처럼 유학자는 남을 지배하거나 다른 사람에게 보이기 위한 학문이 아니라, 자신의 수양을 우선하는 학문 곧 '위기지학(爲己之學)'을 지향하였다. 즉 유학자들은 세속에 몸담으면서 세속화되기를 원하지 않았다. 그것은 그들의 삶의 본질이었기 때문이다. 이에 그들은 언제나 인간으로서 할 수 있는 최고의 가치를 지향하였다.

유학자들이 추구하는 최고의 가치는 인(仁)의 체득(體得: 완전한 이해)과 실천이다. 공자(孔子)는 '인'을 철학적 대표개념으로 삼아 자신의 철학체계를 확립하였으며 이것이 이른바 유학이다. 이후 유학자들에게서 '인'의 인식과 실천능력의 함양은 최고의 목표이자 과제가 되었다.[15]

인(仁)은 외재적인 것이 아니라 내재적, 선천적 도덕의식의 자각이며,

---

14) 中國孔子基金會編, 『中國儒學百科全書』(北京: 中國大百科全書出版社, 1997), 「儒學」 항목 참조.

15) 이 글에서는 인(仁)의 철학적 의미와 논리적 체계 및 구체적 실천방법 등에 대한 종합적 분석보다는 '인'의 개괄적 함의와 그 실천적 방법인 예(禮)를 중심으로 유학자들이 지향하는 가치를 검토하고자 한다.

개인이나 씨족의 범위를 벗어나 전 인류적 조화를 목표로 하는 차원 높은 인도정신이며, 건전한 시민이 되기 위한 수신(修身)의 근본내용이며, 앎의 이성적 태도이며, 최고의 실천가치라고 할 수 있다. 이러한 공자의 인은 유가철학의 기초를 이루었으며, 이후 송대 성리학에서는 이를 한층 더 철학적으로 발전시키게 된다.[16]

그리고 유학자들은 이 '인'의 완전한 실천을 목표로 한다. 공자는 이 '인'의 실천은 극기복례(克己復禮: 자신의 욕망을 이기고 예를 회복함)로부터 시작한다고 설명하였다.

> 안연(顔淵)이 '인'에 대하여 물으니, 공자는 "자신을 이기고 예를 회복하는 것이 인이다. 하루라도 자신을 이기고 예를 회복하면 세상 사람이 모두 인으로 돌아간다. 인을 행하는 것은 자신으로부터 말미암으며, 타인으로부터 말미암는 것이 아니다"라고 하였다.[17]

인(仁)은 인간의 내면에 선천적으로 갖추어진 최고의 도덕성이며, 이 인을 실천하는 구체적인 방법은 예(禮)를 통하여 가능하다. 유학자에게 이 예는 인간의 내면에 내재한 선천적 도덕성인 인을 실천하는 규범이자 실천형식인 것이다. 즉 인과 예는 내용과 형식의 관계라고 할 수 있다. 따라서 공자는 인간의 최고가치인 인을 실천하기 위해서는 '예'를 회복해야 한다고 주장한 것이다. 그렇다면 이 '예'의 회복은 어떻게 가능한가? 공자 이래 유학자들에게 최대의 과제는 어떻게 가장 실천적이고 구체적이며 현실적으로 '인'을 실천할 수 있는가를 설명하는 것이다. 유학자들은 단순한 공론(空論)이나 추상적 이론에 만족하지 않고, 철저히 실

---

16) 中國古代思想史論(北京: 人民出版社, 1986), 15-33쪽 참조.
17) 『論語』, 「顔淵」. 顔淵問仁. 子曰: 克己復禮爲仁. 一日克己復禮, 天下歸仁焉. 爲仁由己, 而由人乎哉?

현 가능한 윤리·도덕적 방법론을 찾고자 하였다. 그것이 극기(克己)이다. 이 '자신을 이긴다'는 극기는 육체적 고통을 참거나 이긴다는 의미도 있지만 자신의 사사로운 욕심이나 욕망을 이기고, 생각과 행동에서 예를 지키고, 그로써 인간의 내면적 최고의 도덕가치인 인을 실천함을 의미한다.

그러나 극기는 자기 자신의 정당하지 않은 감정이나 욕망을 극복하고 절제하여야 한다는 뜻이지, 결코 인간의 본래적인 식(食), 색(色), 욕(欲)을 적대하여 버려야 한다는 뜻은 아니다. 왜냐하면 식, 색, 욕을 부정하거나 적대하게 되면, 삶 그 자체가 죄악이며 폭력이기 때문이다. 사욕(私慾)을 이긴다는 말은 자기과시[克], 이기기를 좋아함[伐], 원망(怨望), 탐욕(貪慾)에 따라 사고하고 행동하지 않음을 의미한다. 그리고 이 '극기'는 자신의 자각으로 시작되어야 하고 타자로부터 강제될 수 없는 것이다.

과거나 현재나 충분히 자기계발을 이룩한 사람은 이 극기력이 뛰어난 사람들이다. 특히 유학자들은 이 극기를 인격완성의 최종목표인 성인(聖人)이 되는 출발점으로 삼은 것이다. 일반적으로 사람은 자신의 성취목표를 어디에 두는가, 그리고 어떤 가치를 추구하는가에 따라 그 인격의 완성도가 다르다.

유학자들은 자신의 계발과 사회적 실천이라는 최고의 가치를 추구한다. 그들은 이러한 목적의식을 잊지 않고자 언제나 자신을 경계하고 노력하였다.

현대의 리더들은 어떠한가? 정치지도자, 회사경영자, 정당한 공론의 형성을 이끌 언론인, 후세대를 육성하는 교육자, 각종 단체의 지도부 … 이들은 우리 사회에서 무슨 가치를 추구하고 있는가? 권력에 아부하고 권력에 복종하는 것은 유학자 본래의 모습이 아니다. 권력에 해바라기 하는 것은 유학자가 아니라 단지 지식을 팔아서 연명하는 소인인 것이다. 유학자들은 자신의 영달(榮達)보다는 사회의 공론과 사회의 정의를 더 중시한다.

2) 시류의 공론을 주도한다

유학과 유학자는 때로 혹독한 비판과 박해를 받기도 하였다. 그것은 최고통치자의 실정과 폭정에 반대하고 유학 본래의 정신을 실천하려다 일어난 일이기도 하다. 물론 사리사욕에 눈이 어두워 자신들의 기득권을 지키려다 유학 본래의 목적을 망각하고 백성을 질곡에 빠뜨리고, 국가를 망국의 위기로 몰아넣었던 위정자는 더 이상 유학자라고 할 수 없다. 시대의 폐습과 위정자의 악행에 분연히 일어선 유학자들의 사료(史料)는 수없이 많다.

유학과 유학자에 대한 최초의 탄압은 진시황(秦始皇)의 분서갱유(焚書坑儒)이다. 중국 최초의 통일국가를 세운 진시황은 상앙(商鞅), 한비자(韓非子) 등의 법가(法家)사상을 중심으로 국론의 통일과 부국강병을 지향하였다. 그러나 B.C. 213년(시황 34년) 전국의 유생들은 시황의 억압정책을 비판하였고, 이에 법가사상에 투철한 승상 이사(李斯)는 의약(醫藥), 점복(占卜), 농업(農業) 관계 이외의 서적은 모두 불태우고, 정치에 대한 일체의 비판을 금지하고, 적극적 비판자였던 약 460여 명의 유학자들을 생매장하였으며, 유학 관련 서적을 소지한 사람은 성을 쌓는 노예로 삼고, 『시(詩)』, 『서(書)』를 논하는 사람은 기시(棄市: 시장에서 공개 처형)형에 처하였다. 그러나 유학자들은 자신의 생명을 던지면서 시대의 오류를 바로잡고자 하였던 것이며, 이것은 그 뒤 유학자들이 시류에 응하는 하나의 전형(典型)이 되었다.

한무제(漢武帝) 때에 동중서(董仲舒)의 건의로 유학은 다시 부흥하게되었지만, 정치적 영향을 깊게 받지 않을 수 없었다. 그러나 정치적 왕조라고 할 수 있는 한 왕조에서 유학자들은 견제와 비판의 기능을 멈추지 않았다. 동중서가 건의한 시책은 황로사상(黃老思想)의 무위(無爲)의 정치[18]가 아닌 유위(有爲)의 정치였다. 동중서는 유가의 윤리와 인의 정치를 강조하였으며, 특히 동중서는 "무릇 어진 사람은 그 도를 바르게 하고 이익을 도모하지 않으며, 그 이치를 닦고 그 공에 급급하지 않으며, 무위에 이르면 습속이 크게 교화되니 인성(仁聖)이라고 할 수 있으니 삼왕(三王)이 이들이다."[19]라고 하였다.

특히 한나라 때 설립된 태학(太學)에서 공부하던 태학생(太學生)은 관비학생(官費學生)으로 이들은 '세상을 바로잡고 백성을 빈곤과 고충으로부터 구제하고 나아갈 바를 인도[濟度]하며 천하를 맑고 깨끗하게 함[澄淸天下]'을 자신의 임무로 삼았다. 이들은 국가에 위기가 발생할 때마다 정론을 형성하는 '높고 깨끗한 언론[淸議]'의 기풍을 형성하였다. 예를 들면 후한(後漢, 東漢)시대 말의 당고지화(黨錮之禍)[20]에는 내시(內

---

18) 황로사상은 도가(道家)사상의 시조인 노자(老子)와 한족(漢族)의 시조로 숭상하는 전설상의 황제(黃帝)를 합친 개념으로 중국의 전통사상이자 종교를 지칭하는 개념이다. 한(漢)나라 초기에는 이전 진(秦)나라의 폭정으로 인한 민생의 피폐를 위무하기 위하여 중앙정부의 통치행위를 최소한으로 줄이고 도가의 무위의 다스림(無爲之治)을 중시하였다. 이러한 정치이념은 한비자(韓非子)의 법치주의(法治主義)와 그 목적은 비슷하지만, 방법이 권모술수(權謀術數)와 같이 음험(陰險)하지 않았다.

19) 董仲舒, 『春秋繁露』「義證」. 身之養重於義; 正其道不謀其利, 修其理不急其功, 致無爲而習俗大化, 可謂仁聖矣. 三王是也.

20) 당고(黨錮)의 옥(獄)이라고도 한다. 후한 10대 황제 환제(桓帝, 재위 147-167)는 외척 양기(梁冀)를 환관의 힘을 빌려 살해하였다. 이 사건을 계기로 환관은 내정에 간섭하고 자기들의 일족을 지방으로 파견시켜 토지겸병(土地兼倂)을 행하는 등 횡포를 자행하였다. 당시 유학을 공부한 지방관과 태학(太學)의 학생들은 진번(陳蕃, ?-168), 이응(李膺, ?-169) 등을 옹립하고 시정(時政)을 강력하게 비판하였다. 166년 환제는 국정을 문란하게 한다는 이유로 이응, 범방(范滂) 등 반대파 관료 200여 명을 체포하고 이어 종신금고(終身禁錮)에 처하였다. 그러나 당시의 사람들은 오히려 그들을 청절(淸節)의 선비로서 존경하였다. 환제가 죽고 외척 두무(竇武, ?-168)가 영제(靈帝)를 옹립하여 세력을 잡자, 그는 진번, 이응 등을 중임하였으며, 168년 환관세력을 일거에 제거하려 하였으나, 오히려 환관세력에게 역습을 당하여 진번이 살해되고 두무는 자살하였다. 당시 관료와 당인에 대한 대탄압으로 이응, 두밀(杜密) 등 100여 명이 살해되고, 600-700명의 관료, 당인들이 서인(庶人) 이하의 신분으로 강등되는 금고형(禁錮刑)에 처해졌다. 두 차례의 탄압으로 관료층이 동요하고 환관들이 정치를 농락하여 부패가 극심하여, 184년 지방에서 황건적(黃巾賊)의 난이 일어났고 한나라는 망하고 말았다. (두산동아 백과사전 참고)

侍)를 비롯한 간신들의 정치를 반대하고 부패한 정치를 탄핵하여 공격하였다. 이때 체포된 태학생이 천여 명이었다. 이러한 '청의(淸議)'는 후세에 많은 영향을 끼쳤다. 그리고 명나라 말의 동림당인(東林黨人)도 '청의'의 모범이었다. 『명사(明史)』에는 당시 동림당인들에 대하여 "이름을 지키는 데 엄격하고 면려하는 기풍은 절도 절의(節義)가 있으며, 엄정한 기품(氣稟)과 품성(品性)으로 당당하게 직무에 임하며[立朝], 세상이 그들을 우러러 보는 것이 태산의 높고 큰 산과 같았다."[21]라고 하였다.

과거 조선의 성균관은 생원시와 진사시에 합격한 유생(儒生)을 선발하여 그들에게 학전(學田)과 외거노비(外居奴婢) 등을 제공하여 교육하였다. 그러나 이들을 정권의 하수인으로 키우기 위해 많은 특전을 제공한 것은 아니었다. 이들의 첫째 임무는 왕을 올바른 길로 보필하고 왕권을 견제할 수 있는 바른 정신과 학문의 함양이었다. 이들은 국가시책의 잘못에 대하여 집단 상소와 권당(捲堂: 수업거부) 또는 공관(空館: 성균관에서 퇴사함) 등의 방법을 통하여 적극적으로 항의하였다. 그러나 이러한 행위에 대하여 감옥을 보내거나 귀양을 보내는 일은 없었다. 그만큼 지식인의 언로를 열어준 것이었다. 그리고 성균관 유생들은 시류의 잘못을 바로잡고 교화해야 한다는 사명감을 가지고 있었다. 물론 개인적 영달을 추구하는 사람이 없었던 것은 아니었겠지만, 당시의 분위기는 학자로서의 기본 소양을 닦는 과정에서는 적어도 국가와 사회에 대한 청의(淸議)의 절의정신을 중시하였던 것이다.

그러나 현재 한국의 상황은 그와는 매우 다르게 보인다. 시대의 광정(匡正)에 대한 소명의식보다는 개인의 영달과 출세가 고시공부의 본래 목적으로 변한 것이 아닌지 의심된다. 한국의 세칭 유명대학의 학생들은 전문지식이나 순수학문의 연구에는 크게 관심이 없다. 이들 대학의 주변은 거대한 고시촌으로 바뀐 지 오래다.

---

21) 『明史』 권243, 「趙南星, 鄒元標, 孫愼行, 高攀龍等人傳」. 持名檢, 勵風節, 嚴氣正性, 佩佩立朝, 天下望之如泰山喬岳.

북송의 명신(名臣)이었던 범중엄(范仲淹, 989-1052)은 「악양루기(岳陽樓記)」에서 "천하의 근심을 먼저 걱정하고, 천하의 즐거움을 뒤에 즐거워할 것이다(先天下之憂而憂, 後天下之樂而樂歟)."라고 하였다. 그러나 당시의 위정자들은 자신의 안위와 영달을 위해서는 국가의 재난방지에는 소홀하였으며, 국민적 화합을 이루지 못하고 두 명의 황제가 포로로 잡히는 수모를 당하고 결국 망하고 말았다.

　이러한 시대적 표상이 되는 유학자가 수없이 많이 등장한 배경에는 흔히 춘추필법(春秋筆法)이라고 하는 역사의식이 큰 역할을 하였다. 그리고 역대의 제왕들이 비록 법가(法家)의 통치술을 중시하였지만 정치적 이념은 유학의 덕치(德治)와 인치(仁治)를 지향하였기 때문에 대부분 충분한 언로(言路)를 개방하였다. 당(唐)나라 현종(玄宗) 때 직간(直諫)으로 유명한 한휴(韓休)에 대하여 "'한휴가 입조한 이래 폐하께는 하루도 즐거운 날이 없는데 어찌 스스로 가까이 하면서 내쫓지 않는가요' 하니 현종은 '나는 비록 수척해졌어도, 천하는 살쪘다'고 하였다."[22] 최고통치자를 비판할 수 있는 언로가 충분히 열려 있었던 것이다. 유학자에게는 통치자의 잘못을 비판하고 시류의 공론을 주도하는 것이 하나의 역사적 사명이었던 것이며, 이러한 역사적 사명은 공자가 지은 『춘추(春秋)』의 정신에 뿌리를 두고 있다.

　공자가 쓴 『춘추』는 유학의 역사관을 집약한 책이라고 할 수 있다. 즉 역사적 사실을 모두 망라한 기록서가 아니라 역사적 교훈으로 삼을 사건들을 중심으로 그 시비선악(是非善惡)을 서술한 역사서이다.

　맹자는 공자의 『춘추』에 대하여 "세상의 도덕이 쇠미(衰微)해지고, 사설(邪說)과 난폭한 행동이 일어나고, 신하가 그 임금을 시해하는 자가 있고, 자식이 아비를 시해하는 자가 생겼다. 공자는 그것을 두려워하여 『춘추』를 썼으니, 춘추는 천자의 일이다. 이런 까닭에 공자는 '나를 아

---

22) 『新唐書』「韓休列傳」. 韓休入朝陛下無一日歡, 何自戚戚不逐去之? 帝日吾雖瘠天下肥矣,

는 자는 오직 춘추(春秋)이며, 나를 벌 줄 자도 오직 춘추일 뿐이다'라고 하였다. 공자가 춘추를 짓자 세상을 어지럽히는 신하와 부모를 해치는 적자(賊子)가 두려워하였다."[23]고 하였다. 맹자는 『춘추』를 단순히 역사적 사실을 모아놓은 기록물이 아니라 유학의 정의관을 중심으로 역사적 사실에 대한 선악(善惡), 시비(是非), 정사(正邪)를 판단한 교훈서로 이해한 것이다. 맹자는 이를 중심으로 왕도(王道)를 구현하고자 하였고, 심지어 왕도가 구현되지 않으면 역성혁명도 가능하다고 한 것이다. 맹자의 이러한 춘추관은 곧 유학자들의 역사관이자 공무(公務)에 임하는 기본정신이 되었다.

유학자의 역사의식을 춘추필법(春秋筆法)이라고 하며, 이러한 춘추필법의 정신을 가장 잘 나타낸 저서가 중국에서는 사마천(司馬遷, B.C. 145-B.C. 86)의 『사기(史記)』이다. 특히 한국에서는 춘추필법의 정신과 유학자들의 언동이 가장 잘 기록된 역사서가 『조선왕조실록』이며, 세계기록문화유산으로 등록된 역사서로서 세계에서 거의 유일한 것이다. 중국이 자랑하는 『이십오사(二十五史)』나, 일본이 자신의 사실적인 역사라고 강변하는 『일본서기(日本書紀)』, 『고사기(古事記)』 같은 역사서는 그 기록의 객관성과 사실성이 큰 문제이기 때문에 세계기록문화유산으로 인정되지 않았다. 『조선왕조실록』은 임금이라도 그 초고기록인 사초(史草)를 볼 수 없도록 독립성과 비밀성을 보장받은 상태에서 기록되었으며, 기록의 객관성, 사실성이 충분히 입증된 내용이다.

조선의 유학자들은 국가제도를 확립할 때 철저히 왕권을 견제하고 유학의 이념을 실천할 수 있는 제도들을 곳곳에 숨겨두고 있었던 것이다. 그리고 시류의 공론을 토론할 광장적 장소와 기록적 방편을 갖추고 지켰던 것이다. 이것이 유학의 정신이었다. 비록 유학이 중국에서 형성되었

---

23) 『孟子』「滕文公下」. 世衰道微, 邪說暴行有作, 臣弑其君者有之, 子弑其父者有之. 孔子懼, 作春秋. 春秋, 天子之事也. 是故孔子曰: 知我者其惟春秋乎! 罪我者其惟春秋乎! 孔子成春秋而亂臣賊子懼.

지만, 그 정신을 현실에 적용하고 실천한 것은 한국이었던 것이다.

그러나 우리는 현재 지나치게 보수와 진보의 어느 한 쪽으로 경도된 언론을 많이 본다. 시류의 상황을 객관적으로 정확하게 진단하고 전체의 화합을 지향할 수 있는 언론을 구경하기가 어렵다. 현재의 언론을 주도하고 청의의 모범을 보여야 할 위치에 있는 사람들이 자신의 이익관계에 따라 말을 꾸며내고, 힘센 편에 서거나 고통 받는 사람들을 외면하고, 혈연, 지연, 학연에 끌려간다. 현대사회에서 과연 맹자의 이 말에 자신 있을 수 있는 정치지도자, 학자, 언론인, CEO, 행정관료 등 사회적 공인이나 책임져야 할 위치에 있는 사람들이 얼마나 있는가? '기회의 균등', '객관적 평가', '진실을 말할 수 있는 자유' 이것은 우리 사회에게서 가장 필요한 사회적 윤리도덕이다. 이러한 윤리도덕을 우리는 유학자들의 정신으로부터 배울 수 있을 것이다.

맹자는 "편벽된 말에 그 속이는 바를 알며, 방탕한 말에 함정이 있는 것을 알며, 사특한 말에 괴리가 있음을 알며, 도망가는 말(遁辭: 발뺌하는 말)에 궁벽함이 있음을 안다. (이것은) 그 마음에서 생겨나 그 정사를 해치며, 그 정사에서 발로하여 그 일을 해치니, 성인이 다시 나오더라도 반드시 나의 말을 따를 것이다."[24]라고 하였다.

만약 어떤 지도자의 언론이 편벽하거나 궁벽하거나 사특(邪慝)하게 되면 사회는 공론이 형성될 수 없을 뿐만 아니라 사회적 화합과 조화는 결코 이룰 수 없다. 따라서 성인을 지향하는 유학자들은 결코 그 언론이 편벽하거나 방탕하거나 사특하거나 발뺌하거나 궁벽하지 않고, 객관적이고 사실적이며 사리사욕을 지향하지 않고, 공익을 생각하지 않고, 사실과 이론을 견강부회(牽强附會)하여 억지로 꿰맞추지 않고, 자신의 책임을 부하나 제자 혹은 다른 사람에게 전가하지 않는다는 말이다. 왜냐하면 유학자들은 사회의 화합과 조화를 이룬 대동사회(大同社會)를 지향하기 때문이다.

---

24) 『孟子』「公孫丑上」. 詖辭知其所蔽, 淫辭知其所陷, 邪辭知其所離, 遁辭知其所窮. 生於其心, 害於其政; 發於其政, 害於其事. 聖人復起, 必從吾言矣.

3) 사회의 화합을 지향한다

예의 본질은 유학의 이념을 구체적으로 실천하기 위한 행동원칙이다. 즉 내면적 도덕성을 기르고, 인류사회의 평화를 위하여 실천해야 하는 보편적인 행위규범이다. 대동사회를 위한 유학의 예는 인간이 다른 동물과는 달리 자각적인 양심을 가지고 있다는 것을 성찰하여 그것을 보편적 원리로 확립한 것이다. 이러한 예를 실천하기 위해서는 먼저 자신의 마음을 수양해야 한다. 자신의 마음을 수양하는 요체가 중용(中庸)의 덕을 갖추는 것이다. 자신의 마음이 세상일을 공변되게 처리할 수 있게 하도록 하는 것이 중용을 갖추는 것이다. 유학의 공부 방향과 내용을 정리한 『중용(中庸)』에서는 다음과 같이 말한다.

> 희로애락(喜怒哀樂)이 아직 발동하지 않은 것을 중(中)이라고 하고, 발동하여 모두 절도에 맞는 것을 화(和)라고 한다. 중(中)이라는 것은 천하의 큰 근본이며, 화(和)라는 것은 세상의 달통한 도리이다. 중과 화를 이루면 천지가 제대로 자리 잡고 만물이 화육(化育)한다.[25]

유학에서 중(中)과 중용의 개념은 매우 복잡하고 깊지만, 한 마디로 말하면 중(中)은 "편견(偏見), 선입견(先入見), 고정관념(固定觀念) 등이 가미 되지 않은 순수한 감성 그 자체"라고 할 수 있다. 그리고 화(和)는 "인간의 감정이 예(禮)에 꼭 맞게 발동된 상태"라고 할 수 있다. 즉 자신의 순수한 내면의 정서를 잘 관찰하고 지키고, 그것을 표현할 때는 주변의 상황에 맞게 하라는 뜻이다. 여기서 주변의 상황에 맞게 하라는 뜻은 타인의 상황을 잘 배려하라는 뜻이다. 남에 대한 배려가 없으면 결코 예를 실천할 수 없으며 나아가 사회적 화합도 이룰 수가 없다. 왜냐하면 세

---

25) 『中庸』 제1장. 怒哀樂之未發, 謂之中; 發而皆中節, 謂之和. 中也者, 天下之大本也; 和也者, 天下之達道也. 致中和, 天地位焉, 萬物育焉.

상 즉 인간사회의 가장 큰 근본이 중(中)이기 때문이다.

인간은 이러한 중용의 덕을 스스로 완전하게 갖춤으로써 도덕적 자각 능력과 실천 가능성을 최대로 계발하여 성인이 될 수 있고, 나아가 대동 사회를 이룰 수 있는 토대를 마련한 것이다. 대동사회에 대하여 『예기 (禮記)』「예운(禮運)」편에서는 다음과 같이 설명한다.

큰 도가 행하여진 세상에는 천하가 공변되며, 어진 사람과 능력 있는 사람을 (관직에) 가려 뽑고, 믿음을 강조하고 화목을 도모하였다. 그러므로 사람들은 자신의 부모만을 부모로 섬기지 않고, 자신의 자식만을 자식으로 돌보지 않 았으며, 노인은 생애를 편안하게 마칠 수 있게 하고, 장정은 자신의 일을 할 수 있게 하고, 어린이는 잘 성장할 수 있도록 하였으며, 과부, 고아, 병든 사 람은 모두 돌보아주도록 하였으며, (성인의) 남자는 직분이 있게 하고, 여자 는 시집을 갈 수 있도록 하였으며, 재화는 땅에 버려져 있어도 (그것을 줍는 것을) 싫어하였으며, 개인에게만 반드시 축적되도록 하지는 않았으며, 힘이 자신으로부터 나오지 않음을 싫어하고, 힘이 개인을 위해서만 쓰이지 않도록 하였다. 이런 까닭에 모략(謀略)이 단절되어 일어나지 않았으며, 강도(强盜), 도둑[竊盜], 반란(叛亂), 역적(逆賊)이 생기지 않았기 때문에 바깥문을 잠그지 않았다. 이것을 대동(大同)이라고 한다.[26]

말 그대로 보면, 대동사회는 사회의 모든 구성원이 성인(聖人)이 되는 꿈같은 사회이며, 세상을 조금 아는 사람이라면 누구나 이것이 허황된 꿈이라는 것도 이해할 것이다. 그런데도 왜 공자는 이러한 사회의 건설 을 위해 주유천하(周遊天下)하였는가? 대동사회는 공자에게 포기할 수

---

[26] 『禮記』「禮運」. 孔子曰, 大道之行也, 與三代之英丘未之逮也, 而有志焉. 大道之行也, 天 下爲公, 選賢與能, 講信, 修睦. 故人不獨親其親, 不獨子其子, 使老有所終, 壯有所用, 幼 有所長, 矜寡孤獨廢疾者皆有所養. 男有分, 女有歸. 貨惡其弃於地也不必藏於己, 力惡其 不出於身也, 不必爲己. 是故謀閉而不興, 盜竊亂賊而不作, 故外戶而不閉, 是謂大同.

없는 이상이었던 것이다. 대동사회는 "세상의 모든 일이 공평하고 객관적으로 진행되고, 소외되거나 버림받는 사람이 없으며, 사회의 정의가 완전하게 실현되고, 개인의 재능과 이상의 추구가 자유롭고, 인류의 조화로운 평화가 이루어진 사회"를 의미한다.[27] 여기서 가장 중요한 것은 사회의 모든 일처리가 공변되도록 하는 것이다. 공변(公辨)이라는 말은 "행동이나 일처리가 사사롭거나 한쪽으로 치우치지 않고 공평하다."는 뜻이다. 사회의 불만, 불평등, 부조리가 생기는 생기지 않으려면 국가의 행정적인 일처리나 회사나 학교 등 사회의 전반적인 부분에서 공정하고 객관적인 기회의 부여와 평가 및 보수, 승진이 이루어져야 한다. 공자는 대동사회를 위한 첫걸음이 바로 '세상사의 공변성'이라고 본 것이다.

유학자들이 추구하는 기본적인 정신도 바로 '세상사의 공변성'이었다. 공자가 보기에 사사로운 감정으로 남을 구박하거나 미워하거나 해치지 않고, 경쟁사회로부터 소외된 사람들에 대한 따뜻한 배려가 있으면 그것이 대동사회로 가는 지름길이다. 그리고 현실에서 이러한 이상 세계를 실현하기 위하여 최선을 다해서 노력하는 것이 유학자들의 기본 방향이 되었던 것이다.

사회가 평화로운가 혼란한가는 일률적으로 판단할 수는 없다. 그러나 여러 나라를 여행하다 보면 자연스럽게 느끼는 것이 있다. 후진국일수록 사람에 대한 대접이 좋지 않고, 생활에서 느끼는 정서가 불안하다는 것이다. 많은 부분에 대하여 믿음이 느껴지지 않는다는 것이다. 그러나 선진국일수록 타인에 대한 배려가 있고, 생활에서 매우 편안함이 느껴진다는 것이다. 대동사회라는 것이 크게 초월적이고 이상적인 면이 있기는 하지만, 일상의 삶에서 모든 사람이 편안함을 만족할 수 있는 사회라고 보아도 크게 틀리지 않을 것이다.

---

27) 대동사회에 대한 해석은 여러 가지가 있지만, 여기서는 대동사회의 정치·사회학적 분석보다는 유학자들이 지향하는 내용을 중심으로 설명한다.

한편 사욕을 극복하고 '예를 회복한다(復禮)'는 말은 인간사회의 화해 (和解)를 이룬다는 뜻이다. 인간사회의 평화는 사회 전반의 화해를 기초로 이루어지며, 유학이 지향하는 대동사회도 이 화해의 실현을 통해서 완성된다.

유자(有子)가 말하기를 예의 쓰임은 화(和)를 가장 귀하게 여긴다. 선왕의 도는 이것을 아름답게 여겨, 작은 일과 큰일을 모두 이로 말미암았다. 행하지 않아야 할 바가 있으니 화만 알아서 화를 하려 할 때 예로써 절제하지 않는다면 이 또한 행할 수 없는 것이다.[28]

유학자가 목표로 하는 것은 인간사회를 포함한 우주자연의 조화가 그 목표이며, 최고의 조화가 대동사회다. 역사적으로 훌륭한 정치를 한 선왕은 사회의 화해(和解)를 실현한 사람들이다. 이 말은 사회의 '화해'를 실현할 수 있는 저력은 최고지도자의 '예에 근거한 절제력'에 있음을 강조한 것이다. 다시 말하면 '화해'의 정신은 최고지도자에게는 기본적인 역사적 소명이 되어야 한다는 뜻이다.[29] 가정이나 회사 혹은 국가를 이끄는 지도자는 이 '화해'의 정신을 바탕으로 각 구성원들이 충분히 자신의 능력을 발휘하게 하고, 병들고 가난한 불쌍한 이들로 하여금 안심하고 살 수 있게 하며, 사회구성원들 상호간에는 항상 화목한 분위기를 유지하도록 해야 한다는 말이다. 개인들은 중용의 덕을 함양하고 이를 통하여 사회의 모든 구성원들, 단체, 국가나 민족, 나아가 인간과 자연과

---

28) 『論語』「學而」. 禮之用, 和爲貴. 先王之道斯爲美, 小大由之. 有所不行, 知和而和, 不以禮節之, 亦不可行也.
29) 현재 중국에서 유행하는 중요한 개념 하나는 화해(和解)라는 말이다. 물론 한족(漢族)을 중심으로 하여 다민족으로 구성된 사회의 갈등을 해소하고 사회적 안정을 유지하기 위해서는 매우 적절한 정치적 구호일 수 있다. 그러나 그러한 노력을 하는 것은 충분히 긍정적으로 볼 수 있다.

의 화합과 조화가 이루어진 사회가 『대학(大學)』에서 말한 평천하(平天下: 세상이 모두 평화로워짐)이다.

이 '평천하'는 인간사회의 모든 구성원 간에 가장 최상의 가치를 중심으로 조화가 이루어져야 가능한 것이다. 조화라는 말은 어느 때고 쓰일 수 있는 말이다. 그러나 그것이 시장, 강의실, 정당, 경기장, 직장 등 사회 어느 곳에서든 공명정대하고 객관적 공변(公辨)이 있어야 가능하다.

유학자들이 추구하는 '예의 실천'과 '중용의 함양', '세상사의 공변의식'은 대동사회를 지향한 염원이기도 하다. 이러한 시대적 소명이 있어야 비로소 사회의 지도자라고 할 수 있다. 유학자들이 지향하는 정신은 바로 이러한 시대적 소명을 다하는 것이다.

4. 군자의 사회를 위하여

한때 우리는 유학이라는 철학을 바탕으로 500여 년 동안 정치, 경제, 사회, 문화, 군사 등 국가의 전반적인 제도를 수립하였던 적이 있다. 이러한 역사에 대한 평가는 긍정적이든 부정적이든 여러 가지 견해가 있을 수 있다. 그러나 조선이 망한 지 벌써 100여 년이 되었지만 여전히 그 100년의 한계를 넘지 못하고 장점은 살리지 못하고 단점만 너무 부각시키고 있지 않은지 반성이 필요하다.

각 시대마다 인간의 삶의 문제가 다르지만, 그러나 인류의 보편적인 삶의 문제와 전혀 무관한 것은 아니다. 즉 개인적 행복과 공동사회의 평화와 공존은 인류의 영원한 바람이자 과제이다. 구체적으로 무엇이 인간의 삶을 행복하게 해줄 수 있는가? 어떻게 다양한 인간관계가 적대적, 명령적, 상극적, 투쟁적, 가학적 관계가 아닌 우호적, 협조적, 상보적, 평화적, 우애적 관계로 정립될 수 있을까? 이러한 문제는 인류의 보편적 염원이기도 하다.

유학에서 이러한 염원을 이루는 첫걸음이 중용의 덕을 함양하는 것이다. 유학자는 이 중용의 가치를 인식하고 실천하려는 의지가 있는가의 여부가 인간의 가치를 가름하는 기준으로 삼는다. 중용의 가치를 적극 실천하려는 사람은 군자(君子)이며, 이러한 가치를 무시하고 자신의 사리사욕(私利私慾)만 추구하는 사람이 소인(小人)이다.[30]

주자는 "대개 중(中)은 고정된 틀이 없으며 때에 따라 존재하니, 이것이 평상(平常)의 이치이다. 군자는 이것이 자신에게 있음을 알기 때문에 보이지 않은 곳에서도 경계(警戒)하고 근신(勤愼)할 수 있으며, 듣지 않을 때에도 (자신의 허물이 없을까) 두려워하여 때마다 적중(的中)하지 않음이 없으며, 소인은 이것이 있음을 알지 못하여, 욕망을 다스리지 못하고(放肆) 망령되이 행동하여 거리끼는 바가 없다."[31]고 하였다. 유학자는 마음으로부터 도덕성을 지켜서 항상 경계하고 근신하면서 '해야 할 것'은 반드시 하고, '하지 말아야 할 것'은 반드시 하지 않도록 노력한다. 인간사회의 혼란은 도덕성을 상실한 소인과 같이 '하지 않아야 할 일'을 거리낌 없이 행하고, '해야 할 일'도 거리낌 없이 하지 않는 데서 발생한다.

우리 사회에서 군자는 얼마나 되는가? 공자는 "향원(鄕愿)은 덕(德)을 해치는 도적이다(鄕原, 德之賊也)."(『論語』 「陽貨」)라고 하였다. 우리 사회에는 군자인 체하면서 소인의 행동을 하는 향원은 없는가?

---

30) 『中庸章句』 제2장. 仲尼曰: 君子中庸, 小人反中庸. 君子之中庸也, 君子而時中; 小人之中庸也, 小人而無忌憚也.
31) 『中庸章句』 제2장. 朱子註: 蓋中無定體, 隨時而在, 是乃平常之理也. 君子知其在我, 故能戒謹不睹 恐懼不聞, 而無時不中. 小人不知有此, 則肆欲妄行, 而無所忌憚矣.

참고문헌

『春秋』

『論語』

『中庸』

『大學』

『孟子』

『禮記』

『漢書』

『後漢書』

『新唐書』

『舊唐書』

『明史』

董仲舒,『春秋繁露』

朱熹,『朱子語類』

『中國古代思想史論』, 北京: 人民出版社, 1986.

中國孔子基金會編,『中國儒學百科全書』, 北京: 中國大百科全書出版社,
    1997.

Edward W. Said, *Orientalism*, New York: Random House, 1978.

斗山東亞出版社,『斗山東亞 百科事典』, Internet edition.

유교와 퇴계학:
'경천애인(敬天愛人)' 그리고
시인적 철학자, 생태적 영성가

강 희 복

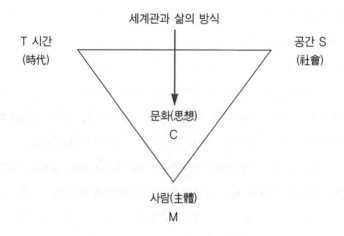

1. 시간(時代)과 공간(社會) 그리고 사람(文化)

우리는 진공(眞空) 속에서 사는 것이 아니라 어떤 시간과 공간 속에서

---

* 이 논문은 제17차 퇴계학국제학술회의(2018. 11. 17, 베트남 하노이대학교)에서 발표한 글
  이다.

542

문화를 숨 쉬며 살고 있고, 그 문화 속에는 어떤 사상(思想)이 녹아 있으며 그 사상은 우리의 의식(意識) 속에서 지하수처럼 흐르고 있다.

따라서 내가 어떤 시대와 사회 그리고 어떤 문화 속에서 살고 있는가를 잘 이해함으로써, 나는 누구이며 또한 앞으로 어떻게 살아야 하는가를 잘 이해할 수 있지 않을까?

그리고 우리는 '오래된 미래' 속에서 우주와 인생에 관한 깊은 통찰(insight)과 살아 있는 지혜(wisdom)를 발견할 수 있다.

2. 마음공부와 생태학적 세계관의 통합으로서의 동양사상

인류의 문화와 역사 속에서는 몇 가지 유형의 대표적인 세계관과 삶의 방식이 제시되었는데, 그 가운데에서도 공맹(孔孟)과 노장(老莊) 그리고 석가모니에 의해서 원형(原型)이 제시된 유가(儒家)와 도가(道家) 및 불교(佛敎)의 세계관과 삶의 방식은 중국, 한국, 일본을 중심으로 하는 동아시아(East Asia)의 사상과 문화를 이해하는 데 중요한 의미를 지니고 있다.

이러한 동양의 사상은 기본적으로 마음공부와 생태학적 세계관의 통합으로 이루어져 있다고 할 수 있다. "어떻게 하면 마음공부(修養, 修行, 修道)를 통하여 자기중심적 그리고 인간중심적 사고와 태도로부터 벗어나서, 다른 사람들과 잘 어울려 살며 또한 동물과 식물을 포함한 우주만물(宇宙萬物)의 연관성에 눈을 뜨고 우주만물과 잘 어울려 살 수 있는가?" 이것은 다시 말하면 주체(主體)의 변화와 우주적(宇宙的) 어울림의 문제라고 할 수 있다.

그리고 유가와 도가 및 불교의 문제는 "어떻게 하면 사람답게 살 수 있는가?"(유가), "어떻게 하면 자연스럽고 자유롭게 살 수 있는가?"(도가), "어떻게 하면 지혜롭게 살 수 있는가?"(불교)라고 비교해볼 수 있지 않을까?

3. 유학/유교란 무엇인가?(敬天愛人)

중국의 춘추전국시대에 공자(孔子, B.C. 551-B.C. 479)에 의하여 그 씨앗이 뿌려지고, 한당(漢唐)을 거쳐 남송(南宋)의 주희(朱熹, 1130-1200)에 의하여 새롭게 체계화된 유학(儒學, 儒敎)은 16세기 조선의 퇴계(退溪, 1501-1570)와 율곡(栗谷, 1536-1584)에 이르러 꽃피었으며, 지구촌, 정보혁명, 세계화의 시대를 살고 있는 우리의 삶과 문화와 의식 속에도 지하수처럼 녹아 흐르고 있다.

유학은 기본적으로 주체의 변화(修己, 明明德)와 사회적 실천(安人, 新民)을 통해서 인(仁)을 실현하고 성인(聖人)이 되는 것을 추구하는 사상(仁學, 聖學)이라고 할 수 있다.[1] 그리고 이러한 유학은 사람(人), 삶(生), 사랑(仁)의 문제를 기본으로 도덕, 교육, 정치(인간학)를 중요시하는 수평적 차원(나와 너)과 하늘이 나에게 준 참된 본성(性)과 하늘의 뜻(天命)이 무엇인지를 알고(知天命, 知天) 하늘의 뜻에 따라서 살려고 하는(事天) 노력을 통해서 천인합일(天人合一)을 추구하는 종교성(초월성)과 관련되는 수직적 차원(위에서 아래로/아래에서 위로)의 통합으로 이루어져 있다고 할 수 있다.[2] 다시 말하면 유학(유교)의 문제는 존재의 근원에 대한 관심과 감사(知天, 事天), 주체의 변화와 자유(克己, 修己), 관계 속의 어울림과 실천(愛人, 愛物) 혹은 "(존재의 근원에) 감사하고, (존재자들끼리) 사랑하자"라고 요약해볼 수 있지 않을까?

---

1) 『論語』, 憲問. 子路問君子. 子曰: 修己以敬. 曰: 如斯而已乎? 曰: 修己以安人. 曰: 如斯而已乎. 曰: 修己以安百姓. 修己而安百姓, 堯舜其猶病諸.
　『大學』, 經1章. 大學之道, 在明明德, 在新民, 在止於至善.
2) 『論語』, 憲問. 子曰: 不怨天不尤人, 下學而上達, 知我者其天乎.
　『中庸』, 第1章. 天命之謂性, 率性之謂道, 修道之謂敎.
　『孟子』, 盡心上. 孟子曰 盡其心者, 知其性也. 知其性, 則知天矣. 存其心, 養其性, 所以事天也. 夭壽不貳, 修身以俟之, 所以立命也.

4. 시인적 철학자, 생태적 영성가 퇴계 이황

1) 퇴계의 시대(생애)와 문제의식

퇴계는 있음(存在)과 사람(人間)에 관하여 근원적으로 사유했던 철학자였으며, 순간 속에서 영원을 엿볼 수 있는 감각 혹은 감수성과 보이는 것을 통하여 보이지 않는 것을 표현할 수 있는 놀라운 테크닉을 지닌 시인(詩人)이었다. 그런데 퇴계는 시인적 철학자일 뿐만이 아니라, '리(理)'의 초월적 주재성에 대한 강조와 철저한 '경(敬)'의 수양은 무척 종교적3)이라고 할 수 있다.

따라서 퇴계의 삶과 사상을 잘 이해하기 위해서는 존재와 인간에 관한 철학적 사유, 도덕적 수양(修養)을 넘어선 종교적 수행(修行), 한시(漢詩)와 「도산십이곡(陶山十二曲)」 등의 시작(詩作)을 통한 예술적 표현,

---

3) 오강남, 『세계종교 둘러보기』, 현암사, 2003, 29쪽. 오강남은 이 책에서 종교란 "궁극적 실재와의 관계에서 이루어지는 변화의 체험"이라고 하였다.

금장태, 『귀신(鬼神)과 제사(祭祀): 유교의 종교적 세계』, 제이앤씨, 2009. 금장태는 이 책에서 이렇게 말하면서, 유교를 잘 이해하기 위해서는 현실적 합리성과 종교적 초월성을 함께 이해해야 한다고 하였다. "유교를 현세중심적이고 도덕적인 사상의 체계로만 이해하는 것은 유교의 전체적인 모습을 이해하지 못하게 만드는 장애를 초래한다. 유교는 현세적이고 도덕적인 가치관에 사로잡혀 있는 것이 아니라, 궁극적 세계에 대한 확고한 신념을 지니고 있으며, 그 궁극적 신념에 바탕하여 현세적 도덕적 가치의 체계를 정립하고 있다는 사실에 대해 명확한 인식이 요구된다."(11쪽) "유교사상은 언제나 하늘(天)과 인간(人)을 두 축으로 삼고 있으며, 인간이라는 축이 전면에 나타나지만 그 이면에는 언제나 하늘이라는 또 하나의 축이 뒷받침해주고 있다는 사실을 잊어서는 안 된다. 바로 인간과 하늘의 관계를 어떻게 이해하느냐의 문제가 유교사상의 특성을 인식하는 핵심적 과제라 하겠다. 따라서 시대마다 유교사상은 여러 양상으로 차이를 드러내고 있지만, 유교사상사는 하늘과 인간에 대한 이해의 역사라고도 할 수 있다."(12쪽)

박성배, 「퇴계 사상의 종교적 성격」, 『한국사상과 불교』, 혜안, 2009, 285-297쪽. 박성배는 퇴계 사상의 종교적 성격에 관하여 천리(天理)에 대한 믿음과 일상적 삶 속에서의 경(敬)의 수행(修行)을 중심으로 이해하면서, 주희의 철학적인 '거경궁리(居敬窮理)'가 퇴계의 종교적인 '신리수경(信理修敬)'으로 깊어졌다고 하였다.

서원(書院)과 향약(鄕約)을 중심으로 하는 사회적 실천을 종합적으로 잘 이해할 필요가 있다.

동아시아에서의 신유학(新儒學)의 전개(역사) 속에서 볼 때, 퇴계의 사상은 주자학(朱子學)을 기초로 하면서도 한편으로는 주자학의 한계와 문제점에 대한 양명(陽明)의 반론(反論)을 비판적으로 받아들여 주자학을 더욱 심화, 발전시켰는데, 퇴계는 주자학이 갖기 쉬운 사변적, 주지적(主知的) 성격과 양명학(陽明學)이 빠지기 쉬운 주관주의와 내면주의를 함께 극복하는 방향에서 그의 사상을 형성해나갔다고 할 수 있을 것이다.

퇴계 이황의 생애는 연산군—선조의 시대에 해당되는데, 이 시대는 한마디로 사화기(士禍期)[4]라고 할 수 있다. 퇴계는 이러한 시대적, 사회적 상황으로부터 직접적으로 혹은 간접적으로 영향을 받았으며, 출처(出處)와 진퇴(進退)의 문제에 관하여 많은 고민을 하였다. 그는 어지러운 현실(정치)로부터 한 걸음 물러나서 입덕(立德)과 입언(立言)이라는 차원에서 학문과 저술에 전념하고, 서원의 창설 등을 통하여 참교육을 실천해보려고 하였으며, 자연(山水)과의 교감 속에서 많은 시작(詩作)을 통해 깊고 새로운 정신적인 경지를 체험하고 표현하였다. 그의 생애는 크게 3단계로 나누어볼 수 있다. 첫째 초년기는 그의 출생(연산군 7년, 1501)으로부터 33세(중종 28년, 1533)까지로서, 이 시기는 유교경전을 연구하는 데 열중하였던 수학기(修學期)라고 할 수 있다. 둘째 중년기는 34세(중종 29년, 1534)부터 49세(명종 4년, 1549)까지의 시기로서, 과거에 급제하여 벼슬에 나가면서부터 풍기군수를 사직할 때까지의 출사기(出仕期) 혹은 사환기(仕宦期)라고 할 수 있다. 셋째 만년기는 50세(명종 5년, 1550)부터 70세(선조 3년, 1570)까지의 시기인데, 이 시기는 관직은 더욱 높아졌지만 끊임없이 사퇴하면서 고향에 돌아와 연구, 강의, 저술에

---

4) 무오사화(戊午士禍, 1498), 갑자사화(甲子士禍, 1504), 기묘사화(己卯士禍, 1519), 을사사화(乙巳士禍, 1545).

5) 이상은, 『퇴계의 생애와 학문』, 예문서원, 1999, 17–18쪽; 금장태, 『퇴계의 삶과 철학』,

전념하였던 (隱居) 강학기(講學期)라고 할 수 있다.[5]

　퇴계는 16세기의 조선의 사화(士禍)라고 하는 시대적 비극과 사회적 혼란 속에서 무척 괴로워하고 절망하였으며, 원칙과 기준이 무너지고 방향조차 상실된 상황에서 사회와 역사의 주체로서의 인간의 본성과 선악(善惡)의 문제에 관하여 깊게 반성해보지 않을 수 없었다. 그런데 여기서 원칙과 기준 혹은 방향의 문제는 이치(理)와 관계되며, 인간의 본성과 선악의 문제란 바로 마음(心)과 관계된다고 할 수 있다. 다시 말해서 이러한 문제는 "사회와 역사의 주체로서의 인간(心)이 어떻게 현실(氣) 속에서 원칙과 기준(理)을 세우고 이상을 실현할 수 있는가, 그리고 어떻게 이성으로서 욕구(欲)와 감정(情)을 잘 조절할 수 있는가?" 하는 문제라고 할 수 있다. 퇴계의 사상적인 체계 속에서는 '리(理)'에 대한 강조(理發, 理動, 理到)와 '遏人欲, 存天理'를 핵심으로 하는 '심학(心學)'이 경(敬, 持敬)의 공부에 의하여 유기적으로 통일되어 있다.

　퇴계의 저술은 거의 50세 이후에 이루어졌는데, 특히『천명도설(天命圖說)』(1553)과『성학십도(聖學十圖)』(1568)는 그의 사상이 어떤 구조로 이루어져 있는지를 보다 깊게 포괄적으로 이해하기 위해서는 빼놓을 수 없는 자료이다. 퇴계는『성학십도』에서 천도(天道)로부터 어떻게 인도(人道)가 나오며 또한 인도에 의해서 어떻게 천도를 회복, 실현할 수 있는가 하는 '천인합일(天人合一)'의 문제에 관하여 체계적으로 설명하고 있다.

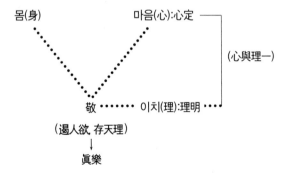

서울대 출판부, 1998, 3쪽.

『성학십도』는 '존재로부터 인간으로'(本於天道而功在明人倫懋德業)의 방향과 '인간으로부터 존재로'(原於心性而要在勉日用崇敬畏)의 방향의 이중적 구조로 이루어져 있는데,[6] 이러한 문제는 바로 "어떻게 마음(心)과 이치(理)가 무엇인지를 알아서, 마음과 이치의 어긋남을 극복하고, 마음과 이치의 일치(心與理一)를 이룰 수 있는가?" 하는 문제라고 할 수 있다. 퇴계는 '심여이일(心與理一)'이 이루어질 때 진락(眞樂)을 체험할 수 있다고 하였다.

2) 퇴계학의 이론적 구조

가. 철학적 사유(心과 理)

퇴계는 『성학십도』(1568)의 서문에서 성학(聖學)과 심법(心法)에 관하여 다음과 같이 말하였다.

道는 형상이 없고, 하늘(天)은 말이 없다. … 그런데 道는 넓고 넓으니 어디서부터 탐구하며, 옛 가르침은 천만 가지이니 어디로부터 들어가겠는가? 聖學에는 커다란 실마리가 있고 心法에는 지극한 요체가 있는데, 圖說로서 사람들에게 入道之門과 積德之基를 보여주는 것은 또한 부득이해서 지은 것이다.[7]

다시 말하면 도(道)와 천(天)은 형상과 언어를 초월한 것이기 때문에 이해하기 어려우므로, 사람들에게 입도지문(入道之門)과 적덕지기(積德之基)를 보여주기 위하여 부득이하게 도설(圖說)을 지었다는 것이다.

---

6) 『增補退溪全書』(1), 성대 대동문화연구원, 1997, 204쪽 및 211쪽.
7) 『退溪全書』(1), 195-196쪽. 道無形象, 天無言語. … 然而道之浩浩, 何處下手. 古訓千萬, 何所從 入. 聖學有大端, 心法有至要, 揭之以爲圖, 指之以爲說, 以示人入道之門, 積德之基, 斯亦後賢之所不 得已而作也.

그리고 마음(心)과 이치(理), 그리고 경(敬, 持敬)과 즐거움(樂)에 관한 서문의 내용을 요약해보면 다음과 같다.[8] 허령(虛靈)한 마음(心)으로서 현실(顯實)한 이치(理)를 탐구하여 인식(이해)할 수 있는데, 이를 위해서는 헤아림(思)과 배움(學)의 공부를 함께 해야 하며, 지경(持敬)이란 바로 사학(思學)을 겸하고 동정(動靜)을 꿰뚫으며 내외(內外)를 합하고 현미(顯微)를 통일하는 방법이라고 할 수 있다. 그런데 이런 공부를 해나가다 보면 뜻대로 잘 되지 않고 모순되는 근심(掣肘矛盾之患)과 힘들고 괴로운 병(辛苦不快之病)에 걸릴 수 있는데, 이러한 것을 '대진지기(大進之幾)'와 '호소식지단(好消息之端)'으로 생각하여 절망하지 않고 진적력구(眞積力久)하다 보면 자연스럽게 마음(心)과 이치(理)가 하나가 되는(존재의 근원을 만나게 되는) 그런 체험을 하게 되는데, 이런 상태에서 맹자(孟子)가 말했던 것처럼 마음(心)속 깊은 곳으로부터 즐거움(樂)이 샘물처럼 솟아오르고 자기도 모르게 손과 발이 춤을 추게 되며(不知手之舞之足之蹈之), 이러한 경지는 '중화위육지공(中和位育之功)'이 이루어지고 '천인합일지묘(天人合一之妙)'를 얻게 되는 경지라고 할 수 있다. 이러한 경지는 경(敬)의 공부에 의하여 마음(心)과 이치(理)의 일치(心與理一)가 이루어질 때 참된 즐거움(眞樂)을 체험하게 되는, 다시 말해서 진리가 무엇인지를 알아서 진리에 따라서 살 때 가장 자유롭고 행복한 그러한 경지라고 할 수 있을 것이다.

퇴계는 학문에 있어서 이치(理)를 탐구하고 인식(이해)하는 것의 중요성과 어려움에 대하여 다음과 같이 말하고 있다.

---

8) 『退溪全書』(1),「進聖學十圖箚」, 197-198쪽. 夫心具於方寸而至虛至靈, 理著於圖書而至顯至實, 以至虛至靈之心, 求至顯至實之理, 宜無有不得者. … 持敬者, 又所以兼思學, 貫動靜, 合內外, 一 顯微之道也. … 其初猶未免或有掣肘矛盾之患, 亦時有極辛苦不快活之病, 此乃古人所謂將大進之幾 亦爲好消息之端, 切毋因此而自沮, 尤當自信而益勵. 至於積眞之多用力之久, 自然心與理相涵而不覺其 融會貫通, 習與事相熟而漸見其坦泰安履, 始者各專其一, 今乃克協于一, 此實孟子所論'深造自得'之境, '生則烏可已'之驗. … 畏敬不離乎日用, 中和位育之功可致. 德行不外乎彝倫, 而天人合一之妙斯得 矣.

옛 사람이나 지금 사람들의 學問과 道術이 어긋난 이유를 깊이 생각해보면 다만 '理' 字를 알기 어렵기 때문이었을 뿐이다. '理' 字를 알기 어렵다고 한 것은 대략 알기가 어렵다고 한 것이 아니라, 참으로 알고 신묘하게 이해하여 (眞知妙解) 궁극에까지 이르기가 어렵다는 것이다.[9]

퇴계는 "道는 넓고 넓은데 배우는 사람이 그 門을 얻어 들어가기가 어렵다. 程子, 朱子가 일어나 居敬과 窮理의 두 말로서 萬世를 위하여 커다란 가르침을 세웠다."[10]라고 하면서, 거경궁리(居敬窮理)와 진지(眞知)에 관하여 다음과 같이 구체적으로 말하였다.

窮理하여 실천을 통하여 체험해야 비로소 眞知가 되고, 主敬하여 마음이 흐트러지지 않아야 바야흐로 實得이 있게 된다.[11]

주경(主敬)하여 그 근본을 세우고, 궁리(窮理)하여 그 지식을 이루며, 스스로를 돌아보고 실천한다. 이 세 가지의 공부가 함께 나아가고 쌓기를 오래하여 진지(眞知)에 이른다.[12]

그렇다면 이렇게 '진지묘해(眞知妙解)'한 이치(理)의 성격과 내용은 구체적으로 어떤 것인가? 퇴계는 이치(理)란 "마음(心)이 스스로 깨닫는 妙한 것이어서 言語로써 形容할 수 없는 것인데, 어찌 이것에 관하여 是非를 다투겠습니까?"[13]라고 하였는데, 퇴계에게 있어서 리(理, 太極)는

---

9) 『退溪全書』(1), 答奇明彦, 別紙, 424쪽. 蓋嘗深思古今人學問道術之所以差者只爲理字難知故耳, 所謂 理字難知者非略知之爲難, 眞知妙解到十分處爲難耳.

10) 『退溪全書』(1), 與朴澤之, 334쪽. 道之浩浩學者難得其門而入, 程朱之興以居敬窮理兩言爲萬世立大訓.

11) 『退溪全書』(1), 與李叔獻, 370쪽.

12) 『退溪全書』(2), 答李宏仲, 129쪽. 主敬以立其本, 窮理以致其知, 反窮而踐其實. 三者之功互進積久而 至於眞知.

13) 『退溪全書』(2), 答鄭子中. 別紙, 11-12쪽. 蓋自其眞實無妄而言則天下莫實於理, 自其無聲

궁극적 실재(至虛而至實 至無而至有)이며 우주만물을 주재하는(命物而不命於物) '극존무대(極尊無對)'한 것으로서, 퇴계는 주희와 달리 이치(理)의 운동성 혹은 작용성(發, 動, 到)을 주장하였고 이를 체용(體用)의 논리(本然之體, 至神之用)로 정당화하였다.

퇴계와 고봉(高峰, 1527-1572)은 약 8년 동안(1559-1566) 편지를 통하여 인간의 본성의 문제, 보다 구체적으로는 감정(情)과 선악의 문제에 관하여 철학적인 논쟁을 하였는데, 이런 논쟁을 통하여 드러난 퇴계와 고봉의 견해는 다음과 같이 요약해볼 수 있다.

四端 : 惻隱, 羞惡, 辭讓, 是非(孟子)

七情 : 喜, 怒, 哀, 懼, 愛, 惡, 欲(禮記)

(가) 고봉 : 사단과 칠정을 부분과 전체의 관계로 이해함(理氣共發, 七包四/渾淪)

情之發也, 或理動而氣俱, 或氣感而理乘.

(나) 퇴계 : 사단과 칠정을 질적 차이가 있는 감정으로 이해함(理氣互發, 七對四/分開)

四端(도덕적 감정) — 내적 근원(天命之謂性/性卽理/本然之性)으로부터 우러나오는, 순선(純善)한 능동적 감정으로서 잘 확충(擴充)해야 한다. (理發而氣隨之/主理)

七情(일반적 감정) — 몸(形氣/氣質之性)과 외적 사물(外物)과의 관계 속에서 어떤 자극에 대한 반응으로서 일어나는, 선할 수도 악할 수도 있는 수동적 감정으로서 잘 컨트롤해야 한다. (氣發而理乘之/主氣)

無臭而言 則天下莫虛於理. 只無極而太極一句可見矣. … 此則見理極精後心所自得之妙非言語所能形容處, 又安 能與之爭是非耶.

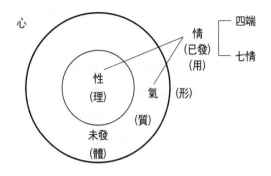

나. 종교적 수행(敬)

퇴계는 『성학십도』의 제6 「심통성정도설(心統性情圖說)」에서 마음 (心)과 경(敬)에 관하여 다음과 같이 구체적으로 설명하고 있다.

요약하건대 理氣를 겸하고 性情을 통섭하는 것은 마음(心)이며, 性이 發해서 情이 될 때가 곧 한 마음(心)의 幾微이며, 온갖 변화가 일어나는 중요한 곳이 고, 善惡이 나뉘는 곳이다. 배우는 사람이 진실로 持敬에 專一하여 天理와 人 欲의 구분에 어둡지 않고 이에 더욱 삼가여, 未發에는 存養의 功이 깊어지고 己發에는 省察의 습관이 익숙해져서 진리가 쌓이고 힘쓰기를 오래도록 하여 그치지 않으면, '精一執中'의 聖學과 '存體應用'의 心法이 모두 밖에서 찾을 필요 없이 여기에서 얻어질 수 있을 것이다.[14]

위의 인용문에 나타난 퇴계의 견해를 다시 정리해보면, 마음(心)이란 이기(理氣)를 겸하고 성정(性情)을 통섭(兼理氣, 統性情)하는 것으로서 보편적(초월적)이면서도 개체적(현실적)인 이중적인 성격을 지니고 있는

---

14) 『退溪全書』(1), 『聖學十圖』, 제6 「心統性情圖說」, 205-206쪽. 要之兼理氣統性情者心也, 而性 發爲情之際, 乃一心之幾微, 萬化之樞要, 善惡之所由分也. 學者誠能一於持敬, 不昧 理欲而大致勤於此, 未發而存養之功深, 已發而省察之習熟. 眞積力久而不已焉, 則所謂精 一執中之聖學存體應用之心法, 皆 可不待外求而得之於此矣.

것이며, 지경(持敬)에 의하여 미발(未發)에는 존양(存養)의 공(功)이 깊어지고 이발(已發)에는 성찰의 습관이 익숙해짐으로써, 정일집중(精一執中)의 성학(聖學)과 존체응용(存體應用)의 심법(心法)을 얻을 수 있게 된다는 것이다. 퇴계의 사단칠정(四端七情)에 관한 논의도 결국 이런 마음(心)과 경(敬)의 문제와의 연관 속에서 이해해야 한다.[15]

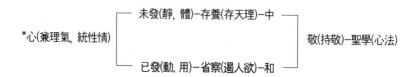

퇴계는 『성학십도』의 제9 「경재잠도(敬齋箴圖)」와 제10 「숙흥야매잠도(夙興夜寐箴圖)」에서 敬(持敬)을 실천하는 구체적인 방법에 관하여 설명하고 있다. 그리고 「경재잠도」와 「숙흥야매잠도」를 비교하여, 「경재잠도」에서는 상황(地頭)에 따른 공부의 방법(動靜弗違, 表裏交正)을 말하고 「숙흥야매잠도」에서는 시간(時分)에 따른 공부의 방법을 말하고 있는데, 이치(理)는 언제 어느 곳에나 없지 않으니, 일동일정(一動一靜), 수처수시(隨處隨時)에서 존양(存養)과 성찰(省察)의 공부를 지속해나가면 성인(聖人)이 될 수 있다고 하였다.[16]

이런 퇴계의 경(敬)은 그 철저성에 있어서 뿐만이 아니라, 존재의 근원을 만나고 하나가 되는 체험(潛心以居, 對越上帝)과 관련된다는 의미

---

15) 『退溪全書』(1), 『聖學十圖』, 제6 「心統性情圖說」, 205쪽. 四端之情, 理發而氣隨之, 自純善無惡, 必理 發未遂而掩於氣, 然後流爲不善. 七者之情, 氣發而理乘之, 亦無有不善, 若氣發不中而滅其理, 則放而 爲惡也.

16) 『退溪全書』(1), 『聖學十圖』, 제10 「夙興夜寐箴圖」, 210-211쪽. 蓋敬齋箴有許多用工地頭, 故隨 其地頭而排列爲圖. 此箴有許多用工時分, 故隨其時分而排列爲圖. 夫道之流行於日用之間, 無所適而不 在, 故無一席無理之地, 何地而可輟工夫. 無頃刻之或停, 故無一息無理之時, 何時而不用工夫. … 此一靜一動, 隨處隨時, 存養省察交致其功之法也. 果能如是, 則不遺地頭而無毫釐之差, 不失時分而無 須臾之間. 二者並進, 作聖之要其在斯乎.

에서, 도덕적 수양으로만 끝나는 것이 아니라 종교적 수행이라고까지 말할 수도 있을 것이다.

다. 예술적 표현(詩와 詩作)

퇴계는 자연과 인간이 조화를 이루고(情景合一) 도덕적 수양(敬)과 심미적 체험(樂)이 통일되는(善과 美의 통일) 그런 경지를, 때로는 이론적(개념적) 언어로 설명하였고, 때로는 시적인 언어로 표현하였다. 퇴계는 경(敬)과 '알인욕존천리(遏人欲存天理)'를 그 내용으로 하는 도덕적 수양을 매우 중요시하였지만 순수한 정감(情感)의 자연스러운 표현까지도 억압하고 무시하면서 항상 엄숙함과 긴장감에 사로잡혀 있었던 메마른 도학자(道學者)가 아니었으며, 공자(孔子)와 안연(顔淵)이 즐긴 것(孔顔樂處)과 자연과의 교감 속에서 느끼는 즐거움(山水之樂) 및 존재의 근원과의 만남(心與理一)을 통하여 느끼는 궁극적 즐거움(眞樂)을 많은 시작(詩作)을 통하여 표현하였다.

퇴계는 기본적으로 공자의 예술론(興於詩, 立於禮, 成於樂)과 주희의 문학관(文以載道)을 바탕으로 하면서, 시가 학자에게 가장 절실한 것은 아니라고 하면서도 시에 많은 노력을 기울였으며, 아름다운 경치를 보았을 때 일어나는 순수한 정감의 자연스런 표현으로서의 시는 없을 수 없다고 하였다. 퇴계는 젊은 날에는 오히려 시인적인 성격이 강했으며 나이가 들어가면서 철학적인 사유가 깊어지게 되었다. 하지만 젊은 날의 시에서도 이미 그의 철학적 사유의 싹을 엿볼 수 있으며 또한 중년 이후에는 깊은 철학적(종교적) 사유를 많은 시로서 표현하기도 하였는데, 그의 사상적인 체계 속에서는 이러한 시와 철학이 하나로 어우러져서 독자적이고 새로운 경지를 드러내주고 있다.

퇴계는 "詩不誤人人自誤, 興來情適已難禁"[17]이라고 하면서 순수한

---

17) 『退溪全書』(1), 內集, 「吟詩」, 108쪽.

정감의 자연스런 표현으로서의 시를 적극적으로 긍정하였으며, 시에 의하여 가슴속의 여러 가지 감정을 풀어낼 수 있을 뿐만이 아니라 이론적인 언어로는 설명할 수 없는 느낌 혹은 체험을 표현할 수 있다고 하였다. 또한 퇴계는 "得意題詩筆有神"[18]이라고 하여 시상(inspiration)이 떠오르면 누군가가 불러주는 것을 받아쓰는 것처럼 자기도 모르는 사이에 시가 써진다고 하였다.

퇴계는 65세 때(1565) 쓴 「도산십이곡(陶山十二曲)」이라는 국문시가(國文詩歌)에서 다음과 같이 노래하였다.[19]

뇌정(雷霆)이 파산(破山)하야도 농자(聾者)는 못 듣나니 백일(白日)이 중천(中天)하야도 고자(瞽者)는 못 보나니 우리는 이목 총명(耳目聰明) 남자(男子)로 농고(聾瞽)같지 마로리(言學 2)

우부(愚夫)도 알며 하거니 긔 아니 쉬운가 성인(聖人)도 못다 하시니 긔 아니 어려운가 쉽거나 어렵거낫 듕에 늙는 줄을 몰래라(言學 6)

지속적인 수양과 훈련을 통하여 마음(영혼)의 눈과 귀가 열려서 보이지 않던 것이 보이게 되고 들리지 않던 것이 들리게 될 때 얼마나 기쁘겠는가? 그리고 진리가 무엇인지를 알고 진리에 따라서 사는 것이 쉽기만 하거나 어렵기만 한 것이 아니라, 쉬운 것 같으면서도 어렵고 어려운 것 같으면서도 쉽기 때문에, 인생이 즐거운 가운데 괴로움이 있고(樂中有憂) 괴로운 가운데 즐거울(憂中有樂) 수 있는 것이 아닐까?

---

18) 『退溪全書』(1), 內集, 「賞花」, 109쪽. 一番花發一番新/次弟天將慰我貧/造化無心還露面/乾坤不語自含春/澆愁喚酒禽相勸/得意題詩筆有神.
19) 『退溪全書』(5), 4-10쪽.

5. 심미적 이성과 생태적 영성을 위하여

그렇다면 이런 퇴계의 사상은 오늘의 우리에게 어떤 의미가 있는가?

퇴계는 있음(生命)의 궁극적(초월적) 근원으로서의 님을 그리워하면서, 님의 뜻이 무엇인지 알고 싶어 하였고, 그런 님을 믿고 님의 뜻에 따라 살려고 노력하였으며, 그런 님에 대한 그리움을 많은 시작(詩作)을 통하여 표현하였다. 퇴계의 삶과 사상 속에서는 감성(感性)과 이성(理性)과 영성(靈性) 혹은 철학적 사유(心과 理)와 종교적 수행(敬), 그리고 예술적 표현(詩와 詩作)이 유기적으로 통일되어 있으며, 이런 퇴계의 심미적 이성과 생태적 영성은 오늘날에 있어서 자연과 인간의 조화, 도덕적 수양(敬)과 심미적 체험(樂)의 통일이라는 문제와 관련하여 깊은 의미가 있다고 생각된다.

참고문헌

『增補退溪全書』(5책), 성대 대동문화연구원, 1997.

이광호 옮김, 『성학십도(聖學十圖)』(개정판), 홍익출판사, 2012.

이장우, 장세후 옮김, 『퇴계시풀이』(1-6), 영남대 출판부, 2007.

임헌규, 『(이황, 기대승) 사단칠정을 논하다』, 책세상, 2014.

신호열 역주, 『다시 陶山 매화를 찾아서』, 창작과비평사, 1995.

강희복, 『퇴계의 마음(心)과 이치(理)에 대한 이해』, 경인문화사, 2014.

____, 「퇴계학의 구조와 그 의미」, 『東洋哲學』 제33집, 2010. 7.

이상은, 『퇴계의 생애와 학문』, 서문당, 1984/예문서원, 1999.

금장태, 『퇴계의 삶과 철학』, 서울대 출판부, 1998.

____, 『퇴계평전』, 지식과 교양, 2012.

____, 『귀신(鬼神)과 제사(祭祀): 유교의 종교적 세계』, 제이앤씨, 2009.

王甦, 이장우 옮김, 『退溪詩學』, 중문출판사, 1997.

오강남, 『세계종교 둘러보기』, 현암사, 2003.

박성배, 『한국사상과 불교: 원효와 퇴계, 그리고 돈점(頓漸)논쟁』, 혜안,
    2009.

필자 소개

강준호

경희대학교 후마니타스칼리지 부교수. 미국·펜실베이니아대학교 철학과와 퍼듀대학교 철학과에서 각각 문학석사와 철학박사학위를 받았다. 근현대 공리주의와 존 롤즈의 사상을 전공하였으며, 윤리학과 정치철학 관련 논문을 다수 출판하였다. 한국윤리학회 총무이사, 서울대학교 동물실험윤리위원회 외부위원 등을 역임하였다. 역서로『윤리학입문』(2005),『인종: 철학적 입문』(2006),『분배적 정의의 소사』(2007),『생명의학 연구윤리의 사례연구』(2008),『도덕과 입법의 원칙에 대한 서론』(2013),『윤리학의 방법』(2018) 등이 있다.

강철

서울시립대학교 자유융합대학 강의전담 객원교수. 성균관대학교 문헌정보학과(철학 부전공)에서 학사를, 철학과 대학원에서 석사를 마쳤다. 연세대학교 철학과에서『트롤리 문제에 대한 윤리학적 탐구』라는 제목으로 철학박사학위를 받았다. 현재는 메타윤리학과 기업윤리 분야를 탐구하고 있으며, 한국윤리학회 학술이사와 고려대학교 기업경영연구원 기업철학센터에서 연구위원으로 활동하고 있다. 주요 논문으로「칸트의 인간성 정식과 인간에 대한 대우방식들」,「생명의 고귀성과 삶의 존엄성」,「자율성에 대한 개념적 분석: 인공지능의 자율성을 위하여」등이 있다.

강희복

연세대학교 인문학연구원(철학연구소) 전문연구원, 국제퇴계학연구회 총무. 연세대학교 철학과 및 동 대학원을 졸업하고(철학박사, 동양철학 전공), 연세대 철학과(학부 및 대학원)에서 강의했으며, 화성시문화재단 과 국립중앙박물관에서 인문학을 강의하고 있다. 주요 저서와 논문으로 『퇴계의 마음(心)과 이치(理)에 대한 이해』(경인문화사, 2014), 「퇴계학 (退溪學)의 구조와 그 의미」(『동양철학』 제33집, 2010) 등이 있다.

김선욱

숭실대학교 철학과 교수, 숭실대 인문대학장, 가치와윤리연구소장 및 한국아렌트학회장. 한국철학회 사무총장 및 제18차 세계철학대회 한국 조직위원회 사무총장을 역임하였고, 미국 New School for Social Research의 풀브라이트 주니어 연구교수 및 UC at Irvine의 풀브라이트 시니어 연구교수를 역임하였다. 현재 정치철학의 주제들과 정치와 종교의 관계 문제에 관심을 갖고 연구 중이다. 주요 저서로 『정치와 진리』, 『한나 아렌트 정치판단이론』, 『행복의 철학』, 『행복과 인간적 삶의 조건』, 『한나 아렌트의 생각』, 『한나 아렌트가 들려주는 전체주의 이야 기』 등이 있고, 역서로 한나 아렌트의 『예루살렘의 아이히만』, 『공화국 의 위기』와 마이클 샌델의 『정치와 도덕을 말하다』(공역), 『마이클 샌델 중국을 말하다』(공역) 등이 있다.

김성민

건국대학교 철학과 교수. 사회철학과 문화철학을 주로 연구했으며, 현재 한국철학사상연구회장이다. 2009년부터 인문한국(HK)지원사업에 선정 되어 통일인문학연구단을 이끌면서 한반도의 통일문제를 '소통, 치유, 통합'이라는 관점에서 연구하고 미래 통합한국학의 가능성을 모색하고 있다. 주요 저서로 『통일과 인문학』, 『통일인문학』(공저), 『코리언의 민족

정체성』(공저), 『통일에 대한 인문학적 패러다임』(공저), 『한국지성과의 통일대담』(편저), 『다시 쓰는 맑스주의 사상사』(공저) 등이 있고, 역서로 『루카치의 사회적 존재의 존재론』, 『영화가 된 철학』(공역) 등이 있다.

김성우

상지대학교 교양대학 교수, 올인고전학당 연구소장. 학술서로는 『장자의 눈으로 푸코를 읽다』, 『자유주의는 윤리적인가』, 『로크의 지성과 윤리』, 『롤즈의 정의론과 그 이후』(공저), 철학 교양서로는 『스무 살의 철학 멘토』, 『로크의 정부론』, 『열여덟을 위한 논리개그 캠프』(공저), 『아주 오래된 질문들: 고전철학의 새로운 발견』(공저)을 썼다. 또한 영화를 철학으로 읽는 『청춘의 고전』, 미술 걸작의 철학적 분석을 시도한 『철학자가 사랑한 그림』, 문학 고전과 철학의 융합을 시도한 『열여덟을 위한 철학 캠프』, 교양 수준의 철학사인 『다시 쓰는 서양 근대 철학사』, 『다시 쓰는 맑스주의 사상사』 등을 함께 기획하고 저술하였다.

김성한

전주교육대학교 윤리교육과 교수. 고려대학교 불문학과를 졸업하고 동 대학원 철학과에서 박사학위를 받았다. 해외 원조, 동물 문제, 농촌 활동 등 어려움을 함께 나누는 일에 관심을 가지고 살아가려 노력하고 있다. 주요 저서로 『나누고 누리며 살아가는 세상 만들기』(연암서가), 『왜 당신은 동물이 아닌 인간과 연애를 하는가』(연암서가), 『어느 철학자의 농활과 나누는 삶 이야기』(연암서가), 『생명윤리』(철학과현실사) 등이 있고, 논문으로 「도덕에 대한 발달사적인 접근과 메타 윤리」, 「오늘날의 진화론적 논의에서 도덕이 생래적이라는 의미」 등이 있으며, 역서로는 『동물해방』(연암서가), 『사회생물학과 윤리』(연암서가), 『프로메테우스의 불』(아카넷), 『동물에서 유래된 인간』(나남), 『섹슈얼리티의 진화』(한길사) 등이 있다.

김신

한국외국어대학교 Language & Diplomacy 학부 교수. 도덕 사실이 지닌 일반 사실/사태에 대한 설명력에 근거하여 도덕 실재론을 옹호하는 논문으로 미국 퍼듀대학교 철학과에서 Ph.D.를 받았다. 도덕 언어의 논리적 구조와 정확/엄밀한 사용 및 분석이 주된 관심사이다. 주요 논문으로 "Moral Realism", 「유사실재론과 '세련된' 실재론」, "Antirealist Inferences from the Explanatory Inadequacy of Moral Facts: An Explication" 등이 있다.

김현섭

서울대학교 철학과 부교수. 윤리학을 가르치고 있으며, 서울대 정치-경제-철학 연계전공 운영에도 활발히 참여하고 있다. 서울대학교 법학과를 졸업하고, 동 대학원 철학과에서 석사학위를, 미국 뉴욕대학교 철학과에서 박사학위를 받았으며, 미국 스탠포드대학교 사회윤리학 센터에서 박사 후 과정을 거쳤다. 사법연수원을 수료하고 군법무관 및 판사를 역임하였으며, 미국 뉴욕대 법대의 고전적 자유주의 센터를 방문 중이다. 윤리학, 정치철학, 법철학을 폭넓게 연구하고자 하며, 미래세대에 대한 도덕적 의무, 롤즈의 『만민법』과 기후변화의 정치철학 등에 대한 논문을 *Philosophical Studies, Political Theory, International Theory*를 비롯한 학술지에 발표하였다. 최근에는 헌정주의와 민주주의, 재산권과 조세정의, 시장과 분업의 윤리학적, 정치철학적 함의 등에 대해 연구하고 있다.

리기용

연세대학교 인문예술대학 철학과 교수. 연세대학교에서 신학과 철학을 전공하였으며, 동 대학원 철학과에서 동양철학, 한국철학으로 석사학위와 박사학위를 받았다. 연세대 철학연구소 선임연구원을 역임하였고,

미국 코넬대학교 방문교수와 한국철학사연구회 회장 등을 지냈으며, 연세대 연구우수교수(2009), 제13회 율곡대상(2011) 등 수상 경력이 있다. 주요 연구 분야는 신유가철학, 조선성리학, 한국철학, 율곡학 등으로 유관 논저가 다수 있다.

박정순

전 연세대학교 인문예술대학 철학과 교수. 연세대학교 철학과를 졸업하고 동 대학원에서 석사학위를, 미국 에모리대학교 철학과에서 철학박사학위를 받았으며, 미국 프린스턴 고등학술연구소 방문 연구교수를 역임하였다. 전공은 현대 영미 윤리학 및 사회철학, 그리고 정의론이다. 한국윤리학회 회장을 역임하였으며, 한국철학회 다산기념철학강좌위원회 위원장을 지내면서 찰스 테일러, 슬라보예 지젝, 페터 슬로터다이크, 마이클 샌델, 피터 싱어 등 세계 석학들을 초빙하여 강연케 하였다. 주요 저서로 *Contractarian Liberal Ethics and the Theory of Rational Choice*, 『익명성의 문제와 도덕규범의 구속력』, 『롤즈의 정의론과 그 이후』(공저), 『마이클 샌델의 정의론, 무엇이 문제인가』, 『마이클 월저의 사회사상과 철학적 깨달음』, 『사회계약론적 윤리학과 합리적 선택: 홉스, 롤즈, 고티에』, 『존 롤즈의 정의론: 전개와 변천』 등이 있다.

박종준

서울시립대학교 자유융합대학 객원교수. 서울시립대학교 철학과를 졸업하고 서울대학교에서 윤리학, 정치철학의 주요 문제를 다룬 *Social Dilemmas and Solutions*로 박사학위를 받았다. 이후 황금률에 관한 연구를 진행 중이다. 주요 논문으로 「황금률에 대한 오해 또는 오용」, 「현대 황금률의 도덕철학적 문제」, 「사회적 딜레마에 대한 도덕철학적 해석」 등이 있다.

성창원

고려대학교 철학과 부교수. 고려대학교 철학과를 졸업한 후 미국 하버드대학교 대학원 철학과에서 박사학위를 받았다. 하버드대학 펠로를 지냈으며, 윤리학을 중심으로 정치철학과 법철학의 여러 중첩되는 주제를 연구하고 있다. 주요 논문으로 「스캔런의 계약주의와 다수를 구해야 하는 원칙」(2011) 등이 있으며, 역서로는 『도덕의 차원들』(2012)이 있다.

손흥철

안양대학교 교양대학 교수, 율곡학회 회장, 중국하락문화연구회(中國河洛文化研究會) 해외이사. 안양대학교 교양대학 학장을 역임했다. 연세대학교 철학과에서 학사, 석사, 박사학위를 받았으며, 2015년 율곡학술대상(栗谷學術大賞)을 수상했다. 주요 저서로 『녹문 임성주의 삶과 철학』(지식산업사, 2004), 『중국 고대사상과 제자백가』(경인문화사, 2016) 등이 있고, 역서로 서원화의 『洛學源流』를 번역한 『이정의 신유학』(동과서, 2011) 등이 있으며, 논문으로는 「栗谷의 經世論과 疏通의 精神」(栗谷研究院, 『栗谷思想研究』 제27집, 2013. 12), 「다산학의 재조명을 위한 시론」(재단법인다산학술문화재단, 『茶山學』, 2009. 12) 등이 있다.

엄성우

연세대학교 철학과에서 학사와 석사학위를 받고 영국 옥스퍼드대학교 철학과에서 석사학위를 받았다. 현재 미국 듀크대학교 철학과에서 박사과정을 밟고 있으며 듀크 비교철학센터의 간사로 활동하고 있다. 주요 논문으로 "Modesty as an Executive Virtue"(*American Philosophical Quarterly*, 2019), "Gratitude for Being"(*Australasian Journal of Philosophy*, 2019) 등이 있으며, 역서로는 『밀의 공리주의』(2014) 등이 있다. 현재는 박사논문 *The Virtues of Intimate Relationships: Filial Piety and Friendship as Relational Virtues*를 집필 중에 있다.

이남인

서울대학교 철학과 교수. 서울대학교 철학과를 졸업하고 동 대학원에서 석사학위를, 독일 부퍼탈대학교에서 철학박사학위를 받았다. 한국현상학회 회장을 역임하였고 현재 철학연구회 회장으로 있으며 2008년 국제철학원(IIP) 정회원으로 선출되어 활동하고 있다. 『철학과 현상학 연구』, 『철학』 등 여러 국내 학술지 편집위원을 역임했고, *Continental Philosophy Review, Phenomenology and Cognitive Sciences* 등 여러 국제 학술지 및 학술총서의 편집위원과 자문위원으로 활동하고 있다. 주요 저서로 *Edmund Husserls Phänomenologie der Instinkte* (1993), 『현상학과 해석학』(2004), 『후설의 현상학과 현대철학』(2006), 『후설과 메를로-퐁티』(2013), 『현상학과 질적 연구』(2014), 『통섭을 넘어서』(2015), 『예술본능의 현상학』(2018) 등이 있으며, 논문으로 「현상학적 사회학」, "Experience and Evidence", "Problems of Intersubjectivity in Husserl and Buber" 등이 있다.

이장희

경인교육대학교 윤리교육과 교수. 연세대학교 철학과를 졸업하고 대학원에서 조선 유학자인 녹문 임성주에 대한 논문으로 석사학위를 받았다. 미국 컬럼비아대학교 동아시아학과에서 주자에 대한 논문으로 석사학위를 받고, 하와이대학교 철학과에서 순자로 철학박사학위를 받았다. 주요 저서로 *Xunzi and Early Chinese Naturalism*(SUNY, 2004) 등이 있고, 역서로 큉로이 슌의 *Mencius and Early Chinese Thought* (1998)을 번역한 『맨 얼굴의 맹자』(2017) 등이 있으며, 논문으로는 「포스트모더니즘과 중국철학」(2009), 「향원은 왜 덕의 적인가?」(2012), 「선진유가와 덕 윤리」(2014), 「유가적 도덕이론의 두 유형: 맹자와 순자」(2015), 「예와 덕」(2015) 등이 있다.

이주석

연세대학교 인문학연구원 전문연구원, 연세대 강사. 연세대학교 인문예술대학 철학과를 졸업하고 동 대학원에서 석사학위와 박사학위를 받았다. 주요 연구분야는 덕 윤리다. 주요 논문으로 「덕 개념과 윤리학」(『철학논총』, vol. 80, 2015), 「도덕 직관에 관한 덕 윤리적 해명 가능성」(『철학논총』, vol. 90, 2017) 등이 있다.

이진용

연세대학교 인문예술대학 철학과 부교수. 연세대학교 철학과를 졸업하고 동 대학원 철학과에서 위진시기 도가철학 연구로 석사학위를 받았으며, 중국 북경대학교 철학과 대학원에서 위진시기 도가 및 도교 연구로 박사학위를 받았다. 건국대학교 철학과 강의전담교수, 건국대 아시아디아스포라연구소 연구전임 조교수를 역임하였다. 주요 연구 분야는 중국 도가 및 도교철학으로, 특히 선진시기 이래 양한 및 위진남북조 도가 및 도교철학의 발전 맥락을 집중적으로 연구하고 있다. 현재 한국중국학회 기획이사 및 다수 학회에서 학술 및 편집위원을 맡고 있다. 주요 논문으로 「『呂氏春秋』的宇宙生成論研究」, 「論道家的兒童哲學與人性教育的方法論」을 A&HCI 국제학술지(*Universitas-Monthly Review of Philosophy and Culture*)에 출판하였고, 국내 등재학술지에 다수의 논문을 게재하였다.

장동익

공주교육대학교 교수. 성균관대학교 철학과를 졸업하고 동 대학원에서 석사와 박사학위를 받았으며, 서울대학교 철학사상연구소 연구원을 지냈다. 주로 덕 윤리와 응용윤리를 주제로 연구하고 있다. 주요 저서로 『덕 윤리』(2017), 『로버트 노직』(2018), 『덕 이론』(2019) 등이 있으며, 역서로 『자유주의 정치철학』(2006), 『덕의 부활』(2014), 『마음의 덕』

(2016) 등이 있다. 덕 윤리와 응용윤리 주제의 논문이 30여 편 있다.

허라금

이화여자대학교 여성학과 교수. 이화여자대학교에서 서양철학을 전공하고 서강대학교에서 『행위자 중심 도덕이론에 대한 연구』로 박사학위를 받았다. 한국여성철학회 회장, 한국철학회 부회장, 한국여성학회 부회장을 역임하였다. 주요 저서로 『원칙의 윤리에서 여성주의 윤리로: 자기성실성의 철학』 등이 있고, 논문으로 「성주류화 정책 패러다임의 모색: '발전'에서 '보살핌'으로」, 「보살핌의 사회화를 위한 여성주의의 사유」, 「여성의 행위성과 가족 관념의 재구성」, 「관계적 돌봄의 철학: '필요의 노동'을 넘어 '정치적 행위'로」 등이 있다.

윤리적 삶과 사회적 규범의 성찰

1판 1쇄 인쇄　　2020년 6월 20일
1판 1쇄 발행　　2020년 6월 25일

지은이　　박 정 순 외
발행인　　전 춘 호
발행처　　철학과현실사

출판등록　　1987년 12월 15일 제300-1987-36호
서울특별시 종로구 동숭동 1-45
전화번호 579-5908
팩시밀리 572-2830

ISBN 978-89-7775-837-7 93190
값 25,000원